U0924087

1921-2021
厦门大学
XIAMEN UNIVERSITY

厦门大学百年校庆系列出版物

校史资料汇编与学生名录系列

厦门大学校史资料选编

(1992—2017)

第五册 (2006—2008)

主编：石慧霞 连 念

厦门大学出版社 XIAMEN UNIVERSITY PRESS
国家一级出版社
全国百佳图书出版单位

《厦门大学校史资料选编（1992—2017）》编纂组

组　长：石慧霞　连　念

成　员（以姓氏笔画为序）：

毛春红　石慧霞　刘珊珊　吴爱华　连　念　张璐阳

林秀莲　曾晓秋　蔡秋才　薛小勤　魏　昊

执行编辑：

1992—1994 年：曾晓秋　连　念　张璐阳　吴爱华

1995—1997 年：张璐阳　连　念　吴爱华

1998—1999 年：毛春红　魏　昊　连　念　张璐阳　吴爱华

2000—2002 年：吴爱华　连　念　张璐阳　魏　昊

2003—2004 年：蔡秋才　连　念　张璐阳　吴爱华　魏　昊

2005 年：薛小勤　连　念　张璐阳　吴爱华　魏　昊

2006—2008 年：毛春红　连　念　张璐阳　吴爱华　魏　昊　林秀莲　董健岚

2009—2010 年：薛小勤　连　念　张璐阳　吴爱华　魏　昊

2011 年：蔡秋才　连　念　张璐阳　吴爱华　魏　昊

2012 年：连　念　吴爱华　张璐阳　魏　昊

2013—2015 年：刘珊珊　连　念　张璐阳　吴爱华　魏　昊

2016—2017 年：连　念　吴爱华　张璐阳　魏　昊

总 序

厦门大学 | 党委书记 张 彦
校　　长 张 荣

2021年4月6日，厦门大学百年华诞。百载风雨，十秩辉煌，这是厦门大学发展的里程碑，继往开来的新起点。全校师生员工和海内外校友满怀深情地期盼这一荣耀时刻的到来。

为迎接百年校庆，学校在三年前就启动了“百年校庆系列出版工程”的筹备工作，专门成立“厦门大学百年校庆系列出版物编委会”，加强领导，统一部署。各院系、部门通力合作，众多专家学者和相关单位的工作人员全身心地参与到这项工作之中。同志们满怀高度的责任感和紧迫感，以“提升质量，确保进度，打造精品”为目标，争分夺秒，全力以赴，使这项出版工程得以快速顺利地进行。在这个重要的历史时刻，总结厦大百年奋斗历史，阐扬百年厦大“四种精神”，抒写厦大为伟大祖国所做出的突出贡献，激发厦大人的自豪感和使命感，无疑是献给百岁厦大最好的生日礼物。

“百年校庆系列出版工程”包括组织编撰百年校史、百年组织机构史、百年院系史、百年精神文化、百年学术论著选刊、校史资料与学生名录……有多个系列近150种图书将与广大读者见面。从图书规模、涉及领域、参编人员等角度看，此项出版工程极为浩大。这些出版物的问世，将为学校留下大量珍贵的历史资料，为学校深入开展校史教育提供丰富生动的素材，也将为弘扬厦门大学“自强不息，止于至善”校训精神注入时代的新鲜血液，帮助人们透过“中国最美大学校园”的山海空间和历史回响，更加清晰地理解厦门大学在中国发展进程中发挥的独特作用、扮演的重要角色，领略“南方之强”的文化与精神魅力。

百年校庆系列出版物将多方呈现百年厦大的精彩历史画卷。这些凝聚全校师生员工心血的出版物，让我们感受到厦大人弦歌不辍的精神风貌。图文并茂的《厦门大学百年校史》，穿越历史长廊，带领我们聆听厦大不平凡百年岁月的历史足音。《为吾国放一异彩——厦门大学与伟大祖国》浓墨重彩地记述厦门大学与全国34个省级行政区以及福建省九市一区一县血浓于水的校地情缘，从中可以读出厦门大学在中华民族伟大复兴征程中留下的深深烙印。参与面最广的“厦门大学百年院系史系列”、《厦门大学百年组织机构史》，共有30多个学院和直属单位参与编写，通过对厦门大学各学院和组织机构发展脉络、演变轨迹的细致梳理，深入介绍厦门大学的党建工作、学科建设、人才培养、组织管理、社会服务等方面的发展历程，展示办学成就，彰显办学特色。《厦门大学校史资料选编（1992—2017）》和《南强之星——厦门大学学生名录（2010—2019）》，连同已经出版的同类史料，将较完整、翔实地展现学校发展轨迹，记录下每位厦大学子的荣耀。“厦门大学百年精神文化系列”涵盖人物传记和校园风采两大主题，其中《陈嘉庚传》在搜集大量史料的基础上，以时代精神和崭新视角，生动展现了校主陈嘉庚先生的丰功伟绩。此次推出《林文庆传》《萨本栋传》《汪德耀传》《王亚南传》四部厦门大学老校长传记，是对他们为厦大发展所做出的突出贡献的深切缅怀。厦大校友、红军会计制度创始人、中国共产党金融事业奠基人之一高捷成的传记《我的祖父高捷成》，则是首次全面地介绍这位为中国人民解放事业做出杰出贡献的烈士的事迹。新版《陈景润传》，把这位“最美奋斗者”、“感动中国人物”、令厦大人骄傲的杰出校友、世界著名数学家不平凡的人生再次展现在我们眼前。抒写校园风采的《厦门大学百年建筑》、《厦门大学餐饮百年》、《建南大舞台》、《芙蓉园里尽芳菲》、《我的厦大老师》(百年华诞纪念专辑)、《创新创业厦大人2》、《志愿之光》、《让建南钟声传响大山深处》、《我的厦大范儿》以及潘维廉的《我在厦大三十年》等，都从不同的角度，引领我们去品读厦门大学的真正内涵，感受厦门大学浓郁的人文精神和科学精神。

此次出版的“厦门大学百年学术论著选刊”，由专家学者精选，重刊一批厦大已故著名学者在校工作期间完成的、具有重要价值的学术论著(包括讲义、未刊印的论著稿本等)，目的在于反映和宣传厦门大学百年来的学术成就和贡献，挖掘百年来厦门大学丰厚的历史积淀和传统资源，展示厦门大学的学术底蕴，重建“厦大学派”，为学校“双一流”建设提供学术传统的支撑。学校将把这项工作列入长期规划，在百年校庆时出版第一辑共40种，今后还将陆续出版。

“自强！自强！学海何洋洋！”100年前，陈嘉庚先生于民族危难之际，抱着“教育为立国之本，兴学乃国民天职”的信念，创办了厦门大学这所中国历史上第一所由华侨独资建设的大学。100年来，厦大人秉承“研究高深学术，养成专门人才，阐扬世界文化”的办学宗旨，在实现中华民族伟大复兴的征程上书写自己的精彩篇章。我们相信，当百年校庆的欢庆浪潮归于平静时，这些出版物将会是一串串熠熠生辉的耀眼珍珠，成为记录厦门大学百年奋斗之旅的永恒坐标，成为流淌在人们心中的美好记忆，并将不断激励我们不忘初心继承传统，牢记使命乘风破浪，向着中国特色世界一流大学目标奋勇前行！

张彦 张荣

2020年12月

编纂说明

一、为回顾厦门大学发展历史，总结办学经验，继承发扬优良传统，更好利用档案史料，1987—1996年，厦门大学先后编纂出版《厦大校史资料》9辑，收录1921—1991年间的校史资料。2021年，厦门大学迎来百年华诞，根据百年校庆系列出版物编委会工作安排，档案馆承担《厦门大学校史资料选编(1992—2017)》丛书(以下简称丛书)的编纂工作。

二、丛书收录校史资料起止时间:1992年1月1日至2017年12月31日。

三、丛书主要内容包括厦门大学党委书记、校长的重要讲话稿，上级机关、领导贺信、贺电，学校党建、思想政治、教学、科研、管理与服务工作等方面的规章、制度、办法等，党代会、工会、教代会等重要会议的重要报告，全校性的工作规划、计划、总结，重大工作的实施方案，重要专题报告等。所选文献主要来源于厦门大学档案馆馆藏档案，包括《厦门大学报》部分文章。

四、丛书按照年度—主题的编排体例。收录校史资料以年度为序，各年度内容分特载、专文、党建与思想政治工作、教学与科研工作、管理与服务工作五大主题。由于各年度选录校史资料数存在差异，丛书根据年度材料多寡适当分册编排。

五、丛书是档案文献出版物，因收录时间跨度较长，其间一些文献的行文用语、称谓、时间、标点符号、层次序号、行文格式等与最新公文、图书出版标准存在不一致，为反映历史原貌，收录文献一般按原文照录原则处理；文献中明显的漏字、错别字等，则直接改正；有些文献根据图书出版规范重新拟写了标题。

六、丛书对部分涉及人名、个人电话号码、邮箱等个人隐私或其他不宜公开的内容做了删节。

七、丛书因保密、书稿篇幅限制等原因，所收录校史资料不尽齐全；丛书收录的规章、制度、办法等是档案文件的，其执行范围、时效等解释权归文件形成部门。

八、丛书于2019年5月立项：百年校庆系列出版物编委会审定丛书编纂原则；邓朝晖副校长就编纂原则、编排体例、审稿、出版等都给予悉心指导；编纂组成员多次开会研究落实编纂原则、编排体例，分工合作通读十余万份馆藏档案资料，认真挑选出2000多份史料，按档案文献编纂出版要求进行文稿录入和编辑加工；文件形成部门对其部门入选文件进行会稿确认；校保密办就史料出版进行保密审查；学校办公室积极参与“专文”部分的选编工作。在此，谨对各级领导的关心指导，对相关职能部门的大力支持，对出版社的细致审校，一并致以最衷心的感谢。

九、因编者水平有限，丛书疏漏、不当之处在所难免，敬请读者批评指正。

《厦门大学校史资料选编(1992—2017)》编纂组

2021年2月

目　　录

2006 年

特　载

专　文

党建与思想政治工作

教学与科研工作

管理与服务工作

2007 年

特　载

专　文

党建与思想政治工作

教学与科研工作

管理与服务工作

2008 年

特　载

专　文

党建与思想政治工作

教学与科研工作

管理与服务工作

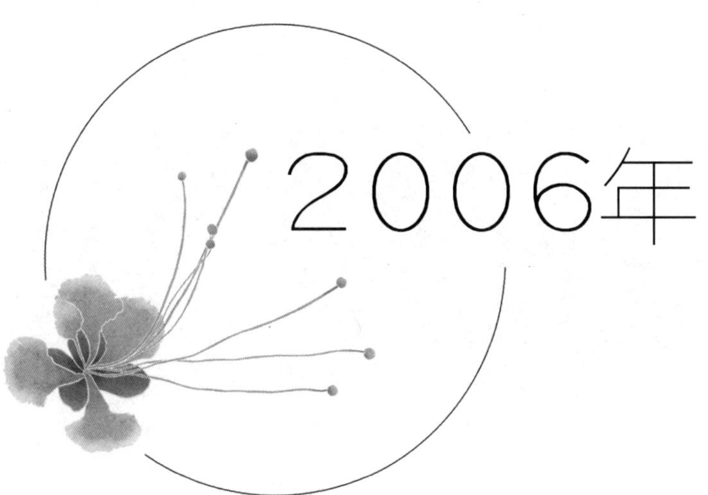

2006年

·特　载·

深化改革谋发展　努力创建世界知名大学

——2006年新年献词

（2005年12月30日）

校党委书记　王豪杰　校长　朱崇实

老师们、同学们、校友们、朋友们：

送走令人难忘的2005年，迎来充满希望的2006年。值此辞旧迎新之际，我们谨代表校党委、校行政向全校师生员工，向各地校友，向关心、支持厦大的各界人士致以亲切的问候和节日的祝贺！

在即将过去的一年里，在校党委的坚强领导下，在全校师生员工的共同努力下，厦门大学在追求自身未来和理想的征程上续写下浓浓的一笔：

修订了学校"十一五"规划和2021年远景目标规划，为学校新一轮发展指明了方向。学校教学、科研和科技成果转化及产业化、学科建设、师资队伍建设、学生培养、国际合作、基本建设等各项事业都取得了长足的进步。新增一个国家重点实验室，一个国家工程技术研究中心获准建设。新增4个一级学科博士授予权、11个二级学科博士授予权。新当选一名中科院院士。以"优秀"的成绩通过了教育部本科教学工作水平评估，11项教学成果获2005年度国家级优秀教学成果奖，6门本科课程被评为国家级精品课程。科研经费超过1.5亿元，重大科研项目实现较大突破。一个团队入围教育部创新团队。文科重点研究基地增加到5个。我校大学科技园成为国家大学科技园。一个国家工程实验室被国家发改委列为首批五家试点单位之一。学生参加第九届"挑战杯"全国大学生课外学术科技作品竞赛获佳绩。一篇博士论文入选全国百篇优秀博士论文。毕业生就业率走在全国高校前列。由我校参与发起成立的"全球七校联盟"运转良好。85周年校庆筹备工作紧张有序。"216工程"建设进展顺利，办学条件进一步改善。历时近半年的先进性教育活动圆满完成了各项内容和任务，取得了实实在在的效果。

过去一年成绩的取得，是全校师生员工共同奋斗的结果，进一步夯实了我们建设世界知名高水平研究型大学的基础。

在新的一年里，我们要继续认真学习贯彻党的十六届五中全会精神，以"三个代表"重要思想为指导，落实科学发展观，深化改革，加快发展；进一步巩固先进性教育成果，建立健全永葆党员先进性的长效机制，不断加强党建和思想政治工作；立足提高自主创新能力，大力推进"985工程"二期建设，坚持基础研究与应用研究并重，积极促进学科交叉、融合，努力打造一流队伍，构筑适应创新要求的"学科平台"，建立健全利于创新的评价体系、管理体制和运行机制；不断深化教学改革，进一步开展教学方法研究，加强青年教师培训，完善实验教学管理，探索高水平研究型大学教学课程体系和人才培养模式；我们要以85周年校庆为契机,进一步加强国际交流与合作,不断扩大学校的国际影响和知名度;我们要加快"216 工程"建设步伐,继续改善和优化学校办学环境,切实为师生员工办实事、办好事,努力构建"平安、优美、节约、文明"的和谐校园。

新的一年,新的气象。祝愿大家在新的一年里身体健康,工作顺利,阖家幸福！祝愿厦门大学取得更加辉煌的成就！祝愿伟大的祖国繁荣昌盛,人民幸福安康！

——本文摘录自《厦门大学报》,2005 年 12 月 30 日第 671 期

中华人民共和国教育部贺信

（2006 年 4 月 6 日）

厦门大学：

值此你校建校 85 周年之际，谨向全体师生员工和海内外校友致以热烈的祝贺！

建校 85 年来，你校秉承“自强不息，止于至善”的校训，经过几代厦大人的努力，形成了“爱国、革命、自强、科学”的厦大精神，培养和造就了一大批优秀的专门人才，教学和科研实力不断增强，逐步成为一所国内外知名的高等学府，为社会主义现代化建设事业做出了重要贡献。

希望你们继续高举邓小平理论和“三个代表”重要思想伟大旗帜，贯彻落实科学发展观，大力实施科教兴国战略和人才强国战略，继往开来，开拓创新，不断深化教育改革，全面提高教育质量，努力增强科研实力，为全面建设小康社会，为实现中华民族的伟大复兴做出新的更大的贡献！

教育部

2006 年 4 月 6 日

——本文摘录自《厦门大学报》，2006 年 4 月 14 日第 683 期

全国人大常委会副委员长、中国科学院院长路甬祥贺信

(2006 年 4 月 6 日)

厦门大学：

值此贵校建校 85 周年之际，我谨代表中国科学院，并以我个人的名义向全校师生员工和广大校友表示热烈的祝贺。

厦门大学具有悠久的办学历史和鲜明的办学特色。自 1921 年建校以来，走过了辉煌的历程，培养了大批优秀人才，为国家经济建设、社会发展和科教兴国大业做出了重要贡献。

祝愿贵校继续发扬优良传统，勇于开拓创新，为全面落实科学发展观，实施科教兴国战略和人才强国战略，建设创新型国家不断做出新的贡献。

祝厦门大学建校 85 周年庆典活动圆满成功。

路甬祥

2006 年 4 月 6 日

——本文摘录自《厦门大学报》，2006 年 4 月 14 日第 683 期

全国政协副主席罗豪才贺信

（2006年3月16日）

厦门大学：

值此贵校建校85周年之际，我谨向全校师生员工以及海内外校友致以诚挚的问候和热烈的祝贺！

85年来，厦门大学始终以民族振兴和国家富强为己任，为社会培养了大批高级专门人才。特别是近年来，厦门大学继往开来，与时俱进，正朝着“建设世界知名的高水平研究型大学”的目标迈进，为国家的经济发展和社会进步，为促进海峡两岸学术交流与人员往来做出了重要贡献。

衷心祝愿贵校继承优良传统，努力开拓创新，为实施科教兴国战略，为海峡两岸关系的发展做出新的更大的贡献！

罗豪才

2006年3月16日

——本文摘录自《厦门大学报》，2006年4月14日第683期

厦门大学“十一五”规划和2021年远景规划

(2006年3月6日)

一、“十五”回顾及面临的机遇与挑战

(1)“十五”以来,厦门大学在邓小平理论和“三个代表”重要思想指导下,认真实施“211工程”和“985工程”,聚精会神搞建设,一心一意谋发展,学校各项事业取得长足发展,整体办学实力和办学水平跃上新台阶,圆满实现了“十五”计划的目标。

党建和思想政治工作成效显著。2002年7月胜利召开厦门大学第八次党代会。2004年1月,经党中央、国务院批准,学校成为主要领导为中央管理的31所高校之一;10月,关于领导班子建设的经验交流材料被收入《第十三次全国高校党建会议交流材料汇编》,学校的党建经验和做法受到中组部、中宣部和教育部党组的好评;11月,中共中央政治局常委李长春同志来校视察,对学校的党建和思想政治工作给予充分肯定。2005年上半年,学校通过福建省第三届党的建设和思想政治工作先进高等学校评估;下半年,学校扎实开展保持共产党员先进性教育活动,群众测评“满意度”达100%,先进性教育真正成为群众满意工程。

教学改革不断深化,人才培养质量进一步提高。在校博士生、硕士生、本科生分别从2000年的562人、2576人、10126人增长到2005年的1810人、10591人(其中专业硕士3175人)、18989人,本研比趋向合理(从3.2∶1降为1.5∶1);获第四、五届国家级高等教育教学成果一等奖5项(其中合作完成1项)、二等奖12项(其中合作完成3项),位居全国高校前列;12门课程入选全国“精品课程”,位居全国高校前列;学生连续4届获得“挑战杯”全国大学生创业计划竞赛金奖;在第六至第九届“挑战杯”全国大学生课外科技作品竞赛中获一等奖2项、二等奖5项、三等奖12项;2003年获“全国大学生数学建模竞赛”唯一的特等奖;新增“全国百篇优秀博士论文”2篇。毕业生一次就业率年均96%以上,保持在全国高校“第一方阵”。2005年年底,本科教学工作水平被教育部组织的评估专家组评为“优秀”。

深化办学管理体制改革,学科建设成效显著。2001年2月,教育部、福建省、厦门市签订《重点共建厦门大学协议书》;先后组建公共事务学院、软件学院、数学科学学院、建筑与土木工程学院、台湾研究院、教育研究院;贯彻“积极支持、规范管理”的原则,以新的机制和模式兴办嘉庚学院(独立学院)和留学预科学院;支持财政部、厦门市政府创办“厦门国家会计学院”;国家级重点学科从7个增至13个,省级重点学科从10个增至65个,博士学位授权一级学科数从2个增至14个,可招收博士的专业从34个增至131个,可招收硕士的专业从75个增至217个,博士后科研流动站从7个增至12个;11个学科列入国家“十五”“211工程”建设,11个创新平台和创新基地列入“985工程”二期建设。

人才队伍规模扩大、结构优化。深化人事和分配制度改革,实施“人才工程”、岗位津贴制度,推行全员聘用制和职员职级制,强化竞争和激励机制。2001年以来,学校引进、接收全职教师917人,其中具有博士学位者540人,受聘副教授以上职务者397人;聘用非全职教师545人;全职专任教师总数从2000年的1296人增至2005年的2213人,具有博士学位的教师比重由31.5%提高到39.9%。新增两院院士12人(其中双聘院士8人),两院院士总数达18人;国家杰出青年基金获得者由8人增至18人,教育部“新(跨)世纪优秀人才计划”入选者由12人增至44人,教育部“高校优秀青年教师奖”获得者8人,全国

教学名师奖 1 人；新增“长江学者”特聘教授 4 人，“闽江学者”特聘教授 22 人。“海洋生物地球化学过程和机制”创新团队入选教育部“长江学者”创新团队和国家自然科学基金委“创新研究群体”。

科研能力和科研水平大幅度提高。科研经费由 2001 年的 0.57 亿元增至 2005 年的 1.62 亿元。新增 1 个国家重点实验室、1 个国家工程技术研究中心、1 个教育部重点实验室、5 个教育部文科重点研究基地、3 个省级重点实验室和工程中心。共承担了“973”、“863”、国家科技攻关、国家基金（含杰出青年基金）、省市科技项目等纵向项目 1780 项，各类横向项目 1704 项。申请专利 342 项（其中申请发明专利 290 项），授权专利 124 项（其中发明专利 77 项）；2004—2005 年在 *Nature* 和 *Science* 上发表论文 3 篇；共获国家和省部级科研奖励 69 项（其中国家科技进步二等奖 1 项）。“固体表面物理化学国家重点实验室”第三次被评为“优秀类实验室”；“特种先进材料实验室”和物理与机电工程学院的项目获重点资助；“ST09 区块水体环境调查与研究”项目中标国家 908 专项。人文社会科学领域继续保持雄厚实力，共承担国家社科基金项目 99 项，其中 2003 年和 2004 年分别以 22 项和 28 项的成绩连续两年立项数位居全国高校第三；文科教师共发表论文 8769 篇，出版著作 862 部；获第三届中国高校人文社会科学研究成果奖 18 项（其中一等奖 2 项，二等奖 3 项，三等奖 13 项），获奖总数居全国高校第 6 名；百册鸿篇巨著《台湾文献汇刊》整理出版，为祖国统一事业做出了突出贡献；2 部著作获第 14 届中国图书奖；5 个项目入选国家“清史纂修工程”；《厦门大学学报（哲学社会科学版）》首批入选教育部高校哲学社会科学名刊工程。

科技成果转化和产业化打开局面。厦大福建省医学分子病毒研究中心推出世界首个戊肝疫苗，与香港大学、汕头大学联合研制成功世界首个禽流感病毒 H5N1 快速诊断试剂盒；“艾滋病毒（HIV）基因工程重组可溶性 I+II 抗原及基于此的第三代 HIV 抗体诊断试剂盒的研制生产”成果转让给企业后，产值已达 3000 多万元；“丙谷二肽”已获中试成功和国家药监局颁发的药品证书及生产许可证，已开始规模试生产；“高效表达转胸腺素基因蓝藻”等一批项目已进入产业化阶段；海洋学科在我国首次实现了 MODIS 卫星遥感海洋数据产品网络准实时发布，提高了海洋遥感数据产品时效。经教育部批准，组建了资产经营有限公司，实行新的科技产业管理体制和运行机制。2005 年，厦门大学科技园被科技部、教育部正式认定为国家大学科技园。

对外合作与交流空前活跃。已与英、美、日、法、俄等国家和港澳台地区的近 100 所高校建立了校际合作关系。与美国华盛顿大学等共建“全球八校联盟”的多边国际大学合作组织，在对外高层次合作办学方面跨出了重要的一步。先后主办或承办 50 多次国际和区域学术交流会议；开展国际科研合作项目 60 多项。在对台交流方面优势凸显，已成为台湾研究的重镇和两岸学术交流的重要高校。

基本办学条件明显改善。网络、数字图书馆等公共服务体系建设水平位居全国高校前列，校园网成为 CERNET-2 全国 20 个核心节点之一。后勤社会化改革不断深化，全校师生员工学习、工作、生活条件得到显著改善。固定资产总值、仪器设备总值、图书馆藏书量、校园占地面积、校舍面积分别从 2000 年的 4.31 亿元、1.51 亿元、235 万册、2188 亩、58.36 万平方米增至 2005 年的 14.99 亿元、5.80 亿元、409 万册（含电子图书 100 万册）、5306 亩、131.28 万平方米；2005 年底学生宿舍“421”的目标基本实现。学校已成为公认的环境最优美的中国大学校园之一。2005 年，配合“985 工程”建设，学校决定全面启动“216 工程”建设，构筑一流的办学环境与条件。

（2）“十五”期间，学校各项事业的跨越式发展，为实现“世界知名高水平研究型大学”的奋斗目标奠定了坚实的基础，创造了极为有利的条件。但是，与国际上一流的高水平大学相比，学校还有较大的差距，主要表现在：一是学科发展综合实力不强，跟踪国际科学发展主流学科方向的能力不足，传统学科缺乏明显的比较优势，交叉学科和新兴学科发展较慢；二是科研竞争力和自主创新能力较弱，缺乏战略层面的组织、引导和源头介入，科研力量分散，高水平创新平台和创新团队少，重大科研项目少，标志性成果少；三是缺乏科学大师和战略科学家，部分学科的带头人出现青黄不接的现象，教师和实验、工程技术等技术支撑队伍规模相对偏小，生师比偏高；四是国际化程度不高，国际竞争能力弱，承担国际科研合作项目少，学历教育留学生偏少；五是办学经费的增长无法满足学校事业发展的需求，教育资源仍然存在低水平重复配置的现象，影响了办学效益的提高；六是尚未真正建立起与建设世界知名大学相适应的现代大学制度，管理工作主动性、创造性不足,服务水平和工作效率有待提高;七是创建一流大学的经验不足,意识不强,能力有待提高。对于困扰和制约学校发展的这些问题,我们必须认真分析,制定对策,有效地加以解决。

(3)“十一五”发展的机遇:第一,全球范围的经济和综合国力竞争日趋激烈,科技和人才已成竞争焦点,高等教育的地位和作用日益凸显。第二,21世纪的头二十年,是我国经济和社会发展的重要战略机遇期,也是高等教育发展的重要战略机遇期。党中央、国务院做出了“到2020年左右,把我国建设成为创新型国家”的战略部署。为适应这一重大决策,国家创新体系(大学)建设进程正在加快推进,为我校创建高水平研究型大学提供了难得的历史机遇。第三,福建省加快建设海峡西岸经济区,厦门市推进海峡西岸经济区中心城市建设,为我校提供了做贡献、求发展的历史舞台。第四,学校被党中央列为中管高校、“211工程”和“985工程”重点建设高校,部省市重点共建继续推进,学校发展的外部环境更加优化。

(4)学校面临新的挑战:第一,近几年我国高水平大学发展尽管很快,但与国外高水平大学相比还存在较大差距,突出地表现在队伍和投入这两个方面;第二,与国内著名高校和其他科研系统比较,我校竞争力偏弱,还不能适应创新型国家建设和人民群众对优质高等教育日益增长的迫切需求;第三,学校面临着加快发展与政府投入资源相对紧缺的矛盾;第四,在高等教育大众化阶段,学校的办学质量、社会声誉和办学效益将成为发展的生命线。

二、“十一五”期间发展的指导思想、奋斗目标与总体发展思路

(1)指导思想:紧紧抓住创新型国家建设和海峡西岸经济区发展的重大战略机遇,以邓小平理论和“三个代表”重要思想为指导,全面贯彻党的十六大和全国科学技术大会精神以及党的教育方针,大力实施“科教兴国”战略和“人才强国”战略,坚持以人为本,树立全面、协调、可持续的科学发展观,贯彻“巩固、深化、提高、发展”的八字方针,推进人才培养、科学研究与社会服务三大功能的协调发展,全面提高教育质量、创新能力、办学水平和办学效益,为全面建设小康社会、建设创新型国家和实现祖国统一大业做出更大的贡献。

(2)“十一五”奋斗目标:到2010年,初步建成一所世界知名的高水平研究型大学,造就一批能站在世界科学技术前沿的学术带头人、拔尖创新人才和高水平的管理人才,催生一批高显示度的标志性成果,全校多数学科居国内一流,其中若干学科居国际先进水平。

2021年远景目标:建成太平洋西海岸的一所具有较强国际竞争能力,规模适度、质量优异、结构合理、特色鲜明的世界知名的高水平研究型大学。在此基础上,朝着世界一流大学的目标继续奋进。

(3)总体发展思路:秉承“自强不息、止于至善”的校训,弘扬厦门大学特有的“四种精神”,发挥“侨、台、特、海”的区位优势,坚持以科学发展观统领全局,以发展为第一要务,以体制机制创新为动力,以培养高层次创新人才为根本,以学科建设和队伍建设为主线,以国际化为切入点,以提高自主创新能力为着力点,坚持“重点突破、整体推进、协调发展、全面提高”,实施人才强校战略、重点突破战略、交叉集成战略、项目带动战略和国际化战略,构筑与世界知名的高水平研究型大学相适应的学科体系、师资队伍、办学条件和大学制度,培养优质的人才、创造优质的成果、提供优质的社会服务,从整体上提升学校的核心竞争力和国际合作水平。

(4)主要发展指标:

人才培养:到2010年,在校学生总规模36000~40000人,其中研究生16000~18000人(博士生2000~2500人,学术型硕士生7000~8000人,专业型硕士生7000~7500人),本科生20000~22000人,研究生和本科生的数量之比为1∶1.5以内,在校生中接受学历教育的留学生1000人以上。

科学研究:到2010年,力争当年科研经费总量突破4亿元,特别是争取国家重大科研计划的项目和横向科研项目与经费数有较大增长。新增2个以上国家重点实验室、3个以上教育部重点实验室、5个以上福建省重点实验室,新增1~2个教育部文科重点研究基地、8~10个省级高校人文社科研究基地;在基础研究、应用基础研究方面取得一批原创性成果,拥有一批自主知识产权,争取更多自主创新的科研成

果获得国家级重大奖励，为国家经济社会发展和国家安全做出更大贡献。文科被CSSCI等收录论文数保持在全国高校前10名，理工科被SCI、EI、ISTP三大检索系统收录论文总数年增长不低于30%，高影响因子的论文逐年增加，包括在*Nature*、*Science*等高水平学术期刊发表论文。

科技成果转化和高新技术产业化：到2010年，建成1～2个国家工程实验室，3～4个国家工程研究(技术)中心，5～10个部省市级工程研究(技术)中心；创建具有厦大品牌和特色的高新技术企业，力争培育出3～5家学校参股或控股的具有较强市场竞争力的高新技术企业，形成10个左右具有自主知识产权的高新技术产品并在国内外占有一定市场；科技产业对学校科研经费贡献率(学校技术股权收益、技术转让收益和参控股企业与学校横向课题经费)年均提高两个百分点，到2010年达到15%左右；建成厦门大学国家大学科技园，积极推动厦门大学集美生物科技园和厦门大学深圳高新技术产业化基地的建设，入园企业达200家以上，研发与中介机构100家以上，孵化项目300个以上；使厦门大学成为海峡西岸经济区具有重大影响的高科技成果转化基地、高新技术企业孵化基地、创新创业人才聚集和培育基地、产学研结合示范基地和海峡两岸科技交流与合作示范基地。

学科建设：新增4～7个国家级重点学科，8～12个博士、硕士学位授权一级学科，10个左右一级学科进入全国前五名。到2010年，所有基础学科、大部分应用类学科都具有培养博士生的能力，设有博士后科研流动站，具备开展最前沿科学研究的能力。

队伍建设：到2010年，教师队伍规模5000人左右，其中全职教师2800～3000人，非全职教师2000～2200人；全职教师占教职工总数的55%以上，全校生师比控制在15∶1以内，平均每年新聘全职教师200人左右；具有博士学位的教师占教师总数的60%以上；教师的国际学术交流能力大幅度提高，70%的教师具备独立地与国际同行开展学术交流的能力。

到2010年，全职聘用的实验、工程技术和图书资料等技术支撑队伍规模力争达到1500人左右，其中80%左右具有本科以上学历，30%以上具有高级专业技术职务。

到2010年，全校职员编制原则上控制在全职教职工总数的16%左右；其中，校部党政机构职员编制原则上控制在全职教职工总数的8%左右。

学术交流：“十一五”期间，学校与20～30所世界排名前100名的一流大学建立密切的交流合作关系；每个学院(研究院、重点研究机构)新增与2所以上的国(境)外知名大学的相关院系、科研机构或若干世界知名的高科技企业、跨国公司建立实质性交流合作关系，在国际科研项目联合攻关、联合培养高层次人才等方面取得实质性进展；每年举办30～50次国际学术会议；大部分学院(研究院)新增若干国际科研合作项目。

三、坚持“精英教育”的理念，实施人才培养“质量工程”，构建结构优化、质量优异的人才培养体系

(1)统筹教育规模、质量、结构、效益的协调发展，把工作重点放在提高质量上，努力构建研究型大学的人才培养体系。优化人才培养的层次、学位和专业布局，基本稳定本科生培养规模；大力发展研究生教育，优化研究生学位结构，努力扩大博士生规模，加快应用型研究生培养；加快发展留学生教育，提高留学生中学历生的比例；适度发展高层次的继续教育与职业技术教育；采取新的模式，积极探索新的办学机制，大力支持办好嘉庚学院，不断提高办学水平和办学效益。

(2)坚持育人为本，以学生为主体，全面推进素质教育。加强学校德育工作整体规划，按照充分体现当代马克思主义最新成果的要求，全面加强思想政治理论课的建设，加强对大学生的爱国主义教育、社会主义教育和集体主义教育，全面推进大学生文化素质教育、法制教育、诚信教育、社会责任心教育和心理健康教育；建立学生体质健康监测体系，推广《学生体质健康标准》，提高大学生参与体育锻炼的积极性；营造良好的文化艺术教育氛围，提高艺术教育课程开课率和教学质量；积极推进校园文化建设，大力开展大学生社会实践活动和校园文化活动，普遍提高大学生的思想道德素质、科学文化素质和健康素质，加强

大学生创新能力、实践能力、创业精神、协作意识和竞争意识,促进学生德智体美全面发展。

(3)深化本科教学和人才培养模式改革。总结本科教学工作评估的经验,坚持本科教学的中心地位意识、质量意识、教学科研互相促进意识、创新意识、精英意识和国际化意识;不断加大人才培养和教学经费投入,全校本科生学费收入中用于日常教学的经费不低于25%;把毕业生就业率和就业质量作为衡量学校办学水平的重要指标之一,不断提高毕业生的就业竞争能力。

继续实施新世纪教改工程,加强教学内容与课程体系建设。继续推进名师和教授上讲台,鼓励教授为本科生讲授大学基础课程和专业基础课程,加强青年教师教学能力培养;积极聘请国内外著名专家来校讲授专业课程或开设讲座;建设国家级精品课程20～30门和一批校省级精品课程;建设一批双语课程,每年引进150种以上国外优秀教材,"十一五"期间,使用外语授课的本科课程争取达400门以上;实施新世纪教材出版计划,不断更新、开发和选用高质量的新版教材,推出一批精品教材;加快教学信息化建设,创造数字化学习环境。以大学英语教学改革为突破口,大力推进基于计算机和校园网的大学英语学习,建立个性化英语教学体系。

加强大学生的创新和实践能力的培养。改革教学体系、教学过程、教学方法,积极推动研究性教学,全面推行本科生指导教师制度。贯通本科课程与研究生课程,促进教学与科研相结合和研究成果向教学资源的转化,提高大学生的研究能力和创新能力。深化实验教学体系改革,加强各种形式的实践教学基地和实验室建设。继续支持人才培养基地建设,发挥基地班的示范作用;鼓励开设探索性、创新性实验课程和大平台课程;按照国家级标准,建成一批国内一流的教学实验中心和基础课程实验教学示范中心。

完善具有鲜明办学特色的多样化的人才培养模式。深化招生制度改革,提高生源质量;完善"三学期制"、"主辅修制(双学位制)"、"学分制"等多样化的人才培养模式,弹性化的教学运行机制及规范化的教学管理、评价和监控体系。扩大与国内外知名高校互派学生的参与面和覆盖面,培养学生的国际视野,增加学生的国际经验,提高学生的国际交流与合作能力。力争在"十一五"期间实现每年有5%的学生与境外高校交流的目标。积极探索和完善多校区条件下人才培养模式改革。加强教学管理人员培训,提高教学管理水平。

(4)改革研究生教育,以提高研究生创新意识、创新能力为核心,提升研究生教育质量和社会竞争力。

改革研究生招生制度,提高生源质量。规范导师招收研究生资格,把承担科研项目和科研经费数作为教师有无招生资格的重要依据;建立以交换生源为主要目的的重点大学校际、院际联盟;继续支持和完善"直接攻博、硕博连读、提前攻博"制度;探索研究生培养的收费制和成本社会分担机制,探索社会协同培养的方式;完善研究生奖、助学金制度,进一步改善研究生的学习和生活条件,积极吸引优质生源。

改革研究生培养模式。调整硕士研究生和博士研究生培养的定位,根据研究生的类型、学科特点,优化硕士研究生和博士研究生的培养过程。硕士生教育实行分类培养、分流管理。要进一步扩大硕博连读的比例,进一步优化硕士研究生的人才培养结构,争取学术型与专业型硕士生的比例逐步调整到1∶1。进一步采取有力措施多渠道筹措资金,"十一五"期间力争以奖、助学金的形式保证全日制研究生的基本生活需求。

以创新意识和创新能力培养为核心,努力提高研究生培养质量。加强导师队伍建设,把科研能力与水平作为选聘研究生导师的最重要指标;结合学科实际,推动学科交叉培养,推行导师组制度,以科研项目带动研究生培养,加强研究生教学与科学研究相结合;发挥重点实验室、教育部文科重点研究基地、"985工程"创新平台(基地)、"211工程"重点学科、国家重点学科在培养高素质研究生中的作用;进一步提高博士生培养质量,"十一五"期间,力争每年至少有一篇博士论文入选"全国百篇优秀博士论文"。

四、加强自主创新,强化团队合作,构建交叉融合、集成发展的科研创新体系

(1)深入贯彻落实全国科学技术大会精神,坚持把科研工作放在学校发展的核心地位,坚持"加强原创,鼓励交叉,聚集人才,强化组织,科教结合,贡献社会"的指导方针,加快建设科研创新平台、基地,积极

承担国家和地方重大科研任务，加强与企业科研合作，努力营造良好的科研创新环境，着力增强学校的自主创新能力。

(2)加强科研平台、基地建设。紧密围绕《国家中长期科学和技术发展规划纲要》的实施，结合国家创新体系(大学)建设，在重点建设“985工程”二期创新平台、基地的基础上，分类指导、分层次建设，逐步形成知识创新、技术创新与成果转化、公共服务三类平台为主体的创新平台体系。

建设以原始性科学研究和战略高技术研究、重大理论突破为主要目标的创新研发平台，包括：“嘉庚化学”实验室朝着国家实验室目标迈进；“国家海洋研究中心(厦门)”科技创新平台争取建成国家南方海洋研究中心；“细胞生长与发育调控”科技创新平台争取建成国家重点实验室；“智能化国防安全信息技术”科技创新平台争取建成国防重点实验室；新增8个以上省(部)级重点实验室；新增1～2个教育部文科重点研究基地和8～10个省级高校人文社科研究基地。

建设以行业共性技术、产品开发、技术转移和高层次决策咨询服务为主要目标的技术创新与成果转化基地，重点建设好“国家传染病诊断试剂与疫苗工程技术研究中心”，争取化工清洁生产技术、材料科学、光电信息材料与器件等领域新增1～2个国家工程实验室，3～4个国家工程(技术)研究中心和5～10个部省市级工程(技术)研究中心。

建设以公共服务和科研资源共享为主要目标的公共服务基地，包括：高性能计算中心、信息网络与存储服务平台，数字图书馆文献服务平台以及大型仪器设备共享平台。支持厦门大学出版社和《厦门大学学报》等高水平学术期刊建设，扩大其学术影响力。

(3)加强组织和协调，积极承担国家和地方的重大科研任务，力争取得一批具有重大学术价值和社会影响力的标志性成果。

自然科学研究领域，结合数理科学、化学化工科学技术、资源环境科学技术、海洋科学技术、生命科学技术、信息科学技术、材料科学技术、能源科学技术、国防科学技术等国家重大科技研究战略重点，发挥学科优势，集中力量重点突破，推进系统集成和关键技术创新。积极争取承担国家“973”、“863”和国家基金重大计划科技项目。

哲学社会科学研究领域，在政治经济学、财政学、金融学、统计学、会计学、高等教育学、国际法学、专门史、台湾地区研究、东南亚研究等优势和特色领域，推出一大批具有重大学术价值和社会影响的基础研究成果以及解决重大现实问题的应用研究成果。积极参与“马克思主义理论研究和建设工程”，积极培育名刊、名著、名作等学术精品，创造出更多具有中国特色、中国风格、中国气派的文化社科成果，为繁荣我国哲学社会科学做出重要贡献。

加强与企业的横向科研合作，积极争取横向科研经费。完善激励机制，鼓励教师和科研人员主动走进企业，围绕企业发展中需要解决的问题，与企业联合申报科研开发课题，参与企业的技术与管理攻关；聘请知名企业家和高级工程师来校举办讲座，加强交流，学校专家教授要争取成为企业的技术和管理顾问，进一步促进校企合作。

“十一五”期间科研经费要保持年均20%以上的增长速度，力争2010年科研经费突破4亿元。

(4)深化科研管理体制和运行机制改革，营造良好的科研创新环境。

按照“学科交叉、资源共享、运行开放、人员流动和绩效管理”的原则，改革基层学术组织结构；以项目组为单位组织科研活动，实行项目负责制和绩效管理，激发科研人员积极性；完善教师积极争取科研经费的激励机制；鼓励应用技术研发机构进入企业，帮助企业开展技术革新和发明创造；以“985工程”创新平台、基地建设为契机，按新理念、新模式、新机制推动王亚南经济研究院、财务管理与会计研究院、厦门国际法高等研究院、南洋研究院、台湾研究院、教育研究院等的建设与发展，适时组建材料研究院、微光机电研究院、国防安全信息技术研究院等集成、交叉、融合的研究机构，为知识创新和技术创新提供沟通与交融的平台。

探索和建立“开放、流动、联合、竞争”的科研运行机制，针对不同学科门类的特点，建立和完善科学的科研评价体系。对重要科研平台和基地在人才引进、资源配置、博士后流动站、研究生招生、项目经费配套和岗位聘任等方面予以政策倾斜。

五、加强技术创新和社会服务,构建产学研紧密结合的成果转化与产业化体系

(1)坚持把科技成果转化与产业化放在与教学、科研同等重要的地位,实现我校科技成果转化与产业化的跨越式发展。积极吸引和利用各种社会优势资源,多渠道筹集资金,创立科技成果转化与产业化专项基金,专项用于扶持科技成果转化与产业化及有市场前景的高新技术研究。

(2)搭建科技成果转化与产业化的大平台。加快厦门大学国家大学科技园建设,完善大学科技园孵化功能及其支撑和服务体系,使之成为学校科技成果转化与产业化的重要渠道;鼓励学科交叉与团队融合,在积极申报"醇醚酯化工清洁生产技术国家工程实验室"的基础上,组建不同领域、层次的高新技术产业化基地;走产学研紧密结合的道路,积极探索"官、产、学、研、资、介"合作的有效实现形式,在以企业为主体、市场为导向、产学研相结合的技术创新体系建设中发挥更大作用。

(3)紧密结合优势学科,明确发展方向,加快科研成果向社会转移。借鉴国内外成功经验,结合我校特色和地方经济的发展需要,创立和发展既有学科优势、又有厦大特色的高新技术企业,组建学科型公司,实现学科建设与科技产业化的相互促进、共同发展。重点发展精细化工、化学与生物制药、新材料、信息和咨询服务等产业,重点推进丙谷二肽、转基因蓝藻、光电探测器芯片、微型传感器、高效 CO 耐硫变换催化剂等项目的转化。

(4)坚持积极发展、规范管理的原则,理顺科技成果转化与产业化管理体制。

完成校办全资企业股份制改造,健全科技企业的管理制度。2006 年底前完成除资产公司外的校办全资企业股份制改造,建立起"产权明晰、权责明确、事企分开、管理科学"的现代企业制度,使企业真正成为法人实体和市场竞争主体,推动企业的发展。

制定稳定、切实有效的政策与措施,鼓励教职员工积极地参与技术创新以及成果转化与产业化工作。鼓励和允许科技研发与管理人才在教学科研岗位和产业岗位之间双向流动,在人员编制、职务聘任、工资晋升和提拔任用等方面建立和完善有利于科技成果转化和科技产业发展的政策导向。优化资源配置方式与手段,建立适应不同学科领域和不同研究方向的投入评价体系。

六、坚持"以人为本"的理念,汇聚优秀人才,构建梯队合理、名师荟萃的人才支持体系

(1)实施"厦门大学高层次创造性人才计划"。树立"人才是第一资源"的理念,抓住培养、吸引、用好人才三个环节,构建定位明确、层次清晰、衔接紧密、促进优秀人才可持续发展的培养和支持体系。培养和汇聚一批帅才、将才,一批具有国际先进水平的学术大师和学科带头人,培养和造就一大批具有创新能力和发展潜力的中青年学术带头人和学术骨干,培养和建设一批高水平的创新团队和优秀群体。"十一五"期间,学校投入师资队伍建设专项经费不低于 3 亿元。

(2)大力吸引优秀人才。要善于利用国际、国内人才资源,特别要面向世界积极引进优秀拔尖人才。结合学科建设发展的需要,每年引进、聘用全职教师 200 人左右;积极拓宽教师来源渠道,通过聘任兼职教师、招收博士后、返聘退休教师、研究生兼任教学助理等方式,促进教师资源的合理配置和有效利用;在坚持学校利益和投入产出效益的原则下,采取弹性化的人事制度,柔性引进国际优秀科学家和教授到学校工作。

(3)注重现有人才的培养。正确处理好引进人才与用好现有人才、绩效考评与人文关怀的关系,做好现有人才的选聘与培训,改善现有人才的生活待遇和教学科研条件;设立"教师培训和交流基金",每年选派 50～100 名学科或学术带头人、骨干教师赴国外著名高校进修访问,资助 50～100 名教师到国内一流高校和科研机构进修、访问和参加高级研讨班等短期学习交流,每年资助 150 名左右中青年骨干教师参

加全国性或国际学术会议以及其他形式的学术活动，继续资助教师在职攻读博士学位。“十一五”期间，选拔和培养300名左右的青年骨干教师，鼓励青年学术带头人勇于攀登科学高峰，增强原始创新能力，提高学术水平；进一步加强研究生和博士后队伍的建设，形成合理的研究梯队。

(4)加强战略科学家的培养和创新团队建设。以重点实验室和工程(技术)研究中心、教育部文科重点研究基地、“211工程”重点建设项目、“985工程”创新平台和基地为依托，实施“长江学者和创新团队发展计划”等人才培养计划，重点培养和引进20名左右具有战略眼光、能够把握科技发展趋势和国家战略需求，善于组织大规模科技创新活动和承担国家重大科研任务，具有崇高道德风尚和人格魅力的战略科学家；以战略科学家和学术带头人为核心，每年重点资助建立8个左右各级创新团队。“十一五”期间，力争有4～6个团队进入教育部“长江学者”创新团队行列，并力争有2～3个团队进入国家创新研究群体行列。

(5)加强技术支撑队伍和党政管理队伍建设。健全和完善实验、工程技术、图书资料等教师以外专业技术人员和党政管理职员的聘任、选拔、使用、培训、奖惩等管理制度，建设一支与学校事业发展相适应的，高水平、职业化的技术支撑队伍和党政管理队伍。

(6)继续推动人事分配制度改革。完善全员聘用制，建立以竞争、流动为核心的人事管理、人才评价制度和科学合理的分配、激励、约束机制，营造有利于优秀人才脱颖而出、吸引人才和稳定人才的良好环境；建立教职员工个人贡献、利益与学校发展协调统一的薪资分配机制，以岗定薪，按劳分配，优劳优酬；大力推进“学科带头人＋创新团队”的模式，鼓励校内互聘、复聘，最大限度地实现学科交叉和人才资源最佳组合与共享。

(7)加强师德师风建设，提高教师整体素质。修订完善《厦门大学教师教学规范》、《厦门大学学术道德行为规范》等制度，大力弘扬高尚师德，加强师德师风教育，规范教师的激励和约束机制，全面提高教师队伍的思想素质、职业道德水平、业务水平和综合能力，真正承担起教书育人的重任。

七、坚持“树优势、争一流、创名牌”的理念，构建优势明显、特色鲜明的学科体系

(1)坚持“树优势、争一流、创名牌”、“重点突破、整体推进”、“保持优势学科、发展特色学科、巩固基础学科、扶持新兴学科”的原则，按照“创新研究能力、创建一流学科、培育学科增长点”的思路，构建起基础学科力量雄厚，应用学科前景广阔，交叉学科活跃强劲，新兴学科不断生长，基础巩固、重点突出、交叉融合、优势明显、特色鲜明、充满活力的学科体系。认真梳理各学科的发展条件和发展态势，明确发展重点。在完善评价体系和做好校内学科评估的基础上，建立健全以绩效为导向的学科建设投入保障机制。

(2)继续实施“985工程”和“211工程”。紧密结合国家创新体系(大学)建设，进一步以学科建设为核心，凝练学科方向，汇聚学科队伍，构筑学科基地，集成优质资源，优化资源配置，促进资源共享，提高建设效益，形成若干具有国际先进水平的标志性成果，使科技创新平台和哲学社会科学创新基地成为国家创新体系(大学)的基本建设单元或重要节点，以平台、基地建设推动学科建设，提升学科核心竞争力。

(3)巩固基础学科和提升传统优势学科。继续巩固和提升基础学科，着力增强学科的核心竞争力和可持续发展能力；现有重点学科要瞄准国际科学发展前沿领域和国家目标，整合力量，集成突破，在若干方向上努力逼近或达到国际同类学科的先进水平。“十一五”期间，要下大力气培育若干真正能够与国际同行对话的学科(包括化学、海洋科学、生命科学、环境科学与工程、材料科学与工程、光电技术与工程、经济学、专门史、工商管理、教育学、法学等学科)；扶持若干有前景、有潜力、有条件的学科，积极争取新一轮的国家级重点学科。

(4)大力发展应用学科。跟踪世界科学发展的新趋势，瞄准国家重大需求，根据研究型大学建设的要求和学校自身特点，真正按照工科发展的特点和规律，加强工科建设；积极探索市校联办医学院的办学管理体制，通过引进人才尤其是学科带头人和领军人物，发挥综合性大学学科优势，推动医学学科建设的突

破与进展;加大扶持力度,着力增强应用学科的适应性,努力培养现代化建设需要的高层次人才,提高解决经济社会发展重大问题的能力,全面提高学科建设的社会效益。

(5)培新扶弱,完善学科体系。打破院系界限和学科壁垒,强化激励机制,促进学科交叉融合和集成,积极推动新兴学科、交叉学科的形成和发展,培植新的学科增长点。重点扶植对学科整体布局和提升整体水平具有重要影响的薄弱学科,努力争取博士点或一级学科博士点,使之逐步跨入国内同类学科先进行列。

八、广泛开展国际和台港澳地区学术交流与合作,构建定位清晰、互利共赢的学术交流与合作体系

(1)实施国际化战略。设立"国际学术交流与合作基金",专项用于促进国际和区域间实质性合作与交流的开展;加强与联合国教科文组织等国际组织的联系和合作,吸引各类资源的投入;积极推进国际合作与交流向全方位、多领域、高层次发展,着力提升各学科的国际竞争能力,提高学校的国际化程度。

(2)坚持国际化标准,遵循国际通行的学术规范。国际交流的重心下移,以学院(研究院)为主体,教师为主角,聚焦学术前沿,瞄准国际一流,在更广范围、更宽领域和更高层次上与国内外著名研究机构和著名高校开展高水平的教学、科研合作与交流。突出重点,发展战略伙伴群体,继续推动"全球八校联盟"之间的实质性交流与合作,努力与20～30所世界名校建立长期稳定的实质性合作伙伴关系。每年重点支持4～6个院(系、所、研究中心),加强与世界名校在科研项目、高层次人才培养和学生联合培养方面的实质性合作。

(3)积极举办、参加高层次国际学术会议。加大奖励、资助力度,鼓励教学科研人员积极参与各类国际学术组织,在国际著名学术刊物上发表论文;每年争取举办或参与举办30～50次国际学术会议;办好第1届国际法高等研讨班(2006年7月)、第35届国际光谱会议(2007年9月)、第17届国际磷化学会议(2007年10月)等重大国际学术会议。

(4)积极发展留学生教育。通过加强招生宣传、设立奖学金、减免学费等各项有力措施,大力吸引优秀留学生生源,增加招收留学生的专业种类,扩大留学生规模,提高留学生层次。在合作院校之间更广泛地开展学生互换、学分互认。

(5)拓展海内外教育市场。积极实施"汉语桥工程",加强境外"孔子中文学院"建设,加强特色学科和优势学科的对外教学工作,大力推进网络和多媒体汉语教学项目,丰富对外汉语教学资源;贯彻《中外合作办学条例》,办好留学预科学院、光前(国际)学院等,积极引进境外优质教育资源,促进合作办学。

(6)加强与台港澳地区特别是台湾地区的教育交流与合作。有计划地聘请台港澳地区教育界、学术界的拔尖人才来校任教或合作研究;认真贯彻国家有关政策,实行与大陆学生同一收费标准,每年安排一定国家计划名额用于招收台港澳地区本科生和研究生,积极招收和接纳台港澳地区学生特别是台湾地区学生来校学习;积极做好台港澳地区校友和各界人士的联谊、交流工作,使学校成为祖国大陆与台港澳地区开展教育、科技、文化交流的重要基地,为实现祖国统一大业做出积极的贡献。

九、坚持"绩效管理"的理念,构建渠道广泛、高效合理的资金筹集和资源配置体系

(1)千方百计扩大办学资源。成立"厦门大学发展与合作委员会",研究、统筹和协调办学资源的筹措。用好政策,继续积极争取中央和地方的各种财政补助(包括正常教育经费、科研经费、基本建设经费、专项经费、共建经费、财政性补贴等)和土地、金融、税收、社保等政策性资源;强化政策导向,鼓励教师争取纵向、横向科研课题,增加科研经费投入;挖掘研究资源,密切校企合作,加快科技成果产业化进程,增强学校自身"造血"功能;强化社会服务职能,积极开展高水平的决策咨询和高层次的培训服务,以服务求

支持，以贡献促发展；重视利用社会资源，扎实做好校友、华侨等社会各界的联络沟通工作，广泛吸收海外华侨、校友等社会各界捐赠，多渠道筹集办学资源；盘活现有资源，促进各类资源的统筹利用，切实提高利用率；发展壮大"厦门大学教育发展基金会"，建立健全基金管理办法，确保基金保值增值。

"十一五"期间力争办学经费保持年均10%的增长速度，2010年当年度办学总经费确保16亿元，力争达到20亿元。

(2)提高资金使用效益。坚持"统一规划、分类指导、分步实施、分层次建设"，注重各类投资的可行性研究，加强项目规划和论证咨询；按照"决策透明、财务公开、理财民主"的原则，实行财务决策前置和管理重心下移，强化目标管理；完善"统一领导、分级管理、财力集中、财权下放、分级报账、集中核算"的财务管理体制和运行机制；健全财务管理规章制度，强化财务责任，规范财务行为，加强财务监督和财务审计工作；建立财务预警系统，有效防范和化解财务风险，确保学校财务健康、良性和可持续发展。

(3)厉行节约，建设节约型学校。实施以绩效为依据的资源配置模式，树立办学的成本、效益观念，建立绩效评价指标体系，推行绩效预算，实施绩效管理；量化办学资源，强化成本核算，适时评估投入产出效益，以评估结果为主要依据优化配置办学资源；加强资产管理，最大限度地实现仪器设备、实验空间等资源的开放与共享，杜绝重复购置和重复建设；开展办学单位国有资产占用情况清查、登记工作，制定办学成本全额核算标准及办学资源使用、管理办法。"十一五"期间，要在进行办学资源有偿使用改革试点的基础上，全面推行办学成本全额核算。

千方百计降低办学成本，在课堂教学、实验教学、行政办公、公共服务、基本建设、科研和后勤等各方面的管理体制和运行机制上深入推进改革，建立有利于节约的激励和制约机制，把节约指标列入各单位实绩考核评价体系之中；大力加强对水、电和教室、实验室、宿舍等公共场所的使用与管理，挖掘各种资源的使用潜力，不断提高资源利用率；以节能、节水、节材、节地等资源综合利用为重点，大力加强资源的循环利用；加强节约资源的宣传教育，强化师生员工的节约意识。

十、坚持建设"和谐校园"的理念，构建功能完善、保障有力的条件支撑体系

(1)优化办学空间布局。合理规划校本部、漳州校区、集美校区的功能定位。探索并不断完善多校区管理办法，实现校区管理的现代化、信息化，在多校区的教育模式上、教学组织上、学科设置上、管理体制上寻求新的突破。

(2)建设和谐校园。坚持建设优美校园环境与大力弘扬具有我校传统与特色的大学精神相统一，形成追求真理、昂扬向上、奋发有为的精神面貌，营造"安全、优美、节约、文明"的校园环境，构建传统文化与现代科技融合的人文环境，实现教书育人、管理育人、服务育人和环境育人等多维育人因素和谐发展的格局。

(3)创建"平安厦大"。建立完善的安全管理责任制和公共安全监控体系，加强校园及周边治安综合治理工作，确保校园及周边安全；加大校内交通安全管理力度，严格车辆规范化管理；科学有效地应对各种突发事件，提高重大灾害事件的反应处置能力；建立学校公共卫生安全责任制与公共疾病预警监测机制，做好饮食卫生管理与卫生防病工作；探索建立厦大师生员工"重大疾病"救助体系；加强群众性体育活动，增强师生员工体质，建立师生员工身体健康检查、跟踪和指导工作。

(4)建设优质高效的公共服务体系。校园主干网提升至万兆主干，并支持下一代互联网CERNET-2。扩充、完善数字图书馆支撑体系；建设特色数字资源，购置一批国内外数字资源库(或使用权)，进一步丰富我校数字图书文献资源。科学规划和大幅度调整全校实验室建制，并逐步实现按大学科群设置实验室，变"小实验室"为"大中心"，构建与高水平大学相适应、资源共享、全方位开放的实验室建设格局。继续加强校园信息化建设，重点加强行政管理数据库系统、办公自动化系统和"一卡通"工程建设，建立决策信息支持系统，使新老校区办学资源充分共享。加强档案工作，推动电子档案建设，提高档案管理水平。

(5)大力推进"216工程"建设。"216工程"是构筑学校发展的物质基础，是拓展更大办学空间的支持

体系。"216 工程"的"2"指漳州校区和集美校区建设工程;"1"指西村、北村教职工住宅改造工程;"6"指化学大楼、海洋大楼、曾厝垵学生公寓二期、博士生公寓、中美合作富邦医院、海韵二期大学科技园等六大项目。逐步启动校本部白城、海滨等区域的住宅改造工程,着手筹建漳州校区教职工住宅区,进一步改善教职工的学习、生活和创业环境。

加快海韵园二期工程的建设,力争 2007 年完成海韵园二期基本建设;加快漳州校区三期工程的建设,力争 2007 年全面完成漳州校区的基本建设;力争 2006 年 4 月 6 日学校 85 周年校庆之际,集美校区奠基,2010 年全面完成集美校区的基本建设。到 2010 年新增校舍面积 90 万平方米;在实现理工科教师人均实验用房不低于 30 平方米,文科教师人均工作用房不低于 10 平方米的建设目标的基础上,为教师提供更好的工作条件。

(6)深化后勤改革。坚持后勤为师生和教学科研服务的宗旨,深化后勤社会化改革,正确处理经济效益与社会效益的关系,进一步增强后勤职工服务意识,提高后勤服务保障能力,为学校各项事业发展和师生员工生活提供优质服务。加大竞争力度,加强内部核算,降低服务成本,力求后勤服务优质低价;按照"421"的标准,进一步加快学生公寓建设;在积极推进后勤社会化改革中,通过探索新体制、新机制,提高后勤运行效率,降低资源能耗。

十一、探索建立现代大学制度,构建体制顺畅、机制灵活的现代大学管理体系

(1)明晰学校外部关系。要在国家现行法律框架下,用足政策,不断发展和完善学校与政府和社会的关系,拓展发展空间,培育发展潜力。深化办学体制改革,继续推动省市与教育部共建厦门大学,更加贴近省市的需求、融入省市的发展,为福建省全面建设小康社会、海峡西岸经济区建设做出更大贡献。

(2)依法治校,规范管理。建立健全自我约束、自我发展、自我完善的机制,增强自律能力。遵循"从严治教、规范管理"的原则,加强学校制度建设。依据有关法律法规以及教育行政部门的实施细则,组织制定反映学校个性特征、体现全体教职员工和学生共同意志的大学章程,并严格照章管理。完善学校内部组织结构即领导体制和管理体系;完善教师、学生、管理人员的责权利的规章、政策和行为准则。

(3)建立民主科学的决策机制。健全和完善学校治理结构和决策机制,明确决策权限分工,健全、完善学校的咨询、决策、执行和监督系统,实行校务公开,充分发挥教职工代表大会、学术委员会、学位委员会、教学指导委员会等在民主管理、科学决策、政策咨询中的重要作用,在发扬民主的基础上形成科学的决策;逐步转变学校的行政职能,进一步增强学术权力,加强教授治学、教师参与学校学术事务管理的权力。在明确决策权限的同时,明晰决策程序,重点完善规范性文件的制定程序。

(4)转变管理职能,提高运行效率。推进机关机构和管理模式改革,建设"精简、高效"的学校管理机构,强化服务意识,实现管理工作协调、高效、规范,切实提高管理与服务水平;完善校院两级管理体制,进一步理顺学校与学院的责权利关系,充分发挥学院在教学改革、学科建设、师资队伍建设、科技创新等方面的积极性和创造性。

十二、加强和改进党建和思想政治工作,提高执政能力,构建与时俱进、坚强有力的党建和思想政治工作体系

(1)努力实践"三个代表"重要思想,认真学习好、贯彻好、落实好党的十六大和全国党建与思想政治工作会议精神,不断探索党建和思想政治工作的新思路,建立永葆共产党员先进性的长效机制,不断加强党的执政能力建设和党的先进性建设,努力增强党的创造力、凝聚力和战斗力,以改革的精神和时代发展的要求,全面推进党建和思想政治工作,促进学校事业全面健康协调可持续发展。

(2)加强党的思想理论建设。进一步巩固马克思主义在学校的指导地位,按照学习型党组织的要求,完善党员理论学习制度,用马列主义、毛泽东思想、邓小平理论和"三个代表"重要思想武装全校党员的头

脑,增强党员学习实践“三个代表”重要思想和落实科学发展观的自觉性和坚定性,把坚持正确的政治方向贯穿于学校工作的各方面,贯穿于人才培养全过程,努力使党员领导干部不断增强政治敏锐性,提高统揽学校改革发展与稳定全局的能力;使广大教职工党员不断增强党员意识,坚定理想信念,加强师德师风建设,强化服务观念,成为教书育人、管理育人、服务育人的排头兵;使学生党员不断端正入党动机,坚定报国之志,努力锻炼成才,坚持诚信做人,在学生中发挥先锋模范作用。

(3)坚持和完善党委领导下的校长负责制,坚持和健全民主集中制。健全和完善党委统一领导、党政分工合作、协调配合的工作运行机制,不断增强领导班子的团结和活力;按照“集体领导、民主集中、个别酝酿、会议决定”的原则,进一步规范、完善党委议事制度、党内情况通报制度和情况反映制度,建立健全民主决策和科学决策机制;进一步密切联系群众、服务群众,畅通决策反馈渠道。

(4)加强领导班子和干部队伍建设。切实加强党委对学校工作的集中统一领导,发挥校党委统揽全局、协调各方的核心领导作用;加强各级领导班子建设,特别是校级领导班子建设,努力提高领导班子的综合素质、领导水平和驾驭全局的能力。加强干部队伍建设,拓宽干部选任工作的视野和渠道,加强干部的宏观管理和干部的培养教育工作,坚持和完善干部考察预告制、公示制、干部任期制度;完善内部监督机制,建立奖惩机制和引咎辞职制度;干部队伍的培训和培养要走向职业化和制度化,增强干部队伍的活力。

(5)加强组织建设,不断提高基层党组织的凝聚力和战斗力。坚持围绕中心、服务大局,拓宽领域、强化功能,加强在中青年教师和高知识群体中发展党员的工作,努力改善党员队伍的构成和分布;合理调整和设置基层组织,扩大党的工作的覆盖面;加强支部建设,充分发挥支部在教学、科研、人才队伍建设和各项工作中的战斗堡垒作用。探索永葆共产党员先进性的长效机制和具体措施,充分发挥广大党员在学校改革和发展中的先锋模范作用。

(6)加强党风廉政建设。深入学习贯彻中共中央《建立健全教育、制度、监督并重的惩治和预防腐败体系实施纲要》精神,坚持为民、务实、清廉,坚持党要管党、从严治党,坚持标本兼治、综合治理、惩防并举、注重预防,建立健全教育、制度、监督并重的惩治和预防腐败体系。把加强教育、完善制度、强化监督的各项任务与学校中心工作以及各项管理活动紧密结合,建立责任机制,明确具体责任;建立督查机制,保证工作的进度和质量;建立考评机制,确保各项任务落到实处;逐步推进党务公开,拓宽党员参与党内事务的渠道,加强民主监督,努力拓宽党外监督渠道。

(7)进一步加强和改进思想政治教育。着力做好大学生和青年教师的思想政治工作;深入贯彻落实中共中央、国务院《关于进一步加强和改进大学生思想政治教育的意见》精神,坚持教书与育人相结合,坚持教育与自我教育相结合,坚持政治理论教育与社会实践相结合,坚持解决思想问题与解决实际问题相结合,坚持教育与管理相结合,坚持继承优良传统与改进创新相结合,紧密结合全面建设小康社会的实际,以理想信念教育为核心,以爱国主义教育为重点,以思想道德建设为基础,以大学生全面发展为目标,解放思想、实事求是、与时俱进,坚持以人为本,贴近实际、贴近生活、贴近学生,努力提高思想政治教育的针对性、实效性和吸引力、感染力,培养德智体美全面发展的社会主义合格建设者和可靠接班人。

建立健全党委统一领导、党政群齐抓共管、有关部门各负其责的领导体制和工作机制,形成思想政治教育的强大合力。要建立健全与法律法规相协调、与高等教育全面发展相衔接、与大学生成长成才需要相适应的思想政治教育和管理的制度体系。加大思想政治教育的经费投入,不断改善条件,优化手段。要把大学生思想政治教育工作作为对学校办学质量和水平评估考核的重要指标,纳入学校党的建设和教育教学评估体系。

加强校园文化建设。努力弘扬先进文化,营造健康向上的校园文化。加强宣传舆论工作,统一思想,凝聚人心,不断提高学校的向心力和知名度,为学校改革发展营造良好的内外部氛围。要增强政治意识、大局意识、阵地意识、责任意识,健全突发事件快速处置机制,维护学校稳定。在稳定中推进学校的改革和发展,通过改革发展促进学校稳定。

(8)加强对统战工作和工会、共青团等群团组织的领导,充分发挥民主党派和工会、共青团等群团组织在学校改革发展中的作用,充分调动各方面投身学校改革与发展的积极性。坚持和完善以职工代表大会为基本形式的民主管理制度,推动二级教职工代表大会在各学院全面开展。

(9)重视做好离退休工作。加强调研,加强离退休教职工思想政治工作,帮助解决离退休教职工生活上的实际困难;充分发挥离退休同志的专业特长,广泛听取他们对学校建设发展的意见,支持他们为学校的发展多做贡献;支持离退休联合会、老年大学、老年体协、老教授协会等开展工作,使离退休教职工真正做到"老有所养、老有所医、老有所学、老有所乐、老有所教、老有所为"。

——本文摘录自《关于印发〈厦门大学"十一五"规划和2021年远景规划〉的通知》,厦大办〔2006〕13号,档号2006-XZ09-12

厦门大学2005—2006学年第二、三学期工作计划要点

（2006年2月20日）

2006年是学校实施“十一五”规划的起步年、开局年，又适逢建校85周年，在学校办学史上有着十分重要的意义。2005—2006学年第二、三学期工作的指导思想是：以邓小平理论和“三个代表”重要思想为指导，深入学习、贯彻、落实党的十六大和十六届五中全会精神和全国科学技术大会精神，坚持以人为本、全面协调可持续的科学发展观，根据“巩固、深化、提高、发展”的八字方针，以发展为第一要务，以积极参与国家创新体系建设、提高自主创新能力为核心，坚持“重点突破、整体推进、协调发展、全面提高”的原则，抓住机遇，深化改革，加快发展，乘势而上，为建设世界知名的高水平研究型大学奠定坚实基础。

一、巩固保持共产党员先进性教育活动成果，加强党建与思想政治工作，为学校的改革发展提供强有力的政治保障

1.逐步建立“党员受教育、永葆先进性”的长效机制。在认真总结保持共产党员先进性教育活动成功经验和做法的基础上，落实党员先进性教育活动整改方案，积极探索永葆共产党员先进性的长效机制和具体措施，做好建章立制工作，重点在党员学习教育、领导班子思想建设、党的基层组织建设、党员民主监督和民主参与、党员联系群众等五个方面构建长效机制。本学期要完善中心组学习制度，健全和完善党员学习的监督机制，制定《中共厦门大学委员会关于基层党组织设置的若干意见》，修订《中共厦门大学委员会关于学院党的委员会（总支部委员会）工作暂行办法》、《中国共产党厦门大学支部委员会工作条例》等。开展纪念中国共产党成立85周年和福建省第一个党组织——中共厦门大学支部成立80周年的活动，使广大党员接受党的光荣传统教育，以增强历史使命感和责任感，坚定理想信念。

2.加强领导班子和干部队伍建设。注重思想建设和理论武装，认真研读《党章》，深入学习党的十六届五中全会精神，深刻理解和全面落实科学发展观，科学把握建设高水平研究型大学的指导思想，进一步提高领导班子和干部队伍的思想政治水平。加强组织建设，修订《厦门大学中层领导干部选拔任用的若干暂行规定》和《厦门大学科级干部选任工作暂行条例》，制定《厦门大学后备干部工作暂行规定》，扩大干部选任工作的视野和渠道，大幅度大规模开展干部培训工作。认真抓好党风廉政建设，进一步学习贯彻中共中央《建立健全教育、制度、监督并重的惩治和预防腐败体系实施纲要》，认真实施《关于贯彻落实〈建立健全教育、制度、监督并重的惩治和预防腐败体系实施纲要〉的具体办法》。

3.大力加强和改进思想政治工作。继续认真贯彻中共中央16号文件及全国加强和改进大学生思想政治教育工作会议精神，制定和修订学校相关实施方案。加强政工队伍建设和班主任队伍建设，加强师德师风建设和学风校风建设，制定《厦门大学关于进一步加强师德师风建设的意见》和《厦门大学关于进一步加强学风建设的意见》。加强学生心理健康教育，积极主动地做好预防和干预。不断拓展思想政治教育的有效途径，建立广泛稳定的社会实践基地，完善大学生社会实践教育内容体系。探索建立畅通的学生沟通反馈机制的途径和方式，制定《厦门大学学校学生沟通反馈机制实施方案》。

4.认真贯彻民主集中制，健全民主科学的决策机制。坚持和完善党委领导下的校长负责制，健全和完善党委统一领导、党政分工合作、协调配合的工作运行机制。建立健全领导班子成员决策调研和反馈机制，进一步做好领导干部联系点的工作，加强信息信访工作和总值班室工作，畅通群众反映意见和建议

的渠道。按照"集体领导、民主集中、个别酝酿、会议决定"的原则,进一步规范党委议事制度,完善重大问题决策机制。健全和完善校教代会制度,推动二级教代会建设,本学期完成工会换届工作,并筹备教代会换届工作。

二、围绕国家创新体系建设,启动实施"十一五"规划,大力推进"985 工程"二期建设和"216 工程"建设,加强重点学科建设

1.启动实施《厦门大学"十一五"规划和 2021 年远景规划》。以科学发展观为指导,增强危机感、紧迫感和责任感,坚定实现奋斗目标的信心和决心,科学地制定相应的具体实施方案,采取各种切实可行的措施,扎扎实实地做好各项工作,确保"十一五"头一年起好头、开好局。

2.加快"985 工程"二期"科技创新平台"和"哲学社会科学创新基地"建设,努力增强自主创新能力,提升学校的核心竞争力和国际竞争力。全力促成教育部与福建省、厦门市签订新一轮重点共建厦门大学协议,为学校"985 工程"二期建设和"十一五"期间的发展争取更多的经费和资源。落实和理顺各创新平台和基地的组织领导体系,充分发挥学科带头人的领军作用;落实建设进度,对各创新平台和基地的建设进展情况和建设效益进行检查评估;根据"985 工程"二期建设任务和目标,调整具体实施方案,进一步明确下一步发展规划,加快建设步伐。

3.做好"十五""211 工程"的验收工作,确保顺利通过国家验收,启动"十一五""211 工程"的立项前期工作。严格按照"211 工程"部际协调领导小组的要求和国家发展改革委员会批复的建设项目可行性研究报告及有关文件,坚持标准,实事求是,认真总结"十五""211 工程"建设成效,充分展现建设成效和形成的标志性成果,着手研讨并形成"十一五""211 工程"建设方案。"十五""211 工程"整体验收工作必须在 4 月至 6 月内全部完成。

4.采取有力措施,促进学科的汇聚、交叉、融合,加强重点学科建设。促进不同院系之间的学科交流与合作,通过学科交叉培育新的学科增长点,积极创造有利条件,促进大型科研团队的形成和战略科学家的成长。通过梳理我校各学科的发展条件和发展趋势,明确各学科的重点、队伍水平及创新能力,科学合理地配置资源。启动原有国家重点学科的自查评估和以一级学科为单位的国家重点学科申报工作,确保原有 13 个国家重点学科继续得到国家认可,努力争取若干一级学科获准国家重点学科的资格。

5.全面推进"216 工程"建设,大力改善学校办学条件和办学环境。加快漳州校区建设步伐,85 周年校庆前完成漳州校区风雨球场,南部隧道工程和漳州校区 300 人、600 人两个学术报告厅的建设,9 月完成漳州校区人文大楼,公共教室大楼和中部学生公寓、食堂的建设,尽快开工建设经管大楼、理工大楼、生化大楼和学生活动中心。力争 85 周年校庆之际集美校区奠基建设。有序推进西村、北村旧房改造工程,启动白城、海滨旧房改造和漳州校区教工住宅建设准备工作。完成化学化工学院实验大楼、海洋楼(二期)和博士生公寓的建设以及上弦场改造工程,力争 9 月份完成曾厝垵学生公寓(二期)工程,加快推进西边社大学科技园二期和富邦国际医院的工程建设,启动校本部千人学术报告厅建设。

三、以"厦门大学走向世界"为主题,隆重举办建校 85 周年庆祝活动,对内鼓舞士气、凝聚人心,对外展示实力、扩大影响,推动学校的建设与发展

1.积极谋划,认真筹备,扎实工作,确保 85 周年校庆大会、诺贝尔奖获得者讲座、中外大学校长论坛、海峡两岸高层论坛及系列配套活动圆满成功。

2.加强校园和周边环境的整治工作,以更加优美、平安、和谐的校园环境和氛围迎接海内外校友和嘉宾。

3.认真做好校友接待工作,开好校友代表大会。充分发挥各学院、研究院的积极性和主动性,开展形式多样的校友联谊活动,引导广大校友为学校的发展献计献策。

4.成立厦门大学教育发展基金会，凝聚海内外校友及社会各界朋友的力量，千方百计筹集办学资源。

四、借本科教学工作水平评估取得"优秀"的东风，认真总结经验，以培养各层次创新型、研究型人才为目标，优化人才培养体系，提高人才培养质量

1.认真总结本科教学工作的经验，巩固成果，深化改革，加强管理，健全和完善规范化的教学管理、评价、监控体系。

2.围绕创新型研究型人才培养，探索高水平研究型大学课程体系，建设跨学科通用型课程平台。积极推动研究性教学，继续实施新世纪教改工程，启动实践教学与大学生创新教学平台建设。逐步推进本科生全面选课制度，推动研究生学科交叉培养和跨院系选课工作。

3.加强导师队伍建设，进一步完善助教制度。全面推行本科生指导教师制度。加强研究生导师队伍建设，把研究生导师真正作为一种工作岗位来对待，把科研能力、教学水平和师风师德作为选聘研究生导师的重要指标；进一步规范导师招收研究生的资格与条件，把科研项目及经费、科研能力、累计在学人数、培养质量与水平等作为导师是否招收研究生和招收研究生数量的重要依据；提倡导师组制度，以科研项目带动研究生培养。进一步加强助教队伍建设，按照合理比例配备助教人数。

4.认真总结上学年实行"三学期制"的经验，完善"三学期制"培养模式，启动短学期课程建设计划。

五、深入贯彻全国科学技术大会精神，落实《国家中长期科学和技术发展规划纲要》，切实增强自主创新能力，推动科研工作再上新台阶

1.召开全校科技工作会议，传达贯彻全国科学技术大会精神，认真研讨《国家中长期科学和技术发展规划纲要》，明确科研工作的指导方针和奋斗目标，切实转变思想观念，统一认识，瞄准国家经济建设和社会发展的重大需求，积极参与区域创新和企业创新，为海峡西岸经济区建设贡献力量。

2.重点抓项目、抓经费，实施项目带动战略，加强源头介入，努力提高争取国家重大项目和科研经费的能力，积极协调、组织、争取国家"863"、"973"和地方重大项目。建立合理的科研评价和考核聘任机制，进一步调动广大教师争取承担科研项目的积极性，积极营造更加良好的科研创新环境。

3.加强科研基地的建设和管理。继续加大国家重点实验室、国家工程技术研究中心、教育部文科重点研究基地等科研基地的建设力度，组建"联合学术团队"和"联合研究中心"，构筑符合科技发展趋势和具有强大竞争力的学科平台，争取建设更多高水平的科研基地。抓好10个左右的福建省文科重点研究基地建设工作，加强校内文科研究机构的建设和管理，本学期将着手开展校级研究机构的考核和评估工作。

4.建立和完善共享平台机制。进一步理顺仪器设备管理体制和运行机制，提高仪器设备的共享和使用效率，出台《厦门大学贵重仪器设备维持费、开放运行费管理条例》和《厦门大学贵重仪器设备开放使用收费管理办法》，加强仪器设备的管理。

六、加快科技成果转化及产业化重要平台的建设步伐，促进科技产业的规模发展和快速发展

1.根据教育部《关于积极发展、规范管理高校科技产业的指导意见》精神，进一步完善公司治理结构与制度建设，出台企业管理条例和加强财务管理等规章制度，在2006年底以前完成全资企业改制工作，实现教育部关于高校产业规范化建设的目标。

2.尽快形成并组织实施学校国家大学科技园建设模式和方案，抓紧注册成立科技园平台公司——厦门大学国家大学科技园有限公司，推进科技园二期（西边社孵化区）和科技园三期（集美生物医药软件园）

的建设工作,积极争取将厦门市软件园二期的"大型仪器设备公共试验平台建设"纳入我校科技园二期(西边社孵化区)建设规划,提升我校科技园各孵化机构和入园企业的研发实力和条件,更好地发挥国家大学科技园的平台作用。积极组织有关机构申报国家大学科技园认定基金、科技部和教育部的科技园专项基金、省市国家大学科技园扶持基金等各类基金的课题或项目。

3.充分利用和有效整合学校的优势资源,组织相关研发机构申报国家、省、市工程(技术)研究中心(工程实验室)。力争"醇醚酯国家工程实验室"早日获得国家批准;做好福建省集成电路工程技术研究中心的规划建设申报工作。

七、深化改革,规范管理,强化服务,为师生员工提供更好的工作、学习和生活环境

1.根据学校发展需要,坚持引进和培养并重,继续实施和完善各项人事制度和人才队伍建设计划,打造一流队伍。在本学期完成新一轮的定编定岗工作。

2.继续推动以学院为重心的国际合作与交流工作,推进我校高层次的国际合作办学项目和孔子学院的建设工作;进一步加强外籍教师队伍建设。

3.进一步树立"绩效管理"观念,建立以严格、科学、合理的成本核算为基础的各项管理制度,建设节约型学校。出台并实施学校公房水电收费管理办法,逐步建立办学资源有偿使用制度,进一步完善规划和设计工作,坚决扼制在用水、用电和搬迁装修等方面存在的浪费现象,制止浪费行为,切实提高办学资源使用效率。加强学校资产(包括有形和无形资产)的保护和管理,确保学校有限的办学资源不被挤占或侵占,重点抓好学生宿舍的管理和整治。本学期着手对各教学科研单位的投入产出情况进行量化考核,为学校开展成本核算提供依据。

4.继续推进校园信息化建设,大力加强数据库系统建设,全面推动"校园一卡通"工程,切实提高管理水平和管理效益。

5.加强校园治安工作,加强消防重点、要害部位和校内交通安全管理,实现校门管理智能化,对进入校园的车辆实行收费管理。条件许可时,在校内道路安装车速雷达测控系统。

6.继续深化后勤社会化改革,健全资产管理的规章制度,后勤保障要继续抓好优质高效服务,加强内部管理,提高绩效。切实办好"教工俱乐部"。

7.召开全校体育工作会议,继续深入实施全民健身计划,扩大教工活动中心,推动师生员工积极参加体育锻炼,增强师生员工身体素质。探索建立师生员工大病救助机制。

——本文摘录自《关于印发〈厦门大学2005—2006学年第二、三学期工作计划要点〉的通知》,厦大委综〔2006〕3号,档号2006-XZ09-15

厦门大学2006—2007学年第一学期工作计划要点

（2006年9月25日）

2006—2007学年第一学期学校工作的指导思想是：以邓小平理论和“三个代表”重要思想为指导，认真贯彻《中共中央关于学习〈江泽民文选〉的决定》，在深入领会“三个代表”重要思想上下功夫，在深刻领会党的十六大以来提出的一系列重大战略思想及全国科学技术大会精神上下功夫，继续深化保持共产党员先进性教育活动的长效机制，深化社会主义荣辱观教育，用科学发展观统领学校工作全局，积极参与国家创新体系建设，认真落实2006年“东山会议”精神，切实加强创新型人才培养，与时俱进，深化改革，加快发展，为建设世界知名的高水平研究型大学奠定坚实基础。

一、深入学习，探索保持共产党员先进性的长效机制，加强党建与思想政治工作，为学校的改革发展提供强有力的政治保障

1.加强全校性理论学习工作。认真组织全校党员深入学习《江泽民文选》并作为中心组学习的主要内容，坚持学习、宣传、研究相结合，强化落实措施，做到学以致用，用有成效；深刻领会和深入贯彻学习胡锦涛总书记在庆祝中国共产党成立85周年暨总结保持共产党员先进性教育活动大会上的重要讲话精神，认真学习中共中央办公厅印发的保持共产党员先进性长效机制的四个文件，巩固保持共产党员先进性成果，建立先进性教育的长效机制，使广大党员进一步增强加强党的先进性建设的责任感和使命感；认真学习科学发展观的精髓，真正把科学发展观落到实处；深入学习贯彻党章，掌握党章的精神实质，进一步强化党章意识和党员意识、组织观念和纪律观念；认真学习即将召开的党的十六届六中全会精神，全面把握“建设社会主义和谐社会”这一重大战略任务的精神实质。

2.加强领导班子和党员队伍建设。加大各级领导干部的调整力度，对各级领导干部进行及时补充和必要的调整；继续开展党支部工作“立项活动”，把党支部工作“立项活动”作为基层党建工作的一项常规性工作；全面贯彻第十四次全国高校党建工作会议精神，贯彻落实党员发展规划，切实做好大学生和中青年骨干教师的党员发展工作。

3.加强和改进思想政治工作。

（1）向孟二冬同志学习，加强师德师风建设。认真学习胡锦涛总书记给孟二冬女儿的回信的精神，以孟二冬同志为榜样，进一步培养爱岗敬业、教书育人的高尚精神，全面提高教师和教育工作者的素质，更好地发挥其积极性和创造性，并使之自觉肩负起为中华民族培养、造就社会主义合格建设者和可靠接班人的重要责任，做让人民满意的教师和教育工作者。

（2）做好学生思想政治工作。完善学生工作管理体制；完善思想政治理论课程教学体系，做好思想政治理论课程首席教授聘任工作；加强形势与政策教育，统一安排、组织专家宣讲我校特有的“四种精神”；加强网络监管力度，制订出学生工作类网站管理制度，建立BBS分级管理模式，完善校园网络管理制度；制定《厦门大学校生沟通反馈机制实施方案》，加强心理健康教育和心理咨询队伍的建设，建立合理的心理咨询与健康教育运行机制，扩大心理咨询与健康教育覆盖面，加强心理咨询与健康教育工作力度。

（3）切实完善辅导员队伍建设。认真贯彻落实中共中央16号文件精神，建立和完善辅导员队伍培训制度，开展辅导员队伍的专题培训，切实提高辅导员队伍整体的职业技能和业务水平；加强漳州校区与校

本部的联系,进一步做好园区管理模式与院系管理模式的衔接;加强对辅导员队伍的考核评价研究,制定《厦门大学辅导员考核管理办法》。

4.加强党风廉政建设。坚持与完善党风廉政建设和反腐败领导体制和工作机制,切实推进党风廉政建设责任制的各项工作,在《党风廉政建设责任制的具体意见》的基础上,细化配套措施,加强责任考核,有效落实责任追究制度;继续抓好《〈实施纲要〉具体办法》各项工作任务的落实和督查;继续推进阳光招生、阳光收费工程,坚决制止违规收费行为,做好招生监察工作,确保招生工作"六公开";继续开展专项治理高校商业贿赂工作;加快监督平台的建设工作,形成强有力的监督体制,进一步完善校、院两级事务的公开和考评工作。

二、以培养创新型人才为目标,进一步深化教学改革,优化人才培养体系,提高人才培养质量

1.着力培养创新型人才。创新教育观念和人才培养模式,重视培养学生的创新精神和实践能力,将科学研究和人才培养紧密结合,深化教育教学改革,努力使教育理念、内容、方法、手段和模式等适应时代进步和科技创新的要求。

2.在试点的基础上全面推行本科生导师制。重点抓好六个试点学院的本科生导师制度的建设工作,跟踪本科生导师制的执行情况,确保各项措施的落实和经费投入。

3.巩固本科教学工作水平评估的成果,建立本科教学评估的长效机制,进一步规范本科教学过程的管理,加强教学质量监控体系的建设。组织专家开展教学工作水平评估自评工作。

4.推进研究生教学改革,保证研究生培养的质量。以建设公共课平台为切入点,切实加强研究生基础课课程建设;与研究生导师课题相结合,加强研究生专业课课程和选修课课程建设;加强对研究生培养环节的规范管理和质量监控;做好博士研究生出国研修计划的选拔培养工作。

5.抢占先机,积极开展远程教育。完成网络教育硬件平台的搭建工作,精心组织设计网络教育课件,拓展新型教学模式。

三、积极参与国家创新体系(大学)和地方创新体系建设,着力增强自主创新能力,坚持不懈地推动科技成果转化与产业化

1.努力提升争取重大科研项目和争取科研经费的能力。积极动员,开拓性地组织各类科研项目尤其是重大项目的申报工作,努力完成学校下达的科研经费任务;加强对科研成果的管理和对知识产权的保护,同时加强对科技项目的中期检查及结项等管理工作,提高科研项目的完成质量。

2.抓好各级科研平台、基地的建设工作。在重点建设"985工程"二期创新平台、基地的基础上,加强校内其他研究机构的建设和管理;争取"醇醚酯国家工程实验室"尽早获得国家批准;增强融入福建省、厦门市创新体系建设的意识,主动配合省市中长期科学发展规划,调整思路,积极组织科技力量和筹建研发平台,力争承担更多省市重大项目,做好省部级工程研究中心(工程实验室)及厦门市研发平台的申报工作;继续加强国家大学科技园的建设,谋求科技园的快速发展。

3.继续探索贵重仪器设备的开放共享管理工作,加强规范化、制度化建设。与校园一卡通建设接轨,尽快实现贵重仪器设备对外开放、资源共享,做好开放运行的管理工作。

4.整合学校的优势资源,组建若干全校性科研机构。认真筹备,积极论证,成立能源研究院、国学研究院等研究机构。

5.组织专门力量,全力争取国家海洋研究中心(南方中心)获批在我校建设。

6.组织专门力量,着手筹划肽谷药业公司中试平台和化工厂新厂房的建设。

四、扎实推进“十一五”规划的落实，切实做好“十一五”“211工程”立项，稳步推进“985工程”二期建设，加强重点学科建设

1.以科学发展观为指导，加强领导，分工负责，建立目标责任制，全面扎实高效地推进“十一五”规划的落实。

2.做好“十一五”“211工程”建设的立项工作，积极跟踪预报项目的动态，确保“十一五”“211工程”建设项目顺利通过教育部专家组立项审核，并以此为契机，推动学科进一步交叉融合，促进学科再上水平，培育出学科新的增长点。

3.完成“985工程”二期建设项目中期校内评估，提高建设效益。对“985工程”二期建设计划目标进行对照落实，加强协调、检查和监督，认真做好迎接2007年“985工程”二期建设项目国家中期检查的各项准备工作。

4.进一步加强学科建设工作。做好新一轮国家重点学科评估的准备工作；继续做好数学等6个学科参加的全国学科评估工作；做好MPA专业学位教学合格评估工作。

5.加强新兴学科的建设，筹划全校学科的战略性调整。适应新形势发展的要求，认真论证、精心谋划，着手组建材料科学与工程学院、新闻传播学院、国际关系学院等教学科研机构。

五、继续改善办学条件，积极推进“216工程”建设，加强质量监督和进度管理，适时启动新的建设项目

1.抓紧化学新大楼和海洋楼二期的投入使用。

2.继续推进漳州校区经管大楼、理工大楼、生化大楼和学生活动中心的开工建设工作；抓紧进行漳州校区南部学生公寓的规划和建设；启动漳州校区南部教工住宅建设的选址、立项和设计工作。

3.争取尽快启动集美校区的建设。

4.加快西村、北村旧房改造工程的建设步伐，着手制订回迁和售房方案。

5.抓紧进行曾厝垵西边社建设项目的搬迁、选址和立项工作。

6.启动富邦医院建设。

7.启动“厦门大学科学艺术中心”的招投标工作，并尽快开工建设。

8.争取启动海滨、白城教工住宅改造工程。

六、加快国际化进程，广泛开展学术交流与合作

1.加强研究生教育国际化进程。启动招收国际项目硕士研究生培养计划，在经济学院、人文学院、法学院、化学化工学院、生命科学学院、海洋与环境学院等学院试点建设国际研究生课程项目；开展与国外联合培养博士研究生工作，选拔在读优秀博士研究生赴国外进行课题研究、收集论文或修读部分课程；设立研究生学术交流基金，资助研究生参加国际会议，促进研究生参与国际学术交流。

2.聚焦学术前沿，瞄准国际一流，在更广范围、更宽领域和更高层次上与国内外著名研究机构和著名高校开展高水平的教学、科研合作与交流。切实落实与巴黎高师、新加坡国立大学、南洋理工大学、新加坡管理大学等若干兄弟院校的合作；加强“全球八校联盟”之间的交流与合作。

3.加大教师、管理干部出国研修力度，用足、用好国家留学基金委的各项政策。

七、深化人事制度改革，进一步加大师资队伍建设力度

1.完善教师及各类人员聘任制度。认真总结现有教师聘任制度的经验和不足，开展聘任制度的中期评估工作，并根据评估的情况，进一步完善教师职务聘任制度；做好新一轮(2007—2010 年)教师定编定岗的前期准备工作；做好行政编制测算以及全校党政工作人员的重新定编的准备工作。

2.加强师资队伍建设。以弘扬科学精神和提高创新能力为核心，把教师队伍建设和教育创新、科技创新结合起来，加大培养和引进力度，进一步提高师资队伍素质。继续实施"高层次创造性人才计划"，开展 2006 年度闽江学者和校级特聘教授申报工作；做好厦门大学"青年骨干教师重点培养项目"和厦门大学"青年骨干教师出国研修项目"及其他出国留学人选的遴选、培养、管理工作。

3.通过对校内部分专职科研团队用人机制的调研分析，结合国外科研队伍组成的经验，改革聘用机制，探索建立新型专职科研队伍的新机制。

4.贯彻实施国家人事部和财政部《事业单位工作人员收入分配制度改革方案》，做好我校教职员工收入分配制度改革工作，将收入分配与岗位职务聘任、绩效考核结合起来，进一步强化收入分配制度的激励和约束功能。

5.全面建立新型社会保障保险制度。

八、进一步建设"平安、优美、节约、文明"的和谐校园，为学校发展提供强有力的条件保障

1.继续做好创建"平安厦大"的各项工作。实施《厦门大学校园车辆与道路交通管理办法》，规范校内的交通标志，继续做好高峰期车辆的控制，加强对送货车辆的管理；试行停车收费制度；搞好治安防范，加强防控管理，加大校园巡逻检查力度。

2.加快建设节约型校园的步伐。以节能为中心，出台并实施《厦门大学公房有偿使用管理办法》和《厦门大学水电资源有偿使用管理办法》；逐步建立绩效评价指标体系，推行绩效预算，实施绩效管理；健全财务规章制度，强化财务责任，规范财务行为，杜绝铺张浪费；进一步建立完善财务预警系统，采取切实有效措施防范和化解财务风险，确保学校财务健康、良性运行。

3.强化信息化建设项目后期开发和维护，提高师生员工使用信息系统的意识与能力，尽早发挥信息系统在管理中的效益。继续推进校园电子政务建设，规范学校办事流程，进一步完善办公自动化系统。

4.继续加强校园环境整治，不断提高后勤管理和服务水平。继续做好环境卫生保洁、饮食安全管理与卫生防病工作以及学生宿舍物业管理。

5.积极探索学生宿舍管理的新模式，充分发挥宿舍在人才培养工作中的育人功能。

九、构建渠道广泛、高效合理的资金筹集和资源配置体系

1.筹备成立"厦门大学发展与合作委员会"。加强与校友、海外华侨等社会各界的联络与沟通，研究、统筹和协调办学资源的筹措工作，寻求社会各界对学校办学的更大支持。

2.探索设立学校董事会，吸收政界及社会名流共同关心、谋划学校发展及筹资战略。

3.探索基金会的运作模式，发展壮大"厦门大学教育发展基金会"，建立健全基金管理办法，确保基金保值增值。

——本文摘录自《关于印发〈厦门大学 2006—2007 学年第一学期工作计划要点〉的通知》，厦大委综〔2006〕23 号，档号 2006-XZ09-16

·专　文·

加快发展　再创辉煌

——厦门大学 85 周年校庆献词

（2006 年 3 月 31 日）

校党委书记　王豪杰　校长　朱崇实

沐浴着新世纪和谐发展的春风，厦门大学走过 85 载光辉历程，迎来了她的 85 华诞。

85 华诞，是一个回顾的日子，喜庆的时刻。回首过去，深厚的历史底蕴铸就了厦大今天的辉煌。

厦门大学是由著名爱国华侨领袖、被毛泽东主席誉为“华侨旗帜、民族光辉”的陈嘉庚先生于 1921 年创办的，是中国教育史上第一所由华侨创办的综合性私立大学。学校 1937 年改为国立，1963 年由国家确定为全国重点大学，目前是我国唯一地处经济特区的教育部直属综合性大学，也是国家跨世纪重点建设的高水平大学之一。

85 年来，厦门大学始终秉承“自强不息，止于至善”的校训，为国家的富强和民族的振兴而不懈地努力。经过几代厦大人的辛勤创业，学校积累了丰富的办学经验，形成了光荣的爱国传统、严谨治学的校风学风，成为一所学科门类较为齐全，办学特色鲜明，基础研究力量和师资队伍较强，在国际上有影响的高水平的国家重点大学，在海内外享有良好的声誉。

85 年来，学校名师荟萃，英才辈出。林文庆、萨本栋、王亚南、郭大力、鲁迅、林语堂、傅鹰、顾颉刚、郑天挺等著名学者曾在厦大执教，曾在厦大工作、学习的两院院士近 60 人。目前，一批在国内外有较大影响的学科创始人、学术带头人在教坛上率先垂教、辛勤耕耘。

自创办至今，学校为党和人民培养了一大批的优秀人才。我国内地第一个会计学、审计学、财政学、海洋学、高等教育学博士就是出自厦大。厦大学生在 1940 年、1941 年连续两届取得全国国立大学学生学业竞试第一名，厦大因而被誉为“加尔各答以东之第一大学”、“南方之强”。厦大毕业生在各个时期各条战线上显示身手，做出了自己的贡献，不少人成为蜚声中外的专家、学者和国家重要部门的骨干。闻名世界的科学家卢嘉锡、谢希德、陈景润等是毕业生中最杰出的代表。

85 华诞，又是一个崭新的起点，新长征的开始。展望未来，新的机遇、新的要求呼唤新的作为。

本世纪头 20 年是我国经济和社会发展的重要战略机遇期。从现在起到 2020 年，我国将逐步建设成为一个创新型的国家。福建省做出了建设对外开放、协调发展、全面繁荣的海峡西岸经济区的发展战略部署，厦门市做出了把厦门建设成为我国东南沿海中心城市和现代化港口风景旅游城市的发展战略规划。我们应当紧紧抓住这一重要战略机遇，为建设创新型国家、发展繁荣海峡西岸和实现祖国统一大业贡献力量。

党和国家历代领导人都十分关心厦门大学的建设与发展。邓小平、江泽民、李先念、李瑞环、李岚清、李长春、陈至立等先后来校视察,给予厦大师生亲切的关怀和巨大的鼓舞。长期以来,厦门大学还得到教育部、省、市历任领导的关心、帮助和支持,得到海内外华人华侨、广大校友和社会各界朋友的倾情关注和鼎力资助。望重授荣,催人奋进,厦大人倍感荣光,倍受鼓舞。

在新的征途上,全体厦大人将继续以邓小平理论和“三个代表”重要思想为指导,认真落实科学发展观,大力实施科教兴国战略和人才强国战略,放眼国际舞台,团结各界朋友,凝聚各方力量,发挥已有优势,加快发展步伐,为早日实现把厦大建成为世界知名的高水平研究型大学的奋斗目标,为全面建设小康社会、实现中华民族的伟大复兴做出新的、更大的贡献!

——本文摘录自《厦门大学报》,2006 年 3 月 31 日第 681 期

弘扬“四种精神” 成为创新人才

——寄语厦门大学2006级新同学

（2006年9月15日）

校党委书记 王豪杰 校长 朱崇实

在火红的凤凰花盛开的季节，厦门大学以她大海一样博大的胸怀迎来了你们——2006级莘莘学子，我们谨代表学校向你们全体新同学及你们的家人表示衷心的祝贺和热烈的欢迎！

厦门大学是由著名爱国华侨领袖、被毛泽东主席誉为“华侨旗帜、民族光辉”的陈嘉庚先生于1921年创办的，是中国教育史上第一所由华侨创办的综合性私立大学。学校1937年改为国立，1963年被列为全国重点大学，是我国唯一地处经济特区的教育部直属综合性大学，也是国家跨世纪重点建设的“211工程”和“985工程”大学之一。2004年学校被列为国家副部级大学。

经过85年的创业与发展，厦门大学已成为一所学科门类较为齐全，办学特色鲜明，基础研究力量和师资队伍较强，在国际上有影响的高水平的国家重点大学，享有“南方之强”的美誉。

85年来，学校名师荟萃，英才辈出。林文庆、萨本栋、王亚南、郭大力、鲁迅、林语堂、傅鹰、顾颉刚、郑天挺等著名学者曾在厦大执教，曾在厦大工作、学习的两院院士近60人。目前，一批在国内外有较大影响的学科创始人、学术带头人在教坛上率先垂教、辛勤耕耘。建校至今，学校为国家培养了一大批优秀人才。我国内地第一个会计学、审计学、财政学、海洋学、高等教育学博士都出自厦大。厦大毕业生在各个时期各条战线上显示身手，做出了自己的贡献，不少人成为蜚声中外的专家、学者和国家重要部门的骨干。闻名世界的科学家卢嘉锡、谢希德、陈景润等是毕业生中最杰出的代表。

在长期的追求光明、探索真理的奋斗历程中，厦大人形成了厦大特有的“四种精神”，这就是陈嘉庚先生的爱国精神，罗扬才烈士的革命精神，以萨本栋校长为代表的艰苦办学的自强精神和以王亚南校长、陈景润教授为代表的科学精神。“四种精神”激励着厦大师生不断开拓创新，奋发进取。

党和国家历代领导人都十分关心厦门大学的建设与发展。邓小平、江泽民、李先念、李瑞环、李岚清、李长春、陈至立等先后来校视察，带来了亲切的关怀和巨大的鼓舞。今天，全体厦大人正在为早日实现把厦大建成为世界知名的高水平研究型大学的奋斗目标而努力。

同学们，大学生活是美好的，大学的生活充满着挑战，大学的生活昭示着希望。你们朝气蓬勃、风华正茂，正是学习知识、掌握本领的大好年华。本世纪头20年是我国全面迈入小康社会进而走向发达富强的关键时期，党中央、国务院并做出了从2006年起“经过15年努力，到2020年使我国进入创新型国家行列”的决定，年轻一代大有作为。学校衷心地希望你们继承和发扬厦大“四种精神”，牢记“自强不息，止于至善”的校训，树立崇高志向，珍惜宝贵时光，努力学习，奋发向上，把自己锤炼成一个国家需要的德智体全面发展的创新人才，为全面建设社会主义小康社会和和谐社会，为建设创新型国家，为实现中华民族的伟大复兴奉献智慧和力量！

——本文摘录自《厦门大学报》，2006年9月15日第699期

精心设计　认真筹备　办好 85 周年校庆

——在厦门大学 85 周年校庆动员大会和总结表彰大会上的讲话(摘要)

校党委书记　王豪杰

（一）

"隆重、热烈、有序、和谐、安全"地办好 85 周年校庆

(2006 年 3 月 28 日)

我们之所以决定要隆重举办 85 周年校庆，是因为校庆已成为学校的一种文化，一个传统。当前是厦大发展的重要机遇期，隆重举办 85 周年校庆，是学校审时度势、抓住机遇做出的重要决策。通过此次校庆，可以更好地促进厦大大踏步地走向世界。隆重举办 85 周年校庆也是许多老校友的共同心愿。因此，85 周年校庆对学校是一个很好的机遇，对各单位、院（系）及个人也是一个难得的机遇。全校各部门、学院（系）不但要确保学校校庆工作需要的设施、条件到位，还要有计划地组织、开展好本单位的校庆活动。要利用一切机会，积极举办学术交流活动，热情服务校友。希望全校师生共同努力，把 85 周年校庆办成一个成功的校庆、喜庆的校庆。

校庆是全体厦大人的校庆，全校师生员工都应该为 85 周年校庆做出自己的贡献。只有全体厦大人参与校庆，才能实现 85 周年校庆"展实力、聚人心、鼓斗志、促发展"的真正目的；也只有全体厦大人参与校庆，才能"隆重、热烈、有序、和谐、安全"地办好 85 周年校庆。喜迎校庆，安全工作尤为重要，必须做到"明确任务，各司其职，责任到人"。院党委（总支）、机关总支书记应承担起"第一责任人"的职责。各单位都有成功举办大型活动的经验，只要端正态度，齐心协力，一定能把 85 周年校庆办好。

学校在广泛听取和吸纳师生、校友的建议的基础上，经充分、慎重考虑，决定将"四种精神"的表述调整为"陈嘉庚先生的爱国精神，罗扬才烈士的革命精神，以萨本栋校长为代表的艰苦办学的自强精神和以王亚南校长、陈景润教授为代表的科学精神"。

经福建省有关部门批准，在我校 85 周年校庆期间，将成立"厦门大学教育发展基金会"。一所大学的基金大不大，运作成功与否，是一所大学办得成功与否、是否有凝聚力的标志之一。厦大素有捐资兴学的优良传统，学校始创以来就一直得到校友、华侨及社会各界的热情捐助。成立基金开拓了延续传统的新平台，具有十分重要的意义。我校要设立基金的消息传出后，社会各界广泛关注。目前的捐赠情况良好，校领导率先垂范，一些部处领导、教师也纷纷慷慨解囊。本次捐赠形式、多少不限，重在参与。学校将对热心捐助的个人和单位，以多种形式表示感谢。

（二）

成功的经验　有益的启示

(2006 年 5 月 31 日)

我是怀着十分喜悦的心情和感激之情来参加今天的总结表彰大会的。我要借这个机会，代表校党委

向全体对厦门大学85周年校庆做出贡献的社会各界、全校师生员工,尤其是对在座的受表彰的单位和个人表示衷心的感谢和热烈的祝贺!

刚才看了校庆电视专题片,听了校庆工作总结,我和大家一样心里充满着喜悦,又一次沉浸在校庆的欢乐之中。我想借这个机会谈三点意见。

第一,要认真总结成功的经验。我认为这次校庆能办得如此成功,有以下五个方面值得我们认真总结:一是活动的目的,二是活动的主题,三是项目的设计,四是工作的运作,五是队伍的组织。这次校庆的目的,就是"展示实力,汇聚力量,鼓舞士气,加快发展"。记得当我们提出要把85周年校庆作为大庆来庆祝的时候,很多人提出疑问,为什么85周年校庆要搞这么大的庆典活动?我觉得每当开展一项活动,特别是大型的活动,都要事先想好我们这个活动到底要达到什么目的,要想好整个活动最突出的主题是什么。为了达到这个目的,就必须确定活动主题,继而必须很好地进行活动项目设计,由这些活动项目来实现主题,达到目的。像这次校庆的主题,我觉得非常好。"厦门大学走向世界",主题非常鲜明。它有两个特点,即:学术性和国际化。正因为有这样的目的和主题,使得我们的活动项目"一个庆典、三个论坛"也很丰富多彩,独具特色。这次校庆有两个活动令人难忘,一是《同一首歌》走进厦大,二是连战先生到厦门大学来接受名誉法学博士学位,使整个校庆活动既突出了主题,又提高了学术性,扩大了国际影响。我觉得校庆活动能够达到这个水平,可以说在某种意义上也代表了我们厦门大学的各级领导和师生员工有相当的组织领导能力和工作水平。我们大家都知道,厦门大学有一种特别能做大型活动的传统。每当有重大活动,厦门大学师生都会体现出一种难能可贵的爱校精神。我觉得这次校庆活动的目的、主题、项目的设计、活动的运作、队伍的管理等方面都是值得我们认真总结和发扬光大的好经验。

第二,要大力地弘扬"四种精神"。建校85年来,在几代厦大人的共同努力下,厦门大学形成了独有的"四种精神"。我觉得这次校庆非常好地体现了厦大的"四种精神"。比如说陈嘉庚先生的爱国精神,在85周年校庆中得到了非常好的体现。在这点上,我想不仅仅是在座的各级领导和受表彰的同志,就是全校的师生员工,包括全社会,都深深地感受到厦门大学师生员工的这种爱校情怀。我觉得这是难能可贵的。在厦门大学85周年校庆期间,全体师生员工所表现出来的那种自豪感和责任感,我相信这是厦门大学一笔非常宝贵的精神财富。正因为有这种爱校的精神,所以不仅仅凝聚了全体厦大师生的力量,还凝聚了全社会各界的力量,提高了学校的知名度,让社会更加热爱厦大、关心支持厦大。我看到前两天在新浪网的《新世纪周刊》上,刊登了中国大学生对自己学校的满意度排行榜,我们厦门大学升到第五位。我这次带领福建省高校代表团到台湾、香港,所到之处大家都在谈论、赞扬厦门大学的85周年校庆。甚至还有人说他们的孩子想考厦门大学,请我帮帮忙。这种热爱厦大的情谊溢于言表,我觉得是非常难得的。再比如说革命精神。我觉得所有参加校庆活动的师生员工,特别是在座的这些受表彰的单位和个人,这种认真负责、忘我工作的革命精神令我非常感动。我在校庆活动中深刻地感受到这种革命精神。大家的工作热情无比高涨,甚至用"忘我"等词语都无法充分表达。许多人都是带病坚持工作,把自己所有事情都暂放一边,全心全意地、全身心地投入到校庆筹备工作中来。这就是革命精神的很好体现。再比如艰苦办学的自强精神。我们这次校庆不仅隆重、热烈,还非常注重实效,厉行节约,我觉得这一点是很好的。举办这么大的活动,我们首先是非常努力地去获取社会的各种资源,来支撑我们办好这次校庆。我们在校庆期间成立了"厦门大学教育发展基金会",仅仅是开始就有许多的捐赠。《同一首歌》的200万费用,就是由中国银行、移动通信、红七匹狼三家公司全额赞助的。《同一首歌》正是因为到厦门大学演出,才第一次改变了商业化运作的模式。我们本着注重实效、厉行节约来举办校庆,也符合我校一贯的艰苦办学的自强精神。还比如科学精神。我们这次校庆的所有活动,都紧紧围绕着我们的目标,注意突出主题,我觉得这就是科学精神。校庆这么多活动,若稍不注意,就会变成热热闹闹走过场。而我们这次校庆目的明确、主题突出,校庆的影响和效益远远超出校庆本身。我想,一个青年学生今天能爱校,他毕业后也一定能爱国,能爱中华人民共和国,也一定会爱社会主义,爱中国共产党。再就是这么大型的活动,不仅活动项目设计科学、合理,而且所有活动运作有序、顺畅,这都证明了我们是遵照科学精神来进行的。

第三,启示。进一步增强信心,追求卓越,创建一流。校庆过去了,我一直在想,校庆沉淀下来的精神财富是什么,能给我们一些怎样的启示。我想,一是要善于抓住机遇。如果我们不审时度势,不根据厦门大学现在所处的历史阶段和所面临的形势,不根据我们厦门大学发展到今天已能提供的有利条件和物质基础,下定决心搞 85 周年校庆,那就不可能有这样规模、这么成功、影响这么大的校庆活动。如果不抓住 85 周年校庆这个机遇,那就只能是在大礼堂开一个大会,来几个校友,搞几个项目剪彩就完了。我们说机遇是给有心人的,机遇稍纵即逝。我们把 85 周年校庆当作大庆来做,可以从中得到一个启发,那就是我们要做有心人,认真观察,审时度势,敢于下定决心,不做则已,一做就要做到最好。二是要科学地制订活动内容。三是要精心组织各项活动。这次校庆有"一个庆典、三个论坛",来了这么多高层次的领导、专家、教授,来了这么多的校友,场面这么大,需要事先精心组织,追求卓越,获得圆满成功。我的体会是:抓住机遇,科学设计,精心组织,追求卓越,获得成功。获得成功就会增强信心,反过来,增强了信心,胆子更大了,水平更高了,就更能够抓住机遇,更能去科学设计,更能去追求卓越,更能去获得成功。有这样一个良性循环,学校的事业就会不断推向前进,去创造一流业绩,争取早日实现我们的奋斗目标,这就是到 2021 年厦大 100 周年校庆时,把厦门大学建设成为国内一流、世界知名的高水平研究型的大学。

——本文摘录自王豪杰:《梦萦南强》,厦门大学出版社,2007 年 3 月版

提高理论素养　创新支部工作

——在党委党校第57期党支部书记学习班上的讲话(摘要)

(2006年6月14日)

校党委书记　王豪杰

厦门大学党委党校第57期党支部书记学习班开班了,我谈两点意见:

一、代表学校党委向在座各位党支部书记表示感谢,同时也提出学习班所要解决的主要问题

由于你们以身作则、卓有成效的工作,我校的各项事业都取得了跨越式的发展。近几年,我校教育事业和改革发展取得了可喜的成绩,经过全校师生员工的共同努力,厦门大学已经进入了自办学以来最好的历史时期。这些成绩的取得是全校师生员工共同努力的结果,同时也可以非常自豪地说,学校全体共产党员在学校的跨越式发展的历史进程中,也做出了很大的贡献,而党员的先锋模范作用和党支部的战斗堡垒作用的发挥是与党支部书记的工作分不开的,因此党委要感谢你们。

由于你们以身作则、卓有成效的工作,我校的党建和思想政治工作,尤其是去年的党员先进性教育活动,取得了优异的成绩。回想起先进性教育期间,在三个月的日日夜夜里,全校共产党员遵照上级党委关于先进性教育的有关部署,非常认真、严肃地开展这项教育活动。我们之所以能取得优异成绩,要归功于全体党员高度的政治自觉性,要感谢各位党支部书记在先进性教育期间做出的卓越贡献,因此党委也要感谢你们。

由于你们以身作则和卓有成效的工作,厦门大学党的队伍得以迅速地发展壮大。2001年我校共有171个支部,3752名党员,现在我校有454个支部,7620名党员。厦门大学党的队伍不断壮大,为学校的改革发展提供了坚强的组织保证,全校7000多名党员在各自的工作岗位上、在学校的各条战线上发挥着先锋模范作用,把学校的事业不断推向前进,取得一个又一个可喜的成绩。党的队伍的壮大,包含着基层党组织以及在座各位党支部书记的辛勤和汗水,因此党委应该感谢你们。

也由于在座的党支部书记以身作则,充分发挥先锋模范作用,做出了卓越的成绩,在各自的工作岗位上获得了骄人的业绩,得到了各级党组织和行政部门的表彰,给学校带来了荣誉,因此,党委也应该感谢你们。

但是,我们在看到成绩的同时,也应该看到我校党的建设包括党的基层组织建设以及党的队伍建设还存在着许许多多的问题。在座的党支部书记都是基层党的领导者和组织者,都是通过民主选举产生的,为党的工作无私奉献、勤勤恳恳。但由于接受工作后没有经过系统的、严格的培训,还存在一些不足和困难:一是有些同志缺乏对党的基本理论、基本知识的系统了解,缺乏从事党的基层组织工作的经验和经历,对自己的主要任务,工作的方式方法、内容手段了解得不够全面;二是相当一部分党支部书记是“双肩挑”干部,因此对支部书记的工作所投入的精力和时间还不够充足,如果严格按照党支部书记的标准来要求,可能部分同志工作的积极性和主动性还存在着一定的差距;三是许多党支部书记在工作中感到现在党的基层工作难做,究其原因,主要是客观大环境的影响增加了基层党组织工作的难度,还有个人的修养、能力的限制;四是有的同志很想把支部工作做好,但是总觉得吸引力和凝聚力不大,内容不多、办法不

新,无法适应新形势的要求,尽管投入满腔的热情开展工作,但效果不尽如人意;五是由于上述原因的存在,有的同志尽管很想发挥支部的战斗堡垒作用,但作用不是非常明显,不仅仅担心组织、群众不满意,自己也不是十分满意。

分析上述问题的原因,可以归结为主客观两个方面:从主观上来看,作为一名基层党支部书记,存在思想认识提高的问题。党的建设包括思想、组织、作风建设,其中思想政治建设、理论建设是很重要的,但这方面恰恰是我们所欠缺的,无法从理论高度认识我们所从事这项工作的光荣和艰巨、认识自己的历史使命。党的建设根本上取决于基层党组织能否发挥好战斗堡垒作用,取决于广大党员能否充分发挥好先锋模范作用。如果同志们对自己这项工作使命认识不足,就会导致党支部的战斗堡垒作用和党员的先锋模范作用得不到充分发挥。从客观上来看,当前学校工作面临新的形势,出现许多新情况,也会产生新问题,如果不用心学习、观察和思考,面对新问题就可能找不到解决的方法,面对新形势就可能束手无策,面对新情况就可能感到困难重重。传统的基层党支部工作,主要是开展好"三会一课",做好组织发展工作等,但现在基层党支部书记要开展思想政治工作,就必须深入到教学科研工作中去,就必须更多地去关心群众利益,这些新情况都给我们的工作提出了新的要求,如果仅依靠过去的经验开展工作是不足以解决问题的。新情况的出现,对基层党支部书记工作的要求更高,难度更大。由于客观条件不足,党支部书记的培训工作受到了一定的限制,党校曾在2001年举办过一期党支部书记学习班,掐指一算五年过去了,在对各位支部书记进行党的基本知识、基本理论和工作经验培训方面的工作的确有限。此外,很多支部书记开展支部活动时也受到活动空间等客观因素的限制,而且在财力、人力方面的投入也不够。由于受到上述原因的束缚和阻碍,当前基层党支部书记在开展工作中难免产生一些问题。

基于上述几个问题及其原因,我认为:第一,我校党的基层队伍的素质和能力与目前所面临的形势——大到全国高等教育发展的形势,小到我校要努力实现奋斗目标的形势,仍不相适应。特别是目前强调创新的情况下,我党的工作如何进行创新,如何适应高等教育发展形势的要求,如何适应实现学校建设世界知名的高水平研究型大学这一奋斗目标的要求,还需要进一步探索和改进。第二,我校目前的基层组织建设和党支部书记队伍的现状与全校师生员工对我们的要求,还存在一定的差距。群众对我们寄予很高的期望,希望我们能够带领党员和教职员工把学校的事业更好地推向前进,但在很多情况下我们却无法满足他们的要求。第三,对照党章以及厦门大学关于基层组织建设方面的文件所规定的支部书记的标准,我们的党支部书记还不能完全达到要求。第四,在这支党支部书记的队伍中,发展还不太平衡。大多数同志很优秀,但是部分同志由于各种原因工作还不太令人满意,这必须引起高度重视。我们有454个支部,如果其中一部分的工作不能让群众满意,不仅影响支部书记个人,还会影响学校党的建设以及党的凝聚力和战斗力的发挥,甚至会影响到学校的整体形象。第五,我校党的基层组织建设以及党支部书记队伍的建设,还有很大的发展空间。在座支部书记中有许多是年轻的业务教师,也有机关或学院的主要干部,这支队伍是厦门大学的明天,还存在很大的提高空间。党委下决心从现在就抓好基层干部队伍建设,作为今后党的各级干部的后备力量加以培养,也作为学校教学、科研以及管理、服务的后备力量,这也是本期学习班举办的原因。

二、希望各位党支部书记能够珍惜这次党校学习机会

1.为了办好本期学习班,党委党校、组织部做了周密的安排和充分的准备。从学习材料可以看出,本期学习班的内容丰富,形式多样。在座各位如果能认真学习这些材料,将对党的基本知识以及当前党中央对基层组织工作的要求有更加全面的了解。党校还邀请了优秀的党建理论专家为同志们做辅导报告,并安排了精彩的典型发言,范围广、覆盖面大,为大家提供了一个全面学习党章、党的基本理论以及学习兄弟单位优秀经验的好机会。此外,还安排了两个单位时间的小组讨论,让大家把所学、所想进行充分的讨论和交流,提供了取长补短、共同提高的平台。最后,还将安排教工支部书记和学生支部书记进行参观考察。我相信通过学习,大家一定会有较大的收获。

2.通过党校学习希望能达到以下四点目的：

第一，认真学习理论，提高理论素养。具备了扎实的理论功底，在政治风云面前、在纷繁复杂的形势面前，就会具备较强的政治敏感性和判断力。希望大家利用这个机会，认真学习理论，提高自己的理论素养和政治素养。本期党校学习的主要内容包括：一是党章，作为支部书记应该对党章有全面的了解。二是胡锦涛总书记提出的“八荣八耻”社会主义荣辱观。要求每个党员都必须做到，那么党支部书记更应该率先垂范。三是十六届四中全会以及教育部、中组部、中宣部召开的第十二、十三、十四次全国高校党建工作会议精神，这些会议精神主要是针对如何加强党的建设等工作，通过学习，帮助大家提高认识，解决工作中遇到的问题。四是中共中央、国务院发出的16号文件，这是指导我们开展好学生党建和思想政治工作的重要文件。

第二，明确基层党组织的主要任务和支部书记的主要职责。党章对党组织的任务和要求做出了明确的规定，此外，厦门大学党委关于基层组织工作的暂行规定也对党支部的任务和支部书记的主要职责做出了明确规定，这是我们开展工作最基本的要求。希望通过学习，大家能够更加明确自己的主要任务和职责。

第三，在学习的过程中紧密联系本校、本学院、本支部的工作实际，如果能做到理论紧密联系实际，那么学习的效果将更加明显。

第四，通过党校学习认真总结提高。希望同志们把这次学习作为自己总结工作经验的起点，把这项工作做得更好。

最后我要求在座各位同志，无论是党政机关工作人员，或是从事教学科研的党支部书记，都要集中精力、遵守纪律、认真学习。学习时间虽然短暂，但对大家而言都是很宝贵的，一定要加倍珍惜。如果能做到以上四点，我相信大家的理论水平一定有很大提高，从事这项工作的责任感和使命感也一定会得到进一步增强，工作中遇到的疑点、难点和问题也会逐步得到解决、找到答案。我相信大家通过学习，将进一步坚定理想信念，更加爱岗敬业，更好地创新支部工作内容、改进支部工作方法，创造出一流的支部工作业绩，在座各位也必将发展成为优秀的党支部书记。

——本文摘录自王豪杰：《梦萦南强》，厦门大学出版社，2007年3月版

开理论之花　结实践硕果

——在纪念中国共产党成立85周年党建理论研讨会上的讲话(摘要)

(2006年7月7日)

校党委书记　王豪杰

这次党建理论研讨会是我校纪念建党85周年暨福建省第一个党支部成立80周年的系列活动之一。在“七一”期间,我们举行了纪念大会,召开了各种类型的座谈会,举办了《囊萤之光》一书首发式、纪念建党85周年文艺晚会,以及在三家村开展了学生党员风采展览。这次研讨会开得非常成功,参加研讨会、阅读了党建论文之后,我感到很激动,许多论文作者是长期在党建与思想政治工作第一线的党务工作者,他们撰写的论文涵盖了自身工作实践的总结、对一些问题的思考,以及上升到一定层面的理论研究。让我感到非常高兴的是这次活动参与面很广,90篇论文中有相当一部分是专家学者提交的,其中大多数是哲学社会科学的党建理论专家学者,也有部分作者是理工科的教授,此外还有许多学生作者,包括本科生、硕士生和博士生。我们还有一批老党务工作者和老党建理论研究专家也参与、关心、指导这次的党建理论研讨会,这让我十分感动。刚才两位评委是不同类型的专家、教授。有理论专家,有党务实际工作者,他们是我们的老前辈,有了他们的关心和指导,这次的党建理论研讨会才能取得令人欣慰的成果。

五位同志刚才分别代表五个小组进行大会发言。从他们的发言可以看出,这次党建理论研讨会主题突出,主要围绕先进性教育、科学发展观和社会主义荣辱观、党的基层组织建设和大学生思想政治教育这四个主题,有针对性地联系了学校党建和思想政治工作的实际,涵盖了党建和思想政治工作的方方面面。刚才还听了两位专家的精彩点评,党建理论专家从理论层面进行详细的阐述,老党务实际工作者则分析了这次论文的共同点和闪光点,他们从字里行间表达了对这次征集的党建论文的充分肯定,同时也表达了一位老党务工作者、老党建理论专家对党的事业的忠诚,以及对我们年轻一代的关心和爱护。

在此我想用六个关键词、十二个字来对这次党建理论研讨会进行总结,也与在座的党建理论工作者和党务工作者共勉:

一是“热爱”。即热爱党务工作,这是我们开展党建理论研讨、从事党建工作和思想政治工作的前提,是党赋予我们的神圣而又光荣的职责。当然,对党的热爱、对党务工作的热爱、对党建理论研究的热爱有一个发展过程,是由浅入深的,这是工作的前提。

二是“用心”。热爱这份工作之后,还要用心去观察、分析,观察我们教育的对象和我们所处的环境,分析我们所遇到的问题。

三是“思考”。要认真思考现在所遇到的新情况和新问题,这些是伟大时代给我们提出的新课题。我们要在认真观察的基础上认真思考、善于思考,进而得出正确的、科学的结论。

四是“学习”。要提高自身的理论水平必须学习,向工作实践学习、向他人学习、向理论学习。理论学习对于身处第一线的党务和思想政治工作者尤为重要,平时要用心观察、留心积累,随着时间的推移,理论素养会与日俱增,自身的理论水平也会与时俱进。

五是“提高”。学习思考的目的在于提高,提高自己的理论素养和业务水平。作为一名党务工作者或党建理论工作者,如果没有提高自己的理论素养和业务水平,工作就不易开展,也很难有说服力。只有提高了工作能力和理论素养,才能够称之为合格的党务工作者或理论工作者。

六是“指导”。即指导实践。我们撰写党建理论文章、召开党建理论研讨会,最终的落脚点就是指导实践工作。今天的理论研讨会即将结束，但我们征集的 90 篇文章以及刚才几位同志和评委的精彩发言，都应该作为研讨的成果指导今后的工作实践。我们的理论从实践中来，总结升华的理论成果也一定运用到实践中去，这是必须遵循的规律。

厦门大学有饱含"四种精神"的肥沃土壤，有开展党务工作和党建理论研究的良好环境，有综合性大学所赋予我们的良好学术氛围，有全体党务工作者、党建理论研究者的辛勤耕耘，我相信我们通过努力，一定能做出骄人的业绩，一定会开出理论之花，结出实践的硕果。最后，愿厦门大学党务工作的园地里鲜花盛开，硕果累累，人才辈出！

——本文摘录自王豪杰：《梦萦南强》，厦门大学出版社，2007 年 3 月版

在吴启迪副部长来校视察座谈会上的发言

(2006年7月19日)

校党委书记　王豪杰

一、党建和思想政治工作成效显著

连续两次荣获中组部、中宣部和教育部党组以及中共福建省委授予的“党的建设和思想政治工作先进高等学校”光荣称号。

2004年11月，中共中央政治局常委李长春同志来校视察，对学校的党建和思想政治工作给予充分肯定。

2005年下半年，扎实开展保持共产党员先进性教育活动，群众测评“满意度”达100%，真正成为人民满意工程。

二、重点共建继续推进

1983年、1985年，福建省政府与厦门大学分别联办艺术教育学院和政法学院，开创了地方与高校共建之先河。

2001年2月22日，教育部、福建省人民政府、厦门市人民政府签订协议，重点共建厦门大学。2003年11月，福建省政府又决定将厦门大学列入福建省重点建设大学，继续对我校“211工程”和“985工程”给予支持。

2006年5月16日下午，厦门市与我校举行共建“985工程”二期协议签字仪式，这标志着我校与厦门市的新一轮合作的开始。

三、人才培养质量稳步提高

(图片1张略——编者注)

2005年11月，教育部组织专家组对我校本科教学工作水平进行评估，19项指标均为“优秀”，是近年通过评估的学校中唯一“全优”的高校。

第四、第五届国家级高等教育教学成果奖，获奖数位居全国高校前列。

奖项	2001年(第四届)	2005年(第五届)
一等奖	3	2
二等奖	3	9
合计	6	11

12门课程入选全国“精品课程”，数位居全国高校前列。

连续4届获“挑战杯”全国大学生创业计划竞赛金奖；在第六到第九届“挑战杯”全国大学生课外科技作

品竞赛中获一等奖 2 项、二等奖 5 项、三等奖 12 项；2003 年获“全国大学生数学建模竞赛”唯一的特等奖。

毕业生一次就业率年均 96%以上，保持在全国高校“第一方阵”。

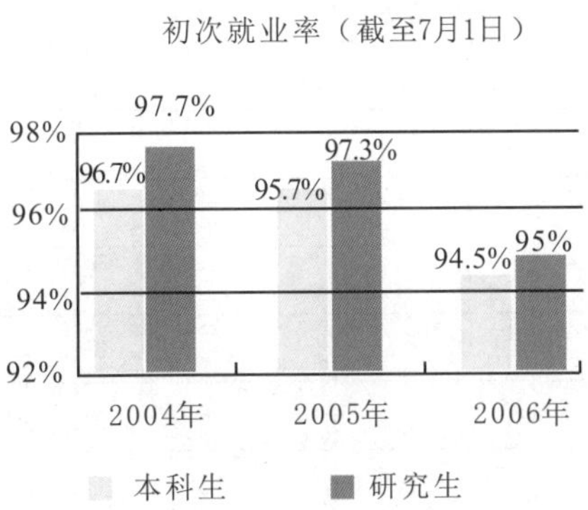

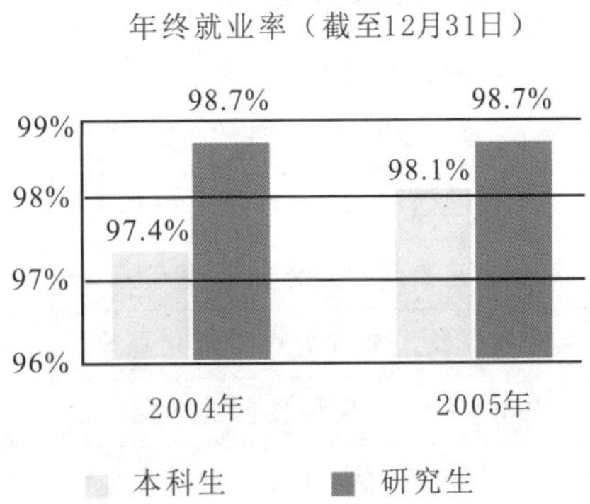

初次就业率（截至7月1日）

年终就业率（截至12月31日）

四、学科建设卓有成效

指标名称	2000 年	2006 年	增长率
国家重点学科(个)	7	13	85.7%
省级重点学科(个)	10	65	550%
一级学科博士学位授权数(个)	2	14	600%
博士学位授权专业(个)	84	131	286.3%
硕士学位授权专业(个)	75	217	189.3%
博士后科研流动站(个)	7	12	71.43%

列入国家“十五”“211 工程”建设学科 11 个。

列入“985 工程”二期建设的创新平台和创新基地 12 个。

工科建设取得显著进展。新增 2 个工学一级学科博士学位授权点，14 个工科二级学科博士授权点。

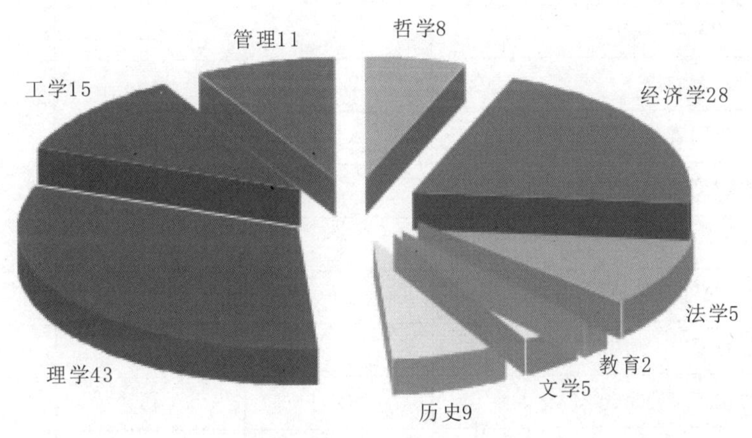

科研平台、基地	九五	十五	增加数
国家重点实验室	1	2	1
国家工程研究(技术)中心	0	1	1
教育部重点实验室	3	4	1
教育部文科重点研究基地	0	5	5
省(市)级重点实验室、工程中心	0	7	7
福建省高校重点实验室	0	11	11
福建省高校人文社会科学研究基地	0	9	9
“985工程”二期科技创新平台	0	6	6
“985工程”二期哲学社会科学创新基地	0	5	5

(图片2张略——编者注)

五、师资队伍规模扩大、结构优化

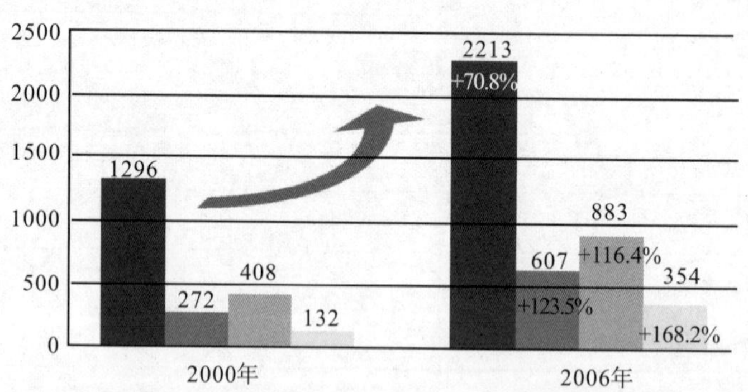

学科带头人及骨干教师情况

指标名称	2000年	2006年	增减
“两院”院士	6	10	+4
双聘院士	0	10	+10
国家杰出同青年基金获得者	8	20	+12
国家“创新研究群体”	0	2	+2
国家“百千万人才工程”	5	8	+3
教育部“长江学者”特聘教授	2	10	+8
教育部“创新团队”	0	1	+1
教育部新(跨)世纪人才	12	45	+33
“闽江学者”特聘教授、讲座教授	0	30	+30

六、科研水平大幅度提高

科研经费

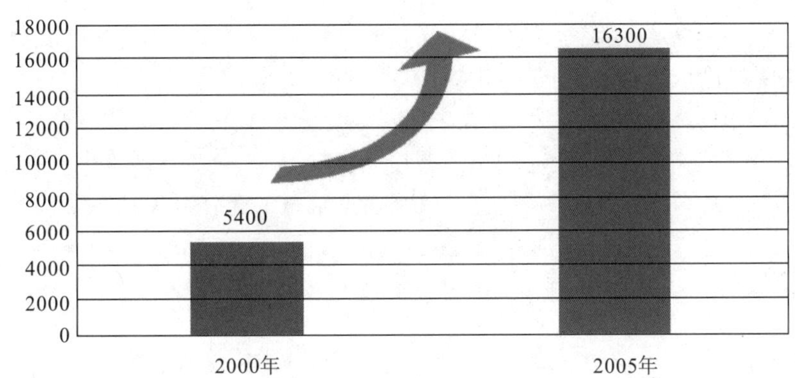

科研项目

自然科学领域：

“十五”期间，共承担“973”、“863”、国家科技攻关、国家基金等纵向项目 1780 项，各类横向项目 1704 项。

高质量论文逐年增多：2004 年、2005 年在 *Science* 上发表 2 篇，在 *Nature* 上发表 1 篇。

人文社会科学领域：

“十五”期间，共承担国家级项目 142 项、省部级项目 369 项。

国家社科基金项目立项数 2003 年和 2004 年均位居全国高校第三，2005 年居全国高校第六。

5 个项目入选国家“清史纂修工程”。

百册鸿篇巨制《台湾文献汇刊》整理出版，为祖国统一事业做出了突出贡献。2006 年 4 月，胡锦涛总书记出访美国，把《台湾文献汇刊》作为代表性图书赠送给耶鲁大学。

（图片 3 张略——编者注）

七、科技成果转化及产业化打开局面

2005 年，厦门大学科技园被科技部、教育部正式认定为国家大学科技园。

国家传染病诊断试剂与疫苗工程技术研究中心推出世界首个戊肝疫苗。

“艾滋病毒（HIV）基因工程重组可溶性Ⅰ＋Ⅱ抗原及基于此的第三代 HIV 抗体诊断试剂盒的研制生产”成果转让给北京万泰，年产值 3000 万元，累计产值已超亿元。

与厦门迈克制药公司合作研发了拉米夫定、齐多夫定等 6 个抗艾滋病药物。其中拉米夫定已经实现产业化，年产值超过亿元。

“丙谷二肽”已获中试成功和国家药监局颁发的药品证书及生产许可证，已开始规模试生产。

与香港大学、汕头大学联合研制成功世界首个禽流感病毒 H5N1 快速诊断试剂盒。

（图片 3 张略——编者注）

八、对外合作与交流空前活跃

(图片 1 张略——编者注)

与美国华盛顿大学等共建“全球八校联盟”的多边国际大学合作组织,在对外高层次合作办学方面跨出了重要的一步。

85 周年校庆取得巨大成功。校庆以“厦门大学走向世界”为主题,突出国际性、学术性。邀请到了 6 位诺贝尔奖获得者、37 所世界著名大学的校长或副校长;举办了“诺贝尔奖获得者论坛”和“中外知名大学校长论坛”、“海峡两岸论坛”等一系列学术讲座 250 多场。

(图片 10 张略——编者注)

中国国民党荣誉主席连战被授予厦门大学名誉博士。

中央电视台一套、四套、九套等多家媒体同时现场直播连战先生访问厦门大学盛况。

九、基本办学条件明显改善

2005 年底学生宿舍“421”的目标基本实现。学校已成为公认的环境最优美的中国大学校园之一。

厦门大学漳州校区占地 2568 亩,2002 年展开全面建设,目前已顺利完成一、二期工程近 40 万平方米的建设任务,三期工程正在紧张建设之中。漳州校区现有在校生 15000 多名,到 2006 年 9 月,在校生预计达 18000 人。

占地 2800 亩的集美校区正在积极筹建中。

2005 年,学校全面启动“216 工程”建设,构筑一流的办学环境与条件。

在省、市政府的支持下,校园面积不断扩大,目前三个校区的总面积达 8000 余亩。

(图片 6 张略——编者注)

“216 工程”建设

(图片 8 张略——编者注)

十、社会评价

“十五”“211 工程”总结专家组评语:厦门大学全面完成了国家下达的“十五”“211 工程”建设任务,在学科建设、师资队伍建设、人才培养、科学研究、国际交流、办学条件改善等方面取得了重要进展,建设效益显著,取得了一批标志性成果,使学校的学术水平和科研实力有较大提升,为国家特别是东南地区的经济和社会发展做出了重要贡献。

2006 年 3 月,武汉大学中国科学评价研究中心首次对世界大学科研竞争力所做的一项研究显示,厦门大学的科研竞争力跻身世界 700 强,居第 671 位,排在我国内地高校第 13 位。

2006 年,《新世纪周刊》公布的“中国大学生满意度排行榜”,我校在 98 所大学中名列第五。

十一、学校近期发展目标

到 2010 年,初步建成一所世界知名的高水平研究型大学,在建设创新型国家、全面建设小康社会、实现祖国统一大业以及海峡西岸经济区建设的宏伟目标中发挥更加重要的作用。

具体措施:

1.构建结构优化、质量优异的人才培养体系。

2.构建交叉融合、集成发展的科研创新体系。

3.构建产学研紧密结合的成果转化与产业化体系。

4.构建梯队合理、名师荟萃的人才支持体系。

5.构建特色鲜明、优势明显的学科体系。

6.构建定位清晰、互利共赢的学术交流与合作体系。

7.构建渠道广泛、高效合理的资金筹集和资源配置体系。

8.构建功能完善、保障有力的条件支撑体系。

9.构建体制顺畅、机制灵活的现代大学管理体系。

10.构建与时俱进、坚强有力的党建与思想政治工作体系。

——本文摘录自王豪杰:《梦萦南强》,厦门大学出版社,2007年3月版

关于培养创新型人才的几点思考

——在2006年度"东山会议"上的总结讲话(摘要)

(2006年9月6日)

校党委书记　王豪杰

在最近召开的第三届中外大学校长论坛上,国务委员陈至立指出:"在大学的诸多任务中,培养创新型人才是其首要任务。"她还指出:"要创新教育观念和人才培养模式,要抓住培养学生的创新精神和实践能力这个关键。"教育部周济部长也提出:"大学人才培养模式的创新是一项需要多方面合作并付出长期努力的系统工程。这项工程成功的关键,一是充分调动学生的学习积极性,开启学生学习的内在动力;二是广大教师的热情关注和主动参与。"

根据这一精神,我想谈以下三点意见。

一、要培养创新型人才,就要转变教育观念

"教育观念"这四个字的理论色彩很浓,应该是属于理论层面的探索,而且也比较抽象,内涵非常广泛,也很难有确切的定义。对此如何去谈有些困难,非常感谢林圣彩教授,他的发言给了我灵感。林圣彩教授的发言引发了东西方文化和教育观念的碰撞,至少对我们有两点启发:一是让我们知道地球上也有人这样看问题,二是我们是不是也应该换一个方式来想问题。

我也想就转变教育观念的话题讲三个小故事。

第一个故事:"树上有10只鸟,开枪打死一只,还剩几只?"——中国的孩子最好教。(一个外国教师讲述的关于教育观念和教育方法的故事。)

联合国教科文组织有一个志愿者队伍,来自南非的尼尔·阿姆斯特朗是其中的一位。2004年9月,他来中国支教。在期满送别的宴会上,他以恭维的口吻对中国官员说,在他访问的16个国家中,中国学校的课堂纪律是最好的,中国孩子也是最懂礼貌、最好教育的。坐在他身旁的教育官员听了,感到非常骄傲,问他此话从何说起。阿姆斯特朗讲了这么一个故事:

我曾在美国加利福尼亚的一所小学给孩子们上课,课堂上,我出了一道世界上广泛流传的智力测验题。那一次,简直糟糕透了。接着他讲了事情的经过。

"树上有10只鸟,开枪打死一只,还剩几只?"24位学生竟然都不吭声,我只得挨个去问。

"托尼,你觉得还剩几只?"

托尼没直接回答我的问题,竟反问:"先生,在我回答问题之前,可不可以问一下,这一事件是发生在加州还是犹他州?在加州打鸟不是犯法的吗?"

"就算是犹他州吧!"我答。

"噢,明白了。先生,我还有一个问题,打枪的人使用的是有声手枪还是无声手枪?"

"算是有声的吧。"

"枪声有多大?会不会震得耳朵发疼?"

我被问得有点摸不着头脑,说:"看来你是不打算回答我的问题,你还是先坐下来,让汤姆来吧。"

"汤姆,你觉得还剩几只?"我转向汤姆。

汤姆坐在那儿，听到我叫他，身子往后一仰，把脚翘上桌面，问："先生！您确定他用的是有声手枪，并真的把那只鸟打死了吗？"

"确定。拜托你了汤姆！你告诉我还剩几只就行了，OK？"

汤姆听了我的回答，把脚拿下来，眼睛一转，"先生，树上有没有待在笼子里的鸟？"

我脑子一哄，把眼睛转向比尔，"比尔，还是你来回答这个问题吧！"

比尔站起来，"这个问题不好回答，因为我还不知道边上还有没有其他的树，树上是否还有鸟？"

"没有。只有这一棵树。"

"那么，您可以保证，没有残疾或饿得飞不动的鸟吗？"比尔想继续啰唆。

我没再接招，转向乔治。"乔治，问题你听清楚了吗？"

"问题是听清了，不过我想知道鸟里边有没有聋子。也就是说，有没有听不到枪声的？"

"没有，全是健康的鸟。"

"有没有傻得不怕死的？"乔治继续问。

"都怕死。"我已经不耐烦了，说，"乔治你也坐下吧，可能玛丽能回答这个问题。"

玛丽被我叫起来。

"先生，我能回答这个问题。不过您要告诉我，算不算怀孕待在肚子里的小鸟？"

我开始出汗了，有点想发火了，说："算了吧！我们换一个问题。"

这时，第一个被我叫起来的托尼站了起来。

"喔，如果真不算怀孕待在肚子里的小鸟，并且打鸟人的眼也没有花，"托尼满怀信心地答道，"我知道还剩几只了。"

我顿时来了信心，说："你说吧！"

托尼把双手往肩上一抱，摇头晃脑地答道："打死的鸟要是挂在树上没有摔下来，那么就剩一只；如果掉下来，就一只不剩了。"

尼尔·阿姆斯特朗讲完这个故事，向中国的教育官员摊一摊手，说："你看，一个问题竟耗了一堂课的时间。"

"中国孩子最聪明。"阿姆斯特朗接着说，"他们一下子就找到了标准答案。我问还剩几只，他们齐声回答：'一只也没有了。''为什么？''因为死的掉了下来，其他的都吓跑了。'他们三秒钟就把问题解决了。"中国的教育官员听了觉得有点尴尬，没有说话，只是点头附和。

后来，阿姆斯特朗回国，给联合国教科文组织写了一个报告，盛赞中国孩子的聪明和思想的纯洁，同时，中国的教育部门也收到一个副本，不过，作为联合国来函被存档了。

这个故事充满着教育观念和教学方法。也许大家觉得我讲得太小儿科了，我给大家讲一个大人物。

爱因斯坦有一名言："大学教育并不总是有益的，无论多好的食物强迫吃下去，总有一天会把胃和肚子搞坏的。更可怕的是，纯真的好奇心的火花也会渐渐地熄灭。"

我想一老一少的故事可以得出这样一个结论，长期以来，在中国的教育思想和教育方法中，都是以教师为中心，用灌输的方式教学生，强调学生接受知识的连贯性、系统性和完整性。不可否认，这种教学方法在过去相当长的历史时期是很有效的。但近代以来，特别是近十几年来，人类知识大爆炸，再用这种填鸭式的方式教学生，不但学生接受不了，更主要的是学生的其他素质得不到发展，甚至是扼杀了对知识的兴趣和好奇心。

显然，目前这种教学方法不适应当代的特点，也不利于培养创新型人才，所以必须改革。

第二个故事：易中天现象。（通过这个故事，我想说，潜能的极致发挥和释放，将会成就大事业，给人以惊喜。）

易中天真的是"火了"！有媒体报道，易中天售书时读者是排队购书，一时交通堵塞。现在易中天的书是一书难求，一时洛阳纸贵。易中天的书版权拍出 500 万元的天价，更有一些"粉丝"喊出：嫁人要嫁易中天。

我们与易中天朝夕相处,非常熟悉,为何他一夜之间红遍大江南北?我也在思考这个问题。第一天下午,我在参加人文学院讨论时,彭兆荣教授说:“什么是创新型人才?他拿出来是创新的东西,他就是创新型人才。创新型人才的要素是:有创新的潜质,有创新思维,有创新项目,有创新团队,有创新成果。”我非常赞同他这个观点,也很自然想起“易中天现象”的必然。

为什么我说他是必然的?

首先,让我们来看看易中天的潜能:易中天是厦门大学的教授,课讲得很好,易中天早有名气,特别是我很喜欢他的《读城记》,确实是上品。易中天目前是全国“魅力城市”的评委之一。易中天自己调侃说“我一直不务正业”。正因为他不务正业,才成就了他今天的辉煌。当然他还自我评价说:“我是一等父亲,二等丈夫,三等教授。”其实易中天靠他的专业学识和他接触到的其他相关学科的学识,具备了某一天爆发的潜能。

其次,让我们再来看看易中天的项目:有人说,易中天除了讲“三国”,哪有什么项目?我说,有!他的项目就是《品三国》。“三国”在中国家喻户晓,重要的是能“品”出味道,“品”出精彩!他的项目成功的要素就是“大萝卜”加“草根”。易中天说:“我是大萝卜,老少皆宜,贵贱不分。”他的“草根”就在于有非常敏锐的洞察力。他很聪明,他深知,在《百家讲坛》讲演,不是在厦门大学给研究生上课,而面对的是平民百姓,因此,他讲课时没有余秋雨一脸的学究气,也没有港台影视无聊的戏说,你看他讲课:一本正经,一脸严肃。但是,冷不防他也冒出“孔明在唱卡拉 OK”、“曹操出道时官衔相当于今天的县公安局副局长”等等,听了叫人忍俊不禁,拍案叫绝。但是,这时易中天自己说“我露出了土匪的嘴脸”。正因为易中天这种诙谐的性格,使得有人对他又爱又恨,当然也叫那些“粉丝”不爱都不行!

易中天成功地利用了电视媒体。没有电视也成就不了他。易中天再有本事,以前也只是在三五百人的课堂上讲课。为什么现在一下子红遍大江南北?有一则小报道说,有学问,没口才,只能做研究,出专著;有学问,有口才,没形象,只能上电台、写文章,最多在文章的左上角再外加一幅经过电脑修饰过的照片;但是如果有学问,有口才,又有形象,就适合上电视。我想把“三国”“品”得有滋有味,把自己定位为“草根”和“大萝卜”,借助于中央电视台这个媒体,再加上他学者的气质和土匪的风格,能不爱他吗?我现在都开始慢慢爱他了!

最后,让我们再来看看易中天的团队:有人说易中天一个人在《百家讲坛》讲故事,哪里有团队?我说,有,而且这个团队无比之大!我对他这个团队是这样描述的:易中天加中央电视台《百家讲坛》加无穷无尽的“粉丝”和“易迷”,团队作战。没有这些“粉丝”和“易迷”,他也持续不了多久。

所以我觉得这是易中天现象的必然,他有这个潜质,总有一天要爆发出来。潜质如果得到很好的释放,一定可以做出大成就。这时我也想起赵本山来,他其貌不扬,也“火”得不得了,他有句名言:“是金子总要闪光的!”我想这就是他的潜能。

“厦大还有好多易中天。”这是朱崇实校长接受媒体采访时所说的。你信不信?反正我信。君不见,现在香港凤凰卫视那个操着厦门腔普通话的“读报人”杨锦麟,还有刚才上来发言的 15 个人中也具有这样潜质的人,学问、口才和形象三者俱佳。其实厦门大学像易中天这样有才华的教授很多,关键是他的潜质怎样挖掘出来。比如,人文学院今天是易中天,下一个有可能是朱水涌、徐梦秋、詹石窗、周宁,教育研究院也许是刘海峰、邬大光,完全有可能。再下一个是谁呢?可能就是你或他!

第三个故事:美国“梦七”的落败。(我要说的是创新也要与时俱进。)

美国以“篮球教父”自居,据考证,篮球就是美国人发明的。记得 1992 年乔丹领导的“梦之队”打遍天下无敌手,对手都要输三四十分的。但是,前几天,历史和美国人开了个玩笑,美国“梦七”被希腊打败。为什么?篮球比赛重视两个要素,一是个人技术,一是团队配合。而美国现在流行的 NBA 是商业篮球,它注重娱乐,注重个人表演,因此它的比赛规则、习惯都向商业性发展。如,扣篮,一个大个子双手扣篮分数是稳拿的,但美国 NBA 的球员不会这样做,一旦有机会,他们会单手扣篮、背后扣篮、胯下扣篮、360 度转身扣篮,但总有几个扣飞的。但是这没关系,因为运动员高兴,观众爱看。可是碰到世锦赛他就倒大霉了。另外,这次美国队遇到希腊队,希腊队是一个没有明星的明星队,没有大牌球星的欧洲冠军,但人人都是明星。它注重防守,美国的大牌明星再来360度转身,没有空间。输了!但是,历史又和希腊人开了一个玩笑,希腊神话没能再现,希腊队又败给没有“加索尔”的西班牙队,为什么?希腊遇到同类,西班牙队更注重防守,你严我比你更严。没有“加索尔”的西班牙队人人得到解放,人人觉得自己肩上责任重大,因此打败了希腊队。

从这个故事可以说明,创新就会先进,先进一段时间又会落后,落后之后再创新,再创新才可能再先进——中国的乒乓球不是如此吗?中国的女排不是如此吗?

这三个故事可以得出三个启示。这三个启示就是我对转变教育思想的一个小小的认识。

启示1:东西方教育观念有共性,这点要充分肯定,但是,东西方文化有差异,国情不同,历史进程不同,学校类别也不同。如果你从这四方面去思考,你就会听懂林圣彩教授的发言。他在国外21年,他的思维方式和看问题的价值观不一样。再者就是历史进程不同,如现在我们想的问题、讲的话和做的事在改革开放之前能行吗?再如,像我们要讨论的创新型人才的培养,可能我们把它定位成耶鲁、哈佛、牛津、剑桥这些学校,当然是那样,因为那是培养天才的地方,培养大师和可冲击诺贝尔奖的地方。但是美国也有2000多家社区大学,中国现在大学的水平和现状,能都这样吗?不这样又怎么办?因此,我觉得,教育观念有相同的地方,但确实也有不同。

启示2:“人人都是天才”,关键在于如何把他的天才潜质发掘、释放出来。我说,厦门大学隐藏着很多易中天,现在发掘了一个易中天,还有很多易中天。我们教育的目的不就在于发现学生的潜能,并加以引导、发掘,使之最大限度地释放出来吗?否则要教育干什么?

启示3:创新永无止境。我相信再过两年,美国“梦七”队还会赢,因为它个人素质好。

因为教育思想和教育观念确实是一个比较难讲的题目,我投机取巧,采取了讲故事的形式,以期引起大家的兴趣,一起来探讨这个问题。

二、要培养创新型人才,就要转变人才培养模式

(一)首先谈谈邬大光教授的31张图表和郭祥群教授的16个问题

听了邬大光教授和郭祥群教授对我校本科教学和研究生教学的状态分析后,我感到非常欣慰,厦门大学近年来在本科教学和研究生教学方面做了很多工作,取得了非常可喜的成绩。同时我也表示感谢,没有全校教师和在座各位干部的努力,厦门大学在本科教学和研究生教学方面不可能有今天这样喜人的成绩。但是,听完他们两人的报告后,我有些惊讶和些许的忧虑。

请看邬大光教授的三组数据:

必修课与选修课的比例,请问,学生有多少自由学习空间?

教授授课的比例,请问,教授都干吗去了?

实验课的比例,请问,学生想动手该在哪里动手?

让我感到惊讶的是,邬大光教授说:我们还在延续过去的“习惯”,甚至丢失传统!这不一定是他的原话,大概意思如此。问题很大!

再来看看郭祥群教授的16个问题。

我想不论是急需解决的问题,还是长期得不到解决的问题;也不论是不得不说的问题,还是不想多说的问题,我认为,反正都是问题!就是16个问题。

当然,我要肯定的是,这两个报告都做得非常精彩!邬大光教授运用他高等教育学的理论,结合自己的本职工作,对我校的本科教学工作做出了有如此深度的分析和解读,令人钦佩,值得表扬。如果说邬大光教授是高等教育学专家,有他的专业特长,那么郭祥群教授学的是化学,我如果没有记错,她学的是分析化学。她到研究生院工作也只有两年半的时间,但是,在她的报告当中,能一针见血地点出我校研究生教育的16个软肋或者16处死穴,她的报告真实、准确、深刻、实在、实用,她对她现在所承担的工作的热

爱和用心可见一斑。我从心里真的很感激和佩服她,不愧是一位国家级的教学名师。

(二)比课程设置更重要的是教学方法

邬大光教授的“教学状态分析”主要侧重于课程设置,但他说“教学方法的转变更重要”。我同意这个说法。远在大洋彼岸的著名大学耶鲁大学校长雷文也同意,请看雷文校长怎么说。他说:“教学方法比课程设置更重要。鼓励学生质疑教授的权威,积极参与讨论,改变作业和试卷的形式,鼓励独立思考,是培养学生创新的有效手段。”可见邬大光教授的观点和雷文校长的观点是一样的。同时,雷文校长在我校举办的中国耶鲁大学校长暑期研讨班上还强调指出:“应该明确的是,鼓励学生质疑教授在知识上的权威与尊重教授并不冲突。”但是在中国确实很难做得到。一是学生不会问;二是“师道尊严”,老师架子放不下来;三是学生也想问,老师也想放下架子,但是,教师不会进行这种形式的教育。我想起在中国耶鲁大学校长暑期研讨班上武汉大学的刘校长曾说起这件事情,他们学校聘请了一位院长,来了之后搞这些东西,做不下去,学生反对,教师反对,连家长都在反对,如果没有校长支持他,根本做不下去。

当然,这次会上,很多人还谈到通识教育和“习明纳(Seminar)”。关于通识教育当前最权威的可能就是雷文校长,我们来听听雷文校长对通识教育是如何说的。他说:“从教育的使命来看,培养具有创新性的各领域的领袖人才是一流大学的责任与价值。从经验看,美国一流大学的教育模式——本科生的‘通识教育’,特别适于发展学生的创造性和创新能力。”他认为,“通识教育的目的在于开发宽广的才智和严格思辨的能力,使学生可以适应新的情况和挑战,要求学生利用不同的思考方式发展思辨能力,从多种角度理解问题。因此,一个经过通识教育的学生应该很自然地做到以下四点:一是独立的思考;二是对世界充满求知欲,能够提出有趣的问题;三是对世界进行持续的、有规则的分析;四是必要的时候,能使用不止一种的思考方法,其结果是获得新鲜的、有创造性的解答”。就课程设置而言,他是这样认为的:“通识教育的典型课程模式是,前两年在有大量‘选修’和‘通识教育’要求的学院内,学生可选择范围广泛的课程和领域。后两年则让学生集中学习一个单一的学科。这样的设置,前期可以帮助学生接触与了解一个以上的学科,从而帮助学生拓宽知识面,鼓励他们进行创造性思维;而后期则可以发展严密思考的能力,超越肤浅的思考。针对中国在通识教育上的实践,把专业课程体系改革为通识课程体系可能需要从头开始,精心设计、长期摸索。”

应该说,通识教育是在中国耶鲁大学校长暑期研讨班引起最广泛讨论的一个话题。当时,中国高校有代表性发言的是复旦大学党委书记秦绍德,他发言的题目是“我们中国特色的通识教育”,复旦大学已经做了两年。时间关系,不再展开。

(三)比选学生更重要的是选教师

在这次中外校长论坛上最集中、最热门的话题是“创新型人才的涌现关键在教师”、“高水平的师资队伍是培养高素质人才最重要的保证”。

我想这一点大家都明白,“严师出高徒”,有水平的教师才能教出有水平的学生,郑兰荪教授能够这么年轻就当院士,在《科学》上发表论文,他的导师就是诺贝尔奖获得者;洪永淼教授的导师也是诺贝尔奖获得者。

请听听斯坦福大学校长怎样看这个问题。他说:“中国大学未来面临的挑战是如何吸引优秀的师资,而不是优秀的学生”,因为“中国拥有世界上最优秀的本科生。问题是学生数量的增加与教育质量的保证很难成正比”。因此,教育模式、人才培养模式要转变,比课程设置更重要的是教学方法,比选学生更重要的是选教师。那么,优秀的教师在哪里?一流的大师在哪里?

我想,一流教师无非来自两条路,一条是引进,另外一条是培养,而且我认为,一流老师除了引进,更在于培养。为什么说引进没有培养重要呢?有一位外国大学校长说:“要办世界前10名的一流大学,就要聘世界前10名的教授。”厦门大学每年进300多个新教师,有多少与厦大创一流的标准是相符合的?我们会不会因为人才难求,经费不足,工资不够,不得已求其次?那就坏了!也有人说:“10个二流的教师抵不上1个一流的教师。"所以厦大今后引进人才一定要思考，但我更看重培养。

我们来看看三个观点：一是"一流教师的出现在于'细水长流'式的培养，并与学校发展的战略构想密切相关"，这是一个很长的过程，引进的人才必须与学校、学院、系的发展构想相吻合。有人开玩笑说厦大引进一个会造导弹的有什么用？一个会造火箭的有什么用？我们没有这样的学科，除非想建立这样的学科。二是斯坦福大学校长说的一句话，听了大家也许有些泄气，我们姑且听听，国情不同。他说，"一流教师的孕育和培养至少需要20年至30年的时间，一点也急不得"。他可以那么潇洒，厦门大学可受不了，我们哪里有办法等二三十年，但从长远的战略眼光来看，这不失为一个引进和培养大师级的一流教师的构想。当然我更注重第三句话，"要善于发现，然后通过分类培养，让不同层次的教师在各自基础上有所发展，这就是培养的内涵"。

三、要培养创新型人才，就要优化人文环境

1.继承传统文化与吸纳先进文化。

这点非常清楚，我不必多说。

2."千人一面"与个性张扬。

这也不必细说。哈尔滨工业大学的校长说过一句话我挺欣赏的，他说："我是研究机器人的，希望机器越来越像人，但是我又是一名校长，我担心把人培养得越来越像机器。"很精彩！因此一定要让学生的个性得到充分张扬和释放，狂就狂一点，怪就怪一点。你说陈景润怪不怪，现在厦大的学者有谁超过他?!所以，厦大千万不能去制造"机器人"。

3.模仿与剽窃。

模仿在我们这里好像不太严重，但是雷文校长在厦大说："遵循学术行为的规范应是创新的基本前提。模仿在中国被认为是一种美德，但在美国则被认为是剽窃，是非常不可行的行为。"因此，他要求"在引用别人的观点时，必须说明出处。这是一件非常严肃的事情"。他警告说，"做不到这点将会破坏中国向世界一流科研地位发展的努力，破坏中国的国际学术形象，也会破坏中国鼓励创新的努力"。你看现在有的投资商投资几千万拍的影片，还未上映，街道边的小摊上已经在卖十元一张的盗版影碟了，让他们痛苦不堪。剽窃是不得了的，模仿也不行，这是美国人的价值观。还有翁君奕教授的模式，他在讲到创新时说，"创新也有高低之分。原始创新是高级层次，但也可从模仿创新做起"，我想，这也符合中国的国情，但是凡是模仿一定要注明出自何处，这是一种科学的态度。

4.奖励成功与宽容失败。

我要引用葡萄牙里斯本大学校长的话，他说："大学的最大优势在于有一个允许失败的环境，大学不像企业，要求自己的投入必须立竿见影地转化为成果。大学可以让教师在较长时间里静心地开展研究，可以通过教师的智慧让灵感闪现，即使是你的研究最终失败，也会得到宽容和谅解，并允许从头再来，重新尝试。"

我想除了大学，没有任何单位可以做到这一点。正因为这样，我们对研究过程中的失败或者工作过程中的失误应该抱一个宽容的心态。昨天座谈中徐梦秋教授曾讲到过"没有危险，没有压力，才能做实验"。有人曾说过："如果一个诗人被老虎追着跑，他怎会诗兴大发?!"也是这个道理。

5.封闭培养与开放式培养。

在当今世界的教育、科技的整体水平优先于我国的背景下，开放式培养是加快创新型人才成长的有效途径。我们培养人才，不和国外交流，不与国外对话，不会和世界竞争，哪里会有创新型的人才出现？在大会报告中朱崇实校长提出"要鼓励和争取有10%的厦大学生有一次国外大学的学习经历"，我给他鼓掌叫好。昨天晚上，张兴国书记告诉我，他募捐了一笔款，大约10万元，打算带几个学生到国外去走一走，我说"好，支持！"但是我今天下午参加建筑学院和艺术学院小组讨论的时候，听到建筑学院王绍森教授的发言，他说最近有机会到欧洲去参观卢浮宫，在卢浮宫门口他热泪盈眶。同志们要理解他的心情，他

是搞建筑设计的,搞建筑不知道卢浮宫,不知道金字塔入口,不知道大家能否理解。美术系张立平主任也说他们学院的老师到俄罗斯圣彼得堡参观博物馆,那真正是欧洲的建筑艺术。中国除了四合院和苏州园林,哪一座建筑能和欧洲经典建筑相比?因此,我想,作为一个搞建筑、搞艺术的已经到了博士、教授,他还没有去过那里,到了那里他热泪盈眶,我看难受在我和朱校长的脸上。在座的院长、书记该让这些老师出去的就让他们出去,这绝对不是游山玩水,他们到卢浮宫走一走的感悟和我们是不一样的。因此,要放在开放的背景下来全方位地培养创新型人才。

再让我们看看外国著名大学怎样来看待学校的文化建设,怎样来看待学校的人文环境。美国斯坦福大学校长说:"创新需要肥沃的土壤,在这种土壤的滋养下,人的智慧才能源源不断地迸发,一个焕发勃勃生机的人文环境自然就孕育了无限的可能和希望。"他很自豪地谈了两个例子。一个是"雅虎",20世纪90年代末,两位研究电脑辅助设计方向的博士生因为迷恋上网而开始了他们的研究,在探索如何利用网络组织丰富的信息并与朋友分享的过程中,慢慢形成了著名的"雅虎";另一个是"谷歌",两个不受约束的"执行者"由数字图书馆项目所引发,在"搜寻"这个词语中获得灵感,进而有勇气去挑战当时优秀的搜索引擎,终于解决了"交叉参考信息的权威性"这个关键技术,创造了享誉世界的"谷歌奇迹"。

学校在这种创新中担当什么角色呢?能做什么呢?斯坦福大学校长说,我只给他营造了一个好的人的环境,也就是人文环境:一是足够的研究基金,二是一流的实验室和设备,三是给团队很大的自由度,四是还有备受重视的学生群体。

综上所述,我有五点结论,见诸周济部长的讲话,我将之摘录出来:"总之,要培养创新型人才,就要进一步加强大学的文化建设:要大力宣传追求真理、培养人才、繁荣科技、服务社会的大学精神;要大力倡导勤奋学习、勇于创新、潜心研究、严谨治学的良好校风;要建设百花齐放、百家争鸣、鼓励创新、宽容失败的创新文化;要加强学术道德建设,坚决克服和摒弃学术浮躁;通过科学、系统的制度设计,积极探索完善学术自律与学术监督相结合、学术自由与学术责任相结合的有效机制;要努力营造民主、宽松、开放、和谐的良好学术环境。"

以上所讲的是我自己的三点思考,我也将之作为对朱校长提出的培养创新型人才的公式的一点补充,请大家再来一起看看"朱氏公式":

正确的人生观

↓

美丽的校园+宽松的文化+优秀的教师+良好的设施

↓

一流的人才

四、结束语

"创新型人才培养"是一个世界性的重大课题,也是本次"东山会议"的主题,具有理论价值和实践意义。很高兴看到这次会议如此成功!各位领导、教授在主题发言和小组讨论中所发表的深刻思考和成功经验,无疑是本次"东山会议"的宝贵财富。

"东山会议"结束了,但新的学年开始了!我期盼着大家把"东山会议"的成果带回学校,指导我们的实践,共同为更好、更快、更多地培养创新型人才、早日实现我校的奋斗目标而努力!

——本文摘录自王豪杰:《梦萦南强》,厦门大学出版社,2007年3月版

提升科技创新能力，加快建设高水平研究型大学

——在全校科研工作会议上的报告

（2006年5月16日）

校长　朱崇实

今年1月9—11日，全国科学技术大会在北京隆重召开。这次大会是全面贯彻落实科学发展观，部署实施《国家中长期科学和技术发展规划纲要（2006—2020）》（以下简称《科技规划纲要》）科学技术，加强自主创新、建设创新型国家的动员大会，必将使中国科学技术的发展迎来新的春天，并成为中国科技发展史上的里程碑。

本世纪头20年，是我国经济社会发展的重要战略机遇期，也是我国科技事业发展的重要战略机遇期。面对汹涌澎湃的世界新科技革命浪潮，党中央、国务院审时度势、高瞻远瞩，做出了建设创新型国家的重大战略决策，到2020年，“自主创新能力显著增强，科技促进经济社会发展和保障国家安全的能力显著增强，为全面建设小康社会提供强有力的支撑；基础科学和前沿技术研究综合实力显著增强，取得一批在世界具有重大影响的科学技术成果，进入创新型国家行列，为本世纪中叶成为世界科技强国奠定基础。”（《科技规划纲要·发展目标》）为了动员全党全社会积极行动起来，认真贯彻实施规划纲要，党中央、国务院专门做出《关于实施科技规划纲要，增强自主创新能力的决定》。

全国科学技术大会和《科技规划纲要》，描绘了我国科学技术自主创新的美好蓝图，为我国科学技术工作者指明了发展方向。我们必须从新世纪新阶段我国经济社会发展的战略全局出发，深刻认识加快我国科技事业发展的重大意义，切实贯彻落实好《科技规划纲要》和中央决定，分析形势，统一思想，总结经验，明确任务，全面提升科技创新能力，加快建设高水平研究型大学。

一、科技创新是中国发展的唯一选择

中华人民共和国成立以来，工业化取得了非凡的成就，但时至今日，不仅存在效率低和国际竞争能力不足的现实问题，而且面临资源短缺、环境恶化、生态破坏、人口压力、国家安全等长远、重大问题。

（一）建设创新型国家所面临的挑战

第一，资源的压力。我国资源总拥有量非常有限，已探明的煤炭、石油、天然气储量分别占世界的11%、2%、1.2%，铁矿石、铜和铝土矿储量分别为世界平均水平的1/6、1/6和1/9，45种矿产资源人均占有量不到世界平均水平的一半。目前，我国人均淡水资源占有量仅为世界平均水平的1/4，人均耕地占有量不足世界平均水平的40%。因此，我国拥有的资源并不丰富，而人均拥有的资源量就更少。随着我国人口数量的进一步增加，人均资源占有量还将进一步减少。

我国经济高速增长面临的资源约束日益突出。目前，我国正处在工业化和城镇化高速发展的时期，这是一个资源总需求量和总消耗量迅速扩大的阶段。改革开放以来，经过多年的经济持续高速增长，我国资源供求矛盾变得越来越突出。近年来，“油荒”、“电荒”甚至“煤荒”等能源短缺信号频频闪现，许多重要资源已由净出口国变为净进口国。作为具有经济血液之称的石油资源，在1993年前我国还是一个净出口国，而到2003年总石油净进口量突破1亿吨。作为农业大国，2004年我国农产品贸易逆差也高达55亿美元。

我国资源浪费现象导致的资源压力不断加剧。我国资源一方面有效供给十分有限,另一方面资源利用效率却十分低下,生产、建设、流通、消费领域的资源浪费现象相当严重。我国单位GDP的能源、原材料和水资源消耗大大高于世界平均水平。近50多年来,我国GDP增长了10多倍,矿产资源消耗量却增长了40多倍;我国平均每增加1亿元GDP就需要高达5亿元的投资,单位资源产出水平仅相当于美国的10%,日本的5%;矿产资源的总回收率大约为30%,比发达国家低20%;城市供水的漏损率在20%以上,单位建筑能耗相当于气候相近发达国家的2～3倍。资源的严重浪费使我国本来并不宽余的资源变得越来越紧张。

第二,环境的压力。发达国家上百年工业化过程中分阶段出现的环境问题,在我国快速发展的二十多年里集中出现,并呈现出结构型、复合型、压缩型的特点。而未来15年我国人口将继续增加,经济总量将再翻两番,资源、能源消耗持续增长,环境保护面临的压力越来越大。

近年来,污染问题严重影响社会稳定,因环境问题引发的群体性事件以年均29%的速度递增。2005年,全国发生环境污染纠纷5.1万起。松花江水污染事件发生以来,全国发生各类突发环境事件76起,平均每两天就发生一起。如果环境保护继续被动适应经济增长,这种状况将难以遏制,甚至有愈演愈烈之势。

去年发生的环境事故中,97.1%属于污染事故,其中水污染事故占50.6%。全国有近3亿农村人口饮用不合格的水,保障农村饮水安全的任务相当繁重。同时,城市饮用水源也潜伏着危险,一些饮用水源水质状况调查结果表明,有相当一部分水源地检出挥发性和半挥发性有机污染物以及有机氯、有机磷农药。

在“十五”计划确定的20项环保指标中,按计划完成的12项,未完成但有所改善的6项,二氧化硫排放量和化学需氧量两项指标反弹。根据初步统计结果,2005年,全国二氧化硫排放量比2000年增加了27%,化学需氧量仅比2000年减少了2%,均未完成削减10%的控制目标。

粗放型经济增长方式没有得到根本转变,环境污染治理的历史欠账较多。自2002年末开始,高能耗、高物耗的火电、钢铁、建材、有色等行业出现过热发展的态势,年均增长率都在15%以上,但污染治理进程相对缓慢。到2005年年底,淮河、海河、辽河、太湖、巢湖和滇池治理项目的完成率分别只有70%、56%、43%、86%、53%和54%;“两控区”计划的256个项目中,只有54%的项目建成并投人运行。同时,一些老企业设备陈旧,管理不善,污染防治设施存在问题;污染种类日趋复杂,如放射源的丢失与失控,危险废物的随意堆存,危险化学品管护不严、运输不当等等,都有可能引发环境事故。解决环境治理欠账和防范污染事故的任务非常艰巨。

第三,人口的压力。众所周知,中国是世界上人口最多的国家,这一基本国情直接影响了中国现代化进程。根据2006年2月28日国家统计局公布的最新数字,到2005年末,全国总人口为130756万人,相当于1949年总人口(54167万人)的2.4倍;根据世界银行《2006年世界发展报告》最新统计,2004年中国人口占世界人口总量(63.45亿人)比重的20.4%。

2003年3月新任国务院总理温家宝谈到中国的就业问题时说,中国的劳动力有7.4亿,而欧美所有发达国家的劳动力只有4.3亿。中国每年新增劳动力1000万,中国的下岗和失业人口大约1400万。进城的农民工一般保持在1.2亿。2003年温家宝总理在美国哈佛大学讲演谈了人口的“乘除法”:人多,不发达,这是中国的两大国情。中国有13亿人口,不管多么小的问题,只要乘以13亿,那就成为很大很大的问题;不管多么可观的财力、物力,只要除以13亿,那就成为很低很低的人均水平。

人口多是中国的基本国情,这一国情形成了中国特有的人口与发展的三大矛盾和三大问题:第一是十几亿人的吃饭问题;第二是十亿人左右的就业问题;第三是几亿人的养老问题。中国人口问题是跨世纪的难题。

从1980年以来,解决吃饭问题一直是中国政府的首要任务。从1996年以来这个问题已基本解决,尽管它还是一项繁重任务。

进入1990年代中期,中国最为突出的人口与发展的矛盾演变为就业问题,我国实际劳动力供给量愈来愈大，形成若干个相互叠加、相互冲突的迅速增大的就业压力高峰，而我国创造就业的能力和实际就业需求量明显下降，加剧了就业供求矛盾。

未来中国潜在的最大挑战则是养老问题。从老龄化挑战看，中国属于世界上人口结构老化速度最快的国家，在比工业化国家收入水平低得多的情况下进入老年社会，其挑战性在人类发展史上是前所未有的。控制人口数量和防止人口结构老化实在是一个两难的问题。

第四，国家安全的压力。传统安全观主要是依靠军事手段维护陆地领土的完整，它主要关注的对象是主权安全、领土安全、政治安全、军事安全。随着时代的进步，国家安全空间的范围已拓展到太空。太空既是军事上的"制高点"，又是国家安全的"高边疆"。

1990年代以来，国际国内发生了一系列重大事件，也深刻地改变着人们的传统安全观。1991年12月25日晚，克里姆林宫上空飘扬的红色国旗黯然落下，两个超级大国之一的苏联，尽管拥有世界上第二强大的军事力量，从此却不复存在了；1997—1998年，东南亚诸国爆发金融危机，给有关国家经济带来了几乎是"毁灭性"打击，其直接、间接经济损失估计在1万亿美元以上，并导致许多国家社会动乱、政局不稳；2001年9月11日，美国受到历史上最严重的恐怖袭击，其直接、间接经济损失在1万亿美元左右；2003年上半年，在中国部分地区爆发的"非典"疫情，给中国旅游业造成损失合计1400亿元，加上间接经济影响总额达2400亿元人民币。这些事件都没有通过战争手段，但造成的损失却超过了一场局部战争。随着信息化社会和经济全球化的到来，战争模式不仅有硝烟弥漫、血肉横飞的有形战争，而且有无形的经济战、科技战、信息战等；随着恐怖主义、跨国犯罪、环境恶化、毒品等非传统安全问题的日趋突出，人们不仅从国家生存，而且从国家的稳定、发展方面，从经济、文化、意识形态、生态环境等各方面提出了一系列新的国家安全观。

根据当前国际国内形势和新国家安全观，从空间范围看，包括维护国家领土、领海、海空以至太空的安全；从构成要素看，包括维护国家政治、军事、社会、文化、科技、信息、人才、资源、环境、国民等安全。因此，发展以经济、科技为基础的综合国力已成为世界各国增强国家安全实力的共识。

在新的历史时期，我国既面临传统安全问题，又面临一系列新的国家安全问题：

第一，政治安全问题。政治安全是一个国家赖以存在和发展的前提和基础，它主要包括政治稳定、主权独立、国家统一、民族团结等内容。我国政治安全面临的突出威胁：一是来自国际霸权主义、强权政治和新干涉主义，二是"台独"、"藏独"、"东突"等民族分裂势力。

第二，社会制度和意识形态安全问题。

社会制度和意识形态是一个国家和民族独立存在与发展的灵魂和支柱。它主要包括社会主义政治、经济、文化制度安全和民族信仰、民族精神、民族文化等内容。我国社会制度和意识形态安全面临的突出威胁：一是西方"西化"、"分化"和"和平演变"的企图；二是经济全球化和社会信息化浪潮的冲击；三是市场经济的消极面影响。

第三，军事安全问题。军事安全是国家主权与安全的坚强柱石。军事安全的主要内容包括维护领土完整、捍卫祖国统一、防范军事威胁、军控和防止核扩散等。我国军事安全的威胁主要来自：一是美国及其盟友对我国的"遏制"和"新围堵"，特别是美国主导的"战区导弹防御系统"；二是"台独"分裂势力的发展；三是与周边国家的领土、领海的边界争端问题；四是中国周围较大范围内笼罩着核和军备竞赛的阴影；五是世界新军事革命的严峻挑战。

第四，经济安全问题。经济是国家政治、社会稳定的基础，也是国家综合国力的基础。经济安全主要包括金融安全、资源安全特别是能源安全、市场安全、就业安全、产业结构安全、运输线安全、海外投资安全等。我国经济安全面临的主要威胁：一是不合理的国际经济旧秩序；二是国际经济情报战、走私、国际金融犯罪等；三是经济全球化和加入WTO带来的挑战；四是我国经济体制转轨的震荡、产业结构不合理等。

第五，科技安全问题。科技安全主要包括科学技术本身的持续发展及在经济、军事、政治、太空、海洋等领域的运用安全。我国科技安全的威胁：一是西方国家核心科技的垄断和封锁；二是高科技人才的大量流失以及高科技成果被窃取;三是我国科学技术创新与转化机制不健全。

第六,信息安全问题。信息安全已成为国家军事安全、政治安全、金融安全以至整个经济安全的基石。从两次海湾战争和科索沃战争来看,国家的信息系统往往最先受到攻击。我国信息安全的主要隐患在于:一是西方凭信息核心技术与系统的垄断权对我信息资源的窃取与侵害,二是计算机病毒和网络犯罪的威胁。

第七,环境安全问题。我国环境安全的主要威胁是人均资源的短缺、资源质量的下降、人口的激增、土地的荒漠化、水资源的枯竭、森林的毁损及气候异常等。

(二)应对的出路

综上所述,我国正处于社会主义初级阶段,经济社会发展水平不高,人均资源相对不足,原来那种重速度轻效益、重数量轻质量、重结果轻代价、重生产轻环保的传统工业化道路已没有出路,必须致力于走科技含量高、经济效益好、资源消耗低、环境污染少、人力资源优势得到充分发挥的新型工业化道路。从我国发展的战略全局看,走新型工业化道路,调整经济结构,转变经济增长方式,缓解能源资源和环境的瓶颈制约,加快产业优化升级,促进人口健康和保障公共安全,维护国家安全和战略利益,我们比以往任何时候都更加迫切地需要坚实的科学基础和有力的技术支撑。

无论从国际形势,还是从国内发展来看,科技创新能力已经成为国家竞争力的核心,提高科技自主创新能力,对于全面建设小康社会、加快推进社会主义现代化和应对新一轮科技革命和产业革命的挑战,具有十分重大的意义。正是面对这一严峻形势,党中央、国务院审时度势,高瞻远瞩,及时做出了不断提高科技自主创新能力的重大战略决策。因此可以说,大力提高科技自主创新能力是全部科技工作的灵魂,是新时期科技工作的纲领,是落实科学发展观、推进结构调整和经济增长方式转变的必由之路。

走中国特色自主创新道路,核心就是要坚持"自主创新、重点跨越、支撑发展、引领未来"的指导方针。自主创新,就是从增强国家创新能力出发,加强原始创新、集成创新和引进消化吸收再创新。重点跨越,就是坚持有所为有所不为,选择具有一定基础和优势、关系国计民生和国家安全的关键领域,集中力量、重点突破,实现跨越式发展。支撑发展,就是从现实的紧迫需求出发,着力突破重大关键技术和共性技术,支撑经济社会持续协调发展。引领未来,就是着眼长远,超前部署前沿技术和基础研究,创造新的市场需求,培育新兴产业,引领未来经济社会发展。这一方针,是我国半个多世纪科技事业发展实践经验的概括总结,是面向未来、实现中华民族伟大复兴的重要抉择,必须贯穿于我国科技事业发展的全过程。

二、企业是创新的主体,高校是创新的基础

改革开放以来,我们大力引进了国外先进技术和经营管理经验,这有力地缩短了我国与国外先进水平的差距。但在全球化形势下,国际竞争日益激烈,在涉及一些核心技术方面,一些发达国家和跨国公司出于自身利益的考虑,不可能向我们转让他们最先进的东西。我们只有构建自主创新的技术基础,拥有更多自主知识产权的技术和知名品牌,我们方能在国际竞争中取得主动权。为此,中共中央关于制定第十一个五年规划的建议、全国科学技术大会、《科技规划纲要》和《关于实施科技规划纲要,增强自主创新能力的决定》中均明确要求,把增强自主创新能力作为科学技术发展的战略基点,加强国家创新体系建设,重点加强技术创新体系、知识创新体系、国防科技创新体系、区域创新体系和科技中介服务体系建设。其第一个体系就是要建设以企业为主体、市场为导向、产学研相结合的技术创新体系,使企业真正成为研究开发投入的主体、技术创新活动的主体和创新成果应用的主体,全面提升企业的自主创新能力。

(一)企业是市场主体,经济发展的主体

从事科技研究开发的单位,通常包括科研机构、高等院校和企业。常见的行之有效的研发采取了产、学、研相结合的形式。这里"产"即企业起着关键作用。

自主创新要以企业为主体，是指企业在自主创新中应成为投资主体、研发主体和应用主体。在自主创新和研究开发中，企业要起到主体地位的作用，这是由企业本身的性质和它在社会经济中的地位所决定的。

企业的最大特点是贴近市场，了解市场的需要，尤其是能前瞻性地掌握市场发展所产生的潜在需求，使其研究开发的目标更具针对性，更能体现以市场为导向。另一方面，随着市场竞争日趋激烈，企业只有把握住新技术的制高点，才能在竞争中处于领先地位。这也是企业自身生存发展的现实需要，同时使企业能主动使研发成果转化为生产力，从中有效地收回创新成本。

国际上几乎所有名牌企业都有自己的领先技术和拳头产品。这正说明它们能把研究开发中取得的技术优势转化为产品优势，再进一步转化为竞争优势，从而在市场竞争中赢得主导权。要做到这一点，就需要在研究开发方面自觉地进行高投入。企业研发经费占其销售额的比重往往用来衡量企业研发的力度。一般认为，企业的研发费用占其销售额2%，企业才能基本生存，当达到5%以上时，才具有竞争力。事实上，这一比值反映了企业的技术储备和发展后劲。据统计，我国大中型企业的研发经费占其销售额比重仅为0.5%，而发达国家则一般为3%。

研究开发是需要大量资金的高投入的。开始阶段需要有政府的推动，但从长远来说，长期依赖政府很难取得预期效果，政府也难以长期负担。只有当企业从研发中体察到对企业发展的关键作用而形成自觉行为，企业成为研发的投资主体，自主创新才能进入成熟的轨道，进入良性循环。而在此基础上，一个国家的全部研究开发投入中企业所占比重也才能明显提高，例如美国的企业研发投入在美国全部研发费用中占72%～73%，德国占66%～67%。可见，企业既是创新的受益者，也理所当然是创新的承担者。

(二)科技作为一种产品，主要应由企业来提供

第一，从R&D经费分析。

研究与试验发展活动，即R&D活动，是指为增加知识的总量，其中也包括增加有关人类、文化及社会方面的知识，以及运用这些知识去创造新的应用，所进行的系统的、创造性的工作。增加R&D的投资，已经成为许多国家提升产业结构、转变经济增长方式、实施知识产权发展战略、增强国家综合实力的重要手段。R&D总经费是测度国家R&D规模、评价国家R&D整体实力的重要指标。

国际上通常把研发(R&D)投入占GDP比重达到2%，作为衡量一个地区科技发展水平达到临界点、进入突变期的标准。根据一般规律，研发经费占GDP不到1%的国家，是缺乏创新能力的；在1%到2%之间，才会有所作为；大于2%，则这个国家的创新能力可能比较强。2004年我国科技创新能力在49个主要国家(占世界GDP的92%)中位居第24位，处于中等水平。

随着改革的不断深入和市场竞争的加剧，近年来我国R&D活动的结构已经发生改变，企业正成为我国R&D活动的投资主体，而政府科技投入明显向基础研究、战略性高技术研究和公益性研究领域集中。由政府投入、企业自筹、国外投资等构成的我国R&D投入的多元化格局，在2000年已经初步形成。2003年我国R&D经费中，政府资金占26.6%，比2000年下降了6.8个百分点；企业资金占R&D经费的比重进一步上升，达到65.7%，比2000年上升了8.1个百分点，企业R&D活动的主体地位更加明确。

第二，从企业研究开发的高投入所取得的成果即其拥有自主知识产权的专利分析。

国际上一些知名的大企业都拥有大量发明专利，如IBM公司2000年有2886件发明专利，2001年增至3411件，2002年为3289件。我国企业2000年全国企业职务发明专利为1061件，2002年为1461件，即在2002年我们全国企业专利总额只占到IBM一家企业当年专利数的44%。

除专利外，我国每年科技成果约有3万项，但只有20%的成果能转化为生产力，而能形成产业规模的则更只有5%。所以重要的不仅在于成果数和专利数的多少，更要看这些成果向生产力转化的能力，以提高一国经济的科技含量。

高新技术的研究开发以企业为主体，还更有利于企业的推广应用，并促使这些成果的商品化、产业化。例如像微电脑、机器人等这类高科技产品由于在汽车工业找到了广泛的用武之地，就既提高了汽车

的技术含量,也更好地推动了高新技术的产业化发展。换句话说,高新技术不能视作“空降兵”,它需要依靠强大的老支柱产业作为其重要用户,作为其支撑,才能有更坚实的发展基础,更广阔的发展空间。

第三,从创新型国家的共同特征分析。

目前,世界上公认的创新型国家有20个左右,包括美国、日本、芬兰、韩国等。这些发达国家的研究开发投入占其国内生产总值的比重一般都在2%以上,科技进步对经济的贡献率多在70%以上,对外技术依存度大多保持在30%以下。而我国目前的对外技术依存度高达50%,设备投资60%以上依靠进口,科技进步贡献率只有39%左右。由于不掌握核心技术,我们不得不将每部国产手机售价的20%、计算机售价的30%、数控机床售价的20%～40%拿出来向国外专利持有者支付专利费。

据统计,国内拥有自主知识产权核心技术的企业仅占万分之三,在中国核准的发明专利申请中,来自国外的申请占82%,且技术含量较高;来自国内的专利申请占18%,且技术含量较低。82∶18凸显了目前中国自主知识产权所面临的困境。相关资料表明,目前全国大中型企业中71%没有技术开发机构,三分之二没有技术开发活动。特别是航空设备、精密仪器、医疗设备、工程机械等具有战略意义的高技术含量产品80%以上尚依赖进口;即便一些国企引进了技术,但是消化吸收和二次创新能力明显不足。

(三)高校是企业的后盾,是创新的基础

企业要成为创新的主体,但仅仅依靠企业是不够的,原因就在于:在企业当中毕竟技术层面在最下端,而中上游的发展如果没有一个很强的支撑,就会使得这个创新成为无源之水、无本之木。高校要找准自己的定位,在技术创新方面不作主体,但要作为重要的源头和基础,为技术创新提供很好的基础研究和应用研究的支撑。

高等学校是国家创新体系的重要基础,这主要是因为大学能够很好地整合知识的创造、加工、传播和应用各个环节。高校拥有齐全学科、精英人才、先进的科学研究基础设施和大量的科技信息,具备较强的知识创造能力、创新人才培养能力和科学研究自主创新的潜力。

第一,高校是培养创新性研究型人才的首要基地。2004年全国共有普通高等学校1731所,全国共有培养研究生单位769个,其中高等学校454个,科研机构315个。全国各类高等教育总规模达到2100万人,其中在学研究生81.99万人(博士生16.56万人,硕士生65.43万人)。2005年在学研究生超过100万人。

第二,高校拥有高质量的研究队伍。2004年普通高等学校专任教师85.84万人,比上年增加13.37万人。目前,高校有中国科学院、中国工程院院士706人,约占我国两院院士总数的50%,2005年新增中科院院士中近55%来自高校。

第三,高校拥有创新性研究的环境与条件。目前,全国高校设有各类R&D机构5000多个。全国共有国家实验室6个,其中依托高校建设的3个,与中国科学院联合建设的1个;全国共有国家重点实验室182个,其中依托高校建设的有113个;教育部重点实验室已建设149个,正在立项建设的48个,省部共建47个。

全国国家工程研究中心106个,依托高校建设的36个;国家工程技术研究中心全国136个,依托高校建设的39个;教育部工程研究中心46个;高校中建设的行业部门、地方的各类工程研究中心260多个;国家大学科技园50个。

在哲学社会科学领域,共有教育部文科重点研究基地(100个)和国家“985工程”建设哲学社科基地80多个(涵盖所有教育部基地)。

第四,近几年来,高校承担科研任务逐年增加,承担国家重大科研任务的能力进一步提高。2004年高校获得国家自然科学基金项目资助占总数的78%;获重点项目资助占总数的65%;国家杰出青年基金占资助总数的63%;重大研究计划项目占资助总数的67%;2004年度高校承担“973”计划占全国总数的42%。

2004年大学共申请专利12997项,获专利授权5381项及一大批具有自主知识产权的创新技术成

果。2003 年高校在国内发表论文 18.1 万篇，占总数的 66％；三大检索系统（美国 SCI、EI、ISTP）收录论文数，高校占总数的 68.5％。

“十五”期间，在国家颁发的科技三大奖项中，高等院校的获奖数超过半数。全国高校获“国家自然科学奖”75 项，占获奖总数的 55.07％；获“国家技术发明奖”64 项，占获奖总数的 64.4％；获“国家科技进步奖”433 项，占获奖总数的 53.57％。

三、走创新强校之路，把厦门大学建设成为高水平研究型大学

（一）创新是强校之本

创新是高校的强校之本，因为只有知识创新，高校才能立知识高峰，增强服务社会的能力和提高人才培养的质量。世界一流大学都是知识创新能力最强的大学。不断提高自主创新能力，努力创造具有国际领先水平的原创性科研成果，培养和造就具有创新能力的高素质精英人才，是我国高水平大学创建世界一流大学或世界知名大学的必经之路。

高校如何顺应世界高等教育和科技发展的潮流，发挥人才培养与科学研究相辅相成、基础研究与应用研究紧密联系、学科交叉与融合的优势，不断强化知识传播和创新的功能，努力成为科技创新的不竭源泉，正是时代赋予我们的历史使命。大学要成为科技创新的不竭源泉，一方面要将教学实践与科研实践相结合，直接参与和推进科技创新；另一方面，则要通过培养高素质创新型人才，为技术创新提供源源不断的人才支持和智力储备。科研水平的高低，决定了人才培养质量的高低。如果没有前沿的创新研究，也就很难培养出高素质创新型人才。因此，大学要提高人才培养质量，不仅要深化教学改革，而且要注重改善科研活动的品质，大力开展前沿的创新研究，特别是基础研究。基础研究只有瞄准国家需求，才能早日发挥出源头创新的作用和效益。而应用研究只有指向最前沿、最高端，才能体现出源头创新的品位和价值。

（二）存在的主要问题

“十五”以来，尽管我校科研工作取得了一些成绩，但与建设高水平研究型大学及国家创新体系的目标和要求相比，我们的问题和不足还是非常明显的。

第一，我校科研经费仍然偏少，与兄弟高校相比差距较大。2005 年我校科研经费 1.63 亿元，低于 76 所重点高校平均水平（1.87 亿元），排第 30 位；在 14 所综合性大学（校均 3.19 亿元）中排第 10 位（仅高于南开、海大、兰大、人大）；师均科研经费 7.67 万元，低于 76 所重点高校平均水平（10.27 万元），排第 40 位；在 14 所综合性大学中排第 8 位（高于武大、南开、山大、人大、吉大、兰大）。

第二，科技平台不多、不大、不强。我校在国家实验室、国家工程研究中心、国防重点实验室建设方面尚未取得突破。究其原因，一方面有我们自身实力的问题，另一方面也反映出我们在校内整合的过程中，各科研单位之间存在着严重的壁垒，在资源和人员分配等许多方面很难协调，这种状况不打破，将严重限制我们在重大科研基地方面的组织工作。

第三，队伍的力量和潜能尚未充分发挥出来，“小富即安”的思想和现象仍然存在。近几年来，经过校内各项制度的改革，不断加大科研投入力度，教师的待遇和科研条件都有了明显的改善和提高，但科研队伍的积极性和才能并没有得到充分发挥。科研力量分散，科技人员单兵作战多，团体协同攻关较少，一些教师和科研人员“小富即安”，不愿意去争取大项目、大课题；对各类项目的争取，存在主动出击不够的状况；在科技成果转化和科技产业化方面，科技人员从事成果转化与产业化的积极性不高，存在重基础轻应用，重纵向轻横向，重论文轻开发，重鉴定轻推广的现象。

第四，主持承担国家重大科技计划、重点项目较少，在争取国家重大项目方面的竞争力弱，在研究力量的组织、联合方面缺乏协调。至今我校还缺乏作为首席科学家承担的“973”计划项目，仅“973 项目”也

只承担子项目;项目经费在千万元以上的寥寥无几。此外,国际科研合作项目少,各学院(系、所)国际学术交流活动和发展水平参差不齐。这种状况既不利于产出具有重大影响的成果,也制约了研究基地的建设、学校整体创新能力的增强和国际化程度的提升。

第五,高水平、高显示度、有重大影响的科技成果偏少,国家级奖项更少。虽然在省部级奖励方面取得了一定进步,但"九五"至"十五"的10年间在国家科技三大奖中仅获1项国家科技进步二等奖。虽然在国际高水平学术刊物(《科学》、《自然》等)上发表论文取得较大进展,但还远远不够。

第六,管理体制尚未理顺,竞争激励机制不完善。如"985工程"创新平台、基地与学院的关系,与原有科研机构的关系问题;基层学术组织结构的改革问题;项目的组织模式问题;绩效与评价、激励机制问题等等,都需要在充分研讨的基础上加以解决。

(三)进一步发展的思路

未来15年,是我国建设创新型国家、实现全面建设小康社会目标,加快推进社会主义现代化进程的重要时期,建设创新型国家的伟大实践为高等学校的发展提供了最好的条件、最大的机遇、最强的动力。深刻领会和认真贯彻落实全国科学技术大会精神,紧紧围绕提高自主创新能力,要重点抓好以下几项工作:

一是要增强创新意识。全校上下都必须首先解决思想观念问题,提高对世界新科技革命带来的机遇和挑战的认识,提高对创新这一"本"和"源"的认识,进一步把思想统一到党中央、国务院的重大战略部署上来,增强加快科技进步和创新发展的责任感和紧迫感。

21世纪科学与技术的发展趋势是互相融合,呈现出"科学技术化,技术科学化"的明显特点,科学与技术、基础研究和应用开发之间的关联越来越紧密。首先,要坚持发挥基础研究的优势,把基础研究作为自主创新的源头,努力提高原始性创新与知识创新能力;其次,要围绕国家创新体系建设需要,把个人自由探索与国家目标导向研究相结合,积极推动基础研究成果向应用性转化,提高学校的技术创新能力。

二是要推进制度创新,进一步构建有利于创新人才培养和高层次人才集聚的制度环境。要从改革基层学术组织结构入手,打破原有学科组织结构和科研组织模式,建立有利于学科交叉、融合和汇聚的科研体制,形成有利于增强自主创新能力和提高创新人才培养质量的基层学术组织结构,促进创新团队建设。要改革研究生培养机制,实行科研主导的导师负责制,建立与研究工作紧密挂钩的研究生资助制度,提高研究生的创新能力和培养质量。要进一步加大高校人事分配制度的改革力度,大力推行教师岗位分类管理和公开招聘制度,深入推进教师聘任制改革,积极完善教师评价机制,强化海内外同行专家在学术评价中的重要作用;进一步强化竞争激励机制。深化分配制度改革,逐步建立以岗位绩效工资制为主的高校薪酬制度,加大对优秀拔尖人才的分配倾斜力度;努力建立适应社会主义市场经济体制要求、符合高等教育规律和教师职业特点的现代大学人事制度,形成人才辈出、人尽其才的良好制度环境。

三是要不遗余力地培养和造就高层次人才。发展孕育人才,人才支撑发展。要坚持人才队伍建设与科技创新和经济发展,与文化繁荣和社会进步相结合,促使人才投身于现代化建设的火热实践。要引导人才经风雨,见世面,在大风大浪中锻炼,在艰苦奋斗的磨砺中成为栋梁之材。要进一步构建促进优秀人才可持续发展的培养和支持体系,大力实施高层次创造性人才计划,努力吸引和培养一批具有世界一流水平的学术大师和学科带头人,一大批具有创新能力和发展潜力的中青年学术带头人和学术骨干,重点支持一批高水平的创新团队和学术群体,带动人才队伍整体素质的提高。要以高层次人才和紧缺人才为重点,大力吸引海外优秀留学人才来校工作或以多种形式为学校服务。要充分利用海内外优质教育资源,采取多种方式大规模培训中青年骨干教师,特别是要加大出国留学工作力度,选派更多的优秀研究生和中青年骨干教师到海外一流学科专业,师从一流导师学习深造,促进他们掌握国际学术前沿动态,不断提高自主创新能力。要支持教师参加国际重大科学研究计划和高水平国际学术会议,竞争国际权威学术组织领导职务,担任国际重要学术期刊编委,加快提升优秀人才在国际学术领域的影响力和竞争力。

四是要加强平台、基地建设。结合国家创新体系(大学)建设,在重点建设"985工程"二期创新平台、基地的基础上，分类指导、分层次建设，逐步形成知识创新、技术创新与成果转化、公共服务三类平台为主体的创新平台体系。着力建设以原始性科学研究和战略高技术研究、重大理论突破为主要目标的创新研发平台。建设以行业共性技术、产品开发、技术转移和高层次决策咨询服务为主要目标的技术创新与成果转化基地。建设以公共服务和科研资源共享为主要目标的公共服务基地。同时，要加强组织和协调，积极承担国家和地方的重大科研任务，力争取得一批具有重大学术价值和社会影响的标志性成果。

五是要坚持把科技成果转化与产业化放在与教学、科研同等重要的地位，实现我校科技成果转化与产业化的跨越式发展。搭建科技成果转化与产业化的大平台。加快厦门大学国家大学科技园建设，完善大学科技园孵化功能及其支撑和服务体系，使之成为学校科技成果转化与产业化的重要渠道。紧密结合优势学科，明确发展方向，加快科研成果向社会转移。借鉴国内外成功经验，结合我校特色和地方经济的发展需要，创立和发展既有学科优势、又有厦大特色的高新技术企业，实现学科建设与科技产业化的相互促进、共同发展。坚持积极发展、规范管理的原则，理顺科技成果转化与产业化管理体制。

六是要实施国际化战略，大力提升学校的国际化水平。全面而客观地认识、承认并接受国际通行的学术标准，遵守国际通行的学术规范，提高教师的国际交流能力与合作水平。积极推进国际合作与交流向全方位、多领域、高层次发展，着力提升各学科的国际竞争能力，提高学校的国际化程度。要以院系(所)为主体，教师为主角，将国际学术交流的重心下移，用多种措施促使院系(所)瞄准国际一流、聚焦学术前沿，真正成为国际交流与合作的主体，要求各院系(所)都有自己的合作伙伴。

七是要加强创新文化建设，努力构建有利于创新人才健康成长和充分发挥作用的文化氛围。创新体现着先进生产力的发展方向，创新文化是一种先进文化，是一种发展文化。高等学校是传播先进文化和知识创新的重要基地，要大力培育和弘扬创新精神，把提高科学素质、树立科学精神、培养科学道德作为创新文化建设的重要内容。继承和发扬革故鼎新、敢为人先的精神，提倡理性怀疑和批判。努力营造追求真理、献身科学、鼓励创新、宽容失败的文化氛围。要进一步加强学术道德建设，倡导潜心研究、严谨治学，坚决克服和摒弃学术浮躁。要积极探索完善学术自律与学术监督相结合、学术自由与学术责任相结合的有效机制，努力营造民主、宽松、开放、和谐的良好学术环境。

——本文摘录自朱崇实：《大学的进步》，商务印书馆，2019年1月版

细节决定成败

——在2006届本科生毕业典礼上的讲话

(2006年6月29日)

校长　朱崇实

在今天毕业的4079名本专科生中,有本科毕业生3730人,高职专科毕业生71人,其他各类学生278人。截至6月24日,本科毕业生就业率为94.5%,高职专科毕业生就业率也将近80%。通过了解,我们欣慰地得知,在尚未就业的同学中,有相当一部分是想在国内外继续求学而暂时放弃就业,当然,也还有一部分同学还在择业之中,为此,我由衷地祝愿这部分同学心想事成、万事如愿。

在已经找到就业岗位的毕业生中,有64.73%的同学在厦门、深圳、北京、上海、福建、广东、江苏和浙江这几个中国最具竞争力的城市和地区找到了自己的工作岗位。这一数字告诉我们,厦门大学的毕业生是最具社会竞争力的一个群体,也是最受社会欢迎的一个群体。

在今天已经就业的毕业生中,有192名本科生在祖国的西部,也是祖国最艰苦的地区找到了自己报效祖国的位置,与2005年相比到西部创业的同学增加了67人。我非常希望厦大到西部去建功立业的同学能越来越多,我衷心祝愿这些同学能在祖国本部广阔的土地上一展自己的抱负和才华。

在今天已经就业的毕业生中,有9名本科生选择了自主创业,与2005年相比增加了2名。我衷心地祝愿这9位同学大胆地往前走,相信你们的智慧,相信你们的才干,早日成就事业,开创出一片完全属于自己的新天地。

在今天已经毕业的同学中,还有111位国防生,再过几天,他们都将被授以副连职中尉军衔,成为共和国的一名年轻军官,我衷心祝愿他们在解放军这个大熔炉里百炼成钢。

在今天已经毕业的同学中,还有850位本科生同学考取了国内外各大学的研究生,占本科毕业生的22.79%。我衷心祝愿你们在继续求学的道路上能够始终保持旺盛的求知欲望,不断攀登知识的新高峰。

亲爱的同学们,朋友们,在这临别之际,我还有一点感悟要与你们分享。

在最近几年,管理学界流传一个观点:"细节决定成败。"我没有去认真研究这个观点的理论内涵,无法对这个观点做理论的阐述,但我根据个人的观察觉得这个观点非常有道理,值得细细地去体验。

"细节决定成败。"我们正处在一个信息时代,处在一个科技迅猛发展、高度发达的时代,借助于科技的力量,我们每个人所拥有的自然力,与十年、二十年前相比,有了成百上千倍的增长。因此,我们的每一次成功都可能为社会创造巨大的财富,同样,我们每一次失败也都可能给我们的社会带来巨大的灾难。为此,我们要特别注意我们遇到的每一件"小事",不要忽视任何一个细节。在信息时代,无论你干哪一行,只有精益求精,才可能成功。敷衍了事,投机取巧,很可能于己于人都是灾难。

"细节决定成败。"在信息时代,每个人的信息获取能力都十分强大,这意味着每个人都有很多的选择机会。选择机会多这是好事,也是坏事。选择机会多意味着挑选者有很多可能选到自己最满意的人或物,选择机会多也意味着挑选者有可能仅仅因为一点点细节就放弃他面前的选择对象。因此,作为刚刚步入社会的"菜鸟",千万要谦虚谨慎,注意细节,否则,伯乐有可能就会忽视了你这匹千里马。

"细节决定成败。"我对此最直白的领会就是要大处着眼,小处着手,不可眼高手低。人不可没有理想,没有抱负,有了理想和抱负,更需要脚踏实地地去实现它。我观察过我周边的同事,我发现几乎每一个人都不喜欢那些眼高手低,大事做不来,小事不愿做的人。你不从小事做起,怎有可能做大事呢?以此,"细节决定成败",大事要从小事做起。

"细节决定成败"这一观点可以用于做事，也可用于做人。"细节决定成败"绝不是说你今后干什么都要与人斤斤计较，绝不吃亏。"细节决定成败"，其实它包含了"吃小亏占大便宜"的哲理在里面，它告诉我们每点每滴、日积月累、不易察觉的辛劳和付出会帮助你获取巨大的成功，它告诉我们干任何事情都要注意细节，在很多时候一步小小的退让或妥协可能为你带来你意想不到的幸福或财富；千万注意，有些时候你不注意细节，一个小小的冲动会毁了你终身的理想与成就。"细节决定成败"，它包含着大胸怀、大智慧。

亲爱的同学，感谢你们在如此高的温度下耐心地听我说了这么多的话，我想我应该结束我的讲话了，我不能滥用你们对我的礼貌，而且我知道，你们的忍耐是有限度的。但是，我还要说一句话，这就是：请你们牢牢记住，不论你们走到何处，在你们的身后都会有一个忠诚的朋友，她愿意与你分享成功的喜悦，但她更愿意在你有困难的时候，能够助你一臂之力，这个朋友就是你们的母校——厦门大学！

——本文摘录自朱崇实：《大学的进步》，商务印书馆，2019 年 1 月版

社会精英必须更好地承担起社会责任

——在2006届研究生毕业典礼上的讲话

(2006年7月1日)

校长 朱崇实

今天,我们在这里为即将毕业的350名博士生、1742名硕士生送别,并为184名博士、1625名硕士授予学位。截止到6月24日,有95%的毕业生已经找到了自己的工作岗位。在已经就业的毕业生中,有65%的同学的工作岗位是在厦门、深圳、北京、上海、福建、广东、江苏和浙江。这几个城市与地区是中国经济最活跃、发展最快,同时也是社会竞争最激烈的城市和地区。我们的毕业生同学有65%在这些地方找到工作岗位,这说明厦门大学的毕业生是最具社会竞争力的一个群体,也是最受社会欢迎的一个群体。在向这部分同学表示祝贺的同时,我也要特别向到西部地区、到落后地区去工作的毕业生们表示我由衷的钦佩和感谢。我知道,在这一部分同学中有许多人自愿放弃在大城市或发达地区工作的机会,选择到祖国最艰苦的地方去建功立业。我衷心地祝愿在座的每一位同学都能在自己最适当的位置上发挥出自己最杰出的才干,为我们的国家和社会做出自己最大的贡献。

面对在座的各位,望着各位身着的庄严的学位服,我心中油然升起一股责任感。作为一个社会的精英阶层,从今天开始,各位要承担起更大的社会责任,要为社会尽一份更重的义务。为此,我想借这个机会再跟各位说几句话。

首先,我希望各位要充分地认识到自己是社会的一个精英。有这份认识,有这份自信,不为别的,只为能够更好地认识自己的使命,更好地承担自己的责任。目前中国在校的研究生约113万,其中13万是博士研究生。中国有13亿人口,研究生的数量不到人口数的千分之一。根据统计,迄今为止,把所有的毕业研究生加在一起,全国接受过研究生系统教育的人数只占人口总数的千分之一点五。毫无疑问,不论从哪个角度看,不论用何种标准来衡量,这一部分人,应该是社会精英,应该对这一部分人有更高要求,这一部分人应该对社会承担更大的责任,做出更多的贡献。为什么?道理很简单,这一部分人比任何其他部分的人占有或使用了更多的社会资源,社会(包括国家、家庭、亲朋好友、学校)给予了你们以超常的支持和帮助。不能否认,你们可能具有某种优秀的天分,但假如没有社会给予你后天的帮助,你不可能成为这么优秀的人才。因此,你们要有这样的一种责任感,要无私而自愿地为社会做出自己的奉献。

社会精英的特征是具有很强的使命感,具有很崇高的理想,并愿意为实现自己的理想做出任何的牺牲。一个社会如果没有这样的一群人,或没有这样的一个阶层,这个社会一定是愚昧而落后的社会。中国正处在一个振兴的时代,一个重新走向辉煌的时代。这样的一个时代,也是我们的社会精英可以实现自己理想的时代;这样的一个时代,需要我们的社会精英去为之奋斗,拼搏乃至牺牲。因此,我由衷地希望在座的各位都能把国家的富强、民族的振兴作为自己的理想,并为这个理想而英勇地奋斗。

社会精英的特征在于具有很强的使命感和崇高的理想,社会精英的本领在于把自己的理想变为现实,社会精英的过人之处在于能够锲而不舍、脚踏实地、一步一步地实现自己的理想。社会精英是理想主义者,但不是空想家,因为社会精英的终身追求就是实现自己的理想。因此,我由衷地希望在座的各位是理想主义者,又是实干家。前天,我参加2006年本科生的毕业典礼,我谈了我对"细节决定成败"这一观点的一些感悟。在此,我愿把其中的一点与各位分享,这就是任何事业的成功,无一不是大处着眼,小处着手,脚踏实地,辛勤耕耘的结果。

社会精英都应是领袖型的人物。社会中的某一群体之所以被称作精英,就是因为他能够团结、带领周边的同志共同奋斗，共同前进。领袖不一定都是领导。许多社会精英身处十分平凡的岗位，但他们无论在哪里，身边总能聚集起一群志同道合的人，共同在平凡的岗位上做出不平凡的业绩。因此，社会精英一定要有宽阔的胸怀、丰富的知识、良好的修养、善良的爱心。只有这样，他周边的群众才会与他共同奋斗、共同前进。我由衷地希望在座的各位都能成为领袖型的人物。

——本文摘录自朱崇实:《大学的进步》，商务印书馆，2019年1月版

坚持以学生为本和个性化的培养原则

(2006年12月16日)

校长　朱崇实

如何构建创新型人才的培养体系,是当前教育教学改革的一个重大课题。世界研究型大学发展的成功经验启示我们,坚持以学生为本和个性化的原则,是培养创新型人才行之有效的途径。

就思想渊源而言,以学生为本的教育观源于古希腊的自由教育,其核心是充分尊重学生在个性、兴趣、爱好、能力、特长等方面的差异,因人施教。从历史上看,凡是世界著名的研究型大学,无不在学生的自由学习上下功夫。19世纪中叶,哈佛大学成功地把学习自由的思想转化为可操作的选课制度,从制度层面为学生个性的自由发展提供了强有力的保障。在选修制的倡导者看来,学校提供自由选择的机会可以进一步培养学生的责任感,他们步入社会后会将这种责任感发展成为对社会的责任感,这才是高等教育的真正目的所在。

当前,我国高等教育正处于从规模扩张转向提高质量的关键时期。随着高校办学规模的扩大,学生群体出现多样化的趋势,学生学习兴趣、学习能力、学习需求的差异性日显突出。如何适应不同学生群体的需要,不仅是保证教育质量的关键,也是培养创新型人才的重要突破口。但是,在以往的教学改革中,偏重以学科为中心,对学生日益增长的多样化、个性化的学习需求考虑不足,这使得我们的教育缺少特色和个性,造成所谓的“千校一面”、“千人一面”。国外有学者认为,在精英高等教育阶段,各高校具有共同和相对较高的学术标准,而在大众高等教育阶段,学术标准则趋向多样化。这一观点对于我国研究型大学培养创新型人才具有重要的启发意义。我们的研究型大学在坚持精英教育办学层次的基础上,突破单一的人才培养模式,从学科发展、社会需求和学生个性发展出发,构建多样化的人才培养体系;突破传统单一的学术型人才培养目标,形成研究型、应用型、复合型等多元化的人才培养类型;突破以学科为中心的模式,根据学生的能力、个性、兴趣和爱好,设计多样化的教学内容与课程体系;突破过去那种较为僵化、刚性的教学管理形式,设计弹性化的教学运作机制。

坚持以学生为本的教育理念、推进学生素质的全面发展在厦门大学素有传统。早在抗战期间,学校就在基础课中推行以文入理、以理入文、文理渗透,选修课数量之多,教学质量之高,当时在全国也是少有的。近年来,厦门大学以建设世界知名的高水平、研究型大学为目标,在创新型人才培养方面坚持以学生为本和个性化的培养原则,积极探索和实践新的人才培养模式,取得了可喜的成效。一是实行大类招生,分类培养。学生进校后一、二年级不分专业,共同学习公共基础课和专业基础课,三、四年级根据社会需求、学生兴趣、特长和个人倾向确定专业方向。二是实行双学位制(主辅修制)及转专业制度。允许学生在主修专业之外,辅修一个本科专业;允许学生根据自己的兴趣和爱好,通过考核实现转专业的目标。三是推行“三学期制”。在第三学期,可根据不同学生的学习能力和个性差异,组织较为个性化的教学活动,包括允许学生进一步修读提高性课程。四是公共课实行分级分类教学,为学生的自主性学习释放空间。公共外语、公共计算机等课程采用分级教学,“思想政治理论课”实行长短课程制。五是减少必修课,增加选修课。学校在较大幅度压缩课时的前提下,开出了文、史、政、法、艺术类,理工类和经济管理类等七大类的通识教育课程供学生选修,要求所有学生跨类选修课程3门以上,计12个学分。六是重视教师对学生的指导作用。学校明确规定55周岁以下的教授、副教授必须为本科生上课，并在全校范围内实行 3+1 本科生导师制，前三年以专业学习指导为主，第四年以论文写作指导为主。

——本文摘录自朱崇实：《大学的进步》，商务印书馆，2019 年 1 月版

·党建与思想政治工作·

厦门大学关于向民主党派通报党风廉政建设和反腐败工作情况、邀请民主党派参加党风廉政建设专项检查的实施办法(试行)

(2006年3月)

为进一步拓宽民主监督渠道,深入推进党风廉政建设和反腐败工作,根据《中共中央纪委、中共中央统战部、监察部关于向民主党派通报党风廉政建设和反腐败工作情况、邀请民主党派参加党风廉政建设专项检查的实施意见》(中纪发〔2006〕3号)和《中共厦门大学委员会贯彻落实〈建立健全教育、制度、监督并重的惩治和预防腐败体系实施纲要〉的具体办法》,结合学校工作实际,特制订本实施办法,请按此执行。

一、通报内容

(一)中共中央、国务院关于加强党风廉政建设和反腐败工作的方针政策和决策部署;

(二)省、市、校党委贯彻中央的要求,加强学校党风廉政建设和反腐败工作的部署和安排;

(三)学校开展党风廉政建设和反腐败工作取得的成绩、存在的问题、今后的工作思路和措施;

(四)其他需要通报的事项。

二、通报形式

(一)召开党风廉政建设和反腐败工作情况通报会或座谈会,统战部组织协调,并派负责同志出席,邀请民主党派负责人参加,由纪委负责同志通报情况,并向民主党派征求意见。对于民主党派所提的意见和建议,要认真研究答复,特别是不能采纳的要说明原因。

(二)召开特邀监察员会议,由监察审计处负责同志向特邀监察员通报情况,听取意见。对于特邀监察员所提的意见和建议,要认真研究答复,特别是不能采纳的要说明原因。

三、通报时间

原则上一年一次或两年一次,一般安排在年底或年初。

四、专项检查的内容

(一)每年参与学校 10 个“监督平台”的 2～3 个平台的专项监督，进行综合考评，形成考评意见。这十个监督平台是：干部选拔任用监督平台、人才管理监督平台、行政管理监督平台、行政效能监督平台、招生考试监督平台、财务管理监督平台、企业经营监督平台、建设工程招标投标监督平台、物资设备采购监督平台、行政监察投诉监督平台。

(二)按照《厦门大学党委贯彻落实〈实施纲要〉具体办法各项任务分解表》的安排，参与具体任务完成情况的专项检查。

五、专项检查的组织

由纪委、监察审计处牵头组织，统战部等单位协调配合。对专项检查的时间、内容、方式、人员等，要注意沟通情况，征求民主党派意见。

六、专项检查的要求

(一)根据民主党派的特长和优势选配人员，提高专项检查工作的质量；

(二)加强专题培训，使参加专项检查的民主党派成员进一步提高相关工作的政策水平，增强专项检查的针对性和有效性；

(三)对民主党派负责人或成员在专项检查工作中提出的意见和建议，要认真对待，妥善处理，并及时反馈情况。

——本文摘录自《厦门大学关于向民主党派通报党风廉政建设和反腐败工作情况、邀请民主党派参加党风廉政建设专项检查的实施办法(试行)》，档号 2019-DQ06-001

中共厦门大学委员会党校“十一五”规划(2006—2010年)

(2006年3月13日)

为了加强和改进党委党校工作,进一步发挥党委党校在我校党员、干部、入党积极分子教育培训中的重要作用,根据党的十六大,十六届四中、五中全会精神,《中共中央关于面向21世纪加强和改进党校工作的决定》和中共中央《干部教育培训工作条例(试行)》,结合我校实际,特制定党委党校“十一五”规划(2006—2010年)。

一、党委党校“十五”工作回顾

1.认真贯彻《中共中央关于面向二十一世纪加强和改进党校工作的决定》,坚持用邓小平理论和“三个代表”重要思想武装我校党员、干部。党校坚持把理论教育作为核心内容,把提高干部的马克思列宁主义理论水平作为重要任务来抓。各期学习班的内容与党的各阶段形势任务紧密结合,组织党员干部深入学习和研讨,把思想认识统一到党的路线、方针和政策上来。“十五”期间,抓好党课教材建设,组织修订《入党读本》,将邓小平理论和“三个代表”重要思想的最新理论成果及时体现在党课教材上。党校围绕学校中心工作,就党的建设中的重大理论和现实问题展开调查研究,并将研究成果结集成册。五年来,组织学员撰写党建论文百余篇,出版了《党的建设与中国社会主义的探索》、《思考·探索·创新》、《党性修养概论》、《邓小平理论学习与研究》等论文集(教材)。

2.围绕中心工作,开展多层次、多类型的教育培训工作,增强培训的针对性和实效性。“十五”期间,党校举办了18期党员干部培训班,培训处级、科级、骨干党员1045人。在办好党委书记、院长、党委委员、党支部书记学习班的基础上,举办了国际化办学专题学习班、党务秘书学习班、新生党员学习班等,丰富了办班的层次和类型。举办了11期党的基本知识学习班,培训入党积极分子6836人,学习班人数逐年增加,由2000年的902人增至2005年的2630人。五年来,党校共开设了55个高质量的党课专题,受到学员的好评。

3.不断加强党校自身建设,党校工作做到“六个有”。校党委高度重视党校工作,党委书记亲自担任党校校长,副书记协助指导,每学期定期召开会议研究党校工作,有力地保证了培训教育工作的顺利开展。党校充分依托我校综合性大学的学科优势,采用“专、兼、请、聘”的办法,建立了一支能够满足干部教育培训需要的教师队伍,学校领导定期到党校上党课。党校建立了一系列规章制度,不断改善办学条件,拥有了一系列完整的教材和党建图书、音像资料。

在校党委的正确指导下,在党校“一班人”的不懈努力下,党校工作取得了较好成绩。“十五”期间,我校党校被福建省委组织部、宣传部评为“先进基层党校”,连续两次被推选为全国高校党校工作联络组、华东地区高校工作联络组副组长单位。

二、“十一五”期间党校教育面临的形势和任务

当前,党中央提出加强党的执政能力建设和党的先进性建设的中心工作,提出大规模培训干部、大幅度提高干部素质的战略任务,要求全党加快建立保持先进性的长效机制,努力构建党员长期受教育的学

习机制。高校党的建设是党的建设新的伟大工程的重要组成部分,高校作为培养社会主义合格建设者和接班人的阵地,加强党的先进性建设,是坚持社会主义办学方向,建设一流水平的社会主义大学的有力保证。高校党校作为校内培训党员、干部和入党积极分子的"校中之校",要不断创新培训内容,改进培训方式,整合培训资源,优化培训队伍,提高培训质量,要在学习、研究、宣传马列主义、毛泽东思想、邓小平理论和"三个代表"重要思想方面发挥重要的阵地作用;要在探索高校党员先进性教育的内容、特点和方式,落实中央提出的大规模培训干部、大幅度提高干部素质的战略任务,建立一支适应社会主义一流大学需要的高素质党员干部队伍方面做出积极贡献。

三、"十一五"期间党校工作的指导思想、奋斗目标与基本原则

1."十一五"期间党校工作的指导思想是:以马列主义、毛泽东思想、邓小平理论和"三个代表"重要思想为指导,牢固树立和落实科学发展观,围绕党和国家工作大局,根据校党委的工作部署,解放思想、实事求是、与时俱进,深入开展党的路线方针政策的教育,使我校各级党组织和广大共产党员在党的建设新的伟大工程中创造出优秀业绩。

2.党校"十一五"奋斗目标是:通过在党员干部教育和培养方面发挥主渠道作用,在建设学习型政党、推进党的执政能力建设中发挥主阵地作用,在研究共产党执政规律、加强党的执政理论建设方面发挥主力军作用,努力把党校建设成为培养入党积极分子的摇篮,成为学习、宣传马克思主义的阵地,成为党员、党员干部党性锻炼的熔炉,为学校建设一支政治可靠、素质精良、作风过硬的干部队伍,造就一批党性强、作风正、业务精的教师党员,培养一代德智体美全面发展的社会主义建设者和接班人做贡献。

3."十一五"期间党校工作将继续坚持:(1)党校姓"党"的原则。教育培训工作要在思想上、政治上与党中央保持一致,围绕学校党的中心工作部署开展。(2)理论联系实际的原则。用邓小平理论和"三个代表"重要思想教育学员,弘扬理论联系实际的学风,在武装头脑、指导实践、推动工作上取得扎实成效。(3)从严治校的原则。要不断严肃校规校纪,加强教学和学员管理,保质保量完成好教学任务。(4)继承传统与改革创新相结合的原则。要不断总结经验,继承优良传统,勇于开拓创新,使党校教育具有时代感、吸引力。

四、"十一五"期间党校工作的主要任务和措施

1.不断丰富办班类型和层次,适度扩大党校办学规模。

(1)继续完善以下类型的学习班:中层干部学习班,各学院、各单位正职干部每年参加一次培训,副职干部每2年参加一次培训;党务工作学习班,各院党委(党总支)委员、党务秘书、党支部书记每3年参加一次培训;思政工作学习班,院团委书记、辅导员每2年参加一次培训;新生党员学习班,每年举办一期;入党积极分子学习班,每年举办2期;民主党派、团体负责人学习班,每2年举办一期。

围绕学校中心工作,举办落实科学发展观、科技创新工作、人才队伍建设、班主任工作等专题学习班。

(2)在保证培训质量的前提下,党校"十一五"期间计划培训党员干部2000人(次),培训新生党员1000人,培训入党积极分子15000人,使培训总人数达到18000人(次)。

2.加强和改进党校教学工作,不断提高党校教学质量。

(1)按照"理论基础、世界眼光、战略思想、党性修养"的思路,把加强执政能力建设、党的先进性建设,树立和落实科学发展观以及加强大学生思想政治教育等内容作为培训重点,把学习党章、加强党性教育贯穿于教学全过程。围绕学校党的中心工作,针对学员思想中的热点、难点问题,开展培训工作,不断丰富教学内容。

(2)根据学习班的不同层次、对象,科学设置教学专题。在确定党员和入党积极分子培训班的教学专题时,以党章、党的基本理论为重点。在确定党员领导干部学习班的教学专题时,在抓好党章学习的基础

上,抓好党的制度建设,发展党内民主,科学发展观,马克思主义权力观、政绩观和党风廉政教育等专题的学习。

(3)构建有高校党校特色的专题教学体系。"十一五"期间,着力加强建设三个教学专题系列:一是党章和党的基本理论学习专题,即以马克思主义理论体系为指导,按照党章、党的重大会议精神进行科学设置;二是新时期党政干部必备知识的学习专题,如行政管理学、法学、科技哲学等相关专题;三是有关重大现实问题和高等教育发展战略的系列专题,如科学发展观和高等教育发展战略、国际化办学等。到2010年,党校开设的教学专题在原先55个的基础上增加至80个。

(4)完善各个学习专题的教学纲要,形成规范的系列教学方案,组织开展"党课教案"评比活动。

(5)提倡教师在以讲授式为主的同时,积极采用案例式、答疑式、启发式等互动教学方法。鼓励教学的相互交流,通过学员论坛、总结汇报等方式,提高学员自主学习积极性。加强党课多媒体教学建设,争取在2006年底之前,大多数专题采用多媒体进行教学。

3.加强党校师资队伍建设,建立一支政治强、业务精的专兼职教师队伍。

(1)进一步整合教育资源,充实党校师资队伍。继续按照"规模适当、结构合理、素质优良、专兼结合、动态管理"的原则,依托我校多学科优势,建立以教学专题为导向的党校教学师资库。根据教学需要,从我校党史党建、哲学、社会学、法学、经济学、管理学、高等教育学等学科各增补1～2名优秀教师。争取到2010年,党校任课教师人数达到60名。

(2)做好党校师资队伍的培养跟踪工作。积极向校党委提出党校任课教师学习深造的建议计划,为任课教师提供一定的教学研究、专题调查、交流提高的机会和条件,积极联系到上级党校、教育行政学院研修的教师,为学习班开办新专题讲座做准备。

(3)优化党校教师队伍结构,形成以年富力强的教师为骨干,以青年教师为后备力量的师资梯队,发挥老教师学术造诣深、教学效果突出的优势,做好党校教学的"传、帮、带"工作。及时吸收年轻的优秀教师到党校教师队伍中来。

4.积极开展党建理论研究,发挥马克思主义理论学习阵地作用。

(1)结合我校实际,组织学员开展党建课题研究,以项目带动科研,争取一些课题获得省、校科研部门立项。"十一五"期间,组织撰写一系列有质量的党建论文和调研报告,为党校教学和学校党建工作服务。争取出版党建课题研究论文集。

(2)"十一五"期间,将在学习领会党的十七大精神的基础上,对《入党教材》进行修订充实,力求全面准确地反映党建理论新成果。

5.加强制度建设,努力提升办学水平。

(1)建立完善学习调研、定期听课、集体备课、学习考勤、学习讨论、结业考试、教学质量评估和教学档案管理等制度。建立完善有关培训考核试题库。

(2)加强党校自身建设。党校干部要与学员共建"熔炉"、同炉冶炼,不断加强自身的思想、理论、作风建设,树立乐于奉献、为学员服务、为建设学习型党组织服务的观念。"十一五"期间,在做好调研的基础上,校党委党校要对学院党校的办学条件和标准提出要求,并就培训内容、培训方式、师资配备等方面进行指导。

(3)推进"网上党校"建设。在提供马克思主义经典理论教育、国际共运史等知识的基础上,及时将党的方针政策和理论战线上的最新成果传达到师生中去。开辟"在线党课"、"党建经验交流园地"等栏目,为我校党员干部、入党积极分子理论学习交流提供便利条件。

——本文摘录自《关于印发〈中共厦门大学党委会党校"十一五"规划(2006—2010年)〉的通知》,厦大委综〔2006〕5号,档号2006-XZ09-15

关于建立党外领导干部联系制度的意见(试行)

(2006年7月20日)

各院党委、党总支:

根据《中共中央关于进一步加强中国共产党领导的多党合作和政治协商制度建设的意见》和中央统战部、省委统战部关于建立党外领导干部联系制度有关文件精神,为加强与党外领导干部的联系,结合我校党外干部工作实际,现就建立党外领导干部联系制度提出如下意见。

一、指导思想

以邓小平理论和"三个代表"重要思想为指导,全面贯彻落实《中共中央关于进一步加强中国共产党领导的多党合作和政治协商制度建设的意见》和全国、全省培养选拔党外干部工作座谈会精神,充分发挥统战部门"党外人士之家"的作用,引导党外干部坚定政治立场,明确政治方向,树立正确的世界观、人生观和价值观;引导党外干部增强公仆意识和群众观念,与中国共产党真诚合作,以突出的工作实绩为我校的改革、发展、稳定和把我校建设成为世界知名的高水平研究型社会主义综合性大学做出自己的贡献;引导党外干部改进不足,树立良好个人形象,帮助他们解决问题,努力为他们成长创造良好的环境和条件。

二、联系对象

联系对象是:学校中层党外干部。

三、联系制度

1. 约请谈话制度

对新担任领导职务、即将退出领导岗位、任职期间有突出贡献受到上级奖励表彰或在思想作风、工作作风和廉洁自律方面出现错误苗头和倾向的党外干部,所在单位党委(党总支)负责人应及时约请谈话,给予关心慰问或肯定鼓励或提醒帮助。

2. 走访看望制度

校党委统战部定期或不定期走访党外领导干部所在单位党委(党总支)负责人,了解党外干部各方面情况。党外干部生病住院或遇其他困难时,所在单位党委(党总支)负责人通过走访看望,及时了解掌握党外领导干部的思想、工作和生活情况,帮助他们解决生活上和工作中的实际困难和问题。

3. 组织活动制度

为了加强党外干部的交流、沟通,由校党委统战部每年组织部分党外领导干部就有关经济社会发展情况进行学习考察活动。学习考察的主要内容是,学习贯彻中共中央和统一战线有关方针政策,交流合作共事经验体会,考察当地经济和社会发展有关情况,建言献策。

4. 座谈交流制度

校党委统战部每年召开一次党外领导干部座谈会，提供党外干部相互学习交流的工作平台。对于党外领导干部的工作成果、经验体会，经本人同意后，将选择推荐到统一战线有关刊物上发表。

以上意见自印发之日起试行。

厦门大学党委统战部

二〇〇六年七月二十日

——本文摘录自《关于建立党外领导干部联系制度的意见(试行)》，(2006)厦大委统4号，档号2006-DQ04-1

· 教学与科研工作 ·

厦门大学2006年普通高等教育招生章程

（2006 年 2 月）

第一章　学校概况

第一条　厦门大学位于我国经济特区、“国际花园城市”——福建省厦门市，是教育部直属的全国重点综合性大学、国家“211 工程”和“985 工程”重点建设的高水平大学。现有校本部和漳州校区。

第二章　招生层次和计划

第二条　我校全日制普通高等教育共有 49 个本科专业类（涵盖 74 个专业或方向）分别面向全国 31 个省（市、区）招生；1 个高职高专专业面向福建省招生。

第三条　2006 年我校全日制普通高等教育招生总数为 5040 人。其中本科生 5000 人，专科生 40 人。具体有关分省分专业招生计划详见各省（市、区）招生机构编印的考生填报志愿手册。

第三章　招生模式

第四条　采用除少数院、系按专业招生外，大部分院、系按专业类招生的模式。各专业类的专业（方向）设置及分流情况请参阅我校《2006 年本科招生目录》。

第四章　培养与管理模式

第五条　实行“厚基础、宽口径、多样化”的人才培养模式，录取的学生按专业类进行培养。即一、二年级学生一般按照专业类学习通修课程，二、三年级通过选修方向性课程进行专业分流、确定专业方向。方向性课程的选定根据学生个人的特点，在学校的指导下进行。

第六条　录取的新生全部入住依山傍海，环境优美，拥有全国一流的教学和生活配套设施，管理和服务规范的漳州校区。经第一、二学年的学习和生活后，回到校本部继续完成学业。准予毕业的学生，由我校颁发国民教育系列普通高等教育本科毕业证书。符合学位授予条件的，由我校授予学士学位。

第五章 招生要求

第七条 除外语类、国际经济与贸易专业和国防生仅招英语语种的考生外,其余专业(类)均无外语应试语种要求。我校主要以英语作为公共基础外语安排教学。报考英语专业的考生,须参加当地招生机构组织的口试。

第八条 报考我校面向全国招生的艺术类考生,须参加我校组织的专业考试,且取得专业考试合格通知书。艺术类学生入学后,我校将根据招生政策和录取标准进行专业水平复查,凡不符合录取条件的,取消入学资格。

第九条 各专业(类)不限男女比例(国防生除外)。考生的高考单科成绩一般应达到及格以上水平。考生身体健康状况的要求按《普通高等学校招生体检工作指导意见》的有关规定执行。新生入学后,须进行身体健康复检,凡不符合录取要求或弄虚作假的,取消入学资格。

第六章 录取原则

第十条 坚持贯彻公平竞争、公正选拔,德智体美全面考核、综合评价、择优录取的原则。

第十一条 根据各省的生源情况确定调档比例,一般控制在招生计划数的120%以内。

第十二条 原则上执行考生所在地省级招生委员会制定的有关加(降)分政策。专业(类)录取以考生的投档分(高考分加照顾分)进行专业投档。

第十三条 维护第一志愿填报我校的考生利益。若第一志愿生源不足,可接收非第一志愿的考生。

第十四条 专业(类)投档采取"分数级差"方式,级差总分值为10分。即第一和第二专业志愿分数级差为5分,第二和第三专业志愿分数级差为2分,第三和第四(含第四及其之后的所有排序志愿)专业志愿分数级差为2分,第四(含第四及其之后的所有排序志愿)与调剂专业志愿分数级差为1分。

第十五条 获我校自主选拔录取资格、艺术特长生和高水平运动员资格的考生的录取规则分别按上述各类工作实施办法(简章)的有关规定执行。

第十六条 获我校推荐录取资格、表现(特长)突出,或相关考试科目成绩优秀、志愿与录取的专业相近等情况的考生,可优先录取,分数差原则上不超过10分。

第十七条 艺术类专业录取原则:在专业和文化考试成绩合格的出档考生中,根据考生填报的志愿和我校的专业考试成绩,结合各专业方向的生源情况、考生的文化考试成绩、业务素质与德智体等方面情况,全面考核,综合评价,择优录取。

第七章 收费标准

第十八条 学费收费标准

1. 人文学院、外文学院、法学院、公共事务学院、经济学院、管理学院、数学科学学院、物理与机电工程学院(飞行器动力工程专业除外)、化学化工学院、生命科学学院、海洋与环境学院、信息科学与技术学院、建筑与土木工程学院所属各专业,每人每学年5460元;

2. 医学院各专业、飞行器动力工程专业,每人每学年6760元;

3. 软件工程专业一、二年级每人每学年5460元,三、四年级按学分收费,每生每学分400元,每学年约为40学分;

4. 艺术学院各专业每人每学年9360元;

5. 航空机电设备维修专业每人每学年6000元。

第十九条 学生公寓住宿收费标准(人/学年):住宿费1200元,物业管理费120元。

第八章 奖、贷、助、补、减制度

第二十条 优秀新生奖学金制度

1. 凡高考总成绩名列所在省份前30名的文、理科考生，第一志愿填报我校且被录取者，给予免交四年学费，并一次性分别给予2万元（第1～10名）、1.5万元（第11～20名）和1万元（第21～30名）的奖励。

2. 凡第一志愿填报我校，文或理科高考总成绩（原始分）超过所在省份本一批分数线80分以上，且名列我校在其省份文或理科计划前5%的新生，给予2000元奖励。

第二十一条 国家助学贷款制度：全校每年贷款额度为3000多万元。

第二十二条 奖、贷、助、补、减制度：我校每年拨专款2300多万元用于奖、贷、助、补、减。

第二十三条 "绿色通道"制度：新生入校期间学校开通"绿色通道"，特困生持乡（镇）以上政府出具的家庭经济贫困证明，可现场申请缓交学费、国家助学贷款。

第二十四条 社会资助：由社会团体、人士专为特困生设立的奖、助学金每年为200万元左右。

第九章 就业情况

第二十五条 我校毕业生就业率位居全国高校前列。2005届为97.07%，2004届为97.4%，2003届为96.1%。2005届毕业生主要流向依次为：企业、升学、机关、金融单位、其他教学及事业单位、高等院校等。就业地区流向依次为：厦门、福建（不含厦门）、深圳、广东（不含深圳）、上海、浙江、北京、江苏等省份（城市）。

第十章 附 则

第二十六条 我校定向为西藏培养人才招收的非西藏生源省份的应届高中毕业生，其招生计划属国家定向就业招生计划。我校根据考生志愿在不低于考生所在省本一批中我校的出档线下40分以内择优录取。学生在校期间享受国家有关的学费、教材、伙食、住宿等补助，毕业后充实到西藏县以下基层干部队伍，在藏工作时间原则上不少于15年。录取的学生到校报到注册前须与西藏人事厅签订"定向西藏就业协议书"，否则，取消入学资格，相关责任由学生个人承担。

第二十七条 我校国防生的录取条件、办法及学生毕业后的分配、待遇等情况，请查阅《南京军区国防生招生简章》，或电话咨询：0592－2187802，或登录 http://210.34.18.180 查询。

第二十八条 我校面向江苏省的录取规则：根据考生5门考试科目的总成绩进行排序和专业投档，同时参考考生的选考科目成绩进行录取。

第二十九条 我校面向福建省厦门市、漳州市招收走读生的志愿填报和录取要求请登录我校招办网页查阅，或向考生所在地招生机构查询。

第三十条 咨询、查询、联系方式：欲了解我校招生资讯，可上网查阅或电话咨询。网址：zsb.xmu.edu.cn，电话：0592—2188888。录取结果及录取通知书的寄发状态可登录上述网页查询。

第三十一条 本章程由厦门大学招生办公室负责解释。

厦门大学

二〇〇六年二月

——本文摘录自《厦门大学2006年普通高等教育招生章程》，档号2019-XZ30-002

厦门大学博士、硕士研究生申请学位发表学术论文的规定

(2006 年 3 月 15 日)

为进一步规范学位授予工作,不断提高研究生的培养质量,根据《厦门大学硕士学位和博士学位授予工作细则》及我校学位与研究生教育工作的实际情况,对我校博士、硕士研究生申请学位发表学术论文的要求,做如下规定:

一、博士、硕士研究生申请学位发表学术论文的规定:

1.我校博士研究生自入学起,在获得博士学位之前,必须在全国核心刊物或国际同级学术刊物(均不含增刊)上,以第一作者(导师为第一作者的,研究生为第二作者视同第一作者)和"厦门大学"为第一署名单位至少发表 2 篇与其学位论文相关的学术论文。

2.我校硕士研究生自入学起,在获得硕士学位之前,必须以第一作者(导师为第一作者的,研究生为第二作者视同第一作者)和"厦门大学"为第一署名单位,在公开发行的学术刊物(有正式刊号)上至少发表 1 篇与其学位论文有关的学术论文,或取得经过鉴定的科研成果。

3.专业学位硕士研究生暂不要求发表学术论文。

4.研究生的学位论文工作成果获得国内外发明专利 1 项(研究生排序为发明人前 3 名,"厦门大学"为第一申请人,获得公布即予认可),相当于在核心刊物上发表学术论文一篇;获得实用新型专利 1 项(研究生排序为设计人前 3 名,"厦门大学"为第一申请人,获得专利授权通知书即予认可),相当于在公开发行的学术刊物(非核心)上发表学术论文一篇。

5.特殊学科、专业及其他特殊情况经学位评定分委员会提出,校学位评定委员会批准后可以适当调整发表论文的要求。

6.已完成培养方案规定的学习项目,考试考核成绩合格,取得规定的学分,并通过学位论文答辩的研究生,可以按时毕业,并取得毕业证书。但未达到以上申请学位发表学术论文要求者暂不授予学位。

7.硕士研究生在通过答辩后的两年内达到申请学位发表学术论文标准的,可向研究生院学位与学科建设办提出授予硕士学位的申请,逾期视为自动放弃申请学位,研究生院学位与学科建设办亦不接受逾期的申请。

8.博士研究生在通过答辩后的三年内达到申请学位发表学术论文标准的,可向研究生院学位与学科建设办提出授予博士学位的申请,逾期视为自动放弃申请学位,研究生院学位与学科建设办亦不接受逾期的申请。

9.在职人员以同等学力申请博士、硕士学位发表学术论文的要求另行规定。

二、核心刊物的认定:

核心刊物的认定以我校学位评定委员会认定的最新版《中文核心期刊要目总览》及《厦门大学核心学术刊物目录》为准,研究生院将根据校学位评定委员会的认定公布最新版,旧版在新版公布后的一年内仍有效。

三、本规定是《厦门大学硕士学位和博士学位授予工作细则》的补充,自公布之日起开始执行。原《关于我校硕士、博士研究生在学期间发表学术论文的规定》(厦大研〔2005〕19 号)同时废止。

——本文摘录自《关于印发〈厦门大学博士、硕士研究生申请学位发表学术论文的规定〉的通知》,厦大研〔2006〕9 号,档号 2006-XZ28-1

厦门大学推荐免试攻读硕士学位研究生办法(试行)

(2006年5月11日)

推荐优秀本科毕业生免试攻读硕士学位，是全面加强素质教育，激励学生学习积极性和提高研究生生源质量的重要举措。为规范推荐免试攻读硕士学位研究生工作，特制定本办法。

第一章　推荐的范围和比例

第一条　推荐免试研究生的范围

免试攻读硕士学位研究生的推荐范围为我校应届毕业的普通全日制本科优秀生；本办法所称免试，指应届本科毕业生免于参加全国硕士研究生入学统一考试的初试而直接进入复试。

第二条　推荐免试研究生的比例

(一)全校推荐免试研究生的总名额由教育部每年度下达。

(二)国家人才培养基地的应届本科毕业生推荐比例，一般为基地班规模学生数的50%。

(三)国家人才培养基地之外各专业可推荐人数比例，依当年教育部下达给我校的推荐免试研究生名额而定。学校将根据各学科专业发展要求，适当调整各专业具体的推荐比例。

(四)各单位推荐校外单位学生数应占本单位推荐学生总数的30%以上。

(五)学校重点扶持的学科或多年以来校外的研究生生源特别短缺、需增加本校免试推荐生名额，由学院事前提出申请。

(六)已基本具备推荐条件，并同时获准参加国家安排的支边支教工作的应届优秀本科毕业生，可申请保留免试攻读硕士学位资格一年，其推荐指标由国家计划单列，学校专门组织考核选拔，不分配给各院系具体的名额。

第二章　推荐免试生的条件

第三条　思想品德条件

拥护党的基本路线，树立正确的世界观、人生观、价值观，有为祖国、为人民、为社会主义现代化建设服务的明确志向和较强责任感；遵纪守法，道德品质好，勤学敬业，富有上进心和团结合作精神。

第四条　业务条件

(一)基础扎实，学业成绩在本专业同年级学生中排名前20%以内(基地班在前60%以内)。

(二)较高的外语应用能力和水平。在2005年6月以前通过国家大学英语四六级考试的，四级70分以上(含70分)或通过六级；在2005年6月以后通过国家大学英语四六级考试的，四级500分以上(含500分)或国家大学英语六级425分以上(含425分)。

第五条　优先条件

(一)连续两年被评为校级的优秀三好生、三好生、优秀学生干部、优秀团员或优秀团干部，课程成绩符合业务条件的情况下可优先推荐。

(二)在本科学习期间，在省级以上公开发行刊物或省、市级报纸理论版发表科研论文；有技术创新或发明作品经鉴定具有实用价值;文学新闻类专业在公开发行报刊发表有重要影响的文学作品或新闻报道的在符合业务条件的情况下可优先推荐。

(三)获得国家专利,或获得省、部级以上科研成果奖、发明奖,或在挑战杯、数学建模等综合或单项全国大学生竞赛(专业或学术类)中获得全国一等奖或前三名的可破格推荐;获得全国三等奖以上或全国大学生各类专业竞赛中位居前十名的可优先推荐。

第六条 身体素质和心理素质条件

身体健康,符合报考研究生的体检标准;体育成绩和国家规定的体育锻炼标准测验合格;心理素质健全,有良好的心理承受能力和调节能力。

第七条 其他条件

(一)在校期间无任何违法违纪行为,未受过任何处分;

(二)在对学生平时学习和科研能力综合测评基础上,突出对考生创新思维、创新能力和专业知识综合运用水平等的考查;

(三)遵从学术规范,恪守学术道德,无任何考试作弊和剽窃他人学术成果记录;

(四)对有特殊学术专长或具有突出的培养潜质者,由三名以上本校本专业教授联名推荐,经学校推免生工作领导小组审查认定,可不受综合排名限制;

(五)院系如采用自定综合评价体系,应当对文艺、体育及社会工作等综合素质表现予以适当的反映。

第三章 推荐工作的程序

第八条 动员:各学院根据本办法,在每年暑假以前,对可申请免试生的对象进行动员工作。符合推荐免试研究生条件的申报者可在暑假前后向拟报读的单位或学科点进行初步联系。

第九条 申请:各院系在每年9月份受理学生的个人申请,符合申请条件的学生,可向学院提交申请,填写普通高等学校推荐免试攻读硕士学位研究生资格申请表(以下简称《申请表》,表式由学校制定,公布在学校教务处网站上,由申请者自行下载),同时必须表明在获得推荐资格后是否可能放弃这一资格的态度;提供有关的科研成果及相关证明材料作为附件(可用复印件)。申请材料上交所在学院。

第十条 初审:各学院应由本院院长或分管教学副院长主持召开推荐免试攻读硕士学位研究生工作小组会议,注意吸收本单位教务员、政治辅导员、导师或班主任参加,在9月底前完成对报名者的初审,按推荐名额1∶1.5的比例拟定入围面试的候选人名单,并在本单位张榜公布(第一榜)。

第十一条 面试:各学院推荐免试攻读硕士学位研究生工作小组负责组织由推荐单位和学生报读专业共同组成的面试小组(如学生报读校外单位,面试小组可只由推荐单位组成),对进入面试范围的候选学生实行面试;每个面试小组至少由3名以上的教师参加,其成员原则上应是研究生导师或担任研究生授课任务的教师;面试内容在本学科领域内,及至学科门类范畴,并可根据专业需要加试外语口试;面试情况应做好记录;各参加面试的导师对面试学生逐个进行评分;最后进行记名投票,获半数以上赞成票者方可推荐。学院推荐免试工作小组按学业成绩(60%)、面试成绩(35%),结合其他条件(5%)择优确定推荐名单。

面试的时间一般安排在9月底至国庆假期后的第一个工作日,面试的方式由各单位推荐工作小组和导师组确定;面试结果应在本单位张榜公布(第二榜)。

第十二条 报送:各单位把面试后确定的推荐名单按推荐名次排列,于第二榜公布后的第二个工作日,连同个人申请材料(需签注单位推荐意见)报送教务处。教务处即按推荐名单向申请免试校外单位的学生出具正式推荐书。在国庆假期结束后5个工作日内尚未报送名单的,按放弃推荐指标处理,有关指标将调剂给其他单位;未经学校批准,各单位超指标报送无效。

第十三条 审批:学校推荐工作领导小组在每年10月中旬对各单位上报名单进行审批,并向全校公布拟正式推荐的名单(第三榜);10月20日左右正式发文予以确认。

第十四条　确定推免生资格本科生均须参加网报，并按我校考试中心的规定按时到指定报考点予以现场确认。漏报和未进行现场确认所产生的后果由学生本人负责。

第四章　推荐工作的组织领导

第十五条　学校成立推荐免试攻读硕士学位研究生工作领导小组，组长由主管教学的副校长担任，教务处处长任副组长，领导小组成员包括校纪检监察部门、学生处、研究生院、招生办、校团委以及教务处负责人。推荐工作领导小组办公室设在教务处。

第十六条　有本科专业的学院要成立推荐工作小组，由主管教学的院长或副院长任组长，成员应包括主管学生工作的负责人、学院党委的纪检委员和具体负责该年级学生政治思想工作的干部，以及相关硕士点的负责人。小组成员名单及组长联系电话报教务处备案。

第十七条　各学院可以根据本办法，制定本学院适应的推荐免试攻读硕士学位研究生具体方案。学院自定的方案应在本学院内公布。

第十八条　各单位对推荐免试生的工作应予高度重视，按照德、智、体、美全面发展的标准，注重对免试生的思想道德品质和创新思维、科研能力的综合考核，保证免试生具备较高的素质和良好的培养潜力。

第十九条　推荐免试攻读硕士学位研究生，是一项政策性很强的工作，各方面必须严格按规定办理，坚决反对并抵制营私舞弊、“走后门”等不正之风。推荐过程中，持有异议者可向学院或学校有关部门书面反映；认为有舞弊行为的可向学校纪检部门举报。学校推荐工作领导小组和各院系推荐工作小组必须认真受理师生的投诉，确保推荐工作公开、公平、公正地进行。

第二十条　各单位要对申请推荐免试的学生做好具体的指导工作，包括：动员和答疑；协助学生联系报读外单位；指导学生填报志愿，避免过于集中申报少数热门专业或过于集中在原就读的学科单位，鼓励学生跨学科申报。

第五章　附　则

第二十一条　已获推荐免试攻读硕士学位资格的学生，在正式入学前有以下情况之一者，取消免试研究生的资格：

(一)不能按时完成本科阶段学业、取得学士学位者；

(二)一般情况下本科毕业论文未获得良好以上成绩者；

(三)因健康原因需要休学或停学者；

(四)因违纪违法行为受到法律或纪律处分者；

(五)凡在申请推免生过程中弄虚作假者，一经发现，即取消所获推免生资格，并按学校相关规定进行追究处理。

第二十二条　本办法自颁布之日起实行。

第二十三条　本办法由教务处负责解释。

——本文摘录自《关于印发〈厦门大学推荐免试攻读硕士学位研究生办法(试行)〉的通知》，厦大教〔2006〕14号，档号2006-XZ12-2

厦门大学教学助理聘用制度试行办法

(2006年6月15日)

为深化教学改革,完善教学环节,提高教学质量,学校决定进一步推行面向在学研究生的教学助理聘用制度。为了更好地推行这项制度,学校根据有关文件精神和我校实际,对教学助理聘用制度试行办法作了修订。

第一章　指导思想和基本原则

第一条　试行从研究生中聘任教学助理制度的根本目的和指导思想是完善我校本科生和研究生教学环节,提高本科生和研究生的教学质量。该制度也有助于结合教学实践提高研究生的培养质量,并在一定程度上解决研究生的生活困难。

第二条　教学助理岗位的聘任工作必须坚持专业对口、按需设岗、公开招聘、平等竞争、择优聘用的原则。

第二章　岗位设置

第三条　教学助理岗位在本科生课程和硕士研究生课程范围内设置,主要是针对修课人数多、作业量大的公共课、基础课、学科基本课程或核心课程、硕士研究生学位课程或选修课程,以及实验课程和其他需要助理的社会实践或实习课程。

第四条　教学助理岗位的职责是:协助任课教师进行课程建设(包括制作多媒体课件和编写教学资料等),在任课教师的指导下承担课程的辅导工作,包括辅导、答疑、批改作业和试卷,或协助指导教师指导学生社会实践或实习。

第五条　学校按教授每学年6000元、副教授每学年4000元可支配的聘用薪酬总额标准核定每个全职教授、副教授每学年可聘用的教学助理岗位数。我校全职聘用的教授、副教授(含学校返聘和外聘的全职教授、副教授),凡承担本科生、硕士研究生课程教学任务(以长学期为单位)且符合教学助理课程设岗要求的,均可在上述聘用薪酬总额内提出教学助理岗位设置申请,经学院(研究院、直属教学部)审定后,在报送拟聘人选时一并报学校审批。

承担公共数学和公共物理课程的讲师若确属课程需要,也可提出教学助理岗位设置申请。每位讲师每学年可聘用教学助理的薪酬总额不超过4000元。

第六条　凡属本办法第三条规定的教学助理岗位主要设岗课程,均必须设置教学助理岗位并聘用教学助理。

聘用教学助理,不影响任课教师的工作量计算。

第三章　岗位应聘对象和条件

第七条　凡符合我校教师聘任基本条件的本校在学全日制博士研究生和二、三年级硕士研究生,按计划完成专业培养方案基本环节，学业成绩良好、专业对口，有能力胜任所设教学助理岗位工作的，均可应聘教学助理岗位。

第八条　为保证研究生的学习时间，研究生担任教学助理所承担的工作量，原则上每个聘期不超过每周3课时。

第九条　硕士研究生不得担任同年级或高一年级硕士研究生课程的教学助理。

第四章　岗位聘任

第十条　拟招聘教学助理的教授、副教授应根据教学助理的岗位职责和设岗课程教学工作的要求，拟定该课程教学助理岗位的具体职责、工作任务和招聘条件。各学院、研究院、直属教学部应对招聘要求进行审核，并组织开展聘任工作。

第十一条　教学助理岗位聘任的基本程序：

1.各单位公布拟聘岗位及其职责、工作任务和招聘条件；

2.符合应聘条件、拟应聘教学助理岗位的研究生向招聘单位提出应聘申请，填写《厦门大学在校全日制研究生应聘教学助理岗位申请表》；

3.设岗课程任课教师对申请人进行考核（包括面试和试讲）和评定（包括业务水平和教学能力等），提出聘用意见，报所在单位审定；

4.招聘单位对设岗课程任课教师提出的拟聘人选进行审定，并在单位内进行公示；

5.公示结束后，按本科生和硕士研究生课程助理岗位类别分别填写《厦门大学本科生课程教学助理岗位设置及聘任人选汇总审批表》和《厦门大学硕士研究生课程教学助理岗位设置及聘任人选汇总审批表》，在每学期末报送下一学期开课计划时，一并分送教务处和研究生院审核；

6.教务处和研究生院签署审核意见后，由人事处汇总并审核，最后报主管校长审批；

7.校长委托院长、直属教学部主任与受聘教学助理岗位的研究生签订聘用合同。

第十二条　教学助理岗位的招聘每学期进行一次，在学期末与下一学期开课计划制订工作同步进行。各学院、研究院、直属教学部在报送下一学期开课计划时，需一并将教学助理岗位设置及聘任人选汇总表分别报送教务处和研究生院审核。教务处和研究生院于学期结束前2周将审核结果送人事处。经主管校长审批后，各单位在学期结束前与受聘研究生签订聘用合同，受聘研究生在下学期该助教课程开课时正式受聘上岗。

第十三条　教学助理岗位的聘期为教务处或研究生院批准的该学期该教学助理课程计划开设周期。

第五章　聘用期间的薪酬

第十四条　教学助理在受聘期间享受学校提供的薪酬待遇。教学助理岗位的薪酬仅在聘期内适用。聘期结束，薪酬自动取消。

第十五条　教学助理岗位的薪酬标准为：20元～40元/1课时。具体标准由设岗教师在上述规定的幅度内自主确定，但该教师每学年聘用的教学助理的薪酬中需从学校经费支出的总额不得超过本办法第五条规定的教师可支配的聘用薪酬标准。

在必须设置教学助理岗位的课程范围内，按核定的课酬标准实际支出的教学助理聘用薪酬超出学校核拨的标准总额部分从开课单位综合办学经费（或其他相关经费）中支付。

第十六条　设岗教师在聘用教学助理期间，须按月填写《厦门大学教学助理岗位工作任务执行情况月报表》，经学院（研究院、直属教学部）审定后，由学院（研究院、直属教学部）于下一个月5日前统一报人事处核定当月薪酬。

教学助理岗位的薪酬经核定后，由财务处按月发放。

第十七条　受聘教学助理岗位的研究生在聘期内如有缺岗现象,应根据缺岗情况扣发或停发相应的薪酬。

第六章　聘用期间的管理与考核

第十八条　教学助理岗位实行合同管理。受聘教学助理岗位的研究生须与学院(研究院、直属教学部)签订聘用合同。聘用合同主要包括以下条款:聘用合同期限,岗位及其职责要求和工作任务,薪酬标准,违反合同的责任等。聘用合同一式二份,当事人双方各执一份。

第十九条　受聘教学助理岗位的研究生必须自觉遵守聘用合同条款,认真履行岗位职责,保质保量地完成教学助理任务。

任课教师要切实负起指导教学助理工作的责任,并按月检查教学助理工作的情况。

第二十条　教务处和研究生院应将教学助理岗位的管理纳入教学质量监督管理体系中,并在各自网站上开设教学助理工作情况反馈平台,加强教学助理环节的监督和管理。

第二十一条　在助理教学过程中,受聘教学助理岗位的研究生若不能按照聘用合同的约定履行岗位职责或不能胜任岗位工作要求,教学效果差,学校可以随时单方面解除聘用合同。

第二十二条　助理课程结束时,各学院(研究院、直属教学部)要组织对受聘教学助理岗位的研究生进行考核。考核包括任课教师的考评和学生测评。任课教师的考评参照《厦门大学教学助理岗位考核表》规定的考核指标和评分标准进行;学生测评纳入教务处和研究生院教学质量测评系统进行。用人单位领导综合任课教师的考评结果和学生的测评分数,确定各岗位受聘研究生的考核等次。

各学院、研究院、直属教学部在考核结束后将《厦门大学教学助理岗位考核结果汇总表》报送人事处。

第二十三条　考核结果分为优秀、良好、合格、不合格4个等次。考核结果是下一学期能否续聘的重要依据。考核合格及以上等次的,如岗位需要,本人愿意,可续聘同一岗位或应聘其他教学助理岗位,其中考核优秀的可优先聘任。考核不合格的,下一学期不予续聘,并且1年内不得应聘教学助理岗位。

第二十四条　为鼓励研究生应聘教学助理岗位,其受聘教学助理岗位的工作经考核为合格及以上等次的,可以计为研究生的实践教学环节的学分。学校和用人单位也可从其他方面加以鼓励。

第七章　附　则

第二十五条　本办法自公布之日起开始试行,原来发布的厦大人〔2003〕53号文不再执行。

第二十六条　本办法由学校人事处负责解释。

附表:1.厦门大学本科生课程教学助理岗位设置及聘任人选汇总审批表

2.厦门大学硕士研究生课程教学助理岗位设置及聘任人选汇总审批表

3.厦门大学在校全日制研究生应聘教学助理岗位申请表

4.厦门大学教学助理岗位应聘资格考评表

5.厦门大学教学助理岗位应聘资格考评结果汇总表

6.厦门大学教学助理岗位工作任务执行情况月报表

7.厦门大学教学助理岗位考核表

8.厦门大学教学助理岗位考核结果汇总表

(附表略——编者注)

——本文摘录自《关于印发〈厦门大学教学助理聘用制度试行办法〉的通知》,厦大人〔2006〕86号,档号2006-XZ10-5

厦门大学漳州校区“百科系列讲座”管理办法

（2006年6月15日）

一、举办漳州校区“百科系列讲座”的宗旨在于传承厦门大学八十余年的文化积淀和学术传统，扩大学生的视野，营造校园学术文化氛围。

二、本系列讲座由漳州校区教务办负责组织，各院系、研究所协办。

三、本系列讲座聘请学有专长、以中青年为主的校内外专家学者，就当今政治、经济、人文、社会、科学、技术、管理等诸多领域共同关注的课题进行探索，力求深入浅出、兼收并蓄，以期促进大学生文化素质的提高。

四、本系列讲座面向漳州校区全体学生。凡在漳州校区学习的学生都可以自由选择参加听讲。

五、本办法由漳州校区教务办负责解释。

厦门大学教务处

2006年6月15日

——本文摘录自《厦门大学漳州校区“百科系列讲座”管理办法》，(2006)厦大教19号，档号2006-XZ12-4

厦门大学本科生导师制试行办法

(2006 年 6 月 20 日)

为加强本科生的培养工作,学校决定在本科教育阶段全面试行导师制。本科生导师制试行办法如下:

一、导师的配备

新生入学后,为每名学生配备导师,指导周期为 3 年(5 年制为 4 年)。学生进入毕业班后,改为结合毕业论文配备论文导师。

本科生导师的配备,采取学生选导师与导师选学生相结合,学院调配、确定的办法。指导周期内遇有特殊原因,经学院批准,可以调换导师。

二、导师的聘任与考核

1.作为教师聘任的必备条件,凡受聘全职任教的讲师及以上专业技术职务的教师都有义务担任本科生导师。

2.学校机关部处、学院的党政管理干部可以受聘担任本科生导师。

3.每位导师指导的学生数以不超过 15 名为宜。

4.生师比偏高的院系可以聘请公共教学部、研究所的教师担任导师。

5.为培养跨学科复合型人才,高年级学生可以跨院、系、所聘请导师。

6.导师工作纳入教师年度工作考核内容,由人事处组织实施。

三、导师的职责任务

1.为人师表,通过言传身教,引导、帮助学生树立正确人生观、价值观和社会主义荣辱观;

2.指导学生安排学习进程,包括按照教学计划指导学生个性化选择学习方向、选课等;

3.引导学生确立正确专业思想;

4.培养学生刻苦学习精神和严谨治学态度;

5.引导学生参加科学研究训练。

四、导师的工作要求

1.开学初必须与学生见面,了解被指导学生的学习情况,并保持不断的联系。

2.一般情况下,每月与被指导学生面谈或集体指导 1 次,一学期面谈或集体指导 3～6 次。每次约谈之后需在被指导学生的《本科生导师指导册》上填写指导记录并签名。

五、导师制的管理工作

1.学校成立领导小组

校领导任组长，教务处、学生处、人事处领导任组员，教务处为秘书单位。各部门分工：教务处侧重教学管理方面的工作指导；学生处侧重学风、道德思想方面的工作指导；人事处侧重于导师聘任、考核的组织及工作指导。

2.各个学院成立领导小组

由分管学生工作和教学工作的学院领导共同负责，领导本学院实施导师制的具体组织、考核、管理等工作。

各学院的工作包括：导师的遴选、聘任及改聘；导师工作过程的具体指导、管理；导师的年度工作考核；导师制工作评估、经验总结与评优等。

3.设立《本科生导师指导册》

《本科生导师指导册》发至每位被指导的学生，由学生本人保管。

《本科生导师指导册》设导师指导记录栏，由指导教师根据指导工作情况随时填写对学生的指导建议及约谈记录等。

《本科生导师指导册》由学院每学年收回一次，检查导师工作情况。

指导周期结束，学院收回并保留《本科生导师指导册》。学生毕业时学院将《本科生导师指导册》发给学生作为纪念。

4.导师待遇

导师工作列入教学工作范畴，每学年指导1名本科生视同承担5个标准课时的教学工作(但不直接顶替课程教学)，学校按每位导师实际指导的学生数拨给相应的指导经费。

学校每两年表彰一批优秀本科生导师(约占导师数5%比例)。表彰情况记入个人档案。

——本文摘录自《关于印发〈厦门大学本科生导师制试行办法〉的通知》，厦大教〔2006〕19号，档号2006-XZ12-2

关于以同等学力申请硕士学位课程考试的相关规定

(2006 年 8 月 31 日)

根据《厦门大学授予具有研究生毕业同等学力人员硕士、博士学位实施细则》(厦大研[2005]20 号)文件规定,凡拟以同等学力申请硕士学位者,应先向我校提出资格申请,申请人自通过资格审查之日起,必须在四年内完成相应专业的全部课程考试和国家组织的水平考试,且成绩合格,方可申请硕士学位。

按教育部相关文件精神,研究生课程进修班属非学历教育层次,不与同等学力申请硕士学位课程考试直接挂钩。在我校进修研究生课程的各类学员,如拟以同等学力申请硕士学位,应遵守如下相关规定:

1.2005 年 9 月 1 日以前开始进修课程的学员,须于 2007 年 9 月前(含 9 月)向我校提出资格申请,资格审查通过前取得的所有成绩(含我校课程考试及国家水平考试)依然有效,成绩有效期为自通过第一门考试之日起四年;2007 年 9 月前(含 9 月)未提出资格申请的视为自动放弃,其成绩在以后申请学位时无效。

2.2005 年 9 月 1 日开始进修课程的学员,须向我校先提出资格申请,自通过资格审查之日起,必须在四年内通过我校组织的全部课程考试和国家组织的水平考试。

3.我校组织的全部课程考试委托各学院(研究院)按照我校相应专业硕士研究生培养方案(未向研究生院培养与管理办报备的培养方案不予认定)规定的课程进行,考试应严格按相同专业在校研究生的考试要求和评卷标准进行。

4.相关学院(研究院)应成立同等学力申请硕士学位课程考试领导小组,负责组织、实施和监督本院的课程考试,研究生院将进行不定期检查。

5.考试领导小组组成情况应向研究生院备案。

具体资格审查及答辩申请程序详见《关于以同等学力申请硕士学位申请程序的通知》(厦门大学研究生院 2005 年 6 月修订)。

附件:厦门大学同等学力人员申请硕士学位研究生课程考试成绩登记表
(附件略——编者注)

厦门大学研究生院
2006 年 8 月 31 日

——本文摘录自《关于以同等学力申请硕士学位课程考试的相关规定》,(2006)厦大研字 34 号,档号 2006-XZ28-5

厦门大学研究生校级奖学金评审办法(试行)

(2006年9月27日)

校级奖学金是指由厦门大学奖学金评奖委员会组织评审的奖学金。设立厦门大学研究生校级奖学金是为了激励我校研究生在课程学习、科学研究、开拓创新等方面取得优异成绩,全面提高我校研究生的创新素质。本办法适用于校级奖学金中研究生奖学金的评审,研究生奖学金获得者应是我校研究生中品学兼优、业绩突出者。

一、校级奖学金申请者必备的基本条件

1. 厦门大学在校注册研究生,符合所申请奖学金条例的规定。本校教职工在职攻读研究生者,纳入教师评奖体系,不参加本奖评选。

2. 爱国爱校,品行端正,具有团队合作精神,无违法违纪行为。

3. 课程成绩优良,科研成果突出,创新能力显著,无不合格课程。

4. 一年级研究生原则上不参评。个别科研成果特别突出者,经校奖学金评奖委员会秘书组同意,可以申报,其课程成绩参照二年级申请者计算。

二、评分办法

总分由课程成绩分和科研成绩分两部分组成。申请嘉庚、本栋、亚南奖学金者,必须具有可视为第一署名的高水平科研成果(人文与社科类发表一类核心论文,理工与管理类发表JCR2区以上论文或获得发明专利等)。无任何科研成果的不参评研究生校级奖学金。

1. 课程成绩分(二年级申请者满分为40分,三年级申请者满分为30分)

计算公式为:

$$\text{课程成绩分}=\frac{\sum(\text{百分排位}\times\text{学分})}{\text{总学分}}\times P$$

其中百分排位是指研究生以课程班级为单位,在所修读课程班级中的成绩排名分。分值为100至0,所学课程班级第一名的百分排位为100,最后一名为0。该百分排位的分值在任课教师或研究生秘书把全班成绩输入研究生院的学籍管理系统后,由系统自动生成。二年级申请者课程成绩的P值为0.40、三年级申请者课程成绩的P值为0.30。课程班级人数为2~5人的,按第1名百分排位为90,其余依次按70、60、50、40计算。若课程班级仅有一人,按80计算百分位。

2. 科研成果分

申请评奖的所有科研成果,第一署名单位都必须是厦门大学。论文摘要、会议综述、活动报道、无正式CN号论文、未取得公开号的发明等不得列入科研成果进行申报。

(1)科研论文计分方法

①论文分数$=\sum$(权重因子×合作因子),包括评奖期间发表的各类科研论文。研究生校级奖学金

的评奖期间为在厦门大学就读的硕士或博士期间。学制超过3年的各类研究生的评奖期间为最近3年。

②权重因子计算方法

人文、社科类(管理类除外)论文权重因子的数值为:SSCI收录论文每篇80,一类核心刊物每篇40,二类核心刊物每篇20。一类、二类核心学术刊物的认定参见厦门大学人事处《厦门大学核心学术刊物目录》及相关规定。

理工、管理类论文权重因子的数值为:依据“JCR期刊影响因子和分区情况”表(参见研究生院网站),在1区刊物发表论文的,每篇权重因子为160;在2区发表的,每篇为80;在3区发表的,每篇为40;在4区发表的,每篇为20。

在交叉学科或跨学科学术刊物上发表的论文,可以按照所发表学术刊物的学科属性计分。若交叉学科刊物同时具有文理两种计分方式且出现差异的,按高分计算。

被SCI、EI、ISTP和A&HCI、ISSHP、JCR收录,但尚未列入JCR分区的学术论文,每篇权重因子为20分。

未被上述刊物收录的一般论文权重因子为0,不得填入成果申报栏,但可填入备注栏或另加页。

③合作因子数值计算方法

按论文署名分摊记分,若导师在署名中排第一位,则署名第二的研究生可视为第一作者;

二人合作的,按6∶4分摊;

三人以上合作的,按第一作者∶其余作者总和=4∶6分摊,第一作者以外的其余作者分数均摊。

(2)论著计分方法

单部作品的本人完成量5万字以内不计分,5万字以上按下列分值计分:

①专著:每万字1分。

②编著:每万字0.8分。

③译著:每万字0.5分。

字数计算以版权说明为准,未说明的可以平均计算。

(3)发明专利,艺术、建筑作品,应用成果等计分方法

①发明专利每项40分,实用新型专利每项20分;发明专利以专利号为准,仅有公开号的发明专利可按20分计分;国际专利按照两倍于国内专利计分。

②艺术作品在评奖委员会认定的国家级高水平艺术展览中展出的,每项15分。在核心刊物公开发表作品或在正省级以上正式参展的,每项7分。若同期刊物或同次展览有多个作品入选的,最高按单项的双倍计分。由省部级以上部门组织举办个人独唱、独奏作品音乐会(必须是在专业音乐厅个人演出45分钟以上),每项15分。

③建筑类公开发表作品,每项15分。建筑类公开发表作品包括:a.参加正省级以上由建筑行业协会或主管部门主办的建筑类设计竞赛的获奖作品;b.参与导师的工程项目设计并付诸实施,成果最终以图纸设计形式作为论文申报,图纸加盖出图章,参与设计的研究生经导师和学院导师签字确认后,成果可视为公开作品。

④其他应用成果可参照计分,具体分数由研究生院提出意见。

若成果是合作完成的,按论文分摊方式进行分摊。

(4)其他成果计分方法

参加国家级研究生学术类竞赛获得一、二、三等奖,分别为30分、20分、10分。省部级研究生学术类竞赛获得一、二、三等奖,分别为20分、10分、5分。非竞赛类奖励,国家级10分,省部级5分。各类校内奖励和市级奖励均不计分。获团体奖励的,按论文分摊方式进行分摊,署名不分先后的可以均摊。

三、评选程序

1. 由学校发布评奖通知，包括各学院、研究院候选名额安排。

2. 研究生个人按规定时间向学院、研究院提交申请，逾期不申请者不参与评选。

3. 以学院为单位进行资格预审，按规定名额进行预评，面向本单位公示候选人及其详细分数(不能确定的分数应予注明)。

4. 研究生院汇总，院务会初评、调整，报学校奖学金评奖委员会秘书组进行资格复审。

5. 学校奖学金评奖委员会评审，将所有评审结果公示5个工作日，无异议后由学校组织颁奖。

四、有关规定

1. 导师为第一作者、研究生为第二作者，则研究生可按第一作者分摊成果，计分时应将导师计入作者总人数。

2. 省部级以上奖励以加盖国徽的公章为准，有特殊情况者报校学生评奖委员会决定；对于国外奖励，有关单位提出评分意见，最终计分由评奖委员会决定。

3. 获校级奖学金未满一年的，不得参评同级别校级奖学金；获校级奖学金后又有突出成果者，可以申报高一级别校级奖学金。

五、本办法自公布之日起执行，原有评奖办法同时废止。本办法由研究生院负责解释

——本文摘录自《关于印发〈厦门大学研究生校级奖学金评审办法(试行)〉的通知》，厦大研〔2006〕25号，档号2006-XZ28-2

厦门大学授予具有研究生毕业同等学力人员硕士、博士学位实施细则

(2006年9月25日校学位评定委员会全体会议修订)

(2006年9月30日)

第一章 总 则

第一条 为了多渠道地促进我国高层次专门人才的成长,适应社会主义现代化建设的需要,做好授予具有研究生毕业同等学力人员硕士、博士学位的工作,根据《中华人民共和国学位条例》、《中华人民共和国学位条例暂行实施办法》、《国务院学位委员会关于授予具有研究生毕业同等学力人员硕士、博士学位的规定》和《厦门大学硕士学位和博士学位授予工作细则》,特制定本实施细则。

第二条 凡是拥护《中华人民共和国宪法》,遵守法律、法规,品行端正,在教学、科研、专门技术、管理等方面做出成绩,具有研究生毕业同等学力,学术水平或专门技术水平已达到学位授予标准的人员(以下简称同等学力人员),均可按照本实施细则,向我校申请硕士、博士学位。

第三条 凡我校已授予毕业研究生学位的学科、专业,由学位评定分委员会申请,经校学位评定委员会同意,报国务院学位委员会办公室批准后,可接受同等学力人员申请本学科、专业硕士、博士学位。

第二章 硕士学位的申请与授予

第四条 资格审查

(一)申请人必须已获得学士学位,并在获得学士学位后工作三年以上,在申请学位的专业或相近专业做出成绩。

(二)申请人应在我校第一、二学期开学的头两周内,通过学院(研究院)向研究生院学位与学科建设办公室提出申请,并提交以下材料:

1.学士学位证书(原件和复印件);

2.最后学历证明(原件和复印件);

3.在有正式刊号的学术刊物上(不含增刊和论文集)发表与申请学位专业相关的学术论文(字数在3000字以上)或出版与申请学位专业相关的专著(个人完成字数在3万字以上);

4.厦门大学在职人员以同等学力申请硕士学位资格审查表(一式两份)。

申请人不得同时向两个及以上学位授予单位提出申请。

(三)研究生院学位与学科建设办公室在收齐上述材料的两周内对申请人进行资格审查。对确定具有申请资格的申请人,按本规定第五条的要求进行同等学力水平的认定。

第五条 同等学力水平认定

研究生院学位与学科建设办公室从以下三个方面认定申请人是否具备硕士研究生毕业同等学力水平。

(一)对申请人在教学、科研、专门技术、管理等方面做出成绩的认定。

(二)对申请人专业知识结构及水平的认定。

1. 我校组织的课程考试。

学院(研究院)负责组织对已经资格审查合格的申请人,按我校相应专业硕士研究生培养方案规定的课程进行考试。考试应严格按相同专业在校研究生的考试要求和评卷标准进行。

2. 国家组织的水平考试。

(1)申请人应通过同等学力人员申请硕士学位外国语水平全国统一考试;

(2)申请人应通过同等学力人员申请硕士学位学科综合水平全国统一考试。

申请人自通过资格审查之日起,必须在四年内完成我校组织的全部课程考试和国家组织的水平考试,且成绩合格。四年内未通过课程考试和国家组织的水平考试者,本次申请无效。

(三)学位论文水平的认定。

学院(研究院)应指定指导教师对申请人的论文进行必要的指导。申请人应在通过全部考试后的一年内提交学位论文,并于我校第一、二学期开学的头两周内通过学院(研究院)向研究生院学位与学科建设办公室提出答辩申请,同时提交以下材料:

准备申请硕士学位的学位论文一式15份;

课程考试成绩单、外语统一考试合格证、学科综合考试合格证原件及复印件。从2006年开始,各省学位与研究生教育主管部门将不再颁发外语统一考试合格证和学科综合考试合格证,成绩合格者答辩申请时须提供网上查询结果打印件。

研究生院学位与学科建设办公室在收齐上述材料的两周内,对申请人进行审查。审查通过后,由学院(研究院)组织论文的评阅和答辩。论文答辩应在申请人提交论文后的半年内完成。

1. 论文要求

申请人提交的论文应对所研究的课题有新见解,表明作者具有从事科学研究、管理工作或独立担负专门技术工作的能力。

申请人同他人合作完成的论文、著作或发明、发现等,对其中确属本人独立完成的部分,可以由本人整理为学位论文,并附送该项工作主持人签署的书面意见或共同发表论文、著作的其他作者的证明信,以及合作完成的论文、著作等。

论文用中文撰写,论文要有中文和外文摘要。

2. 论文评阅

(1)论文评阅人:学院(研究院)应聘请至少三名具有高级专业技术职务的专家为论文评阅人。论文评阅人应是责任心强,学风正派,在相应学科领域学术造诣较深,近年来在科学研究中有成绩的专家。聘请的论文评阅人中至少有一位是我校和申请人所在单位以外的专家。学院(研究院)不得聘请申请人的导师作为论文评阅人。

学位论文应在论文答辩日期二个月以前,由学院(研究院)送交论文评阅人。

(2)论文评阅:论文评阅人应根据学位论文要求对论文是否达到硕士学位水平进行认真、细致的评阅,提出评阅意见及对论文的修改要求。论文实行双向匿名评审,评阅意见应密封传递。

3. 论文答辩

(1)论文答辩委员会组成:论文答辩委员会由不少于五名具有高级专业技术职务的专家组成,其中至少有三人是研究生导师、一人是我校和申请人所在单位以外的专家。申请人的导师不能聘为论文答辩委员会成员。论文答辩委员会的组成人选应先得到学位评定分委员会的认可。

学院(研究院)应在论文答辩日期半个月以前,将学位论文送交论文答辩委员会成员。

(2)论文答辩:论文答辩委员会根据答辩的情况,就是否建议授予硕士学位做出决议。决议采取不记名投票方式,经全体成员三分之二以上同意,方为通过。决议经论文答辩委员会主席签字后,报送学位评定分委员会审议。论文答辩应有详细的记录。论文答辩应公开举行。

(3)论文答辩未通过,本次申请无效。论文答辩未通过,但论文答辩委员会建议修改论文后再重新答辩者,可在半年后至一年内重新答辩一次,答辩仍未通过或逾期未申请者,本次申请无效。

第六条　学位授予

申请人通过同等学力水平认定,经学位授予单位学位评定分委员会同意,报学位评定委员会批准,授予硕士学位并颁发学位证书。

第三章　博士学位的申请与授予

第七条　资格审查

(一)申请人必须已获得硕士学位,并在获得硕士学位后工作五年以上。

(二)申请人应在教学、科研、专门技术领域做出突出成绩,近五年必须在国内外公开发行的学术刊物上发表十篇以上(含十篇)与学位论文有关的署名为独立完成或第一作者的学术论文。国内刊物必须为核心以上刊物,且理科至少有一篇在SCI刊物上发表(或独立撰写出版一本高水平专著或教材);文科至少有一篇在本学科权威刊物上发表(或独立撰写出版一本高水平专著或教材)。

(三)其科研成果必须至少获得一项省部级以上奖励,文科必须为独立完成或第一完成者(二等奖),或者为第二完成者以上(一等奖),理工科必须为第三完成者以上(二等奖)。

(四)具备上述基本条件的同等学力人员,应当在我校第一、二学期开学的头两周内,通过学院(研究院)向研究生院学位与学科建设办公室提出申请,并提交以下材料:

1.硕士学位证书(原件和复印件);

2.最后学历证明(原件和复印件);

3.公开发表的有关学术论文,出版的专著,以及科研成果获奖的证明材料(原件及复印件);

4.申请人所在单位向学位授予单位介绍申请人的简历、思想政治表现、工作成绩、科研成果、业务能力、理论基础、专业知识和外语程度等方面情况的材料(加印密封);

5.两位教授或相当专业技术职务专家的推荐书(加印密封),其中至少有一名博士生指导教师。

申请人不得同时向两个及以上学位授予单位提出申请。

研究生院学位与学科建设办公室在收齐上述材料的一个月内,组织专家小组对申请人进行资格审查后,报校学位评定委员会审议通过,主席批准,方可受理申请。对已确定具有申请资格的申请人,由有关学位评定分委员会组织本专业或相关专业三名以上具有博士生导师资格的教授组成专家小组,按本规定第九条的要求进行同等学力水平的认定。

第八条　同等学力水平认定

我校从以下三个方面认定申请人是否具备博士研究生毕业同等学力水平:

(一)对申请人完成本职工作,在教学、科研、专门技术等方面做出成绩的认定。

(二)对申请人专业理论基础、知识结构及水平的认定。

学院(研究院)对已经资格审查合格的申请人,按博士研究生培养方案规定的课程组织考试,第一外国语考试由研究生院学位与学科建设办公室组织考试。申请人自通过资格审查之日起,必须一年内完成全部课程考试,且成绩合格。未通过课程考试者,本次申请无效。

对于在科学或专门技术上有重要的论著、发明、发现或发展者,经两名以上本专业或相近专业具有博士生导师资格的教授推荐,专家小组审查通过,学位评定分委员会同意,报研究生院批准,可以免除部分或全部课程考试。但国内申请者第一外国语不免考。

(三)学位论文水平的认定。

学位授予单位应指定博士生指导教师对申请人的论文进行必要的指导。申请人应在通过全部课程考试后的9个月之内向学院(研究院)提交学位论文并申请答辩。博士学位论文答辩应在申请人通过全部课程考试后的一年内完成。

1. 论文要求及科研工作

(1)申请人提交的博士学位论文，应是在工作实践中由本人独立完成的成果，表明作者具有独立从事科学研究工作的能力，在科学或专门技术上做出创造性的成果。

(2)申请人同他人合作完成的论文、著作或发明、发现等，对其中确属本人独立完成的部分，可以由本人整理为学位论文提出申请，并附送该项工作主持人签署的书面意见和共同发表论文、著作的其他作者的证明材料，以及合作完成的论文、著作等。

(3)论文用中文撰写，论文要有中文和外文摘要。

(4)申请人必须到我校在学院(研究院)指定的博士生指导教师的指导下，参加为期不少于三个月的与论文相关的科学研究工作。申请人应在我校相应学科专业学位授权点报告其论文工作情况并接受质疑。

2. 论文评阅

(1)论文评阅人：学院(研究院)应聘请不少于五名教授或相当专业技术职务的专家为论文评阅人，其中我校和申请人所在单位以外的专家至少三名。论文评阅人应是责任心强，学风正派，在相应学科领域学术造诣较深，近年来在科学研究中有突出成绩的专家。申请人的导师、推荐人不能聘为论文评阅人。

学位论文应在论文答辩日期三个月以前，由学院(研究院)送交论文评阅人。

(2)论文评阅：论文评阅人应根据学位论文要求对论文是否达到博士学位水平进行认真、细致的评阅，提出评阅意见及对论文的修改意见。论文实行双向匿名评审，评阅意见应密封传递。

3. 论文答辩

(1)论文答辩委员会组成：论文答辩委员会由不少于七名具有高级专业技术职务的专家组成，其中至少有四人是博士生导师、二人是学位授予单位和申请人所在单位以外的专家。申请人的推荐人、导师不能聘为论文答辩委员会成员。论文答辩委员会的组成人选应先得到学位评定分委员会的认可。

学院(研究院)应在论文答辩日期一个月以前，将学位论文送交论文答辩委员会成员。

(2)论文答辩：论文答辩委员会根据答辩的情况，就是否建议授予博士学位做出决议。决议采取不记名投票方式，经全体成员三分之二以上同意，方为通过。决议经论文答辩委员会主席签字后，报送学位评定分委员会。论文答辩应有详细记录。论文答辩应公开举行。

(3)论文答辩未通过，本次申请无效。论文答辩未通过，但论文答辩委员会建议修改论文再重新答辩者，可在半年后至二年内重新答辩一次；答辩仍未通过或逾期未申请者，本次申请无效。

第九条　学位授予

申请人通过同等学力水平认定，经学位评定分委员会同意，报学位评定委员会批准，做出授予博士学位的决定；授予学位人员的姓名及其博士论文题目等应及时向社会或申请人所在单位公布，并经三个月的争议期后颁发学位证书。

第四章　组织和管理

第十条　各学位评定分委员会和学院(研究院)在审查同等学力人员申请硕士、博士学位过程中，应严格执行审批程序，认真履行职责。学院(研究院)应配备专职人员，处理日常工作。

第十一条　申请人在办理申请手续时应缴纳一定的费用。具体收费标准和缴纳办法详见《厦门大学关于同等学力人员申请博士、硕士学位经费问题的暂行规定》。

第十二条　博士学位申请人应到我校参加为期不少于三个月的与论文有关的科学研究。

第十三条　我校向同等学力人员颁发学位证书和向有关单位送交学位论文，均按照国务院学位委员会的有关规定执行。学位证书需单独编号。

第十四条　在整个申请过程中，申请人一旦弄虚作假，其本次申请无效，已授予学位者，报校学位评定委员会撤销其学位。弄虚作假者从资格审查不通过之日起，需间隔两年后我校才受理其再次申请，前次申请中已获得的研究生课程成绩一律无效。申请人所提交的假证件，包含原件及复印件，一律不予退还,并通报所在单位或主管部门,若触犯法律者,移交司法机关处理。

第五章 附 则

第十五条 授予同等学力人员专业学位的办法,参照本实施细则另行制订。

第十六条 本细则由校学位评定委员会负责解释。

第十七条 本细则自公布之日起生效。原《厦门大学授予具有研究生毕业同等学力人员硕士、博士学位实施细则》(厦大研〔2005〕20 号)同时废止。

——本文摘录自《关于印发〈厦门大学授予具有研究生毕业同等学力人员硕士、博士学位实施细则〉的通知》,厦大研〔2006〕29 号,档号 2006-XZ28-2

厦门大学硕士学位和博士学位授予工作细则

（2006 年 9 月 25 日校学位评定委员会修订）

（2006 年 9 月 30 日）

第一章 总 则

第一条 根据《中华人民共和国学位条例》、《中华人民共和国学位条例暂行实施办法》和国务院学位委员会《关于做好博士研究生学位授予工作的通知》，结合我校的实际情况，制定本工作细则。

第二条 经国务院批准，我校有权授予硕士、博士两级学位，按哲学、经济学、法学、教育学、文学、历史学、理学、工学、医学、管理学十个学科门类及各类专业学位授予。

第二章 学位评定委员会

第三条 学校成立学位评定委员会。校学位评定委员会，由校主要领导和教授（研究员）共二十五人组成，任期三年。校学位评定委员会设主席一名，副主席两名。主席由学校具有高级职称的主要负责人担任。校学位评定委员会名单由研究生院提名，经主席同意，报国务院有关部门和国务院学位委员会备案。

校学位评定委员会履行以下职责：

（一）做出授予硕士学位和博士学位的决定；

（二）通过授予名誉博士学位的人员名单；

（三）做出撤销舞弊作伪或其他违反规定而授予学位的决定；

（四）遴选、聘任博士生指导教师，认定引进博士生指导教师资格，取消博士生指导教师资格；

（五）审批申请博士学位人员免除部分或全部课程考试的名单；

（六）审查批准上报增列博士学位授予权的学科、专业名单；

（七）审批自审硕士学位授予权的学科、专业名单；

（八）审批博士学位授权一级学科范围内自主设置学科、专业名单；

（九）评选校优秀博士学位论文，推荐省优秀博士学位论文候选名单；

（十）研究和处理授予学位的争议和其他事项。

第四条 学位评定分委员会协助校学位评定委员会工作。学位评定分委员会原则上按一级学科设立，同时兼顾校院两级管理体制的运作。分委员会由七人至十五人组成，应有一定数量的、符合条件的中青年教学、科研骨干参加。分委员会一般设正、副主席各一名，主席由学校学位评定委员会委员或该学科的学术带头人担任，委员以教授为主（其中教授须占三分之二以上），任期二至三年。

分委员会的组成由学院提名、研究生院学位与学科建设办初审、报学位评定委员会主席批准。

以院运作的学位评定分委员会可根据工作需要，在所属单位设立若干学位评定小组。学位评定小组由五至七人组成，负责初审本单位的学位授予工作。学位评定小组成员名单须报研究生院学位与学科建设办备案。

分委员会履行以下职责：

(一)审定本学科、专业的研究生培养方案和教学计划，并检查其执行情况；

(二)确定硕士学位和博士学位的考试科目以及基础理论课和专业课的考试范围，审批主考人、考试委员会成员名单；

(三)审查接受硕士学位和博士学位的申请，审批硕士学位和博士学位答辩委员会成员名单，审查硕士学位论文答辩和博士学位论文答辩送审材料并批准举行答辩，审核答辩委员会的决议，审核硕士、博士学位申请者提交的相关科研成果；

(四)审核授予硕士学位和博士学位人员名单，并提交校学位评定委员会审批；

(五)协助校学位评定委员会处理授予学位的争议问题；

(六)完成校学位评定委员会交给的其他任务。

第五条　校学位评定委员会、学位评定分委员会会议应有全体委员三分之二以上出席方为有效。未能出席者若有书面委托其他委员表决则视为出席。学位评定委员会和学位评定分委员会在做出授予学位的决定时，应以不记名投票方式，经出席会议的三分之二以上的委员通过，并达到全体委员半数以上方为有效。

第三章　学位学术水平和学位申请办法

第六条　学位申请人通过硕士或博士学位的课程考试和论文答辩，成绩合格，达到以下学术水平，方可授予学位：

一、硕士学位

1.掌握有关学科坚实的基础理论和系统的专门知识；

2.具有从事科学研究或担负专门技术工作的能力。

二、博士学位

1.掌握有关学科坚实宽广的基础理论和系统深入的专门知识；

2.具有独立从事科学研究的能力，在学术或专门技术上做出创造性的成绩。

第七条　凡是遵守中华人民共和国宪法、法律、法规的中国公民和外国公民，并具备以下条件者，均可按本细则的规定，向我校申请相应的学位：

1.完成培养方案规定的学习项目，经考核合格，取得规定的学分；

2.导师或推荐人认为论文质量符合申请条件；

3.我校研究生在攻读学位期间，必须有科研成果，具体要求另行规定。

第八条　申请学位者应在学校规定的期限内提交申请书和学位论文等材料。

第九条　同等学力人员申请学位，按国务院学位委员会正式公布的实施办法和《厦门大学授予具有研究生毕业同等学力人员硕士、博士学位的实施细则》办理。

第四章　学位课程和考试办法

第十条　硕士学位课程有：(1)政治理论课；(2)基础理论课和专业课，一般为三至四门；(3)外国语一门。学位课程考试成绩70分(百分记分制)以上方为合格。

学位课程考试成绩合格，其他课程考试成绩及格，取得规定的学分后方可进行学位论文答辩。

第十一条　博士学位课程有：(1)政治理论课；(2)基础理论课和专业课，至少有两门；(3)一门外国语(各学科专业可根据本学科专业实际情况将第二外国语列为必修或选修课程)。

博士学位课程考试成绩70分(百分记分制)以上方为合格。全部学位课程成绩合格取得规定的学分，并通过综合考试者方可进行博士学位论文答辩。

申请博士学位人员在科学或专门技术上有重要论著、发明、发现或发展的，可提交有关的论著、发明的鉴定或证明书等材料，经两位教授或相当职称的专家推荐，学位评定委员会审查同意，可以免除部分或全部课程考试。

第十二条　博士生综合考试委员会成员由本学科和相关学科专业具有高级职称的专家组成，名单由学位评定分委员会审核确定。

第五章　学位论文的基本要求

第十三条　学位论文应在导师指导下，由研究生独立完成。

第十四条　硕士论文的基本要求是：(1)基本论点、结论和建议应有理论意义或实际价值；(2)论文内容应能反映作者掌握本学科坚实的基础理论和系统的专业知识；(3)表明作者已掌握本研究课题的研究方法和技能，具有从事科学研究或担负专门技术工作的能力；(4)应有新的见解，取得一定的科研成果。

第十五条　博士论文的基本要求是：(1)基本论点、结论和建议应具有较大的理论意义和实际价值；(2)论文内容应能反映作者已掌握本学科坚实宽广的基础理论和系统深入的专业知识；(3)应能反映作者已独立掌握本研究课题的研究方法和技能，具有独立从事科学研究工作的能力；(4)有创造性的见解，取得一定的科研成果。

第十六条　论文用中文撰写(特殊专业除外)。凡用非中文撰写的论文，必须同时提交中文译文。论文一般包括序言、实验与计算、事实与理论分析、总结、参考文献等部分，此外应附中文和外文摘要和关键词。科学论点要有理论论证或实验验证，对所用研究方法的可行性要加以严谨的说明。引用别人的资料要忠于原著原文，并以明确方式标明。利用合作研究成果时要加附注。词句力求精练通顺，条理分明，文字图表清晰整齐。硕士论文一般不少于三万字，博士论文一般不少于五万字。

第十七条　论文经学院(研究院)审查和同意推荐答辩后付印。导师对论文的评语和推荐意见，应密封传递，注意保密。

第六章　论文评阅

第十八条　答辩前两个月，由系(所)提名，经学位评定分委员会同意后，由所在学院(研究院)聘请相关学科的专家评阅论文，指导教师不得作为论文评阅人。论文原则上实行“双盲”评审，具体办法见《厦门大学博士、硕士学位论文双盲评审工作细则》。硕士学位论文评阅人不少于两名，其中校外的教授、副教授至少一名。博士学位论文评阅人不少于三名，其中校外的评阅人至少二名。评阅人应是责任心强，学风正派，学术造诣较深，近年来在相关领域的科学研究中有成绩的专家。

博士论文评阅人一般应为博士生导师，或为处于本学科前沿的专家，或参与指导过博士生的专家。

硕士论文评阅人应具有高级职称或硕士生导师资格。

第十九条　评阅人应对论文写出详细的学术评语，并按百分制评定分数，供答辩委员会参考。评阅人可参照下列几个方面审查论文质量：(1)研究成果的理论意义和实际价值；(2)论文的观点、结论是否正确，论据是否充分、可靠；(3)论文的学术水平和创造性；(4)论文的主要优点(包括研究方法、写作技艺和逻辑性等)；(5)论文的不足之处。

论文评阅人的姓名和学术评语应对学位申请人保密，并密封传递。

第二十条　专家评阅意见处理：

1. 三分之二以上评阅人认为论文已达到学位论文水平，且一半以上的评阅人同意答辩，可以直接组织论文答辩。

2. 三分之二以上评阅人认为论文已达到学位论文水平，但不足一半的评阅人同意答辩，申请人须针对论文的不足，进行充实、修改，经导师审核同意后，方可组织论文答辩。答辩时间由学院根据实际情况作安排。

3. 凡未达到以上评阅结果的学位论文,须重新修改或撰写论文,至少三个月后才能重新申请答辩。组织答辩前仍须进行论文评审,评审时间要求不变。

第七章　论文答辩委员会和答辩规则

第二十一条　硕士学位论文答辩委员会由三至五位具有高级专业技术职务或硕士生导师资格的专家组成;其中至少有半数以上是研究生导师。指导教师不参加答辩委员会。委员会设秘书一人。新设和薄弱专业,硕士学位论文答辩必须请校外专家参加。

博士学位论文答辩委员会由五至七位具有高级职称的专家组成,其中博士生导师占半数以上,且至少有两位校外博士生导师或专家。指导教师不参加答辩委员会。论文答辩委员会主席一般由教授或相当职称的专家担任。委员会设秘书一人。

学位申请者在答辩前不得接触答辩委员。

第二十二条　论文答辩前应先审阅论文评语;未收齐评阅意见书一般不得进行答辩。评阅结果符合规定条件方能答辩。

第二十三条　答辩以公开方式进行(须保密除外)。论文答辩的程序一般是:(1)主席宣布开会;(2)导师(或答辩秘书)介绍研究生课程学习成绩和论文工作情况;(3)学位申请人报告论文的主要内容(不超过一小时);(4)委员提问(可休会 15～20 分钟让申请人准备,也可以不休息),申请人答辩;(5)休会,委员举行会议,由秘书宣读指导教师和评阅人的学术评语,商定评价论文的标准,并对论文做出评价,对是否通过论文答辩和建议授予学位进行表决;(6)主席宣布答辩委员会对论文的评语、评分等级和投票结果。

为保证有充分的时间进行论文答辩,博士学位论文答辩一般在一个单位时间(4 小时左右)只答辩一至二篇论文,硕士学位论文答辩一般在一个单位时间(4 小时左右)只答辩三至四篇论文。答辩时要详细记录或录音,博士论文答辩须有录音。

第二十四条　答辩委员会必须坚持学术标准,坚持实事求是的科学态度。论文答辩委员会采取不记名投票方式,按百分制打分,并就是否通过论文答辩和建议授予学位进行表决。全体成员三分之二以上同意方为通过。

第二十五条　硕士学位论文答辩不合格的,经答辩委员会半数以上委员同意,可做出在一年内修改论文、重新答辩一次的决议。博士学位论文答辩不合格的,经不记名投票,获半数以上委员同意,可做出在两年内修改论文、重新答辩一次的决议。

除答辩委员会做出决议外,校学位评定委员会及其授权机构之外的任何个人和组织无权同意重新组织答辩。

第二十六条　硕士学位申请人的论文,如已达到博士学术水平,答辩委员会在做出授予硕士学位的决议的同时,还可推荐授予博士学位,并按本工作细则中有关博士学位的规定办理。

博士学位申请人的论文虽未达到博士学术水平,但已达到硕士学术水平,且申请人尚未获得该学科硕士学位的,答辩委员会可以做出建议授予硕士学位的决议。

第八章　学位授予

第二十七条　校学位评定委员会做出授予学位的决议后,发给学位获得者相应的学位证书。各级学位授予时间为校学位评定委员会会议批准授予学位之日。

校学位评定委员会每年在 6、9、12 月份召开授予学位的例会 3 次。博士学位证书在经过三个月争议期后颁发。

在争议期,如有异议者应通过书面形式,向研究生院学位与学科建设办公室反映。由研究生院学位与学科建设办公室提交校学位评定委员会或其授权机构进行处理。

第二十八条　研究生院学位与学科建设办公室每年将授予硕士学位和博士学位的名单及有关材料,报主管部门和国务院学位委员会办公室备案。

研究生院学位与学科建设办公室在校学位评定委员会做出决议后,应将授予硕士学位和博士学位的人员名单通过一定的方式公布,对于不授予学位的人员一般应将决议送达本人。

第二十九条　校学位评定委员会如发现学位错授,或发现有舞弊作伪或其他违反规定的情况,通过复议,可以做出撤销学位的决定。

第九章　荣誉博士学位

第三十条　对于国内外卓越的学者或著名的社会活动家,经校学位评定委员会提名,报国务院学位委员会批准,可以授予名誉博士学位。

第十章　其　他

第三十一条　在我校学习的外国留学生和台港澳地区学生申请学位,参照本细则办理。

第三十二条　论文答辩结束后,各系(所)应将学位申请书、课程成绩表、论文的全文和摘要、导师评语、论文评阅书、专家推荐书、答辩委员会决议和答辩记录、录音磁带、表决票,以及毕业研究生登记表(毕业鉴定或申请人所在单位党组织意见),博士论文的中、英文摘要和科研成果等有关材料整理立卷,送校档案馆存档。

学位申请者须将学位论文送学校图书馆存档(一本纸质加电子版),并按规定数量将学位论文和相应的电子版提交研究生院学位与学科建设办公室,按规定报送有关机构。

第三十三条　涉及军工机密的学位论文的管理办法另行制定。涉及商业秘密的学位论文的管理办法由相关学院(研究院)学位分委员会根据学校相关条例制定,报研究生院学位与学科建设办公室备案。

第三十四条　本细则所称“以上”均含本数。

第三十五条　本细则由校学位评定委员会负责解释。

第三十六条　本工作细则自公布之日起施行。原《厦门大学硕士学位和博士学位授予工作细则》(厦大研〔2005〕18 号)同时废止。

——本文摘录自《关于印发〈厦门大学硕士学位和博士学位授予工作细则〉的通知》,厦大研〔2006〕30 号,档号 2006-XZ28-2

厦门大学选聘博士生指导教师工作实施细则

(2006 年 9 月 25 日校学位评定委员会会议修订)
(2006 年 9 月 30 日)

根据国务院学位委员会《关于改革博士生指导教师审核办法的通知》(学位〔1995〕20 号)和《关于进一步下放博士生指导教师审批权的通知》(学位〔1999〕9 号)精神及其附件《关于选聘博士生指导教师工作的几点原则意见》,经校学位评定委员会研究决定,制定我校选聘博士生指导教师工作实施细则。

第一条　选聘博士生指导教师的基本原则

博士生指导教师是指导、培养博士生的重要工作岗位。选聘博士生指导教师必须坚持以下基本原则:

1. 有利于学科建设和调整学科结构,有利于发挥指导集体的作用,有利于培养国家经济建设、科技进步和社会发展所需要的高层次创新型专门人才。

2. 尊重专家评审意见和发挥学位评定委员会的作用,在具体的申请、送审和评审工作中应遵循诚信原则和严格执行自我约束制度。

3. 必须坚持标准,严格要求,保证质量,公正合理。

第二条　申请博士生指导教师资格的基本条件

申请博士生指导教师资格必须具备以下基本条件:

1. 热爱研究生教育事业,熟悉国家有关研究生教育的政策法规,能教书育人,为人师表,具有高尚的科学道德、严谨的治学态度。

2. 1953 年 1 月 1 日以后出生的一般应具有博士学位。

3. 应是我校博士学位授予学科、专业范围内(含具有博士学位授予权的一级学科覆盖的博士点专业)的在岗教授(或相当专业技术职务)或者教学与科研成果特别突出的在岗副教授(或相当专业技术职务),并能够真正担负指导博士生的实际工作。

4. 年龄一般在 55 岁以下。学科建设特殊需要的,年龄可适当放宽,但原则上不得超过 60 周岁。

5. 有较高的学术造诣和丰富的科研工作经验,学术水平应居国内本学科的前列,能及时掌握学科的前沿领域及发展趋势,有重要的科研成果(具体指标见附件)。

6. 所从事的研究方向有重要的理论意义或实际应用价值。正在承担国家或省部级科研项目或其他有重要价值的项目,有较充足的科研经费(具体指标见附件)。

7. 已完整培养过一届硕士研究生,或参加过博士生指导小组工作;完整地协助培养过一届博士生,培养质量良好,能胜任研究生的教学和培养任务。

作为人才引进的正高职称教师在原所在院校已具有博士生指导教师资格的(或在国外实际指导过博士研究生的),可直接申请确认博士生指导教师资格,其申请经所在学科的学位评定分委员会审核后,报送校学位评定委员会批准。

凡在我校申请兼职博导的，必须是我校的兼职教授，并对我校相应学科建设及博士生培养有重大支持。具体办法另行制定。

第三条　博士生指导教师资格遴选程序

一、资格审查

申请人可向所在学科学位评定分委员会提出申请，填报《博士生指导教师资格申请表》及附录（一式十份），并附送代表性成果三件（包括这些成果的学术评价、鉴定材料及使用部门意见的复印件，每件一式三份）以及有关科研课题立项通知书和获奖证书复印件（一式三份）交所属学位评定分委员会。学位评定分委员会委托申请人所在学院（研究院）组织审核，并将每位申请人的《博士生指导教师资格申请表》及附录在其所在学院（研究院）内公示一周。

凡通过有关审核的申请人，应向学位评定分委员会报告本人近5年来取得的主要科研成果，当前从事的科研工作（项目、经费和重要性等）和培养研究生等方面的情况，并回答分委员会委员提出的问题。

学位评定分委员会根据遴选博士生指导教师的条件对申请人资格进行审查，并采取无记名投票的方式进行表决。获得分委员会参会委员半数以上同意者方为通过。

在国家新增博士点的年份，各新增博士点的主要学术带头人申请博士生指导教师工作岗位的，只要其符合我校博士生指导教师的选聘条件，可简化审核和表决程序，由学位评定分委员会审核直接向校学位评定委员会推荐。

对于教学科研成果特别优秀者，可由校学位评定委员会主席提名，直接报送校学位评定委员会审议。

学位评定分委员会针对其审查通过并向校学位评定委员会推荐的候选人的学科、专业领域（限于二级学科），向校学位评定委员会至少推荐5位校外有指导博士生经验且学风端正、治学严谨的同行专家，供校学位评定委员会选聘作为进行通讯评议的专家。校外同行专家推荐名单应保密。

二、同行专家通讯评议

校学位评定委员会聘请同行专家（一般应是校外专家）对学位评定分委员会推荐的候选人的学术水平及指导博士生的能力进行全面评议，专家人数应不少于3人。

三、学位评定分委员会复审

各分委员会参考同行专家的通讯评议，对已经通过资格审查的申请人再次进行审核，并采取无记名投票的方式进行表决。获得分委员会参会委员半数以上同意者方为通过。分委员会应根据本条例及附件规定的条件，并结合学科建设的实际需要和校学位评定委员会限定的名额，从通过审查的申请人中，择优向校学位评定委员会推荐候选人。

四、校学位评定委员会审定

校学位评定委员会对各分委员会推荐的申请人名单逐个进行审查，并结合同行专家通讯评议的结果，采取无记名投票方式进行表决，就申请者是否具有指导博士生的资格做出决议。获出席会议三分之二以上委员同意者为通过。

五、公示征询意见

凡经过校学位评定委员会表决通过确定博士生指导教师资格的申请人名单由校研究生院在校内公示，征询意见。自名单公布之日起，一个月内无异议者，由校学位评定委员会主席批准，确认其博士生指导教师资格。存在异议者按本细则第七条“质量保证和约束机制”之四“受理异议”处理。

六、复议

校学位评定委员会的审定为最终审定。对未通过博士生指导教师资格审定的申请者提出的复议要求，除非事实证明在审议程序上有错误，并经有关职能部门认定事实存在的可以提请复议，其余一概不进行复议。

第四条　博士生指导教师的聘任条件

具有博士生指导教师资格的教师在受聘博士生指导教师工作岗位期间方可享受博士生指导教师待遇。受聘博士生指导教师工作岗位应具备如下基本条件：

一、具有我校博士生指导教师资格，能认真履行导师职责，每年保证有足够的时间在国内指导博士生，身体健康情况良好。

二、由校学位评定委员会确认导师资格的博士生指导教师，年龄一般不应超过57周岁；学科建设特殊需要，年龄可适当放宽，但原则上不得超过62岁；超过62岁申请聘任者，在申请时本人主持的在研科研经费总额文科必须达到5万元，理工科必须达到15万元。由国务院学位委员会确认导师资格的博士生指导教师，根据年龄、身体和工作情况分别确定受聘年龄。

三、有充足的科研经费，有重要的科研成果。学位评定分委员会可根据各学科的具体情况，制定该学科博导聘任具体科研指标，报研究生院学位与学科建设办备案。学位评定分委员会制定的博导聘任科研指标，不得低于教授聘任标准。

具备下述条件之一的具有博士生指导教师资格者，可从具备条件当年算起，连续4年自动获聘：(1)其培养的博士生获国家百篇优秀博士学位论文奖；(2)其培养的博士生在学期间或毕业后两年内获国家级科研奖(排序前三名，含国家社科奖)；(3)本人学术成果获国家级二等奖以上奖励(排序前两名，含国家社科奖)；(4)国家杰出青年基金获得者；(5)国家"百千万人才"入选者；(6)教育部"新世纪人才"入选者；(7)获得特聘教授资格的"长江"学者、"闽江"学者等。

第五条　博士生指导教师的聘任程序

一、申请者向拟受聘学科学位评定分委员会提出申请，并填报《厦门大学博士生指导教师工作岗位受聘申请表》。为了鼓励交叉学科发展，支持新兴学科，学校允许申请者最多同时向两个二级学科申请受聘。但该申请者受聘后的招生限额将分解给两个二级学科。

二、学位评定分委员会对申请招生的指导教师工作条件和能力进行综合评议，并根据本学科的招生计划和申请人的条件进行初选，将推荐名单报送研究生院。

三、研究生院根据本实施细则附件规定的条件进行形式审查及复核，并确定受聘名单。学校招生办公室据此编制招生目录。

四、已经纳入聘任名单并列入招生计划，但计划年度未能招生者，且无在学博士生者，列入未上岗名单，不享受博士生导师待遇。

第六条　博士生指导教师资格的取消

有下列情况，校学位评定委员会可以取消其博士生指导教师资格：

一、凡连续3年未招生或5年内未能培养出1名博士者。如拟继续招生，则需重新申报参加新增博士生指导教师遴选，并经评审通过，重新获得博士生指导教师资格后方可纳入聘任程序。

二、违反我国法律，并受到刑事处罚者。

三、严重违反教师职业道德者。

四、因其他原因，校学位评定委员会做出取消决定者。

研究生院在校学位评定委员会做出取消博士生指导教师资格的决议后，应将决议送达当事人。

第七条　质量保证和约束机制

遴选和聘任博士生指导教师必须坚持公平、公正和公开的原则，坚持标准，宁缺毋滥。为此，应健全质量保证和约束机制。

一、如实填报有关材料

申请人必须正确对待遴选和聘任工作，务必实事求是地填报有关材料。申请人所在学院（研究院）和学科学位评定分委员会必须认真审核有关材料和数据。

二、妥善推荐同行专家评审名单

同行专家评议是保证遴选质量的关键环节，各学位评定分委员会应审慎对待，推荐学术水准高，坚持原则，作风正派，治学严谨的相同或相近领域的专家。同时应注意回避原则。

三、实行回避制度

凡申请参加遴选博士生指导教师资格的人员，不得参与涉及本人及本人同批申报的其他申请人的评议或审批工作和有关的组织领导工作。学位评定委员会和分委员会成员要自觉遵守回避制度，不得参与对自己或亲属的有关评议或审批工作。

四、受理异议

研究生院学位与学科建设办公室负责受理个人或组织对遴选和聘任博士生指导教师工作过程或结果提出的异议。

异议应以书面形式具名提出。

异议处理，对于申请者本人提出的异议按上述第三条之六"复议"规定处理；对于非申请者本人提出的异议，校学位评定委员会正、副主席应通过组织集体讨论，对有关异议调查核实的结果做出合理仲裁。对因学术问题提出的异议，可根据情况采取扩大同行评议范围或组织专家小组审查的方式进行认定。

五、纪律约束

学位评定委员会和分委员会委员必须从学校发展和学科建设的大局出发，坚持原则，出以公心，认真负责，坚决遏止不正之风。申请者不得以任何方式向有关评审人员施加影响。

第八条　时间安排

博士生指导教师的选聘工作根据校学位评定委员会的统一安排，由研究生院具体组织实施。

遴选博士生指导教师资格工作一般每两年（逢双年）举行一次。结合国家新增博士点评审工作和学科建设需要，可以由校学位评定委员会主席提出动议，增加博士生指导教师的遴选次数，但每年最多一次。

博士生指导教师聘任工作每年举行一次，聘期3年。聘期未满者不必参加每年的聘任。但年满57岁确因学科建设需要拟延聘者，则需每年参加聘任，聘期一年。

第九条　本实施细则所称"以上"均含本数

第十条　本实施细则由校学位评定委员会负责解释

第十一条　本实施细则自发布之日起生效。原《厦门大学选聘博士生指导教师工作实施细则(试行)》(厦大研〔2005〕21 号)同时废止

附件：

厦门大学遴选博士生指导教师科研工作具体指标

<table>
<tr><th colspan="2">学科类别</th><th>科研工作具体指标</th></tr>
<tr><td rowspan="2">理工科</td><td>理科或基础研究</td><td>1.近 5 年来在 SCI、EI 刊物上作为第一作者或通讯作者至少发表论文 5 篇。
2.近 5 年来曾获省部级及以上科技奖或取得发明专利。
3.近 3 年至少主持一项国家级或省部级科研项目,总经费不少于 15 万元;或近 3 年主持横向课题,总经费不少于 30 万元。</td></tr>
<tr><td>工科或应用研究</td><td>1.近 5 年来在 EI、SCI 上作为第一作者或通讯作者至少发表论文 3 篇。
2.近 5 年来曾获省部级及以上科技奖或取得发明专利。
3.近 3 年至少主持一项国家级或省部级科研项目,总经费不少于 15 万元;或近 3 年主持横向课题,总经费不少于 50 万元。</td></tr>
<tr><td colspan="2">文　科</td><td>1.近 5 年来在一类核心学术刊物上作为第一作者或通讯作者至少发表论文 3 篇或出版高水平学术专著 2 部。
2.近 5 年来曾获省部级及以上科研成果奖。
3.近 3 年来至少主持一项国家级或省部级科研项目,总经费不少于 5 万元;或近 3 年主持横向课题,总经费不少于 20 万元。</td></tr>
<tr><td colspan="3">注:一般应同时满足三项,但如果其中某项条件特别突出,可以提请校学位评定委员会讨论。副教授申请博士生指导资格原则上应满足以上指标的两倍。</td></tr>
</table>

——本文摘录自《关于印发〈厦门大学选聘博士生指导教师工作细则〉的通知》,厦大研〔2006〕32 号,档号 2006-XZ28-2

厦门大学兼职博士生指导教师聘任管理办法

（2006 年 9 月 25 日校学位评定委员会全体会议审议通过）
（2006 年 9 月 30 日）

厦门大学根据学科建设和博士生培养工作的需要，为推进学校与国内外高校、科研单位和大型企事业单位的合作，拟适当引进校外知名教授（含相当职称）来我校兼任博士研究生指导教师（以下简称兼职博导），合作培养博士研究生。为积极推进此项工作，规范和加强兼职博导聘任管理工作，充分发挥兼职博导的作用，特制定本聘任管理办法。

一、兼职博导应具备的条件

1. 兼职博导应具备我校选聘博士生指导教师的基本条件；
2. 兼职博导应是在本学科具有较高的造诣和影响，并已被聘为我校兼职教授（研究员）的学者；
3. 兼职博导应与我校有长期、稳定的科研合作关系，且年龄一般应在 60 岁以下；
4. 兼职博导的主要研究方向应在我校具有博士学位培养权的学科、专业范围内；
5. 因博士研究生指导教师是培养、指导博士研究生的教学岗位，被聘兼职博导应有足够的精力和时间对所招收的博士研究生进行全面指导，以保证培养质量。

二、关于聘任和聘任期限

1. 受聘的兼职博导应与我校相关学院（研究院）签订聘任合同，明确双方的责、权、利；
2. 聘期三年，聘任期满后，可视实际情况决定是否续签聘任合同。

三、资格确认与聘任程序

1. 我校两名相关专业的博士生导师推荐；
2. 相关学科提出聘任建议，并填报《厦门大学兼职博士生指导教师资格确认表》；
3. 学位评定分委员会审核并投票表决；
4. 校学位评定委员会批准；
5. 受聘者填写《厦门大学兼职博士生指导教师聘任表》；
6. 学院学位评定分委员会与兼职博导签订聘任合同，并送研究生院备案。

四、关于招生

1. 在聘期内，拟招收博士生的兼职博导应向招生专业所在的院系提出招生申请。
2. 若在聘任期内被聘兼职博导因某种原因不能继续招收或指导博士研究生，则由学位评定分委员会同意后报研究生院批准，并停止招生；如该导师仍有在校博士研究生，学位评定分委员会应负责该导师在校研究生的导师调整工作。

3. 兼职博导原则上一年只允许招收一名博士生，且必须由学位评定分委员会指定校内专职导师协助管理培养，且一名校内导师原则上只允许与一名兼职博导合作培养博士生。

4. 专职导师是兼职博导研究生培养管理事务的协调人。

五、其他要求

1. 申请兼职博导者应与我校所属学科评定分委员会签订必要的协议，明确培养责任，落实研究课题及培养经费；

2. 兼职博导在符合我校兼职教授聘任条件的前提下，每年须在我校工作一个月以上(累积时间)，或每年为所指导的博士生在其就职单位提供为期两个月以上的研究工作；

3. 兼职博导指导我校博士生产生的科研成果和论文应以厦门大学为第一署名单位；

4. 兼职博导应为我校研究生开设一定的课程，定期开展学术讲座。

六、本办法自公布之日起执行。以前规定与此不符的，以本规定为准

七、本规定由校学位评定委员会负责解释

——本文摘录自《关于印发〈厦门大学兼职博士生指导教师聘任管理办法〉的通知》，厦大研〔2006〕33号，档号 2006-XZ28-2

厦门大学选聘硕士生指导教师工作细则

（2006年9月25日校学位评定委员会全体会议通过）

（2006年9月30日）

按照国务院学位委员会和国家教育部有关规定的精神，经校学位评定委员会研究决定，制定我校选聘硕士生指导教师工作实施细则。

一、硕士研究生指导教师应具备以下基本条件

1. 必须是我校全职教师或各院聘请的兼职教师。

2. 年龄原则上不超过57周岁；由国务院学位委员会确认导师资格的博士生指导教师，根据年龄、身体和工作情况分别确定受聘年龄。

3. 一般应具有高级职称，具有博士学位的优秀讲师也可申请。

4. 政治思想好，治学严谨，作风正派，工作认真负责，重视教书育人，能认真履行导师职责。

5. 有在研科研项目（必须是主持人）和科研经费（文科余额不低于1万元，理工科不低于3万元）；或近3年来有较重要的科研成果（在二类核心以上学术刊物上发表3篇以上学术论文，或有15万字以上学术著作正式出版，或有20万字以上教材、译著正式出版）；或近3年获得副省级以上教学、科研成果奖。专业学位硕士生的指导教师在科研方面的条件可适当放宽。

6. 有教学经验，能承担一门以上硕士生课程。

7. 我校获聘博士生指导教师为当然硕士生指导教师，除非本人提出不担任硕士生指导教师。

二、选聘程序

1. 申请者向学位评定分委员会提出申请。不论是否首次聘任，所有拟聘者都应于每年规定期间登录研究生院网站的导师系统，录入或更新硕士生导师信息，并打印出申请表，签名后交学位评定分委员会。

2. 学位评定分委员会应根据申请者基本条件和岗位需要进行评审，确定聘任的人选名单，并报研究生院学位与学科建设办审批。

3. 研究生院学位与学科建设办经审核后确定并公布聘任名单。

4. 各单位获聘导师数将成为制订硕士生招生计划的主要依据之一。

三、聘　期

硕士生指导教师聘任工作每年举行一次，聘期3年。聘期未满者不必参加每年的聘任。但年满57岁确因学科建设需要拟延聘者，则需每年参加聘任，聘期一年。

四、质量保证和约束机制

遴选和聘任硕士生指导教师必须坚持公平、公正和公开的原则,坚持标准,宁缺毋滥。为此,应健全质量保证和约束机制。

1. 如实填报有关材料

申请人必须正确对待遴选和聘任工作,务必实事求是地填报有关材料。申请人所在院(系、所)和学位评定分委员会必须认真审核有关材料和数据。

2. 受理异议

校研究生院有责任受理个人或组织对选聘硕士生指导教师工作过程或结果提出的异议,对有关异议调查核实的结果做出合理仲裁。

五、附　则

本实施细则由研究生院负责解释。

本实施细则自发布之日起生效。原《厦门大学关于遴选聘任硕士生指导教师的试行办法》(厦大研字〔2005〕15 号)同时废止。

——本文摘录自《关于印发〈厦门大学选聘硕士生指导教师工作细则〉的通知》,厦大研〔2006〕34 号,档号 2006-XZ28-2

厦门大学博士、硕士研究生申请学位发表学术论文的规定

（2006 年 9 月 25 日校学位评定委员会修订）

（2006 年 9 月 30 日）

为进一步规范学位授予工作，不断提高研究生的培养质量，根据《厦门大学硕士学位和博士学位授予工作细则》及我校学位与研究生教育工作的实际情况，对我校博士、硕士研究生申请学位发表学术论文的要求，做如下规定：

一、博士、硕士研究生申请学位发表学术论文的规定

1.我校文科类（含哲学、经济学、法学、教育学、文学、历史学、管理学等）博士研究生自入学起，在获得博士学位之前，必须在全国核心刊物或国际同级学术刊物（均不含增刊、专刊、专辑）上，以第一作者（导师为第一作者的，研究生为第二作者视同第一作者）和“厦门大学”为第一署名单位至少发表 2 篇与其学位论文相关的学术论文（字数不少于 3000 字），其中一篇可用与其学位论文相关的专著或教材（本人完成字数专著在 3 万字以上，教材在 5 万字以上，可累计）来代替。发表在一类核心期刊上的论文可以算作两篇核心论文，其中被 SCI、EI、SSCI 收录的有录用函即可。

2.我校理工类（含理学、工学）博士研究生自入学起，在获得博士学位之前，必须在全国核心刊物或国际同级学术刊物（均不含增刊、专刊、专辑）上，以第一作者（导师为第一作者的，研究生为第二作者视同第一作者）和“厦门大学”为第一署名单位至少发表 2 篇与其学位论文相关的学术论文（字数不少于 3000 字），其中必须有一篇被 SCI 或 EI 收录（有录用函即可）。如论文被收录在第一和第二分区，或影响因子在本学科较高，经学位评定分委员会审议批准，可适当降低其发表学术论文的篇数要求，提交校学位评定委员会审议。

3.学校鼓励各学院学位评定分委员会根据本学科的具体情况，对博士研究生发表学术论文制定并公布更高的要求，并报研究生院学位与学科建设办备案。

4.我校硕士研究生（包括专业学位硕士研究生）申请学位所需发表的学术论文要求，由各学院学位评定分委员会制定、公布，并报研究生院学位与学科建设办备案。

5.研究生的学位论文工作成果获得国内外发明专利 1 项（研究生排序为发明人前 3 名，“厦门大学”为第一申请人，获得公布即予认可），相当于在核心刊物上发表学术论文一篇，其中排序第一相当于发表一篇 SCI、EI 收录的学术论文；获得实用新型专利 1 项（研究生排序为设计人前 3 名，“厦门大学”为第一申请人，获得专利授权通知书即予认可），相当于在公开发行的学术刊物（非核心）上发表学术论文一篇。

6.已完成培养方案规定的学习项目，考试考核成绩合格，取得规定的学分，并通过学位论文答辩的研究生，可以按时毕业，并取得毕业证书。但未达到以上申请学位发表学术论文要求者暂不授予学位。

7.博士研究生在通过答辩后的三年内达到申请学位发表学术论文标准的，可向研究生院学位与学科建设办提出授予博士学位的申请，逾期视为自动放弃申请学位，研究生院学位与学科建设办亦不接受逾期的申请。

8.硕士研究生在通过答辩后的两年内达到申请学位发表学术论文标准的，可向研究生院学位与学科建设办提出授予硕士学位的申请，逾期视为自动放弃申请学位，研究生院学位与学科建设办亦不接受逾期的申请。

9.在职人员以同等学力申请博士、硕士学位发表学术论文的要求另行规定。

二、核心刊物的认定

核心刊物的认定以我校研究生院认定的最新版《中文核心期刊要目总览》及《厦门大学核心学术刊物目录》为准,旧版在新版公布后的一年内仍有效。

三、本规定是《厦门大学硕士学位和博士学位授予工作细则》的补充,自公布之日起开始执行。原《厦门大学博士、硕士研究生申请学位发表学术论文的规定》(厦大研〔2006〕9 号)同时废止。为保持政策的连续性,对 2005 年以前入学的研究生,其论文要求采取就低不就高的原则。

——本文摘录自《关于印发〈厦门大学博士、硕士研究生申请学位发表学术论文的规定〉的通知》,厦大研〔2006〕35 号,档号 2006-XZ28-2

厦门大学博士、硕士学位论文“双盲”评审工作细则

（2006 年 9 月 25 日校学位评定委员会修订）
（2006 年 9 月 30 日）

为实施“厦门大学研究生教育创新与质量工程”，进一步完善质量保证和监督机制，提高研究生培养质量，根据福建省学位办《关于开展博士、硕士学位论文抽查工作的通知》（闽学位[2004]05 号）和《厦门大学硕士学位和博士学位授予工作细则》（2006 年 9 月 25 日修订）的精神，特制定本工作细则。

一、学位论文抽查双盲评审比例

1. 博士研究生学位论文原则上 100%；
2. 硕士研究生学位论文原则上不低于 30%；
3. 专业学位硕士研究生学位论文原则上不低于 30%，高级管理人员工商管理硕士（EMBA）学位论文的盲审要求授权管理学院学位评定分委员会制定；
4. 高校教师、中职教师在职攻读硕士学位的学位论文原则上不低于 30%；
5. 在职人员以同等学力申请博士、硕士学位的学位论文 100%。

二、学位论文双盲评审办法

1. 学位论文双盲评审工作由各院组织，按系、所抽查。有关材料由学院领导指定专人保管和办理。

2. 各院在每年 3 月，一次性对当年拟参加答辩的所有研究生，按类型按专业及学号组织随机抽查。抽中的学位论文，须送到省外同类高校或科研院、所进行双盲评审。

3. 抽查的每篇博士学位论文送 3 位省外同类高校或科研院、所同专业博士生导师评阅，以同等学力申请博士学位的论文每篇送 5 位省外和申请人所在单位以外同专业博士生导师评阅；每篇硕士学位论文送 2 位省外具有高级技术职称的同行专家评阅，以同等学力申请硕士学位的论文每篇送 3 位省外和申请人所在单位以外具有高级技术职称的同行专家评阅。

4. 论文送审要求

各院在送审前应将学位论文中的作者、导师姓名及有关反映作者和导师的相关信息隐去。

送审的论文评阅书仍用我校博士、硕士论文评阅书。但应在论文评阅书封面及研究生基本信息栏中隐去对应的研究生姓名、学号、指导教师姓名，栏内只填上相应的编号。

5. 评阅专家的选择

各学院学位评定分委员会应建立学科专家数据库，并根据学位论文工作所属学科领域和专业随机选择评阅专家。

导师可于事先提出 3 名要求回避的评阅专家名单。

对于保密的学位论文，具体管理办法见《厦门大学研究生涉密学位论文管理暂行规定》。

6. 评审时间要求

硕士学位论文应在论文答辩日期一个月以前，博士学位论文应在论文答辩日期一个半月以前，同等

学力申请硕士学位的论文应在论文答辩日期二个月以前,同等学力申请博士学位的论文应在论文答辩日期三个月以前,按有关规定格式打印装订,由各院将学位论文直接送交评阅人。申请人未按规定时间及时提交学位论文双盲评审材料,由此造成学位论文答辩延期的后果由申请人承担。

7. 论文评阅书由评阅专家用专用信封封存直接返回各院。

8. 评阅意见返回后,由各院主管领导指定专人拆封并做隐名和保密处理,以保证评阅人的隐名权益,同时向学位论文作者及导师反馈评阅结果,但不得出现评阅专家的单位和姓名。

各学院每年须填写抽查评审结果汇总表,于当年 11 月 15 日报研究生院学位与学科建设办,并由研究生院统一报福建省学位办。

三、其他说明事项

学位申请者及其他相关人员不得干扰学位论文双盲评审工作的正常进行,如有违反,将严肃处理,直至取消学位申请资格。

本细则自发布之日起生效,原《厦门大学博士、硕士学位论文“双盲”评审工作细则》(厦大研字〔2005〕29 号)同时废止。

本细则由校学位评定委员会负责解释。

附件:1.《厦门大学博士、硕士学位论文抽查结果汇总表》

2.《厦门大学博士学位论文评阅书(人文社会科学类)》

3.《厦门大学博士学位论文评阅书(自然科学和工程科学类)》

4.《厦门大学硕士学位论文评阅书(教科类)》

5.《厦门大学硕士学位论文评阅书(专业学位)》

(附件略——编者注)

——本文摘录自《关于印发〈厦门大学博士、硕士学位论文“双盲”评审工作细则〉的通知》,厦大研〔2006〕36 号,档号 2006-XZ28-2

厦门大学优秀博士学位论文培育与评选办法

（2006 年 9 月 25 日校学位评定委员会全体会议修订）

（2006 年 9 月 30 日）

优秀博士学位论文是博士生培养质量的一个重要标志，搞好这项工作是促进我校研究生教育，提高博士生培养质量的一个重要环节。尤其是从中遴选出特别优秀和有竞争力的论文参加一年一度的全国优秀博士学位论文评选，更是直接关系到我校研究生教育发展和学校声誉的重要工作。为此，特制定如下措施与办法，以推动该项工作的进行。

一、启动厦门大学优秀博士学位论文培育工程

优秀博士学位论文必须早期有意识进行培育，因此决定从 2003 年秋季起启动厦门大学优秀博士学位论文培育工程，通过设立厦门大学优秀博士学位论文培育基金，在在学博士生中先行选拔有较强科研能力的人选，提供条件，加强培养，以期在博士学位论文的质量上能够有所提高。选拔类别分 A、B 两类。A 类主要从二年级博士生中选拔，B 类从三年级博士生中选拔。已入选 A 类者还可继续申报 B 类。

1. 具体选拔条件与程序

(1)优秀博士学位论文培育工程候选人的指导教师必须是国家级重点学科的学术骨干，主持并在研国家社会科学或自然科学基金项目、或教育部重大项目，同时原则上还至少应满足以下条件之一：

(A)院士；(B)国内外较高知名度的专家；(C)国家重点学科带头人；(D)国家杰出青年基金获得者；(E)指导的博士生已获得过国家优秀博士论文奖或国家优秀博士论文提名奖；(F)已取得学术界公认的高水平的科研成果。

(2)优秀博士学位论文培育工程申请人应具备以下条件：

A 类：主要从在学的二年级博士生中选拔；如新入学的博士生科研能力特别突出，亦可申请。申请人考核成绩优秀，科研能力突出，并已取得一定的科研成果(在国家重要学术刊物上发表过论文，或作为第一作者出版过学术著作)。

B 类：从在学的三年级博士生中选拔，申请人思想品德端正，学风端正，已在本学科高水平学术期刊上发表创新性研究成果，且正在从事的博士论文研究有望再经过半年到一年(或更长的时间)的深入研究，取得重大的突破，达到国家优秀博士论文水平。

(3)申请人经导师同意或推荐均可向相关院(研究院)报名。

(4)A 类：各院(研究院)学位评定分委员会审核有关材料，提出初步名单，上报研究生院学位与学科建设办公室。

(5)B 类：各院(研究院)学位评定分委员会审核有关申请材料，并组建考核小组(5～7 名教授组成)负责对申请博士生的考核。申请博士生向考核小组作博士学位论文预答辩，并就今后的研究工作计划和预期的研究成果作报告。考核小组对申请博士生的思想品德、学风，学位论文的创新性、学术水平及预期研究成果、科学研究的潜质等做出评议，表明推荐意见。各学院(研究院)学位评定分委员会根据考核小组推荐意见，提出初步名单，上报研究生院学位与学科建设办公室。

(6)校研究生院讨论决定，最终下达正式名单。

2. 培养措施

凡经校研究生院确定入选为培养对象者,学校与学院(研究院)将提供如下支持:

(1)加强导师组的指导力量。以博士生的导师为主,辅以其他具有高级职称或博士学位的优秀教师,组成导师组,人数一般为3～5人,负责对入选者在科研上、尤其是学位论文撰写上的指导。

(2)提供经费支持。学校设立优秀博士学位论文培育基金,对每位入选者提供一定的经费支持。经费按年度拨付,用于有关的科研和学术活动,包括购买文献资料、必要的实验费用、参加学术会议等。为了调动指导教师在优博培养中的积极性,发挥指导教师在优博培养中的主导作用,A、B类入选者的科研经费和津贴将拨给入选者的导师,由导师支配。

(3)A类、B类入选者如因科研需要延长学制、继续从事博士论文研究者,均可继续申请B类。

A类、B类入选者及其导师均须与学校签订合同。

(4)学校将B类入选者的培养纳入"高层次创造性人才计划"。

(5)B类入选者除了可获得与A类入选者同等金额的科研经费支持外,在延长学制期间,还享受3万元/年生活津贴。

(6)学校鼓励各学院(研究院)和导师对入选者提供配套经费支持。

(7)履行合同、成果突出并申请留校工作的博士毕业生,可优先享受留学基金出国进修,如属非同一学缘的博士毕业生也可直接留校工作,并在人事聘任等方面享受适当的政策倾斜。

(8)入选厦门大学优秀博士学位论文培育工程者必须定期(每学期一次)向有关学院和研究生院报告科研进展情况,接受学院和研究生院组织的考核。如果在入选一年后科研上没有新的成果,或新入学的博士生开题报告未能得到导师组通过,将取消此项培养资格。

二、实行优秀博士学位论文评选和奖励制度

从2003年起,每年将开展一次优秀博士学位论文的评选工作,从参评的博士论文中,评选出校级优秀博士学位论文,并从中推荐参评省级优秀博士学位论文。国家级优秀博士学位论文将从省级推荐参评的论文中最后评选产生。

1. 参评对象

为达到广泛参与目的,参评对象不限于已入选的培养对象。凡上一学年度获得厦门大学博士学位的论文,均可报名参加评选。此前两个学年度内获得博士学位的学位论文,如确属优秀且未被评为校优秀博士学位论文的,也可参评。

2. 参评条件

凡参评的博士学位论文,应以中文撰写或者有中文稿。同时,其论文评阅人和答辩委员会对论文评价的优秀率达到总人数的三分之二以上,或者答辩委员会最后对其评分在90分(含)以上(个别学科可以放宽至86分以上),并符合以下条件:

(1)论文选题紧密围绕重大的理论问题和实际问题,尤其鼓励与国家经济建设、科技进步和社会发展紧密相关的应用性、技术性选题;

(2)论文内容有重大创新,具有重要科学意义或应用前景;

(3)研究结果可能导致本领域科学研究的突破性进展,或有重要的直接应用价值;

(4)研究方法或技术路线有重要创新。

3. 评选程序

(1)每年6月份由研究生院学位与学科建设办按各博士点上一年度实际毕业人数下达推荐名额,凡国家级重点学科和一级学科授予权博士点推荐比例可适当放宽。每年各学科的推荐名额和对报送材料的具体要求另行下达。

(2)由个人或导师提出申请。各学位评定分委员会受理申请,并在下达推荐名额范围内在6月底前

择优推荐(注明推荐顺序)。研究生院学位与学科建设办受理后组织相关校内外专家评审,并在9月份报校学位评定委员会审核通过。

(3)校学位评定委员会同时从校级优秀博士学位论文中择优向福建省推荐优秀博士学位论文候选名单。

(4)凡经校学位评定委员会评出的校优秀博士学位论文,将在校内公示,并实行一个月的异议期。如发现入选论文存在抄袭、剽窃、作假等违法和违背学术道德行为或主要研究结论不能成立等严重问题,可在一个月内以书面形式向研究生院学位与学科建设办提出异议。异议内容一经查实,将在全校公布,并按有关规定处理。

4. 奖励办法

(1)对评出的校优秀博士学位论文的作者和导师,将颁发荣誉证书和奖金各1500元。年终考核时,导师的科研分可按省部级科技进步奖或人文社科奖二等奖相应的奖励计算,并作为研究生培养质量评估的重要依据和新一轮优秀博士学位论文培育基金资助的重要条件。

(2)福建省和全国优秀博士学位论文评选的候选论文,原则上是从本校当年评出的优秀博士学位论文中推荐。获得福建省和全国优秀博士学位论文奖的论文,将对论文作者和论文指导教师给予重大奖励。获得省优秀博士学位论文一等奖者,学校另外奖励作者与导师各1500元,导师的年终考核科研分可按省部级科技进步奖或人文社科奖一等奖相应的奖励计算;评上全国优秀博士学位论文者,学校奖励作者与导师各10000元,并在学校科研业绩考核中按教育部、中科院科技进步奖或教育部、社科院人文社科奖一等奖相应的奖励计算加分,作为各类评奖和晋升的重要条件。获得全国优秀博士学位论文提名奖者,奖励作者与导师各3000元,导师的年终考核科研加分可略高于省部级科技进步奖或人文社科奖一等奖相应的奖励计算。以上各级获奖均可作为导师参加各类评奖和晋升的重要条件(以上科研考核加分可取高限,但不累计)。

三、附　则

本规定由校学位评定委员会负责解释。

本规定是《厦门大学硕士学位和博士学位授予工作细则》的补充,自公布之日起开始执行。原《厦门大学优秀博士学位论文培育与评选办法》(2003年9月19日校学位评定委员会审议通过)及《厦门大学优秀博士学位论文培育实施办法补充条例》(厦大研字〔2005〕12号)同时废止。

——本文摘录自《关于印发〈厦门大学优秀博士学位论文培育与评选办法〉的通知》,厦大研〔2006〕37号,档号2006-XZ28-3

2006年厦门大学招收在职人员攻读硕士学位考试与招生工作办法

(2006年10月11日)

第一章 总 则

第一条 推行在职人员攻读硕士学位工作是国家多渠道培养高层次专门人才的重要举措,也是积极发展专业学位教育的重要途径。为加强我校在职人员攻读硕士学位的考试与招生的管理工作,保证在职人员攻读硕士学位的生源质量和招生工作的顺利进行,根据国务院学位委员会和教育部有关招生的政策,特制定本办法。

第二条 招收在职人员攻读硕士学位应坚持德智体全面衡量、择优录取、保证质量、宁缺毋滥和按需招生的原则。

第三条 招生对象是在职人员,各专业(领域)的报考条件按国务院学位办和相关专业(领域)指导委员会的有关规定执行。

第四条 全国统一命制的试题在开考前属于国家绝密级材料;自行命制的试题属于机密级材料;考生答卷在成绩公布前属于秘密级材料。

第二章 组织机构与职责

第五条 学校成立在职人员攻读硕士学位考试与招生工作领导小组,领导小组由学校领导,校纪委、研究生院、考试中心领导组成,负责在职人员攻读硕士学位研究生的考试与招生录取工作。

第六条 学校成立在职人员攻读硕士学位招生考试委员会。主管校长兼任该委员会主任,其成员由研究生院、考试中心与相关学院领导组成。

招生考试委员会负责组织实施全校在职人员攻读硕士学位的招生考试工作。其主要职责是:

(一)制定我校各专业(领域)的招生方案;

(二)确定我校在职人员攻读硕士学位进入第二阶段专业考试的分数线与专业考试的方案。

第七条 研究生院负责在职人员攻读硕士学位招生的具体事务,其主要职责是:

(一)组织在职人员攻读硕士学位招生简章的编制和招生广告宣传网站的建立,接受考生关于招生的咨询;

(二)负责规范各专业考生资格的审核程序;

(三)录取通知书的制作与发放;

(四)接受考生的申诉,处理招生中的遗留问题;

(五)组织对入学新生的复查;

(六)其他与招生、录取相关的工作。

第八条 考试中心负责在职人员攻读硕士学位考试的具体事务,其主要职责是:

(一)组织在职人员攻读硕士学位报名及全国联考考试工作,接受考生关于报名考试的咨询;

(二)全国联考的命题(学校自命题部分)、考试、评卷等考务工作;

(三)组织工程硕士第二阶段专业考试工作;

(四)与教育部学位中心考试处的相关业务联系;

(五)接受考生关于报名、考试的申诉,处理报名考试中的相关问题;

(六)其他与考试相关的工作。

第九条　各专业(领域)成立招生工作小组,人员名单报研究生院备案。在学校招生考试委员会的指导下,各专业(领域)招生工作小组具体负责:

(一)本专业(领域)招生简章的编制和招生广告宣传,招生咨询;

(二)组织本专业(领域)专业考试的命题、考试、阅卷等考务工作,根据招生考试委员会确定的录取分数线,拟定参加专业考试的名单;

(三)根据考试成绩提出本专业(领域)的拟录取名单。

第三章　报　名

第十条　报名参加在职人员攻读硕士学位的入学考试,须符合下列条件:

(一)拥护中国共产党的领导,愿为社会主义现代化建设服务,品德良好,遵纪守法;

(二)符合各专业(领域)的报考学历条件、工作年限、所从事的工作及其他条件(按国务院学位办的规定执行,可以参照其一年一度的通知);

(三)本人所在单位人事部门填写准予参加考试的推荐意见。

第十一条　报名日期由国务院学位办确定并公布。考试中心作为报名点接受考生咨询,办理报名手续,对符合报考条件的考生核发准考证。

第十二条　考生报名时须按规定缴纳报名费。

第四章　考　试

第十三条　在职人员攻读硕士学位入学考试分两个阶段进行。第一阶段为国家统一组织的在职人员攻读硕士学位全国联考。第二阶段为学校组织的专业考试、相关测试与面试。考试中心负责组织全国联考考试及工程硕士第二阶段专业课考试工作。研究生院负责组织并审核各专业(领域)第二阶段的专业考试方案,并协调相关工作;各专业(领域)招生工作小组负责第二阶段考试的命题、考试、阅卷等考务工作。

第十四条　第一阶段考试的日期由国务院学位办确定并公布;第二阶段考试日期由各专业(领域)与研究生院协商确定后公布。

第十五条　各专业(领域)的考试科目、联考大纲及专业学位代码等根据国务院学位办的文件确定。

第十六条　研究生院加强对复试的管理,杜绝考试工作中的不正之风,避免流于形式或走过场,维护考生的权益。

第十七条　各专业(领域)根据国务院学位办相关文件精神,制定复试和相关测试的方式、具体要求和程序,提交研究生院审核后予以公布。

第十八条　各专业(领域)根据全国联考成绩和学校招生方案确定参加复试和相关测试考生名单。在复试和相关测试进行前,各专业(领域)须负责审核考生的资格。

第十九条　各专业(领域)应成立命题小组与面试专家组,面试小组应由若干名(单数)同一专业(领域)副高以上职称的教师组成,各专业(领域)的面试也可以适当邀请相关行业的专家参加。

第二十条　自行组织的专业课(或专业基础课)的命题和阅卷,务必保证专业课考试工作的严肃性、权威性与保密性。

评卷工作应遵循公正、准确的原则。

第二十一条　各学院(研究院)和有关培养单位应重视两个阶段考试的必要性和重要性,做到两个考试阶段并重,维护招生录取工作的严肃性、权威性,确保通过两个环节的考试科学、全面、公平、公正地选拔人才。

第五章　录　取

第二十二条　各专业(领域)按照国务院学位办制定的当年录取工作规定与要求,根据学校制定的招生方案和考生初试和复试的成绩,并结合其政治思想表现、工作实绩、业务素质以及身体健康状况择优提出拟录取名单。

第二十三条　学校招生考试委员会审核并确定已录取名单,报招生领导小组审批。

第二十四条　研究生院根据录取名单发放入学录取通知书。

第二十五条　新生应按照录取通知书规定的时间报到。因特殊原因不能按时报到者,须有正当理由和有关证明,向学校请假,无故逾期两周不报到者,取消其入学资格。

第二十六条　新生报到后,学校按规定对其政治表现、考生资格、业务水平、健康状况等全面复查,发现有不符合标准者按照学校的有关规定进行处理。

第二十七条　录取数据上报事宜由研究生院根据国务院学位办的通知执行。

第六章　违纪处理

第二十八条　对在报考中违反有关规定、有舞弊行为的考生,学校将视不同情况根据国家有关法律法规给予处理。

第二十九条　对在招生考试工作中违反有关规定,徇私舞弊或者给招生考试工作造成损失的人员,由学校相关部门根据国家法律法规给予处理。情节严重的可依法移交司法部门处理。

第七章　附　则

第三十条　本规定自发布之日起施行,学校原有规定与本办法不一致的,以本办法为准。

第三十一条　本规定由研究生院、考试中心负责解释。

——本文摘录自《关于印发〈二〇〇六年厦门大学招收在职人员攻读硕士学位考试与招生工作办法〉的通知》,厦大研〔2006〕27号,档号2006-XZ28-2

厦门大学学生校内勤工助学管理办法

（2006 年 10 月 31 日）

为进一步规范对校内勤工助学工作的管理，促进校内勤工助学活动的健康发展，根据上级有关文件精神和《厦门大学学生勤工助学管理规定》，制定本办法。

第一章　校内勤工助学的范围和管理机构

第一条　本办法所称“校内勤工助学”，是指厦门大学学生参加校内的辅助性管理、实验室劳动、校办产业的生产经营活动和后勤服务及各项公益劳动，并按规定领取由学校支付的勤工助学报酬的活动。

研究生兼任校内助教、助研工作，其管理办法另行制订，由人事处、研究生院、教务处、科技处、社科处等单位负责组织实施。

第二条　校内学生勤工助学活动由学生工作处统一组织、协调和监督。漳州校区学生办在学生处的指导下开展本校区的学生勤工助学活动。

各学院、研究院、漳州校区学生工作站要确定专人负责，协助职能部门做好学生勤工助学工作，参与勤工助学工作的日常管理、审核和监督。

第二章　校内勤工助学基金的设立、管理和使用

第三条　学校设立勤工助学基金，专门用于支付学生校内勤工助学活动中学生的劳动报酬。勤工助学基金来源为：

1. 按教育部确定的比例从每年学费收入中划拨；
2. 上级部门下拨的勤工助学专项经费；
3. 社会捐赠；
4. 其他。

第四条　学生参与下列岗位的劳动，由用人单位支付其劳动报酬的 70%：

1. 校办产业和后勤集团的劳动岗位；
2. 校内部门有收费项目的劳动岗位；
3. 全员工资总额总承包单位的劳动岗位；
4. 其他经厦门大学学生资助工作领导小组认定的须由用人单位分摊支付报酬的劳动岗位。

第三章　校内勤工助学岗位的设置和管理

第五条　岗位类型。

根据工作的性质和我校的实际情况，把勤工助学岗位分为助管岗位、项目岗位和企业岗位。

1. 助管岗位。指在学校党政管理、学生事务管理和教学科研管理等工作中设置的勤工助学岗位。

2. 项目岗位。指在学校管理、服务中,将一些应由学校经费支付的专项工作岗位设置为勤工助学岗位。

3. 企业岗位。指在校办产业和后勤集团(含全员工资总额总承包单位、收费项目工作)设立的勤工助学岗位。

第六条　勤工助学岗位的管理。指岗位的确定、配置原则和有效时限。

1. 助管岗位的管理

岗位的确定:助管岗位由用工单位提出申请,经学生工作处会同人事处审核后设立。

岗位配置原则:助管岗位的配置与用工单位的工作任务、编制使用情况相结合。岗位的数量原则上在一定基数之外,再参考缺编数和新增工作职能或职责而未增加编制的情况确定。助管岗位的工作仅为辅助性劳动,不能用勤工助学的方式替代各类岗位的全职工作。

岗位的有效时限:助管岗位设立后一般可持续使用,但需每年确认一次。

2. 项目岗位的管理

岗位的确定:由学校根据需要设立或由用工单位申请设立。常设项目岗位的开设由校学生资助工作领导小组审核批准。临时项目岗位(用工时间不超过一个月)由学生工作处审核批准。

岗位的配置原则:项目岗位的设立要与学校专项工作经费划拨和人员配置相结合。专项工作经批准设立勤工助学岗位后,原则上按勤工助学所承担的工作量,酌减专项经费和人员配置。

岗位的时效:项目岗位自批准之日起有效,常设项目岗位需每年确认一次。

3. 企业岗位的确定、用工人数和岗位时效,由用工单位申报学生工作处核准。

第七条　勤工助学岗位的申请和确认。设立勤工助学岗位的申请和已设立岗位的确认时间一般为每年 9 月份。用工单位填写《厦门大学校内勤工助学设岗申报表》,写明或确认岗位工作内容、技能要求、用工时间和岗位数量,并报学生工作处审核。

临时项目岗位和企业岗位需提前一周向学生处提出申请。

第八条　厦门大学学生资助工作领导小组可根据学校事业的发展和客观需要,对岗位种类、数量进行调整。

第四章　学生申请参加校内勤工助学的程序

第九条　学生工作处于每年 10 月中旬发布勤工助学岗位的招聘通知,临时项目岗位和企业岗位将视审批情况随时予以公布。自愿参加校内勤工助学的学生,填写《厦门大学校内勤工助学岗位个人申请表》后送所在单位签署意见,向指定部门报名。用工单位应在所录用的学生申请表中签署意见,交学生工作处备案和公示。

漳州校区学生办负责本校区学生勤工助学的报名组织工作。

校内勤工助学岗位原则上应优先录用家庭经济困难的学生。

第五章　校内勤工助学的计酬标准、考核和报酬发放

第十条　勤工助学助管岗位的劳酬为每个月 300 元;项目岗位和企业岗位的计酬标准一般为每小时 8 元。

第十一条　勤工助学岗位的安排应充分考虑到学生的专业学习时间,避免影响学生学业。各单位聘用学生勤工助学的用工时间(每位学生参加勤工助学时间)每周原则上不超过 12 小时,每个月不超过 50 小时。其中,助管岗位每周工作时间不少于 8 小时。

第十二条　学生勤工助学劳酬每月发放一次。具体程序是:参加勤工助学的学生由用工单位记录用工时间并进行工作考核,对考核合格者,由用工单位填写《厦门大学学生校内勤工助学劳酬审批表》(一式

两份)，附上《厦门大学学生勤工助学工时记录表》(每人一张)，于每月初五日内送学生工作处审核。校区学生办负责汇总本校区学生勤工助学劳酬审批表并送学生处审核。学生工作处将审核汇总材料于每月 15 日前送财务处。财务处于每月的 20 日之前将学生的勤工助学劳酬发至学生个人缴费银行卡中。

第六章　校内勤工助学的终止

第十三条　受聘学生出现下列情况之一者，学生工作处可终止其参加勤工助学活动，停发报酬，另行招聘：

1. 责任心不强或不遵守岗位要求；
2. 因特殊原因或身体健康状况，不适合继续勤工助学活动；
3. 在勤工助学期间受到校纪处分或治安处罚；
4. 因勤工助学严重影响学业；
5. 日常生活铺张浪费；
6. 有弄虚作假行为。

被终止勤工助学的经济困难学生，经考察如已符合条件的，可按审批程序重新申请参加勤工助学活动。

第十四条　对用工单位违反《厦门大学学生勤工助学管理规定》和本办法的行为，学校将采取终止勤工助学、停发和追缴劳动报酬等措施，并追究相关领导和人员的责任。

第十五条　本办法自 2006 年 11 月 1 日起实施，由学生工作处负责解释。

——本文摘录自《关于印发〈厦门大学学生校内勤工助学管理办法〉的通知》，厦大学〔2006〕91 号，档号 2006-XZ11-3

厦门大学学生勤工助学管理规定

（2006 年 10 月 31 日）

为适应高等学校教育体制的改革，进一步加强对学生勤工助学活动的管理，有效地帮助经济上有困难的学生顺利完成学业，培养学生的工作能力和社会适应能力，全面提高学生的整体素质，根据原国家教委、财政部《关于进一步做好高等学校勤工助学工作意见的通知》(教财〔1993〕62 号)、《关于在普通高等学校建立勤工助学基金的通知》(教财〔1994〕35 号)和共青团中央、教育部《关于进一步做好大学生勤工助学工作的意见》(中青联发〔2005〕14 号)等有关文件的精神，结合我校实际情况，制定本规定。

第一条　勤工助学活动是指学有余力的学生利用课余时间通过自己的劳动，促进德、智、体、美等方面全面发展，增长才干，并取得一定的报酬，用以改善学习和生活条件的行为。学校提倡、支持并依法组织学生开展勤工助学活动，保护学生以诚实劳动和服务获得的收入。

第二条　勤工助学活动必须在遵守国家法规和学校规定、维护校园正常秩序、不影响学生正常学习的前提下有组织地进行。

第三条　学校要把组织学生勤工助学与家庭经济困难学生资助工作结合起来，要把开辟校内勤工助学岗位同校内人事制度改革和绩效管理结合起来。适于长期安排学生劳动的岗位，要在合理计算工作量的基础上，核定编制，安排学生参与辅助性的工作。

第四条　勤工助学有偿劳动应与学生干部的职务行为严格区分，不允许学生干部的职务行为以勤工助学的方式获得报酬；应与学生社团、学生文艺团体、体育团体等正常活动和训练区别开来，此类活动不纳入勤工助学岗位范畴。

第五条　厦门大学学生资助工作领导小组统一领导全校学生勤工助学工作，学生工作处为秘书单位，负责组织协调与监督工作，不同类型的勤工助学活动按工作有利原则，由不同职能部门负责组织实施。

第六条　在校学生资助工作领导小组的领导下，各类勤工助学活动的组织单位，分别负责设置校内勤工助学岗位或接受校外用人单位或个人提出的设立勤工助学岗位的请求，管理本校学生校内外勤工助学活动，为学生和用人单位提供服务，维护学校、学生、用人单位或个人在勤工助学活动中的合法权益。

第七条　勤工助学类型一般分为校内学生勤工助学和校外学生勤工助学，校内勤工助学岗位可以分为参加校内的助教、助研、助管，实验室岗位的劳动和校办产业的生产活动、后勤服务及各项公益劳动等。

第八条　学校设立勤工助学基金，专门用于支付校内学生勤工助学活动的报酬；校外勤工助学活动报酬由用人单位或用工个人支付；参加校内经营性单位勤工助学活动学生的报酬由用人单位支付 70%，校勤工助学基金支付 30%。

第九条　勤工助学基金应专项管理，集中使用，不得挤占和挪用，不得平均发放。勤工助学基金的使用由学生工作处负责审核、监督和管理。

第十条　勤工助学岗位的聘任，必须坚持适度聘用、协商一致的原则；勤工助学活动应当贯彻岗位公开、报酬公开、用工结果公开、接受监督的原则。

第十一条　勤工助学活动不得组织学生参加高空作业、严重污染、辐射等极易对人体造成伤害和危险的特殊行业和专业的劳动。

第十二条　参加勤工助学活动的学生，应以不影响学业为前提，做到“自尊、自重、自强”。学校对因参加勤工助学活动而影响专业学习或违反校规校纪或不履行工作协议的学生，有权调整或终止其参加勤工助学活动。问题严重的，取消其参加勤工助学活动的资格，并依照《厦门大学学生违纪处分规定》予以处理。

第十三条　参加勤工助学活动的学生有权拒绝用人单位或个人的协议外要求，保障自身合法权益，同时必须遵守国家法律、法规，遵守学校及用人单位的各项规章制度，认真履行协议规定的各项义务，维护学校和自身的声誉。

第十四条　对冒用厦门大学名义组织勤工助学活动，扰乱学校勤工助学活动秩序的用人单位或个人，学校给予制止，情节严重的，将依法追究其责任。

第十五条　本规定所述学生是指在本校正式注册并参加正常学习活动的专科生、本科生、硕士研究生和博士研究生。

第十六条　本规定由厦门大学学生工作处负责解释。

第十七条　本规定自 2006 年 11 月 1 日起实施。

——本文摘录自《关于印发〈厦门大学学生勤工助学管理规定〉的通知》，厦大学〔2006〕92 号，档号 2006-XZ11-3

厦门大学硕士、博士学位论文质量抽查评估办法

(2006年11月修订)

(2006年11月)

为保证和提高我校硕士、博士学位论文质量,确实把我校学位与研究生教育工作的重心转移到提高质量上来,经研究决定对我校硕士、博士论文质量进行抽查评估。

一、抽查评估范围

抽查评估的范围为上一年申请并通过答辩获得学位的硕士、博士学位论文。

二、评估论文抽取方式

评估送审的论文采取随机的方式进行抽取。

三、评估标准

以《中华人民共和国学位条例》及其暂行实施办法的规定为原则标准,同时以被评估论文体现的学位申请人的创新能力和知识结构为重心,采取积分的形式对学位论文的选题、综述及成果的创新性等方面进行综合评估(详见附件)。

四、抽评工作的组织与安排

1.随机抽取上一年已通过答辩的学位论文进行评审。

2.被抽查的论文,由所在系(所)向研究生院学位与学科建设办提供学位论文五份。

3.被抽查的学位论文由研究生院学位与学科建设办采取匿名方式寄送校外3至5名同行专家评审。

评审专家由学位评定分委员会提名,研究生院学位与学科建设办确定,名单严格保密(所选定的校外专家,不应与该论文答辩前的论文评阅人重复)。

五、抽评结果的处理

1.抽查评估的结果将由研究生院学位与学科建设办予以公布,并通报全校。

2.校外评审专家评价均为优秀的论文,经校学位评定委员会审议后,予以奖励。

3.被抽查的论文评审意见不合格超过半数者,为未通过。对论文抽查评审未通过者,将由校学位评定委员会根据评审结果,做出处理决定。

4.对抽查评估过程中发现论文有抄袭、剽窃、作假、雷同等问题者,交由校学位评定委员会处理,情节严重者将撤销其学位。

本办法由校学位评定委员会负责解释。

附:厦门大学硕士、博士学位论文质量评价表
(附件略——编者注)

——本文摘录自《厦门大学硕士、博士学位论文质量抽查评估办法》,(2006)厦大研字45号,档号2006-XZ28-5

厦门大学研究生指导教师职责

(2006年11月)

一、自觉贯彻国家的教育方针政策，积极参与研究生教育改革活动，熟悉并认真执行学校有关研究生培养的规章制度。

二、跟踪学术前沿，拓宽学术视野，不断提高学术水平，保持旺盛的学术创新热情。积极主动地争取国家和地方的重要科研项目，并不断获取新的科研成果。关心学科建设，承担学科建设任务。

三、增强科学道德意识和修养，自觉抵制学术腐败现象，坚持优良学风，并引导研究生养成高尚的学术道德和严谨的治学态度，形成良好的学术风气。

四、积极参加学校(院、系)组织的各项教学改革活动，勇于承担教学任务，并不断总结教学经验，努力在教学内容和教学方法的改革方面取得标志性成果。

五、关心研究生在德、智、体诸方面的全面发展，经常了解研究生的学习、思想和生活情况，做到教书育人。

六、树立质量意识，"严"字当头，严格督促研究生认真完成培养计划规定的各项学习任务，尤其是要抓好研究生个人培养计划的制订、中期分流、社会调研、学位论文选题和论文质量等主要培养环节。应定期听取研究生的阶段性学习或研究工作汇报并形成制度，及时发现和解决培养工作中的问题。

七、关心本学科学位与研究生教育工作的发展，支持并参与指导院、系组织的研究学术活动(如集体开题报告、研究生阶段性科研报告会等)，参与本学科研究生培养方案的制订等与研究生培养教育有关的工作。

八、主动与研究生管理部门沟通，及时反映研究生培养工作的情况。

——本文摘录自《厦门大学研究生指导教师职责》，厦大研字〔2006〕047号，档号2006-XZ28-5

厦门大学提前攻博研究生选拔工作试行办法

（2006 年 11 月 20 日）

为了激励在校硕士研究生，增加优秀博士研究生生源，提高博士研究生培养质量，根据教育部相关文件精神，结合我校实际情况，特制定本办法。

一、基本原则

1.各研究生培养单位（学院或研究院，下同）应该根据学科特点和研究生培养情况，决定是否进行提前攻博研究生选拔工作。

2.为保证提前攻博选拔工作公平、公正、公开，拟进行提前攻博研究生选拔工作的培养单位应制定实施细则，内容应该包括选拔标准与程序、考核内容、方式与要求等。实施细则向研究生公布，并报研究生院备案。

3.对提前攻博研究生的选拔人数，各培养单位应严格把关，宁缺毋滥。原则上提前攻博与硕博连读的研究生总数不超过本学科当年博士研究生招生计划的 50%。

4.获得提前攻博资格的研究生必须与通过博士生入学初试的考生及硕博连读研究生一起参加博士入学复试。各培养单位根据所有考生复试成绩排序，确定拟录取的博士生名单。

二、选拔条件

1.提前攻博的选拔对象为接受学历教育的二年级硕士研究生。选拔条件为课程成绩优良、具有科学研究培养潜质（各培养单位应在选拔工作实施细则中制定具体标准）；委培生和定向生必须提供原单位同意其进入博士研究生阶段学习的有效证明。

2.拟招生的博士生导师必须是已经列入当年博士研究生招生专业目录的博士研究生指导教师。

三、选拔程序

1.在第二学年第一学期，申请提前攻博的研究生须填写《提前攻博研究生资格申请书》中的有关个人基本信息，经本专业两名专家（其中一名为拟招生的博士研究生指导教师）推荐，提交培养单位进行考核。

2.各学院由主管领导和博士生导师组成考核小组，一般由 3～5 人组成。考核小组对申请人的思想品德、业务能力、科研潜能与综合素质进行考核。考核可以采取笔试与面试相结合的方式进行。

考核结果以专业知识、外语水平、综合素质分类量化，综合打分（以百分制评分，各部分比例由各学科自定）。综合考试成绩填入《提前攻博研究生资格申请书》。笔试试卷和面试录音要存档备查。

3.考核结束后，各培养单位将考核合格的研究生名单与相关材料报送研究生院。研究生院会同校招生办、校考试中心联合审核并确定提前攻博研究生资格的名单，并在研究生院主页公示一周。

4.公示结束后，研究生院正式公布名单。由各培养单位通知研究生本人在学校考试中心网站上报名，参加博士研究生入学复试。

四、学籍管理

1.申请提前攻博的研究生在正式录取为博士研究生前有权放弃提前攻博资格,继续完成硕士学历教育。

2.提前攻博研究生不做硕士论文,不发给硕士毕业证书。

3.已录取为博士研究生的提前攻博研究生在博士研究生学习阶段若中途放弃学业,按退学处理,不能转为硕士研究生。

本办法自公布之日起实施。

厦门大学研究生院

二○○六年十一月二十日

——本文摘录自《厦门大学提前攻博研究生选拔工作试行办法》,(2006)厦大研字 49 号,档号 2006-XZ28-5

厦门大学硕博连读研究生选拔工作试行办法

（2006年11月20日）

为了激励在校硕士研究生，增加优秀博士研究生生源，提高博士研究生培养质量，根据教育部相关文件精神，结合我校实际情况，特制定本办法。

一、基本原则

1.各研究生培养单位（学院或研究院，下同）应该根据学科特点和研究生培养情况，决定是否进行硕博连读研究生选拔工作。

2.拟进行硕博连读研究生选拔工作的培养单位必须制定招收硕博连读研究生的培养方案（应区别于普通博士研究生与硕士研究生的培养方案），内容应该包括学分（不少于42学分，其中公共外语与政治设置同普通硕士生，两门合8学分）、在校学习年限（5～8年）、学制（5～6年）、课程要求、培养环节要求、论文要求等。培养方案应对外公布，并报研究生院备案。

3.硕博连读研究生选拔分初选和资格认定两个步骤。

4.为保证硕博连读选拔工作公平、公正、公开，拟进行硕博连读研究生选拔工作的培养单位应制定实施细则，内容应该包括选拔标准与程序、考核内容、方式与要求等。实施细则向研究生公布，并报研究生院备案。

5.对硕博连读研究生的选拔人数，各培养单位应严格把关，宁缺毋滥。原则上硕博连读与提前攻博的研究生总数不超过本学科当年博士研究生招生计划的50％。

6.获得硕博连读资格的研究生必须与通过博士研究生入学初试的考生及提前攻博研究生一起参加博士入学复试。各培养单位根据所有考生复试成绩排序，确定拟录取的博士研究生名单。

二、选拔条件

1.硕博连读的选拔对象为接受学历教育的硕士研究生。选拔条件为课程成绩优良、具有科学研究培养潜质（各培养单位应在选拔工作实施细则中制定具体标准）；委培生和定向生必须提供原单位同意其进入博士研究生阶段学习的有效证明。

2.拟招生的博士生导师必须是已经列入当年博士研究生招生专业目录的博士研究生指导教师。

三、选拔程序

1.各培养单位在硕士研究生第一学年进行“硕博连读”研究生的初选工作。具体选拔时间、方式、程序、名额由学院根据学科研究生培养的具体情况自主制定，研究生院不统一组织。初选名单于第一学年结束前报研究生院备案。初选进入硕博连读计划的研究生执行硕博连读研究生培养方案。

2.在第二学年第一学期，已列入初选名单的研究生须填写《硕博连读研究生资格申请书》中的有关个人基本信息，经本专业两名专家（其中一名为拟招生的博士研究生指导教师）推荐，提交培养单位进行考核。

3.各学院由主管领导和博士生导师组成考核小组,一般由3～5人组成。考核小组对申请人的思想品德、业务能力、科研潜能与综合素质进行考核。考核可以采取笔试与面试相结合的方式进行。

考核结果以专业知识、外语水平、综合素质分类量化,综合打分(以百分制评分,各部分比例由各学科自定)。综合考试成绩填入《硕博连读研究生资格申请书》。笔试试卷和面试录音要存档备查。

4.考核结束后,各培养单位将考核合格的研究生名单与相关材料报送研究生院。研究生院会同校招生办、校考试中心联合审核并确定硕博连读研究生资格的名单,并在研究生院主页公示一周。

5.公示结束后,研究生院正式公布名单,由各培养单位通知研究生本人在校考试中心网站上报名,参加博士研究生入学复试。

四、学籍管理

1.申请硕博连读的研究生在正式录取为博士研究生前有权放弃硕博连读资格,改为完成硕士学历教育。所修课程与学分可记为同类普通硕士研究生的课程与学分。

2.硕博连读研究生学制为5～6年。前两年按硕士研究生进行学籍管理,享受硕士研究生待遇;录取为博士研究生后,从第三年开始转入按博士研究生进行学籍管理,享受博士研究生待遇。

3.硕博连读研究生不做硕士论文,不发给硕士毕业证书。

4.已录取为博士研究生的硕博连读研究生在博士研究生学习阶段若中途放弃学业,按退学处理,不能转为硕士研究生。

本办法自公布之日起实施。

厦门大学研究生院

二〇〇六年十一月二十日

——本文摘录自《厦门大学硕博连读研究生选拔工作试行办法》,(2006)厦大研字50号,档号2006-XZ28-5

厦门大学研究生科研成果奖评审办法

（2006年11月23日）

设立厦门大学研究生科研成果奖是为了激励我校研究生在科学研究、开拓创新等方面取得优异成绩，全面提高我校研究生的创新素质。本办法适用于研究生科研成果奖的评审，研究生科研成果奖的获得者应是我校研究生中品学兼优、业绩突出者。

一、研究生科研成果奖的申请者必备的基本条件

1. 厦门大学注册研究生。
2. 爱国爱校，品行端正，具有团队合作精神，且无违法违纪行为。
3. 科研成果突出，创新能力强。
4. 本校教职工在职攻读研究生者，纳入教师评奖体系，不参加研究生科研成果奖评选。

二、评分办法

申请评奖的所有科研成果，第一署名单位都必须是厦门大学。论文摘要、会议综述、活动报道、无正式CN号论文、未取得公开号的发明专利和未授权的实用新型专利等不得列入科研成果进行申报。申请二等奖及以上奖项者，应具有第一署名的高水平研究成果（人文与社科类一类核心以上论文、理工与管理类JCR 3区以上论文等），其中，特等奖及一等奖申请者，人文与社科类还应具有较高的科研成果分数，理工与管理类应有JCR 2区以上的论文、获得发明专利等。

1. 科研论文计分方法

(1)论文，包括评奖期间发表的各类科研论文（评奖期间一般指某个自然年度）。

(2)权重因子计算方法：

人文、社科类（不含管理科学与工程类）论文权重因子的数值为：SSCI收录的学术刊物每篇120，一类核心刊物每篇60，二类核心刊物每篇20。国内一类、二类核心学术刊物的认定参见厦门大学人事处《厦门大学核心学术刊物目录》及相关规定。

理工类（含管理科学与工程类）论文权重因子的数值为：依据“JCR期刊影响因子和分区情况”表（参见研究生院网站），在1区刊物发表论文的，每篇权重因子为160；在2区发表的，每篇为80；在3区发表的，每篇为40；在4区发表的，每篇为20。

在交叉学科或跨学科学术刊物上发表的论文，可以按照学术刊物的学科属性计分。

被SCI、EI、ISTP和A&HCI、ISSHP、JCR收录，但尚未列入JCR分区的学术论文，每篇权重因子为20。

未被上述刊物收录的一般论文权重因子为0，不得填入成果申报栏，但可填入备注栏或另加页。

(3)合作因子数值计算方法为：

按论文署名分摊记分，若导师在署名中排第一位，署名第二的研究生可视为第一作者；

由二人合作的，按6∶4分摊；

由三人以上合作的,按第一作者:其余作者总和=5:5分摊,其余作者分数均摊。

2. 论著计分方法

单部作品的本人完成量5万字以内不计分,5万字以上按下列分值计分:

(1)专著:每万字1分。

(2)编著:每万字0.8分。

(3)译著:每万字0.5分。

字数计算以版权说明为准,未说明的可以平均计算。

3. 发明专利,艺术、建筑作品,应用成果等计分方法

(1)发明专利每项40分,实用新型专利每项20分;专利以专利号为准,仅有公开号的发明专利可按20分计分;国际专利按照两倍于国内专利计分。

(2)艺术类公开发表作品,计分如下:艺术类获奖可参照学术类获奖计分;艺术作品在评奖委员会认定的国家级高水平艺术展览中展出的,每项15分;在核心刊物公开发表作品或在正省级以上正式参展的,每项7分;若同期刊物或同次展览有多个作品入选的,最高按单项的双倍计分;由省部级以上(含厅级)部门组织举办个人独唱、独奏作品音乐会(必须是在专业音乐厅个人演出45分钟以上),每项15分。

(3)建筑类公开发表作品,每项15分。可视为建筑类公开的作品包括:a. 参加正省级以上由建筑行业协会或主管部门主办的建筑类设计竞赛的获奖作品;b. 参与导师的工程项目设计并付诸实施,成果最终以图纸设计形式作为论文申报,图纸加盖出图章,参与设计的研究生经导师和学院签字确认后,成果可视为公开作品。

4. 其他成果计分方法

参加国家级研究生学术类竞赛获得一、二、三等奖,分别为30分、20分、10分。省部级研究生学术类竞赛获得一、二、三等奖,分别为20分、10分、5分。非竞赛类学术奖励,国家级10分,省部级5分。各类校内奖励和市级奖励均不计分。获团体奖励的,按论文分摊方式进行分摊,署名不分先后的可以均摊。

三、评选程序

1. 由学校发布评奖通知,其中包括各学院、研究院候选名额安排。

2. 研究生个人按规定时间向学院、研究院提交申请,不申请者不予评选,受理的申请者仅限于在研究生院学生系统完成科研成果填报的研究生。

3. 以学院为单位进行资格审查,核实申请者的基本资格和科研成果,按规定名额进行预评,面向本单位公示候选人。

4. 研究生院汇总,院务会进行评审,将所有评审结果公示5个工作日;受理并核查各类异议,无异议后上报学校批准并进行颁奖。

四、有关规定

1. 若导师为第一作者、研究生为第二作者,则研究生可按第一作者分摊成果,计分时应将导师计入作者总人数。

2. 省部级以上奖励以加盖国徽的公章为准,有特殊情况者报评奖委员会决定;对于国外奖励,有关单位提出评分意见,最终计分由评奖委员会决定。

五、本办法自2007年9月1日起执行，原有评奖办法同时废止。本办法由研究生院负责解释

厦门大学研究生院
二〇〇六年十一月二十三日

——本文摘录自《厦门大学研究生科研成果奖评审办法》，(2006)厦大研字54号，档号2006-XZ28-5

厦门大学研究生校级奖学金评审办法

(2006年11月24日)

校级奖学金是指由厦门大学奖学金评奖委员会组织评审的奖学金。设立厦门大学研究生校级奖学金是为了激励我校研究生在课程学习、科学研究、开拓创新等方面取得优异成绩,全面提高我校研究生的创新素质。本办法适用于校级奖学金中研究生奖学金的评审,研究生奖学金获得者应是我校研究生中品学兼优、业绩突出者。

一、校级奖学金申请者必备的基本条件

1. 厦门大学在校注册研究生,符合所申请奖学金条例的规定。本校教职工在职攻读研究生者,纳入教师评奖体系,不参加本奖评选。

2. 爱国爱校,品行端正,具有团队合作精神,无违法违纪行为。

3. 课程成绩优良,科研成果突出,创新能力显著,无不合格课程。

二、评分办法

总分由课程成绩分和科研成绩分两部分组成。申请嘉庚、本栋、亚南奖学金者,必须具有可视为第一署名的高水平科研成果(人文与社科类发表一类核心论文,理工与管理类发表JCR2区以上论文或获得发明专利等)。无任何科研成果的不参评研究生校级奖学金。

1. 课程成绩分(一、二年级申请者满分为40分,三年级申请者满分为30分)

计算公式为:

$$\text{课程成绩分}=\frac{\sum(\text{百分排位}\times\text{学分})}{\text{总学分}}\times P$$

其中百分排位是指研究生以课程班级为单位,在所修读课程班级中的成绩排名分。分值为100至0,所学课程班级第一名的百分排位为100,最后一名为0。该百分排位的分值在任课教师或研究生秘书把全班成绩输入研究生院的学籍管理系统后,由系统自动生成。二年级申请者课程成绩的P值为0.40、三年级申请者课程成绩的P值为0.30。课程班级人数为2~5人的,按第1名百分排位为90,其余依次按70、60、50、40计算。若课程班级仅有一人,按80计算百分位。

2. 科研成果分

申请评奖的所有科研成果,第一署名单位都必须是厦门大学。论文摘要、会议综述、活动报道、无正式CN号论文、未取得公开号的发明等不得列入科研成果进行申报。

(1)科研论文计分方法

①论文分数$=\sum$(权重因子×合作因子),包括评奖期间发表的各类科研论文。研究生校级奖学金的评奖期间为在厦门大学就读的硕士或博士期间。学制超过3年的各类研究生的评奖期间为最近3年。

②权重因子计算方法

人文、社科类(不含管理科学与工程类)论文权重因子的数值为:SSCI收录论文每篇120,一类核心刊物每篇60,二类核心刊物每篇20。一类、二类核心学术刊物的认定参见厦门大学人事处《厦门大学核心学术刊物目录》及相关规定。

理工类(含管理科学与工程类)论文权重因子的数值为:依据"JCR期刊影响因子和分区情况"表(参见研究生院网站),在1区刊物发表论文的,每篇权重因子为160;在2区发表的,每篇为80;在3区发表的,每篇为40;在4区发表的,每篇为20。

在交叉学科或跨学科学术刊物上发表的论文,可以按照所发表学术刊物的学科属性计分。若交叉学科刊物同时具有文理两种计分方式且出现差异的,按高分计算。

被SCI、EI、ISTP和A&HCI、ISSHP、JCR收录,但尚未列入JCR分区的学术论文,每篇权重因子为20分。

未被上述刊物收录的一般论文权重因子为0,不得填入成果申报栏,但可填入备注栏或另加页。

③合作因子数值计算方法

按论文署名分摊记分,若导师在署名中排第一位,则署名第二的研究生可视为第一作者;

二人合作的,按6∶4分摊;

三人以上合作的,按第一作者∶其余作者总和=5∶5分摊,第一作者以外的其余作者分数均摊。

(2)论著计分方法

单部作品的本人完成量5万字以内不计分,5万字以上按下列分值计分:

①专著:每万字1分。

②编著:每万字0.8分。

③译著:每万字0.5分。

字数计算以版权说明为准,未说明的可以平均计算。

(3)发明专利,艺术、建筑作品,应用成果等计分方法

①发明专利每项40分,实用新型专利每项20分;发明专利以专利号为准,仅有公开号的发明专利可按20分计分;国际专利按照两倍于国内专利计分。

②艺术作品在评奖委员会认定的国家级高水平艺术展览中展出的,每项15分。在核心刊物公开发表作品或在正省级以上正式参展的,每项7分。若同期刊物或同次展览有多个作品入选的,最高按单项的双倍计分。由省部级以上部门组织举办个人独唱、独奏作品音乐会(必须是在专业音乐厅个人演出45分钟以上),每项15分。

③建筑类公开发表作品,每项15分。建筑类公开发表作品包括:a.参加正省级以上由建筑行业协会或主管部门主办的建筑类设计竞赛的获奖作品;b.参与导师的工程项目设计并付诸实施,成果最终以图纸设计形式作为论文申报,图纸加盖出图章,参与设计的研究生经导师和学院导师签字确认后,成果可视为公开作品。

④其他应用成果可参照计分,具体分数由研究生院提出意见。

若成果是合作完成的,按论文分摊方式进行分摊。

(4)其他成果计分方法

参加国家级研究生学术类竞赛获得一、二、三等奖,分别为30分、20分、10分。省部级研究生学术类竞赛获得一、二、三等奖,分别为20分、10分、5分。非竞赛类奖励,国家级10分,省部级5分。各类校内奖励和市级奖励均不计分。获团体奖励的,按论文分摊方式进行分摊,署名不分先后的可以均摊。

三、评选程序

1. 由学校发布评奖通知,包括各学院、研究院候选名额安排。
2. 研究生个人按规定时间向学院、研究院提交申请,逾期不申请者不参与评选。

3. 以学院为单位进行资格预审,按规定名额进行预评,面向本单位公示候选人及其详细分数(不能确定的分数应予注明)。

4. 研究生院汇总,院务会初评、调整,报学校奖学金评奖委员会秘书组进行资格复审。

5. 学校奖学金评奖委员会评审,将所有评审结果公示5个工作日,无异议后由学校组织颁奖。

四、有关规定

1. 导师为第一作者、研究生为第二作者,则研究生可按第一作者分摊成果,计分时应将导师计入作者总人数。

2. 省部级以上奖励以加盖国徽的公章为准,有特殊情况者报校学生评奖委员会决定;对于国外奖励,有关单位提出评分意见,最终计分由评奖委员会决定。

3. 获校级奖学金未满一年的,不得参评同级别校级奖学金;获校级奖学金后又有突出成果者,可以申报高一级别校级奖学金。

五、本办法自2007年9月1日起执行,原有评奖办法同时废止。本办法由研究生院负责解释

——本文摘录自《关于印发〈厦门大学研究生校级奖学金评审办法〉的通知》,厦大研〔2006〕40号,档号2006-XZ28-3

·管理与服务工作·

厦门大学核心学术刊物目录(2006年版)

(2006年5月15日)

一、文科核心学术刊物

(一)文科一类核心学术刊物

1.以下刊物为文科一类核心学术刊物(共93种):

序号	刊物名称	序号	刊物名称
1	*CHINA DAILY*(理论版学术类)	13	高等教育研究
2	北京大学学报(哲社版)	14	高校理论战线
3	北京师范大学学报(人文社科版)	15	古汉语研究
4	北京体育大学学报	16	管理科学学报
5	比较教育研究	17	管理世界
6	财政研究	18	光明日报(理论版学术类)
7	当代外国文学	19	国际金融研究
8	当代亚太	20	国际贸易问题
9	读书(学术类)	21	国际问题研究
10	法律科学	22	国外社会科学
11	法学研究	23	吉林大学社会科学学报
12	复旦学报(社科版)	24	教育研究

续表

序号	刊物名称	序号	刊物名称
25	教育与经济	55	体育科学
26	金融研究	56	统计研究
27	近代史研究	57	投资研究
28	经济管理	58	外国文学评论
29	经济学动态(学术类)	59	外国语
30	经济学家	60	外语教学与研究
31	经济研究	61	文史哲
32	考古	62	文学评论
33	会计研究	63	文学遗产
34	历史研究	64	文艺研究
35	马克思主义与现实	65	厦门大学学报(哲社版)
36	民族研究	66	现代法学
37	南京大学学报(哲学、人文、社科版)	67	心理科学
38	南开管理评论	68	心理学报
39	南开学报(哲社版)	69	新华文摘(全文转载)
40	农业经济问题	70	新美术
41	求是	71	新闻大学
42	人口研究	72	新闻与传播研究
43	人类学学报	73	戏剧
44	人民日报(理论版学术类)	74	学术月刊
45	社会学研究	75	音乐研究
46	审计研究	76	哲学动态(学术类)
47	史学理论研究	77	哲学研究
48	世界经济	78	政法论坛
49	世界历史	79	政治学研究
50	世界民族	80	中共党史研究
51	世界宗教研究	81	中国法学
52	数量经济技术经济研究	82	中国工业经济
53	税务研究	83	中国广播电视学刊(理论栏学术类)
54	台湾研究	84	中国经济史研究

续表

序号	刊物名称	序号	刊物名称
85	中国军事科学	90	中国音乐学
86	中国人民大学学报	91	中国语文
87	中国社会科学	92	中国哲学史
88	中国史研究	93	自然辩证法通讯
89	中国行政管理(理论栏学术类)		

2.被 SSCI(《社会科学引文索引》)、A&HCI(《艺术与人文科学引文索引》)、ISSHP(《社会科学及人文科学会议录索引》)和 SCI(《科学引文索引》)、EI(《工程索引》)、ISTP(《科学技术会议录索引》)收录的学术论文,亦为文科一类核心学术刊物论文。

(二)文科二类核心学术刊物

1.未被收进一类核心学术刊物的 CSSCI(《中文社会科学引文索引》)期刊均为文科二类核心学术刊物(共 405 种)。列表如下:

(表略——编者注)

2.增列以下刊物为文科二类核心学术刊物(共 4 种):

序号	刊物名称	序号	刊物名称
406	美术研究	408	现代广告
407	外语与外语教学	409	装饰

二、理工科核心学术刊物

(一)理工科一类核心学术刊物

1.被 SCI、EI、ISTP 和 SSCI、A&HCI、ISSHP 收录的学术论文,均为理工科一类核心学术刊物论文。

2.增列以下刊物为建筑学和医学学科一类核心学术刊物(共 15 种。其他学科为二类核心学术刊物):

序号	刊物名称	序号	刊物名称
1	城市规划	9	中国中西医结合杂志
2	建筑学报	10	中国中药杂志
3	解剖学报	11	中华病理学杂志
4	细胞生物学杂志	12	中华微生物学和免疫学杂志
5	新建筑	13	中华预防医学杂志
6	药学学报	14	中华医学杂志
7	中国园林	15	中医杂志
8	中国针灸		

(二)理工科二类核心学术刊物

1.未被收进一类核心学术刊物的CSCD(《中国科学引文数据库》)中文核心库期刊均为理工科二类核心学术刊物(共606种)。列表如下:

(表略——编者注)

2.增列以下刊物为理工科二类核心学术刊物(共11种):

序号	刊物名称	起算时间	序号	刊物名称	起算时间
607	城市建筑		613	中国医药学报	
608	规划师		614	中国中医骨伤科	
609	建筑环境		615	中国中医基础学杂志	
610	建筑师		616	中外建筑	
611	时代建筑		617	中药药理与临床	
612	数学研究				

3.增列CSCD(《中国科学引文数据库》)英文核心库期刊为理工科二类核心学术刊物(共40种):

(表略——编者注)

4.增刊以下2种刊物为工程实验技术人员二类核心学术刊物:

序号	刊物名称	序号	刊物名称
1	实验技术与管理	2	实验室研究与探索

——本文摘录自《关于印发〈厦门大学核心学术刊物目录(2006年版)〉、〈厦门大学已撤销的核心学术刊物目录〉和〈厦门大学关于核心学术刊物的若干规定〉的通知》,厦大人〔2006〕53号,档号2006-XZ10-2

厦门大学已撤销的核心学术刊物目录

（2006 年 5 月 15 日）

1.CSSCI 撤销刊物（共 31 种）：

序号	刊物名称	截止时间	序号	刊物名称	截止时间
CW1	长白学刊	2006.06.30	CW17	世界经济文汇	2007.06.30
CW2	百年潮	2007.06.30	CW18	书法研究	2007.06.30
CW3	城市环境与城市生态	2006.06.30	CW19	文学自由谈	2006.06.30
CW4	当代思潮	2007.06.30	CW20	文史知识（2005.01.01 起算）	2007.06.30
CW5	地理与地理信息科学	2007.06.30	CW21	新疆大学学报（社科版）	2006.06.30
CW6	东方文化（2005.01.01 起算）	2007.06.30	CW22	学前教育研究	2006.06.30
CW7	高等理科教育	2007.06.30	CW23	语文建设	2007.06.30
CW8	国际商务研究（上海贸易学院学报）	2006.06.30	CW24	战略与管理	2007.06.30
CW9	湖北大学学报（哲社版）	2006.06.30	CW25	中国道教	2006.06.30
CW10	环境科学动态（2005.01.01 起算）	2007.06.30	CW26	中国环境科学	2006.06.30
CW11	经济问题探索	2006.06.30	CW27	中国投资（原名：投资与建设）	2006.06.30
CW12	理论学刊	2006.06.30	CW28	中国信息导报（2005.01.01 起算）	2007.06.30
CW13	理论与改革	2006.06.30	CW29	中国资产评估	2007.06.30
CW14	林业经济	2006.06.30	CW30	自然科学史研究	2006.06.30
CW15	农村生态环境	2007.06.30	CW31	自然资源学报	2007.06.30
CW16	上海环境科学	2006.06.30			

2.CSCD 撤销刊物（共 28 种）：

序号	刊物名称	截止时间	序号	刊物名称	截止时间
CL1	安徽农业大学学报	2006.06.30	CL5	大连水产学院学报	2006.06.30
CL2	白求恩医科大学学报	2006.06.30	CL6	电子科学学刊	2006.06.30
CL3	北京医科大学学报	2006.06.30	CL7	华西医科大学学报	2007.06.30
CL4	长春科技大学学报	2006.06.30	CL8	华中理工大学学报	2006.06.30

续表

序号	刊物名称	截止时间	序号	刊物名称	截止时间
CL9	江苏农业研究	2006.06.30	CL19	卫生毒理学杂志	2006.06.30
CL10	金属热处理学报	2006.06.30	CL20	武汉测绘科技大学学报	2006.06.30
CL11	南京气象学院学报	2006.06.30	CL21	西北农业大学学报	2006.06.30
CL12	农业环境保护	2006.06.30	CL22	西南师范大学学报	2006.06.30
CL13	农业环境科学学报	2007.06.30	CL23	植物生理学报	2006.06.30
CL14	上海医科大学学报	2006.06.30	CL24	中国纺织大学学报	2006.06.30
CL15	生态农业研究	2006.06.30	CL25	中国公共卫生学报	2006.06.30
CL16	生物工程进展	2006.06.30	CL26	中国药理学报	2006.06.30
CL17	天体物理学报	2006.06.30	CL27	紫金山天文台台刊	2006.06.30
CL18	同济医科大学学报	2006.06.30	CL28	城市规划汇刊(原一类核心)	2006.06.30

3.已撤销的理工科核心学术刊物(共2种):

序号	刊物名称	截止时间	序号	刊物名称	截止时间
CL29	哈尔滨建筑大学学报(原一类核心)	2006.06.30	CL30	重庆建筑大学学报(原二类核心)	2006.6.30

——本文摘录自《关于印发〈厦门大学核心学术刊物目录(2006年版)〉、〈厦门大学已撤销的核心学术刊物目录〉和〈厦门大学关于核心学术刊物的若干规定〉的通知》,厦大人〔2006〕53号,档号2006-XZ10-2

厦门大学关于核心学术刊物的若干规定

（2006年5月15日）

1.《厦门大学教师职务聘任条例（试行）》所规定的“本学科核心刊物”，既指《厦门大学核心学术刊物目录》所列的本学科领域的核心学术刊物，也指《厦门大学核心学术刊物目录》所列的与本学科有关的跨学科或交叉学科的核心学术刊物。

2.高聘教师职务（在任现职务期间或最近5年内），在我校主办的一类核心学术刊物上发表的学术论文，最多只能计算1篇为一类核心学术刊物发表的学术论文，其余只能作为二类核心学术刊物发表的学术论文计算。

3.《厦门大学教师职务聘任条例（试行）》第十五条第4款和第十七条第4款所规定的高聘教授或副教授职务须“至少有1篇本人独立完成或以第一作者（且同时作为通讯作者）署名的发表在一类核心刊物上的学术论文”，均要求为在校外一类核心刊物上发表的学术论文。

4.高聘教授职务要求的学术论文至少应有二分之一发表在校外核心学术刊物上；高聘副教授职务要求的学术论文至少应有三分之一发表在校外核心学术刊物上。理工科教师高聘教授职务应至少有1篇学术论文发表在国外发行的外文刊物上。

5.文科在《人民日报》（理论版）、《光明日报》（理论版）、*CHINA DAILY*（理论版）上发表的学术论文（非学术性论文不计为一类核心刊物论文）要求不低于2500字，在其他刊物上发表的及被《新华文摘》转载的学术论文要求不低于4000字。

6.文科在国外学术刊物上用外文发表的学术论文（被接受为学术类论文刊载或3000个单词以上的学术论文），若该刊物经（1）校外本学科学术权威2人认可、（2）学院（单位）学术委员会表决通过、（3）学校聘委会最后审定已达到国内一类或二类核心学术刊物水准的，可相应视同在一类或二类核心学术刊物上发表的学术论文。理工科在国外学术刊物上用外文发表的学术论文，若该刊物经过上述三个程序认定已达到国内二类核心学术刊物水准的，可相应视同在二类核心学术刊物上发表的学术论文。台港澳地区学术刊物的认定参照国外学术刊物的认定办法执行。

7.在被撤销的原我校权威和核心学术刊物上发表的学术论文有效期截至2005年6月30日。凡在此日期之前在这些刊物上发表或提交正式录用通知的学术论文，仍相应视同在一类或二类核心学术刊物上发表的论文，但作为考核和应聘条件时，须提交正式出版物。

8.列入《厦门大学核心学术刊物目录》的刊物将根据CSSCI和CSCD收录期刊的变动实行动态调整。凡新增加的刊物，所发学术论文的有效期均从我校公布当年的1月1日起算；凡被撤销的刊物，所发学术论文的有效期均截至下一年的6月30日。

9.本规定自公布之日起开始实行，学校原有的相关规定不再执行。

10.本规定由学校人事处负责解释。

——本文摘录自《关于印发〈厦门大学核心学术刊物目录（2006年版）〉、〈厦门大学已撤销的核心学术刊物目录〉和〈厦门大学关于核心学术刊物的若干规定〉的通知》，厦大人〔2006〕53号，档号2006-XZ10-2

厦门大学森林防火应急预案

(2006年5月17日)

根据国务院《森林防火条例》和福建省的有关规定,为切实贯彻落实“预防为主,积极消灭”的森林防火工作方针,有效地做到预防、扑救森林火灾,减少火灾损失,保护森林资源,现结合我校实际情况,制定本预案。

一、成立森林防火工作小组

森林防火工作小组由下列人员组成:

(名单略——编者)

工作小组在学校安全防火领导小组领导下,有组织、有计划地开展防火安全工作。小组联动机构为厦门市森林防火办公室、厦门市消防大队、厦门市护林大队。

二、建立信息上报、定期检查制度

1.后勤集团应每日将巡山情况报告资产与后勤事务管理处。

2.每年春季专门安排人员检查后勤集团山林防火设备、人员巡查情况、防火带清理情况。

3.按时检查后勤集团是否定期组织防火组成员进行森林防火、火灾扑救等培训工作。

三、火灾处理程序

1.分级响应,层层报告。接到森林火灾报告后,要及时采取边报告、边排险的有效措施,及时向119、110报警,并层层上报。

2.快速反应,及时有效。防火工作小组领导接到火灾报告后,应迅速组织防火工作小组成员及防火队员上山扑救,做到“打早、打小、打了”。

3.制定灭火方案。防火工作小组领导要亲临现场指挥,及时掌握火险火情状况,依据火情制定切实可行的灭火方案,配合厦门市消防大队、厦门市市护林大队做好人员疏散、火灾扑救等工作。

4.清理火场及撤离。明火扑灭后,应组织人员扑灭余火,以彻底消除隐患,防止死灰复燃。

5.认真总结分析。火灾扑灭后,应组织人员分析火灾发生原因、人员伤亡情况、经济损失情况等,提出处理意见上报领导。

——本文摘录自《关于印发〈厦门大学森林防火应急预案〉的通知》,厦大综〔2006〕40号,档号2006-XZ09-2

厦门大学教学科研重要岗位聘任条例(试行)

(2006年6月12日)

第一条　实行教学科研重要岗位聘任是我校为建设一支高水平的学科与学术带头人和教学科研骨干队伍,进一步深化教师职务聘任制度改革,建立健全竞争和激励机制,充分调动教师的积极性和创造性,推进高层次创造性人才队伍建设和学科建设,提高创新能力和教学科研水平,提升我校核心竞争力,加快实现建设世界知名的高水平研究型大学的发展目标的一项重要举措。

第二条　厦门大学教学科研重要岗位(以下简称重要岗位)受聘对象为在厦门大学专职从事教学科研工作的具有教授或副教授职务并符合相应重要岗位聘任条件的全职在编教师。实行年薪制的全职在编教师或受聘特聘教授岗位的教师,不再申请应聘重要岗位。

第三条　重要岗位设为三级,即一级岗位、二级岗位和三级岗位。

第四条　学校每年进行一次重要岗位的聘任工作。重要岗位的聘任期限每期为3年。

第五条　受聘重要岗位人员除享受学校按国家规定提供的工资及其他有关福利待遇外,同时享受厦门大学重要岗位津贴。重要岗位津贴标准按学校的有关文件规定执行。

第六条　受聘重要岗位人员须热爱社会主义祖国,遵纪守法,具有良好的职业道德和学术道德,有强烈的事业心和团队精神。

第七条　一级岗位聘任条件:

1.须为一级学科学术带头人,且符合以下基本条件:

(1)担任教授职务;

(2)承担教学工作,领导本学科学科建设和教学改革工作;

(3)担任博士生指导教师;

(4)近3年主持过国家级课题或省部级重点以上课题,在教学、科研工作中取得突出成果;

(5)上一年度考核结果为合格及以上等次,且上一聘期若已受聘重要岗位,考核结果须为合格。

2.还须符合以下条件之一:

(1)国家重点学科主要学术带头人[二级学科1人,必须为该学科或研究方向第一带头人;一级学科3~5人,必须为该学科研究方向第一带头人,若第一带头人已退休,可为第二带头人(均以申报该重点学科的申请表为准,下同)]。

(2)国家重点实验室、国家工程技术研究中心、国家工程研究中心或国家工程实验室主任。

(3)"985工程"科技创新平台和哲学社会科学创新基地主任。

(4)教育部全国人文社会科学重点研究基地主任。

(5)国家自然科学基金委员会"创新研究群体"学术带头人(1人,团队负责人)。

(6)国务院学位委员会学科评议组成员。

(7)近5年入选的国家级"百千万人才工程"人选。

(8)近5年获得国家杰出青年科学基金。

(9)国家"973"在研项目首席科学家。

(10)思想政治理论课首席教授。

(11)主持在研国家级重大科研项目(理工科)或国家级重点以上科研项目(文科)(符合本项条件的,

本条第1款第4项所要求的课题可免除)。

(12)主持在研科研项目,理工科单项课题立项经费400万元以上,且若为横向课题到校经费须200万元以上;文科单项课题立项经费80万元以上,且若为横向课题到校经费须40万元以上;或近3年到校累计经费理工科500万元以上、文科100万元以上(符合本项条件的,本条第1款第4项所要求的课题可免除)。

(13)近3年主持过科研课题,且已实现100万元的技术转让或产业化效益(以上缴学校的数额为准。符合本项条件的,本条第1款第4项所要求的课题可免除)。

(14)近3年,理工科在*Science*(《科学》)或*Nature*(《自然》)上发表过原创性学术论文(理工科论文均限通讯作者署名,下同),或在本学科(按JCR体系的学科分类)国际学术刊物排行榜(最新JCR体系)前5%的顶尖期刊上发表3篇以上学术论文,或在本学科(按JCR体系的学科分类)国际学术刊物排行榜(最新JCR体系)前5%的顶尖期刊上发表1篇以上学术论文且获得4项以上国家(国防)发明专利授权(发明专利均限第一发明人,下同);文科在本学科国际一流学术刊物上发表3篇以上学术论文(文科论文均限独立撰写或第一作者署名,但若有通讯作者的,只限通讯作者署名的论文,下同),或在国内一类核心学术刊物上发表6篇以上(列为一类核心学术刊物的本校刊物论文最多只能计算1篇,下同)学术论文且其中至少有1篇发表在《中国社会科学》上。

(15)近3年获得国家级科研成果二等奖以上奖励(二等奖限第1名,一等奖限前2名。凡奖项均为政府奖,下同)。

(16)近3年获得国家级教学成果奖一等奖以上奖励(限前2名)。

(17)近5年获得国家教学名师奖。

(18)近3年指导的博士学位论文获得全国优秀博士论文(限第一导师)。

第八条　二级岗位聘任条件:

1.须为二级学科学术带头人,且符合以下基本条件:

(1)担任教授职务。

(2)承担教学工作,领导本学科学科建设和教学改革工作。

(3)担任博士生指导教师。

(4)近3年主持过国家级课题或省部级重点以上课题,教学、科研取得突出成果。

(5)上一年度考核结果为合格及以上等次,且上一聘期若已受聘重要岗位,考核结果须为合格。

2.还须符合以下条件之一:

(1)国家重点学科学术带头人(二级学科1人,必须为该学科研究方向第一带头人;一级学科3～5人,必须为该学科研究方向第一带头人,若第一带头人已退休,可为第二带头人)。

(2)教育部重点实验室、教育部工程技术研究中心主任。

(3)一级学科博士学位授权点学科带头人[1人,必须为该学科第一研究方向第一带头人(以申报该博士学位授权点的申请表为准,若第一方向第一带头人已退休,可为第二方向第一带头人,依此类推)]。

(4)近5年入选的教育部"创新团队"负责人。

(5)近5年入选的中国科学院"百人计划"人选。

(6)近5年入选的教育部"跨世纪优秀人才培养计划"人选。

(7)主持在研国家级重点科研项目(符合本项条件的,本条第1款第4项所要求的课题可免除),或作为主要合作者参与在研国家级重大科研课题的研究(限前3名)。

(8)主持在研科研项目,理工科单项课题立项经费300万元以上且若为横向课题到校经费须150万元以上,文科单项课题立项经费60万元以上且若为横向课题到校经费须30万元以上,或近3年到校累计经费理工科400万元以上、文科80万元以上(符合本项条件的,本条第1款第4项所要求的课题可免除)。

(9)近3年主持过科研课题,且已实现80万元以上的技术转让或产业化效益(以上缴学校的数额为准。符合本项条件的，本条第1款第4项所要求的课题可免除)。

(10)近3年主持过教育部重大教改课题，并获省部级优秀成果一等奖以上奖励(省部级限第1名，国家级限前3名)。

(11)近3年，理工科在本学科(按JCR体系的学科分类)国际学术刊物排行榜(最新JCR体系)前15%名的学术期刊上发表3篇以上学术论文，或获得4项以上国家(防)发明专利授权；文科在本学科国际一流学术刊物上发表2篇以上学术论文，或在一类核心学术刊物上发表5篇以上学术论文。

(12)近3年获得国家级科研成果二等奖以上奖励(限前2名)或国家级教学成果二等奖(限前2名)。

(13)近3年获得省部级优秀成果一等奖以上奖励(省部级限第1名，国家级限前3名)，且现仍主持国家级在研课题。

(14)近3年入选的国家级精品课程负责人(限第一负责人)。

第九条　三级岗位聘任条件：

1.须为本学科主要教学科研骨干，且符合以下基本条件：

(1)原则上应担任教授职务；

(2)承担教学工作和本学科学科建设与教学改革工作；

(3)担任博士生指导教师或硕士生指导教师；

(4)近3年承担过省部级以上课题(限前3名)研究工作，教学、科研取得明显成果；

(5)上一年度考核结果为合格及以上等次，且上一聘期若已受聘重要岗位，考核结果须为合格。

2.担任教授职务人员，除须符合基本条件外，还须符合以下条件之一：

(1)国家重点学科学术带头人(二级学科1人，必须为该学科研究方向第一带头人；一级学科3～5人，必须为该学科研究方向第一带头人，若第一带头人已退休，可为第二带头人)。

(2)国家人才培养基地负责人(1人)。

(3)国家实验教学示范中心主任。

(4)国家重点实验室、国家工程技术研究中心、国家工程研究中心、国家工程实验室副主任。

(5)教育部全国人文社会科学重点研究基地副主任。

(6)教育部重点实验室副主任。

(7)“985工程”科技创新平台和哲学社会科学创新基地副主任。

(8)一级学科博士学位授权点研究方向学术带头人[2～4人，必须为该学科研究方向第一带头人(以申报该博士学位授权点的申请表为准，若研究方向第一带头人已退休，可为该研究方向第二带头人)]。

(9)福建省重点学科学术带头人(1人，负责人，以申报该重点学科的申请表为准)。

(10)福建省高校人文社会科学研究基地、福建省重点实验室、福建省工程技术研究中心或福建省工程实验室主任。

(11)近3年入选的教育部“新世纪优秀人才培养计划”人选。

(12)近3年入选的福建省“百千万人才工程”人选。

(13)主持省部级重点以上在研科研课题，或作为第一合作者参与在研省部级重大科研项目或国家级科研课题的研究，且学术成果突出。

(14)主持在研科研项目，理工科单项课题立项经费150万元以上且若为横向课题到校经费须75万元以上，文科单项课题立项经费40万元以上且若为横向课题到校经费须20万元以上，或近3年到校累计经费理工科300万元以上、文科60万元以上(符合本项条件的，本条第1款第4项所要求的课题可免除)。

(15)近3年主持过科研课题，且已实现50万元以上的技术转让或产业化效益(以上缴学校的数额为准。符合本项条件的，本条第1款第4项所要求的课题可免除)。

(16)近3年主持过省部级重点教改课题，并获省部级优秀成果三等奖以上奖励(省部级三等奖限第1名，二等奖以上限前2名；国家级限前4名)或在一类核心学术刊物发表学术论文2篇以上(列为一类核心学术刊物的本校刊物论文最多只能计算1篇)。

(17)近3年,理工科在本学科(按JCR体系的学科分类)国际学术刊物排行榜(最新JCR体系)前30%名的期刊上发表3篇以上学术论文,或获得3项以上国家(防)发明专利授权;文科在本学科国际一流学术刊物上发表1篇以上学术论文,或在一类核心学术期刊上发表4篇以上学术论文。

(18)近3年,获得省部级优秀成果一等奖以上奖励(限第1名)或省部级教学成果特等奖(限前2名),或获得国家级优秀成果二等奖以上奖励(限前3名)。

(19)近3年获得省级教学名师奖。

(20)近3年指导博士学位论文获得国家优秀博士学位论文提名奖(限第一导师)。

(21)近3年入选的省级精品课程负责人(限第一负责人)。

(22)非外语专业教师近3年内每学年均用纯外文讲授1门本科生学科基本课程或研究生学位课程且教学效果优秀,同时在本聘期内每年将继续承担同一课程或同类课程的教学任务。

3.担任副教授职务人员,除须符合基本条件外,还须符合以下条件:教学、科研成果特别突出,主持国家级重点以上在研课题,或主持重要横向在研课题(到校经费理工科60万元以上,文科20万元以上),或近3年获得省部级科研成果一等奖以上奖励(限第1名)。

4.担任教授或副教授职务,除须符合基本条件外,且为思想政治理论课程主要教学骨干(限国家确定的4门思想政治理论课程,每门课程2人)或为近3年入选的国家级精品课程负责人或主要教学骨干(1人)。

第十条　近3年来对学校事业的发展做出过重大或重要贡献的教师(一般应具有高级教师职务),可由学校专业技术职务聘任委员会(以下简称学校聘委会)提名和研究,通过表决者可聘以相应的重要岗位。

第十一条　为理顺聘任关系,保障担任管理职务且承担主要领导责任的教师认真履行管理职责,担任教授职务,同时兼任学院(研究院)院长、直属教学部主任、学院党委书记和机关部处正职领导职务(含由校级领导担任正职领导职务的部门副职)的教师(除受聘教学科研一级或二级重要岗位外),不再纳入教学科研系列的重要岗位进行聘任,转按管理系列相应岗位予以聘任,其岗位津贴标准参照校助四级岗位津贴标准执行。

第十二条　重要岗位聘任程序:

1.学校公布聘任通知,应聘者向所在学院(研究院、直属教学部)报名,并填写《厦门大学教学科研重要岗位应聘申请审批表》,同时提供相应的证明材料。

2.学院(研究院、直属教学部)聘任委员会[以下简称学院(单位)聘委会]对应聘人员的应聘申请进行审核,对符合聘任条件的应聘申请开会进行研究和表决(凡有岗位数规定的均须按岗位数表决)。学院(单位)聘委会必须有三分之二以上成员出席方可开会,应聘人员获得到会成员的三分之二以上同意票方为通过。学院(单位)聘委会表决通过的推荐拟聘人选名单及其申报材料须在本单位进行公示,公示期为一周。

3.学校聘委会对各学院(单位)聘委会推荐的拟聘人选开会进行研究,并以投票表决的方式决定各级重要岗位聘任人选。学校聘委会必须有三分之二以上成员出席方可开会,应聘人员获得到会成员的三分之二以上同意票方为通过。学校聘委会表决通过的聘任人员名单及其申报材料以一定方式进行公示。

4.学校公布重要岗位受聘人员名单。

5.校长或其委托人及受聘人员所在学院(研究院、直属教学部)院长(主任)与重要岗位受聘人员签订重要岗位聘约。

第十三条　应聘人员在应聘过程中有下列情形之一的,学校取消其应聘重要岗位的资格;如已受聘,由学校解除其重要岗位的聘任,停发并追回已发放的重要岗位津贴;同时,3年内不得申报重要岗位:

1.谎报、剽窃他人的教学成果、科学技术研究成果,或谎报重要岗位聘任的其他条件;

2.伪造相关证明材料;

3.有其他严重的违纪、违法行为。

第十四条　学校和学院(单位)聘委会根据岗位聘约对重要岗位受聘人员履行聘约情况进行考核。考核分为年度考核和聘期考核。年度考核由学院(单位)聘委会组织,结合到教师年度考核中进行,考核结果报人事处备案。聘期考核由人事处组织,学院(单位)聘委会具体实施,考核结果报学校聘委会审批。聘期考核结果分为合格和不合格两个等次。

年度考核和聘期考核的结果作为岗位聘任和岗位津贴发放的依据。年度考核结果为合格以上等次的,下一年度可按所聘岗位享受相应岗位津贴;年度考核结果为基本合格的,按当年度所聘重要岗位相应津贴的30%扣发下一年度的岗位津贴;年度考核不合格的,解除重要岗位的聘任,并取消下一年度的岗位津贴,且1年内不得申请应聘重要岗位。聘期考核不合格的,取消下一年度的岗位津贴,且3年内不得申请应聘重要岗位。

第十五条　本条例中所称"以上",均含本数(级)。

第十六条　本条例自公布之日起试行,学校此前颁布的有关岗位聘任文件中有与本条例不符的,以本条例为准。

第十七条　本条例由学校人事处负责解释。

——本文摘录自《关于印发〈厦门大学教学科研重要岗位聘任条例(试行)〉的通知》,厦大人〔2006〕80号,档号2006-XZ10-4

厦门大学保密奖惩规定(试行)

(2006年7月10日)

第一条　为了加强保密工作,规范保密奖惩,根据《中华人民共和国保守国家秘密法实施办法》,结合我校实际,制定本规定。

第二条　保密奖惩是保密工作的一项重要内容,是加强保密管理和教育,强化涉密人员保密责任意识和法规意识的重要措施,也是维护国家秘密安全的重要手段。

第三条　凡有下列表现之一的集体或个人,学校依照有关规定给予表彰或奖励:

(一)在危急情况下,保护国家秘密安全的;

(二)对泄露或非法获取国家秘密的行为及时检举的;

(三)发现他人泄露或可能泄露国家秘密,立即采取补救措施,避免或减轻损害后果的;

(四)在涉及国家秘密的专项活动中,严守国家秘密,对维护国家的安全和利益做出重要贡献的;

(五)在从事国防科研工作中一贯严守国家秘密,表现突出,成绩显著的;

(六)长期经管国家秘密的专职人员和从事保密工作管理人员,一贯忠于职守,确保国家秘密安全,事迹突出的。

第四条　对在保密工作中做出突出贡献和成绩的集体或个人,学校每年进行一次表彰和奖励。保密表彰和奖励由各单位根据有关通知要求进行评选推荐,必要时,也可由学校保密办公室或保密委员会直接推荐。学校保密委员会负责组织评选审查工作,评审结果报送学校党委主管领导批准。

第五条　凡泄露国家秘密尚不够刑事处罚的,学校依照国家和上级有关规定,并根据被泄露事项的密级和行为的具体情节,给予有关责任人行政处分;有下列情节之一的,应从重给予行政处分:

(一)泄露国家秘密已造成损害后果的;

(二)以谋求私利为目的泄露国家秘密的;

(三)泄露国家秘密危害不大但次数较多或者数量较大的;

(四)利用职权强制他人违反保密规定而造成泄密的。

第六条　泄露国家秘密已经人民法院判处刑罚的以及依法免于起诉或者免于刑事处罚的,应当从重给予行政处分。

第七条　泄露秘密级国家秘密,情节轻微的,可以酌情免于或者从轻给予行政处分;泄露机密级国家秘密,情节轻微的,可以酌情从轻给予行政处分,也可以免于行政处分;泄露绝密级国家秘密,情节特别轻微的,酌情从轻给予行政处分。

第八条　本规定第六条中"情节轻微"是指初次过失泄露国家秘密且数量不大,事发后能及时报告和采取补救措施,未造成严重危害后果的。

第九条　对于在日常工作中产生的属于国家秘密的文件、资料、科研项目、成果及其他物品,有关人员未履行定密职责,未采取适当保密措施,致使国家秘密泄露的,应根据泄密事项所应确定的密级,依法追究有关人员泄密责任。

第十条　党政领导干部不履行或不适当履行领导保密工作职责,致使所在单位或者工作人员发生泄密事件,有关领导不能证明自己已经适当履行了保密工作职责的,应给予处分。

第十一条　对于泄露国家秘密需给予有关人员行政处分的,凡是干部的由监察审计处负责办理,其他教职员工由人事处负责办理。有关人员是党员的由纪委给予相应的党纪处分。

第十二条　本规定由学校保密委员会负责解释。

第十三条　本规定自发布之日起执行。

——本文摘录自《关于印发〈厦门大学保密奖惩规定(试行)〉的通知》,厦大综〔2006〕75 号,档号 2006-XZ09-4

厦门大学公房有偿使用管理办法

(2006年9月18日)

第一条　为加强学校公房管理,合理、有效地使用学校公房资源,实现资源优化配置,根据我校实际情况,特制定本办法。

第二条　本办法所称学校公房是指产权或使用权属厦门大学,由各学院及有关单位、研究院等教学科研机构(以下简称"各学院")使用的房屋及附属配套建筑和资产经营公司、后勤集团、医院等单位(以下简称"有关单位")使用的办公用房。

机关部处和其他直属单位等非教学科研机构使用学校公房的管理办法由学校另行制定。

第三条　学校公房使用应遵循"有偿使用,合理收费"的原则。各学院及有关单位使用学校公房应向学校缴纳房产资源使用费。

设在各学院内的校级教学公共平台应先按本办法规定的收费标准缴纳房产资源使用费,学校教务部门再根据该平台开放程度和开放量给予相应的资金补助。

第四条　各学院及有关单位按照其占有学校公房的建筑面积缴纳房产资源使用费,缴纳标准暂定为1元/月·平方米,每学年按12个月计算。该标准今后可视学校发展情况予以调整。

多个学院及有关单位共同使用一栋建筑物的,根据其实际使用面积与该栋建筑物使用面积的比例确定其占有学校公房的建筑面积。

第五条　房产资源使用费每学年结算一次,由财务处根据学校资产与后勤事务管理处(以下简称"资产后勤处")提供的数据统一从各学院及有关单位经费(除"985工程"、"211工程"专项经费外)扣缴。

第六条　资产后勤处是代表学校施行公房有偿使用的管理部门,履行下列职责:

1. 组织制定和执行公房管理的宏观政策以及宏观调控各学院及有关单位的公房总量;

2. 建立健全校、院二级学校公房使用管理档案,运用科学手段加强学校公房规范管理;

3. 测算各学院及有关单位房产资源使用费,经与各学院及有关单位核实后,及时向校财务处提供有关数据;

4. 检查、监督各学院及有关单位学校公房使用情况,制止各种不合理使用行为。

第七条　各学院及有关单位有权制定本单位的内部公房管理办法,对本单位占有的学校公房进行内部分配,做好本单位公房的日常检查、维护和报修等管理工作。各学院及有关单位制定的内部公房管理办法需向资产后勤处报备。

各学院及有关单位占有的学校公房仅限本单位工作使用,不得将学校公房出租或变相出租。

各学院及有关单位如需对其占有的学校公房进行内部改造或改变用途,需向资产后勤处提出书面申请,经资产后勤处审核并报有关校领导审批后方可执行。

第八条　学校对收取的房产资源使用费实行专项管理,优先用于改善学校教学科研用房条件。

第九条　本办法由资产后勤处负责解释。

第十条　本办法自2006年9月1日起施行。

——本文摘录自《关于印发〈厦门大学公房有偿使用管理办法〉的通知》,厦大资产〔2006〕9号,档号2006-XZ27-1

厦门大学水电资源有偿使用管理办法

（2006年9月18日）

第一条　为加强学校水电资源管理，提高水电资源的使用效益，实现资源优化配置，根据国家有关政策法规并结合我校的实际情况，特制定本办法。

第二条　水电资源使用应遵循“有偿使用，提高效益”的原则。各学院、研究院等教学科研机构（以下简称“各学院”）的用水用电和资产经营公司、后勤集团等单位（以下简称“有关单位”）办公场所的用水用电实行计量管理、有偿使用、按实收费。

机关部处、其他直属单位等非教学科研机构的水电资源有偿使用管理办法由学校另行制定。

第三条　学校为各学院及有关单位统一安装配备水电总表。各单位如需在内部安装水电分表，由单位向学校资产与后勤事务管理处（以下简称“资产后勤处”）统一申报，资产后勤处负责审批和安装。

第四条　学校以各学院及有关单位为水电费计量核算单位。资产后勤处负责定期对各学院及有关单位的水电总表进行抄表汇总，并按各学院及有关单位水电实际使用量和厦门市供水供电部门制定的机关事业性单位水电费价格标准确定各学院及有关单位应缴纳的水电费。

第五条　水电费每季度结算一次，由财务处根据资产后勤处提供的数据统一从各学院及有关单位经费（除“985工程”、“211工程”专项经费外）扣缴。

第六条　资产后勤处是代表学校施行水电资源有偿使用的管理部门，履行下列职责：

1. 负责各学院及有关单位用水用电总表的统计管理工作；

2. 测算各学院及有关单位应缴纳的水电费，经与各学院及有关单位核实后，及时向校财务处提供有关数据；

3. 检查、监督各学院及有关单位水电使用情况，制止各种浪费行为。

第七条　各学院及有关单位应加强用水用电的管理，提高水电资源的使用效益。各学院负责所属科研部门（项目）及内部其他部门用水用电的收费管理工作。

第八条　学校对节约用水用电及增收节支工作表现突出、成绩显著的单位和个人将给予奖励。

第九条　各学院开展教学工作所必须使用耗费的水电费用补贴办法由学校另行制定。

第十条　本办法由资产后勤处负责解释。

第十一条　本办法自2006年9月1日起施行。原有相关规定与本办法不一致的，以本办法为准。

——本文摘录自《关于印发〈厦门大学水电资源有偿使用管理办法〉的通知》，厦大资产〔2006〕10号，档号2006-XZ27-1

厦门大学漳州校区上课教师住宿管理规定(修订稿)

(2006年10月11日)

为确保到漳州校区上课教师的正常休息需要,校区管委会为到漳州校区上课的教师提供午休及住宿方便,规定如下:

一、漳州校区宾馆(含:若谷一)在一般情况下优先保证到漳州校区上课教师的午休或住宿。

二、上课教师凭证登记午休或住宿的条件:

1. 上午第1、2节有课的教师,前一天晚上可在宾馆住宿;

2. 上午第3、4节或下午有课的教师,可在宾馆午休;

3. 下午第7、8节或晚上有课的教师,当晚可在宾馆住宿。

三、午休或晚上住宿时间:

午休时间:12:00—15:00

晚上住宿时间:16:00—次日9:00

四、教师凭本人有效车船通行证登记午休或住宿(需教师本人签字确认),校区宾馆应根据校区教务部门提供的课程表及上课教师名单,核实后办理入住手续。

五、上课教师凭本人有效车船通行证登记午休或住宿后,校区宾馆按登记先后顺序安排床位,上课老师应服从宾馆总台安排,遵守校区宾馆的相关管理规定。

六、漳州校区宾馆每月与校区各使用单位进行核对,每个季度结算一次。

七、非上课教师本人或非上课时间,需在宾馆午休或住宿的,费用自理;已产生费用的,宾馆自行负责。

八、本规定自发布之日起执行,原住宿办法同时废止。

——本文摘录自《关于印发〈厦门大学漳州校区上课教师住宿管理规定〉的通知》,厦大漳综〔2006〕6号,档号2015-XZ36-002

漳州校区主楼报告厅管理办法

（2006 年 11 月 22 日）

为规范校区主楼报告厅的使用和管理，保证报告厅设施完好，提高使用效率，特制定本办法。

一、使用范围

1. 校区主楼报告厅用于承办学校及校区举行的学术报告、重要讲座、大型会议、典礼、仪式和其他重大活动。

2. 考虑到目前校区学生活动所需室内场所的实际情况，校区学生活动可以申请使用主楼报告厅，根据报告厅的设计要求，此类学生活动不包括文娱活动。

3. 根据以上原则，校区主楼报告厅使用范围暂定如下：

(1)学校、校区、嘉庚学院及留学预科学院组织的学术报告，或者校本部各学院、校区各学生工作站及嘉庚学院各学院组织的重要讲座；

(2)学校、校区、嘉庚学院及留学预科学院组织的大型学生活动；

(3)校区学生园区党总支、学生办、团工委及嘉庚学院党总支、学工部组织的品牌学生活动；

(4)校本部各学院、校区各学生工作站及嘉庚学院各学院组织的年度性、意义重大的学生活动；

(5)校本部各学院、校区各学生工作站及嘉庚学院各学院组织的日常学生活动，一般不安排使用。

二、管理权限

1. 校区办公室负责报告厅的使用审批、统筹安排和对管理工作的督促、检查。

2. 主楼物业具体负责报告厅的管理。报告厅内的音响、视频等设备和设施由校区办公室委托主楼物业负责管理，其他人员未经允许不可开启，如擅自开启造成损坏者，按学校及校区的有关规定处理。

3. 使用单位应严格遵守报告厅管理的各项规章制度，积极配合报告厅管理人员的工作，若使用造成设备和设施损坏或遗失的，按学校及校区的有关规定处理；态度恶劣或屡教不改者，取消所在单位今后申请使用报告厅资格，并送交主管单位处理。

4. 校区主楼报告厅谢绝校外单位或个人借用。若遇非常特殊情况，需专门报送校区管委会分管领导审批。

三、申请程序和活动要求

1. 各单位需使用报告厅者，须认真填报《漳州校区主楼报告厅使用申请表》(详见附件 1)，经相关主管单位签署意见后，原则上提前三天以上送交校区办公室，经批准安排后，请提前联系主楼物业商定相关事宜，方便使用管理。

2. 校区办公室审批后，由主楼物业安排人员在活动时间负责报告厅的音响、视频及茶水等会务服务。

3. 使用单位对活动安全和活动内容负责，要认真落实各项安全措施，对参与人员进行使用须知和安全教育(《漳州校区主楼报告厅使用须知》详见附件2)，切实维护好厅内正常的活动秩序，并配合主楼物业做好相关检查工作。

4. 活动结束后，主楼物业应及时会同使用单位清点现场使用的设备和设施的完好情况，填写《漳州校区主楼报告厅使用情况反馈单》(详见附件3)，发现问题必须及时报告校区办公室。

附件1：

漳州校区主楼报告厅使用申请表

填表时间：　年　月　日

<table>
<tr><td rowspan="2">使用单位
(盖章)</td><td rowspan="2"></td><td>安全责任人及电话</td><td></td></tr>
<tr><td>经办人及电话</td><td></td></tr>
<tr><td>使用事由</td><td colspan="3">主题：
内容概况：
主持人/主讲人：</td></tr>
<tr><td>使用时间</td><td colspan="3"></td></tr>
<tr><td>参加人数</td><td></td><td>参加对象</td><td></td></tr>
<tr><td>会务要求</td><td colspan="3"></td></tr>
<tr><td>使用单位领导意见(签字)</td><td colspan="3"></td></tr>
<tr><td>主管单位领导意见(签字)</td><td colspan="3"></td></tr>
<tr><td>审批单位领导意见(签字)</td><td colspan="3"></td></tr>
<tr><td>备注</td><td colspan="3">1. 使用单位的盖章或经办人签字表示保证本表内容属实和遵守《漳州校区主楼报告厅管理办法》，负责制定并落实活动的安全措施，同意赔偿因违反该办法所造成的损失；2. 使用单位应提前1小时到场配合设备调试，活动听众可提前半小时内入场，入场后应有专人维持现场秩序；3. 本表的安全责任人须为部门负责人，经办人须为教职工；4. 活动听众人数在250～300的，原则上安排使用小报告厅；在300～600的，安排使用大报告厅；5. 若需用ppt投放活动主题标语，时间不超过20分钟；6. 无线话筒电池由使用单位自备，鲜花、横幅等由使用单位布置，主楼物业协助。</td></tr>
</table>

厦门大学漳州校区办公室2006年制

附件2：

漳州校区主楼报告厅使用须知

一、自觉爱护报告厅内的设备和设施，节约用水用电，共同维护良好的公共卫生秩序。

二、报告厅内严禁吸烟、喧哗、吃零食等不文明行为，严禁携带易燃易爆品入内。

三、严禁在桌椅上乱涂乱画，严禁损坏公物，若出现设备和设施的人为损坏照价赔偿。

四、活动过程中请将手机设置静音或关闭状态，请不要在活动过程中使用手机通话。

五、未经报告厅管理人员许可，不得在厅内外悬挂、张贴商业宣传品，不得摆放和发放商业产品。

六、报告厅内的设备和设施，由主楼物业安排专人管理和操作，谢绝听众和其他人员进入控制室（机房）。

七、听众离席前请收好写字板和杯架，并带好自身物品有序退场。

八、报告厅内的会务服务由主楼物业负责，报告厅管理人员有权制止违反厅内公共卫生秩序的行为，态度恶劣或屡教不改者，取消所在单位今后申请使用报告厅资格，并送交主管单位处理。

附件3：

漳州校区主楼报告厅使用情况反馈单

填表时间：　　年　月　日

<table>
<tr><td>使用单位</td><td colspan="2"></td><td>使用时间</td><td colspan="2"></td></tr>
<tr><td>使用地点</td><td colspan="2"></td><td>实到人数</td><td colspan="2"></td></tr>
<tr><td>主楼物业经办人
及电话</td><td colspan="2"></td><td>使用单位经办人
及电话</td><td colspan="2"></td></tr>
<tr><td colspan="6">使用情况反馈内容</td></tr>
<tr><td>项目</td><td colspan="4">使用情况</td><td>是(否)</td></tr>
<tr><td>1</td><td colspan="4">是否提前联系并提前1小时到场检查、布置会场和调试设备</td><td></td></tr>
<tr><td>2</td><td colspan="4">在活动开始前，是否向到场师生宣讲报告厅使用须知和安全注意事项</td><td></td></tr>
<tr><td>3</td><td colspan="4">在报告厅使用中，是否有吸烟、喧哗、吃零食等不文明行为发生</td><td></td></tr>
<tr><td>4</td><td colspan="4">在报告厅使用中，是否有不服从厅内工作人员安排的行为发生</td><td></td></tr>
<tr><td>5</td><td colspan="4">在报告厅使用中，是否有发现使用者损坏厅内公共财产的行为发生</td><td></td></tr>
</table>

6	报告厅使用后,使用单位是否积极配合厅内工作人员对现场使用的财产进行检查	
7	活动内容是否与申请相符	
8	活动参加人数是否与申请相符	
9	其他情况:	
备注		

厦门大学漳州校区办公室 2006 年制

——本文摘录自《关于印发〈漳州校区主楼报告厅管理办法〉的通知》,(2006)厦大漳办 10 号,档号 2006-XZ36-2

厦门大学关于举办国际及港澳台地区学术会议的暂行规定

（2006年12月13日）

为了进一步规范我校举办国际及港澳台地区学术会议的审批和管理，根据有关规定和要求，特制定本暂行规定。

第一条　举办国际及港澳台地区学术会议，有利于促进我校的对外交流与合作，活跃我校的学术气氛，提高我校的科研与教学水平以及学科自身的发展能力，提升我校的国际竞争力，为此学校积极鼓励并支持具备条件的单位主办或承办国际学术会议。但举办国际以及区域性学术会议，要从我校的根本利益出发，统筹安排，目的明确，以我为主，为我所用，精简务实，厉行节约，切忌为追求会议影响，而盲目扩大会议规模、提高礼宾规格。

第二条　学校国际处、港澳台办是我校申报国际及港澳台地区学术会议的归口管理单位，负责受理会议的申报并负责办理境外代表来华的手续。科技处和社科处分别负责对自然科学类和社科类学术会议进行学术和形式审查以及部分经费资助的审批。

第三条　凡我校各单位，在申请以我校名义举办的国际会议时应首先明确我校为会议的主办者或承办者。由其他单位主办、拟由我校承办的国际会议在申报时须提供主办方的委托函或任务批件。

第四条　主办一般学术会议要求至少提前6个月填写会议申报表报学校国际处或者港澳台办（如果与其他单位或组织联合主办，须提供其相关背景材料；如会议经费由境外组织或机构提供，需提供其背景材料）。

第五条　举办重大国际会议，指外宾人数在100人以上或会议总人数在400人以上的一般性国际会议，外宾人数在300人以上或会议总人数在800人以上的自然科学技术领域的专业或学术性国际会议，外国政府正部长及以上官员或前国家元首、政府首脑出席的高级别国际会议，以及涉及重大敏感问题或重要国际问题的会议，应在上年度10月份前向学校国际处报送计划。未经批准，任何单位和个人不得擅自邀请和许诺外国副部级以上现职和前政要以及外国驻华使节参加论坛和研讨会性质的国际会议。

第六条　根据上级审批制度的有关规定，未经批准，任何学院、部门和单位不得对外申办、承诺举办国际会议；不得以已与外方商妥为理由要求认可和批准；不得为取得外方赞助而同意在华举办国际会议。经批准同意申办的国际会议，有关单位在对外申办过程中不得做出超出授权范围的承诺或承担额外的义务。会议主办单位（院、系、所）收到批件后，方可进行筹备工作，但在收到批件之前，暂不许许诺外方。

第七条　会议主办单位应组成相关的学术委员会和组织委员会，会议的学术负责人和组织委员会应有相应的学术地位和组织能力，能承担会议的学术活动和具体会务工作。

第八条　会议的会务工作，即会议的场地、用车、与国内外代表的联系、接送、住宿、用餐等，由主办或承办单位负责落实。

第九条　会议经费一般由主办单位自筹解决，原则上应在申报之前落实并上报主管部门。

第十条　邀请国外代表参加会议，会议主办单位应在会议之前一个月填写《外国人来华签证申请表》（从国际处网站下载）交国际处办理来华签证手续。

第十一条　邀请台湾地区代表参加会议，会议主办单位应在会议之前两个月把被邀请人员名单、单位、职业报学校港澳台办公室。

第十二条　一般学术会议,不邀请省、市以及国家领导出席。如属高规格国际会议,需请省、市以及国家领导出席开幕式,会议主办单位应提前三周提出书面申请(附会议开幕式议程、主要代表名单及简历、领导发言稿)报学校国际处。未经批准,任何单位和个人不得擅自邀请。

第十三条　重要会议,若请学校领导出席会议开幕式,主办单位应提前两周将电子版申报材料及领导发言稿报学校国际处。

第十四条　会议结束后,主办或承办单位应在1个月内将会议总结、重要照片等送交国际处、科技处或者社科处。

第十五条　本暂行规定自学校批准之日起施行,以前下发的有关规定若与本暂行规定相抵触,以本暂行规定为准。

第十六条　本暂行规定由国际处负责解释。

附件:

厦门大学关于举办国际及港澳台地区学术会议的申报材料要求

会议主办单位须向学校科技处或社科处提交一份国际会议及港澳台地区学术会议申请报告和《厦门大学拟举办国际性学术会议材料申报表》,申请报告主要包括以下内容:

1. 会议简况:

(1)会议名称(中英文)

(2)会议时间、地点

(3)会议主办、协办及合办单位

(4)会议规模、范围、总数及外宾人数

(5)举办国际会议的由来、背景和必要性

(6)会议的议题和主要内容

(7)会议的性质、宗旨和意义

(8)与会境外学者名单

(9)是否邀请党和国家领导人以及外国政要或前政要出席会议(如邀请,需注明另行报批)

(10)有关国际组织情况并附上相关背景材料

(11)相关涉台及其他敏感问题及对策等

2. 与会境外学者名单(包括姓名、国别、出生日期、工作单位、联系方式)。

3. 经费预算:会议预算需合理编制、经费的来源及开支情况需详细列出。

附件

厦门大学申办国际会议流程图(表略——编者注)

厦门大学拟举办国际及港澳台地区学术会议材料申请表(表略——编者注)

——本文摘录自《关于印发〈厦门大学关于举办国际及港澳台地区学术会议的暂行规定〉的通知》,厦大外港〔2006〕138号,档号2006-XZ22-4

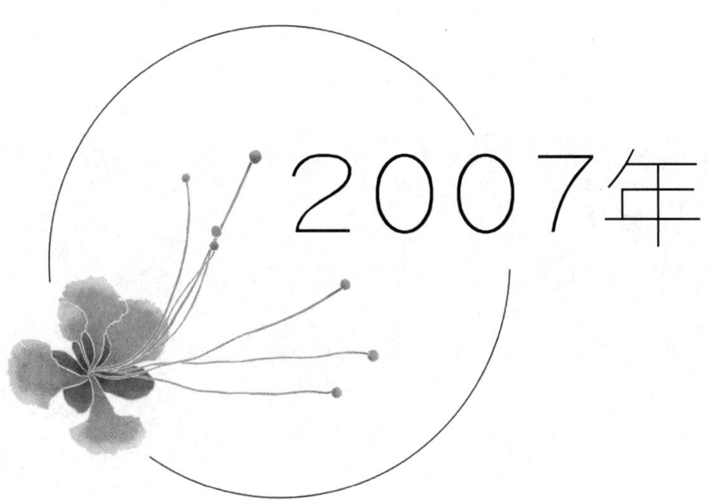

2007年

·特　载·

勇往直前建设世界知名的高水平研究型大学

——2007 年新年献词

（2006 年 12 月 31 日）

校党委书记　朱之文　校长　朱崇实

亲爱的师生员工朋友们：

新年好！

在此辞旧迎新之际，我谨代表校党委、校行政向辛勤耕耘在教学、科研、管理、后勤等各个岗位上的教职员工同志们，向为学校的建设和发展做出自己宝贵贡献的老领导、老同志们，向胸怀大志、奋发向上、刻苦学习的同学们，向长期以来关心、支持、帮助母校事业发展的海内外校友们致以新年的问候和美好的祝福！

即将过去的 2006 年是令人难忘的一年。12 月 24 日，中共中央政治局常委、全国政协主席贾庆林同志在福建省委书记卢展工、省长黄小晶等有关领导同志的陪同下，视察了厦门大学，贾庆林同志视察后，高度赞扬了厦门大学的工作，对我校近几年来取得的新成就给予了充分的肯定，并提出要积极支持办好厦门大学这一所在海内外都有很大影响的高等学府。可以自豪地说，厦门大学的工作无愧于贾庆林同志的赞扬，厦门大学的师生员工不负于贾庆林同志的肯定：在过去的一年里，我们成功地举办了以“厦门大学走向世界”为主题，以学术性和国际化为主线的 85 周年校庆活动，一系列高质量、高水平的活动，达到了我们凝聚人心、鼓舞斗志、展示实力、扩大影响的效果，达到了我们争取社会各界更多的支持和帮助以加快学校建设与发展的目的；在过去的一年里，我们的教学、科研及科技成果产业化等各项工作都取得了新成绩，越来越多的科研成果为世人所瞩目、被企业所青睐，截至 12 月 29 日，我们 2006 年度的科研经费首次超过两亿元，达两亿一千两百八十万元（21280 万元），比 2005 年增长 29.5%；在过去的一年里，我们的学科建设和队伍建设也取得了可喜的新成绩，我们的学科结构得到了进一步的优化，在巩固、加强传统优势学科的基础上，一批新兴学科正茁壮成长，并已开始显露其强大的活力；与学科建设相伴，又有一大批优秀人才加盟厦门大学，在我们的校园里，越来越多的南腔北调，越来越多的崭新面孔，我衷心祝愿 2006 年新到厦门大学的同志们没有一个人后悔自己的选择；在过去的一年里，我们的各项管理工作上了一个新的水平，我们的服务质量在不断改善，我们的工作效率在不断提高，我们能够看到越来越多的笑脸，我们的校园也越来越漂亮，很多游客进了厦大便不想离开……过去的一年，给我们留下了太多的回忆；过去的一年，是令人骄傲的一年！

但是，2006 年毕竟马上就要过去了，我们的日历马上就要翻开新的一页，我们马上就要进入新的

2007年。展望2007年,这一定会是新的吉祥的一年,会是硕果累累的一年,但也是需要辛勤耕耘、努力奋斗的一年。

在新的一年里,我们要继续以科学发展观为统领,深入学习贯彻党的十六届六中全会精神和第十五次全国高校党建工作会议精神,进一步加强和谐校园的建设;我们要以培养创新型人才为目标,进一步深化教学改革,优化人才培养体系,提高人才培养质量;我们要进一步增强科技自主创新能力,积极参与国家科技创新体系建设;我们要积极为服务地方经济建设做贡献,坚持不懈地推动科技成果转化与产业化,主动融入海峡西岸经济区的建设;我们要扎实推进"985工程"二期建设,适时启动"十一五""211工程"建设,做好新一轮全国重点学科评审,把学科建设提高到一个新水平;我们要继续改善办学条件,加快"216工程"建设,为师生员工提供更好的工作、学习和生活环境;我们要继续提高管理水平,进一步落实依法治校、规范管理、强化服务的要求,进一步提高工作效率,真正做到管理出效益。

老师们、同学们、同志们、朋友们,2007年钟声已经敲响,一个新的美好的一年已经来到我们的面前,让我们伴随这悠扬的新年钟声,把真诚的祝福献给我们深爱的祖国,献给我们深爱的厦门大学。让我们共同祝愿伟大的祖国更加繁荣富强!祝愿我们的厦大在建设世界知名的高水平研究型大学的道路上勇往直前,取得更大的辉煌!祝愿大家在新的一年里身体健康、工作顺利、阖家幸福!

——本文摘录自《厦门大学报》,2006年12月31日第717期

教育部　福建省人民政府　厦门市人民政府 继续重点共建厦门大学协议书

（2007年8月5日）

为深入贯彻落实党中央、国务院关于“努力建设若干所世界一流大学和一批国际知名的高水平研究型大学”的决定，把厦门大学建设成为一所国际知名的高水平研究型大学，促进厦门大学在服务海峡西岸经济区、建设创新型国家、推进祖国和平统一等方面做出更大贡献，教育部、福建省人民政府（以下简称福建省）、厦门市人民政府（以下简称厦门市）经协商，决定在巩固以往重点共建成果的基础上，继续重点共建厦门大学。

一、教育部、福建省、厦门市继续重点共建厦门大学，旨在根据厦门大学在全国高等学校布局结构中的地位，以及在地方、区域发展中所起的作用，推动厦门大学进一步深化管理体制和运行机制的改革与创新，加快建设一支高水平的教师队伍、管理队伍和技术支撑队伍，促进厦门大学若干学科达到或接近国际一流学科水平，使之成为攀登世界科技高峰、解决重大理论和实践问题、带动相应学科领域发展的重要基地，尽快实现学校的建设目标。

二、福建省、厦门市继续将厦门大学的改革和发展纳入全省及全市的整体建设和社会发展的总体规划之中并给予相应的政策支持。教育部支持和鼓励厦门大学充分利用本校智力资源密集的优势，在人才培养、学术研究、科技创新及科技成果转化等方面发挥更大的作用，特别是为海峡西岸经济区和厦门经济特区的经济建设和社会发展提供更强有力的科技支撑和智力服务。

三、除对学校的经常性事业经费安排以外，教育部、福建省、厦门市将加大对厦门大学的投入力度。其中，教育部保证投入厦门大学的“985工程”二期中央专项经费按时足额到位，并将协调有关部门，使投入厦门大学的“985工程”三期和“211工程”三期中央专项经费与往期相比有大幅度增加；与此相应，福建省、厦门市对厦门大学按照各不低于中央专项经费额度的50%进行配套投入。在项目实施过程中，厦门大学要严格遵守各项财务制度，加强对资金的管理，确保专项资金使用的规范和安全。

四、此前教育部、福建省、厦门市共同签订的或者单独与厦门大学签订的有关共建厦门大学的协议与本协议内容没有冲突的条款，将继续执行。

五、在重点共建过程中的具体事宜，由教育部、福建省、厦门市组织厦门大学具体研究确定。

教育部　福建省人民政府　厦门市人民政府

二〇〇七年八月五日

——本文摘录自《教育部　福建省人民政府　厦门市人民政府　继续重点共建厦门大学协议书》，档号2007-XZ09-36

厦门市人民政府　厦门大学　战略合作框架协议

(2007年8月7日)

为了进一步建设海西、发展海西、繁荣海西,厦门市人民政府(以下简称厦门市)与厦门大学(以下简称厦大)经充分协商,就战略合作事宜达成如下框架协议:

一、双方一致认为,厦门市是海峡西岸重要中心城市,厦门大学是福建省唯一一所国家重点大学,二者在海西建设中各自具有独特的地位和作用。为进一步发挥各自优势,并形成"优势互补、共谋发展"的良好态势,双方决定建立长期稳定的战略合作伙伴关系,共同推动海西发展,为海西建设做出更加突出的贡献。

二、双方将建立高层沟通机制,定期通报各自最新的发展情况,共商战略发展大计,共同研究确定重大战略合作项目。

三、双方决定近期在"985工程"和"211工程"重点共建、翔安校区建设、共建厦大医学院和附属医院、国家大学科技园建设、科技合作、人才培养等方面开展战略合作。

(一)重点共建:

1. 厦门市在巩固以往重点共建成果的基础上,继续与教育部、福建省人民政府重点共建厦大。

2. 厦门市继续将厦大的改革和发展纳入全市的经济和社会发展规划,并给予相应的政策支持。厦大充分利用本校智力资源密集的优势,为厦门市的经济建设和社会发展提供更强有力的科技支撑和智力服务。

3. 在2008年至2010年期间,厦门市依照2007年8月签订的《教育部、福建省人民政府、厦门市人民政府继续重点共建厦门大学协议书》的原则意见,与厦大共同协商共建的具体项目与资金安排。

(二)翔安校区建设:

1. 厦门市在翔安区香山山脉以南、翔安南路以北的范围内按划拨方式提供厦大翔安校区建设用地,并将该建设项目列为厦门市重点工程项目。关于用地规模等问题,由双方另行商定。

2. 厦大在取得上述土地使用权后,将对学校几个校区的功能布局作战略性调整,并尽快启动翔安校区的规划和建设,今后校本部、翔安校区将成为学校的两个主校区。

(三)共建厦大医学院和附属医院:

1. 双方继续共建医学院,坚持医学院董事会制度,并对现有董事会的架构进行调整,由双方选派若干执行董事,切实加强董事会的领导作用。董事会组成、架构和章程另议。

2. 双方将按照医学学科发展的趋势和区域医疗服务的需求,共同拟定医学院发展规划。医学院建设规模、经费筹措、管理体制机制等问题由双方另行研究。

3. 厦门市将继续支持厦大附属医院的建设。拟建中的厦门市翔安医院将按附属医院的标准建设,双方将共同研究确定翔安医院的办院定位、管理体制、运行机制等重大事项。

(四)国家大学科技园建设:

1. 厦门市将国家大学科技园建设纳入厦门市科技发展规划,厦大将国家大学科技园建设纳入学校整体发展规划。双方积极探索"三区联动"(高校所在行政区、大学园区、科技园区三区联动)运作模式,充分发挥大学科技园的孵化功能。

2. 双方以厦门市现有的火炬高新区、留学生创业园、软件园、知识产权产业化基地、集美机械工业集中区等高新技术园区和厦大已建成的生物医药、纳米科技、微光机电、新能源、新材料、农业技术等孵化中心为基础，联合共建“厦门大学国家大学科技园”，努力实现优势互补、资源共享、互动双赢的共建目标，使大学科技园成为海峡西岸经济发展和技术进步的重要创新源泉。

（五）科技合作：

1. 厦大将厦门市作为学校最新科技成果的主要转化基地，厦门市将厦大作为科技创新的重要支撑力量。

2. 厦大将根据厦门市产业发展需求，组织、引导科技人员围绕厦门市的支柱产业，加强工科学科建设，开展科学研究，积极向厦门市推介科技项目，优先在厦门市进行科技成果转化和产业化，主动为厦门市经济建设服务。厦门市将为厦大科技成果转化和产业化提供政策、经费及其他配套支持。

3. 双方共建若干科技创新平台。厦大将整合相关研究力量和先进仪器设备作为平台建设的基础，厦门市将投入一定的平台建设资金，共同争取尽快建成平台并使之发挥效益。

4. 双方在科技信息、图书资料、仪器设备等方面进行资源共享。

5. 厦大将确定专门人员加强与厦门市的区、镇（街）、各工业集中区管委会的联络，根据需求提高科技服务的实效性。

（六）人才培养：

1. 厦大将充分发挥其在人才培养方面的优势，采取学历教育与非学历教育相结合等多种方式，为厦门市培养、输送高素质的人才。

2. 厦大将根据厦门市干部教育培训规划，在每年培训要求内，参与为厦门市培训各级各类干部。

3. 厦门市将积极帮助厦大在厦门市企事业单位内建立学生实习训练基地、教师研修基地或博士后流动站。

4. 厦大将发挥自身优势促进厦门市基础教育的建设与发展，双方将就共建厦大附属中学和附属小学事宜进行协商。

四、双方成立市校合作领导小组。市校合作领导小组由双方有关领导共同组成，每年至少召开一次会议，讨论、决定年度合作计划，听取合作进展情况汇报，检查、监督合作项目的落实情况，协调、处理合作过程中的重大问题。

市校合作领导小组下设办公室。办公室由双方有关职能部门负责人共同组成。

五、双方将就本协议提及的合作项目做进一步的研究和协商，并另行签署合作项目协议。合作项目协议是本协议的有效附件。

六、本协议自双方代表签字盖章之日起生效。本协议未尽事宜，由双方友好协商解决。

七、本协议一式四份，双方各执两份，具有同等的效力。

厦门市人民政府　厦门大学

二〇〇七年八月七日

——本文摘录自《厦门市人民政府　厦门大学　战略合作协议框架》，档号 2007-XZ09-36

坚持科学发展 构建和谐校园
为建设世界知名高水平研究型大学而努力奋斗

——在中国共产党厦门大学第九次代表大会上的报告

(2007年9月27日)

校党委书记 朱之文

各位代表,同志们:

现在,我代表中共厦门大学第八届委员会向大会作报告。

中国共产党厦门大学第九次代表大会,是在我国建设创新型国家、构建社会主义和谐社会的新形势下和我校创建世界知名高水平研究型大学的关键时期召开的一次重要会议。大会的主要任务是:高举中国特色社会主义伟大旗帜,以邓小平理论和“三个代表”重要思想为指导,全面贯彻落实科学发展观,回顾总结我校第八次党代会以来的工作,进一步明确今后五年的目标任务,选举产生中共厦门大学第九届委员会和新一届纪律检查委员会,动员全校共产党员和师生员工,统一思想、坚定信心、振奋精神,为建设世界知名的高水平研究型大学而努力奋斗。

一、蓬勃发展、全面提升的五年

过去五年,面对中国高等教育改革和发展气势恢弘、波澜壮阔的形势,校党委把握方向、科学谋划,带领全校共产党员和师生员工,聚精会神搞建设,一心一意谋发展,圆满完成了第八次党代会提出的目标任务,学校各项事业蓬勃发展,整体实力和办学水平全面提升。

(一)党的建设得到新加强。坚持党要管党,切实抓好党的自身建设。保持共产党员先进性教育活动取得明显成效,制定了“保持共产党员先进性四个长效机制实施办法”,党的先进性建设长效机制初步建立。加强领导班子和干部队伍建设,完善干部选拔任用机制,扎实开展干部教育培训和集中学习研讨,各级领导班子和干部队伍整体素质不断提高。优化基层组织设置,创新活动方式,建立工作考评机制,党的基层组织建设不断加强。积极开展党风廉政教育,认真落实党风廉政建设责任制,大力推进校务、院务公开,监督制约机制进一步完善。切实加强对统战工作和工会、共青团、妇委会等群众组织的领导,注重发挥离退休老同志在学校建设中的重要作用。经过几年的努力,全校各级党组织的凝聚力、战斗力进一步增强,党员的先锋模范作用得到进一步发挥,在抗击“非典”等重大事件面前经受住了考验。目前,学校设2个党工委、17个院党委、17个党总支、450个党支部,有7996名党员,党员数比2002年同期增长了119%。五年来,共有49个基层党组织、198名党员受到各级党组织的表彰。2005年,学校荣获“福建省高等学校党的建设和思想政治工作先进单位”称号。

(二)思想政治工作取得新成效。坚持育人为本、德育为先,认真贯彻落实中央2004年16号文件精神,切实加强和改进思想政治工作。抓好师德师风教育,涌现出一批教书育人、爱岗敬业的师德标兵。加强辅导员和班主任队伍建设,学生工作队伍的整体素质和业务能力得到提高。积极推进思想政治理论课教学改革,推动马克思主义中国化最新成果进教材、进课堂、进头脑工作。积极开展理想信念教育、爱国主义教育、公民道德教育等主题教育活动,大力弘扬我校的“四种精神”,师生思想政治状况的主流积极、健康、向上。积极开展内容丰富、形式多样的校园文化活动和社会实践活动,连续五年被评为全国大学生社会实践先进单位。加强学生心理健康教育,加大对家庭经济困难学生的资助力度,努力做好毕业生就业工作。初步建立校园安全稳定综合防控体系,校园平安稳定、运转有序。

(三)人才培养取得新成绩。坚持把人才培养作为根本任务,办学规模迅速扩大,人才培养结构不断优化,教学改革深入推进,人才培养质量稳步提高。现有本科生20195人、硕士生12213人、博士生2023人,比2002年分别增长54%、162%、122%。五年来,共有11项教学成果荣获国家级高等教育教学成果一、二等奖,新增15门全国"精品课程",2个国家级实验教学示范中心;学生积极参与科技创新活动,在"挑战杯"全国大学生系列竞赛、数学建模竞赛、国际大学生程序设计竞赛、国际法辩论赛等国内外重大比赛中屡创佳绩,研究生发表高水平论文逐年增加;本科教学工作水平评估获"全优"佳绩;毕业生就业率保持在95%以上,我校毕业生成为最受社会欢迎的学生群体之一。

为更好地满足经济社会发展对人才的需求,2003年创办了厦门大学嘉庚学院。经过四年来的建设,其办学水平得到学生、家长和社会各界的广泛认可。

(四)科学研究跃上新台阶。坚持科研强校,实施科技创新工程和哲学社会科学繁荣计划,科研管理体制不断完善,科研创新能力明显增强。在自然科学研究领域,新增1个国家重点实验室、1个国家工程技术研究中心,7个省部级重点实验室、工程中心;取得了一批高显示度的成果,获国家自然科学二等奖2项、省部级科技奖64项,发表影响因子5.0以上的科技论文74篇,其中5篇发表在《自然》和《科学》杂志上。在哲学社会科学研究领域,新增3个省部级重点研究基地;承担国家社科基金项目数、获中国高校人文社会科学研究成果奖总数位居全国高校前列,650多项成果获省部级以上奖励。全校科研经费成倍增长,2006年达2.17亿元,比2002年增长155%。

(五)社会服务打开新局面。坚持面向经济建设主战场,加强科研成果转化和产业化,努力为国家和地方经济社会发展提供科技支撑和智力服务。厦门大学国家大学科技园获科技部、教育部批准并启动建设;研制成功世界首个戊型肝炎疫苗,"禽流感病毒单克隆抗体"的研发取得突破性进展;"丙谷二肽合成新技术"、"优质早稻新品种佳辐占的选育与应用"等一批成果成功实现产业化。围绕国家和地方经济社会发展的重大理论和现实问题,在台湾研究、海西研究、东南亚研究、高教研究、会计研究、财政研究、宏观经济研究等领域为各级党委、政府及有关部门提供了一系列科学有效的决策咨询服务。

(六)学科建设取得新突破。坚持以学科建设为龙头,凝炼学科方向,构筑学科平台,汇聚学科队伍,学科综合实力不断提高。"十五""211工程"建设成效显著,"985工程"二期建设深入推进,重点学科建设成绩斐然,在今年国家重点学科评审中,我校取得5个一级学科国家重点学科、9个二级学科国家重点学科的好成绩,目前我校二级学科国家重点学科涵盖数为38个,增长率达192%。此外,还新增7个一级学科博士点、41个二级学科博士点、8个博士后科研流动站。

(七)队伍建设取得新进展。坚持把教师队伍建设放在学校工作的突出位置,师资队伍规模扩大、结构优化、层次提升。五年共引进、新聘全职教师854人,其中副高以上职称的304人,具有博士学位的596人。目前全校具有博士学位的教师占52.7%,45岁以下的教师占73.6%。高层次人才工程取得成效,新增1名中国科学院院士,20人获国家杰出青年科学基金,34人入选国家、福建省"百千万人才工程",新聘长江、闽江学者和校级特聘,新增部、省、校级"新世纪优秀人才"234人,新增1个国家创新研究群体、2个部级创新团队、6个省级创新团队和25个校级创新团队;4人获全国教学名师奖、4人获福建省杰出人民教师奖、13人获福建省教学名师奖。

(八)对台交流展现新作为。坚持发挥台湾研究和对台交流优势,加大做好台湾人民工作力度,对台交流与合作不断深化。2006年,我校授予中国国民党荣誉主席连战先生法学名誉博士学位,在海内外引起巨大反响。我校与台湾大学等10多所知名高校签订协议,涉台交流合作规模显著扩大。3000多人次的台湾地区学者及各界人士来访,600多名台籍学生进入我校学习,赴台进行学术和文化交流的师生达1000多人次。我校台湾研究成果丰硕,向中央和省市及有关部门提供了一批高质量的研究报告,受到中央和省市领导的高度肯定,海内外影响力大幅提高。

(九)国际交流合作迈开新步伐。坚持开放办学,积极推动与国际知名大学的交流合作,学校的国际影响得到明显提升。五年来与62所国外大学签订合作交流协议，参与发起“全球八校联盟”多边国际大学合作组织；聘请来校长期任教和工作的外国专家和教师373人次；开展国际科研和教学合作项目260多项，共建联合实验室、研究中心13个，建立孔子学院4个；举办重大国际学术活动20多次；派出骨干教师和管理干部1000多人次到国外高校学习、考察和交流。留学生规模不断扩大，2006年留学生达1960人，比2002年增加131%。

(十)办学条件得到新改善。坚持统筹规划，加强基本建设和基础设施改造，不断改善教学科研和生活条件。深化后勤改革，后勤服务质量和保障能力不断提高。漳州校区、海韵园区和一批教学科研用房、学生公寓建成投入使用，校园面积从2188亩扩展到5306亩，校舍建筑面积从64.2万平方米增加到141万平方米，学生公寓基本实现“421”目标。学校年度经费总收入从7.43亿元增加到11.73亿元，固定资产总值从8.2亿元增加到24.9亿元，其中仪器设备总值从3.55亿元增加到8.37亿元。图书馆藏书从250万册增加到416万册，校园网成为下一代互联网国家核心节点之一。

五年来的成绩来之不易，五年来的成绩振奋人心。这些成绩是在上级党组织正确领导下，在福建省、厦门市的大力支持下，全校各级党组织、全体共产党员和广大师生员工共同努力的结果，是全校各民主党派、人民团体、无党派人士和离退休老同志积极参与的结果，是广大校友和海内外朋友热心帮助的结果。在此，我谨代表中共厦门大学第八届委员会，向所有为厦门大学发展做出贡献的同志们、朋友们，表示崇高的敬意和衷心的感谢！

回顾五年来的发展历程，我们深刻认识到：

——必须坚持正确方向。我们始终坚持以邓小平理论和“三个代表”重要思想为指导，坚持社会主义办学方向，全面贯彻党的教育方针，努力培养中国特色社会主义事业的合格建设者和可靠接班人。

——必须坚持发展为先。我们始终坚持以科学发展观统领全局，深刻认识发展是硬道理，抓住发展机遇、更新发展观念、谋划发展思路、落实发展举措，推进学校各项事业蓬勃发展。

——必须坚持以人为本。我们始终坚持“教育以育人为本，办学以人才为本”，不断改善师生员工的学习、工作和生活条件，充分调动师生员工的主动性、积极性和创造性，努力形成鼓励大家干事业、支持大家干成事业的良好氛围和办学环境。

——必须坚持党要管党。我们始终坚持以党的先进性建设和执政能力建设为重点，切实抓好党的自身建设，充分发挥校党委的领导核心作用，基层党组织的政治核心作用、战斗堡垒作用和共产党员的先锋模范作用，为学校改革与发展提供强有力的政治保证和组织保证。

——必须坚持安定稳定。我们始终坚持正确处理好改革发展稳定的关系，把改革的力度、发展的速度和师生员工可承受的程度结合起来，在稳定中推进学校的改革和发展，通过改革和发展促进学校稳定。

在肯定成绩的同时，还必须清醒地看到，我们的工作还存在一些不足之处，主要表现在：一些领导干部和教师的思想不够解放，视野不够开阔，素质能力、工作作风与新形势新任务的要求还不相适应；管理体制和运行机制改革需要进一步深化，管理效率和服务水平有待提高；学科交叉融合力度不够，集成创新能力和服务社会能力有待增强；办学资源总体不足，在优化配置和充分利用方面尚需有效改进；一些关系师生员工切身利益的重大问题尚需更好地解决；党的建设还存在薄弱环节，党的先进性建设的长效机制有待进一步落实，基层党组织的活力有待进一步增强，思想政治教育的针对性和实效性有待进一步提高。我们必须高度重视这些问题，在今后的工作中切实加以解决。

二、站在历史新起点，谋划发展新思路

本世纪头20年是我国经济社会发展的重要战略机遇期，也是我们必须紧紧抓住并且可以大有作为的关键时期。纵观全局，我们既面临非常难得的机遇，也面临前所未有的挑战。

从国际看，经济全球化趋势深入发展，科技进步突飞猛进，人才和科技的竞争已成为综合国力竞争的决定性因素，世界各国纷纷把建设一流大学作为实现国家目标的重大战略举措。国际高等教育的开放、

合作与竞争,人才、知识、技术等要素的加快流动,为我们在更高层次上参与国际交流合作创造了有利条件。另一方面,我们能否立足实际、创造条件、抓住重点,吸引一流人才、培养一流人才、产出一流成果、带出一流队伍,加快实现某些领域的跨越发展,这对我们开放发展是最大挑战。

从国内看,国家坚持把教育放在优先发展的战略地位,"科教兴国"和"人才强国"战略继续深入实施,创新型国家建设全面推进,有利于我们构建大平台、组建大团队、承接大项目。另一方面,我们能否瞄准前沿、整合力量、理顺体制、重点突破,争取在国家科技创新前沿的若干领域占有一席之地,这对我们创新发展是重大考验。

从省市看,国家支持海峡西岸经济发展,福建全面推进海西建设,厦门致力于构建海峡西岸重要中心城市,为我们融入海西提供了大有作为的广阔舞台。另一方面,我们能否瞄准需求、更新观念、发挥优势、主动对接,在海西科技创新和决策咨询服务中发挥重要骨干和引领作用,这对我们服务发展是现实检验。

机遇稍纵即逝,挑战催人奋进。面对新的机遇和挑战,我们必须始终保持清醒头脑,树立忧患意识,增强使命感和紧迫感,用更开阔的视野、更长远的眼光、更前瞻的思路、更扎实的工作,努力把厦门大学的各项事业推向新的高度。

令人振奋和鼓舞的是,今年8月,教育部、福建省和厦门市签署了《继续重点共建厦门大学协议书》,三方将大幅度增加对我校的投入;厦门市与我校签订了《战略合作框架协议》,市校建立长期稳定的战略合作关系;我校与国家特大型企业开展战略合作,打开了进入国家科技创新前沿的战略新通道。所有这些,都为下一步的发展奠定了坚实的基础、创造了良好的条件。面向未来,我们已经站在一个新的历史起点上。

今后五年,学校发展的指导思想是:高举中国特色社会主义伟大旗帜,以邓小平理论和"三个代表"重要思想为指导,深入贯彻落实科学发展观,转变发展观念,创新发展模式,破解发展难题,推动科学发展,促进校园和谐,加快建设世界知名高水平研究型大学,为全面建设小康社会、建设创新型国家和实现祖国统一大业做出更大的贡献。

今后五年,学校的奋斗目标是:各项事业又好又快发展,初步建成世界知名的高水平研究型大学。

——学科综合实力明显提升。学科基础更加坚实,优势学科更加巩固,新兴学科和交叉学科加快发展,若干学科达到或接近国际先进水平。

——师资队伍水平全面提高。培养和引进一批具有国际影响力的学科带头人和学术骨干,形成若干个高水平的创新团队,造就一支高素质的教师队伍。

——人才培养质量更加优异。人才培养结构优化,教育教学改革成效显著,成为国家培养高层次专门人才和拔尖创新人才的重要基地。

——自主创新能力显著增强。构建若干个国家级和一批省部级科技创新平台和基地,科研经费大幅提高,产出一批具有标志性的科研成果。

——服务社会成果更加丰硕。产出一批具有自主知识产权的高新技术成果,技术转移和科技成果转化大幅增加,决策咨询服务水平不断提高,服务经济社会发展更加有效。

——办学空间布局更为优化。校区战略布局更加完善,功能定位更加明确,发展重点更加突出,整体规划更加合理,翔安校区基本建成。

——和谐校园建设成效显著。和谐校园建设规划全面落实,建成"以人为本、全面发展,依法治校、民主管理,勇于创新、充满活力,诚信友爱、人际和谐,文明高尚、安定有序"的社会主义大学校园。

为实现上述奋斗目标,我们必须始终坚持科学发展观,牢牢把握以下发展原则:

——持续发展。要坚持发展第一要务,以发展统一思想、用发展解决问题、用发展凝聚人心;坚持与时俱进,不断拓宽发展思路、完善发展举措、改进发展办法;坚持"尽力而为、量力而行",正确处理局部和整体、眼前和长远的关系,实现又好又快、持续健康发展。

——统筹发展。要统筹规模、结构、质量和效益,统筹队伍建设、学科建设和平台基地建设,统筹人、财、物等资源配置,统筹各校区建设规模,实现重点突出、协调并进、共同发展。

——创新发展。要推进理念创新,进一步增强创新意识;推进制度创新,营造有利于创新的体制机制环境;推进科技创新,着力提高自主创新能力;推进理论创新,深入研究回答中国特色社会主义的重大理论和现实问题。

——开放发展。要以开放的视野审视发展,在开放的环境中把握发展,用开放的办法推动发展。既要注重对外开放,进一步推进国际交流合作,提升国际竞争力,又要注重对内开放,推动校地、校企合作,增强发展活力和后劲。

——服务发展。要坚持"以服务为宗旨,在贡献中发展",既要积极参与创新型国家建设,又要融入海西建设;既要瞄准前沿、勇攀科学高峰,又要脚踏实地、解决实际问题;既要在服务中增长才干、提升水平,又要在服务中筹措资源、增强发展实力。

——和谐发展。要坚持以社会主义核心价值体系为根本,大力推进和谐校园建设,以和谐求发展,以发展促和谐,形成既有民主又有集中,既有自由又有纪律,既有个人心情舒畅、生动活泼又有统一意志、安定有序的发展局面。

三、推进改革新突破,实现发展新跨越

今后五年,我们必须紧紧围绕建设世界知名高水平研究型大学的目标,坚持改革开放,善于破解难题,勇于开拓创新,用新办法解决新问题,用新举措落实新任务,用新思路开创新局面。

(一)优化结构、提高质量,着力培养高素质创新型人才。培养高素质创新型人才是研究型大学的根本任务。要实施"质量立校"战略,优化学科专业和人才培养结构,把工作重点放在提高质量上,努力构建教学与科研相结合、"产学研"有效衔接的人才培养模式。

推进"本科教学质量与教学改革工程",全面推进素质教育。坚持传授知识、培养能力、提高素质的有机统一,深化人才培养模式改革;进一步完善学分制、"三学期制",建立跨院、跨系、跨专业选课机制,推行更适合学生个性发展、能给学生更多选择的弹性化、多样化人才培养模式;加强实验、实践教学,着力提高大学生的学习能力、实践能力和创新能力;完善青年教师助教制度和本科生导师制度,建设好教学团队;规范教学管理,加强教风、学风建设,健全教学质量评价的长效机制。

推进"研究生教育质量与创新工程",大力推进研究生培养机制改革。抓住招生制度、课程设置、研究选题、科学研究、论文答辩等主要环节,对研究生培养过程进行系统的改革;适应学科交叉融合的需要,加强跨学科、复合型研究生的培养;促进研究生教学与科学研究紧密结合,使研究生成为我校科研创新的一支生力军;采取有力措施,加强与国内外大中型企业、高水平大学和科研机构联合培养研究生;高度重视博士生科研创新能力培养,加大力度资助博士生开展科学研究;大力发展专业硕士学位教育,培养更多适应社会需要的应用型高素质人才。

办好继续教育,为构建学习型社会做出积极贡献。围绕构建现代国民教育体系、建设学习型社会的需求和"大规模培训干部、大幅度提高干部素质"的要求,办好高层次继续教育和远程教育,不断提高办学质量和办学效益。

大力支持办好嘉庚学院,使之成为全国一流的独立学院。

(二)创新体制、重点突破,着力增强自主创新能力。研究型大学是自主创新的国家队,是基础研究和高技术领域原始创新的主力军。要实施"创新强校"战略,面向国家和区域科技创新的重大需求,着力增强自主创新能力,争取在若干研究方向上取得重大突破。

突出抓好科研体制机制创新。根据当代科学研究呈现多学科交叉、集成创新的特点,要着力理顺院系行政组织与跨学科创新平台、基地的关系,打破行政壁垒,促进科研机构之间的合作,推进人力和智力要素的流动和汇聚,建立有利于调动二者积极性,有利于资源合理配置和开放共享的体制机制。

突出抓好创新平台和基地建设。要紧密围绕《国家中长期科学和技术发展规划纲要》,结合国家创新体系(大学)建设,以"985工程"科技创新平台和哲学社会科学创新基地为基础,集中优势力量,整合集成

各方面资源，积极争取新建若干个国家级和一批省部级的科技创新平台、哲学社会科学创新基地。

突出抓好科研评价体系建设。在深入调查研究、科学论证的基础上，根据不同学科的特点，制定相应的评价体系和评价标准。评价体系的建设，要有利于团队建设和调动科研人员的积极性，有利于形成鼓励创新和服务发展的政策导向。

突出抓好创新文化建设。要大力宣扬追求真理、培养人才、繁荣科技、服务社会的现代大学精神，建设百花齐放、百家争鸣、鼓励创新、宽容失败的创新文化。要继续加强学术道德建设，坚决克服和摒弃学术浮躁。积极探索完善学术自律与学术监督相结合、学术自由与学术责任相结合的有效机制，努力营造民主、宽松、开放、和谐的良好学术氛围。

（三）主动贴近、主动融入，着力增强服务社会能力。服务社会是大学的重要职能。要更加主动地对接国家和地方的重大战略需求，努力成为解决经济和社会发展重大问题、实现技术转移和成果转化的生力军。

积极推进产学研合作。要围绕国家战略需求和重点发展领域，加强与国家大型企业的战略合作，积极承担国家重大攻关项目。大力实施《厦门大学服务海峡西岸经济区行动计划》，构筑一批面向海西产业发展需求的科技创新平台，首批规划并努力建好药物、材料、能源、海洋等十大科技创新平台。

积极推进技术转移和成果转化。与厦门市联合共建“厦门大学国家大学科技园”，充分发挥大学科技园的孵化功能，使大学科技园成为海西经济发展和技术进步的重要创新基地。加强知识产权保护，制定有效政策，支持科技成果转化，促进技术转移，规范科技产业管理。

积极推进决策咨询服务。发挥我校人文社科和理工等多学科的综合优势，认真研究我国经济社会发展面临的重大问题和海西建设的现实问题，为各级党委政府提供高质量的决策咨询服务，充分发挥“思想库”和“智囊团”作用。

（四）以人为本、培引并重，着力加强人才队伍建设。人才是第一资源，人才队伍是学校发展的关键。要坚持“人才兴校”战略，深入实施“高层次创造性人才计划”，培养人才、引进人才、关心人才、用好人才，造就一支善于教书育人、兼具学识魅力和人格魅力的师资队伍。

加大力度培养人才。制定培养计划，拓宽培养渠道，选派优秀中青年教师到国内外一流大学、一流研究机构、一流企业，师从一流导师，从事学习研修、开展合作研究，使他们尽快进入国际学术前沿和国家科技创新前沿，着力培养一大批具有创新能力和发展潜力的中青年学科带头人和学术骨干。

加大力度引进人才。依托长江学者、闽江学者等人才计划，紧紧围绕创新平台、基地建设和学科发展的需求，面向世界引进高层次拔尖创新人才，从平台建设、组建团队、科研条件等方面提供支持，使他们在学科建设、科技创新中尽快发挥领军作用。

加大力度建设创新团队。要积极创新人才组织模式，着眼于承担国家和区域重点发展领域的重大科技项目，以创新平台和创新基地为依托，以优秀领军人才为核心，大力推进“学科带头人＋创新团队”建设。

加强技术支撑队伍和管理队伍建设。要健全和完善实验、工程技术、图书资料等专业技术人员管理制度，建设一支高水平的、专业化的技术支撑队伍；建立科学合理的培养、激励机制，提高管理队伍素质，建设一支适应研究型大学发展需要的专业化管理队伍。

（五）瞄准需求、凝炼方向，着力构筑学科核心竞争力。学科建设是大学最具有整合性与影响力的基础工程，也是创新能力建设的基础平台。要坚持“保证重点，兼顾一般”的原则，认真制定学科建设规划，优化学科结构布局和资源配置，构筑基础巩固、重点突出、交叉融合、优势明显的学科体系。

着力建设一流学科。顺应世界科学发展趋势，围绕“国家需求、国际水平”，以重点学科建设为核心，大力推进“211工程”和“985工程”三期建设，把进一步凝炼学科方向、汇聚一流学科队伍、构筑一流学科平台更加有机地结合起来，着力提升学科核心竞争力，在若干方向上努力达到或接近国际先进水平。

继续巩固基础学科。基础学科是我校学科发展的基石，要坚持服务国家目标和鼓励自由探索相结合，面向学科前沿问题以及国家重大战略需求的基础研究问题，建设好一批传统优势学科，促进原始创新能力的提升，使其成为促进其他学科发展的强大源头。

大力发展应用学科。要紧密结合国家和地区、行业发展的重大需求，充分发挥综合性大学多学科的优势，加快建设一批应用学科、高新技术和工程学科，大力推进医学和生命科学等与人民生命健康密切相关的学科发展；进一步加强与社会主义市场经济、构建和谐社会紧密相关的人文社会学科建设。

大力推进新兴交叉学科建设。以创新平台、基地和重大科研项目为纽带，打破院系之间、学科之间的界限，强化资源配置的导向、激励机制，大力推动基础学科之间、基础学科与应用学科、科学与技术、自然科学与人文社会科学的交叉、融合与渗透，重点建设一批对国家经济社会发展和国家安全具有战略意义的新兴交叉学科。

(六)发挥优势、做好工作，着力服务祖国统一大业。认真贯彻中央对台工作战略部署，服务对台工作大局，是我校责无旁贷的特殊使命。要充分发挥我校的区位优势和人文优势，为发展两岸关系、推进祖国统一大业做出新的贡献。

着力做好台湾人民特别是台湾青年的工作。要充分发挥我校涉台交流基础好、在台校友多的优势，积极开展各种形式的交流活动，进一步增强台湾同胞对祖国大陆的认同感和归属感。要加大招生工作力度，吸引更多台湾地区优质生源来我校接受高层次学历教育；继续拓宽与台湾地区高校交流的渠道，扩大交流层面，深化合作内涵，创新合作模式，把我校建设成为两岸高校开展交流合作的重要前沿平台。

着力促进两岸经济文化互动发展。主动融入海西建设大局，积极参与闽台、厦台科技文化交流合作，促进闽台产业对接，为台湾地区企业来闽落户提供人才和技术服务。办好“海峡发展论坛”，搭建海峡两岸高层和专家学者对话、交流与合作的有效载体。

着力服务中央和省市涉台决策。加强台湾研究院和海峡两岸发展研究院建设，拓展涉台研究领域，提高研究水平，为中央和省市涉台决策提供高质量的决策咨询服务。

(七)开放办学、务求实效，着力提升国际交流合作水平。国际交流合作是站在国际教育科技前沿，提升学校办学水平的重要途径。要以更加开放的姿态，更加务实的作风，着力提升国际交流与合作的层次、水平和实效。

积极服务国家软实力战略。大力推动孔子学院总部南方基地建设，为全球孔子学院和汉语国际推广工作提供强有力的支撑和服务，提升我校对外开放的水平和国际形象。在全球办好若干所孔子学院，向世界推广汉语，弘扬中华文化。

积极开展高层次的交流合作。以学院(研究院)为主体，进一步推动强强合作、强项合作，努力与一批世界名校、著名企业建立长期稳定的战略合作伙伴关系；创造更好条件，聘请国际知名专家学者来校任教、开展合作研究，与国外高水平大学开展学者交流、学生互换；引进境外优质教育资源，促进合作办学。

积极发展留学生教育。通过加强招生宣传、设立奖学金、减免学费等措施，吸引优秀留学生生源，扩大留学生规模，提高学历留学生的比例。

(八)优化配置、重在运作，着力改善办学条件。办学条件是教学科研的重要物质保障。要坚持“尽力而为、量力而行”的原则，分清轻重缓急，有序推进学校的建设和发展。

千方百计争取办学资源。紧紧抓住部省市继续重点共建我校的机遇，积极争取更多政策、资金等方面的支持；强化政策导向，鼓励教师争取纵向、横向科研课题，大幅度增加科研经费；认真做好广大校友、海外华侨的联络工作，广泛吸收社会各界捐赠，多渠道筹集办学资源；办好“厦门大学教育发展基金会”，建立健全基金管理办法，确保基金保值增值。

千方百计改善办学条件。统筹各校区的关系，认真谋划校区发展的战略布局和科学定位，漳州校区主要用作嘉庚学院办学，翔安校区重点建设医学、生命科学、海洋科学、环境科学等学科和相关科研机构以及孔子学院总部南方基地、国际学院；认真做好校区发展的总体规划，按照“整体规划、分期建设”的原则，用 3 至 5 年的时间基本建成翔安校区；加强教职工住房的统筹规划，通过多种途径、多种形式，力争用 3 年左右的时间基本解决教职工特别是中青年教师的住房困难。

千方百计提高办学效益。树立勤俭办学、注重效益的观念，推行绩效考核，实施绩效管理，用好办学资源,使资源效益最大化;合理配置各类办学资源,完善资产管理制度和资产有偿使用制度,提高资产使用效率;挖掘潜力,进一步提高后勤服务的水平和质量,为学校各项事业发展和师生员工生活提供优质服务和保障;坚持发展投入与厉行节约并重,努力建设节约型校园。

(九)依法治校、民主管理,着力提高管理水平和运行效率。建设一流大学必须要有一流的管理。要切实加强管理,把依法治校、民主管理落到实处,向管理要质量,向管理要效率,向管理要效益。

加强制度建设。要完善校院两级管理体制,进一步理顺学校与学院的责权利关系,充分发挥学院的积极性和创造性;深化人事制度改革,强化竞争激励机制;不断健全学校内部管理规章制度,使各项管理工作有章可循;建立健全重要工作的检查督办制度,确保政令畅通,狠抓决策落实。

加强民主管理。要坚持民主集中制原则,健全民主科学的决策机制。根据学科和科研发展要求,研究建立相关学部,按学部设立学术委员会;充分发挥教代会、学位委员会、学术委员会、教学委员会、学生组织等在民主管理、决策咨询中的重要作用,确保决策的民主化和科学化;进一步推进校务公开的制度化、规范化、程序化,切实保障师生员工的知情权、参与权、监督权。

提高运行效率。推进机关效能建设,强化服务意识,切实提高管理与服务水平;不断完善多校区管理办法,提高各校区的运行效率;注重各类投入的可行性研究和论证,加强财务管理和审计监督,提高资金使用效益,防范财务风险;加强资产管理,最大限度地实现大型仪器设备等资源的开放与共享,防止重复购置和重复建设;加强对招生、考试、收费、基建、物资采购、后勤保障等重要环节和重点部位的管理,健全核查制约机制。

四、全面加强党的建设和思想政治工作

实现学校各项事业又好又快发展,关键在于坚持党的领导,在于加强和改进党的建设。要坚持党要管党、从严治党的方针,以党的先进性建设和执政能力建设为重点,认真落实校党委关于"保持共产党员先进性四个长效机制实施办法",全面加强党的建设和思想政治工作,为学校改革发展提供坚强有力的保障。

(一)着眼于永葆党的先进性,切实加强思想理论建设。加强党的思想理论建设,用马克思主义中国化最新成果武装全校党员,是永葆共产党员先进性的根本保证。

大力推进理论武装。要深入学习领会胡锦涛总书记 6 月 25 日在中央党校的重要讲话精神,牢固树立中国特色社会主义的理想信念,始终做到"四个坚定不移"。党的十七大召开后,我们要认真抓好十七大精神的学习和贯彻,与党中央保持高度一致。要坚持和完善校院两级中心组学习制度,建设学习型领导班子;加强校院两级党校建设,充分发挥党校在理论武装方面的主阵地作用;发挥理论报告员队伍的作用,加强马克思主义中国化最新成果的宣传普及。通过理论武装,帮助广大师生提高观察事物、辨别是非、把握方向的本领,积极投身学校改革发展和中国特色社会主义的伟大实践。

加强党的创新理论研究。要加强马克思主义中国化最新成果研究,抓紧组建"马克思主义研究院",加强马克思主义理论一级学科建设,系统深入研究马克思主义中国化最新成果的新思想、新观点、新论断,积极开展重大理论和现实问题研究,创造出更多具有中国特色、中国风格、中国气派的优秀成果,努力把我校建设成为马克思主义中国化最新成果研究的南方重镇。

善于用理论指导实践。理论的价值在于指导实践,学习的目的在于推动工作。要发扬理论联系实际的学风,善于运用马克思主义中国化的最新成果指导高水平研究型大学建设。要继续解放思想,适应新形势新任务,面对新机遇新挑战,不断与时俱进,更新发展理念,推动学校事业又好又快发展;要坚持改革开放,深入研究改革发展中的各种重大问题,用改革的办法破解发展难题,用开放的办法拓展发展途径;要坚持关注民生,着力解决师生员工最关心、最直接、最现实的利益问题,有效化解各种矛盾,大力推进和谐校园建设。

(二)着眼于提高党的执政能力,切实加强领导班子和干部队伍建设。建设朝气蓬勃、奋发有为的坚

强领导集体，造就德才兼备、干事创业的高素质干部队伍，是推进学校各项事业发展的关键。

进一步完善学校党委全委会制度。坚持集体领导的原则，涉及学校全局和长远的重大问题，须提交全委会讨论决定；重要干部的任用，实行全委会票决制；常委会做出的重大决定，要事先征求党委委员的意见；全委会对常委会工作进行监督，定期听取并审议常委会的工作报告。

进一步加强各级领导班子建设。要按照中央提出的“政治坚定、求真务实、开拓创新、勤政廉政、团结协调”的要求，着力提高各级领导班子议事决策的能力、改革创新的能力、团结共事的能力、处理复杂问题的能力和推动工作落实的能力。要坚持和完善党委领导下的校长负责制，认真贯彻民主集中制原则，努力形成党委统一领导、党政分工合作、协调配合的工作运行机制，充分发挥校党委的领导核心作用；加强学院、研究院领导班子建设，健全党政联席会议议事规则，充分发挥各学院党委、各党总支的政治核心和监督保证作用。

进一步加强干部队伍建设。要把握正确用人导向，认真贯彻干部队伍“四化”方针和德才兼备原则，营造干事业光荣、干事业有功、干事业有位的浓厚氛围，把实干进取、成绩突出、群众公认的干部选拔到各级领导岗位。要认真实施体现科学发展观要求的干部综合考核评价办法，切实做到严格考核、公正评价、正确使用。要加强后备干部队伍建设，注重动态管理、跟踪培养、定期考察，有计划地安排后备干部到一线和基层经受锻炼和考验，加快成才步伐。要加大干部校内轮岗交流的力度，积极主动向社会输送优秀干部。

进一步加强干部教育培训。大力实施《厦门大学“十一五”干部教育培训规划》，依托校院两级党校，丰富培训内容，创新培训方式，以党政干部培训为重点，大规模培训干部；积极推荐、选派干部到上级干部教育培训机构接受培训，大力提高干部思想、业务素质。

(三)着眼于巩固党的执政基础，切实加强基层组织建设。学校党的基层组织是党在学校全部工作和战斗力的基础，是学校各项工作的有力组织者、推动者和实践者。

着力加强学院党委、党总支建设。认真贯彻落实校党委《关于院党委(党总支)工作的暂行规定》，围绕中心、服务大局，完善党政分工协作、共同负责的工作机制，保证党的方针政策和学校重要决策在本单位的贯彻执行，切实发挥政治核心作用。认真落实院党委(党总支)抓基层党建工作责任制实施办法，找准党建工作着力点，强化工作措施，促进党建工作科学化、制度化和规范化。不断改善基层党组织的工作条件，在经费等方面为各院党委、各党总支提供更大支持。

着力加强基层党支部的建设。坚持完善组织生活制度，切实提高支部组织生活质量；坚持党员经常性学习教育制度，推进学习型支部建设；坚持党员干部联系群众尤其是联系高层次人才和经济困难师生制度，进一步密切党群干群关系；坚持开展支部工作立项活动和主题实践活动，丰富活动内容、创新活动方式、提升活动实效，使基层党支部增强凝聚力，充分发挥战斗堡垒作用。

着力抓好发展党员工作。按照“坚持标准、保证质量、改善结构、慎重发展”的方针，加强入党积极分子的教育培训工作，加大在优秀人才中发展党员的工作力度，积极吸收符合党员条件的学术骨干、青年教师和大学生入党，把各类优秀人才凝聚到学校发展和党的教育事业中来，使党员队伍始终保持勃勃生机和旺盛活力。

(四)着眼于树立良好形象，切实加强党的作风建设。党的作风体现党的宗旨，关系党的形象。加强作风建设，是保持和发展党的先进性的必然要求。

要把领导干部作风建设摆到重要位置。各级领导干部要始终牢记“两个务必”，围绕胡锦涛同志倡导的八个方面良好风气，加强党性修养，以良好的作风和形象推动学校发展。要树立为民服务的形象，始终把为民作为想问题、做决策、办事情的出发点和落脚点，把师生员工的利益摆在首位，把师生员工的安危冷暖放在心头，脚踏实地办实事，真心实意解难事，持之以恒做好事。要树立勤奋好学的形象，把勤奋好学作为干好工作的根本要求，紧跟时代潮流，不断追求新知，提升工作站位，培养战略思维，努力提高素质，增强发展本领。要树立真抓实干的形象，牢固树立一具体就深入、一具体就突破、一具体就落实的抓工作理念，深入基层，深入实际，掌握实情，从基层抓起，从基础抓起，从主要矛盾抓起，一步一个脚印地把事业推向前进。要树立艰苦奋斗的形象，发扬艰苦奋斗的优良作风，坚持勤俭办学的优良传统，带头勤俭节约、反对铺张浪费，带头精打细算、反对大手大脚，带头艰苦创业、反对盲目攀比。要树立清正廉洁的形象，坚持立党为公、执政为民，立足本职、忠于职守，秉公办事、秉公用权，勤政干事、廉洁自律，始终做到自重、自省、自警、自励。

深入开展党风廉政建设。认真贯彻标本兼治、综合治理、惩防并举、注重预防的反腐倡廉战略方针，推进教育、制度、监督并重的惩治和预防腐败体系建设。要坚持不懈地抓好廉政教育、警示教育，筑牢拒腐防变的思想道德防线。要加强反腐倡廉制度建设，把制度建设贯穿于教育、监督、管理、惩治等各个环节；狠抓制度落实，做到令行禁止、违者必纠。加强监督检查，坚持关口前移，强化事前监督和事中监督，重点加强对领导班子特别是班子主要负责人的监督；严肃查处违纪违法案件，充分发挥查办案件的治本功能；认真执行党风廉政建设责任制，完善反腐倡廉工作考核办法和责任追究办法。

（五）着眼于人的全面发展，切实加强思想政治工作。思想政治工作是党的优良传统和政治优势，是做好学校一切工作的生命线，是构建社会主义和谐校园的重要基础。

加强教职工思想政治工作。努力探索新形势下教职工思想政治工作的有效途径和方法，坚持提高思想素质和业务素质相结合，促进事业发展和实现个人抱负相结合，实施严格要求与落实人文关怀相结合，创造工作条件和解决生活困难相结合，引导广大教职工坚定理想信念、忠诚教育事业，充分调动他们的积极性、主动性和创造性。要加强师德师风建设，完善“教师职业道德规范”等制度，建立师德建设长效机制；强化师德教育，大力宣传师德典型的先进事迹。广大教师要认真贯彻落实胡锦涛总书记8月31日在全国优秀教师代表座谈会上提出的“四点希望”，即“爱岗敬业、关爱学生，刻苦钻研、严谨笃学，勇于创新、奋发进取，淡泊名利、志存高远”，以“学为人师、行为世范”为准则，静下心来教书，潜下心来育人，以优良的师德师风教育和影响学生。加强辅导员队伍的选聘、管理和培养，建设一支奉献精神强、善于与学生沟通交流、能成为学生的知心朋友和人生导师的辅导员队伍。

深入细致做好学生思想政治工作。要进一步抓好马克思主义中国化最新成果进教材、进课堂、进头脑工作，充分发挥思想政治理论课的主渠道作用，强化哲学社会科学课程的育人功能，深入发掘各类课程的思想政治教育资源，更好地回答学生普遍关注的重要理论和实践问题。坚持以社会主义核心价值体系为根本，教育和引导学生树立远大理想和坚定信念，使学生具有强烈的国家意识、民族自豪感和社会责任感，具有强烈的创新意识、奉献精神和高尚品德。要深入开展社会实践活动，使学生在中国特色社会主义的伟大实践中受教育、长才干、做贡献；加强校园文化建设，坚持弘扬主旋律、突出高品位，把德育、智育、体育、美育渗透到校园文化活动之中；加强网络思想政治教育工作，用正确、积极、健康的思想文化占领网络阵地。要积极开展学生心理健康教育，培养学生良好的心理品质，引导学生正确对待自己、他人和社会，正确对待困难、挫折和荣誉，塑造自尊自信、理性平和、积极向上的社会心态；认真细致做好家庭经济困难学生的资助工作，完善助学体系，解决他们的实际困难；高度重视毕业生就业工作，全面提升毕业生的就业能力和创业能力，使学生不仅有业就，而且能够就好业。

（六）着眼于确保学校安全稳定，切实加强平安校园建设。维护学校稳定是压倒一切的重要任务。面对新形势新任务，我们要从更高起点、更高层次、更高水平上思考和做好这项工作。

确保学校政治稳定。加强对意识形态工作的领导，加强对课堂教学、讲坛论坛、社团活动和网络的管理，决不给错误的思想和言论提供传播渠道和空间。积极防范和应对境内外敌对势力、“法轮功”等邪教组织、“三股势力”在校园内进行渗透破坏活动，提高广大师生的政治鉴别力和对各种腐朽思想的免疫力；规范涉外学术交流与合作，做好外籍教师、境外学生和国际学术交流活动的管理工作。

加强校园安全管理。要加大校园治安管理工作力度，有效预防违法犯罪行为；加强交通、食品、药品和危险品管理，防止意外事故发生；提高应对突发公共事件和自然灾害的能力和水平，妥善处理各种矛盾和纠纷，依法处置群体性突发事件；积极争取地方相关部门的支持，逐步形成校园周边环境综合治理的社会合力。

健全安全稳定工作机制。强化领导责任制，建立条块结合、分工明确、责任落实的安全稳定工作责任体系,积极探索多校区条件下的安全稳定工作管理模式。建立和完善校园治安防控体系,形成综合治理、群防群治、齐抓共管的工作格局。根据《厦门大学突发公共事件应急预案》要求,定期进行演练,科学防范、有效应对突发事件。

(七)着眼于构建和谐校园,切实调动一切积极因素。和谐校园建设是推进学校科学发展的重要基础和保障。要实现我校《"十一五"和谐校园建设规划》提出的各项目标,关键在调动各方积极性,关键在狠抓落实。

切实发挥各级领导班子和领导干部的带头作用。各级领导班子和领导干部要加强调查研究,解决好影响校园和谐的突出矛盾和问题;要加强具体指导、综合协调和督促检查,强化领导责任,明确工作分工,制定分解实施方案,狠抓各项工作落实;要加强团结、增强合力、共创和谐,在和谐校园建设中起表率和带头作用。

充分发挥基层党组织的战斗堡垒作用和党员的先锋模范作用。和谐校园建设的力量源泉来自于基层,和谐校园建设的各项任务要落实到基层,和谐校园建设的成效最终也体现在基层。建设和谐校园,要把党的基层组织建设放在突出位置,充分发挥基层党组织凝聚人心、推动发展、促进和谐的作用。要巩固党员先进性教育成果,健全党员经常受教育、永葆先进性的长效机制,充分发挥广大党员在和谐校园建设中的先锋模范作用,以党内和谐促进校园和谐。

充分调动各方面的积极性。重视新时期统一战线工作,积极创造条件、畅通渠道,支持民主党派和党外知识分子履行职能、发挥作用;加强对工会、共青团、妇委会等群众团体的领导,支持他们按照各自的章程创造性地开展工作,努力发挥党联系群众的桥梁和纽带作用;进一步关心照顾离退休教职工,继续发挥他们在学校改革发展稳定中的积极作用;扎实做好海内外校友的联络沟通工作,团结和凝聚广大校友为母校发展献计献策、贡献力量。

各位代表、同志们,建设世界知名高水平研究型大学,是党和人民对我们的要求,是历史赋予我们的重任。我们的事业任重而道远,我们的使命光荣而艰巨。让我们紧密团结在以胡锦涛同志为总书记的党中央周围,高举中国特色社会主义伟大旗帜,以邓小平理论和"三个代表"重要思想为指导,以科学发展观统领改革发展全局,坚定信心、振奋精神,同心同德、励精图治,共同开创厦门大学更加美好的未来!

——本文摘录自《关于印发朱之文同志在中国共产党厦门大学第九次代表大会上作的党委工作报告的通知》,厦大委综〔2007〕32 号,档号 2007-XZ09-15

厦门大学 2006—2007 学年第二、三学期工作要点

（2007 年 3 月 5 日）

本学期工作的指导思想是：以邓小平理论和“三个代表”重要思想为指导，深入学习党的十六大和十六届三中、四中、五中、六中全会精神，以科学发展观统领学校工作全局，大力推进和谐校园建设，认真贯彻第十五次全国高校党建工作会议精神，以全面提高办学质量为中心，切实加强管理，着力提高管理水平和办学效益，努力办出特色，推动学校持续协调健康发展，以优异成绩迎接党的十七大胜利召开。

一、深入学习贯彻十六大和十六届三中、四中、五中、六中全会精神，为学校的改革和发展提供强有力的政治保障

1. 深化马克思主义中国化最新成果的理论学习。深入领会十六大以来党中央提出的一系列重大战略思想，制定学习规划，认真组织学习，发挥党委中心组学习的带头作用，推动全校性理论学习的深入开展，注重学习实效；充分发挥我校人文社会科学研究的优势，组织开展对重大理论问题和现实问题的研究；把理论武装与学校发展的重大战略思考结合起来，认真研究学校的发展大局，集中解决影响和制约学校发展的重大问题，确保学校各项工作的持续协调健康发展。

2. 加强保持共产党员先进性长效机制建设。认真贯彻落实中共中央四个保持共产党员先进性长效机制文件和《中共教育部党组关于高等学校保持共产党员先进性长效机制建设的意见》，重点做好党员的经常性教育工作、党员联系和服务群众工作，发挥党组织的领导核心和战斗堡垒作用，发挥广大党员的先锋模范作用；加强党的基层组织建设，继续开展党支部立项活动，努力实现本科生高年级党支部建在班上的目标。

3. 加强思想政治理论课的建设。探索利用我校多学科、强势学科的优势，加强思想政治理论课队伍建设，抓好四门思想政治理论课的教学工作，加强社会主义核心价值观体系的教育，大力建设充分体现马克思主义中国化最新成果的学科体系和教材体系，增强思想政治理论课的吸引力和感染力。

4. 精心筹备召开学校第九次党代会，起草好第八届党委工作报告，加强后备干部队伍建设，做好各级干部特别是处级干部的调整、配备工作，在组织上为校第九次党代会的召开作好准备。认真做好党的十七大代表候选人的推荐工作。

二、认真贯彻第十五次全国高校党建工作会议精神，大力推进社会主义和谐校园建设

1. 认真组织学习第十五次全国高校党建工作会议精神和教育部第十七次咨询会议精神，结合学校“十一五”规划和 2021 年远景规划的实施，制定《厦门大学“十一五”和谐校园建设规划》。

2. 加强领导班子和干部队伍建设。认真学习贯彻胡锦涛总书记在中纪委第七次全会上的重要讲话精神，大力倡导八个方面的良好作风，加大对领导干部作风状况的考察考核和监督力度；加强领导干部的思想素质建设，提高各级干部的治校能力；加强各学院重大决策、重要干部任免、重要项目安排和大额度资金使用必须经集体讨论决定的“三重一大制”建设；完善辅导员队伍建设；加强干部队伍的培训和党员

的教育管理,根据中央《2006—2010年全国干部教育培训规划》的精神,制定学校干部教育培训计划。

3. 加强师德师风建设。继续认真学习胡锦涛总书记给孟二冬女儿回信的精神,将师德建设放在教师队伍建设的首位;认真研究、探索新形势下加强和改进师德师风建设的有效途径和方法;成立厦门大学学术委员会(文科、理工科)学风委员会,制定《厦门大学学术委员会学风委员会章程》,进一步加强学术道德建设,不断提高教师的师德水平。

4. 加强大学生思想政治教育。继续贯彻中央16号文件精神,制定配套实施方案,认真开展学习16号文件自查和"回头看"工作,开展专项检查,重点解决薄弱环节的问题;认真组织大学生参加扶贫支教、社会主义新农村建设等社会实践活动,以此作为大学生思想政治教育的重要途径之一,提高大学生素质,促进大学生了解社会、关爱社会、报答社会;以厦大研究生宁夏支教团为榜样,拓展贫困地区支教工作,启动"厦门大学资助贫困地区小学工程";加强大学生心理健康教育,构建"预防、发展、治疗"一体化心理健康服务体系。

5. 加强党风廉政建设。继续落实《〈实施纲要〉具体办法》的各项任务,从制度建设入手,健全学校教学、行政、教师、学生、财务、资产、安全等一系列内部规章制度,规范各种办学行为;认真查找招生、考试、收费、基建、后勤等环节上的管理漏洞,重点抓好财务管理、科研经费管理、招投标管理和招生考试的监督。

三、继续深化教学改革,全面提升人才培养质量

1. 继续推进新世纪高等教育教学质量与教学改革工程。全面启动"高等学校本科教学质量与教学改革工程",构建国家、省、校三级立项体系,推进教学改革,提高本科教学质量。

2. 深化本科人才培养模式改革,启动新一轮教学计划修订工作。以提高学生素质为核心,在课程资源共享的基础上,加强本科教学内容的研究性、前沿性和实践性,构建灵活、开放、科学的课程体系,满足学生弹性化、个性化的自主学习要求。

3. 进一步落实本科生导师制,追踪导师制的实际执行情况,探索跨校区导师制运行的有效机制;认真总结"三学期制"的经验,完善第三学期课程建设;进一步健全本科教学评估长效机制,根据上年度本科教学工作评估查找出的问题和整改的意见与建议,落实整改措施。

4. 修订研究生培养方案,进一步加强研究生课程建设工作,促进研究生课程教学内容与教学方法的改革,促进优质教学资源共享;通过与大中型企业联合培养等方式,拓展工程硕士的培养渠道,加大工程硕士的培养力度。

5. 调整继续教育结构,加强远程教育和高层次培训工作,建立独具特色的高层次继续教育平台。

四、围绕国家创新体系建设目标,主动融入国家和地方经济建设的主战场,增强科研自主创新能力,推进科技成果转化与产业化

1. 筹备召开2007年度科技工作会议,认真研讨学校科研和科技成果转化及产业化工作,总结经验,统一思想,开创科技工作新局面。

2. 把握战略机遇,加快建设国家级、省市级科研创新平台和基地,力争在国家重大基础研究和战略高技术领域占有一席之地。推动"国家南方海洋研究中心"、"醇醚酯化工清洁生产国家工程实验室"、"教育部重点人文社科基地"等国家级平台和基地的申报和建设工作。

3. 转变观念,以服务为宗旨,在贡献中发展,加强政策引导,推动科研人员主动面向国家和区域经济建设主战场,加强与政府各部委、厅局的联络,加强与大型企业建立实质性科研合作关系;组织创新团队,鼓励学科交叉,开展联合攻关,积极承担国家和地方重大科研任务,增强承担重大科研项目的竞争能力,在区域经济建设和社会发展中起骨干和引领作用;2007年力争科研经费达到2.6亿元。

4. 加强学校、科技园区和政府的“三区联动”，建设应用型科技产业平台，加快国家大学科技园的建设；加快科技园海沧基地的申报工作，搭建生物医药、工业催化剂、精细化工的中试基地平台，为相关学科应用型研究和成果转化提供条件；制定《厦门大学科技产业管理条例》，进一步推进校办产业规范化建设。

5. 加强对外科技合作工作，进一步完善知识产权的管理，在保护知识产权的基础上推动科技成果转化和产业化。

五、以新一轮国家重点学科评估为契机，促进学科建设迈上新水平；切实抓好“985”和“211”两大工程的建设

1. 进一步凝炼学科方向，做好新一轮国家重点学科的申报工作，积极跟踪国家重点学科的考核评估进程，争取更多的学科能够进入国家重点学科的建设行列，提升学科整体水平和核心竞争力。

2. 大力推进“985 工程”二期建设，提高建设效益。做好 2007 年中央专项经费的预算工作，积极争取建设经费；加强“985 工程”建设过程中的协调、检查和监督；认真做好迎接教育部“985 工程”二期建设中期检查评估的各项准备工作。

3. 紧密结合国家创新体系（大学）建设，以学科建设为核心，发挥特色和优势，科学制定“十一五”“211 工程”建设规划，精心组织好立项工作；争取尽快启动“十一五”“211 工程”建设。

4. 加快工作进度，保证新组建的新闻传播学院、国际关系学院和材料科学与工程学院尽快开展各项工作。

六、牢固树立人才是第一资源观念，以人为本，深化人事制度改革，促进师资队伍建设

1. 充分发挥各学院的作用，确保重点，进一步加大人才引进力度，争取在人才引进的层次和规模上有新的突破。

2. 继续实施“高层次创造性人才计划”，加强学科带头人和创新团队建设，加大青年骨干教师培养力度，确保青年骨干教师培养工作的制度化，在政策上向青年骨干教师倾斜，为青年骨干教师的迅速成长创造条件。

3. 继续深化人事制度改革，进一步完善全员聘用制和教师职务聘任制，根据不同学科的特点，拟定科学合理的、有利于促进各学科良性发展的评价体系和标准。

4. 调整教职工住房公积金比例；完成我校教职员工收入分配制度改革工资套改入轨工作，认真研讨绩效工资改革方案，强化收入分配制度的激励约束作用。

七、坚持全方位、多层次、开放式、国际化的办学理念，进一步提高与境外著名院校交流与合作的水平和质量

1. 以学院为主体，继续加强与国外及港澳台地区著名院校的交流与合作，特别注意与世界一流大学开展实质性的交流与合作；支持海洋与环境学院、法学院和管理学院等在“全球八校联盟”框架下进行国际合作项目的开发。

2. 推动与国家留学基金委合作开展“国家公派出国留学研究生选派项目”，推进国际硕士项目的实施，促进研究生培养的国际合作。

3. 加强国际学生的招生工作，扩大国际学生生源；加强规范化管理，改革留学生管理体制，加强来华留学生和出国留学生的统一管理。

4. 加强外事工作制度的建设，出台《厦门大学对外合作与交流管理条例》。

5. 支持有关学院开好“第35届国际光谱会议”、“第17届国际磷化学大会”等大型国际学术会议。

八、改善办学条件,为师生员工提供更好的工作、学习和生活环境

1. 加快“216工程”建设,重点争取启动新校区建设。

2. 对全校的公共教学设施进行全面检查,根据不同的情况进行维修和更新。

3. 认真研究,着手解决青年教师的住房困难问题。

4. 基本完成主校区的校园环境的整治工作。

5. 修订《厦门大学校园信息化规划方案》,基本完成基础数据库平台、统一身份认证平台和信息服务门户平台的建设,实现校园信息资源的整合和共享。

九、以提高质量为中心,切实加强和改善管理

1. 坚持从严治教、规范管理,教育师生严格遵守校纪校规;继续加强学生的住宿管理,充分发挥学生宿舍的育人功能。

2. 加强行政管理人员特别是学院办公室人员的培训工作,提高行政管理人员的素质和管理水平。

3. 加强大型仪器设备等资源的管理与共享,建立一支精干的仪器设备管理和维修队伍。

4. 总结“一校多区”办学管理模式的经验,以有利于人才培养为宗旨,进一步完善“一校多区”管理体制和运行机制。

5. 进一步加强房产管理和主校区教工住宅区的物业管理,建立与经济和社会发展相适应的物业管理和收费制度,抓好节约型校园建设,进一步提高后勤服务质量。

6. 以资产清查为契机,摸清家底,优化资源配置,加强国有资产管理,提高办学资源的使用效益;根据教育部“十一五”期间高校财务管理若干意见的精神,建立健全财务管理体制和运行机制,进一步规范财务行为,强化财务责任,切实防范财务风险。

7. 完善厦门大学突发公共事件预警机制和应急预案,成立厦门大学突发公共事件处理机构,有效预防、及时控制,妥善处理校园突发事件,保证正常的教育教学秩序,维护学校稳定;加强校园综合治理,加强治安工作,加强校内机动车的行驶管理,整治乱停车和无牌照车辆上路现象。

——本文摘录自《关于印发〈厦门大学2006—2007学年第二、三学期工作要点〉的通知》,厦大委综〔2007〕1号,档号2007-XZ09-11

厦门大学2007—2008学年第一学期工作计划要点

（2007年10月10日）

2007—2008学年第一学期学校工作的指导思想是：高举中国特色社会主义伟大旗帜，以邓小平理论和“三个代表”重要思想为指导，以科学发展观为统领，深入学习贯彻党的十七大精神，认真落实学校第九次党代会提出的各项任务，促进学校各项事业又好又快发展。本学期主要做好以下几项工作：

一、深入学习贯彻党的十七大精神，切实加强党的建设

1. 认真学习、宣传、贯彻党的十七大精神。充分发挥党委中心组学习的带头作用和党委党校的主阵地作用，在全校党员和师生员工中掀起学习党的十七大精神的高潮；发挥我校学科优势，积极开展党的十七大提出的创新理论研究；加强理论报告员队伍建设，宣传普及马克思主义中国化最新成果。

2. 把学习贯彻党的十七大精神和贯彻落实学校第九次党代会提出的各项任务结合起来，以党的十七大精神为指导，扎实推进学校第九次党代会提出的各项任务的落实。各单位要根据学校第九次党代会任务分解方案，制定本单位具体实施办法，明确责任和措施。

3. 加强党的组织建设。认真贯彻落实校党委《关于院党委（党总支）工作的暂行规定》，着力加强学院党委、党总支建设；坚持党员经常性学习教育制度，深入开展党支部工作立项活动和主题实践活动，推进学习型支部建设，增强党支部的活力和吸引力；加强在学科带头人、学术骨干、青年教师和大学生中发展党员工作。

4. 加强领导班子和干部队伍建设。完成学院领导班子换届和部分单位干部配备工作；加强后备干部队伍建设，加大干部轮岗交流力度；根据《厦门大学“十一五”干部教育培训规划》的要求，认真落实2007年干部教育培训计划。

5. 深入开展党的作风建设和廉政建设。围绕胡锦涛总书记提出的“三种意识”和“八个方面良好风气”的要求，切实加强领导干部作风建设，制定我校《关于加强领导干部作风建设的意见》；进一步贯彻落实《建立健全教育、制度、监督并重的惩治和预防腐败体系实施纲要》，着手制定我校《贯彻落实〈实施纲要〉2008—2012年工作要点》。

6. 深入贯彻全国统战工作会议精神，开好全校统战工作会议；做好校团委的换届工作。

二、加强思想政治工作，扎实推进和谐校园建设

1. 深入学习贯彻胡锦涛总书记在全国优秀教师代表座谈会上的重要讲话精神，健全师德师风建设相关制度，建立师德师风建设长效机制。

2. 围绕社会主义核心价值体系，加强学生思想政治工作。组建马克思主义研究院，加强马克思主义理论一级学科及相关二级学科的建设；贯彻落实校党委《关于贯彻〈中共中央国务院关于进一步加强和改进大学生思想政治教育的意见〉的实施意见》，开展全校性督导检查工作；总结和推广研究生支教团赴宁夏支教的成功经验，大力推动志愿者扶贫支教工作；完善心理健康教育课程体系、咨询服务体系和校园三级心理工作网络建设。加强辅导员队伍建设，完善多校区辅导员的管理体系，制定《厦门大学辅导员教育

培养规划》和《厦门大学辅导员教师职务聘任办法》。

3. 认真落实《厦门大学"十一五"和谐校园建设规划》各项任务。根据《〈厦门大学"十一五"和谐校园建设规划〉主要任务分解实施方案》,认真检查任务落实的进展情况,务求取得实效,扎扎实实推进和谐校园建设。

4. 做好校园安全稳定工作,重点确保党的十七大期间校园稳定。积极采取措施,稳定学生食堂饭菜价格,确保饭菜质量;积极防范和应对境内外敌对势力、"法轮功"等邪教组织、"三股势力"在校园内进行渗透破坏活动;加大校园治安管理工作力度。

三、深化教学改革,不断提高人才培养质量

1. 全面启动"厦门大学本科教学质量与教学改革工程"。完成新一轮教学计划修订工作;完善三学期制、青年教师助教制和本科生导师制等制度;做好国家级、省级本科教学质量与教学改革各项申报工作;加强实践教学基地和实验室建设,重点建设好一批大型教学实习基地;进一步建立健全教学管理制度;组织好年度校内本科教学评估。

2. 继续实施"厦门大学研究生教育质量与创新工程"。深化研究生教育改革,创新研究生培养模式;制定《厦门大学研究生培养机制改革方案》,加强研究生培养的制度化和信息化建设,构建充满活力的研究生教育运行机制;通过加强研究生课程建设和积极与国内外大中型企业、科研机构、高水平大学联合培养研究生等措施,着力提升研究生创新精神与实践能力;大力推进优秀博士学位论文培育工程,培养拔尖优秀人才;积极面向国家经济发展重大战略任务,发展专业学位教育。

3. 办好高层次继续教育。积极开展远程教育,拓展新型教学模式,完成网络教育硬件平台建设,重点为海西建设和国家大型企业提供高层次继续教育培训服务。

4. 努力培养国际化人才。积极开展国际和区域间的学生交流工作,扩展学生的国际视野,重点做好"国家建设高水平大学公派研究生项目"出国留学人员的选派工作。

四、提升科研自主创新能力,推进科技成果转化和产业化工作

1. 积极拓展科研经费来源渠道,加强科研经费的管理,努力实现2007年科研经费2.6亿元的目标。

2. 围绕国家战略需求和重点发展领域,加强与国家大型企业的战略合作,争取参与更多重大战略项目,并着手建立相关的研发平台。

3. 围绕海西建设发展需求,认真实施《厦门大学服务海峡西岸经济区行动计划》,重点做好与省市相关部门的对接工作,推进药物、材料、能源、海洋等10个科技创新平台的建设。

4. 加强科研创新团队建设工作,并组织好2007年度厦门大学创新团队的申报和遴选工作。

5. 抓好科研体制和机制创新。着力理顺院系行政组织与跨学科创新平台、基地的关系,建立有利于资源合理配置和开放共享的体制机制;根据不同学科的特点,着手制定相应的科研评价体系和标准。

6. 落实与厦门市共建"厦门大学国家大学科技园",加强以国家工程实验室为重点的各类工程研究中心的申报筹建工作,开好全校科技成果转化工作会议,进一步加强知识产权保护和管理。

五、推进"211工程"和"985工程"建设,提升学科整体水平

1. 加强对"985工程"二期建设项目的检查和监督;认真总结经验、统筹规划、突出重点,全面启动"211工程"和"985工程"三期建设。

2. 认真制订我校国家重点学科2007—2010年的建设与发展规划,依托"211工程"三期建设,着力提升一级学科国家重点学科的综合优势和整体水平,促进特色二级学科国家重点学科的发展;整合我校学

科建设综合资源，促进学科交叉融合和新兴学科的生长，培育新的学科增长点。

3. 积极开展全国第十一次学位授权审核的申报工作，重点做好医学、工学等学科博士点、一级学科的申报工作。

4. 实行学部制度。着手组建人文与艺术、社会科学、自然科学、工程技术、生命科学与医学等学部。

六、汇集优秀人才，努力建设一流师资队伍

1. 继续实施"高层次创造性人才计划"，打造高素质人才队伍。大力实施学科带头人和学术骨干后备人选培养计划；充分利用各种人才培养资助项目，有计划地派遣中青年骨干教师到国内外一流大学、国内一流企业和科研机构进行研修交流；认真做好高层次人才的招聘工作，制定《厦门大学"高层次引进人才科研启动支持项目"实施办法》；加大引进国外智力工作的力度，吸引更多高水平的海外优秀人才来校工作。

2. 继续深化人事分配制度改革。完成新一轮的教师定编定岗工作；制定新的岗位设置管理方案，组织实施专业技术、职员和工勤三类人员的岗位聘任和岗位工资的入轨工作；制定非隶属附属医院教师岗位设置及聘任办法、境内教学类非全职教师聘任办法和退休教师返聘办法等相关管理规定；做好教师首次聘期考核的后续有关工作。

3. 加强各类人员培训工作，特别是要做好新聘教师及其他专业技术人员和新聘职员的岗前培训工作。

七、发挥特色和优势，大力推进国际和区域合作与交流

1. 加强孔子学院建设，做好对外汉语推广工作。力争孔子学院总部南方基地依托我校建设；完成海外孔子学院的布点任务；完善规章制度，加大师资选派及培养、培训力度，加强国际汉语教材的开发和推广，建立起支持海外孔子学院运转的体系。

2. 积极开展留学生教育。积极吸引优秀留学生生源，扩大留学生规模，提高学历留学生的比例；进一步加强留学生管理，提高留学生服务工作质量。

3. 着力推动对台合作与交流。拓宽交流渠道，加强与台湾地区在教育、科技、文化等方面的合作与交流；采取有效措施，吸引更多台湾优质生源来我校接受高层次学历教育；加强台湾研究院和海峡两岸发展研究院建设，为上级涉台决策提供高质量的咨询服务。

八、积极改善办学条件，切实提高管理水平

1. 全面展开翔安校区建设的前期工作，积极推进校本部和漳州校区基建项目的建设。

2. 着手解决中青年教职工住房困难问题。启动漳州校区教职工住宅建设项目；尽快完成西坑水库安置房建设项目的前期工作；制定西村、北村教职工住宅售房方案；通过多种途径、多种形式，解决中青年教职工住房困难问题。

3. 加强机关效能建设。建立健全重要工作的检查督办制度，明确责任，狠抓落实；加强职能部门与学院之间的协调和配合。

4. 加强资产管理。调整资产经营管理政策，进一步完善资产有偿使用制度和物资集中采购制度，制定并实施教职工住宅物业管理制度。

5. 规范财务管理。坚持勤俭办学，开源节流；加强财务内部控制，科学编制财务预算；全面实施国库集中支付制度改革，完善我校国库集中支付管理相关制度；加强"厦门大学教育发展基金会"建设，建立健全基金管理办法，确保基金保值增值。

6. 系统制定和完善基本建设各阶段管理制度,进一步加强基本建设投资、进度、质量、安全的控制与管理。

7. 加大校园交通安全管理力度,规范校内车辆管理,实行停车收费制度。

8. 建立职工业余学校,加大培训力度,全面提高后勤服务队伍的素质和服务水平。

9. 提高校友工作的管理和服务水平。加强与各地校友会的联络,促进地方校友会的建设和发展;做好77、78级校友入学30周年纪念活动的筹备和组织工作。

——本文摘录自《关于印发〈厦门大学2007—2008学年第一学期工作计划要点〉的通知》,厦大委综〔2007〕33号,档号2007-XZ09-15

中共厦门大学委员会常务委员会2007年度工作报告

（2008年4月24日）

校党委书记 朱之文

同志们：

现在，我受校党委常委会委托，向全委会做年度工作报告。

一、关于2007年的工作

2007年，校党委常委会团结带领全校师生员工，认真学习贯彻党的十七大精神，高举中国特色社会主义伟大旗帜，以邓小平理论和“三个代表”重要思想为指导，深入贯彻落实科学发展观，紧紧围绕建设高水平研究型大学这个中心任务，努力推动学校各项事业又好又快发展。

（一）围绕中心抓好党的建设

校党委常委会大力加强党的建设，努力为建设高水平研究型大学提供坚强的思想和组织保证。

一是扎实抓好党的十七大精神的学习宣传贯彻。校党委常委会把学习贯彻党的十七大精神作为首要政治任务，及时传达会议精神，并下发了《关于认真学习贯彻党的十七大精神的通知》，精心筹划、周密部署，在全校深入开展学习宣传贯彻活动。以理论报告员队伍为依托，组织党的十七大精神学习贯彻宣讲团，在全校范围内开展了几十场宣讲报告会。举办6期学习党的十七大精神专题培训班，目前已有中层以上党政正职、党政副职和学生党支部书记培训班顺利结业。把学习党的十七大精神作为思想政治教育、课堂教学和党团组织活动的重要内容，切实抓好党的十七大精神进教材、进课堂、进学生头脑的工作。广泛开展党的十七大精神宣传教育活动，在校报、有线电视、有线广播、校园网等校内媒体开设十七大精神学习专栏；积极创新形式，举办大学生“点击十七大关键词”网络主题报告会；成立十七大精神红色宣传队，组织学生党员、入党积极分子和学生干部进村入户宣讲党的十七大精神，得到社会广泛好评。

二是成功召开了我校第九次党代会。从去年4月开始，校党委常委会广泛开展调研，召开了12场专题调研座谈会，集中全校智慧，认真做好党代会各项筹备工作。9月底，我校第九次党代会胜利召开。会议实事求是地总结了过去五年来的成绩和经验，深入分析了面临的形势和存在的问题，进一步明确了今后五年学校改革发展的指导思想、奋斗目标和主要任务，并对新的发展条件下全面加强学校党的建设和思想政治工作作出了新部署。会议选举产生了我校新一届党的委员会和纪律检查委员会。第九次党代会的成功召开，统一了思想、凝聚了人心、鼓舞了士气，对于推动学校持续发展、统筹发展、创新发展、开放发展、服务发展、和谐发展具有重要而深远的意义。

三是扎实推进和谐校园建设。校党委常委会认真贯彻落实党的十六届六中全会和第十五次全国高校党建工作会议精神，结合学校实际，大力推进和谐校园建设。学校专门组织十多场座谈会，深入调查研究，广泛征求意见，在此基础上制定了《厦门大学“十一五”和谐校园建设规划》，重点从理论武装、思想政治教育、校园文化、民主管理、队伍建设、安定稳定、关注民生、科学发展等八个方面下功夫，努力建设“以人为本、全面发展，依法治校、民主管理，勇于创新、充满活力，诚信友爱、人际和谐，文明高尚、安定有序”的社会主义大学校园。为了抓好落实，学校于去年5月召开全校和谐校园建设动员大会，动员和部署和谐校园建设工作,并印发了《和谐校园建设任务分解实施方案》。在和谐校园建设过程中,学校注重发挥各民主党派、有关团体和工会、共青团、妇委会、学生会、研究生会等群团组织的作用,着力抓好校园安定稳定这一前提和基础。目前全校各单位正在认真抓好各项任务的落实,扎实推进和谐校园建设。

四是切实加强领导班子和干部队伍建设。校党委常委会高度重视常委会自身建设,坚持集体领导、民主决策,注意发挥全委会的作用,重大事项提交全委会进行研究决定。建立后备干部制度,制定了《厦门大学后备干部工作暂行办法》,按民主程序推荐选拔了一批后备干部,为干部选任、调配奠定了基础。明确选人用人的正确导向,制定《厦门大学中层领导干部选拔任用工作暂行规定》,坚持把实干进取、成绩突出、群众公认的干部选拔到各级领导岗位。对机关部处领导干部进行调整和充实,对学院、研究院党政班子换届进行了部署,顺利完成了全校院级行政领导班子的换届工作。坚持抓好干部的思想素质和业务素质培训,制定并实施《厦门大学"十一五"干部教育培训规划》,依托校院两级党校,全年共培训干部317人。

五是切实加强基层党组织建设。校党委常委会坚持党要管党、从严治党的原则,努力巩固和发展先进性教育活动成果,制定并实施校党委《关于加强党员经常性教育的实施办法》等四个长效机制文件,党的先进性建设长效机制初步建立。制定《关于院党委(党总支)工作的暂行规定》,健全党政联席会议议事规则,完善党政分工协作、共同负责的工作机制,保证党的方针政策和学校重要决策在本单位的贯彻执行,切实发挥基层党委、党总支的政治核心作用。创新基层党支部活动方式、丰富活动内容、提高活动实效,继续推动党支部工作立项活动的深入开展,全年立项数达238项,党支部工作立项活动已成为发挥党员先锋模范作用和党员联系服务群众的有效载体。健全党内组织生活制度,努力提高民主生活会质量,增强党支部的活力。

六是切实加强思想政治工作。校党委常委会高度重视思想政治工作,继续深入贯彻中共中央16号文件精神,制定了贯彻中央16号文件及其配套文件的实施意见。努力探索新形势下教职工思想政治工作的有效途径和方法,坚持提高思想素质和业务素质相结合,促进事业发展和实现个人抱负相结合,实施严格要求与落实人文关怀相结合,创造工作条件和解决生活困难相结合,调动广大教职工的积极性、主动性和创造性。认真组织教师深入学习胡锦涛总书记在全国优秀教师代表座谈会上的重要讲话精神,认真学习方永刚同志的先进事迹,大力宣传我校的师德典型,努力加强师德师风建设。以社会主义核心价值体系为根本,加强大学生思想政治工作。在发挥思想政治理论课的主渠道、主阵地作用的同时,通过各种形式开展以马克思主义指导思想、中国特色社会主义共同理想、民族精神和时代精神、社会主义荣辱观等为主题的教育活动,培养学生良好的思想素质和道德修养。组织"学生服务海西行动联盟"和"博士生地方经济发展服务团",积极开展服务海西等社会实践活动,得到省委、省政府领导的充分肯定,并荣获"全国大学生社会实践活动先进单位"称号。在加强思想教育的同时,注重加强大学生心理健康教育,通过多种形式资助家庭经济困难学生,抓好毕业生就业工作。

七是切实加强作风建设和反腐倡廉建设。校党委常委会按照建设世界知名高水平研究型大学的目标要求,认真研究拟定《关于加强领导干部作风建设的意见(征求意见稿)》,召开多场座谈会,努力查找干部作风方面存在的问题,力求通过全面加强领导干部作风建设,使各级领导干部树立为民、务实、清廉的形象,推动学校各项事业更好地发展。认真落实党风廉政建设责任制,深入推进惩防体系建设。推进廉政文化建设,加强廉政警示教育,筑牢广大干部拒腐防变的思想道德防线。制定《关于深入推进治理商业贿赂专项工作的实施意见》,开展"回头看"检查工作,建立健全长效机制。坚持不懈加强对重要部位、重点岗位、重要环节的监督检查,努力实现由事后监督向事前、事中监督和全过程监督转变,反腐倡廉建设继续保持良好局面。

(二)把握机遇抓好重点工作

校党委常委会注重把握机遇,在服务大局中谋划学校发展,推进事关全局的重点工作,为学校又好又快发展创造了良好的条件。

一是积极争取部、省、市继续重点共建厦门大学。我们抓住“211工程”和“985工程”三期建设的契机，积极推动部、省、市重点共建厦门大学。去年8月，教育部、福建省和厦门市签署了《继续重点共建厦门大学协议书》，决定在巩固以往重点共建成果的基础上，加大投入力度，继续重点共建厦门大学。教育部保证投入我校的“985工程”三期和“211工程”三期中央专项经费与往期相比有大幅度增加，福建省、厦门市按照各不低于中央专项经费额度的50%对我校进行配套投入。重点共建协议书的签订为学校的发展提供了有力的保障。

二是积极服务海峡西岸经济区建设。为深入贯彻中共福建省委关于建设海峡西岸经济区的重大战略决策，我们主动贴近海西、融入海西、服务海西，制定了《厦门大学服务海峡西岸经济区行动计划》，明确提出“厦门大学是国家重点大学，但首先是福建的大学、厦门的大学；厦门大学要服务全国，但首先要服务福建、服务厦门”，在建设科技创新平台、构建决策咨询服务基地、提供强有力的人才保障、全力服务祖国统一大业等四个方面，提出服务海西的目标、要求和举措。我校服务海西的构想和思路得到省领导充分肯定，卢展工、黄小晶、陈桦、苏增添等先后做出批示，要求省里有关部门与我校做好对接。我们主动与省发改委、经贸委、教育厅、科技厅、财政厅、人事厅、省编办等有关部门进行对接，依托“6·18”项目成果交易会等平台，扎实推进《行动计划》的落实，在搭建平台、科技成果转化与产业化、开展决策咨询服务等方面取得了阶段性的成效。

三是积极推动市校战略合作。我们坚持“以服务为宗旨，在贡献中发展”，把建设高水平研究型大学与厦门的发展需求紧密结合起来，努力为厦门市新一轮跨越式发展提供强有力的科技服务和智力支撑。去年8月，我们与厦门市政府签订了《战略合作框架协议》，建立长期稳定的战略合作关系。双方决定在“985工程”和“211工程”重点共建、翔安校区建设、共建厦大医学院和附属医院、国家大学科技园建设、科技创新、人才培养等方面开展合作。目前，学校正在积极推动协议内容的落实。

四是大力推动与国家部委、特大型企业的战略合作。我们围绕建设创新型国家的新任务、新要求，主动服务，主动作为。我们积极推动与中航一集团、大唐发电等特大型企业开展战略合作，在特种高温材料、新能源领域共建高水平的科技创新平台；与美国微软公司共建“微软院校ERP实验室”；与信息产业部CSIP中心合作在我校设立“国家软件与集成电路公共服务平台厦门大学研究中心”；与福建省电子信息集团签订《产学研合作框架协议书》，共建科技创新平台，开展产学研合作；与中国建行签署战略合作协议，持续推动双方在教育、金融及相关领域的沟通与交流。通过这些合作，努力打开我校进入科技创新前沿的战略新通道，为我校的学科建设和科技创新创造更好的条件。

五是谋划校区布局的战略调整。我们紧紧抓住厦门市政府与我校开展战略合作的难得机遇，科学统筹各校区之间的关系，认真谋划校区发展的科学定位，加快校区发展布局战略性调整，积极做好翔安校区的选址、规划、筹建等前期工作，努力为学科布局结构调整和加快学科发展提供广阔的空间和良好的条件。明确了今后漳州校区主要用作独立学院——嘉庚学院办学，校本部以发展文理学科为主，翔安校区以发展医学、生命科学和应用学科为主。

六是努力解决教职工住房困难。我们把解决教职工住房问题摆上重要议事日程，加强统筹规划，通过多种途径、多种形式着力进行解决。西村、北村教职工住宅即将交付使用；漳州校区南部教职工住宅已启动建设；与厦门市政府有关部门进行磋商，积极争取将我校教职工住房纳入厦门市的保障性住房统筹安排。通过不懈地努力，我们相信教职工特别是中青年教职工住房难问题一定会得到解决。

(三)各项事业取得新进展

一年来，校党委常委会坚持发展第一要务，以发展统一思想、用发展解决问题、用发展凝聚人心，各项事业取得一系列新进展。

一是人才培养取得新成绩。扎实推进“本科教学质量与教学改革工程”，进一步完善学分制、“三学期制”和本科生导师制；扎实推进“研究生教育质量与创新工程”，1篇论文入选“全国百篇优秀博士学位论文”；5门课程入选国家精品课程，1个教学实验中心被评为国家级实验教学示范中心，1门课程入选国家双语教学示范性课程。我校已正式入选首批大学生创新性实验计划项目学校。

二是科学研究取得新进步。2007年度的科研经费达2.97亿元，比2006年增长41%；2篇论文发表在《科学》杂志上，1项成果入选“中国高等学校十大科技进展”和“中国基础研究十大新闻”；“醇醚酯化工清洁生产国家工程实验室”项目顺利完成各项申报程序，有望在近期获批；与中航一集团拟共建先进材料研究平台、与大唐发电拟共建能源化工研究平台的工作顺利推进；新增2个教育部重点实验室和工程研究中心、2个厦门市重点实验室；由我校教师担任首席科学家的科研项目获准国家973计划立项，实现了我校973首席科学家“零”的突破；教育部人文社科项目立项数位居全国高校第2位。

三是社会服务取得新进展。厦门市依托我校人才和技术支撑，投入4000万元建设的“集成电路设计公共服务平台”，已吸引5家台湾集成电路领域的上市企业落户厦门；我校研发的“禽流感病毒单克隆抗体”取得突破性进展，产业化后将产生巨大的社会效益和经济效益；我校研发的优质水稻“佳辐占”目前在福建省已累计推广450万亩，占福建省早稻播种面积的30%；通过“6·18”展会平台和专场对接会，有57个项目与企业成功对接；以我校海峡两岸发展研究院、台湾研究院等人文社科基地为依托，与省委政策研究室合作开展重大课题研究，共同为省委、省政府决策提供咨询服务，目前7个重点研究课题均已顺利完成，得到了省委、省政府领导的充分肯定。

四是学科建设取得新成效。为加快学科布局结构调整，发展新兴交叉学科，先后成立了材料学院、新闻传播学院和能源研究院。在新一轮国家重点学科评审中，我校5个一级学科被评为国家重点学科，在全国高校中并列第17位；9个二级学科被评为国家重点学科，在全国高校中并列第15位。目前，我校的国家重点学科共涵盖38个二级学科，其中文科(含经管)23个，理科14个，工科1个。

五是队伍建设得到新加强。新增1个国家自然科学基金委“创新研究群体”、1个教育部“创新团队”和2个国家级教学团队，1人获全国“第三届高等学校教学名师奖”，3人获“福建省第三届高等学校教学名师奖”；新聘教师164位，其中教授22人、副教授26人、讲师或助理教授99人，具有博士学位的教师141人，占新聘教师总数的86%，具有外校学历背景的教师150人，占新聘教师总数的91%。

六是对外交流有了新拓展。已在全球建立6个孔子学院；积极申请孔子学院总部南方基地落户我校，建设方案得到国家汉办的充分肯定。成功主办“第17届国际磷化学大会”和“第35届国际光谱会议”等国际学术会议；5个专业招收了第一批全英文授课的国际硕士研究生；派出256名学生到境外高水平大学进行交流学习。

这些成绩的取得，是上级党委正确领导的结果，是全委会各位委员和全校各级党组织勤奋工作的结果，是全校广大党员和师生员工共同努力的结果。在此，我代表常委会，向各位委员，并通过你们向全校广大党员和师生员工表示衷心的感谢！

在总结成绩的同时，我们也应清醒地看到工作中还存在一些不足之处，主要是：思想理论建设有待进一步加强；基层党组织的活力有待进一步增强；思想政治工作的针对性和实效性有待进一步提高；部分干部教师的思想不够解放、视野不够开阔、发展站位不高，干事创业、谋划发展的拼劲和闯劲不足；学科建设的水平、承担重大项目的能力和社会服务的实效有待进一步提升。对此，校党委将高度重视，认真分析研究，采取有效措施，切实加以解决。

二、关于2008年的工作

2008年，我们要深入贯彻落实党的十七大精神，高举中国特色社会主义伟大旗帜，深入学习实践科学发展观，认真落实校第九次党代会提出的各项任务，努力实现学校各项事业又好又快发展，为创新型国家建设和海峡西岸经济区建设做出更大贡献。关于2008年度的具体工作任务，在学期初工作计划要点布置会上已做了部署，我就不再多讲。在此，我再强调一下几项重点工作：

一是切实抓好党的建设。要根据中央和上级党委的部署，深入开展学习实践科学发展观活动，精心组织、广泛开展“改革开放30周年系列纪念活动”，进一步解放思想，坚持改革开放，更好更快地推动高水平研究型大学建设。要大力推进和谐校园建设，以和谐求发展，以发展促和谐。深入贯彻落实党的十七大和第十六次全国高校党建工作会议精神，适时召开党建工作会，以改革创新精神，努力推进我校党建工作迈上新台阶。在各院党委、党总支换届工作完成后，及时召开领导干部作风建设工作会议，对加强领导干部作风建设进行全面部署。突出抓好安定稳定工作，坚决防范和抵制境内外敌对势力的渗透和破坏，建立健全维护稳定综合防控体系，完善应急管理机制，修订《厦门大学突发公共事件应急预案》，努力维护校园安定稳定。

二是切实抓好人才培养。继续推进"厦门大学本科教学质量与教学改革工程"，以提高质量为核心，着力培养学生的创新精神、实践能力和创业能力。大力实施"研究生教育质量与创新工程"，改革研究生培养机制，加强导师队伍建设，加强跨学科、复合型研究生的培养，促进研究生教学与科学研究紧密结合，加强与国内外大中型企业、高水平大学和科研机构联合培养研究生；高度重视博士生科研创新能力培养，做好"优秀博士论文"的培育工作；大力发展专业硕士学位教育，培养更多适应社会需要的应用型高素质人才。

三是切实抓好队伍建设。坚持培养与引进并重，全面提高师资队伍与干部队伍的水平和质量。要加大力度培养人才，选派优秀中青年教师到国内外一流大学、一流研究机构、一流企业，师从一流导师，从事学习研修、开展合作研究，使他们尽快进入国际学术前沿和国家科技创新前沿。要加大力度引进人才，重点引进学术大师和领军人物。要积极创新人才组织模式，加大力度建设创新团队，更多地承担国家和区域重点发展领域的重大科技项目。

四是切实抓好创新发展。以新的思路推进"211工程"和"985工程"三期建设，突出抓好重点学科、科技创新平台和哲学社会科学创新基地建设，集中优势力量，整合优势资源，着力提升学科的核心竞争力和科技创新能力，力争在国家科技创新前沿的若干领域占有一席之地，在区域科技创新中发挥重要骨干和引领作用。要发挥学部委员会的作用，突出抓好学科建设规划和评价体系建设，根据不同学科的特点，制定相应的评价体系和评价标准。

五是切实抓好服务发展。围绕国家战略需求和重点发展领域，继续与国家部委、大型企业开展战略合作，寻求产业关键技术、共性技术的突破。大力实施《厦门大学服务海峡西岸经济区行动计划》，构筑一批面向海西产业发展需求的科技创新平台，增强科技创新能力，促进海西经济发展方式的转变；要与厦门市联合共建"厦门大学国家大学科技园"，并借助"6·18"展会平台，积极推进技术转移和成果转化。要围绕把海峡西岸经济区建设成为科学发展的先行区和两岸人民交流合作的先行区，充分发挥我校多学科的优势，紧密结合海西建设的实际，提思路、提建议、提举措，有针对性地做好决策咨询服务。

六是切实抓好工作落实。要认真抓好部省市重点共建厦大协议书、市校战略合作框架协议、翔安校区建设和教职工住房等各项重要工作的落实。要用创新的思路谋划发展，用创新的精神凝聚力量，用创新的措施破解难题，紧紧抓住事关全局的重点工作，以更大的决心、更大的魄力，采取更加有力的措施，务必在科学发展上取得新成效、在和谐发展上取得新进展、在率先发展上取得新突破。

同志们，做好今年的各项工作，任务艰巨，责任重大，我们一定要以更加饱满的热情，更加昂扬的斗志，更加务实的作风，抢抓机遇，埋头苦干，为建设世界知名的高水平研究型大学做出新的贡献！

——本文摘录自《关于印发〈中共厦门大学委员会常务委员会2007年度工作报告〉的通知》，厦大委综〔2008〕10号，档号2008-XZ09-2

·专　文·

发扬“四种精神”　努力成长成才

——寄语厦门大学2007级新同学

(2007年7月27日)

校党委书记　朱之文　校长　朱崇实

在火红的凤凰花盛开的季节,厦门大学以她大海一样博大的胸怀迎来了你们——2007级莘莘学子。我们谨代表学校向你们全体新同学及你们的家人表示衷心的祝贺和热烈的欢迎!

厦门大学是由著名爱国华侨领袖、被毛泽东主席誉为“华侨旗帜、民族光辉”的陈嘉庚先生于1921年创办的,是中国教育史上第一所由华侨创办的综合性私立大学。学校1937年改为国立,1963年被列为全国重点大学,目前是我国唯一地处经济特区的教育部直属综合性大学,也是国家跨世纪重点建设的“211工程”和“985工程”大学之一。2004年学校被列为国家副部级大学。

经过86年的创业与发展,厦门大学已成为一所学科门类较为齐全,办学特色鲜明,基础研究力量和师资队伍较强,在国际上有影响的高水平的国家重点大学,享有“南方之强”的美誉。

86年来,学校名师荟萃,英才辈出。林文庆、萨本栋、王亚南、郭大力、鲁迅、林语堂、傅鹰、顾颉刚、郑天挺等著名学者曾在厦大执教;曾在厦大工作、学习的两院院士60余人。现在,一批在国内外有较大影响的学科创始人、学术带头人在教坛上率先垂教、辛勤耕耘。建校至今,学校为国家培养了一大批优秀人才。我国内地第一个会计学、审计学、财政学、海洋学、高等教育学博士都出自厦大。厦大毕业生在各个时期各条战线上显示身手,做出了自己的贡献,不少人成为蜚声中外的专家、学者和国家重要部门的骨干。闻名世界的科学家卢嘉锡、谢希德、陈景润等是毕业生中最杰出的代表。

在长期的追求光明、探索真理的奋斗历程中,厦大人形成了本校特有的“四种精神”,这就是陈嘉庚先生的爱国精神,罗扬才烈士的革命精神,以萨本栋校长为代表的艰苦办学的自强精神和以王亚南校长、陈景润教授为代表的科学精神。“四种精神”激励着厦大师生不断开拓创新,奋发进取。

党和国家历代领导人都十分关心厦门大学的建设与发展。邓小平、李先念、江泽民、李瑞环、李岚清、尉健行、贾庆林、李长春、陈至立等先后来校视察,带来亲切的关怀和巨大的鼓舞。今天,全体厦大人正在为实现把厦大建成为世界知名的高水平研究型大学的奋斗目标而努力着。

同学们,大学生活是美好的,大学的生活充满着挑战,大学的生活昭示着希望。你们朝气蓬勃、风华正茂,正是提高修养、锤炼品格,学习知识、掌握本领的大好年华。本世纪头20年是我国全面迈入小康社会进而走向发达富强的关键时期,党中央、国务院做出了从2006年起“经过15年努力,到2020年使我国进入创新型国家行列”的决定,年轻一代大有可为,大有作为。学校衷心地希望你们继承和发扬厦大“四种精神”，秉承“自强不息，止于至善”的校训，树立崇高志向，珍惜宝贵时光，脚踏实地，勤奋学习，做一个明礼诚信、知荣明耻的人，努力成为理想远大、信念坚定，品德高尚、意志顽强，视野开阔、知识丰富，开拓进取、艰苦奋斗的新一代，主动投身创新型国家和海峡西岸经济区建设的伟大实践，为全面建设社会主义小康社会和和谐社会，为实现中华民族的伟大复兴奉献智慧和力量！

——本文摘录自《厦门大学报》，2007 年 7 月 27 日第 743 期

教育兴则民族兴　大学强则国家强

——写在纪念恢复高考30周年之际

(2007年12月30日)

校党委书记　朱之文　校长　朱崇实

30年前,在中国政坛上复出不久的邓小平同志排除万难、力挽狂澜,果断地恢复了被中断十年的高考。1977年12月,关闭了十年之久的高考大门被重新打开,全国570万有志青年怀揣惊喜冲向考场,次年春季和秋季,先后两拨人终圆大学梦,开始了改变命运的角力,他们共同的标志是77级、78级。

恢复高考,是共和国历史上意义重大、影响深远的大事件,在当今中国社会发展史上写下了光辉的一页,开启了一个时代的征程,谱写了一曲中国教育文化发展和中华民族振兴的交响旋律!从此,无论是个人的命运,还是国家命运,都发生了历史性的转折。

恢复高考30周年,对于中国教育界乃至社会各界,都十分值得纪念。回顾小平同志在教育界拨乱反正的伟大创举,回顾这30年来高等教育所走过的历程,思考和展望高等教育改革与发展的未来,有着十分重要的意义。正因如此,我们举行恢复高考30周年纪念活动,其目的只有一个,那就是缅怀先辈,认清使命,凝聚力量,共谋发展,再创辉煌。

纪念是为了缅怀先辈的丰功伟绩。1977年5月24日,小平同志在《尊重知识,尊重人才》的讲话中指出,"我们要实现现代化,关键是科学技术要能上去。发展科学技术,不抓教育不行。靠空讲不能实现现代化,必须有知识,有人才"。现在回顾这段历史,前辈政治家们果断地决定恢复高考,是因为他们敏锐地感觉到,"文革"十年动乱,教育遭到严重破坏;排斥科学文化,蔑视人才走到了极端。这些倒行逆施践踏了我们民族重视教育、崇尚文化的优良传统,违背了普世认同的人才观念。广大人民群众看在眼里,急在心里,深恶痛绝。恢复高考顺应了民心民意,一举成功。试想,如果不是小平同志果断决定那场"破冰"之考,假如没有1977年之后中国高等教育的大发展,我们国家这一时期经济、社会的高速发展是不可想象的。实践已经证明,恢复高考这一重大决策,为国家的富强和民族的复兴奠定了重要的基础。

纪念是为了更好地认清大学使命。恢复高考30年来,我们所走过的历程说明了这样一条规律:教育兴则民族兴,大学强则国家强。30年后的今天,我国已成为高等教育大国,全国普通高校在校生达1800万,规模居世界第一,受过高等教育的人口超过7000万人,有高等教育学历的从业人员总数居世界第二。高等教育的发展不光是办学规模的扩大,更有办学层次的丰富、教学质量的提高、科研实力的增强、服务范围的拓展。中国的大学已经从边缘逐步走向社会发展的中心。与此同时,我们还应当清醒地看到,我国是高等教育大国但还不是高等教育强国,是人力资源大国但还不是人力资源强国。站在国家富强和民族复兴的战略高度,党的十七大指出,要优先发展教育,建设人力资源强国;强调要提高高等教育质量,努力造就世界一流科学家和科技领军人才,注重培养创新人才。实现中华民族的伟大复兴,赋予了我们更加崇高的历史使命。我们要通过纪念恢复高考30周年,把思想和行动统一到十七大精神上来,以提高质量为核心,全面推进学校事业发展,为推动我国从高等教育大国迈向高等教育强国贡献我们的力量。

纪念是为了更好地办好人民满意的大学。如果说当年恢复高考是价值观的回归、秩序的恢复,是"继往"的话,那么社会的转型、国家的复兴则需要我们弘扬民族精神、时代精神,是"开来",需要我们付出更多的智慧和更大的勇气。大学要为自己设定新的目标,要出人才,出成果,要为经济、社会的发展服务;还要出思想、出智慧,在引领创新文化和构建社会主义和谐社会等方面有更大作为。恢复高考以来的30

年，是厦门大学蓬勃发展的 30 年。1978 年，厦门大学只有 10 个系 23 个专业 3300 多名学生。今天，厦门大学拥有 22 个学院 55 个系 36400 多名学生。如今，我校已成为一所学科门类齐全、师资力量雄厚、办学特色鲜明、在国际上有广泛影响的国家"211 工程"和"985 工程"重点建设高校。纪念恢复高考制度，关键是要全面正确理解小平同志教育思想和人才理论，坚持用科学发展观引领学校的改革与发展，努力把我校建设成为世界知名的高水平研究型大学，为建设高等教育强国和人力资源强国做出更大的贡献。

纪念是为了更好地凝聚力量、共谋发展。77、78 级的莘莘学子如今已人到中年，成为各行各业的中坚力量。这批人所积累的丰富人生感悟，无疑是一笔精神财富。综观世界一流大学，无一不拥有一流的师资、良好的条件和出色的校友。对于一所大学而言，校友是财富，校友是形象，校友是桥梁，校友是支撑。校友的状况，校友与母校的关系是衡量学校办学质量的一个重要标准。因此，我们纪念恢复高考 30 周年，举行 77、78 级校友聚会，目的不仅在于聚会本身，更重要的是凝聚校友力量、共谋母校发展。我们感到骄傲的是，厦门大学走过 86 年的风雨历程，无不凝聚着广大校友的关心爱护和深情厚望。校友以知识、信息、资源等各种方式回报母校，这是母校不断追求卓越的不竭动力。

"雄关漫道真如铁，而今迈步从头越。"回顾过去，我们感到骄傲和自豪；展望未来，我们充满信心和力量。30 年后的今天，厦门大学的发展已站在新的历史起点上。同学们，让我们携起手来，秉承"自强不息，止于至善"的校训，团结奋斗，顽强拼搏，共同推动学校各项事业又好又快发展！

——本文摘录自《厦门大学报》，2007 年 12 月 30 日第 763 期

以社会主义核心价值体系为根本
大力推进我校和谐校园建设

——在厦门大学和谐校园建设动员大会上的讲话

(2007年5月25日)

校党委书记　朱之文

同志们:

党的十六届六中全会做出了关于构建社会主义和谐社会若干重大问题的决定,这是以胡锦涛同志为总书记的党中央,从全面建设小康社会、加快推进社会主义现代化建设的全局高度做出的重大战略决策。这一重大战略决策,顺应了时代的潮流和人民的意愿,反映了对治国理政的新思考,深化了建设中国特色社会主义的新内涵,标志着我们党对共产党执政规律、社会主义建设规律和人类社会发展规律的认识达到了新高度。

第十五次全国高校党建工作会议对建设社会主义和谐校园做出了重要部署。我们一定要按照中央的部署,把构建和谐社会的要求同我校发展的实际结合起来,把大力推进和谐校园建设作为我校当前和今后一个时期重要而紧迫的政治任务,下决心抓紧、抓实、抓出成效。

下面,我就全面推进和谐校园建设,谈四点意见:

一、要充分认识和谐校园建设的重大意义和现实基础

建设和谐校园是我们贯彻中央精神、落实中央部署的重大举措和实际行动。我们要准确把握形势,深刻认识建设和谐校园的重大意义,把思想认识统一到中央对这项工作的战略部署上来。

(一)要充分认识建设和谐校园的重大意义

建设和谐校园是构建社会主义和谐社会的必然要求。高校是社会肌体中极为重要的组成部分,担负着培养人才、创新知识、传承文明、引领风尚的重要作用,是培养人才的重要基地,是孕育新思想、新知识、新科技、新文化的重要园地。构建和谐校园,是构建和谐社会的基础性工程。可以说,没有高校校园的和谐,就难以有整个社会的和谐。厦门大学作为一所国家重点大学,理应率先垂范,为构建社会主义和谐社会做出积极贡献。

建设和谐校园是培养中国特色社会主义事业合格建设者和可靠接班人的必然要求。大力建设和谐校园,形成和谐的办学理念、和谐的体制机制、和谐的育人环境,才能更好地坚持社会主义办学方向,坚持“育人为本、德育为先”,提升学生思想政治素质,树立崇高理想信念;才能更好地创新人才培养模式,加强素质教育,提高人才培养质量;才能更好地凝聚师生合力,促进教学相长,培育学生全面发展、健康成长,为中国特色社会主义现代化建设事业提供有力的人才保障。

建设和谐校园是推动我校科学发展的必然要求。发展与和谐,相辅相成,和谐需要发展作支撑,发展需要和谐为前提。建设和谐校园,有利于我们坚持以人为本,解决师生关注的现实问题,促进可持续发展;有利于我们以提高质量为重点,正确处理规模、质量、结构、效益的关系,促进协调发展;有利于我们围绕大局,统筹人才培养、科学研究、社会服务,促进全面发展。

(二)要正确认识我校建设和谐校园的现实基础

近年来,我校以邓小平理论、"三个代表"重要思想为指导,认真贯彻落实科教兴国和人才强国战略,紧紧围绕人才培养这一根本任务,认真实施"211工程"和"985工程",不断深化各项改革,办学条件日益优化,人才培养质量稳步提高,科研水平和服务社会能力大大增强,整体办学实力和办学水平明显提升,社会影响力不断扩大。党的十六大特别是中央16号文件下发以来,我校进一步加强与改进党建和思想政治工作,大力弘扬以"四种精神"为核心的优良办学传统,师生员工思想政治状况的主流积极、健康、向上,校园政治稳定、运转有序,各项事业呈现出蓬勃发展的良好态势。学校曾先后两次荣获"全国党建和思想政治工作先进高等学校"称号。我们所取得的这些成绩,为进一步推动和谐校园建设奠定了良好的基础。

目前,我校校园总体上是和谐的,但我们还必须清醒地看到:部分干部和教师的发展理念、业务能力和工作作风与科学发展和新形势新任务的要求还有差距;少数师生员工在理想信念、道德诚信、责任意识、团结协作、艰苦奋斗、心理素质等方面还存在不少问题;体制机制有待进一步健全和完善,管理效率和服务水平有待提高;办学资源在优化配置和充分利用方面尚待进一步改进;一些关系师生员工切身利益的问题尚需更好地解决和落实;校园及周边还存在一些影响安全稳定的因素。另外,国内外敌对势力的渗透破坏和敌我争夺青年一代的斗争将更加尖锐复杂。因此,我们要切实增强和谐校园建设的责任感和紧迫感,通过和谐校园建设努力解决好这些问题。

二、要牢牢把握和谐校园建设的指导思想、总体目标和根本要求

构建社会主义和谐校园,必须把握正确的方向。"十一五"期间,我校建设和谐校园的指导思想是:坚持以邓小平理论和"三个代表"重要思想为指导,全面贯彻落实科学发展观,坚持以社会主义核心价值体系为根本,按照"民主法治、公平正义、诚信友爱、充满活力、安定有序、人与自然和谐相处"的总要求,大力推进和谐校园建设,以和谐求发展,以发展促和谐,实现学校和师生员工全面、健康、可持续发展,为创建世界知名高水平研究型大学奠定坚实的基础。

构建社会主义和谐校园,必须树立明确的目标。我校和谐校园建设的目标,概括地讲,就是要建成"以人为本、全面发展,依法治校、民主管理,勇于创新、充满活力,诚信友爱、人际和谐,文明高尚、安定有序"的社会主义大学校园。

——以人为本、全面发展,就是要贯彻落实科学发展观,坚持"教育以育人为本,以学生为主体;办学以人才为本,以教师为主体",实现个人与学校的全面发展。

——依法治校、民主管理,就是要严格按照法律法规的要求,规范办学行为;要健全民主科学的决策机制,营造公开透明的民主氛围,切实保障师生员工的合法权益。

——勇于创新、充满活力,就是要着力推进理论创新、制度创新和科技创新,大力营造有利于创新的机制和环境,充分调动师生员工的积极性、主动性和创造性,使整个校园充满活力。

——诚信友爱、人际和谐,就是要养成崇尚科学、严谨求实、遵纪守法、诚实守信的良好品质,形成坦诚相见、相互尊重、互助友爱、同舟共济的人际关系。

——文明高尚、安定有序,就是要积极营造健康向上、品位高雅的校园文化,师生员工养成高尚的道德情操和文明的言行举止;形成政治稳定、人心安定、管理有序、运转有效的创业环境。

要实现上述目标,必须坚持以社会主义核心价值体系为根本。社会主义核心价值体系,是我们党的一个重要理论创新,其内涵十分丰富,主要包括:马克思主义指导思想、中国特色社会主义共同理想、以爱国主义为核心的民族精神和以改革创新为核心的时代精神、社会主义荣辱观。社会主义核心价值体系是社会主义制度的内在精神之魂,在所有社会主义价值目标中处于统摄和支配的地位。没有社会主义核心价值体系的引领和主导,我们的改革和发展就会迷失方向、失去根本。因此,我们要深刻领会社会主义核

心价值体系的丰富内涵和精神实质，把社会主义核心价值体系融入到和谐校园建设的全过程、贯穿于学校教育教学工作的各个方面，使社会主义核心价值体系的基本要求得到切实贯彻和充分体现，为学校和谐发展提供坚实的思想基础。

坚持以社会主义核心价值体系为根本推进和谐校园建设，一是要高扬马克思主义的鲜明旗帜。马克思主义是社会主义意识形态的旗帜和灵魂，是我们立党立国的根本指导思想，是全党全国各族人民的共同精神支柱，也是我们战胜艰难险阻、抵御错误思想干扰的强大思想武器。建设和谐校园，必须始终坚持马克思主义的指导地位，用马克思主义中国化的最新成果武装头脑、指导实践、推动工作，确保学校沿着正确方向健康发展。二是要牢固树立中国特色社会主义的共同理想。这个共同理想，就是在中国共产党领导下，走中国特色社会主义道路，实现中华民族的伟大复兴。建设和谐校园，一定要引导广大师生员工牢固树立中国特色社会主义共同理想，不断增强对中国共产党领导、社会主义制度、改革开放事业、全面建设小康社会的信念和信心，形成思想共识。三是要大力弘扬民族精神和时代精神。一个民族的生存和发展必须有强大的精神支撑和精神动力。在五千多年的发展历程中，中华民族形成了以爱国主义为核心的民族精神，在改革开放新时期，形成了以改革创新为核心的时代精神。建设和谐校园，就是要在广大师生员工中大力弘扬民族精神和时代精神，不断增强民族自尊心、自信心、自豪感，培养不畏艰险、勇于创新、开拓进取的良好品质，始终保持昂扬向上、奋发有为的精神状态，凝聚起实现中华民族伟大复兴的强大精神力量。四是要积极倡导和践行社会主义荣辱观。以“八荣八耻”为主要内容的社会主义荣辱观，为我们指明了应当坚持和提倡什么、反对和抵制什么，为我们判断行为得失、做出道德选择、确定价值取向提供了基本准绳。建设和谐校园，要在广大师生员工中广泛进行社会主义荣辱观教育，大力倡导爱国、敬业、诚信、友善等道德规范，推动形成知荣辱、讲正气、促和谐的良好风尚。

三、要突出抓好和谐校园建设的主要任务

建设和谐校园，是一项复杂的系统工程，是一项长期的战略任务。我们要密切联系学校实际，突出重点，着力推进和谐校园建设。

(一)要突出抓好用马克思主义中国化最新成果武装头脑这个首要任务

党的十六大以来，我们党坚持以邓小平理论和“三个代表”重要思想为指导，大力推进理论创新，提出了科学发展观、构建社会主义和谐社会等一系列重大战略思想，开辟了马克思主义中国化的新境界。党的理论创新每推进一步，理论武装就要跟进一步，高校尤其要走在前列，坚持不懈地用马克思主义中国化的最新成果武装头脑、统一思想、形成共识。

厦门大学具有马克思主义研究的光辉历史和优良传统。当代著名经济学家、我校老校长王亚南先生毕生从事马克思主义政治经济学的研究和传播，他和郭大力合译的《资本论》，是马克思经济学说在中国系统传播的里程碑。在新的历史时期，如何用马克思主义中国化的最新成果武装师生头脑，不仅是我们应当认真思考的重要课题，而且是必须深入实践的政治任务。

一是进一步抓好马克思主义中国化最新成果进教材、进课堂、进头脑的工作。要继续组织师生员工深入学习邓小平理论、“三个代表”重要思想和科学发展观等一系列党的重大战略思想，更好地把马克思主义中国化最新成果内化为坚定的政治信仰、正确的思想方法和行为准则，把理想信念和世界观建立在科学理论的基础之上。要深入研究解决改革开放和现代化建设的重大理论和现实问题，积极推出一批有分量有价值的研究成果，深入回答社会普遍关心的热点难点问题，帮助广大师生员工学会运用马克思主义最新成果析事明理、解疑释惑，不断提高观察事物、辨别是非、把握方向的本领。要认真总结我校思想政治理论课教育教学的经验，查找不足，用中国特色社会主义伟大的实践、辉煌的业绩、丰富的素材和生动的事例，进一步充实教育教学内容，改进教育教学方法，增强吸引力、感染力和说服力。

二是大力建设充分体现马克思主义中国化最新成果的学科体系和教材体系。要把马克思主义中国

化最新成果贯穿到学科建设、教材建设、课题研究、学术交流等各个环节，巩固马克思主义在教学、科研等各领域的指导地位；要依托我校学科综合优势，组建“马克思主义研究院”，加强马克思主义理论研究队伍建设，加强马克思主义理论一级学科及相关二级学科的建设，深入推进马克思主义理论研究和建设工程，加强马克思主义中国化最新成果的理论研究，创造更多具有中国特色、中国风格、中国气派的优秀成果，努力把我校建设成为马克思主义中国化最新成果研究的南方重镇。

三是加强马克思主义中国化最新成果的宣传普及。要充分发挥报告会、主题活动、理论社团等载体的作用，积极探索在网上开展理论学习、宣传、探索与交流的新方式，培养学生学习和研究马克思主义的兴趣，引导他们了解和掌握党的理论创新成果，在学习和实践中逐步成长为坚定的马克思主义者。要深入组织师生学习方永刚同志深入学习、坚定信仰、积极传播、模范践行党的创新理论的先进事迹，努力建设一支高素质的马克思主义理论宣讲队伍。长期以来，我校活跃着一支积极宣传党的路线方针政策和党的创新理论的“理论报告员队伍”，涌现出了洪成得教授等一批优秀的理论报告员。今后，我们要进一步充实力量，加强我校理论报告员队伍建设，大力宣传普及党的创新理论。

(二)要突出抓好加强和改进思想政治教育这个基础

胡锦涛总书记指出，一个社会是否和谐，一个国家能否实现长治久安，很大程度上取决于全体社会成员的思想道德素质。建设和谐校园，必须紧紧围绕培养什么人、如何培养人这个办学的根本问题，切实加强和改进我校思想政治教育。

一是坚持全员育人、全过程育人、全方位育人，切实加强学生思想政治工作。学生是建设和谐校园的重要依靠力量，抓好学生思想政治教育是建设和谐校园的根本任务之一。要认真组织开展贯彻落实16号文件“回头看”工作，查找突出问题，认真总结经验，积极探索新思路、新办法，努力做到“六个结合”：坚持教书与育人相结合，把人才培养作为根本任务，把思想政治教育摆在首要位置；坚持教育与自我教育相结合，既充分发挥教师、党团组织的教育引导作用，又要充分调动学生加强自我教育、自我管理、自我服务；坚持政治理论教育与社会实践相结合，既重视课堂教育，又注重组织引导学生深入开展各类社会实践活动，使学生主动融入到社会主义建设的伟大实践中，从中受教育、长才干、做贡献；坚持解决思想问题与解决实际问题相结合，既讲道理又办实事，既以理服人又以情感人；坚持教育与管理相结合，把思想政治教育融于学校管理之中，建立长效工作机制，使自律与他律、激励与约束有机地结合起来，有效地引导学生的思想和行为；坚持继承优良传统与改进创新相结合，不断探索学生思想政治教育的规律，提高针对性和实效性。

当前，我们要组织广大学生深入学习5月4日胡锦涛总书记致中国青年群英会的信，鼓励和引导青年学生努力成为四个“新一代”——理想远大、信念坚定的新一代，品德高尚、意志顽强的新一代，视野开阔、知识丰富的新一代，开拓进取、艰苦奋斗的新一代，让青春在建设中国特色社会主义的伟大事业中焕发出更加绚丽的光彩。

二是加强心理健康教育。良好的心态、健康的人格，是身心健康的重要标志，也是社会和谐的基本条件。今天恰逢第八届“5·25”大学生心理健康节，本届心理健康节的主题是“我爱我——和谐校园，阳光心情”。我们要针对当代学生的特点，切实抓好学生心理健康教育这一重要环节，要加强心理健康教育和心理咨询工作，帮助学生掌握心理调节的有效方法，培养学生良好的心理品质，引导学生正确对待自己、他人和社会，正确对待困难、挫折和荣誉，塑造自尊自信、理性平和、积极向上的社会心态。

三是加强师德师风建设和教职工思想政治教育。教师是人类灵魂的工程师，是学生成长的引路人。教师的思想政治素质和职业道德水平直接关系到学校德育工作状况和学生的健康成长，关系到国家的前途命运和民族的未来。要组织广大教师深入学习孟二冬等同志的先进事迹，以热爱学生、教书育人为核心，以“学为人师、行为世范”为准则，培养教师教书育人的敬业精神、严谨勤勉的治学精神和为人师表的高尚品德。

要修订完善我校《教师教学规范》、《学术道德行为规范》等制度，规范教师的激励和约束机制；各级领导特别是学院、研究院党政一把手要亲自抓师德师风建设,把师德师风建设摆在教师队伍建设的首位;要发挥我校郭祥群、孙世刚、沈明山等一批教学名师的模范作用,挖掘和树立更多师德典型,广泛宣传他们的先进事迹,大力开展师德宣传教育活动。

要努力探索新形势下教职工思想政治教育有效途径和方法,坚持提高思想素质和业务素质相结合,创造工作条件和解决生活困难相结合,实施严格要求与落实人文关怀相结合,促进事业发展和实现个人抱负相结合,充分调动广大教职工的积极性、主动性和创造性。

(三)要突出抓好校园文化这个重要载体

繁荣校园文化是建设和谐校园的重要内容,对于学生思想观念、价值取向和行为方式有着潜移默化的影响,具有重要的育人功能。我们要努力建设体现正确办学方向、富有厦大特色、广大师生喜闻乐见的校园文化,为学生的成长成才创造良好的文化环境,用优秀的、充满活力的校园文化推动学校的发展。

一是要弘扬光荣传统,建设优良校风。在八十多年的办学历程中,历代厦大人秉承"自强不息,止于至善"的校训,形成了特有的"四种精神"和优良的办学传统,这是我们宝贵的精神财富。我们要加强校史校情研究,深入挖掘学校深厚的历史积淀和文化内涵,在继承和发扬"四种精神"的基础上,根据时代发展和社会进步的要求,大力弘扬以爱国主义为核心的民族精神和以改革创新为核心的时代精神,形成"爱国爱校、追求真理、艰苦奋斗、严谨治学"的优良校风,形成为实现中华民族伟大复兴而努力奋斗的强大精神动力。

二是加强文化载体建设,开展主题创建活动。坚持弘扬主旋律、突出高品位,精心设计和组织开展内容丰富、形式新颖、吸引力强的校园文化活动,把德育、智育、体育、美育渗透到校园文化活动之中,使学生在参与活动中受到潜移默化的影响,思想感情得到熏陶、精神生活得到充实、道德境界得到升华。

要以"爱国、敬业、成才、奉献"为主题,大力开展爱国主义教育、理想信念教育、国情教育和形势与政策教育,大力弘扬以爱国主义为核心的民族精神,唱响爱国主义、集体主义、社会主义主旋律。

要以践行"八荣八耻"的社会主义荣辱观为主题,广泛开展"创文明校园、文明班级、文明宿舍,做文明厦大人"、"共铸诚信、共建和谐"等道德实践活动,引导师生员工自觉遵守爱国守法、明礼诚信、团结友善、勤俭节约、艰苦奋斗、敬业奉献的基本道德规范,养成健康文明的生活方式,形成坦诚相见、相互尊重、互助友爱、同舟共济的人际关系。

要全面实施"大学生素质拓展计划",通过办好科技节、文化艺术节、校运会等活动,积极参与全国大学生"挑战杯"等竞赛,以及深入开展国情调查、社会调查、科技服务、勤工助学、青年志愿者行动等各类社会实践活动,不断提高学生的综合素质;以"青年志愿者扶贫接力计划研究生支教团"、"厦门大学山区小学支教团"为载体,引导学生在奉献中展现青春风采;以"青年创业行动"、"青年文化行动"、"服务海西行动"为载体,引导师生主动投身创新型国家和海峡西岸经济区建设的伟大实践。

三是加强校园环境和文化阵地建设。要适应环境育人的要求,重视校园人文环境、生态环境建设,营造富有厦大特色的校园环境,努力建设人文校园、生态校园,实现人与校园环境的和谐相处。要切实加强出版社、各类报刊、校内广播电视、校园网等文化传播载体建设,加强对课堂、讲坛、论坛和互联网的管理,确保它们成为传播先进文化的重要阵地,决不给错误的观点和言论提供传播渠道。

(四)要突出抓好依法治校、民主管理这个保证

陈至立国务委员在教育部直属高校第十七次咨询会上指出,我国大学的管理水平还不高,如果不加强管理,没有很好的治理结构,肯定就会漏洞百出。教育部把今年确定为"高校管理年"。我们要按照教育部的要求,切实把依法治校、民主管理落到实处,向管理要质量,向管理要效率,向管理要效益。

一是坚持依法治校,进一步完善各类管理制度。要不断健全学校内部管理制度,使各项管理工作有法可依,有章可循;要进一步完善教学、科研、管理等各方面的制度,提高各项制度的协调性;要进一步加强财务管理和监督,努力提高资金使用效益,防范财务风险;要加强招生、考试、基建、后勤等重点部位和

重点环节的管理，堵塞管理漏洞，切实提高管理服务水平；要进一步规范资源有偿使用的制度，采取具体措施，厉行节约，杜绝浪费，努力建设节约型校园。

二是坚持民主管理，进一步提高决策的科学性。要坚持民主集中制原则，健全民主科学的决策机制，健全党委常委会和校长办公会议事规则。凡涉及广大师生员工切身利益和学校改革、发展重大问题的决策，要深入调查研究，广泛听取意见和建议；涉及专业性较强的重大决策，充分发挥各类专家委员会的作用，加强咨询、论证；要充分发挥教职工代表大会、学术委员会、学位委员会等组织在民主管理、科学决策、政策咨询中的重要作用，确保决策的民主化和科学化，确保决策能充分体现广大师生员工的根本利益。要进一步推进校务公开的制度化、规范化、程序化，切实保障师生员工的知情权、参与权、监督权。

三是坚持从严管理，进一步提升管理水平。要加强机关作风建设，强化服务意识，明确岗位责任，规范工作流程，简化办事程序，改进管理方式，提高工作效率和服务水平，努力为师生员工提供优质高效的服务；要建立健全重要工作的检查督办制度，确保政令畅通，狠抓决策落实。

(五)要突出抓好队伍建设这个关键

国以才立，政以才治，业以才兴。事业是靠人干出来的。我们要深刻认识人才队伍建设的重要性，坚持党管干部、党管人才的原则，努力抓好人才队伍建设这一关键。

一是抓好领导干部队伍建设。要以"社会主义政治家、教育家"为目标和要求，大力加强领导干部能力建设，努力提高领导干部的综合素质和领导水平，提高领导干部构建和谐校园的能力，包括驾驭全局的能力、依法治校的能力、协调各方利益关系的能力、正确处理各种矛盾的能力、做好群众工作的能力和维护学校安定稳定的能力等。各级领导干部要从全局的高度，认真贯彻落实学校的各项决策部署，结合实际，创造性地开展工作。要不断完善干部队伍选拔任用机制和考核评价体系，加强后备干部队伍建设，努力建设一支政治上靠得住、工作上有本事、作风上过得硬的高素质领导干部队伍。

二是抓好教师队伍建设。要按照政治强、业务精、纪律严、作风正的要求，着力建设一支教书育人、爱岗敬业、兼具学识魅力和人格魅力的师资队伍。广大教师要认真落实导师制，以身作则，言传身教，既传授专业知识、技能，又以良好的思想、道德、品质和人格感染学生；要坚持学术研究无禁区、课堂讲授有纪律，在讲台上和教材中不得散布违背宪法和党的路线方针政策的错误观点和言论；要加强教师的教育培训，促进教师优化知识结构，提高业务素质，增强创新能力，提高服务本领。

三是抓好思想政治教育工作队伍建设。要像重视业务学术骨干一样重视思想政治教育工作队伍的选拔、培养和使用，建立一支高素质的专兼职学生思想政治工作队伍。要建立严格的准入机制，把德才兼备、品学兼优、乐于奉献的人员选聘到思想政治教育工作队伍中来；要建立规范的培训制度，提升思想政治教育工作队伍的专业化水平；要建立科学的评价机制，规范思想政治教育工作队伍考核体系。特别是要采取有力措施，着力建设一支奉献精神强、善于与学生沟通交流、能成为学生的知心朋友和人生导师的辅导员和班主任队伍。

与此同时，我们还要继续重视并努力建设一支与学校事业发展相适应的，高水平、职业化的管理干部队伍、后勤服务队伍和技术支撑队伍，为和谐校园建设提供高水平的服务和保障。

(六)要突出抓好校园安定稳定这个前提

长期以来，我校把维护学校稳定作为压倒一切的重要任务，已连续十多年保持稳定。但是我们万万不能掉以轻心，不能有丝毫松懈，不能麻痹大意。今年我们党将召开第十七次全国代表大会，我校将召开第九次党代会，明年我们国家将举办奥运会。这种新形势，要求我们从更高起点、更高层次、更高水平上思考和做好维护学校稳定的工作。

一是要切实维护学校安定稳定。胡锦涛总书记深刻指出："西方敌对势力的鼓噪，国内的各种噪音、杂音，不仅过去有，现在有，将来还会有。关键是我们自己要有主心骨，要巩固和发展马克思主义在意识形态领域的领导地位。"我们要始终牢记总书记的教导，时刻保持高度的政治敏感性和工作责任感。要健全管理制度,做好国家安全教育工作,提高广大师生的政治鉴别力和抵御各种腐朽思想的免疫力。要加强信息工作,及时捕获苗头性和预警性信息,坚决防范境内外敌对势力、"法轮功"等邪教组织、"三股势力"的渗透破坏,防范境外利用宗教和非政府组织对我进行渗透破坏。尤其是我校地处改革开放和台海前沿,我们在对外交流交往过程中更要提高警惕性,积极防范和应对各种敌对势力的"西化"、"分化"的政治图谋。

二是切实加强平安校园建设。要加大校园治安工作力度,有效预防和打击违法犯罪行为;加强重点部位的安全管理,及时整改和消除安全隐患,确保安全生产;加大交通安全管理力度,规范校园内车辆管理;加强食品、药品和危险品管理,防止意外事故发生;妥善处理各种矛盾和纠纷,依法果断、妥善处置群体性突发事件;要积极争取地方相关部门的支持,逐步形成校园周边环境综合治理的社会合力。

三是健全安全稳定工作机制。要建立条块结合、分工明确、责任落实的安全稳定工作责任体系,积极探索"一校多区"的安全稳定工作管理模式;落实领导责任制和责任追究制,切实增强各单位党政一把手安全稳定工作意识;建立和完善校园治安防控体系,形成综合治理、群防群治、齐抓共管的工作格局;建立健全科学有效的利益协调机制、诉求表达机制、矛盾调处机制、权益保障机制,把矛盾化解在基层、解决在萌芽状态;要根据《厦门大学突发公共事件应急预案》要求,定期进行演练,科学防范、有效应对突发事件。

(七)要突出抓好为师生员工办实事这个重点

建设和谐校园,必须十分关注师生员工的切身利益问题。要走群众路线,深入开展调查研究,倾听师生员工的意见和呼声,掌握师生员工的愿望和要求,努力解决好师生员工最关心、最直接和最现实的利益问题,努力实现好、发展好、维护好师生员工的根本利益。

一是要善于运作办学资源,不断改善办学条件。要发挥学校的优势,积极争取国家有关部委、地方政府和社会各界的支持,加大共建力度,增加资金投入,取得政策支持,扩大办学用地,构建创新平台,共建实训基地,努力改善办学条件,为学校发展提供更多的资源保障;要科学合理地配置各类办学资源,使资源发挥最大的使用效益,为广大教师开展教学科研工作创造更好的条件。

二是要真心关爱教职工,着力解决实际困难。要采取措施,着力解决教职工尤其是中青年教师的住房困难;要在学校财力允许范围内,稳步提高教职工的生活待遇;要争取与市政府共建优质中小学,更好地解决教职工子女的就学问题;要完善教职工医疗、保险、体检制度,关心教职工的身心健康;要落实好离退休干部的政治、生活待遇,帮助他们解决好生活上的实际困难。

三是要真情关怀学生,着力解决实际问题。要认真做好经济困难学生的资助工作,确保每一位家庭经济困难学生都能得到有效资助;大力倡导"以勤代补",争取和提供更多的勤工助学岗位;实施"社会助学工程",争取和动员更多的社会有识之士资助家庭经济困难学生。要全力以赴做好毕业生就业教育、就业指导和就业服务工作,全面提升毕业生的就业能力和创业能力,让学生不仅"有业就",而且能够"就好业"。

(八)要突出抓好科学发展这个主题

社会要和谐,首先要发展。实现全面协调可持续发展,是和谐校园建设的永恒主题。

一是更加注重持续发展。要持续发展思路,持续发展举措,持续发展氛围,持续发展态势;要认真谋划校区发展的战略布局,认真研究校区发展的科学定位,认真做好校区发展的区域规划;要贯彻"尽力而为、量力而行"的原则,按照轻重缓急,有序推进学校的建设和发展,确保学校各项事业全面、协调、可持续发展。

二是更加注重提高质量。要把发展的重点放在提高质量上,大力实施人才培养"质量工程",继续深化人才培养模式、课程体系、教学内容、教学方法和教学手段的改革,优化办学条件,着力培养创新型人才,全面提高人才培养质量,促进学生德、智、体、美全面发展。

三是更加注重创新服务。要积极组织力量,围绕国家和区域的重大战略需求,找准切入点,找到结合点,大力推进科技创新,不断增强自主创新能力和集成创新能力,为创新型国家和创新型省份建设做出积极贡献。要围绕经济社会发展的重大理论和现实问题，大力开展实证研究，积极推进理论创新，为国家和区域发展提供高水平的决策咨询服务。

四、要切实保障和谐校园建设各项任务落到实处

建设和谐校园，关键在加强组织领导，关键在调动各方积极性，关键在狠抓落实。

（一）各级领导班子和领导干部要切实发挥带头表率作用

建设和谐校园，是学校各级领导班子和领导干部的重要职责和重要的政治任务。

要建立党委统一领导、党政齐抓共管的和谐校园建设领导体制。学校成立和谐校园建设工作领导小组，统领全校和谐校园建设工作，党委书记和校长是第一责任人；各单位成立相应的领导机构，负责本单位的和谐校园创建工作，各单位党政一把手是第一责任人。

校园要和谐，领导班子首先要和谐。各级领导班子成员要加强团结、增强合力、共创和谐，在和谐校园建设中起表率带头作用；要加强具体指导、综合协调和督促检查，强化领导责任，明确工作分工，制定分解实施方案，狠抓各项工作落实；要深入实际，开展调查研究，解决好本单位影响和谐的突出矛盾和问题；要努力践行胡锦涛总书记提出的“八个方面”良好风气，以良好的作风凝聚人心、推动发展、促进和谐。

（二）要切实发挥党支部的战斗堡垒作用和党员的先锋模范作用

全校各党支部要围绕和谐校园建设，不断创新活动方式，不断丰富活动内容，大力开展以促发展、增和谐为主要内容的“支部立项活动”和主题创建活动，在和谐校园建设中充分发挥战斗堡垒作用。

全校共产党员要充分发挥先锋模范作用，成为推进和谐校园建设的倡导者、推动者和实践者。教职工党员要忠诚党的教育事业，忠实执行党的教育方针，努力成为教书育人、管理育人和服务育人的模范。学生党员要牢固树立共产主义远大理想和中国特色社会主义坚定信念，团结和带领广大同学共同进步，努力成为推进和谐校园建设的标兵。

（三）要充分发动群众、调动各方面的积极性

和谐校园建设关系到广大师生员工的切身利益，涉及学校工作的方方面面，要广泛发动群众、调动各方积极性共同参与。要充分发挥我校各民主党派及有关团体的作用，及时通报和谐校园建设的规划和有关工作，凝聚各民主党派及有关团体的智慧和力量，齐心协力推进和谐校园建设；要充分发挥工会、共青团、妇委会、学生会、研究生会等群团组织的桥梁和纽带作用，组织工、青、妇、学、研各组织的成员积极投身和谐校园建设，形成推进和谐校园建设的强大合力。

（四）要大力营造和谐校园建设的浓厚氛围

要充分发挥校内宣传阵地的作用，广泛宣传和谐校园建设的重大意义、目标任务和具体举措；要加大和谐校园建设的经费投入，列入学校年度经费预算，确保专款专用；要认真总结和谐校园建设的好做法、好经验，及时宣传表彰先进集体和先进个人，大力营造和谐校园建设的浓厚氛围。

同志们，和谐凝聚人心，和谐激发活力，和谐推动发展，和谐成就事业。《厦门大学“十一五”和谐校园建设规划》已经描绘了和谐校园建设的蓝图，是我们建设和谐校园的行动指南。实施《规划》，落实《规划》，责任重大、意义深远。让我们高举邓小平理论和“三个代表”重要思想伟大旗帜，全面贯彻落实科学发展观，努力构建社会主义和谐校园，以优异的成绩迎接我校第九次党代会的胜利召开，迎接党的十七大的胜利召开！为构建社会主义和谐社会做出更大的贡献！

——本文摘录自《党建和事业发展文稿汇编》，档号2019-XZ09-002

深入学习贯彻党的十七大精神
全面推进世界知名高水平研究型大学建设

——在党委党校党的十七大精神学习班动员大会上的讲话

(2007年11月16日)

校党委书记　朱之文

同志们：

党的十七大是在我国改革发展关键阶段召开的一次十分重要的大会。大会高举旗帜、继往开来、求真务实，是一次团结的大会、胜利的大会、奋进的大会，对于我们抓住和用好重要战略机遇期、推动中国特色社会主义事业继续向前发展具有十分重大的意义。十七大报告以马克思列宁主义、毛泽东思想、邓小平理论和“三个代表”重要思想为指导，深入贯彻落实科学发展观，分析了国际国内形势的新变化，鲜明回答了党在改革发展关键阶段举什么旗、走什么路、以什么样的精神状态、朝着什么样的发展目标继续前进的重大问题，是继续发展中国特色社会主义的政治宣言和行动纲领。十七大通过的党章修正案，体现党的理论创新和实践发展成果，适应了新形势新任务对党的工作和党的建设提出的新要求。十七大、十七届一中全会选举产生了新一届中央领导集体和中央领导机构，为党和国家各项事业健康发展提供了坚强有力的组织保证。

认真学习宣传贯彻十七大精神，是当前和今后一个时期的首要政治任务。为了推动广大党员干部和师生员工深入学习贯彻十七大精神，高举中国特色社会主义伟大旗帜，深入学习实践科学发展观，全面推进中国特色社会主义高水平研究型大学建设，根据中央要求，经校党委研究决定，从现在起到明年1月份，校党委党校将连续举办6期学习党的十七大精神专题培训班，分别是：校领导及中层党政正职干部培训班，中层党政副职干部培训班，教工党支部书记培训班，学生党支部书记培训班，学科带头人培训班，骨干教师培训班。

今天，校领导及中层党政正职干部培训班正式开班。下面，结合学习十七大精神，联系学校实际，我谈四点意见：

一、高举中国特色社会主义伟大旗帜，坚持正确的办学方向

十七大报告精辟回顾了改革开放的伟大历史进程，深刻阐述了发展中国特色社会主义的重大问题，鲜明提出中国特色社会主义伟大旗帜，是当代中国发展进步的旗帜，是全党全国各族人民团结奋斗的旗帜。改革开放以来我们取得一切成绩和进步的根本原因，归结起来就是：开辟了中国特色社会主义道路，形成了中国特色社会主义理论体系。高举中国特色社会主义伟大旗帜，最根本的就是要坚持这条道路和这个理论体系。在当代中国，坚持中国特色社会主义道路，就是真正坚持社会主义；坚持中国特色社会主义理论体系，就是真正坚持马克思主义。这一系列重要论述，是对改革开放29年波澜壮阔创新实践的理论升华，是对社会主义发展规律的深刻认识，是对坚持和发展中国特色社会主义的科学总结，从根本上指明了党和国家事业发展的方向。

我们学习贯彻十七大精神，最根本的是深刻把握十七大的灵魂，不断增强高举中国特色社会主义伟大旗帜的自觉性和坚定性，坚持中国特色社会主义办学方向，努力建设中国特色社会主义高水平研究型大学。

一是坚持理论武装。要坚持用中国特色社会主义伟大旗帜统一思想、凝聚力量，倍加珍惜、长期坚持和不断发展党历经艰辛开创的这条道路和这个理论体系，始终不渝地贯彻执行党的基本理论、基本路线、基本纲领、基本经验，坚持把以经济建设为中心同四项基本原则、改革开放这两个基本点统一于发展中国特色社会主义的伟大实践。要大力抓好校院两级中心组学习，努力建设学习型领导班子；加强校院两级党校教育培训工作，充分发挥党校在理论武装方面的主阵地作用；把学习党的十七大精神作为思想政治教育、课堂教学和党团组织活动的重要内容，以思想政治理论课为主渠道，高度重视并切实抓好党的十七大精神进教材、进课堂、进学生头脑的工作。通过抓好理论武装，努力引导广大党员和师生员工始终高举中国特色社会主义伟大旗帜，坚持中国特色社会主义道路和中国特色社会主义理论体系不动摇，始终做到"四个坚定不移"。

二是坚持理论创新。党的理论创新引领各方面创新。中国特色社会主义理论体系是不断发展的开放的理论体系。要加快组建"马克思主义研究院"，发挥我校多学科优势，进一步加强和改进思想政治理论课教学，加强马克思主义理论一级学科及相关二级学科的建设，加强中国特色社会主义理论体系的系统研究，培养造就一批马克思主义理论家特别是中青年理论家，形成一批高水平的理论研究成果，不断赋予当代中国马克思主义鲜明的实践特色、民族特色、时代特色。要在发展着的马克思主义指导下，从理论和实践的结合上不断研究新情况、解决新问题、总结新经验、做出新概括，不断推进马克思主义理论的新发展。

三是坚持宣传普及。要牢牢把握正确导向，在全校形成学习宣传贯彻党的十七大精神的浓厚氛围。要在积极开展理论研究的基础上，进一步加强我校理论报告员队伍建设，组织党的创新理论宣讲团，通过组织宣讲等多种生动活泼的形式，帮助广大党员和师生员工深刻领会党的十七大精神。要充分利用校内各类媒体，开设专栏、专题，大力宣传党的十七大的重大意义和历史贡献，宣传党的十七大报告和党章，宣传广大师生员工对党的十七大的热烈反响和学习情况，宣传在学习贯彻党的十七大精神过程中解决实际问题的新成效新进展。基层党组织要采取专题讲座、座谈研讨、集中办班、分散自学等多种方式，不断增强党员学习教育的针对性、有效性。工会、共青团、妇委会等群众团体要充分发挥广泛联系师生员工的优势，开展各具特色的学习教育活动。要充分发挥校园网的特点和优势，运用网络广泛宣传党的十七大精神。

四是坚持实践教育。要用中国特色社会主义伟大的实践、辉煌的业绩、丰富的素材和生动的事例，对广大师生进行理想信念教育，促进师生在学习上有更大收获，在思想上得到更大提升。要积极创造条件，让教师以科技创新、成果转化、课题研究、规划论证、咨询服务等多种形式，积极参与中国特色社会主义的生动实践。要坚持教育与生产劳动和社会实践相结合，组织引导学生深入开展服务海西建设、"三下乡"活动、扶贫支教等各类社会实践活动，使学生在社会主义建设的伟大实践中受教育、长才干、做贡献。通过实践教育，使师生深化对中国特色社会主义的认识，牢固树立中国特色社会主义的理想信念。

二、坚持以科学发展观为指导，推进学校各项事业又好又快发展

科学发展观是十七大报告论述的重点，是贯穿报告始终的一条主线。报告站在继续全面建设小康社会、发展中国特色社会主义的高度，强调必须坚持以邓小平理论和"三个代表"重要思想为指导，深入贯彻落实科学发展观；并系统深刻地阐述了科学发展观的时代背景、精神实质、科学内涵和根本要求。科学发展观是对党的三代中央领导集体关于发展的重要思想的继承和发展，是马克思主义关于发展的世界观和方法论的集中体现，是同马克思列宁主义、毛泽东思想、邓小平理论和"三个代表"重要思想一脉相承又与时俱进的科学理论，是我国经济社会发展的重要指导方针，是发展中国特色社会主义必须坚持和贯彻的重大战略思想。

十七大基于我国仍处于并将长期处于社会主义初级阶段的基本国情，适应国内外形势的新变化，顺应各族人民过上更好生活的新期待，在十六大确立的全面建设小康社会目标的基础上，对实现全面建设

小康社会奋斗目标提出新的更高要求，对社会主义经济、政治、文化和社会建设做出了全面部署，体现了科学发展、又好又快的要求，全面贯穿了发展为了人民、发展依靠人民、发展成果由人民共享的理念。十七大报告围绕建设创新型国家和人力资源强国，从教育的地位、方向、结构、质量、创新、投入等方面对教育改革发展做出了重要部署，提出一系列重要观点，为发展中国特色社会主义大学指明了方向。

根据上述要求，我们要建设中国特色社会主义高水平研究型大学，就必须始终不渝地贯彻落实科学发展观，着力转变不适应不符合科学发展观的思想观念，着力解决影响和制约科学发展的突出问题，把科学发展观贯彻落实到建设世界知名高水平研究型大学的具体实践中，贯彻落实到学校改革发展的各个方面。

一是把握发展机遇。十七大强调加快转变经济发展方式，关键要靠提高自主创新能力。要加大对自主创新投入，着力突破制约经济社会发展的关键技术。要优先发展教育，加大财政对教育的投入。要推动社会主义文化大发展大繁荣，提高国家文化软实力。要支持海峡西岸和其他台商投资相对集中地区经济发展。所有这些，为我校融入国家创新体系建设、繁荣哲学社会科学、服务海峡西岸经济区发展、服务祖国统一大业提供了难得的机遇。我们必须十分珍惜、牢牢把握好这一大好时机，倍加奋发努力，倍加积极作为，把各项工作乘势推向前进。

二是创新发展理念。科学发展观，第一要义是发展，核心是以人为本，基本要求是全面协调可持续，根本方法是统筹兼顾。9月底我校召开的第九次党代会，实事求是地总结了我校过去五年来的成绩和经验，深入分析了面临的形势和存在的问题，明确了今后五年学校改革发展的指导思想、奋斗目标、主要任务，围绕贯彻落实科学发展观，提出了“持续发展、统筹发展、创新发展、开放发展、服务发展、和谐发展”的六个原则和一系列的发展举措，我们要在此基础上，结合学习贯彻十七大精神，进一步把握发展规律、创新发展理念、转变发展方式、破解发展难题，提高发展质量，实现又好又快发展。要牢固树立以人为本理念，始终坚持“教育以育人为本，以学生为主体；办学以人才为本，以教师为主体”，进一步确立教师的主体地位和一切为了学生成才的服务机制。要坚持党管人才，创新人才工作体制机制，激发人才的创造活力和创业热情，开创人才辈出、人尽其才的新局面。要坚持“巩固、深化、提高、发展”的方针和“尽力而为、量力而行”的原则，统筹规模、结构、质量和效益的关系，统筹队伍建设、学科建设、平台基地建设和基本建设协调发展，努力实现以人为本、全面协调可持续的科学发展。

三是提高办学质量。质量是学校声誉的灵魂和生命线，提高办学质量是永恒的主题。要紧紧围绕提高办学质量，毫不动摇地坚持教育教学改革，提高教学改革、科研管理体制改革、人事分配制度改革等各项改革决策的科学性，增强改革措施的协调性、适应性和可行性。要坚持实施素质教育，继续深化人才培养模式、课程体系、教学内容、教学方法和教学手段的改革，优化办学条件，着力培养创新型人才，全面提高人才培养质量，为建设人力资源强国做出更大贡献。坚持“保证重点，兼顾一般”的原则，认真制定重点学科建设规划，集中精力、集中财力，以新的思路推进“211工程”和“985工程”三期建设；要紧密围绕《国家中长期科学和技术发展规划纲要》，创新科研体制和机制，完善科研评价体系，抓好科技创新平台和创新团队建设，着力增强自主创新能力，要在国家科技创新前沿的若干领域占有一席之地，在区域科技创新上起主导和引领作用。

四是服务社会发展。服务社会是大学的重要职能，也是社会对大学的基本要求。要强化创新、服务意识，努力增强为社会服务的能力，以优质的服务和高水平的成果赢得社会对学校发展的支持。要紧紧围绕国家战略需求和重点发展领域，加强与国家部委、大型企业开展战略合作，积极承担国家重大攻关项目，不断打开进入国家创新前沿的新通道，为创新型国家建设做出更大贡献。要繁荣发展哲学社会科学，深入研究经济社会发展面临的重大理论和现实问题，大力推进理论创新，推出一批有深度、有分量、有影响的研究成果，为党和人民事业发挥思想库作用，推动我国哲学社会科学优秀成果和优秀人才走向世界。要积极服务国家软实力战略，大力推进孔子学院总部南方基地建设，向世界推广汉语，弘扬中华文化。要大力实施《厦门大学服务海峡西岸经济区行动计划》，主动与省市有关部门开展项目对接工作，扎实有效地推进服务海西科技创新平台和决策咨询基地的建设；要发挥多学科优势，围绕省委提出的建设“科学发展的先行区”和“两岸人民交流合作的先行区”等战略决策，深入开展相关课题研究，为服务海西发展大局、祖国统一大业做出更大贡献；要建立健全市校联席会议制度，把市校战略合作协议落到实处。

五是促进校园和谐。科学发展和校园和谐是内在统一的。没有科学发展就没有校园和谐，没有校园和谐也难以实现科学发展。要把社会主义核心价值体系融入和谐校园建设的全过程、贯穿于学校教育教学工作的各个方面，使社会主义核心价值体系的基本要求得到切实贯彻和充分体现，为学校和谐发展提供坚实的思想基础。要坚持为民服务，着力民生、着力民心，着眼师生员工新期待，努力解决好师生员工最关心、最直接和最现实的利益问题，让改革发展成果惠及全校师生员工。要完善内部管理机制，切实推进依法治校、民主管理，为构建和谐校园提供制度保障。要加强校园文化建设，构建全方位育人的校园环境。要认真落实《厦门大学“十一五”和谐校园建设规划》提出的各项任务，按照任务分解实施方案的要求，狠抓工作落实，扎实推进和谐校园建设，努力实现各项事业协调并进、师生员工团结和睦的和谐发展。

三、坚持推进党的建设新的伟大工程，以改革创新精神全面加强党的建设

党的十七大敏锐把握世情、国情、党情的发展变化，以改革创新精神对全面推进党的建设新的伟大工程做出了重要部署。十七大报告指出，中国特色社会主义事业是改革创新的事业，党要站在时代前列带领人民不断开创事业发展的新局面，必须以改革创新精神加强自身建设，始终成为中国特色社会主义事业的坚强领导核心。报告围绕把党建设成为“立党为公、执政为民，求真务实、改革创新，艰苦奋斗、清正廉洁，富有活力、团结和谐的马克思主义执政党”，提出了全面推进党的建设新的伟大工程的“一条主线”、“二个坚持”、“三个要求”、“四个一定要”、“五项建设”、“六个着力”等一系列新要求、新部署，充分体现了鲜明的改革创新精神，充分表明我们党坚持党要管党、从严治党，提高执政能力，永葆先进性，推进中国特色社会主义事业的坚定决心，为我们在新的形势下，全面推进党的建设新的伟大工程进一步指明了方向。

我们一定要按照十七大做出的部署，站在全面建设中国特色社会主义的高水平研究型大学的高度，以改革创新为动力，以党的执政能力建设和先进性建设为主线，加强思想、组织、作风、制度和反腐倡廉建设，为全面推进高水平研究型大学建设提供更加坚强有力的保证。

(一)切实加强思想建设。要以坚定理想信念为重点加强思想建设。认真落实校党委关于“保持共产党员先进性四个长效机制实施办法”，健全让党员经常受教育、永葆先进性的长效机制，保持和发展党的先进性。要加强党员干部的理想信念教育和思想道德建设，使广大党员干部尤其是各级领导干部成为实践社会主义核心价值体系的模范，做共产主义远大理想和中国特色社会主义共同理想的坚定信仰者、科学发展观的忠实执行者、社会主义荣辱观的自觉实践者、社会和谐的积极促进者。要努力建设学习型党组织，使广大干部通过理论学习，继续解放思想，保持清醒头脑，树立忧患意识，强化战略思维，把握发展趋势，努力创造出经得起实践、历史、人民检验的业绩，以推动科学发展的实效来检验党的思想理论建设的成效。

(二)切实加强组织建设。要以造就高素质党员、干部队伍为重点加强组织建设。扎实抓好党员队伍建设这一基础工程，坚持不懈地提高党员素质。认真学习和遵守党章，增强党员意识，拓宽党员服务群众渠道，构建党员联系和服务群众工作体系，使党员真正成为牢记宗旨、心系群众的先进分子。要加强党员发展工作，加大在优秀人才中发展党员的工作力度，努力把符合党员条件的学术骨干、青年教师和优秀大学生凝聚到学校发展和党的教育事业中来。

要切实加强领导班子和干部队伍建设。按照十七大提出的“把各级领导班子建设成为坚定贯彻党的理论和路线方针政策、善于领导科学发展的坚强领导集体”的要求，努力造就与建设高水平研究型大学相适应的领导班子，着力提高各级领导班子议事决策的能力、改革创新的能力、团结共事的能力、处理复杂问题的能力和推动工作落实的能力。坚持党管干部原则，坚持民主、公开、竞争、择优，形成干部选拔任用科学机制。坚持正确的用人导向，把实干进取、成绩突出、群众公认的干部选拔到各级领导岗位；完善公正选人机制，认真实施体现科学发展观和正确政绩观要求的干部综合考核评价办法，建立经常性的干部

考察工作机制,建立党委常委会分析领导班子和领导干部队伍建设状况制度,历史地、客观地、全面地看班子、看干部;加强后备干部队伍建设,注重动态管理、跟踪培养、定期考察;加大干部交流轮岗的力度,促进多岗位锻炼,拓宽干部培养渠道,通过到校外挂职等多种途径,加快干部成长步伐。

(三)切实加强作风建设。要以保持党同人民群众的血肉联系为重点加强作风建设。各级领导干部要坚持为人民服务的宗旨,坚持走群众路线,不断完善联系群众制度,多为群众办好事、办实事,认真解决好教职工住房、学生就业、家庭经济困难学生资助等实际问题,做到权为民所用、情为民所系、利为民所谋;要坚持求真务实,多干打基础、利长远的事,加强调查研究,改进学风和文风,精简会议和文件,反对形式主义、官僚主义,反对弄虚作假;要坚持勤俭办学,勤俭办一切事业,坚决反对铺张浪费行为;要坚持民主团结,自觉维护党的民主集中制,发扬民主作风,树立全局观念,善于集中正确意见,善于团结同志,增强合力、共创和谐,在和谐校园建设中起表率带头作用。研究制定《关于加强领导干部作风建设的若干意见》,促进各级领导干部讲党性、重品行、作表率、树正气,以党内和谐促进校园和谐,以良好的作风推动学校发展。

(四)切实加强制度建设。要以健全民主集中制为重点加强制度建设。坚持和完善党委领导下的校长负责制,认真贯彻民主集中制原则,强化党委全委会的功能,完善全委会、常委会工作规则,健全常委会向全委会定期报告工作并接受监督的制度,推行党委全委会讨论决定重大问题和任用重要干部票决制。要尊重党员主体地位,保障党员民主权利,推进党务公开,营造党内民主讨论环境。认真研究党代会代表的权利、义务、责任,积极探索党代会闭会期间发挥代表作用的途径和形式。今后凡涉及学校改革发展的重大事项,都要征求和听取党代表的意见和建议,进一步扩大党内民主,完善监督机制。

(五)切实加强反腐倡廉建设。要以完善惩治和预防腐败体系为重点加强反腐倡廉建设。扎实推进惩治和预防腐败体系建设,形成拒腐防变教育长效机制、反腐倡廉制度体系、权力运行监控机制。更加注重预防,切实把思想道德教育作为廉洁从政的基础,加强理想信念、思想道德、党纪国法和权力观教育,提高拒腐防变能力。更加注重制度建设,坚持和完善党风廉政建设责任制和"三重一大"制度,严格执行党内监督条例,完善对党委、党总支反腐倡廉工作的考核办法和责任追究办法;制定《厦门大学巡视检查工作规定》,推行巡视制度。更加注重治本,加强监督检查,坚持关口前移,重点加强对领导班子特别是班子主要负责人的监督;要加强对重要环节和重点部位的管理,健全核查制约机制;严肃查处违纪违法案件,充分发挥查办案件的治本功能。

四、对参加党校培训班的全体学员提几点要求

参加党校培训班,系统学习领会十七大精神,是难得的机会。我希望全体学员要充分珍惜机会,认真学习,学以致用,争取理论武装上有新提高,思想认识上有新境界,精神状态上有新面貌,促进工作上有新举措。

一要认真学习,深刻领会。要原原本本学习党的十七大报告和党章,深刻领会十七大的主题,深刻领会十六大以来党和国家取得的新的重大成就,深刻领会改革开放的伟大历史进程和宝贵经验,深刻领会科学发展观的科学内涵、精神实质和根本要求,深刻领会实现全面建设小康社会奋斗目标的新要求,深刻领会社会主义经济、政治、文化、社会建设等方面的重大部署,深刻领会以改革创新精神全面推进党的建设新的伟大工程,进一步理解把握十七大提出的重大理论观点、重大战略思想、重大工作部署,认真加以贯彻落实。

二要联系实际,思考问题。要根据十七大提出的新要求,认清学校面临的机遇与挑战,深入分析和准确判断内外部环境变化,深入研究关系学校发展的全局性、战略性、前瞻性的重大问题,加强对发展现状、发展思路、改革举措的思考和研究,培养战略思维,提升工作站位,提出破解难题的办法,不断增强领导发展的本领。

三要学以致用,推动工作。要把武装头脑、指导实践、推动工作作为学习党的十七大精神的出发点和

落脚点，认真查找精神状态上存在的差距，保持锐意进取、奋发有为的精神状态和真抓实干、务求实效的工作作风。要进一步明确学校和各单位的发展目标，提出新思路、推出新举措、落实新任务，全面开创各项工作的新局面。

四要严格要求，做好表率。要端正学习态度，严格遵守培训纪律，增强学习的自觉性，做到“沉得下身，静得下心”，集中精力投入学习，带头学深学透、带头宣传普及、带头学以致用、带头推动工作，为广大党员和师生员工学习党的十七大精神做好表率、当好模范。

——本文摘录自《党建和事业发展文稿汇编》，档号 2019-XZ09-002

立足新起点　实现新跨越

——在中共厦门大学第九次代表大会闭幕式上的讲话

(2007年9月27日)

校党委书记　朱之文

各位代表、同志们：

中国共产党厦门大学第九次代表大会，经过全体代表的共同努力，圆满完成了预定的各项任务。这次会议，实事求是地总结了过去五年来的成绩和经验，深入分析了面临的形势和存在的问题，明确了今后五年学校改革发展的指导思想、奋斗目标和主要任务，选举产生了我校新一届党的委员会和纪律检查委员会。在这里，我代表新当选的校党委委员和纪委委员，对大家的信任和支持表示衷心的感谢！

这次大会，是一次承前启后、继往开来的大会，是一次统一思想、凝聚人心的大会，是一次开拓进取、催人奋进的大会。

大会通过的党委工作报告，充分体现了"三个代表"重要思想和科学发展观的要求，体现了全校广大党员和师生员工的意愿，是指导学校今后五年各项事业全面发展的纲领性文件。蓝图已经绘就，关键在于落实。我们要认真贯彻落实党代会精神，用建设世界知名高水平研究型大学的奋斗目标，鼓舞人心，凝聚力量，立足新起点、实现新跨越，努力把厦门大学的各项事业推向新的高度。

立足新起点、实现新跨越，就必须坚定不移地用科学发展观统领学校改革发展全局。科学发展观是指导发展的世界观和方法论的集中体现，是实现学校各项事业又好又快发展必须长期坚持的指导思想。全校共产党员特别是党员领导干部，要自觉地用科学发展观武装头脑，强化科学发展意识，增强践行科学发展观的能力，为推进我校新一轮跨越式发展做出应有的贡献。

立足新起点、实现新跨越，就必须始终保持奋发有为的精神状态。建设世界知名高水平研究型大学，任重而道远，需要付出艰苦的努力。没有良好的精神状态，没有自强不息的进取精神，宏伟的蓝图就不可能变成美好的现实。这就要求我们，必须始终保持共产党人的蓬勃朝气和昂扬斗志，以新的风貌、新的气象、新的作风，锐意进取，开拓前进，不断开创我校改革发展的新局面。

立足新起点、实现新跨越，就必须大力弘扬求真务实的优良作风。空谈误国，实干兴邦，事业是靠干出来的。在发展的道路上，有许多困难需要我们去克服，许多问题需要我们去解决，许多艰巨的任务需要我们去完成。我们要从学校实际出发，求真务实，真抓实干；察实情、出实招、办实事、求实效，一步一个脚印地把事业推向前进。

立足新起点、实现新跨越，就必须群策群力贯彻落实好党代会精神。完成党代会提出的目标任务，必须把全校师生员工的积极性和创造性充分调动起来，把各方面的力量凝聚起来，形成推动科学发展、构建和谐校园的强大合力。全校各级党组织要采取多种形式，认真学习、宣传和贯彻党代会精神，把全校师生员工的思想和行动统一到会议精神上来。全校共产党员都要充分发挥先锋模范作用，带头贯彻党代会的决议，团结和带领全校师生员工，自强不息，止于至善，创造更加骄人的业绩，谱写更加辉煌的篇章。

各位代表、同志们，"雄关漫道真如铁，而今迈步从头越"。回顾过去，我们感到无比骄傲和自豪；展望未来，我们充满必胜的信心和力量。举世瞩目的党的十七大即将召开，我们要认真学习贯彻十七大精神，紧密团结在以胡锦涛同志为总书记的党中央周围，继续解放思想，坚持改革开放，推动科学发展，促进校园和谐，为把我校建设成为世界知名高水平研究型大学而努力奋斗！

——本文摘录自《厦门大学报》，2007年9月30日第750期

在中共厦门大学第九届委员会第一次全体会议上的讲话

(2007年9月29日)

校党委书记　朱之文

同志们：

刚才，校党委九届一次全体会议选举产生了新一届校党委常委会，通过了校纪委第一次全体会议的选举结果，顺利完成了预定的各项任务。在此，我代表新当选的第九届党委常委，向大家表示衷心的感谢！

从现在起，第九届校党委就正式接过第八届校党委的担子，肩负起带领全校师生员工实现学校又好又快发展的历史使命。上级党组织关注我们，师生员工期待着我们，历史也将检验我们，我和同志们一样，深感使命光荣、责任重大。我们一定要倍加珍惜组织的信任和师生员工的期望，恪尽职守、勤奋工作，不负重托，不辱使命。下面，我就加强新一届校党委班子自身建设提几点要求和希望，与各位常委、委员共勉。

一、带头加强学习，不断提高素质

加强学习，是增长才干、提高素质的重要途径，也是领导干部的一项重要任务和重要责任，是推进新一轮跨越式发展的迫切要求。

加强理论武装。要把校党委领导班子建设成学习型组织，要按照社会主义政治家和教育家的要求，带头加强学习，自觉地在思想上、政治上和行动上与党中央保持高度一致。要深入学习邓小平理论和"三个代表"重要思想，深入学习以胡锦涛同志为总书记的党中央提出的树立和落实科学发展观、构建社会主义和谐社会等一系列重大战略思想以及即将召开的党的十七大精神。当前，特别要系统学习和深入研究科学发展观，全面系统地把握其精神实质、主要内涵和基本要求，不断增强运用科学发展观指导学校改革发展的自觉性和坚定性。

提高治校能力。要紧跟时代发展的潮流，不断学习新知识，培养战略思维，提升工作站位，提高自身素质，增强工作本领，不断提高驾驭学校全局的能力，统筹协调发展的能力，应对复杂局面的能力和依法办学、民主管理的能力，使我们在思想上和工作上体现时代性、把握规律性、富于创造性，使我们的素质和能力更加适应建设世界知名高水平研究型大学的要求。

善于指导实践。要弘扬理论联系实际的学风，着眼于科学理论的运用，着眼于现实问题的思考，着眼于实际问题的解决，抓住事关全局的重点、师生员工关心的热点、制约学校发展的难点，善于化解矛盾，善于破解难题，善于推动工作，真正做到知行合一、学用相长。当前尤其要针对如何培养创新型人才、增强自主创新能力、提高社会服务能力、改善办学条件、解决教师住房困难等问题，提出更有针对性和可操作性的思路、举措，扎实推动学校发展。

二、带头践行宗旨，坚持为民服务

全心全意为人民服务是我们党的根本宗旨，我们要牢固树立宗旨意识，自觉践行这一宗旨，坚持权为民所用、情为民所系、利为民所谋，做到凡事心里想着群众，工作依靠群众，发展为了群众。

树立群众观点。坚持走群众路线，以师生员工满意不满意、赞成不赞成、高兴不高兴、答应不答应作为衡量我们一切工作得失成败的标准。党委领导班子要经常深入实际、深入基层、深入群众，倾听群众呼声，了解群众意愿，集中群众智慧，使我们做出的决策、采取的举措、推动的工作更加符合客观实际和规律，更加符合广大师生员工的愿望和根本利益。

突出为民服务。我们在任何时候都要把师生员工的冷暖安危放在心上，少说多做、说到做到、说好做好，承诺有度、承诺有信、承诺有效，树立推动工作、为民负责的形象，更好地赢得师生员工的信赖和支持。要始终把师生员工的根本利益摆在首位，把解决师生员工最关心、最直接、最现实的利益问题，作为我们工作的着力点，尽力而为、量力而行，扎扎实实地解决好教师尤其是中青年教师的住房、待遇等问题，切切实实地做好家庭经济困难学生的资助、毕业生就业、心理健康教育等工作，努力为师生员工办实事、解难事。

三、带头求真务实，扎实推进发展

发展是第一要务，是学校的中心工作，也是解决一切问题的关键。我们必须始终坚持发展为先、发展为大，全面贯彻落实科学发展观，紧紧抓住事关全局的重点工作，以更大的决心、更大的魄力，采取更加有力的措施，努力推动科学发展、和谐发展。

创新发展理念。要坚持解放思想、实事求是、与时俱进，敢于突破不合时宜的观念，敢于打破陈规陋习的束缚，在解放思想中加快发展，在加快发展中进一步解放思想，用改革的思路、发展的办法，研究解决前进中的困难和问题。要创造性地工作，不断研究新情况，采取新举措，解决新问题，创造新业绩。

狠抓工作落实。党委班子作为学校的领导核心，一定要把主要精力放到把方向、议大事、管全局、抓落实上。全校党员把我们推选到这么重要的岗位，既是信任，更是考验。党代会提出的各项目标和任务，是我们对全校师生员工的郑重承诺，要言必信、行必果，说了就一定要做到，不辜负全校共产党员和广大师生员工的期望。班子的每一位同志，都要弘扬求真务实的精神，以时不我待、只争朝夕的拼劲，紧密联系各自的工作实际，带头研究谋划、带头抓好落实、带头督促检查，以踏踏实实的工作，谋实实在在的发展，不断将学校的发展蓝图变为美好的现实。

四、带头增进团结，自觉维护大局

讲党性、讲团结、讲大局，是每个党员干部都必须遵守的政治纪律。只有领导班子团结了，才能有效调动广大师生员工的积极性，才能心往一处想，劲往一处使，才能把我们的事业一步一个脚印地向前推进。要有海纳百川的胸襟、容人容事的雅量和坦诚相见的气度，既要讲党性、讲原则，也要讲感情、讲友谊，自觉做维护团结、促进和谐、顾全大局的模范。

坚持民主集中。要坚持和完善党委领导下的校长负责制，按照“集体领导、民主集中、个别酝酿、会议决定”的原则，凡涉及全局和长远发展的重大问题、重要决策，都要提交常委会或全委会，充分发扬民主，听取委员意见，集体研究决定。决策一经形成，就要坚决贯彻执行，确保政令畅通。

自觉维护大局。每位班子成员都要增强大局意识和全局观念，从大局出发，在大局下行动，积极主动地维护大局、服务全局，特别是要把自己分管的工作放到学校事业发展的大局中去思考、去研究、去把握，处理好个人与集体、局部与大局的关系，既要各司其职、各负其责，又要关心全局工作，互相支持、互相补台,搞好分工合作,在合作共事中加深了解,在推动发展中增进团结,充分发挥领导班子的整体合力,以党内和谐促进校园和谐。

五、带头廉洁自律,提高拒腐防变能力

廉洁从政,是为政之要,也是立身之本。要带头改造主观世界,自觉加强党性修养,立党为公、执政为民,牢固树立马克思主义的世界观、人生观、价值观和正确的权力观、地位观、利益观,真正做到一身正气,一尘不染,筑牢拒腐防变的思想和道德防线。

带头艰苦奋斗。要始终牢记"两个务必",树立社会主义荣辱观,发扬艰苦奋斗的优良作风,坚持勤俭办学的优良传统,带头勤俭节约、反对铺张浪费,带头精打细算、反对大手大脚,带头艰苦创业、反对盲目攀比,始终保持艰苦创业、勤俭办学的优良作风。

带头廉洁自律。要常修为政之德、常思贪欲之害、常怀律己之心,严格执行领导干部廉洁从政的各项规定,清正廉洁,一身正气,树立清正廉洁的良好形象。

带头遵纪守法。要模范执行各项法律法规和党内纪律,自觉接受党内外监督。凡是要求党员干部做到的,校党委班子成员首先做到;凡是禁止党员干部做的,校党委班子成员坚决不做,树立遵纪守法的良好形象。

以上五点要求,既是对新一届校党委加强自身建设的基本要求,也是我们向全校广大党员和师生员工的一个集体表态。作为新一届校党委班子的"班长",我将本着对党忠诚、对人民负责的精神,恪尽职守,勤奋工作,在全委会、常委会的领导下,与同志们一道奋力开创厦门大学改革发展的新局面。真诚欢迎大家对我进行监督。

同志们,落实好党代会报告提出的各项工作,推进厦门大学又好又快发展,是第九届党委的重要任务,也是全校广大师生员工的殷切期望。让我们切实增强历史使命感和责任感,以开拓创新的精神、勤奋务实的作风、清正廉洁的形象,团结带领广大师生员工为实现建设世界知名的高水平研究型大学而努力奋斗!

——本文摘录自《厦门大学报》,2007 年 9 月 30 日第 750 期

解放思想、提高认识，开创科研工作新局面

——在2007年度全校科研工作大会上的报告

（2007年4月29日）

校长　朱崇实

一、关于研究型大学的科学研究

（一）创新来自科研，没有科研就没有创新

现代大学有三项最基本的职能，分别是人才培养、科学研究和社会服务。在一所创新型、研究型大学中，科学研究是连接其他两项职能的纽带。大学要发挥好人才培养和服务社会的职能，离不开科学研究职能的充分发挥。创新来自于科研，科学研究的过程本身就是一个创新的过程，没有科学研究就没有创新。

（二）高质量的人才培养，关键在于能否把科研融入教学

将科研融入教学是培养高质量人才的关键。19世纪初，德国威廉·洪堡创建柏林大学时提出的“教学与科研相统一”的原则，深刻影响着世界大学的发展。而今，研究型大学、一流大学，之所以能够成为一流，能够被称为研究型大学，其中很重要的一点就在于通过教学与科研的结合，培养出高质量、创新型的人才。要培养创新型人才，教师传授给学生的知识，必须具有创新的内容；要有创新的内容，就需要教师进行科学研究。在现代社会，科研产生的新的知识和技术，转移到学生的头脑，这是最重要的知识转让和传播形式。所以，在一流的大学，人才培养的关键是看能不能把科研融入教学。

（三）高校为地方经济建设和社会发展服务，研究与解决各类难题是最有价值的服务

经济社会发展的强烈需求，成为了高等教育发展的巨大动力。作为一所高水平大学，在发展过程中要主动融入社会主义现代化建设中去，就要在积极服务地方经济发展、构建区域创新体系的过程中发挥重要的作用，把探索科学的前沿问题与为地方经济建设、社会发展服务结合起来，扮演好技术创新生力军、服务地方人才支撑和政府机构的知识库等各种角色，真正做到“顶天立地”。立足社会发展和国家需求，研究和解决建设发展中遇到的各类难题，是最有价值的服务。

（四）学校核心竞争力强弱，关键在于科研能力的强弱

一所高校核心竞争力的强弱，最终体现在其科学研究能力的强弱上。科研能力是高校核心竞争力的重心所在，是考量一所高校核心竞争力的关键指标。总而言之，一所研究型大学、创新型大学，假如没有一流的科学研究，就不能称之为一流；假如没有一流的科学研究，也就没有一流的人才培养，也就没有一流的社会服务。这三者之间互相作用，互相促进，密不可分。

二、我校科研现状的简要分析

(一)科研经费大幅增长,承担项目层次提高

2006年度我校科研经费首次突破2亿元大关,达到了2.17亿元。承担项目的层次有了大幅提高,各类重大、重点项目也有明显增加。科研经费有了大幅度增长,呈现多点开花的局面,彻底改变了原来一枝独秀的状况。

在很长的时间里,我校的科研基本上依靠化学、经济等传统优势学科支撑,其他学科的科研力量薄弱,与外界交往很少。经过多年的努力,我校已彻底改变了这个状况。在2006年的科研经费分布中,排在第一位的是生命科学学院,第二位是海洋与环境学院,第三位是化学化工学院。新老学科展现活力,体现出强劲的发展势头。长期以来,我校的化学学科为学校的整体发展做出了巨大贡献,可以说,它是我校许多学科的孵化器,许多学科都是得益于化学学科的成长而发展起来的。在人文社科方面,现在人文学院、管理学院、经济学院还有其他的各个学院,都有了好的科研状况,有了新面貌。

科研经费的来源日趋多样。医学等长期空白的领域已经被突破,3个附属医院的加盟进一步增强了我校医学科学研究的实力。学科交叉、联合攻关出现了比较好的发展势头。我校的联合攻关、学科交叉,已经不局限在单一的一级学科进行,而是出现了多个一级学科联合攻关、协同作战的状况,甚至出现了文理交叉、理工交叉、共同攻关的喜人局面。

(二)科研平台与基地建设成效显著,科研实力明显增强

2006年,我校新增1个教育部工程技术中心(电化学工程技术中心);7个福建省科研平台获准建设,涉及领域涵盖能源、材料、半导体、药物工程等;建立了1个厦门市工程技术中心(光电信息材料与器件)。厦门是全国最早获批准的"国家半导体照明工程产业化基地",光电产业是厦门市重点培育的新兴产业。厦门大学了解和把握厦门市发展的实际需求,率先为城市发展的主要领域提供强有力的技术支持。

哲学社会科学方面,在福建省政府的支持下,我校复办了厦门大学国学研究院。国学研究院复办短短几个月,已经做了很多很好的工作,已初步重拾厦门大学国学研究院昔日的辉煌。厦门国际法高等研究院已经开始运作,2006年夏天举办了高规格的第一期暑期班,主讲的教授都是来自世界各国的国际法专家,学员来自亚太、欧洲等多个国家。2007年7月,研究院要举办第二期暑期班,在质量和规模上都将上一个新的台阶。我校五个国家人文社科基地的建设效果显著,教育部社科司对我校五个基地建设情况进行了检查,结果非常满意,并主动提出要帮助厦门大学争取建设新的人文社科基地。这也是我校人文社科基地发展的新契机。

(三)科研团队建设取得进展,团队力量展现实力

厦门大学采用了"创新团队+科研平台+科研项目——科研成果"的科研组织运作模式,得到广泛认可,并取得卓越成效。现在全校各个学院都重视创新团队建设,凝聚学院的科研力量,推动本学科和交叉学科的发展创新。在学校初步形成了国家、部省、学校三个层面的三级团队,全面提升学校科研实力。我校已在化学和海洋环境领域建有两个国家级的创新团队,目前正在争取生命科学领域建设第三个国家级创新团队。

一批中青年学术带头人开始切实发挥带头人的作用。学校高度重视培养中青年学术带头人,各学科的中青年学术带头人创造活力和创新能力逐渐展现。我校改革了原来不利于学科带头人真正发挥作用的体制、机制,注重团队建设,在部分学院实行PI制,这些都有利于中青年学术带头人发挥积极主动性,真正成为带头人。

伴随着创新团队的建设,我们的科研体制发生了深层次的改革。大学的科研体制改革需要充分地研

究、科学地规划、稳定地推进。科学研究者的自由探索，是大学最重要的基础。大学必须营造让科学研究者自由探索的文化和环境，否则就容易失去活力。因此，大学的科研体制改革特别困难，必须要建立在科学家自主认识、自主接受的基础上，使改革的目标内化为科学研究者的自主意识，不能采取任何强制性的改革措施。我校开展的科研体制改革是在科学家自主认识、接受的基础上开展的，在最大程度上激发了科学研究者的积极性和自觉性，对团队建设和科研活动开展产生积极的影响，是让人感到欣慰和高兴的事。

(四)科研成果的水平明显提高，呈现基础与应用并重的局面

2006年是我校科研佳绩频传的一年，获得了多种奖励。2006年全国自然科学奖有29项，其中只有15项是在高校里完成的，我校获得了两项国家自然科学二等奖，是相当不容易的。2006年，我校七项科技成果获得省部级奖励，其中一项成果获得福建省科技进步一等奖；五项科研成果获厦门市奖励；一项科研成果获高等学校科学技术奖。在中国高校第四届人文社科优秀成果奖评选中，我校19项人文社会科学成果获奖，获奖总数仅次于北京大学、武汉大学和人民大学，居第四位。其中，一、二等奖七项，仅次于北京大学、北京师范大学，居第三位。

2006年，我校教师发表了一批高影响因子的论文，出版了一批高水平的专著。这些论文和专著在国内外有很大影响。尤其是在新兴的学科和学校原来的弱势学科中，如信息科学，出现了高水平、高质量的成果。

2006年我校有69项专利获得授权，其中发明专利60项。这一数据说明我校在应用研究方面取得了长足的发展进步。同时，我校有一批科技成果得以转化推广，取得了良好的经济效益和社会效益。比如生命科学学院的优质水稻培育等，生物制药、生物医学材料、信息产品、信息技术等领域也有很好的成果转化推广。

三、当年科研工作的主要不足

(一)科研的总量仍然偏小，学科发展仍然不平衡

我校科研总量仍然偏小，2006年科研经费为2.1亿元，与其他重点高校相比，仍然偏少。南京大学在规模和结构上都跟厦门大学相似，它与厦门大学一样，是我国教育部所属重点大学中为数不多没有并校的大学，大学的专任教师数量与厦门大学相仿，都是两千多人。但是，2006年南京大学的科研经费达到了3.5亿元。和南京大学等兄弟高校相比，我校在争取更多的科研经费方面，差距较大，仍需努力。

我校学科的发展仍然呈现不平衡，在科研经费的分布上体现得很明显。2006年，我校理工科的科研经费79%集中在生命科学、海洋与环境、化学化工三个学院；人文社科的科研经费则是57%集中在人文、管理、经济三个学院。其中，有我校的传统优势学科，如化学化工、经济学科；也有我校的新兴学科，如生命科学、管理学科。科研经费的多少与学科的发展特点和现状有密切的关系，但各学科仍应该加强争取科研经费的力度，积极开拓新的科研经费来源。

(二)争取重大课题的能力仍然薄弱，跨学科攻关能力不足

"973计划"是国家重点基础研究发展计划，目标在于加强国家原始性创新，在更深的层面和更广泛的领域解决国家经济与社会发展中的重大科学问题，提高我国自主创新能力和解决重大问题的能力，为国家未来发展提供科学支撑。主持"973项目"是高校科研能力的重要体现和充分肯定，同时也能有力促进高校科研发展。我校承担部分"973项目"的子项目，但迄今为止仍然未能主持"973"重大科研项目，没有"973"首席科学家。从全国范围内看，高校"973"首席科学家以清华大学最多，15人；北京大学紧随其后，14人；并列第三的是复旦大学、华中科技大学、中国农业大学，各有7人。专业涵盖信息、能源、材料、

生命、环境等与国家和社会前沿和重大需求密切相关的学科领域。这些学校类型不同,有综合性院校,也有专业性院校,相同的是各高校都找准了自身的优势和强项,并成功获准主持“973 项目”,得到了国家的重点支持。我校在这方面还期待突破。

横向课题也缺乏重大的工程项目。经统计,我校经费在百万元以上的项目,有 39 项,经费在千万元以上的项目只有一项。这组数据说明我校在横向课题的重大工程项目争取方面,还有欠缺,亟待改善。2006 年,在与全国部分高校理工科的横向课题经费的比较中可以看出,我校与山东大学、武汉大学等综合性大学相比,仍然有很大的差距。分析原因,其他高校之所以有较高的科研经费,很重要的一点在于它们都有自己的拳头产品,能够与社会发展需求相适应,并且获得大力的支持。这些高校都有若干个千万元以上,甚至数千万元、上亿元的科研项目,为各自学校的发展,起到了重要的推动作用。

跨学科组织科研攻关的能力还不足。最主要的原因在于缺乏战略科学家。所谓战略科学家就是能够组织协调,并且产生重大战略科技思想的科学家。这样的科学家能够把多方面的力量集中起来,围绕国家重大的战略需求去设计和规范科研项目。

对于跨学科组织科研攻关,很多教师还没有正确的认识,甚至有的教师有抵触情绪。教师的思想认识还有待提高,部分教师在从事学术研究和科研活动时,还讲究“出身”是否纯正问题,对从事跨学科研究的工作,认为是走江湖,是搞歪门邪道。没有正确的思想认识,将危害到跨学科研究的广泛开展。

(三)科研平台基础薄弱,科研条件尚待改善

科研平台作用还未真正发挥,缺乏有效的体制机制保障,大型仪器设备共享程度很低。这几年有了改善,但仍然存在不足。我校一方面资源不足,另一方面又存在资源浪费。资源浪费最重要的表现就是大型仪器设备共享度相当低。这些大型仪器设备花费巨资购买,但是否真正发挥了作用,为科研活动提供了帮助和支持?这个问题非常值得讨论。解决问题的关键在于群策群力,建立行之有效的仪器设备管理体制,发挥大型仪器设备的最大共享程度。

科学家之间缺乏沟通与交流。为改善这一情况,近年来,学校开展了一系列的工作,其中一个小而重要的措施就是成立了教工俱乐部。在俱乐部里,很多教师可以畅谈工作,交流思想,互相启发,受益很大。在欧洲,许多革命性的思想和事情,都是在咖啡馆里产生的。以剑桥大学为例,下午茶和喝咖啡是剑桥大学长期流传下来的一个传统。下午茶是由校方出资,安排教授们一块吃点心、喝茶、聊天的一种休闲形式;而喝咖啡则是师生之间或学生之间一种十分随意的交流方式。表面看来,这种带有浪漫色彩且随意悠闲的形式只不过是紧张工作之余的一次短暂休息,但这种轻松愉快的聚会却往往是思想碰撞,产生火花的摇篮,许多重大的科学发现其最初的创意便萌芽于下午茶。亚历克·布罗尼斯校长曾戏言:“瞧,喝下午茶我们就喝出了 60 多位诺贝尔奖获得者。”厦门大学也要致力于建立这样的氛围,希望有条件的学院希望能够注意创造这样的氛围,在交流中激发教师更多的科研灵感,创造更多的科研成果。

我校科研条件还跟不上科研发展需要。我校缺乏一流的人才,科研用房非常的紧张,优秀研究生的生源不足,尤其是一些重要学科,研究生生源不足,实验技术队伍非常薄弱。学生在实验室和研讨班,当他们对教授指定的科研问题或者他们自己提出的科研问题寻找答案时,他们就成为科研工作者,并与教授在共同寻求新知识的过程中携起手来,共同探索新知。由此可见,研究生也是重要的科研队伍。如何建立、如何管理、如何要求这支队伍,我校仍处于积极探索阶段。

(四)创新意识不足,对科学研究的客观发展规律研究不够

我们要树立创新和敢为天下先的意识。基于自身特殊的传统和地理位置,我校历来以稳健著称,形成了不事张扬、注意谦让的品质,拥有非常好的美德。但是在这个文化的另外一面,也有它的不足,表现在我们创新意识不强,敢为天下先的意识不强。

教师的科研与教学工作是一个复杂的过程,要客观了解和掌握教师的工作绩效情况,需要一套科学完整的评价体系。如何评价我们的科研、教学和社会服务,如何评价这些工作的成效,都需要科学的评价

体系作为衡量的标准。科学评价体系的建立不仅能帮助学校、学院充分了解教师的工作,也有助于教师正确认识和把握自己的工作。

科研大平台的建设和学科交叉研究的进一步发展,要求教师具有强烈的团队意识和协同攻关的能力。我们的团队意识,协同攻关的意识还不足。经过努力,这几年有了很大改变。我校的创新团队开始形成,一些中青年学术带头人,已经真正开始发挥带头人的作用。

对科学研究的客观发展规律研究得不够。各种事物都有自身的发展规律,科学研究也不例外。理解和把握事物发展的内部和外部发展规律,有利于工作的顺利开展。科学研究有其特殊的规律,从事科学研究的教师们应该按照规律来开展工作,提高认识水平。

四、对下一步科研工作的若干意见

(一)解放思想,提高认识,摆正科研在研究型大学的作用和地位

学校要营造一种环境和氛围,强调科研的重要性,让科学家把科研作为生命的一个部分、人生的一个乐趣,而不仅仅是谋生的一个手段。在功利主义的主导下,是不可能做出创新性的一流成果的。

高校里的科学家应该具备教学与科研相融的才干,能够在与学生的接触中,激发自己的灵感。我校许多教师既能很好地从事教学工作,又有很强的科研能力,他们喜欢与学生接触,并善于从中激发和捕捉灵感。在大学里面,就应该聚集一批这样的人。进入高校工作的每一位同志,都要对自己的才干和能力有准确的认识和评价,要喜欢学生,敢于和学生接触,在积极的互动交流中,捕捉科研的灵感,做到教学与科研相长。

知识分子要把解决国家和社会(地方)的困难,作为自己义不容辞的责任。大学则应该创造一个能够让科学家自由探索的氛围。科学家的自由探索与为国家、为社会服务并不矛盾的:自由探索应该围绕着国家和社会多方面的重大需求有机地结合起来,围绕这样的需求来开展感兴趣的研究和探索。钱学森先生是受世人尊敬的科学家,他秉持自由探索精神,将自己的兴趣、才干与国家、社会的需求紧密地结合在一起,主在服务国家、自由探索的过程中,创造出了杰出的科学成就。知识分子只有把解决国家和社会的困难作为自己义不容辞的责任,方能在最高层次上,实现自我的价值。

(二)深入研究科学研究的客观规律,创造有利于创新的体制、机制和文化

科学研究的规律是研究活动开展的基础,是否了解并掌握科学研究的规律是能不能搞好科学研究的一个重要前提。学校要创造有利于创新的体制、机制和文化。建立科学的评价体系,要提倡适当的激励。激励是一把双刃剑:适当的激励能够让我们对自己的工作产生更强的动力,更充足的信心;但是,激励过度,也可能会出现一些负面影响,比如导致研究问题过于急功近利,从而助长不良学风。约束也一样,应该是适当的:刚性太强的约束,同样会产生负面效果,产生思想禁锢,导致一流科研成果的难产;没有约束,则可能会使教师失去科学研究的鞭策力量。所以,建立科学评价体系、适当的激励和约束机制,是需要深入研究的问题。

在之前开展的各学院调研工作中,我们了解到,许多学科的教师集中认为要根据不同学科的特点,规范不同学科的发展,评价不同学科的成绩,要求不同学科的工作,形成科学有效的评价机制。这就需要建立相应的学术组织。在与一些同志、一些学科带头人的探讨中,大家一个比较一致的看法是应该在学校中建立学部制度。根据不同学科的特点,建立不同的学部。建立了学部制度,按学部来设立学术委员会,其最重要的职能,就是做学科发展规划、评价体系和目标要求。这样会更好地发挥学术组织的作用,包括学术指导和学术规划的作用。

要根据科学研究的客观规律,创造各尽所能、人尽其才的环境。在这方面,我校改革的一大思路是帮助青年教师能有更多的时间和精力投在科研上,而对中老年教师则希望能在教学上多做一些工作。这样

的转变将促使我们40岁以下的教师能把主要精力放在科研上,50岁以上的教师能把主要的精力放在教学上。学校正在修订的《教师职务聘任条例》中,充分体现了这方面的精神。学校设立了以教学为主的岗位,根据各学科的特点,对不同领域的教师提出不同要求。一些领域的教师只要认真地做好教学工作就可以了,并不做科研方面的硬性规定。比如体育教学部,最主要的工作就是能够培养起学生的终身锻炼的兴趣和技能,达到了这个目标,教师就可以称得上是一位优秀的教师。在条例中还特别规定:55岁以上的教授、副教授不做科研方面的硬性要求。我校只有130多位教授、副教授年龄在55岁以上。他们中间有的视科研为自己的使命,拥有强烈的科研自觉性和积极性,不需要额外做出硬性规定;有的到如今已是著作等身,拥有众多的科研成就,已为科研发展做出了自己应做的贡献;有的教师确实已经没有科研的兴趣,愿意将更多的时间和精力投入到教学工作中,将自己的经验和知识传授给学生,学校也应该允许他们这样做。不同领域、不同年龄的教师应该有不同的规范标准,这是符合学科发展和个人发展规律的。

有专门研究诺贝尔奖的学者,对诺贝尔奖获得者出成果的年龄进行了统计,结果发现最集中的年龄段是在35周岁左右。就拿我们熟悉的华人诺贝尔奖获得者来说,李政道、杨振宁,他们出成果时的年龄还不到30岁。在人文社科领域也是一样,马克思、恩格斯写出《共产党宣言》时的年龄分别是30岁和28岁。这个年龄阶段是思想最活跃的时候,多给青年教师一些时间,让他们更多从事科学研究,是很重要的。我校39个科研经费百万元以上的教师中,至少80%以上年龄都在50岁以下,相当一部分教师年龄只有30多岁。对于年轻教师,不应该只是将教学任务压在他们身上,而要培养他们,帮助他们成长起来,主持更大的科研项目。

(三)加强队伍建设,全面提升教师的科研素质

我校师资队伍结构还需要完善,现有一流人才数量偏少,引进工作亟待加强。要从根本上优化师资队伍结构,使我校师资队伍结构符合学科发展、科技进步、社会期望的需求,就需要适当引进适合学校发展需求的高层次人才。当然,这一政策也会产生引进人才与原有教师之间的矛盾。由于学校资源的有限性,引进人才的增加将会在多个方面产生竞争,对现有教师产生影响。面对这个问题,最重要的是每位教师要有这样的意识:厦门大学引进的一流人才,不是多了,而是远远不够。每个在厦大的人,都要有这样的胸怀:只要你一到厦大,就要用宽阔的胸怀欢迎后来、新来的人。只有学校整体结构的优化,才能争取更多的资源,个人才有更大的发展空间。

要加快国际化进程,进一步提高教师对外交流合作能力。国际化是我校提升办学整体水平的重要举措。学校坚持下大力气加大对我校教师对外交流合作能力的培养力度。现在,我校在这方面呈现出良好的态势,教师们在这方面的能力大大提高,与世界各国专家学者的交流机会也大大增加。我校很多管理部门、职能部门的同志,对外交流合作能力也大大加强。这都有利于学校国际化的进程。

加强创新团队建设,增强抓大项目,开展联合攻关的能力。团队建设非常重要,它整合了我校各专业领域最优秀的人才,要争取大项目、开展联合攻关,只能依靠团队力量的发挥。如何建立科学的团队运作模式、合理的运作机制,收到良好的成效,是我校团队建设面临的重要问题。

(四)大力改善科研条件,为科研提供强有力的条件保障

创造一个让团队能够顺利开展工作的环境。大力改善科研条件,为科研提供强有力保障。要加快“216工程”的建设,缓解科研用房不足的尖锐矛盾。在这方面,我们要看到漳州校区的建设工作克服了重重困难,取得了重大成就。同时,也要将关注的重点放到学校科研条件薄弱的问题上。漳州校区解决了厦门大学扩招的困难和矛盾,但是对科研条件的改善影响不大。而科研条件制约着我校科研发展速度和质量,从而将会对我校综合实力产生影响。我校要抓住机会,进行富有效率的建设。目前,学校加强“985工程”的建设,加强大平台的建设,为多学科联合攻关创造条件。目的就是在资源条件有限的环境下,集中全校的力量来建设几个科研平台。平台和基地不是仅仅为单一学科服务,而是要有更广泛的影响力,为多个学科的发展以及学科交叉研究、多学科联合攻关的开展创造条件、提供帮助。这一切,都离

不开硬件设施的改善。厦门大学的发展速度还不够快，我希望，在资源不足的情况下，我们要特别珍惜来之不易的资源，加快发展速度。

力争改善中青年教师的住房条件，要让每一个教师能够安居乐业。近年来，厦门房价持续上涨，幅度大，范围广。学校原有的住房货币化补贴制度已不能适应房价急剧上涨的现实，对教职工和学校带来了巨大的压力。在学校无法提高住房货币化补贴的情况下，为更好地解决这个问题，校领导班子多次讨论，达成共识，一致认为最重要的是要取得政府的支持，在政府的支持下，比照社会保障房的模式，为中青年教师建设一些房子，以缓解其住房压力。在朱之文书记的带领下，我校开展了卓有成效的工作，完全有可能有希望在尽可能短的时间内缓解这个矛盾，着力解决中青年教师住房困难。

(五)加强管理，提高科研管理部门的服务水平

学校的科研活动需要科研管理部门的鼎力配合。学校科研成绩的进步离不开科研管理部门的积极服务和配合。科研管理部门在取得良好成绩的同时，在许多方面还有待改善。虽然学校在各方面不断地进步，但是与其他兄弟院校相比，我校整体实力进步不快。以SCI论文发表量为最简单的指标来看，我校SCI论文数量逐年递增，但是我校在高校排行榜中的排名却徘徊不前。这是有多方面的原因的，其中一个原因来自于其他高校的合并。其他兄弟高校在并校初期遇到一些问题，但经过努力均已渡过并校的难关：并校所产生的负效应已经充分化解，而收益则已开始充分显现。总的来讲，并校是一件有效益的事情。实施之后能使资源使用更加合理，人员配置更加优化，办学实力大大增强。我校没有走并校这条道路，保持优势的同时也暴露出了缺点。这是需要我们正视的事实，也由此体现了科研管理和服务的重要性。

我们应该认清科研部门的概念。科研管理部门不仅仅是科技处和社科处，其他的部处机关也要发挥相关的作用。只有各个部门的通力合作，才能在最大程度上发挥科技管理部门的效力。科研部门要牵线搭桥，为我们的教师、科学家提供科研信息。信息就是项目，信息就是经费。要组织协调，帮助组建团队，协同攻关。全校科技项目种类繁多，科研管理部门人数有限，因此，要注意抓重点、抓团队。借助和倚重国家重点实验室、创新团队等学术组织的公共力量，学校在科研方面将会取得重大进展。要调查研究，科学制定各类实施方案和具体办法，形成合理的规章制度，使得我校科研有一个更好的氛围，更好的环境。

——本文摘录自朱崇实：《大学的进步》，商务印书馆，2019年1月版

在厦门大学八十六周年校庆大会上的讲话

(2007 年 4 月 6 日)

校长　朱崇实

尊敬的各位来宾、各位校友,亲爱的老师、同学们:

大家上午好!

日月如梭,光阴似箭。仿佛昨日才庆祝我们母校的 85 周年华诞,今天又迎来了她 86 周年的生日!庆祝生日是一件令人愉快的事情,我想在座的各位,跟我的心情一样,首先祝愿我们的母校 86 周年生日快乐!祝愿我们的母校,生机勃勃、青春永在、繁荣昌盛、一往无前!同时,我要借这个机会向全体师生员工致以节日的祝贺!向各位前来参加校庆的朋友和来宾表示热烈的欢迎!向长期关心、支持和帮助厦门大学建设和发展的校友及各界朋友表示诚挚的问候和衷心的感谢!我非常高兴地告诉各位,在大会之后,我们要隆重举行捐赠仪式,其中,福建嘉龙集团董事长庄凌先生向学校捐款 1000 万元,用于我校生物医学研究院的建设。庄凌先生是一位年轻有为的企业家,也是一位充满爱心的慈善家,更重要的他是厦门大学管理学院 2006 级 EMBA 学生。我提议,让我们用热烈的掌声向庄凌同学表示我们由衷的感谢。

同学们、老师们、朋友们,我记得在母校 85 周年的庆典上我说过这样的一段话:我们正处在一个伟大的时代,一个可以创造奇迹的时代。"科教兴国"是我们的国策,我们党和政府提出"建设创新型国家"的发展战略,中国的发展要走一条科学的可持续发展的道路。中国要为世界和平和人类进步做出更大的贡献。这一切,都为中国的大学,为厦门大学,提出了一个前所未有的大好发展机遇。厦门大学一定要紧紧地抓住这个机遇,秉承"自强不息,止于至善"的校训,弘扬"爱国、革命、自强、科学"的四种精神,团结一心,努力奋斗,用我们的勤劳、智慧、汗水和双手,去创造更加美好的明天!这一段话,是我们厦门大学全体师生员工的共同愿景,是我们的共同奋斗目标。

令我们感到非常高兴的是,在刚刚过去的一年里,我们朝着我们的奋斗目标又前进了一大步:在刚刚结束的全国科技大会上,我校有两项科研成果:一项是化学化工学院郑兰荪院士领衔的课题组完成的《碳原子团簇的形成研究》,一项是海洋环境学院焦念志教授领衔的课题组完成的《海洋初级生产力结构及微型生物生态学研究》获得了国家自然科学二等奖。同学们知道,全国只有 29 项科研成果获得 2006 年度的国家自然科学奖,其中有 15 项是在高等院校完成的,而厦大就占了 2 项,这是何等的荣耀!我想在座的每个人和我一样,感到非常的自豪。

自然科学与工程技术领域如此,人文社会科学领域的贡献也毫不示弱!在去年颁布的教育部第四届中国高校人文社会科学研究优秀成果奖评选中,我校获得一等奖 2 项,二等奖 5 项。一等奖得奖数仅次于北京大学、北京师范大学,居第三位;一、二等奖获奖数仅次于北京大学、人民大学、武汉大学,居第四位。

在科研经费总量上,去年我校首次突破 2 亿元大关,达到 2.15 亿元,这标志着厦门大学的整体科研实力上了一个新的台阶,已成为国家科技创新的一大核心力量。

在人才培养方面,我为我们的优秀学生感到无比的骄傲!刚刚在美国落下帷幕的第 11 届机器人足球世界杯预选赛,英勇的厦门大学南强机器人足球队以净胜 96 球的优异成绩获得了仿真组预选赛的第 5 名,再次闯入机器人足球世界杯 16 强总决赛。大家知道,本届机器人足球世界杯仿真组预选赛共有来自美国、日本、德国、中国等国家的 40 多支队伍参赛,这些参赛者都是各国一流大学的优秀学生,这一赛事是对参赛各大学信息科学与技术领域教学、科研水平的一个大检验,我们年轻的南强机器人足球队能获得这样的好成绩,足以说明我们的学生是多么的优秀,我们的老师是多么的敬业!信息学科是我们学校最年轻的学科,这一学科的学生都如此优秀,其他学科应该更强!

特别让我们高兴的是,我们的同学不仅注重自己业务能力的提高,而且注重自己政治素养的陶冶!刚刚出版的,叶楠同学西部支教的日记《把梦留住》,我想每一个读完这本书的人都会被我们的大学生所感动,都会为我们的大学生而自豪!我们的学生有自己的个性,我们的学生更有社会的责任,时代的良知!

同学们、老师们、朋友们!刚刚过去的一年,短短的365天,有太多的故事值得我们传颂,有太多的成就值得我们骄傲,但是,过去的只能属于过去,未来要靠我们继续奋斗!因此,我不能更多地占用你们宝贵的时间去叙说那已是往日辉煌!我想,我更多的要说一说包括你们在内的所有关爱厦大的人对厦大的期盼!

去年,当我们庆祝完母校的85周年华诞之后,许多人为厦大的过去感到了骄傲,更多的人对厦大的未来表达希望。在过去的一年,我接到无数的电话、来信和嘱托,这无数认识和不认识的朋友都由衷地希望厦门大学能秉承嘉庚先生的宏愿,立志高远,止于至善,誓把厦大建设成一所国内一流、世界知名的高水平大学,并在此基础上,朝着世界一流大学的目标迈进!

这无数认识和不认识的朋友,都由衷地希望厦门大学所培养的学生能有更高的使命感和社会责任感,注重实际,但又不丧失理想;展示自我,但又尊重群体;真正具有领袖型人才所应有的素质。

这无数认识和不认识的朋友,都由衷地希望厦门大学的教授、教师们能有更多的思想和智慧贡献给社会,特别是在"海西"的建设中能看到更多厦大师生的身影在其中,有更多的工程,有更多的项目,有更多的发明,有更多的创造,都能刻上"厦门大学"的字样。

这无数认识和不认识的朋友,都由衷地希望厦门大学的校园能够更加美丽,更加和谐。文明与平安,是和谐校园的最基本要素。有一个来自外地的中学生写信给我,说她第一次到厦门,第一次到厦门大学,感到这个校园真是太美了,她太喜欢这个校园了,她说她几年后报考大学第一志愿一定要填厦门大学。但她感到有点遗憾的就是,在如此美丽、整洁的校园里,还是看到有人随地吐痰。她也非常希望校长能管一管这个事情,不要让人随地吐痰。我非常感谢这个中学生对厦大的一片热爱,我与她的愿望一样,希望在厦大的校园里看不到有人随地吐痰!我呼吁在座的各位同学帮助我管管这个事情,看到有人随地吐痰,立即上前劝阻,请他下一次不要再随地吐痰。

这无数认识和不认识的朋友,有许多来自海外,他们特别希望厦门大学能加强国际交流与合作,希望厦大在全世界能有更多的朋友,希望厦门大学能为自己的老师和同学创造更好的环境和条件,使得他们能与自己的国际同行和国际同学,携手共进,共攀科学的高峰。

还有许多许多的希望,我无法在此一一述说。厦大是一所充满希望的大学,厦大是一所背负无数期望的大学,86年来,厦门大学没有辜负国家和民族对她的期望,86年来,厦门大学没有辜负社会和人民对她的期望,我相信,厦门大学永远不会辜负人们对她的期望!因为,厦门大学永远拥有无限热爱她的同学、老师、干部和职工,永远热爱厦门大学的师生员工不会让自己的母校辜负社会的期望、辜负党和人民的期望、辜负陈嘉庚的期望!

同学们、老师们、朋友们,在今天这个喜庆的大会上,我们要表彰一批先进人物,这些奖教奖学金的获得者,是我们学校在教学、科研、管理等各方面的模范人物,他们在自己的平凡岗位上为学校的建设发展做出了自己宝贵的贡献,我希望全体师生员工能向他们学习,能把我们对厦门大学的热爱化作自己的行动,在自己的工作、学习岗位上,为厦门大学的建设和发展尽自己的最大努力去贡献自己的力量!

同学们、老师们、朋友们,我们的校历又翻开了一页,永恒的年轮又转动了一圈,让我们以争朝夕的精神,努力学习,刻苦工作,争取早日把我们的厦门大学建设成为一所国内一流、世界知名的高水平大学!

谢谢大家!

——本文摘录自《厦门大学报》,2007年4月6日第727期

把握正确的人生态度

——在2007届研究生毕业典礼上的讲话

(2007年6月24日)

校长　朱崇实

六月是个凤凰花盛开、五彩缤纷的季节，六月是个天气多变、喜悲交加的日子。在六月，我与在座的各位曾经有过同样的心情：天天盼望着六月，一到六月，我距离我的新生活就仅仅剩下一步之遥了！一到六月，我马上就能脱离这"禁锢"了我三年、七年，甚至十年的"苦海"了！一到六月，我感觉我的天空是如此阳光灿烂，我感觉我的前程是如此的辉煌远大！但是，我又害怕六月，一到六月，我就要离开这美丽而又熟悉的校园；一到六月，我就要离开这些见之不恭、离之可敬的"老师""老板"；一到六月，我就要离开这些朝夕相处、又爱又恨的同窗朋友！但不论你爱也罢，恨也罢，这六月是肯定要来的！因此，我们今天在这庄严而雄伟的建南大会堂隆重举行厦门大学2007届研究生毕业典礼，向圆满完成学业、顺利毕业的375位博士研究生和2084位硕士研究生表示我们最热烈的祝贺和最美好的祝福！向在你们的成才道路上帮助、关心和支持过你们的老师们、朋友们、亲人们，致以崇高的敬意和衷心的感谢！

毕业典礼，标志着一个人走过了他一生最愉快、最幸福、最舒服的一段旅程；毕业典礼，标志着一个人将开始他人生的真正苦旅！从今天开始，你们将完全独立地为自己的一生负责；从今天开始，你们将对自己的索取给予回报；从今天开始，你们将真正地为自己、为家庭、为社会、为国家尽自己的一份责任与义务！因此，在这样一个庄严的时刻，我不能不对你们说几句惜别的话，嘱托的话！

在上个月的《参考消息》登载了这样一则新闻，题目是《历数高学历新人七大罪状——"蓝领劳工"告状信震动台大校长》。这则新闻说，台大校长李嗣涔日前收到一封自称是"蓝领劳工"的林先生的电子邮件，信中指出有些社会新人"活在高学历的光环下""过于自私""没有时间观念""身段不够软""缺乏谦虚""没有敬业精神，不够尊重工作""借口太多"等七项缺点。信中希望台大能重视这些问题，要让学生了解离开学校进入社会后应有的工作态度与伦理。台大李校长将这封信在全校公开，引起了师生很大的反响。

我看了这一则新闻，也颇有感想。我觉得上面所提的这些问题，也是值得我们的同学深深思考与注意的问题。我毫不怀疑我们的同学有崇高的理想、有远大的目标、有令人钦佩的抱负，也有完成这些理想、目标和抱负的丰富知识与高强本领。但我担心的是，不知我们的同学做好了迎接任何艰难挑战的思想准备没有？理想与现实，校园与社会有着很大的差距，很多问题，在校园里不是问题，至少不是什么大问题，例如"身段不够软"，在校园里可能被认为是"有个性"；"缺乏谦虚"，在校园里可能被认为是"有自信"；"没有时间观念"，在校园里就更不当一回事了，我知道有的同学从来没有准时去上课过；"过于自私"，在校园里能得到最大限度的容忍，因为大学是世界上最宽容的圣殿；"借口太多"，这更是大学校园里的一道风景线，对于任何一个错误，我们聪明的同学总能找到为自己辩解的理由，有人甚至将此当作磨炼自己，以便今后到了社会能够混得更好的一种本领！亲爱的同学们，要注意，上面所说的这些"小毛病"，只有在校园里才是"小毛病"，到了社会，它们可就是"大毛病"了，你一次不谦虚，你可能就会感觉怎么周围的人看你的眼光都是怪怪的；你三次不守时，你就可能永远找不到愿意跟你签合同的人了；不守时，就是不守信，这样谁敢跟你签合同呢?！甚至有人会认为，你连我的时间都敢窃取，那还有什么东西你不敢窃取的呢?！

因此，亲爱的同学们，你们有理想、有抱负，也有知识和本领，但是你们要实现自己的理想和目标，还要有态度！要有正确对待人生的态度，正确对待工作的态度。态度是一种精神、一种文化，是个人修养的外在表现。我由衷地希望我们在座的每一个同学从今天开始迈出校园步入社会之后，都能够很快地融入社会，都能够很快地接受社会和被社会所接受！

——本文摘录自朱崇实:《大学的进步》,商务印书馆,2019 年 1 月版

平和而辩证地看待这个世界

——在2007届本专科生毕业典礼上的讲话

(2007年6月25日)

校长　朱崇实

亲爱的同学们,我今天面对你们,既兴奋激动,又忐忑不安。你们是厦门大学2003级的同学,你们是厦门大学值得骄傲的一届同学,你们是厦门大学漳州校区迎来的第一届学生,你们与学校一道经历了学校发展最为波澜壮阔的一个时期——占地2600亩的新校区拔地而起,校在海上,海在校中,仅用两年时间,建成了数十万平方米的校舍,迎来我们可爱的四千多位2003级的新同学。这一切,回想起来,历历在目,就如同发生在昨天,当年的新同学,今天的毕业生,我们可爱的2003级的同学马上就要离开学校奔向社会去报效祖国了,这怎么能不令人兴奋,令人激动呢?!但是,你们又令我有点忐忑不安,因为你们是受苦的一届,你们是有理由对母校有更多抱怨的一届,因为当年你们进入新校区时,新校区还极不完善,新校区的一切都在建设和发展中,图书馆、实验室、教学楼、运动场、大食堂、小卖部、园区管理、乘车乘船,等等,一切都不完善!!我知道,在座有的女同学曾经嘤嘤地哭过,偷偷地埋怨你们的命怎么这么不好,在这个时候来到厦门大学!我也知道,在座有的男同学大声地吼过,高声抗议厦门大学怎么能够这样对待自己的新同学!!更多的人是不哭也不吼,但内心都有一股怨气,仿佛是被骗到了这所著名的厦门大学!让在座很多同学更不能接受的是,两年之后你们从新校区返回老校区,其中的一部分人,却被安排到也是位于农村的"曾厝垵大学"去住宿,有的同学悲戚戚地说,在厦大4年,她现在走到芙蓉湖都还会迷路!也有同学愤愤不平地说,在厦大4年,他连群贤楼在哪里都不知道!当然,我希望这仅仅是一种幽默。

亲爱的同学,不论你们多么怨恨和不满,也不论我有多么忐忑与不安,你们的4年学习时间过去了。今天,你们顺利地毕业了!此时此刻,在这临别之际,我想对你们说的是你们作为厦大特殊的一届学生,经历了更多的磨难,但是也有更多的收获!你们要记住你们的磨难,但更要珍惜你们的收获!我相信,在座各位2007届的同学在经历了新校区建设之初在学习和生活上的种种不方便之后,你们今后会更加注意如何创造条件给别人以方便;你们身居岛外,与学兄、学姐海隔一方,得不到他(她)们更多的关爱,你们来到岛内以后,就会更加关注岛外的学弟、学妹;你们的新校区远离都市,位于农村,你们感受不到城市的热闹,但是远离城市的喧嚣,让你们更加喜爱安静学习的气氛与环境;新校区缺少文化的积淀,这让你们更加敬重文化;新校区的建设日新月异,这让你们更加为自己的母校而自豪;新校区的管理不断创新,这使得你们更加关注学校的管理与改革,这样一种关注,会延伸到你们今后的工作和生活之中。亲爱的同学,你们是特殊的一届,因此,我今天在你们的毕业典礼上说的话也比较特殊,我说的这一切,包含的一个愿望是你们能够平和而辩证地对待自己的经历,在今后的生活中,不论遇到什么样的处境,都能更加积极地去面对它,克服困难,获取成功。

今天,还让我感到高兴的是,在你们入学之初,很多人都担心我们的2003级的同学们会不会由于上面所说的种种原因而影响学习的质量。今天,你们毕业了,我可以高兴地说,学校因发展而给你们带来的困难丝毫没有影响你们的学习质量,2007届毕业生是优秀的一届毕业生!从学校有关部门给我的数据上看,全校今年参加就业的本科毕业生共有4508人,到昨天为止,已有4165位毕业生落实了就业单位,占总数的92.4%;其中,有1066位同学选择了研究生学习,占总数的23.7%。在尚未就业的同学中,有221人由于准备出国、继续升学或其他原因而暂不就业;还有122位同学由于尚未找到理想的工作而待业。我衷心地祝愿这些同学心想事成,早日找到合适自己的工作岗位。已经找到工作岗位的同学与往年一样,60%仍是集中在福建、广东、浙江、江苏、上海、北京等经济发达、就业竞争最为激烈的省份与城市,我们的同学能在这些城市和地区找到自己的工作岗位,说明我们学生具有优秀的综合素质和很强的社会竞争力。让我们特别高兴的是今年共有174位本科毕业生自愿到艰苦的西部地区工作,有24位同学自愿到国家和地方的基层单位去服务,有104位同学作为国防生奔赴军营参加我们伟大军队的建设。这些同学愿把自己的青春献给祖国最需要人才的贫困地区和艰苦岗位。我在此要向他们表示特别的敬意。同学们,从所有这一切都可以看出,我们的2007届毕业生是一个优秀的群体,是一个让学校满意、家人满意、社会满意的群体,我衷心祝愿你们的每一个人都能万事如意,在各自不同的岗位上做出同样杰出的工作,取得同样杰出的成就。

亲爱的同学、亲爱的朋友,大学时光,是人生最美好的时光;对大学的回忆,是人生最甜蜜的回忆!为什么?这只有待你们踏上社会之后,才能感悟,才能体会,才能明白你们在大学所遇到困难和挫折是多么微不足道,根本不值得耿耿于怀。因此,我希望在座的各位把愉快的记忆带走,把不满和怨恨全部留下,以满腔热情的积极态度投入火热的新生活。

——本文摘录自朱崇实:《大学的进步》,商务印书馆,2019年1月版

·党建与思想政治工作·

中共厦门大学委员会
关于院党委(党总支)工作的暂行规定

(2007 年 6 月 16 日)

一、总　则

第一条　为了加强和改善党的领导,加强党的基层组织建设,保证教学、科研、管理、服务等各项工作的顺利进行,根据《中国共产党章程》和《中国共产党普通高等学校基层组织工作条例》,结合我校实际,制定本暂行规定。

第二条　学院党的委员会(以下简称院党委)、院党的总支部委员会(以下简称党总支)是本单位的政治核心,在校党委的领导下,与院行政共同负责本单位的工作。

第三条　院党委(党总支)必须以马列主义、毛泽东思想、邓小平理论和"三个代表"重要思想为指导,全面贯彻落实科学发展观,贯彻落实党的基本路线和教育方针,按照加强党的执政能力建设和党的先进性建设的要求,切实加强党的思想、组织、作风建设,充分发挥院党委(党总支)的政治核心作用、党支部的战斗堡垒作用和党员的先锋模范作用,围绕学校中心工作、服务改革发展稳定大局,为培养德、智、体全面发展的社会主义事业的建设者和接班人,促进高等教育事业全面协调可持续发展提供坚强的保证。

二、院党委(党总支)的设置和组成

第四条　党员 100 人以上的学院设立党委;党员不足 100 人的学院、研究院设立党总支,经校党委批准,也可设立党委。设置或撤并院党委、党总支,由校党委组织部提出意见,报校党委批准。

规模比较大的院党委,经校党委批准,可设立院党委所属的教职工党总支、研究生党总支和本科生党总支。

第五条　院党委(党总支)委员会一般由 5～9 人组成,设书记 1 人,副书记 1～2 人,并设纪检、组织、宣传、统战等委员若干人。设副书记 2 人的学院,副书记的分工按分管本科生工作和研究生工作进行;院党委副书记可兼院党委所属党总支书记。院党委设专职秘书 1 人。

第六条　学院党的委员会由党员大会或党员代表大会选举产生,任期四年。党的总支部委员会由党员大会选举产生,任期三年。如需延期或提前进行换届选举,应报校党委批准,延长期一般不超过一年。

三、院党委(党总支)的职责和任务

第七条　坚持和巩固马克思主义的指导地位，坚持社会主义办学方向，保证监督党和国家的路线、方针、政策及学校的各项决定在本单位的贯彻执行。

第八条　参与讨论和决定本单位教学、科研、管理、服务等工作中的重要事项，支持行政负责人在其职责范围内独立负责地开展工作。

(一)建立健全党政联席会议(院务委员会)制度。按照民主集中制的原则，与行政班子成员共同完善院务委员会的决策机制、议事规程和办公会议制度。

(二)讨论和决定本单位有关发展规划、改革方案、工作计划、学科建设、人才引进、师资培养、职务评聘、经费管理等重大事项。

(三)定期召开院党委(党总支)委员会或党员大会，听取担任行政领导职务的党员干部报告工作，并提出意见和建议。

第九条　加强党组织的思想、组织、作风建设，指导党支部的工作。

(一)本着有利于扩大党的工作覆盖面，有利于加强党员的教育、管理的原则，合理设置党支部，教工党支部的设置要与教学、科研实体相对应；退休教职工党员一般应单独设立党支部；研究生党支部要与专业方向、学科团队等相对应；本科生高年级党支部要建在班上。

(二)做好党员经常性教育工作。紧紧围绕提高党的执政能力、保持党的先进性这一主题，组织党员认真学习马克思列宁主义、毛泽东思想、邓小平理论和“三个代表”重要思想；学习科学发展观、构建社会主义和谐社会和社会主义荣辱观等重大战略思想；学习党章和党的基本知识；学习市场经济知识、法律知识、科学文化知识和业务技能；进行党的路线、方针、政策和形势任务、国情教育；进行中国特色社会主义共同理想和共产主义远大理想教育；进行爱国主义、集体主义和社会主义思想教育；进行党员思想道德修养教育；进行党的优良传统和作风、党的纪律和反腐倡廉教育，不断提高党员的思想政治素质，增强党员工作能力，发挥党员的先锋模范作用。

(三)严格党的组织生活和党员管理。坚持和完善党支部“三会一课”制度、民主评议党员制度、民主生活会制度、党员谈心制度和党员思想汇报制度，把经常性的党内生活作为教育党员的主要途径。加强和改进流动党员管理工作。表扬和宣传党员中的先进事迹，对不履行党员义务和违反党纪的党员进行批评、教育，应当受到党纪处分的，必须给予相应的处分。

(四)发展党内民主，健全党内生活。根据《中国共产党党员权利保障条例》，完善党员权利保障制度。推进党务公开，拓宽党员参与党内事务的渠道，落实和保障党员的知情权、参与权、表决权、选举权、被选举权、监督权等权利；规范和完善党员大会、党员代表大会和党内选举制度。

(五)做好党员联系和服务群众工作。坚持全心全意为人民服务的宗旨，虚心向群众学习，拓展党员联系群众的途径，丰富党员服务群众的内容，尊重和维护师生员工的合法权益；听取和反映师生员工的意见；帮助师生员工解决实际困难。

(六)制定发展党员规划和年度计划，加强对入党积极分子和预备党员的培养、教育和考察工作。切实加大在学生中培养入党积极分子和发展党员工作力度；加强在青年教师和学术骨干中发展党员工作。根据授权做好新党员的审批和预备党员的转正审批工作。

(七)加强党支部建设工作，改进和创新党支部的工作内容和活动方式，及时处理党支部反映的意见、要求和问题。根据本科生、研究生、教职工、退休教职工等党支部的不同特点，分类指导他们开展工作。

第十条　领导本单位的思想政治工作。

(一)坚持把用马克思主义中国化的最新理论成果武装师生员工作为思想政治工作的首要任务，广泛进行党的基本路线和基本纲领的教育，进行社会主义荣辱观的教育，加强师德师风建设，帮助广大师生员工坚定走中国特色社会主义道路的信念，树立正确的世界观、人生观、价值观。

(二)坚持围绕学校的中心工作开展思想政治工作,把思想政治工作渗透到本单位的教学、科研、管理及学生工作中,发动党员带头做好教书育人、管理育人、服务育人工作,为学校改革、发展、稳定大局提供强有力的精神动力和思想保证。

(三)坚持从师生员工的思想实际出发,增强思想政治工作的针对性和实效性,把先进性要求和广泛性要求结合起来,区分不同对象、层次,有的放矢,注重实效。

要重视青年教师和青年干部在政治上和业务上的成长,对他们既热情关心,又严格要求。要关心离退休教职工,做好离退休教职工的思想政治工作。要加强学生思想政治工作,坚持把德育放在首位,坚持教育与管理相结合,把思想政治工作渗透到育人的各个环节,全面推进素质教育,努力把学生培养成为社会主义事业的建设者和接班人。

(四)坚持把解决思想问题同解决实际问题相结合,经常了解和关心师生员工的思想、工作、学习和生活情况。认真贯彻落实党的各项政策,多做得人心、暖人心、稳人心的工作,及时向上级党组织和有关部门反映师生员工的意见和要求,积极引导他们正确处理国家、集体和个人利益的关系。

第十一条　做好本单位干部的推荐选拔和管理工作。

(一)在认真听取各方面意见的基础上,对学院行政领导班子的配备和领导干部的选拔向校党委提出建议,并协助校党委组织部门进行考核。

(二)根据学校党委的授权,与行政领导一起做好本院系主任(所长)、副系主任(副所长)的推荐、考核和选拔工作。

(三)与行政领导一起,做好学生政治辅导员、班主任的配备和管理工作。

(四)根据校党委的决定,做好后备干部的推荐、选拔、培养、考核工作。

(五)做好本单位人员出国(境)的政治审查工作。

第十二条　落实党风廉政建设责任制。领导本单位的反腐倡廉工作,协助行政领导做好院务公开工作,加强本单位的党风廉政建设。党政领导班子成员每年在规定范围内述职述廉。定期检查本单位的党风廉政建设情况,并向校党委和纪委汇报。

第十三条　领导本单位工会、共青团、妇委会、学生会、研究生会等群众组织,支持他们按各自的章程独立开展工作。进一步加强和完善本单位教职工代表大会制度,定期召开教代会,充分发挥教代会民主管理和民主监督的职能。

第十四条　认真贯彻执行党的统一战线方针和政策,做好民主党派和党外知识分子工作,发挥民主党派和党外知识分子的作用,加强党外干部培养,向上级党组织推荐党外干部。

四、院党委(党总支)工作的基本制度

第十五条　贯彻民主集中制原则。坚持集体领导和个人分工负责相结合的制度。凡属重大问题都要按照集体领导、民主集中、个别酝酿、会议决定的原则,由院党委(党总支)集体讨论,做出决定;委员会成员要根据集体的决定和分工,切实履行自己的职责。

书记与院长要经常沟通思想,互通情况,团结协作;在重大问题上发生意见分歧时,应及时协商解决,必要时可向校党委请示。

第十六条　建立健全院党委(党总支)抓基层党建工作责任制。坚持党要管党、从严治党;坚持围绕中心、服务大局;坚持分类指导、整体推进,不断增强基层党组织的创造力、凝聚力和战斗力。

第十七条　健全工作会议制度。院党委(党总支)委员会要定期研究讨论院党委(党总支)的各项工作。

第十八条　坚持党员领导干部双重民主生活会制度。党员领导干部既要参加所在支部、小组的组织生活会,又要参加党员领导干部的民主生活会。党员领导干部的民主生活会每年召开一次,会前要做好准备工作,明确议题,会上要积极交流思想,认真开展批评与自我批评,及时解决班子内部存在的问题,增

强班子的团结与活力，把班子建设成为坚强的领导集体。

第十九条　建立向校党委报告工作的制度和情况反映制度。院党委（党总支）负责人每学期至少向校党委领导同志汇报思想与工作情况一次。遇有重要情况应及时向校党委汇报。

第二十条　建立向下级党组织和广大党员通报情况制度、重大决策征求意见制度。院党委（党总支）定期召开党支部书记会议、党员大会，及时向下级党组织和广大党员传达上级党组织的文件、决定，通报本单位的工作情况，征求对本单位重大决策的意见。

第二十一条　认真执行《中国共产党党内监督条例（试行）》，履行党内监督职责，完善党内监督制度，主动接受党组织和党员的监督。

五、附　则

第二十二条　本办法由校党委组织部负责解释。

第二十三条　本办法自下发之日起施行。《中国共产党厦门大学委员会关于党的总支部工作的暂行规定》（厦大委组〔2001〕3 号）同时废止。

——本文摘录自《关于印发〈中共厦门大学委员会关于院党委（党总支）工作的暂行规定〉的通知》，厦大委组〔2007〕14 号，档号 2007-DQ02-1

厦门大学后备干部工作暂行办法

(2007 年 6 月 16 日)

一、总　则

第一条　为认真贯彻执行干部队伍革命化、年轻化、知识化、专业化的方针，建立科学规范的党政领导班子后备干部(以下简称后备干部)工作制度，培养造就一支认真学习贯彻马克思列宁主义、毛泽东思想、邓小平理论和“三个代表”重要思想，贯彻落实科学发展观，能够担当重任、经得起风浪考验、年轻优秀、有发展潜力的后备干部队伍，为新形势下我校干部队伍建设准备充足的储备人才，为学校的改革与发展提供强有力的人才支持和组织保证，根据《党政领导干部选拔任用工作条例》(中发〔2002〕7 号)、《党政领导班子后备干部工作规定》(中办发〔2003〕30 号)、《关于加强党政领导班子后备干部培养和管理工作的意见》(中组发〔2006〕2 号)、《中共教育部党组关于进一步加强直属高校领导班子和干部队伍建设若干问题的通知》(教党〔2001〕16 号)等有关文件精神，结合我校工作实际，制定本办法。

第二条　后备干部队伍应当素质优良、数量充足、结构合理。

第三条　后备干部工作必须坚持《党政领导干部选拔任用工作条例》规定的有关原则，还应当做到：

(一)注重发展潜力，重视培养提高；

(二)坚持备用结合，实行动态管理；

(三)服从工作大局，统一调配使用。

第四条　本规定适用于下列后备干部：

校党委、校行政领导成员的后备干部；校机关部处领导成员的后备干部；学院、直属单位党政领导成员的后备干部。

第五条　后备干部的选拔、培养、管理和任用工作，按照干部管理权限，由校党委及其组织部负责。

二、条件和资格

第六条　后备干部应当具备《党政领导干部选拔任用工作条例》规定的党政领导干部的基本条件。

第七条　后备干部应当具备以下资格：

(一)一般应具有大学本科或以上学历。校级后备干部一般应当具有硕士学位，分管教学、科研方面工作的应当具有博士学位。

(二)正职后备干部，一般应当是同级副职；特别优秀、发展潜力大的下一级正职，也可以列为上一级正职的后备干部。

(三)副职后备干部，一般应当是下一级正职；特别优秀、发展潜力大的下一级副职，也可以列为上一级副职的后备干部。

(四)作为后备干部的教师和专业技术人员，一般应当具有高级职称，并具有教学、科研等业务性管理岗位的工作经历。

(五)身体健康。

三、数量和结构

第八条　后备干部的数量，根据领导职数的实际情况，正职按照 1∶2 或 1∶1 的比例确定，副职按照 1∶1 或 1∶0.5 的比例确定。

第九条　后备干部队伍应当形成合理结构：

（一）校级后备干部以 45 岁左右的干部为主体，40 岁以下的要有一定数量；处级后备干部以 35～40 岁的干部为主体，30 岁以下的要有一定数量。

（二）女干部的比例一般应在 20％左右。

（三）应当有适当数量的非中共党员干部。

（四）后备干部队伍应形成合理的专业和知识结构，应具有不同的管理才能和工作经历，所学专业应基本覆盖学校的主干专业。党务和行政干部、专职和兼职干部要合理搭配，专职从事党务和行政管理的干部一般应占 50％以上。

四、选　拔

第十条　选拔后备干部要严把“入口”关。要坚持标准，注重考察政治素质、工作实绩、群众基础和发展潜力；要走群众路线，充分听取群众意见，扩大选人视野和渠道，使后备干部队伍有广泛的群众基础。

第十一条　选拔后备干部应当经过下列程序：

（一）民主推荐

民主推荐可采用无记名投票推荐的方式，也可采用个别谈话推荐的方式，或无记名投票推荐和个别谈话推荐相结合的方式。校级后备干部一般在全校范围内进行民主推荐。参加民主推荐的人员包括中层干部、教师代表、离退休老同志代表、民主党派及团体负责人等。

中层后备干部的民主推荐在各学院（研究院）、各直属单位和机关党总支及所属机关部处中进行。参加推荐的人员一般包括干部、教师、专业技术人员等。

在民主推荐和听取意见的基础上，由组织部提出考察人选名单报校党委研究。

（二）组织考察

后备干部人选实行差额考察。要全面考察其德、能、勤、绩、廉，注重工作实绩、发展潜能，了解其熟悉领域和主要特长，特别要把好政治关。考察工作由组织部负责，必要时可委托有关学院党委、党总支进行考察。

（三）党委集体讨论

组织部根据民主推荐和考察情况提出后备干部建议人选名单，报校党委常委会研究，确定后备干部名单。校级后备干部名单报教育部党组备案。

第十二条　选拔后备干部工作可以单独进行，也可以结合领导班子换届、调整工作一并进行。在公开选拔和竞争上岗中，暂时不能提拔使用的优秀年轻干部，如符合后备干部条件，可以按照规定程序列入相应的后备干部名单。

第十三条　根据工作需要，可以适时在女干部、少数民族干部和非中共党员干部中定向选拔后备干部。

五、培　养

第十四条　后备干部选定后，要确定培养方向，制定培养计划，落实培养措施。

第十五条　培养后备干部要立足当前、着眼长远，全面提高素质。坚持把提高思想政治素质摆在首位，把加强能力建设作为关键环节，把改进作风作为重要内容。着重加强党性修养、理论学习和实践锻炼，提高科学判断形势的能力，依法治校、民主管理的能力，应付复杂局面、总揽全局的能力。要重点做好正职和条件比较成熟、近期可提拔使用的后备干部的培养工作。

第十六条 对后备干部应当进行较为系统的马克思列宁主义、毛泽东思想、邓小平理论和“三个代表”重要思想的培训，党的路线方针政策的培训，政治、经济、科技、法律、教育和本职工作业务知识的培训。加强宗旨教育、民主集中制教育、廉洁自律教育，形成良好的思想作风、学风、工作作风、领导作风和生活作风。

第十七条 应根据不同类别、层次后备干部的特点和干部本人的实际情况，有针对性地进行培训，主要采取以下形式：校内党校学习，校外各级党校、行政学院学习，境外考察、培训，进行调研和课题研究。

第十八条 加强后备干部的实践锻炼。实行岗位轮换，安排后备干部在党政部门之间、机关与院系之间换岗，担任与培养方向相关的重要职务，承担困难、复杂、艰巨的任务，使其拓宽工作领域，增长才干，提高宏观决策和综合协调能力。实行挂职、兼职锻炼，有计划地选派后备干部到兄弟院校、政府机关、企事业单位挂职或兼职，使其扩大视野、增加阅历、丰富实践经验。

第十九条 学校为后备干部培养工作创造必要的条件，保证所需经费。后备干部培养经费设在干部培训经费中，纳入学校预算。

六、管 理

第二十条 校党委组织部建立后备干部数据库，统一管理后备干部档案。后备干部档案的主要内容包括：后备干部简要情况登记表、考察材料及培养方案、民主推荐情况、民主评议情况、考核情况、培养和奖惩情况等。

第二十一条 建立后备干部定期分析制度。后备干部的考核工作应当与领导干部年度考核工作相结合，及时跟踪考察。结合领导班子考核、平时考察等形式加强对后备干部的政治思想表现、工作实绩、民主作风、廉洁自律以及心理素质等情况的考察了解，对他们的培养和管理提出意见和建议。

第二十二条 建立后备干部定期谈话制度。党委负责同志每年至少同本单位后备干部谈话一次，帮助他们总结经验、发扬成绩、克服不足，对出现的不良苗头及时提醒改正，防微杜渐，帮助他们健康成长。

第二十三条 建立后备干部动态管理制度。考核中发现的优秀干部要按程序及时补充到后备干部名单中，相形见绌的要及时调整出后备干部名单，使后备干部队伍在不断的调整变化中，保持充足的数量、较高的素质和合理的结构。

第二十四条 后备干部凡有下列情况之一的，应当调整出后备干部名单：

(一)政治思想、道德品质、廉洁自律等方面发现问题，不宜提拔使用；

(二)工作失职，造成较大损失或者不良影响；

(三)工作实绩不突出，发展潜力不大；

(四)年度考核不称职；

(五)作风不实，威信不高，群众意见较大；

(六)由于健康原因，不能担负繁重工作任务；

(七)年龄偏大；

(八)因其他原因，不适宜继续作为后备干部。

七、使 用

第二十五条 对德才兼备、实绩突出、群众公认，各方面条件比较成熟的后备干部，根据工作需要，予以任用。

第二十六条　学校中层干部一般应当从后备干部中选拔，需要从后备干部名单以外提拔的，呈报单位或组织应当说明情况。

第二十七条　积极推荐后备干部到地方政府、企事业单位和其他高校任职。

第二十八条　鼓励和支持后备干部参加公开选拔和竞争上岗。同等条件下，优先使用后备干部。

八、组织领导

第二十九条　校党委负责后备干部工作的领导，校党委常委会要把后备干部工作列入重要议事日程，每年听取1～2次后备干部工作的汇报，研究解决后备干部工作中的问题。

第三十条　后备干部的综合管理和督促检查工作由校党委组织部具体负责。

九、纪　律

第三十一条　后备干部工作必须严格执行《党政领导干部选拔任用工作条例》第六十三条、第六十五条的纪律规定。

第三十二条　要严格控制后备干部名单及有关材料的知情、参与范围，做好保密工作。

第三十三条　对违反本规定的行为，坚决予以制止和纠正。

十、附　则

第三十四条　校办企业领导成员的后备干部，其选拔、培养、管理、任用工作，参照本办法执行。

第三十五条　本办法由校党委组织部负责解释。

第三十六条　本办法自印发之日起施行。

——本文摘录自《关于印发〈厦门大学后备干部工作暂行办法〉的通知》，厦大委组〔2007〕15号，档号2007-DQ02-1

中共厦门大学委员会
关于加强党员经常性教育的实施办法

(2007年6月26日)

为了贯彻落实中共中央办公厅印发的《关于加强党员经常性教育的意见》,中共教育部党组《关于高等学校保持共产党员先进性长效机制建设的意见》、《关于加强普通高等学校基层党组织建设的意见》和中共福建省委党建工作领导小组《关于加强党员经常性教育的实施意见(试行)》等文件精神,结合我校实际,制定本实施办法。

一、基本要求

以马克思列宁主义、毛泽东思想、邓小平理论和"三个代表"重要思想为指导,全面落实科学发展观,坚持党要管党、从严治党的方针,紧紧围绕提高党的执政能力、保持党的先进性这一主题,突出学习、遵守、贯彻、维护党章这一重点,以提高党员思想政治素质、增强党员工作能力、发挥党员先锋模范作用为主要目标,结合形势和任务,结合党员岗位实际,丰富教育内容,改进教育方式,健全教育工作机制,提高教育质量和效果。

二、教育内容

1. 思想理论教育:马克思列宁主义、毛泽东思想、邓小平理论和"三个代表"重要思想教育;科学发展观、构建社会主义和谐社会、党的执政能力建设和先进性建设等一系列马克思主义中国化的最新理论成果教育;中国特色社会主义共同理想和共产主义远大理想教育;爱国主义、集体主义和社会主义荣辱观教育。

2. 党章和党的基本知识教育:党的宗旨教育,党的优良传统和作风教育、共产主义道德情操教育;党的纪律和反腐倡廉教育。

3. 党的路线方针政策教育:现阶段党的路线方针政策教育和形势任务、国情教育,特别是党的教育方针和科技、教育、文化等方面的政策教育;海峡西岸经济区建设重大决策教育。

4. 综合素质教育:现代科学文化知识,法律法规知识,哲学、文学、史学、教育学等通识教育;社会主义市场经济理论、现代经营管理知识和业务技能教育。

党员教育的内容要围绕中心、服务大局,紧密联系实际,根据不同时期形势和任务的要求,结合不同岗位党员履行职责的实际需要,科学安排相关教育内容。

三、教育方法和途径

(一)抓好党员学习培训

1. 抓好党员集中培训教育。每学期初,各院党委、各党总支要根据校党委对全校党员集中学习的要求，结合党员思想工作实际和对学习培训的需求，制定年度学习教育计划和实施方案，开展既灵活多样又符合基层实际的主题学习活动，发挥院党校的作用，抓好本单位党员的集中学习培训。校党委党校要分层次、分类别开展骨干党员的教育培训，每年举办1期新生党员学习班、1期党支部书记学习班，1～2期处级干部理论学习研讨班。党员领导干部要认真参加中心组学习，带头参加基层党组织的集中学习活动。校党委领导要坚持每年讲党课或做形势报告，各院党委、各党总支书记每学期要给党员讲一次党课。

2. 倡导党员自主学习。各院党委、各党总支要引导党员重视学、自觉学、善于学、持续学，根据自身实际和工作需要，制定自学计划，利用业余时间自主选择学习内容和方式。党员要根据总体学习任务安排学习，做好读书笔记，撰写学习心得。校党委宣传部要适时发布党员自学材料篇目，编印党员学习辅导材料，指导党员抓好自学工作。

3.开展学习交流研讨。结合党员学习实际，积极开展各类学习成果交流活动，将学习成果转化为做好改革发展工作的思路、破解工作难题的能力和推进工作的动力。校党委要适时举办党建和思想政治工作研讨会，各院党委、各党总支要定期开展读书活动、知识竞赛、支部立项学习成果交流等活动，要在本单位网站建立党员学习园地，使教育活动更加贴近基层、贴近党员实际。

(二)加强实践锻炼

各院党委、各党总支要深入开展党员先锋岗、党员承诺、主题党日等活动。主题实践活动要丰富多彩、生动活泼，既明确目的又保证质量。要鼓励党员为师生办实事、做好事、解难事，鼓励教职工党支部与学生班级集体结对子，鼓励机关党员干部与业务教师、学生党员结对子。党支部要积极围绕教学科研、人才培养和社会服务等中心工作，结合支部实际，开展生动有效的支部立项活动。支部立项活动以学习教育为内容，体现专业特色，进一步增强党员教育效果。各级党组织要鼓励党员参与社会实践、服务群众，鼓励青年党员参加志愿者服务以及到边远地区支教等活动，为建设社会主义和谐社会贡献力量。

(三)严格组织生活

1. 认真执行“三会一课”制度。党支部应做到每学期举行一次党课，定期召开党员大会、支委会和党小组会。

2.坚持开好专题组织生活会。每年6月召开党支部专题组织生活会，开展民主评议党员工作。召开组织生活会前，党员要对一年来自己的思想、工作、学习的基本情况，参加组织活动的情况，联系和服务群众的情况等进行小结，肯定成绩，查找不足，党支部要采取适当形式听取群众意见，了解群众对党员的反映。组织生活会上要充分发扬党内民主，认真开展批评和自我批评。

3.开展党性分析评议活动。根据中央要求，由校党委统一部署安排，每5年集中开展一次党员党性分析评议活动，组织党员对照党章规定、新时期保持共产党员先进性的基本要求和《厦门大学保持共产党员先进性具体要求》，从思想、学习、工作、纪律和作风等方面查找问题，从世界观、人生观和价值观上分析原因，切实搞好整改。党支部要根据党员的一贯表现、征求到的意见和专题组织生活会的评议情况，对每个党员提出综合评议意见，督促党员整改。党员领导干部还要从坚持科学发展观和正确政绩观方面，从权力观、地位观和利益观方面进行深入剖析，带头开展批评和自我批评。

4.严肃组织纪律。对不履行党员义务、不符合党员条件的党员，无正当理由不参加党员集体教育活动的党员，要及时给予批评教育，促其改正；对经教育不改的，要按照党章和党内有关规定做出处理。

(四)做好思想政治工作

1.从政治、思想、工作和生活上关心、爱护、帮助党员。各级党组织要把解决党员思想问题与解决实际问题相结合，做好关心、爱护和帮扶党员的工作，定期走访慰问有困难的党员，让党员感受到党组织的温暖和力量。

2.开展经常性的交流谈心活动。党支部要组织开展党员间的经常性谈心活动，沟通思想，相互启发教育，增强党组织的凝聚力和向心力。

3.经常分析党员思想状况。要及时解决党员的思想问题，增强思想政治工作的预见性、针对性和实效性。

4.宣传优秀党员先进事迹，发挥先进典型的示范引导作用。要注重挖掘身边优秀共产党员典型，广泛宣传优秀党员的先进事迹，形成学习先进、争当先进的良好氛围。

四、保障措施

1. 加强党员教育队伍建设。按照素质较高、数量适当、结构合理和专兼职结合的要求，以我校理论报告员队伍和党校教师队伍为基础，建立一支由专家学者、先进模范人物和领导干部组成的党员教育师资队伍。建立党课骨干教师聘任制，采取措施加强党员教育队伍的学习培训，通过派出进修深造、主持科研项目、开展社会调查研究，帮助他们不断提高思想政治素质和业务能力。

2. 加强教育阵地和教材建设。加强校、院两级党校建设，探索教育规律，完善教育机制，加大基础投入，完善党员教育培训体系。

利用我校办学 86 年来形成的福建省第一个党支部暨罗扬才烈士纪念室、嘉庚纪念堂、厦门大学校史馆、鲁迅纪念馆等一批爱国、爱党、爱校教育资源，利用古田会议纪念馆、东山谷文昌纪念馆等一系列校外革命传统教育资源，建立党员教育基地。充分运用电化教育、现代远程教育等手段和校报校刊、校内广播电视、校园网等媒介，拓展党员教育培训和党员自主学习的途径。

要根据我校党员教育的实际情况，提供党员教育基本教材和党员教育辅助教材，适时编印适合高校党员教育需要的学习材料。

3.确保教育时间。党员集体教育要统筹兼顾、合理安排，每年参加集体教育活动的时间累计不少于 12 天，其中参加院级党组织的集中学习累计不少于 4 个单元(2 天)，参加党支部的集中学习累计不少于 8 个单元(4 天)。各单位每月安排一次党员集中学习。

4.确保教育覆盖面。确保党员参学率，使每个党员都参加集中学习教育。对因公出差、外出学习未能参加集中学习的党员，应按规定要求进行自学；对因年老体弱等特殊情况难以参加集体教育活动的党员，可采取送学上门等方式落实教育要求。各院党委、各党总支要建立党员教育档案和数据库，及时掌握党员参加学习教育情况。

5. 确保教育经费。将党员教育经费列入学校和校内各单位的年度经费预算，保证党员经常性教育工作的需要，确保专款专用，提高经费使用效率。

五、组织领导

1. 建立领导体制。在校党委的统一领导下，建立由党委组织部牵头，校纪委、学校办公室、党委宣传部、学生工作部、党校等部门共同参与的党员教育联系会议制度，制定全校党员经常性教育计划，提出经常性教育工作要求，抓好经常性教育工作的组织协调，落实经常性教育的各项保障措施。学院党组织要高度重视党员经常性教育工作，把党员经常性教育列入重要议事日程，每年要专题研究 1～2 次。

2. 强化责任机制。各级党委(党组)要把党员经常性教育纳入党建工作责任制，一级抓一级，层层抓落实，切实抓出成效。联系会议各成员单位的负责人对党员教育联系会议的工作和贯彻有关措施决定负相应的具体责任。各院党委、各党总支书记对本单位党员经常性教育工作负领导责任，各党支部书记为本支部党员经常性教育工作的责任人。要把党员经常性教育工作的考评情况作为评定党组织及其负责人工作实绩的重要内容。

3. 加强督促检查。各院党委、各党总支要结合本单位实际，定期对本单位党员经常性教育工作进行自查,校党委将不定期组织党员经常性教育情况考核。对党员经常性教育工作成效显著的党组织给予表彰,对不认真履行职责的党组织给予批评并限期整改。要总结和宣传党员经常性教育的成功经验,营造良好的舆论氛围,促进党员经常性教育的健康开展。

——本文摘录自《中共厦门大学委员会印发〈关于加强党员经常性教育的实施办法〉等四个保持共产党员先进性长效机制文件的通知》,厦大委综〔2007〕22号,档号2007-XZ09-13

中共厦门大学委员会关于加强和改进流动党员管理工作的实施办法

(2007年6月26日)

为了贯彻落实中共中央办公厅印发的《关于加强和改进流动党员管理工作的意见》,中共教育部党组《关于高等学校保持共产党员先进性长效机制建设的意见》、《关于加强普通高等学校基层党组织建设的意见》和中共福建省委党建工作领导小组《关于加强和改进流动党员管理工作的实施意见(试行)》等有关规定,结合我校实际,制定本实施办法。

一、总体要求

坚持以马克思列宁主义、毛泽东思想、邓小平理论和"三个代表"重要思想为指导,全面落实科学发展观,贯彻党要管党、从严治党的方针,从有利于党组织管理、有利于流动党员发挥作用出发,创新管理方式,落实管理责任,努力使我校流动党员都能及时参加党的组织生活,接受党组织的教育和管理,始终保持先进性。

二、流动党员范畴

流动党员是指由于就业、外出学习进修、出国留学或居住地变化等原因,在较长时间内无法正常参加组织关系所在党组织活动的党员。

我校的流动党员包括:

1. 已毕业离校,暂未落实就业单位,组织关系暂时保留在我校的毕业生党员。
2. 外出学习交流、出国出境,暂时无法转移组织关系的学生党员。
3. 外出交流进修工作、出国出境,暂时无法转移组织关系的教职工党员。
4. 离退休异地居住,暂时无法转移组织关系的教职工党员。
5. 来我校学习、进修、工作,组织关系不在我校的党员。
6. 后勤集团和资产经营公司临时聘用,组织关系不在我校的党员。
7. 因其他原因,在较长时间内无法正常参加所在党支部组织生活的党员。

三、各级党组织在流动党员管理工作中的主要责任和对流动党员的基本要求

1. 对外出流动党员,各院党委、各党总支要了解掌握其有关情况,加强与流入地党组织的联系,配合流入地党组织共同做好流动党员的教育管理和服务工作。

各院党委、各党总支要在党员外出前进行教育并提出要求,按规定登记并发放《中国共产党流动党员活动证》(以下简称《活动证》)。掌握外出党员的流动去向、外出时间、地点和联系方式,了解党员外出后的思想、就业和生活等情况,及时向他们通报党组织的重要情况,通知他们按规定参加党内选举等重要活动。外出流动党员返回后,要认真查验《活动证》等有关材料,及时了解党员外出期间的表现和参加党的

组织生活情况。

外出流动党员中的预备党员，预备期满应及时向所在单位党组织提出转正申请。各院党委、各党总支要重视对外出流动党员中的预备党员的教育和管理，认真考察其流动期间的表现，书面征求流入地党组织的意见，按期讨论其转正问题。

出国出境的流动党员，由本人在出国出境前提出申请，经所在单位党组织同意，办理党员组织关系保留手续。各院党委、各党总支要主动关心和了解党员出国出境期间的情况。党员回国后，应及时向原所在单位党组织提出恢复组织生活的书面申请，并如实汇报出国出境期间的情况，经所在单位党组织审核同意并报校党委组织部批准后，即可恢复其党员组织生活。

2. 对外来流动党员，各院党委、各党总支对其管理负有主要责任，要加强与流出地党组织的联系，把流动党员纳入学校党员教育管理和服务的整体工作中。

各院党委、各党总支要加强对外来流动党员的经常性教育和管理，将他们编入相应的党支部，组织他们参加党的组织生活。关心外来流动党员，为他们提供必要的帮助。同时在《活动证》上如实填写他们参加组织生活、交纳党费等情况，及时将他们的重要情况反馈给流出地党组织。

3. 流动党员要认真履行党员义务，正确行使党员权利，自觉接受流出地和流入地党组织的教育和管理，发挥先锋模范作用。

流动党员外出前，应向所在党支部报告外出事由、时间、地点及联系方式，领取《活动证》。凭《活动证》及时到流入地党组织报到，积极参加党的组织生活，按规定交纳党费，完成党组织交给的任务。外出流动党员应主动与所在单位党组织保持联系，每年至少汇报一次外出期间思想、工作和参加党的组织生活情况。外出地点、就业单位、居住地和联系方式等发生变化时，应及时向所在单位党组织报告。外出返回后，应及时将《活动证》交给所在单位党组织查验，如实汇报外出期间的情况。

四、加强和改进流动党员管理方法

1. 加强对外出流动党员的管理。外出流动党员的《活动证》由各院党委、各党总支登记，经校党委组织部盖章后发放。在外出流动党员相对集中的地方，可建立流动党员党小组或党支部，依托流入地党组织进行管理，条件成熟后移交流入地党组织管理和领导。外出流动党员无正当理由不及时办理组织关系转接事宜、长期不与流入地党组织和所在单位党组织联系的，党组织要进行批评教育，经教育仍不改正的，各院党委、各党总支要按党章及党内有关规定进行组织处理。

2. 加强对外来流动党员的管理。各院党委、各党总支要认真查验外来流动党员的《活动证》，并报校党委组织部备案。对于暂未领取到《活动证》的外来流动党员，要及时与流出地党组织联系，做好外来流动党员身份确认工作。及时将外来流动党员编入相应的党支部，加强教育和管理。

3. 加强流动党员信息化建设。各院党委、各党总支要加强对《中国共产党基本信息管理系统》的管理，分类建立流动党员信息库，及时掌握学校外出和外来流动党员的基本情况，定期检查更新流动党员信息库，并向校党委组织部上报。

五、切实加强组织领导

各院党委、各党总支要把加强和改进流动党员管理工作摆上重要议事日程，纳入党建工作责任制，切实加强领导和指导。要指定专人负责，具体落实开展流动党员的管理工作。

各党支部要做好《活动证》的登记、查验和填写，与流动党员和流入地或流出地党组织保持密切联系，掌握流动党员各方面的信息，做好重要情况的通报和反馈。

校党委组织部要加强对流动党员管理工作的领导和督促检查，定期研究并通报流动党员管理工作。

要及时掌握流动党员管理工作中出现的新情况，积极采取措施解决问题，认真总结推广流动党员管理工作中好的经验和做法,不断探索加强和改进流动党员管理的有效途径,努力提高流动党员管理工作整体水平。

——本文摘录自《中共厦门大学委员会印发〈关于加强党员经常性教育的实施办法〉等四个保持共产党员先进性长效机制文件的通知》,厦大委综〔2007〕22 号,档号 2007-XZ09-13

中共厦门大学委员会关于建立健全院党委(党总支)抓基层党建工作责任制的实施办法

(2007年6月26日)

为了贯彻落实中共中央办公厅印发的《关于建立健全地方党委、部门党组(党委)抓基层党建工作责任制的意见》,中共教育部党组《关于高等学校保持共产党员先进性长效机制建设的意见》、《关于加强普通高等学校基层党组织建设的意见》和中共福建省委党建工作领导小组《关于建立健全地方党委、部门党组(党委)抓基层党建工作责任制的实施意见(试行)》等文件精神,结合我校实际,制定本实施办法。

一、总体要求和主要原则

(一)总体要求:以马克思列宁主义、毛泽东思想、邓小平理论和"三个代表"重要思想为指导,全面贯彻落实科学发展观,着眼于加强党的执政能力建设和保持党的先进性建设,以创新基层党组织活动方式、增强工作实效为抓手,通过推进思想、组织、作风和制度建设,促进党建工作科学化、制度化和规范化,不断增强基层党组织的创造力、凝聚力和战斗力,充分发挥党员的先锋模范作用,为构建社会主义和谐校园,全面推进建设世界知名的高水平研究型大学提供坚强的组织保证。

(二)主要原则:

1. 坚持党要管党、从严治党。始终把党建工作摆在突出位置,逐级明确责任,强化工作措施,整合各方力量,加强领导和指导,主要领导亲自抓,一级抓一级,层层抓落实。

2. 坚持围绕中心、服务大局。把党建工作放到建设世界知名的高水平研究型大学和构建社会主义和谐校园的大局中去谋划,紧紧围绕发展这个第一要务来开展,坚持"重在持续、重在提升、重在运作、重在实效"的实践要领,推动学校事业又好又快地发展。

3. 坚持分类指导、整体推进。从不同类型、不同岗位的实际出发,找准党建工作着力点,有针对性地采取措施,全面推进思想、组织、作风和制度建设。

4. 坚持与时俱进、开拓创新。以改革的精神研究新情况、解决新问题、总结新经验,创新工作机制、拓展工作覆盖面、改进工作方法,使基层党组织和党员队伍始终充满生机与活力。

二、主要责任

(一)贯彻执行中央、上级组织和校党委关于基层党建工作的决议、决定和指示,研究制定本单位党建工作规划、计划、制度和措施,并组织实施。

(二)主动适应办学体制、管理机制、组织结构和党员队伍构成的新变化,及时调整基层党组织设置,使党的工作覆盖到教学、科研、管理及学科研究平台和基地等各个方面。教工党支部的设置要与教学、科研实体相对应;退休教职工党员一般应单独设立党支部;研究生党支部要与专业方向、学科团队等相对应;本科生高年级党支部要建在班上。同时,要指导党支部有效开展工作。

(三)以提高素质、增强能力为重点,大力加强基层党组织领导班子建设,不断提高领导班子和领导干部贯彻科学发展观的能力、驾驭全局的能力、处理利益关系的能力、务实创新的能力。按照政治坚定、能力突出、作风过硬、群众信任、善于领导科学发展的要求,选好配强党支部书记。及时整顿软弱涣散、不起作用的基层党组织。推进党内民主建设,以党内和谐促进校园和谐。

(四)加强党员队伍建设,指导基层党组织做好发展党员工作。按照"坚持标准、保证质量、改善结构、慎重发展"的方针,加大发展优秀人才入党的工作力度,积极吸收符合党员条件的大学生、青年教师和学术骨干入党,优化党员队伍的结构。加强对党员的教育、管理、监督和服务,认真做好处置不合格党员工作,引导党员自觉履行义务,保障党员充分行使权利。

(五)加强基层党务干部队伍建设。把那些政治素质高、党性原则强、热爱党务工作、业务能力过硬的同志选配到基层党务工作岗位上来。要像关心教学科研骨干的成长那样关心基层党务工作者的成长。加强对基层党务干部的培养、培训和多岗位锻炼,不断提高他们的思想政治素质和业务水平。落实好各项政策待遇,积极帮助他们解决思想、工作、生活上的实际问题和困难。

(六)做好基层党建工作的考评。完善基层党建工作考评制度,建立考评反馈和整改机制,加大督促检查力度。

三、工作目标

(一)组织坚强有力。党组织健全,设置合理,隶属关系明确,各项制度配套落实,充分发挥战斗堡垒作用,把党组织的工作有机渗透和融合到教学、科研、管理和人才培养活动等各项工作中,真正成为贯彻"三个代表"重要思想的组织者、推动者和实践者。

(二)党员作用突出。党员领导干部加强思想政治建设,不断增强政治敏锐性,认真执行党的教育方针,成为带领师生员工奋力推进事业发展的领头人;教职工党员忠诚党的教育事业,努力加强师德师风建设,成为教书育人、管理育人、服务育人的排头兵;学生党员不断端正入党动机,牢固树立共产主义远大理想和中国特色社会主义坚定信念,坚定报国之志,努力锻炼成才,坚持诚信做人,在学生中发挥示范和带头作用。广大党员自觉运用马克思主义中国化的最新成果武装头脑,理想信念坚定,宗旨观念牢固,在教学、科研、管理、服务等各项工作中发挥先锋模范作用。

(三)工作得到促进。党的路线方针政策和工作部署得到贯彻落实,广大党员和群众的积极性、创造性得到发挥,影响改革发展稳定的重大问题,师生员工学习、工作和生活中的迫切问题,党的建设中存在的突出问题得到解决,各项工作取得新进展。

(四)师生员工满意。党建工作体现师生意愿,党组织战斗力、凝聚力得到师生认可,师生权益得到有效维护,师生员工的学习、工作和生活条件不断改善,党群干群关系和谐融洽。

四、主要工作措施

(一)定期召开工作例会。院党委(党总支)要定期召开党委委员或党总支委员会议,听取基层党建工作情况汇报,研究解决基层党建工作重要问题,督促完成党建工作各项任务。院党委(党总支)书记是本单位党建工作第一责任人。

(二)深入调查研究。院党委(党总支)应结合基层党建工作的实际,组织力量经常深入基层进行调查研究,掌握第一手资料,认真总结推广经验,研究解决实际问题。

(三)建立党员领导干部联系点。院党委(党总支)委员和各单位领导班子中的党员干部每人要联系若干个基层单位的党建工作,特别注意在党组织力量比较薄弱、工作难度大的党支部建立联系点。要经常深入所联系的支部,了解情况,指导工作,帮助解决实际困难和突出问题,努力把所联系的支部建成先进党组织。

(四)开展"创先争优"活动。院党委(党总支)要定期召开党建工作经验交流会,总结推广先进典型,评选表彰先进基层党组织、优秀共产党员和优秀党务工作者。

（五）搞好舆论宣传。院党委（党总支）要把宣传党的先进性及先进性建设作为一项长期任务，通过各种形式深入宣传党的光辉历史和新形势下优秀共产党员的先进事迹，及时介绍、推广本单位党建工作的好经验好做法，形成积极向上、奋发有为的浓厚氛围。

（六）完善基层党组织建设的保障机制。院党委（党总支）要加大基层党组织建设工作的经费投入，为基层党组织开展活动提供必要的场所与设备，加强对学院党校、党员教育网站、实践基地等阵地的建设。

（七）加强基层党组织建设的理论研究。院党委（党总支）要组织专家学者和党务政工干部，围绕基层党组织建设的理论和实践问题，积极开展有针对性的研究，为加强基层党组织建设提供理论支持和决策依据。

（八）强化督促检查。院党委（党总支）要采取督查、检查和随机抽样检查等方式，定期或不定期地对基层党建工作情况进行督促检查，发现问题及时解决，督促基层党建工作各项任务的完成和制度的落实。特别要注意检查党员经常性教育、党员联系和服务群众、流动党员管理等党建工作各项制度的落实情况。

五、考核及考核结果的运用

（一）院党委（党总支）每年向校党委书面报告抓基层党建工作情况。院党委（党总支）书记和各单位领导班子中的党员干部要把履行抓基层党建工作职责情况作为年度述职述廉的重要内容。要把党建工作纳入领导班子和领导干部考核内容，与其他各项工作考核一并进行，必要时组织专门考核。

（二）党建工作责任制考核结果作为领导班子及其成员工作实绩评定的重要内容，作为领导干部选拔任用、培养教育和奖励惩戒的重要依据。对党建工作成绩突出的，予以表彰；对思想不重视、工作不得力的，提出批评，限期整改；对不认真履行职责，责任范围内党建工作存在的严重问题没有及时解决，造成不良影响和严重后果的，追究领导班子和相关责任人的责任。

六、附　则

机关、直属单位和产业与后勤部门的党总支参照本办法执行。

——本文摘录自《中共厦门大学委员会印发〈关于加强党员经常性教育的实施办法〉等四个保持共产党员先进性长效机制文件的通知》，厦大委综〔2007〕22号，档号2007-XZ09-13

中共厦门大学委员会关于做好党员联系和服务群众工作的实施办法

(2007年6月26日)

为了贯彻落实中共中央办公厅印发的《关于做好党员联系和服务群众工作的意见》,中共教育部党组《关于高等学校保持共产党员先进性长效机制建设的意见》、《关于加强普通高等学校基层党组织建设的意见》和中共福建省委党建工作领导小组《关于做好党员联系和服务群众工作的实施意见(试行)》等文件精神,结合我校实际,制定本实施办法。

一、总体要求

继承和发扬党的优良传统,始终保持党同群众的血肉联系,努力做好我校党员联系和服务群众工作。要以马克思列宁主义、毛泽东思想、邓小平理论和"三个代表"重要思想为指导,全面贯彻落实科学发展观,充分发挥党员的先锋模范作用,努力构建党员联系和服务群众的长效机制,进一步调动师生员工参与学校管理、参与和谐校园建设的积极性、主动性和创造性,实现好、发展好、维护好师生员工的根本利益,团结带领全校师生员工共同奋斗,加快实现世界知名高水平研究型大学建设目标的步伐。

(一)尊重和维护师生员工的合法权益。尊重和维护宪法、教师法等法律赋予师生员工的各项权利和正当利益,切实保障师生员工在教育教学、科学研究、管理服务、学习生活、参与学校民主管理和监督等方面的合法权益,自觉同侵害师生员工合法权益的行为做斗争。

(二)拓展党员联系师生员工的途径。坚持走群众路线,倾听师生员工的意见和呼声,掌握师生员工的愿望和要求,畅通师生员工表达意愿的渠道,健全征求师生员工意见、梳理师生员工反映的突出问题、协调有关部门和单位加以解决的机制。

(三)丰富党员服务师生员工的内容。各级党组织和党员要真心关爱师生员工,拓宽服务领域,增强服务本领,高度重视师生员工最关心、最直接和最现实的利益问题,为师生员工做好事、办实事、解难事。

(四)尊重群众的首创精神。虚心向师生员工学习,善于发现和宣传师生员工中的先进典型,善于借鉴基层工作实践中创造的好思路、好做法,及时总结、推广师生员工创造的有益经验,推进学校各项工作。

(五)做好师生员工的思想政治工作。各级党组织和党员要善于把联系、服务、教育、引导师生员工的工作有机结合起来,及时向师生员工宣传解释党的路线方针政策、法律法规和学校的发展愿景,引导师生员工正确认识和处理个人利益与集体利益、局部利益与整体利益、当前利益与长远利益的关系,积极主动地化解矛盾,凝聚共识,形成合力,共同促进学校各项事业全面、健康、可持续发展。

二、主要方式

学校各级党组织要结合本单位实际,组织党员在做好本职工作的基础上,采取适当方法和途径,做好联系和服务群众工作。

(一)完善党员领导干部联系基层和调查研究制度。各级党员领导干部要进一步转变作风,深入基层,深入联系点开展调查研究,主动听取师生员工的意见和建议,帮助基层和群众解决实际问题,定期向民主党派和无党派人士、离休老同志通报情况,听取意见。把调查研究的成果作为学校决策的重要依据,充分体现和维护师生员工的利益。

(二)开展结对帮扶、互帮互学活动。建立教师党员与党外教师、教师党员与学生、学生党员与党外同学的结对帮扶体系。每个党员至少与一至两名群众交朋友,了解他们的思想、工作、学习和生活情况,帮助他们反映问题,解决困难。老教师党员要主动与青年教师结成帮扶对子,在教书育人、教学、科研等方面发挥传、帮、带作用,帮助青年教师提高师德师风和教学科研能力。教师党员要通过担任班主任、导师等途径,积极参与学生教育管理服务工作。政工队伍的党员要深入学生做好思想政治工作,帮助学生培养良好的理想信念和道德品质,关心学生的学习、生活、就业和心理健康。学生党员要主动联系身边的党外同学,特别要关心困难学生的学习和生活,通过"有困难找党员"等活动,使其切实感受到党组织的关怀和温暖。

(三)立足岗位,提高服务群众的实效。机关党组织和党员要树立管理育人、服务育人的理念,加强机关效能建设,完善集体办公制度,推行"党员示范岗"活动,落实首问责任制、限时办结制、群众监督评议制,强化岗位责任,规范工作流程,公开办事程序,简化办事手续,提高办事效率和服务质量。

后勤产业、直属单位等服务系统的党组织和党员要树立服务育人的理念,热情服务群众,坚持为师生员工办好事、办实事,根据不同岗位特点,建立若干党员志愿服务队,开展优质服务活动。

学生党组织和党员要围绕大学生健康成才的根本任务,努力把学生党支部的战斗堡垒作用和党员的先锋模范作用融入学生的组织活动当中,在学生园区和学生宿舍设立党员服务岗,开展联系服务活动,以党建带团建,以党风促校风学风,充分发挥党员的先锋模范和骨干带头作用,使学生党支部成为带动学生班级团结进步和开展思想政治教育的坚强堡垒。

(四)参加主题实践活动。党员要积极参加党组织开展的以服务师生员工、服务社会为主要内容的主题实践活动,要以形式活泼、主题鲜明的党支部工作立项活动为载体,开展"党员服务日"、"党员联系服务群众岗"等活动,为师生员工办好事,办实事。要以学校"服务海西行动计划"为指南,充分发挥专业特长和岗位特点,自觉参与海峡西岸经济区建设,为国家经济社会发展做贡献。

(五)参加社会公益活动。党组织要鼓励和支持党员参加政府、学校或社会团体组织的扶贫济困、扶弱助残、支教助学、就业援助、保护环境和关心下一代等社会公益活动,参加文化、科技、卫生"三下乡"和科教、文体、法律、卫生"四进社区"志愿者活动。

各级党组织要坚持做好向困难群众送温暖活动,定期走访慰问困难群众。党员要积极参加慰问老党员、困难党员、困难群众的活动,参加"把学校温暖带回家"慰问困难学生活动,积极参加帮助生活困难群众的捐赠活动。

(六)自觉履行党员承诺。党员要结合本职工作实际,对照保持共产党员先进性的基本要求和所在岗位保持共产党员先进性的具体要求,以承诺方式为群众办实事。承诺的内容要切合实际,具体可行,履行承诺的情况自觉接受党组织和群众的监督。

三、组织领导和监督保障

在校党委统一领导下,全校各级党组织要把做好党员联系和服务群众工作列入重要议程,高度重视,精心组织。党委各部门要各司其职,相互配合,形成合力,共同做好党员联系和服务群众的各项工作。

(一)加强教育培训。各级党组织要对党员进行马克思主义群众观和党的群众路线的教育,以服务人民为荣,以背离人民为耻,端正对群众的态度,增进与群众的感情。结合党员自身岗位的特点,抓好党员学习教育工作,帮助党员提高业务素质和工作能力,创新群众工作方法,提高服务群众的实际本领。

(二)畅通群众表达意愿的渠道。推进校务、院务公开和党务公开,切实保障师生员工的知情权、参与权和监督权。各级党组织要及时掌握本单位群众思想、学习、工作和生活情况,了解群众关心的热点问题,有针对性地组织党员开展服务群众的活动。对关系师生员工切身利益的大事,可通过问卷调查、座谈会、热线电话、电子信箱等方式,方便师生员工反映情况,发表意见。

加强信访工作和总值班室工作,规范来信来电来访的接待和处理机制,对师生员工反映的问题,要及时、妥善地做出回应,能够解决的要及时解决,受客观条件限制不能解决的,要耐心细致地做好解释工作。

重大决策要充分发扬民主,听取意见,论证咨询,并通过一定的途径和方式向师生员工进行反馈。要健全校院二级教代会制度,进一步发挥工会、共青团、妇委会、学生会、研究生会等群团组织联系群众、反映民意的桥梁纽带作用。发挥学术委员会、学位委员会、教学指导委员会、科学技术协会等专业组织在民主管理、科学决策、政策咨询中的重要作用。

(三)认真做好关心帮助党员工作。要关心党员思想政治上的进步和提高,调动党员参与党内事务的积极性,增强党员的荣誉感、责任感和使命感。要积极创造条件,帮助党员提高业务素质和工作能力,为党员立足本职创一流业绩,实现岗位成才提供服务。要关心党员生活,及时掌握生活困难党员、老党员情况,采取党员互助、党组织扶助等多种办法进行帮扶,为他们解决后顾之忧。通过做好党组织关心帮助党员工作,促进党员更好地联系和服务群众。

(四)加强督促检查。各级党组织要将党员联系和服务群众工作纳入年度党建工作计划,定期研究部署党员联系和服务群众工作。自觉接受师生员工的评议和监督,以师生员工是否满意作为检验党员联系和服务群众工作成效的基本标准,把党员联系和服务群众的情况作为民主评议党员、党性分析评议和考核评优的重要内容。要总结和推广先进经验,树立和表彰先进典型,创新党员联系和服务群众的有效方式,推动党员联系和服务群众工作的深入开展。

——本文摘录自《中共厦门大学委员会印发〈关于加强党员经常性教育的实施办法〉等四个保持共产党员先进性长效机制文件的通知》,厦大委综〔2007〕22 号,档号 2007-XZ09-13

厦门大学“十一五”干部教育培训规划

（2007 年 7 月 2 日）

为培养造就一支与创建世界知名高水平研究型大学相适应的高素质干部队伍，按照《干部教育培训工作条例（试行）》的要求，根据《2006—2010 年全国干部教育培训规划》和《厦门大学“十一五”规划和远景规划》，结合我校干部队伍建设的实际，制定本规划。

一、适应新形势新任务，明确战略部署，切实加强干部教育培训工作

校党委历来高度重视干部教育培训工作，始终坚持把干部教育培训工作作为保证学校各项事业顺利发展的一项基础性工作和党的建设的一项重要内容。“十五”以来，校党委以深入学习贯彻“三个代表”重要思想和科学发展观为重点，紧紧围绕实施科教兴国和人才强国战略，紧紧围绕学校改革与发展的大局，在全校各级干部中深入开展党的路线方针政策和高等教育、科技创新、现代管理等业务知识的教育培训工作，取得明显成效。“十五”以来，我校处级以上干部有 1467 人次，科级干部有 418 人次；辅导员有 290 人次，民主党派和团体负责人有 109 人次，妇女干部有 784 人次，工会干部有 295 人次，教学科研骨干 931 人次参加各类教育培训。通过开展干部教育培训，广大干部用发展着的马克思主义武装头脑、指导实践、推动工作的水平有了新的提高；干部教育培训工作为建设高素质干部队伍、推动“十五”期间学校各项事业的蓬勃发展发挥了积极作用。

但是，在看到成绩的同时，我们应当清醒地看到存在的问题和不足：一是部分干部的思想政治素质、知识水平和工作能力还不能很好地适应新形势新任务的要求，最明显的差距就是思想不够解放、视野不够开阔，对发展的外部环境特别是对国家和省市的战略部署和重大需求了解不够深入、跟踪不够紧密，对高等教育的发展态势和学校、院系发展的战略布局及关键问题研究不够深入；二是一些干部理论功底不够扎实，解决实际问题能力有待提高，主动贴近、主动融入、主动服务经济社会发展的意识不够强，在实际工作中创新力不足，在对外交往中拓展力不强；三是党员干部在党性锻炼等方面还需要不断加强；等等。所有这些，都要求我们不断加强干部教育培训工作，进一步提高干部队伍素质。

当今时代，科技进步日新月异，高等教育竞争更加激烈。“十一五”时期是全面建设小康社会、构建社会主义和谐社会的关键时期，也是我校建设世界知名高水平研究型大学的重要战略机遇期。顺利完成我校“十一五”规划的各项任务、扎实推进和谐校园建设，对全校各级干部的素质提出了新的要求。做好干部教育培训工作，加快培养造就高素质干部队伍，是事关我校发展全局的战略任务，是实现我校“十一五”奋斗目标的重要保证。因此，我们必须紧紧围绕学校的持续发展、创新发展、开放发展、服务发展，坚持党管干部、党管人才，大力实施人才强校战略，把干部教育培训工作作为一项重大而紧迫的战略任务，进一步发挥干部教育培训工作的战略性、基础性作用。

二、我校干部教育培训工作的指导思想、总体目标和主要任务

(一)指导思想

坚持以马克思列宁主义、毛泽东思想、邓小平理论和"三个代表"重要思想为指导,高举中国特色社会主义伟大旗帜,全面贯彻落实科学发展观,紧紧围绕实现我校"十一五"的奋斗目标,大规模培训干部,大幅度提高干部素质,以提升干部贯彻党的教育方针、解决实际问题的能力水平为重点,拓展培训类型,提高培训质量,务求培训实效,不断开创干部教育培训工作新局面,为创建世界知名高水平研究型大学和构建社会主义和谐校园提供坚强有力的组织保证和人才支持。

(二)总体目标

大规模、高质量培训干部的任务全面落实,广大干部学以致用的马克思主义学风进一步弘扬,理想信念更加坚定,党性修养进一步增强,思想政治素质和科学文化素质、业务素质明显提高,联系实际分析问题、解决问题的能力和推动学校各项事业又好又快发展的本领显著增强;培训制度进一步完善,培训工作的科学化、制度化、规范化建设进一步推进;各项保障更加有力,培训质量和效益全面提升;培养造就一支与建设世界知名高水平研究型大学相适应的,政治强、业务精、纪律严、作风正、视野开阔、善于开拓、勇于创新的高素质干部队伍。

(三)主要任务

以党政干部为重点,按照分级分类培训的原则,抓好处级以上干部、后备干部、科级干部和政治辅导员、女干部和党外干部、教学科研和技术支撑骨干的教育培训。把政治理论培训放在首位,同时加强政策法规、业务知识、文化素养培训和技能训练。把教育培训与实践锻炼结合起来,在培训中提高干部的素质和能力,在实践中锻炼和考验干部。把干部教育培训的普遍性要求与不同类别、不同层次、不同岗位干部的特殊需要结合起来,增强教育培训的针对性和实效性。

——以马克思主义中国化的最新成果为中心内容,进一步加大理论武装的力度。深入开展马克思列宁主义、毛泽东思想、邓小平理论和"三个代表"重要思想的教育培训,引导广大干部掌握马克思主义的世界观和方法论,全面准确地理解和运用马克思主义中国化的最新理论成果。重点进行《江泽民文选》和党的十六大以来以胡锦涛同志为总书记的党中央提出的科学发展观、构建社会主义和谐社会、建设创新型国家、加强党的先进性建设等重大战略思想的教育培训,切实做好进教材、进课堂、进头脑的工作。围绕建设社会主义核心价值体系,引导广大干部夯实理论基础、开阔世界眼光、培养战略思维、增强党性修养。

——围绕国家重大战略部署、海峡西岸经济区建设要求和学校事业发展目标,科学设置培训专题,把研究和解决学校改革发展面临的新情况新问题作为重要课题,养成用理论联系实际以及研究新情况、解决新问题的科学态度和创新精神。着力提高广大干部服务国家和地方经济社会发展的意识,推进学校事业又好又快发展的本领。

——紧扣广大干部履行岗位职责的需要,广泛开展各类业务知识培训和技能训练。根据不同层次、不同类别干部的特点和工作要求,有针对性地进行岗位需要的能力培训,开展与本职工作相关的新知识培训,引导干部成为胜任本职工作的行家里手。

——着眼于提高干部的综合素质,积极开展科学文化素养培训。用现代科学文化知识和人类创造的优秀文明成果充实干部头脑,加强科学知识、科学精神、科学方法的教育,开展相关知识的学习培训,帮助广大干部完善知识结构,提高科学文化素养。

三、以党政干部为重点，分级分类抓好干部教育培训

(一)党政干部队伍

以提高思想政治素质为重点，切实增强贯彻落实科学发展观、把握全局、科学决策、务实创新等能力，努力培养造就一支以发展着的马克思主义武装头脑，靠得住、想干事、有本事、懂管理、善开拓的党政干部队伍。

1. 处级以上党政领导干部。按照《干部教育条例》的要求，制定好每年的脱产培训计划，统筹安排，努力争取处级以上党政领导干部每 5 年累计参加 3 个月以上的脱产培训，全校争取每年积极组织、推荐选派不低于 20%的处级以上干部参加各级党校、行政学院、干部院校的培训，着力提高他们的思想政治素质和宏观决策、驾驭全局、综合协调的能力。

坚持学校党委中心组集中学习每年不少于 12 天，各单位党政领导干部每月一次的集中学习研讨制度。坚持经常性的在职自学制度。

坚持每年举办“厦门大学党政领导干部东山研讨班”(“东山会议”)，集中学习领会国家、省、市的发展战略和发展重点，研讨学校和本单位的发展思路、改革举措等，时间安排 5～7 天。

2. 后备干部。加强后备干部的教育培训，通过到党校、行政学院、干部学院参加中长期脱产进修，到革命传统教育基地和国情教育基地进行党性锻炼，到国内外著名高校和培训机构学习培训等措施，帮助他们尽快健康成长。制定后备干部培训计划，每 3 年至少安排他们参加一次党校、行政学院、干部学院主体班次的培训，一般每次不少于 12 天。

3. 科级干部和政治辅导员。每年组织 100 名以上的科级干部、政治辅导员参加各级培训机构的培训，一般每年不少于 12 天。政治辅导员培训在突出党性教育和提高理论素养的同时，应强化心理学、教育学、管理学等结合实际工作的相关知识培训。注重年轻干部的教育培训和实践锻炼，帮助年轻干部提高综合素质。

(二)教学科研、技术支撑骨干

以提高思想政治素质为重点，坚持德才兼备、全面发展、尊重特点、鼓励创新，努力培养促进教学科研及专业技术队伍优化知识结构，提高业务素质，增强创新能力，提高服务经济社会发展的本领。重点抓好对学科带头人、学术带头人、优秀中青年教师和专业技术骨干的教育培训。

组织、人事部门对教学科研、技术支撑骨干的教育培训做出统一安排，每年安排一批教学科研和技术支撑骨干参加各类脱产培训和短期培训。包括：

组织学科带头人、学术带头人、优秀中青年教师和专业技术骨干，开展国家、省市的发展规划和重大战略等方面的知识培训，引导其更新观念，瞄准国家和地方重大需求，增强服务意识，更加有效地开展社会服务工作，提高服务水平。

结合开展“三项学习教育”活动，组织哲学社会科学教学科研骨干参加研修班，大力推动哲学社会科学队伍建设，确保 5 年内将哲学社会科学教学科研骨干轮训一遍。

要组织新聘教师进行岗位培训，内容分别为校史校情、校规校纪、办事流程和教学规范、学术规范、教学方法、科研课题申报等方面的培训。

(三)妇女干部和党外干部

积极推荐妇女干部参加各级党校、行政学院、干部院校培训班学习。要力争用 5 年时间，对全校妇女干部进行轮训，进一步提高妇女干部工作能力和水平。加大非中共党员干部的教育培训力度，大力推荐我校处级党外干部特别是具有中高级职称的党外知识分子参加各级社会主义学院、干部学院和行政学院

等院校的学习培训。

(四)其他干部

要加强对其他各类干部的教育培训,办好新聘职员培训班、群团干部培训班、离退休干部读书班等。

以提高思想政治素质为重点,以增强战略决策、经营管理、市场竞争、自主创新等能力为目标,加强对资产经营公司、后勤集团等企业经营管理干部进行政治理论培训和职业道德教育,加强政策法规培训和现代企业管理知识及能力的培训。

四、干部教育培训工作的保障措施

(一)优化整合和充分利用各类教育培训资源

1. 积极派出学习培训。充分利用国家和省市等各级干部教育培训资源,支持、选派干部到各级党校、干部学院、行政学院、社会主义学院等干部培训机构进行脱产培训。

2. 优化整合校内教育培训资源。强化校党委党校干部教育培训的主阵地作用,加强学院党校建设,丰富办班类型和层次,扩大培训规模,提高培训质量;充分发挥组织、人事等部门的组织协调作用,整合、依托学校科研和教学资源优势,逐步构建分工明确、优势互补的干部教育培训体系。积极调动职能部门和院系的积极性和主动性,开展专业知识培训,把业务培训作为干部教育培训工作的重要组成部分,提高干部的业务能力和水平。

3. 拓宽境外培训渠道。按照少而精、突出重点、择优安排的原则,进一步增强境外培训的针对性和实效性,做好干部的境外培训工作。借助“全球八校联盟”行政管理委员会这一平台,选送外语基础好、能力强、潜力大的干部到境外高校进行行政管理、现代大学制度等方面的专题业务培训。

4. 加强厦门大学干部教育培训基地建设。依托基地,每年利用暑假举办 6～10 个不同类别的培训班,组织各类干部和教学科研、技术支撑骨干进行有针对性的教育培训。

(二)加强干部教育培训师资队伍和教材建设

1. 发挥我校学科综合优势,组建结构合理、素质优良、相对稳定的干部教育培训的师资队伍。积极聘请为人师表、具有较高思想政治素质和理论政策水平、扎实的专业知识基础,有丰富实践经验的教师担任干部教育培训的授课教师。

聘请政治素质好、理论水平高、实践经验丰富的党政领导干部、企业经营管理人员和校外著名专家学者等担任我校干部教育培训的兼职教师,重点开展专题培训。

2. 按择优入库、动态管理的原则,在校内建立干部教育培训师资库,优化师资配置,实现资源共享。探索建立符合干部教育培训特点的师资队伍考核评价体系,科学评价干部教育培训教师的工作与成果。

3. 加强我校干部教育培训课程与教材建设。要按照全国干部培训教材编审指导委员会制定的教材大纲要求,组织编写符合时代发展要求和具有厦门大学特色、实用性强的干部培训教材。

(三)积极推进干部培训工作的制度化、规范化

1. 注重培训质量评估。逐步开展干部教育培训质量评估工作,研究制定培训质量评估办法,注重对办班质量和学员参学效果的评估。创新培训管理方法,加强培训过程管理,严格培训考核措施,不断提高干部教育培训的管理水平。

2. 强化激励约束机制。进一步完善干部述学、评学、考学办法,增强干部自我学习、自我提高的自觉性。坚持培训与使用相结合,把干部参加学习培训的情况作为干部考核的内容和任职、晋升的重要依据之一。提拔担任党政领导职务的,确因特殊情况在提拔前未达到培训要求的,应当在提任后1年内完成培训。

3. 加强配套制度建设。进一步明确各类干部参加教育培训和在职自学的任务,建立健全组织调训、计划申报、在职自学、学习考核、培训档案、培训效果跟踪调查、培训经费保障等制度。全面推行干部培训全员登记制度,及时了解、跟踪干部培训情况。进一步加强干部教育培训档案管理工作,建立干部教育培训管理数据库。

(四)创新培训模式,探索提高干部培训质量的新途径

1. 提供多样化的培训途径。坚持和完善组织调训、在职自学等制度,大力推行干部自主选学、在线学习等方式,为干部参加学习培训提供多样化的途径。大力推广网络培训、远程教育、电化教育,提高干部教育培训教学和管理的信息化水平。

2. 创新培训模式,深化教学改革。加强培训需求分析,科学设置培训班次,突出办学特色,不断完善课程设计和培训内容。引入"菜单式"、研究式、案例式、体验式教学以及情景模拟、对策研讨、拓展训练等方式,完善课程设置,形成一批精品课程和品牌培训项目。

(五)确保干部教育培训工作的资金投入

将干部教育培训经费列入学校年度经费预算,保证干部教育培训工作的需要。完善相关制度,规范干部教育培训经费的使用和管理,确保专款专用,提高培训经费的使用效益。

五、加强干部教育培训的组织领导

(一)高度重视干部教育培训工作

各级党组织要把开展干部教育培训工作作为一项战略性、基础性工作列入重要议事日程,纳入本单位发展规划或工作计划,统筹安排,整体部署。院党委(党总支)主要负责同志要加强调查研究,及时掌握干部教育培训工作的情况,解决干部教育培训工作中的困难和问题。

(二)切实抓好学风建设

坚持学习理论与指导实践相结合,坚持改造客观世界与改造主观世界相结合,坚持运用理论和发展理论相结合,大力弘扬理论联系实际的马克思主义学风,把坚持党的思想路线贯穿于教育培训全过程;坚持学以致用,引导干部对学校发展的战略部署和重大问题进行理论思考,注重学习成果的转化运用,提高观察、分析、解决问题的能力;把学习和运用理论解决实际问题的能力作为考核干部的重要内容。

(三)加强领导、分工负责

坚持和完善在校党委领导下,由党委组织部门主管,有关工作部门分工负责,校院分级管理的干部教育培训管理体制。成立学校干部教育培训工作领导小组,制定干部教育培训的规划和制度,发挥对干部教育培训工作统筹规划、宏观指导的作用。党委组织部门作为干部教育培训的主管部门,承担干部教育培训工作的组织协调和综合管理职能,并负责组织好党政管理干部的教育培训。党委宣传部门负责干部理论学习的指导、检查和督促。人事处负责指导协调职员培训,负责做好教学科研和技术支撑骨干的培训规划和组织协调、综合管理工作。组织部、人事处、国际合作与交流处负责做好境外培训学员的选调和

协调、管理。党委党校作为培训干部的主要阵地,会同有关部门制定各类干部教育培训方案和教学计划,做好培训教学管理工作。学员选调单位、派出单位和培训机构要加强沟通、相互配合,确保培训工作的秩序和质量。

——本文摘录自《关于印发〈厦门大学"十一五"干部教育培训规划〉的通知》,厦大委组〔2007〕20号,档号2007-DQ02-2

厦门大学关于深入推进治理商业贿赂专项工作的实施意见

（2007 年 8 月 15 日）

认真开展治理商业贿赂专项工作，坚决纠正不正当交易行为，依法查处商业贿赂案件是深入开展党风廉政建设和反腐败工作的一项重要任务，也是我校建设和谐校园一项重要的保障措施。为贯彻中央治理商业贿赂领导小组《关于深入推进治理商业贿赂专项工作的意见》，现提出以下实施方案。

一、把治理商业贿赂工作作为下半年工作重点，继续精心安排，大力推进

治理商业贿赂工作一刻也不能放松，下半年的纪检监察工作，要在去年全面自查，认真整改的基础上，再做一次回头看。回头看重点检查 4 个方面的问题：1. 各单位自查工作是否都做到位，特别是基建工程建设和物资设备采购，因为自查时间安排得不够充分，要对重点排查的每个环节进行一次再检查。2. 学校图书采购领导小组听取有关单位专项汇报，检查教材、图书采购的工作原则和程序是否得到比较好的贯彻，有什么具体问题需要进一步研究解决。3. 按照“及时向学生公开，在规定的时间结清”的要求，对 2006—2007 年代办费进行一次全面清理。4. 财务、资产、基建等部门和校办企业是否按我校惩治和预防腐败体系的《实施办法》的要求，在《会计法》、《政府采购法》、《招标投标法》等重要法规颁布日对干部和工作人员进行专场教育，效果如何。

回头看检查的内容要按专题形式报告，向学校治理商业贿赂专项工作领导小组汇报。对工作不到位的单位或工作不落实的项目，要提出具体的处理意见和改进措施。整个检查情况要按《实施办法》检查办法的要求，在《工作通讯》上公布，以便接受教职工的监督。

二、进一步完善制度，扎实推进规范管理

认真按照教育部党组对“制度建设年”、“规范管理年”的工作要求，检查各项规章制度落实情况，真正做到思想上落实、工作责任上落实、工作重点上落实、监督检查上落实。

1. 在两年来建章立制的基础上，按照学校“管理制度建设座谈会”确定的任务，10 月份以前，集中对上级有关制度执行情况进行梳理，严格检查各职能部门作为工作依据的核心制度的落实情况。

2. 涉及人、财、物管理和基本建设项目的部门，建立起决策权、执行权、监督权既相互制约又相互配合的机构。明确各个环节的责任，以制度加以约束、规范，从组织体系上科学配置权力，严密规范程序，有效防止经济活动中环节上的漏洞和个人说了算的问题。做到“集中的权力分散化，隐蔽的权力公开化”。

3. 进一步完善内部控制制度。对比较成熟、运行有效的图书馆“文献集中采购招标办法”和医院“药品、医疗器械采购办法”，继续给予完善和推进。对基建项目和物资设备采购招标，重点要强化预算管理制度和决策论证制度。坚决纠正临时动议上项目和随意追加经费的问题。

4. 根据《招标投标法》、《政府采购法》规定的程序，进一步细化事务公开的内容，做到每一重要环节的工作内容事前能公开，结果能公布，反映的问题能在相关范围内答复。

三、加强组织领导,建立治理的长效机制

治理商业贿赂是一项长期工作,学校要把这项工作作为党风廉政建设和反腐败工作的重要任务,纳入到每年的工作计划加以部署。要通过加强领导,完善组织机构予以人员上的保证。

1. 全校建立防治商业贿赂的协调机构,由纪委牵头,监审处、基建处、资产与后勤事务管理处、图书馆、后勤集团等单位参加,每年召开2～3次协调会,交流工作开展情况,共同研究治理商业贿赂的对策,商讨开展防治商业贿赂教育的工作,形成全校专项治理的合力。

2. 按照党风廉政建设责任制的要求,把治理商业贿赂工作的任务分解到分管校、院领导,按照"谁主管、谁负责"的原则,明确工作职责、工作任务和工作要求,每年工作开展情况,作为述职述廉的内容,向党委报告,向群众报告。

3. 建立有效的工作机制,建立一支强有力的专家队伍。根据我校实际,当前要继续充实仪器设备专家队伍,其中既要有熟悉设备器材的专家,也要有了解市场、掌握市场信息的专门人才。在现有基础上,扩充专家库人才数量,实现工程建设、工程设备、仪器仪表、图书教材、药品、医疗器材、家具办公用品等方面都有一支专家队伍参与相关工作。

4. 扎实做好基础工作。根据这几年基建项目招投标掌握的设计、工程建设、监理等队伍情况,建立业绩和信用信息数据库,按照规定设置合理的准入机制,对有不良行为记录的单位或个人,给予必要的处置。要建立物资设备供应商的基本信息档案,记载供货商服务质量和信誉状况。健全投诉处理报告制度,供应商因违反规定受到处罚的,列入不良行为记录名单。

中共厦门大学纪律检查委员会
二〇〇七年八月十五日

——本文摘录自《厦门大学关于深入推进治理商业贿赂专项工作的实施意见》,(2007)厦大纪5号,档号2007-DQ06-1

全面履行党章赋予的职责和任务
扎实推进党风廉政建设和反腐败工作

——在中国共产党厦门大学第九次代表大会上的报告

（2007年9月27日）

各位代表，同志们：

现将中共厦门大学第八次党代会以来中共厦门大学纪律检查委员会的工作情况和对今后工作的建议，向中共厦门大学第九次党代会报告如下，请予审议。

一、五年来工作的回顾

自中共厦门大学第八次党代会以来，校党委高度重视党风廉政建设和反腐败工作，根据党中央、中央纪委和教育部党组的部署，实施坚强有力的领导，全校反腐倡廉工作取得明显成效。各级党组织认真落实《建立健全教育、制度、监督并重的惩治和预防腐败体系实施纲要》，加大从源头上防治腐败的力度，党风廉政建设和反腐败工作不断深入，纪律检查工作在学校快速发展中发挥了积极作用。

（一）围绕中心、服务大局，不断提高履行党章的能力

校纪委认真按《中国共产党党章》确定的纪委职责和任务要求，把党风廉政建设纳入学校发展的整体进程中去谋划、部署、落实。以发展的思路和改革的办法，建立预防和惩治腐败的工作机制。注重发挥组织协调作用，依靠各部门的力量共同开展反腐倡廉工作。

贯彻党中央关于党风廉政建设的精神是纪委的首要任务。校纪委每年根据中央纪委全会精神下发文件，对各级党组织和党员领导干部如何学习、落实胡锦涛同志在中央纪委全会上讲话精神提出具体要求。按照党中央部署，结合学校实际，提出具体的工作方案，使每项任务都能紧贴校党委、校行政的中心工作。对学校出台的重要决策、重要工作安排和重点建设工程，主动介入，了解情况，沟通信息，强化监督，协助解决项目推进中的问题，为优化学校发展环境做出了积极努力。

正确把握惩治腐败与预防腐败的关系，以贯彻落实《实施纲要》为主线，重点从明确目标、拓展领域、创新方式、完善机制入手，制定了符合我校实际情况的惩治和预防腐败体系的《实施办法》。在加强教育的针对性、制度的长效性和监督的有效性方面提出了明确的思路并不断予以推进。正确把握惩处与保护干部的关系，立足于教育，着眼于防范，最大限度地保护党员干部的积极性和创造性，努力营造风清气正的良好氛围。

主动承担组织协调反腐倡廉工作的任务，通过落实党风廉政建设责任制，抓住权力运行的特点，强化关键点的监督。与涉及人、财、物的管理部门建立日常协调配合机制，不断强化各部门抓好党风廉政建设的责任意识。对广大师生关注的问题，坚持做到早参与、早协调、早监督，在介入业务工作过程中，与职能部门形成齐抓共管的合力。

（二）抓好党风廉政教育，切实增强领导干部廉洁从政意识

开展反腐倡廉，注重把党风廉政教育放在突出位置，坚持关口前移，教育先行。积极探索教育方法，

不断改进教育形式,逐步形成一套较为有效的教育机制。

党风廉政教育始终把握三个重点:把领导干部作为教育的重点,把学习胡锦涛总书记的讲话、贯彻中央纪委全会精神作为学习的重点,把专题教育作为实施的重点。通过反腐败形势教育、权力观教育、纪律处分条例教育、监督条例教育和领导干部作风教育等专题教育,引导广大党员干部秉公用权,廉洁从政。对从事人、财、物管理工作的干部,在重要法规颁布纪念日举行专场教育,促使干部通过自我教育,依法办事,增强拒腐防变的能力。

教育的载体、形式更加多样。五年来,共印发《党风廉政学习材料》8期,下发各类学习材料13600余册,编印了8个讨论案例和30个判断案例。在校报开辟领导干部学习专栏,组织研究生党员开展廉政文化专题研讨。充分利用学校资源,通过电化教育、网络教育等多种形式开辟党风廉政教育栏目,配合专题教育,播放《纪律处分条例》、《党内监督条例(试行)》,《天职》等电视教育片26部。在校纪委网页开辟网上教育栏目和网上教育通道,基层党组织可以直接收看辅导报告录像和警示教育片,学习更为便捷。

(三)落实党风廉政建设责任制,全面加强领导班子和领导干部自身建设

党风廉政建设责任制得到落实,关键是学校党委带头完善工作机制,健全党风廉政责任制度。把落实党风廉政建设责任与行政管理责任有机结合起来,形成相互促进的责任监督体系。

校第八次党代会闭幕后,党委常委即召开专题会议,就班子成员处理好党政关系、正副职关系提出要求,使班子成员形成了共识。2003年初,又分别就“重大事项上会报告、集体研究决定”的8个方面和招投标分类审批4条责任做出规定,形成了党政领导班子集体议事制度、工作报告制度。2004年,校党委结合领导分工,进一步明确班子成员分管的部门和应负的责任,强化校领导抓好职能部门党风廉政建设的意识。招生、考试、财务、资产管理等部门都建立了廉洁责任制度,基建部门还与科级以上干部签订廉洁自律承诺书。各学院党委也按照校党委的要求,建立了党风廉政建设责任制、“三重一大”决策制度、院务公开制度等三项制度,把工作责任与党风廉政建设责任在目标、内容、要求上协调统一,通过加强内部管理和制度建设,推动了各单位的决策民主化和科学化。

党员领导干部民主生活会和院系年终财务检查是我校一直坚持的两项工作制度,也是促进领导班子落实党风廉政建设责任制和经济责任制的重要举措。2003年8月,校党委出台了《关于完善党员领导干部民主生活会制度的意见》,除了对民主生活会的内容、方式和检查办法提出更具体的要求外,还专门把落实党风廉政建设责任制作为对照检查的重点。在各单位召开民主生活会之前,纪委都要主动与单位领导班子商量需要解决的重点问题,会后及时了解会议效果和向群众反馈的结果,从中检查责任制的落实情况。《厦门大学经济责任制暂行条例》颁布后,校纪委实行了年终财务检查制度,各学院通过教职工参与财务检查和向群众报告财检情况,不仅使班子理财更规范、管理更透明,也对领导班子履行经济责任起到推动和促进作用。

(四)建立健全有效的监督机制,集中力量强化重点部位的监督

纪委始终围绕学校的中心工作、重点工作,在建立健全监督制约机制上下功夫,切实做到监督到位。注意从行政监察的特点和优势出发,找准切入点,把握结合点,拓展监督渠道,改进监督方法,监察的职能作用得到较好的发挥。

干部选拔任用、人员招聘考核是学校管理的核心内容和廉政建设的重点工作,纪委坚持按制度进行有效的监督。几年来,领导干部的选任全部按规定程序严格操作,对干部任前公示反映的意见,纪委都及时加以调查,主动与组织部门沟通,提出合理的建议。积极参与学校的人才引进和职务聘任等重大人事事项的监督,反映教职工的意见和认真吸纳他们的建议,做到与部门沟通快捷,向教职工反馈及时。有效地对干部进行监督,五年来,共与12名干部进行了廉政谈话,对17位学院领导、机关部处负责人及校办企业负责人实行了经济责任审计,对离任的145名处级干部进行了廉政检查。2004年,又把领导干部离任廉政检查延伸到系、所,一些学院也制定了相应的实施细则。

推动招生"阳光工程"的实施,加大招生信息公开力度。全程参与本科生、研究生和其他类学生的招生工作,制定工作规范,完善招生监督。加大对艺术类、体育特长生考试、招生的指导,在改进考试方法等方面提出了许多重要建议。组织特邀监察员参与艺术专业校内外考点的监督,规范操作程序,维护了考试的公平和公正。针对研究生招生考试命题、复试等环节的复杂性,逐步采取措施加强研究生招生考试的组织工作。严格招生考试的管理,几年来,解决招生考试中的重要事项20余件,处理各种考试违纪问题30余起。

财务监督得到进一步加强。从源头抓起,开展了对学校年度财经预决算的审计,为学校的财务预算进行科学安排提供了依据。依据《厦门大学"十五""211工程"建设资金管理办法》,组织力量对12个重点建设项目进行了专项审计,审计金额达2.73亿元。几年来,还重点纠正了多起乱收费的问题,2004年、2006年在全校开展财经纪律和物价检查,共处理预算外资金23.7万元。开展学生代办费管理的检查,各单位做到代办费事前明示、事中公开、事后按规定结清。

工程建设和物资设备采购建立了三个层面的监督机制。一是加强对招标工作的监察,以国家和地方招标法规为依据,结合学校基建招标工作的特点,紧紧抓住招标工作中招标文件、工程量清单、工程控制价预算审核和开标评标、合同签订等主要环节,健全招标工作制度,严格招标纪律。几年来参与工程施工及设备安装招标222次,教学、科研、办公、生活等物资设备的招标项目363批次,共涉及金额近14亿元人民币、400多万美元,通过招标,招标项目合同总价比招标预算控制价节省约2.1亿元人民币。二是对工程建设实施全过程监督,确定了工程量增减计量工作的"五方会签"制,抓质量监督和投资监控并举,深入现场协调解决疑难问题,就工程建设提出数十次的建议,把监督工作落在实处。三是加强基建审计监督,从漳州校区建设开始,从技术层面提高监督效益,始终坚持事前、事中、事后审计的工作原则,五年来,完成各类基建审计项目641项,送审金额11.71亿元,审减1941万元。

(五)提高执纪能力,整体推进惩治和预防腐败体系建设

在建设惩治和预防腐败体系的进程中,纪委努力提高研究问题、组织协调、推进工作的能力。工作内容和程序逐步得到规范,工作层面和深度不断得到拓展,初步形成群众支持和参与反腐败的有效机制。

以专题联席会议为载体,形成了部门之间的协商机制。针对"三重一大"执行情况,校务公开、制度建设、公有住房管理、办班收费、财务与基建审计、债权债务处理、机关作风建设等事项召开了30余次联席会议,多部门共同研究工作思路和方法,明确改进措施,收到了很好的效果。为了防止和避免制度设计上的缺陷,进一步明确各项制度的检查方式,自2004年以来,纪委对校内外的有关管理制度进行了多次调研,提出全校管理制度建设的方案,力争把制度建设与业务管理结合在一起,把监督工作建立在制度执行情况的检查上。

促进校务公开工作进一步落实。2003年学校出台了《关于进一步加强校务公开工作的意见》,健全了教代会、通报会、专题会议纪要、公开栏公布、网上公开等校内公开的形式。2004年底,又针对网络公开内容较为庞杂的问题,纪委与相关部门协调,对学校校务公开网站进行改进,使之更为完善。三年来,机关部处和学院都开辟了网上公开渠道,共公开重要事项600余项。

维护学校信访举报工作秩序,建立全校性的信访工作网络,保证信访渠道畅通。制定了《厦门大学信访工作管理办法》和《厦门大学举报工作管理办法》,形成了部门协调、统筹兼顾的信访工作格局。五年来,纪委受理的信访举报件444件,都得到了及时处理,重要的信访件经调查处理后,形成了40余份专题调查报告。去年底,监察部门承担了申诉受理工作,以维护师生的合法权益为重点,主动协调相关部门共同处理师生的投诉请求,通过理顺情绪,化解矛盾,学生的多起申诉得到圆满解决。

案件查处工作也取得综合成效。五年来,共查处违纪案件7件7人,分别给予党纪处分,其中警告2人、严重警告2人、留党察看1人、开除党籍2人,另外还对多名党员的错误进行了通报批评。每查处一起案件或处理一个违纪问题,都进行深刻剖析,总结教训,形成书面通报材料在全校开展教育。2002年以来,先后下发了《严肃财经纪律,确保财务收支两条线工作得到全面落实》、《严格要求、切实做好学生党

员的教育工作》、《擅自提供贷款担保,造成损失教训深刻》等通报,从个案分析入手总结教训,对暴露出来的问题进行规范,提出了包含财经纪律、党员管理、资产管理等方面的党风廉政建设要求,取得了比较好的教育效果。2006年顺利开展治理商业贿赂工作,通过动员部署,对全校重点领域和单位进行了多次检查督导,认真排查纠正教材、图书、设备采购方面存在的问题,取得了明显效果。

总的看,我校党风廉政建设和反腐败工作形势是好的,但也存在一些薄弱环节和问题,主要是:如何把反腐倡廉工作放到学校全局工作中去把握,为促进学校全面协调发展提供政治保证,还缺少研究和规划;源头治理腐败有待进一步向纵深拓展,构建惩防腐败体系工作力度有待加强;反腐倡廉制度的贯彻、措施的落实还没有完全到位,有的重点领域和环节监督制约机制不够完善。要巩固现有成绩,解决存在的问题,我们还需要不懈地努力。

二、今后五年的主要任务

今后五年,党风廉政建设与反腐败工作要坚持以邓小平理论和"三个代表"重要思想为指导,全面落实科学发展观,按照构建社会主义和谐社会的要求,紧紧围绕建设一流大学的目标和任务,坚定不移地贯彻惩治和预防腐败体系《实施纲要》,不断拓宽防治腐败工作的领域,突出重点,理清思路,采取措施,整体推进,以更大的决心和强烈的责任感,扎扎实实完成反腐倡廉的各项任务。

(一)以倡导社会主义核心价值观为重点,进一步加强反腐倡廉教育

坚持以党中央提出的一系列党风廉政建设和反腐败的新理念、新观点、新思想、新方略为重点,围绕社会主义核心价值观对广大党员和干部进行党风廉政教育。

党风廉政教育要贯穿反腐败工作全过程,在纳入学校党委干部培训总体规划的同时,认真实施全校党风廉政教育和培训的五年规划,使干部走上领导岗位之初就能接受系统的、有针对性的廉政教育。每年依托党委党校举办一期处级以上领导干部作风建设专题学习班,扎实开展"为民、务实、清廉"主题教育活动,促进领导干部作风的转变。对人、财、物管理岗位的干部,重在增强依法办事的能力,促进业务学习,开展典型案例教育。要利用各种教育资源,就近建立优良传统教育和警示教育基地,宣传廉洁奉公的先进典型,促使干部树立心系群众、服务师生的良好形象。

积极推进校园廉政文化建设。对师生进行廉洁教育是高校育人的基本职能,纪委要建立和完善与党委宣传部、组织部、党校以及工会、团委等部门的联系沟通渠道,统一部署,互相协作,各展所长,完善反腐倡廉"大宣教"工作格局。根据中共中央(2004)16号文件的精神,发挥我校学科优势,继续组织廉政文化理论研究,在学生中开展廉政文化专题讲座。在坚持集中教育、培训学习等传统教育形式的同时,拓展网络教育,构建廉政教育互动平台。调动各学院开展廉政文化建设的积极性,党政领导带头讲廉政党课。建立党委、党总支教育质量考评评价制度,把教育效果作为衡量班子建设的重要指标。

(二)紧紧围绕学校中心工作,为构建和谐校园服务

纪委工作要自觉为学校战略决策服务,主动融入中心工作,全面了解和把握关系学校发展全局的重大问题,努力从政治、思想、作风、纪律等方面提供坚强的保证,真正在学校的快速发展中有所作为。

围绕贯彻落实科学发展观、实现和谐校园建设的目标,纪委要充分发挥职能作用。要具体研究和分解在实施《厦门大学服务海峡西岸经济区行动计划》、《厦门大学"十一五"和谐校园建设规划》中的具体责任,注意从反腐倡廉的角度想办法、提措施,着力解决前进中的矛盾和问题。要配合党委开展保持共产党员先进性长效机制、领导干部作风建设、大学生思想政治教育等重要党建和思想政治工作,促成建立完善的保障机制。在深化教育教学改革中,要坚持正确的办学方向,从办好人民满意的教育的要求出发,促进严格管理与民主办学有机结合。要积极参与科学研究的管理与协调工作,对产学研和科技成果转化的管理体制和方式,进行积极的探讨,推动学校产业健康有序发展。强化学术道德和学风建设,以党风建设的

实际成效推动校风、学风的进一步好转，形成良好的校园文明风尚。

在参与学校各项重大改革和重要项目建设中，积极开展调查研究，为领导提供决策参考。认真分析研究人才引进、高层次创新人才培养、产学研合作、开放办学进程中可能出现的矛盾，通过督查，注意发现影响整体工作和廉政建设的深层次问题，及时准确地提出建议。要把工作重点继续放在重要事项、关键环节、重点部位廉洁措施的监控上，主动参与翔安校区的建设工作，在强化基建监督中做好服务。探讨"一校多区"模式给管理带来的新问题，及时解决学校发展中出现的各种矛盾和困难。

把加强效能建设作为优化发展环境的着力点，加强作风建设，提高机关效能和服务水平。健全部门工作制度，规范办事程序，切实维护师生的权利，有效解决管理不善造成的问题。要健全联系群众的工作机制，定期到院系走访，听取各方面的意见，建立信息反应和反馈渠道。各单位要深入推进事务公开，加大投诉办理力度，快捷办理师生的诉求。加强各单位网站建设，提高工作透明度和办事效率，使师生通过实实在在的工作，更多地感受和谐校园建设的成效。

(三)强化制度创新，健全预防腐败的体制和机制

党风廉政建设必须把完善党内各项制度放在特别重要的位置，积极推动党内民主建设。建立健全以现代大学制度为基础，反腐倡廉与严格管理有机融合的制度体系，坚持用制度管权、用制度管人、用制度管事。

全力推进党内各项制度的健全和完善，按照党中央的要求，明确党委班子、全委会、党代会及其代表、广大党员群众等方面的权力关系，规范党内各项民主活动和决策过程的制度化，有效促进党员参与民主监督、民主协商、民主决策机制的建设。

把廉政建设和反腐败的要求作为制度建设的重要原则和内容，推动全校管理制度的整合和贯彻。继续协调全校管理制度建设，在认真梳理中央有关规定和要求的基础上，推进制度的建立、完善和细化，防止简单转发文件和制度之间缺乏衔接等现象。机关部处要根据教学管理、科研管理、财务管理、教师管理、学生管理等方面的实际，抓好上级各项制度的配套工作，通过制度创新和细化，提高制度建设的质量和水平。要抓住决策管理、审批管理、监控管理等内控程序，使党风廉政建设的要求与各部门业务制度相匹配，严格操作程序，规避人为干扰。学院和基层单位应结合实际，推进制度的落实，严格工作责任，真正使制度发挥作用。

要狠抓各项制度的落实，不断提高干部的制度意识，使干部学习制度、了解制度、熟悉制度，形成严格遵守制度、维护制度的良好风气。制度建设要与时俱进，随着学校深化改革和快速发展的进程，不断加以修订、完善或者废止。要充分运用和整合各种监督资源，督促各项制度的实施。对每一项重要制度的执行情况，实行定期检查，把监督活动所获取的制度功能、制度运行等信息，及时反馈给制度制定部门，促进规章制度的修订完善。

(四)全面落实党内监督条例，努力提高监督水平

加强对权力运行的制约和监督，保证各级领导干部廉洁从政，是关系党风廉政工作全局的重要任务。纪委要全面执行党中央关于党内监督的各项制度，完善监督机制，促使领导干部正确行使权力。

按照党中央和中央纪委的要求，继续健全和完善党内监督制度。对党政领导班子，重点是抓好集体领导和分工负责、重要情况通报和重大事项报告等制度的贯彻落实，切实按照集体领导、民主集中、个别酝酿、会议决定的原则，完善党政的议事和决策程序。各学院执行《党风廉政建设责任制》、《"三重一大"决策制度》、《事务公开制度》等三项制度的情况要作为年度工作的重要内容向教职工报告或接受教代会的评议。党员领导干部民主生活会和年终财务检查要吸收党员或教师代表参加，整改意见和财务检查报告要向教职工公开。要完善细化领导干部述职述廉、个人重大事项报告、谈话诫勉、询问和经济责任审计等制度的实施方案，使干部不但要自觉对照检查、查找问题，同时要正确对待各方面的批评和监督。坚决实施对领导干部廉洁自律的有关要求，严禁领导干部在招生、推荐免试研究生、评奖、选拔干部、入党事项

上以权谋私或为学生的违纪问题求情。

完善项目建设审批程序和监管机制,逐渐实现工程投资预算管理。严格经费开支审批程序,重视专项资金的管理,密切关注和研究资金使用过程中遇到的各种新情况、新问题,及时改进管理方式,保证资金安全。进一步强化物资采购的内部专门监督,确定严密的操作程序,对从业人员进行引导、约束和监管。

治理和纠正损害群众利益的不正之风。坚决纠正背离艰苦奋斗优良传统、追求奢侈享乐的不正之风,认真开展对《公务接待管理规定》执行情况的监督,严格规范公务接待,严格控制会议、差旅、考察和公务用车等支出。继续解决损害师生利益的问题,取消不合理的收费项目,加强用工制度改革,维护各类人员的正当权益。

建立健全发现问题、有效纠正过错的体制机制。实行对各学院、各单位工作的巡视制度,及时发现和解决领导班子、领导干部存在的问题。创新领导班子和领导干部综合考核方法,科学评估干部履行职责的情况。参与干部的考核工作和干部任职前的廉政谈话,向干部提出明确的廉洁自律要求。对负责重要审批项目的领导干部,要定期交流,形成制度,严格执行。

(五)突出办案重点,不断提高依法执纪能力

查办违纪违法案件是惩治腐败的主要措施,也是纪检部门的重要任务。要突出惩治重点,始终保持严厉打击腐败的强劲势头,以反腐败的实际成效取信于民。

要继续保持严惩腐败的力度,重点查办领导干部滥用职权谋取非法利益的案件,违反财经纪律乱收费、私设“小金库”、截留私分集体资金的案件,工程建设、物资采购、图书购销等方面的商业贿赂案件。同时,要认真治理和纠正损害群众利益的不正之风,坚决纠正违反党内民主制度、侵犯党员民主权利的行为。

高等学校违法违纪案件的发生有其明显的特点,纪委要认真研究案件发生的特点和规律,探索查办案件的有效办法和途径,敢于办案,善于办案。对涉及人、财、物管理的部门,应定期开展自查自纠检查,立足于防,同时从中发现问题。要真正做好信访举报工作,畅通渠道,认真办理每一件举报事项,对实名举报或线索比较具体的举报、投诉,要设立专项,确定专人,彻底查清。要继续健全组织协调机制,加强与组织人事、财务审计等部门的配合,主动与地方政法部门协作,提高办案的效率和水平。要增强程序意识,严格遵守案件办理的有关规定,保证办案工作规范有序。深化“一案一整改”工作,针对查办案件中发现的体制机制制度等方面存在的突出问题,剖析根源,提出整改建议,堵塞漏洞。适时开展警示教育,发挥查办案件的治本功能。

三、切实加强党风廉政建设和反腐败工作的组织领导

随着学校事业的发展,我校党风廉政建设和反腐败工作将进入一个重要时期,反腐倡廉任务会更加艰巨,各级党组织的工作会更加繁重,群众参与的积极性会日益提高,我们应以求真务实的精神,确定工作目标,落实职责责任,提供组织保证,确保反腐倡廉各项任务的完成。

(一)切实抓好《实施纲要》的贯彻落实,扎扎实实地推进惩治和预防腐败体系的建设

惩治和预防腐败体系《实施纲要》是当前和今后一个时期深入开展党风廉政建设和反腐败工作的指导性文件。经过一段时间的努力,我校已初步形成了一系列与事业发展相适应,以教育、制度、监督、改革和惩治为主要内容的构建惩防体系的新路子。谋划今后五年体系构建工作,既要狠抓落实,又要与时俱进,在拓展领域、丰富内容、创新方式、完善机制上下功夫,真正做到以《实施纲要》确定的工作思路来推动各项任务的完成。

要根据党的十七大的工作部署,认真研究如何完成今后五年的反腐倡廉任务,着手制定《实施纲要》

2008—2012 年的《工作要点》，分阶段有步骤地推进惩治和预防腐败体系建设。全校各级党组织要进一步认识贯彻落实《实施纲要》的重要性和紧迫性，切实加强领导，广泛开展宣传，明确工作任务，以我校《实施办法》确定的“三项制度”、“两项检查”、“十个监督平台”为重点，完善工作体系。各职能部门要按照任务分工，真正担负起牵头组织或协助参与的职责，强化措施，建立规范各项管理工作的机制。

(二)认真执行党风廉政建设责任制，巩固和发展反腐倡廉工作的新局面

要坚持和完善党委统一领导、党政齐抓共管、纪委组织协调、部门各负其责、依靠群众支持和参与的反腐败领导体制和工作机制。各单位领导班子尤其是主要领导要增强党风廉政建设的自觉性和主动性，切实担负起抓好职责范围内党风廉政建设的责任。

党风廉政建设工作一定要与党委和行政工作一起安排，摆上重要日程，纳入年度工作规划。对重要工作和重大问题，主要领导要亲自过问，采取有力措施，加强督促检查和具体指导。班子成员要根据分工，负起职责范围内党风廉政建设的领导责任，把工作任务分解到相关职能部门，明确工作责任、工作标准、完成时限、保障措施和监督办法。涉及人、财、物管理的部门，要责任到人，建立一级抓一级，一级对一级负责的责任体系，层层落实，通过签订廉政承诺等责任制度，约束工作人员的行为。

要严格党风廉政建设责任制考核工作，制定反腐倡廉工作考核办法和责任追究办法。除对责任制范围内的工作进行检查外，还要对业务工作中制度建设与执行制度的情况进行检查。对思想认识不到位，责任不落实、工作不得力，以致发生腐败问题，造成不良影响和后果的单位或个人，必须按照责任制的规定，严肃进行责任追究。

(三)加强纪委自身建设，为落实反腐倡廉工作提供坚强的组织保证

在党风廉政建设和反腐败工作中，纪委担负着光荣使命。纪委必须站在全局的高度，从更高的层次上谋划和开展工作，认真担负起落实各项任务的责任。

党章规定的“三项主要任务”和“五项经常性工作”构成了纪检工作的基本职责和任务。要完成这些任务，纪委必须尽力尽职，与时俱进，深入研究和认识反腐败规律，始终坚持改革创新，努力把握学校发展对纪检工作提出的新要求，为深入推进各项工作提供可靠的制度保障和严明的纪律保障。在工作实践中要主动转变工作理念和工作方法，准确把握工作部署，切实按照“工作围绕中心任务来调整、重点围绕管理重心来确定、目标围绕优化环境来要求”的方针，了解情况、研究问题、解决矛盾、提供服务。要进一步提高协助党委加强党风廉政建设和组织协调反腐败工作的能力，自觉接受和依靠党委的领导，立足于党风廉政建设和反腐败工作的整体部署，研究制定开展党风廉政建设的方案，整体推进惩防腐败体系建设。要针对纪检监察工作中容易出现的薄弱环节，从健全执纪办案、信访调查、纠风执法、专项检查等方面规章制度入手，落实责任制，强化责任意识。要进一步发挥监察的特点和优势，配齐监察干部，强化党政监督的整体合力。对确定立项的协调事项，要认真加以推进，有效组织、调动各方面的积极因素，全面推动党风廉政建设的深入。

各位代表，同志们，中共厦门大学第九次代表大会已为学校的全面发展勾画出新的宏伟蓝图，面对更加繁重而神圣的使命，我们要全面贯彻科学发展观，认真履行职责，更加有所作为，努力推进党风廉政建设和反腐败工作，为把我校建设成为世界知名的高水平研究型大学做出更大的贡献。

——本文摘录自《全面履行党章赋予的职责和任务，扎实推进党风廉政建设和反腐败工作——在中国共产党厦门大学第九次代表大会上的报告》，档号 2019-DQ06-001

厦门大学中层领导干部选拔任用工作暂行办法

(2007年11月19日)

第一章 总 则

第一条 为认真贯彻执行党的干部路线、方针、政策,建立科学规范的中层领导干部选拔任用制度,形成富有生机与活力、有利于优秀人才脱颖而出的选人用人机制,建设一支适应我校创建世界知名高水平研究型大学需要的高素质的领导干部队伍,根据中共中央《党政领导干部选拔任用工作条例》精神,结合我校的实际工作,制定本办法。

第二条 选拔任用中层领导干部,必须坚持下列原则:

(一)党管干部原则;

(二)任人唯贤、德才兼备原则;

(三)群众公认、注重实绩原则;

(四)公开、平等、竞争、择优原则;

(五)民主集中制原则;

(六)依法办事原则。

第三条 本办法适用于选拔任用学校中层领导干部,包括:

(一)校长助理;

(二)学校党委和行政派出机构的正、副职负责人;

(三)纪委副书记,学校党委部门、行政部门正、副职负责人;

(四)各学院、研究院的党政正、副职负责人;

(五)直属单位党政正、副职负责人;

(六)产业与后勤系统按照学校中层干部管理的人员;

(七)学校任命的其他中层领导干部。

选拔校工会、校团委和校妇委会等有关团体正、副职负责人推荐人选,参照本办法执行。

第四条 在校党委的领导下,党委组织部负责本办法的组织实施。

第二章 选拔任用条件

第五条 中层领导干部应当具备下列基本条件:

(一)具有履行职责所需要的马克思列宁主义、毛泽东思想、邓小平理论的水平,认真实践"三个代表"重要思想,贯彻落实科学发展观,努力用马克思主义的立场、观点、方法分析和解决实际问题,坚持讲学习、讲政治、讲正气,经得起各种风浪的考验。

(二)坚决执行党的基本路线和各项方针、政策,立志改革开放,坚持党的教育方针,献身党和国家的教育事业,在学校改革和发展中艰苦创业,做出实绩。

(三)坚持解放思想,实事求是,与时俱进,开拓创新,熟悉高等教育规律和有关法律法规,熟悉教学科研和管理工作，认真调查研究，理论联系实际，卓有成效地开展工作，讲实话，办实事，求实效。

(四)具有强烈的事业心和责任感，有实践经验，有胜任领导工作的能力、水平和知识，视野开阔，努力提高应对国际、国内高等教育竞争的能力。

(五)坚持正确的权力观和政绩观，正确行使权力，依法办事，清正廉洁，勤政务实，以身作则，艰苦朴素，密切联系群众，自觉接受党和群众的批评与监督，做到自重、自省、自警、自励。

(六)坚持党的民主集中制，有民主作风，有全局观念，善于集中正确意见，善于团结同志，包括团结同自己有不同意见的同志一道工作。

第六条　提拔担任中层领导职务的，应当具备下列资格：

(一)提任处级领导职务的，应当具有 5 年以上(本文所称“以上”，均含本级数字)工作经历。

(二)提任处级领导职务的，一般应当具有在下一级 2 个以上职位任职的经历。

(三)专职干部提任副处级职务的，一般应当有 3 年以上正科级工作经历；提任正处级职务的，一般应当有 2 年以上副处级工作经历。

(四)教学科研人员提任兼职的处级职务的，应当具备高级教师职务和一定的行政工作经历。

(五)一般应当具有大学以上文化程度。

(六)应当经过校级以上党校或者其他培训基地的培训。确因特殊情况在提任前未达到培训要求的，要在提任后 1 年内完成培训。

(七)年龄应当符合任满一届的要求，身体健康。

(八)提任党的领导职务的，应当符合《中国共产党章程》规定的党龄要求。

特别优秀的中青年干部或工作特殊需要的，可以破格提拔。

第七条　中层领导干部应当逐级提拔。特别优秀的中青年教学科研和管理骨干或工作特殊需要的可以越级提拔。

第三章　选拔任用方式

第八条　选拔任用中层领导干部包括一般选拔任用、公开选拔和竞争上岗、面向海内外招聘等形式。

一般选拔任用是经过民主推荐、考察、酝酿和讨论决定后任用。

公开选拔和竞争上岗是经过公布职位、报名与资格审查(必要时组织统一考试)、民主测评、组织考察、酝酿和讨论决定后任用。

面向海内外招聘是经过发布招聘信息、应聘和资格审查、考察等程序后聘任。

中层领导干部一般应当从后备干部中选拔。

第四章　民主推荐

第九条　选拔任用中层领导干部，必须经过民主推荐提出考察对象。民主推荐包括会议投票推荐和个别谈话推荐。民主推荐的结果在 1 年内有效。

第十条　中层领导班子换届，民主推荐按照领导班子职位的设置全额推荐；个别提拔任职，按照拟任职位推荐。

第十一条　民主推荐由下列人员参加：

(一)中层领导班子换届时，换届单位全体教职工参加；

(二)个别提拔担任学院(研究院)、直属单位领导职务时，可以由所在单位全体教职工参加，也可在相关范围内进行；

(三)民主推荐学校党政工作部门领导成员人选时，本部门全体人员和其他需要参加的人员参加。

第十二条　民主推荐由党委组织部主持，应当经过下列程序：

(一)召开推荐会,公布选任职务、任职条件、推荐范围,提出有关要求;

(二)填写推荐票,进行个别谈话;

(三)对不同职务层次人员的推荐票分别统计,综合分析;

(四)向校党委汇报推荐情况。

第十三条　党委组织部在民主推荐的基础上,集体研究提出考察对象,经校党委分管干部工作的副书记同意后确定。

考察对象人数一般应当多于拟任职务人数。

第十四条　确定考察对象时,应当把民主推荐的结果作为重要依据之一,同时防止简单地以票取人。

第十五条　个人向校党委推荐中层领导干部人选,必须负责地写出推荐材料并署名。经党委组织部审核后,按照规定程序进行民主推荐。

第十六条　个别特殊需要的人选,可以由组织推荐提名,作为考察对象。

第五章　考　察

第十七条　对确定的考察对象,由党委组织部进行严格考察。

第十八条　考察中层领导职务拟任人选,必须依据干部选拔任用条件和不同领导职务的职责要求,全面考察其德、能、勤、绩、廉,注重考察工作实绩。

第十九条　考察中层领导职务拟任人选,应当经过下列程序:

(一)组织考察组,制定考察工作方案;

(二)同考察对象所在单位的党委主要领导就考察工作方案沟通情况,征求意见;

(三)通过适当方式在一定范围内发布干部考察预告;

(四)采取个别谈话、民主测评、查阅资料、同考察对象面谈等方法,广泛深入地了解情况;

(五)考察组向组织部及校党委分管干部工作的副书记汇报考察情况,提出考察报告,组织部集体研究后向党委报告。

第二十条　考察对象为学院(研究院)和直属单位的人员,个别谈话和征求意见的范围是:院党委或党总支委员;中层党政领导班子成员;系所等下一级单位负责人;工会主席,团委书记,教代会、妇委会负责人,办公室主任;受聘高级专业技术职务人员;其他需要参加的人员。

第二十一条　考察对象为学校党政工作部门的人员,个别谈话和征求意见的范围一般为所在部门全体人员。

第二十二条　考察时应当听取纪委、监察审计处和有关党组织的意见。对需要进行经济责任审计的考察对象,应当委托监察审计处按照有关规定进行审计。

第二十三条　必须形成书面考察材料,建立考察文书档案。已经提拔任职的,考察材料归入本人档案。考察材料必须写实,全面、准确、清楚地反映考察对象的情况,包括下列内容:

(一)德、能、勤、绩、廉方面的主要表现和主要特长;

(二)主要缺点和不足;

(三)民主推荐、民主测评情况。

第二十四条　校党委派出的考察组由2名以上成员组成。考察人员应当具有较高素质和相应资格。考察组负责人应当由思想政治素质好、有较丰富工作经验并熟悉干部工作的人员担任。

实行干部考察工作责任制。考察组必须坚持原则,公道正派,深入细致,如实反映考察情况和意见,并对考察材料负责。

第二十五条　考察中了解到的考察对象的表现情况,一般由党委组织部向校党委主要领导成员和本人反馈。

第六章　酝酿和讨论决定

第二十六条　中层领导职务拟任人选，在讨论决定前，应当充分酝酿。

第二十七条　酝酿应当根据领导职位和拟任人选的不同情况进行。学校党政工作部门领导职务拟任人选，应当征求分管校领导的意见。非中共党员拟任人选，应当征求党委统战部和民主党派主要领导成员、无党派人士中代表人物的意见。

第二十八条　选拔任用中层领导干部，由校党委常委会集体讨论做出任免决定。

校党委常委会讨论决定干部任免事项，必须有三分之二以上的成员到会，并保证与会成员有足够的时间听取情况介绍、充分发表意见。与会成员对任免事项，应当发表同意、不同意或者缓议等明确意见。在充分讨论的基础上，采取口头表决、举手表决或者无记名投票等方式进行表决。正处级干部的任免采用无记名投票的办法决定。对意见分歧较大或者有重大问题不清楚的，应当暂缓表决。对影响做出决定的问题，会后应当及时查清，避免久拖不决。

第二十九条　中层党政正职领导干部的任用，实行校党委全委会票决制，由校党委全体会议采用无记名投票的办法决定。

第三十条　校党委常委会和全委会讨论决定干部任免事项，应当按照下列程序进行：

(一)校党委分管干部工作的副书记或者党委组织部部长，逐个介绍领导职务拟任人选的提名、推荐、考察和任免理由等情况；

(二)参加会议人员进行讨论；

(三)进行表决，以党委常委会或全委会应到会成员超过半数同意形成决定。

第三十一条　学院党委和党总支书记、副书记人选，按党章规定选举产生，报校党委审批，必要时由校党委直接任命。

第三十二条　校长助理、党委组织部部长、纪委副书记、人事处处长、财务处处长、监察审计处处长等领导职务的任免，应当按照规定向上级有关部门征求意见和上报备案。

第七章　任　职

第三十三条　实行中层领导干部任职前公示制度。对校党委常委会和全委会决定拟提拔任职的中层领导干部，在全校范围内公示。公示期一般为7至15天。公示结果不影响任职的，办理任职手续。

第三十四条　对决定任用的干部，由校党委分管干部工作的副书记、党委组织部部长或校党委指定的其他领导同本人谈话，并宣布任免决定。

第三十五条　实行领导干部经济责任审计和离任廉政检查制度。分管财务和物资设备的中层领导干部，在其调任新的领导岗位前，必须经过审计程序。

第三十六条　非选举产生的中层领导干部实行任职试用期制度。中层领导干部新任职务的试用期为1年。试用期满后，由党委组织部组织考核。在了解试用期间的思想政治表现、组织领导能力、工作作风、工作实绩和廉洁自律等情况的同时，重点考核对所任职务的适应能力和履行职责的情况。

经考核胜任现职的，正式任职，任职时间从确定试用之日算起；不胜任的，免去试任职务，不再享受试任职务期间的相应待遇，一般按试用前原职级安排适当的工作。

第三十七条　实行中层领导干部任期制。中层领导干部任期4年一届。任期届满经考核胜任现职的干部，若工作需要，可以连任。同一岗位一般可连任2届。专业性较强的岗位连任届数可根据工作需要适当增加。

第八章　公开选拔和竞争上岗

第三十八条　参加公开选拔和竞争上岗人员的基本条件和资格,应当符合本办法第五条和第六条的规定。

第三十九条　公开选拔和竞争上岗工作在校党委领导下进行,由党委组织部组织实施,应当经过下列程序:

(一)公布职位、报名人员的资格条件、基本程序和方法等;

(二)报名与资格审查;

(三)民主推荐和民主测评;

(四)组织考察,研究提出人选方案;

(五)校党委常委会讨论决定。中层党政正职领导干部的任用须经校党委全委会投票表决通过。

第九章　面向海内外招聘

第四十条　为吸引更多优秀的人才到我校工作,实现把我校建设成为世界知名高水平研究型大学的目标,根据工作需要和实际情况,一些中层领导岗位的干部面向海内外公开招聘。

第四十一条　公开招聘应当经过下列程序:

(一)确定招聘方案。学院(研究院)、直属单位提出岗位招聘方案建议,包括岗位要求、应聘条件、受聘待遇、应聘办法等;组织部与人事处审核岗位招聘方案,报校党委分管干部工作的副书记和学校分管人事工作的副校长审批;报校党委常委会审定。

(二)人事处发布招聘信息,面向海内外公开招聘;人事处与招聘单位对应聘材料进行整理,报考察组审定;拟定考察人选。

(三)考察并提出拟聘人选建议。组织部与人事处会商成立招聘考察组,党委组织部部长任组长,人事处处长任副组长,招聘岗位所在院领导及校内外专家为考察组成员。考察组提出考察报告和拟聘人选建议,向校党委常委会汇报。

(四)校党委常委会集体讨论研究,做出聘任决定。

(五)校长或其授权代表与受聘人员签订聘用合同。

第四十二条　聘任制领导职务的每个聘期不超过4年,可以连续聘任。新聘干部实行聘任试用期制,试用期为1年,具体做法参照本办法第三十六条执行。

第十章　交流、回避

第四十三条　实行中层领导干部交流制度。

交流的对象主要是:因工作需要交流的;需要通过交流锻炼提高领导能力的;在同一单位或部门工作时间较长的;按照规定需要回避的;因其他原因需要交流的。

第四十四条　干部交流轮岗范围主要为校内机关各部门、学院(研究院)、直属单位之间,同时积极推进干部到校外交流和挂职锻炼。

第四十五条　实行中层领导干部任职回避制度。

中层领导干部任职回避的亲属关系为:夫妻关系、直系血亲关系、三代以内旁系血亲以及近姻亲关系。有上列亲属关系的,不得在同一机关担任双方直接隶属于同一领导人员的职务或者有直接上下级领导关系的职务,也不得在其中一方担任领导职务的机关从事组织(人事)、纪检(监察)、审计、财务工作。

第四十六条　实行中层领导干部选拔任用工作回避制度。

校党委及党委组织部讨论干部任免,涉及与会人员本人及其亲属的,本人必须回避。干部考察组成员在干部考察工作中涉及其亲属的,本人必须回避。

第十一章　免职(解聘)、辞职(辞聘)、降职

第四十七条　中层领导干部有下列情形之一的,一般应当免去现职:

(一)达到任职年龄界限或者退休年龄界限的;

(二)在年度考核、干部考察中,民主测评不称职票超过三分之一、经组织考核认定为不称职的;

(三)因工作需要或者其他原因,应当免去现职的。

第四十八条　实行中层领导干部辞职制度。辞职包括自愿辞职、引咎辞职和责令辞职。

(一)自愿辞职,是指中层领导干部因个人或者其他原因,自行提出辞去现任领导职务。自愿辞职,必须写出书面申请,报党委组织部提交校党委常委会讨论审批。校党委自收到申请书之日起 3 个月内予以答复。未经批准,不得擅离职守;擅自离职的,给予纪律处分。中层领导干部有重要公务尚未处理完毕,须由本人继续处理的,或有其他特殊原因的,不得提出辞职。

(二)引咎辞职,是指中层领导干部因工作严重失误、失职造成重大损失或者恶劣影响,或者对重大事故负有重要领导责任,不宜再担任现职,由本人主动提出辞去现任领导职务。

(三)责令辞职,是指校党委根据中层领导干部任职期间的表现,认定其已不再适合担任现职,通过一定程序责令其辞去现任领导职务。拒不辞职的,应当免去现职。

第四十九条　实行中层领导干部降职制度。

因工作能力较弱或者其他原因,不适宜担任现职的,应当降职使用。降职使用的干部,其待遇按照新任职务的标准执行。

第五十条　引咎辞职、责令辞职、降职的干部,在新的岗位工作 1 年以上,实绩突出,符合提拔任用条件的,可以按照有关规定,重新担任或者提拔担任领导职务。

第五十一条　聘任制中层领导干部的解聘和辞聘,按照聘用合同和学校聘用制度的有关规定执行。

第十二章　纪律和监督

第五十二条　选拔任用中层领导干部,必须严格遵守中共中央《党政领导干部选拔任用工作条例》中的"十不准"规定,自觉接受组织和群众的监督。

(一)不准超职数配备领导干部,或者违反规定提高干部的职级待遇;

(二)不准以书记办公会、领导圈阅等形式,代替学校党委会集体讨论决定干部任免;

(三)不准临时动议决定干部任免;

(四)不准个人决定干部任免,个人不能改变学校党委会集体做出的干部任免决定;

(五)不准拒不执行上级调动、交流领导干部的决定;

(六)不准要求提拔本人的配偶、子女及其他亲属,或者指令提拔秘书等身边工作人员;

(七)不准在机构变动和主要领导成员工作调动时,突击提拔调整干部,或者干部在调离后,干预原任职单位的干部选拔任用;

(八)不准在选举中进行违反党的纪律、法律规定和有关章程的活动;

(九)不准在干部考察工作中隐瞒、歪曲事实真相,或者泄露酝酿、讨论干部任免的情况;

(十)不准在干部选拔任用工作中任人唯亲,封官许愿,营私舞弊,搞团团伙伙,或者打击报复。

第五十三条　对违反本办法规定的干部任免事项,不予批准;已经做出的干部任免决定一律无效,由校党委或者党委组织部按照干部管理权限予以纠正,并按照规定对主要责任人以及其他直接责任人做出组织处理或者纪律处分。

对无正当理由拒不服从组织调动或者交流决定的,依照法律及有关规定就地免职或者降职使用。

第五十四条　实行党政领导干部选拔任用工作责任追究制度。用人失察失误造成严重后果的,应当根据具体情况,追究主要责任人以及其他直接责任人的责任。

第五十五条　校党委和党委组织部对中层领导干部选拔任用工作和贯彻执行本办法的情况进行监督检查,受理有关干部选拔任用工作的举报、申诉,制止、纠正违反本条例的行为,并对有关责任人提出处理意见或者处理建议。

校纪检监察部门按照有关规定,对中层领导干部选拔任用工作进行监督检查。

第五十六条　建立党委组织部与纪检、监察、人事等部门的联席会议制度,就加强对干部选拔任用工作的监督,沟通信息,交流情况,提出意见和建议。联席会议由组织部召集。

第五十七条　中层领导干部选拔任用工作必须严格执行本办法。各单位、各部门和党员、干部、群众对干部选拔任用工作中的违纪违规行为,有权向校党委及其组织部门、纪检监察部门举报、申诉,受理部门应当按照有关规定核实处理。

第十三章　附　则

第五十八条　本办法由党委组织部负责解释。

第五十九条　本办法自发布之日起施行。《厦门大学中层领导干部选拔任免与管理工作的若干暂行规定》(厦大委组〔1996〕28 号)和《厦门大学中层领导干部职位实行竞争上岗暂行条例》(厦大委组〔1998〕20 号)同时废止。

——本文摘录自《关于印发〈厦门大学中层领导干部选拔任用工作暂行办法〉的通知》,厦大委组〔2007〕38 号,档号 2007-DQ02-3

·教学与科研工作·

厦门大学2007年普通高等教育招生章程

（2007年3月）

第一章　学校概况

第一条　厦门大学位于我国经济特区、“国际花园城市”——福建省厦门市，是公办全日制普通高等学校、教育部直属的全国重点综合性大学、国家“211工程”和“985工程”重点建设的高水平大学。现有校本部和漳州校区。

第二章　招生层次和计划

第二条　2007年我校全日制普通高等教育共有55个本科专业类，涵盖85个专业（含方向）分别面向全国31个省（市、自治区）招生。

第三条　2007年我校全日制普通高等教育本科招生计划为5000人。具体有关分省分专业招生计划请参阅各省（市、自治区）招生机构编印的考生填报志愿手册。

第三章　招生模式

第四条　采用大部分院、系按专业类招生，少数院、系按专业招生的模式。各专业类的专业（方向）设置及分流情况请参阅我校《2007年本科招生目录》。

第四章　培养与管理模式

第五条　实行“厚基础、宽口径、多样化”的人才培养模式，录取的学生按专业类进行培养。即一、二年级学生一般按照专业类学习通修课程，二、三年级通过选修方向性课程进行专业分流、确定专业方向。方向性课程的选定根据学生个人的特点，在学校的指导下进行。

第六条　录取的新生全部入住依山傍海，环境优美，拥有全国一流的教学和生活配套设施，管理和服务规范的漳州校区。经第一、二学年的学习和生活后，回到校本部继续修读学业。准予毕业的学生，由我校颁发国民教育系列普通高等教育本科毕业证书。符合学位授予条件的,由我校授予学士学位。

第五章　招生要求

第七条　除外语类、国际经济与贸易专业和国防生仅招英语语种的考生外,其余专业(类)均无外语应试语种要求。我校主要以英语作为公共基础外语安排教学。报考英语专业的考生,须参加当地招生机构组织的口试。

第八条　报考我校面向全国招生的艺术类考生,须参加我校组织的专业考试,且取得专业考试合格通知书。艺术类学生入学后,我校将根据招生政策和录取标准进行专业水平复查,凡不符合录取条件的,取消入学资格。

第九条　除国防生外,各专业(类)无男女比例限制。考生的高考单科成绩一般应达到及格以上水平。考生身体健康状况的要求按《普通高等学校招生体检工作指导意见》的有关规定执行。新生入学后三个月内,我校根据录取有关要求对其进行身体健康状况复检,凡不符合录取要求或弄虚作假的,取消入学资格。

第六章　录取原则

第十条　坚持贯彻公平竞争、公正选拔,德智体美全面考核、综合评价、择优录取的原则。

第十一条　根据生源省份的出档规定和报考我校的生源等情况确定调档比例,原则控制在生源省份我校相应的招生计划数110%～120%以内。

第十二条　原则上认可考生所在地省级招生委员会制订的有关加(降)分政策。专业(类)录取以考生的投档分(高考分加照顾分)进行专业投档。

第十三条　在第一志愿生源不足的情况下,我校可接收非第一志愿的考生。

第十四条　在各省出档的考生中,根据公布的专业招生计划,采用专业志愿“分数级差”的方式进行专业(类)投档和录取。专业志愿间分数级差总分值为10分。即第一和第二专业志愿分数级差为5分,第二和第三专业志愿及第三和第四(含第四及其之后的所有排序志愿)专业志愿的分数级差均为2分,第四(含第四及其之后的所有排序志愿)与调剂专业志愿分数级差为1分。

第十五条　获我校自主选拔录取资格、艺术特长生和高水平运动员资格的考生的录取规则分别按相应各类工作实施办法(简章)的有关规定执行。

第十六条　为满足我校专业人才的培养要求,凡获我校推荐录取资格、专业志愿与拟录专业相近(同)、表现(特长)突出或相关考试科目成绩优秀等情况的出档考生,可优先录取,分数差原则上不超过10分。

第十七条　有关面向全国和单独面向福建省招生的艺术类专业录取原则按我校艺术类招生简章公布的录取原则执行。

第七章　收费标准

第十八条　学费收费标准

1. 人文学院、新闻传播学院、外文学院、法学院、公共事务学院、国际关系学院、经济学院、管理学院、数学科学学院、物理与机电工程学院(航空航天类除外)、化学化工学院、材料科学与工程学院、生命科学学院、海洋与环境学院、信息科学与技术学院、建筑与土木工程学院所属各专业,每人每学年5460元;

2. 医学院各专业、航空航天类每人每学年6760元;

3. 软件学院一、二年级每人每学年5460元，三、四年级按学分收费，每生每学分400元，每学年约为40学分；

4. 艺术学院各专业每人每学年9360元。

第十九条　学生公寓住宿费为1200元(人/学年)。

第八章　奖、贷、助、补、减制度

第二十条　优秀新生奖学金制度

1. 凡高考总成绩名列所在省份前30名的文、理科考生，第一志愿填报我校且被录取的新生，给予免交四年学费，并一次性分别给予2万元(第1～10名)、1.5万元(第11～20名)和1万元(第21～30名)的奖励。

2. 凡第一志愿填报我校，文或理科高考总成绩(卷面原始分)超过所在省份本一批分数线80分以上，且名列我校在其省份文或理科计划前5%的新生，给予2000元奖励。

第二十一条　国家助学贷款制度：我校每年贷款额度约为3000多万元。

第二十二条　学校奖、贷、助、补、减制度：我校每年拨出专款2300多万元用于奖学金、贷学金、勤工助学、困难补助和减免学费。

第二十三条　社会资助：由社会团体、人士专为我校特困生设立的奖、助学金每年约为200多万元。

第二十四条　"绿色通道"制度：新生入校期间学校开通"绿色通道"，经济特困生持乡(镇)以上政府出具的家庭经济贫困证明，可现场申请缓交学费并办理入学报到手续。

第九章　就业情况

第二十五条　我校近三年毕业生就业率分别为：2006届95.1%，2005届97.07%，2004届97.4%。毕业生就业率位居全国高校前列。2006届毕业生就业主要单位性质流向依次为：各类企业、升学、金融单位、高等院校及其他教学单位、事业单位及机关等。就业主要地区流向依次为：厦门、福建(不含厦门)、深圳、广东(不含深圳)、江苏、上海、北京等省份(城市)。

第十章　附　则

第二十六条　我校定向为西藏培养人才招收的非西藏生源省份的应届高中毕业生，其招生计划属国家定向就业招生计划。我校根据考生志愿在不低于考生所在省本一批中我校的出档线下40分以内择优录取。学生在校期间享受国家有关的学费、教材、伙食、住宿等补助，毕业后充实到西藏的县以下基层干部队伍，进藏服务期5年。录取的学生到校报到注册前须与西藏人事厅签订"定向西藏就业协议书"，否则，取消入学资格，相关责任由学生个人承担。

第二十七条　我校国防生的报考条件、志愿填报、录取办法、国防奖学金的标准与发放、学生毕业后的工作分配去向及待遇等信息，请查阅《南京军区国防生招生简章》或登录http://210.34.18.180查询，或咨询南京军区驻厦门大学后备军官选拔培训工作办公室，咨询电话：0592—2187802。

第二十八条　我校面向江苏省的录取规则：根据考生5门考试科目的总成绩(投档分)进行专业投档，同时参考考生的选考科目成绩进行录取。

第二十九条　我校面向福建省厦门市、漳州市招收走读生的志愿填报和录取要求请登录我校招办网页查阅，或向考生所在地招生机构查询。

第三十条　咨询、查询、联系方式：欲了解我校招生资讯，可上网查阅或电话咨询。网址：zsb.xmu.edu.cn，电话：0592—2188888。录取结果及录取通知书的寄发状态可登录上述网页查询。

第三十一条　本章程由厦门大学招生办公室负责解释。

厦门大学
二〇〇七年三月

——本文摘录自《厦门大学2007年普通高等教育招生章程》,档号2019-XZ30-002

厦门大学本科生导师指导经费使用管理办法

（2007 年 3 月 1 日）

为规范本科生导师指导经费的管理，合理使用本科生导师指导经费，根据《厦门大学本科生导师制试行办法》（厦大教〔2006〕19 号），特制定本办法。

一、本科生导师指导经费按每年每指导一名学生 200 元标准划拨。

二、本科生导师指导经费每半年划拨一次。各学院于每个长学期初报送本学院上或下半个年度一至三年级本科生人数（有五年制专业的学院还应报送四年级本科生人数），教务处审核后送财务处按每生每半年 100 元划拨经费。

三、学校按学院设立本科生导师指导经费卡。该经费报销时应由导师聘任单位财务一支笔签字。

四、本科生导师指导经费支出范围。因指导学生而产生的交通费、通讯费、复印费、印刷材料费、活动费、少量杂志书报费等，但该经费不得用于购买计算机等各类硬件设备、机票等。

——本文摘录自《关于印发〈厦门大学本科生导师指导经费使用管理办法〉的通知》，厦大教〔2007〕8 号，档号 2007-XZ12-1

厦门大学校级奖学金本科生评审办法(试行)

(2007年3月8日)

厦门大学校级奖学金是为了激励学生刻苦学习、奋发向上、争优创先,以表彰品学兼优、成绩突出的优秀学生。为规范校级奖学金本科生的申报、评审工作,特制定本办法。

一、参评条件

1. 厦门大学注册在校本科生,符合所申请奖学金条例的规定;
2. 爱国爱校,品行端正,无违法违纪行为;
3. 勤奋刻苦,成绩优秀;
4. 凡有挂科课程(指有不合格的课程尚未重修合格)的学生不能参评。

二、评定办法

评定内容由德育分、智育分和竞赛分三部分组成,采用百分制的计算办法。

(一)德育分

德育分由德育评议分、德育加分两部分组成,满分25分。其中德育评议分满分15分,德育加分满分10分。

1. 德育评议分

德育评议分为0～15分,其中优秀14～15分,良好12～13分,合格10～11分,不合格0～9分,评议分为良好以上的方可参评校级奖学金。评议由所在学院组织进行,主要评议学生的政治素质、思想观念、道德品质和身心素质等方面,评议内容为:

(1)以马克思列宁主义、毛泽东思想、邓小平理论以及"三个代表"重要思想为指导,树立科学的世界观、人生观和价值观;

(2)遵守国家法律和校规校纪,具有良好的道德修养;

(3)学习目的明确,学习态度端正;

(4)具有较强的社会责任感和奉献精神;

(5)积极进取、乐观向上,具有良好的心理品质。

2. 德育加分

德育加分由表彰加分和项目加分两部分组成,其中表彰加分满分6分,项目加分满分4分。

(1)表彰加分

荣誉称号	国家级	省级	校级优秀三好学生	校级三好学生、校级优秀学生干部	校级优秀团支部书记(优秀团总支书记)、优秀团员
得分	6	3	1.5	1	0.8

注:①荣誉称号指个人表彰;

②因同一事迹获得不同荣誉称号的,只计最高分,不累计加分。

(2)项目加分

项目加分由社会工作分、突出表现分两部分组成,其中社会工作分满分2分,突出表现分满分2分。

①社会工作分

担任职务	校、院、园区学生会、社团等组织的主席团成员、各部正副部长、学生党支部正副书记,学院、园区团总支正副书记,班长、团支部书记	其他学生干部
得分	1～2	0.5～1

注:①任职满一学期不满一年者,减半加分;不足一学期者,不加分;兼任多项职务的,以最高职务加分,不重复加分。

②根据担任职务的贡献大小酌情加分。

②突出表现分

项目	支教	服兵役	见义勇为、舍己救人、捐献骨髓等	扶残助弱、拾金不昧、义务献血等
得分	2	2	2	1

注:扶残助弱、拾金不昧的事迹必须具有一定影响力;义务献血不累计次数加分。

(二)智育分

智育分由课程成绩分和科研实践成果分两部分组成,满分65分,其中课程成绩分满分55分,科研实践成果分满分10分。

1. 课程成绩分

课程成绩分的计算公式为[60～69分门次×(－30)＋70～79分门次×0＋80～84分门次×30＋85～89分门次×40＋90～100分门次×55]÷课程总门次。其中成绩为优、优$^{-}$(良$^{+}$)、良、良$^{-}$、及格对应的分数为90～100、85～89、80～84、70～79、60～69;成绩以合格、不合格计分的课程不列入评奖的课程成绩分计算中。

2. 科研实践成果分

申请评奖的所有科研实践成果,第一署名单位必须是厦门大学。

(1)科研论文加分

①论文分数＝∑(权重因子×合作因子),包括评奖期间发表的各类科研论文,论文要求不低于3000字。

②权重因子计算方法:

论文权重因子的数值为:一类核心学术刊物、二类核心学术刊物、CN刊号的学术刊物、正式出版的学术论文集、学术刊物的增刊专辑、公开发行的内部刊物(有准印号)每篇分别按10分、5分、2.5分、2分、

1分和1分加分。一类、二类核心学术刊物的认定参见厦门大学人事处《厦门大学核心学术刊物目录》及相关规定。

③合作因子数值计算方法:

按论文署名分摊记分,若指导教师在署名中排第一位,则署名第二的本科生可视为第一作者,但计分时应将指导教师计入作者总人数;

二人合作的,按6∶4分摊;

三人以上合作的,按第一作者∶其余作者总和=5∶5分摊,第一作者以外的其余作者分数均摊。

(2)调研报告、咨询成果加分

调研报告、咨询成果需被有关部门采用并有成果认定书,中央有关部门、省级有关部门、市级有关部门、县(区)级有关部门采用的分别按5分、3分、2分、1分的方式加分。若成果是合作完成的,按论文分摊方式进行分摊。

(3)发明专利,艺术、建筑作品加分

①发明专利每项10分,实用新型专利每项5分;发明专利以专利号为准,仅有公开号的发明专利每项5分。

②艺术作品在政府部门或行业学会举办的国家级高水平艺术展览中展出的,每项3分。在政府部门或行业学会举办的省级以上正式参展的,每项2分。若同次展览有多个作品入选的,最高按3分加分。由省市级以上的政府部门或行业学会组织举办的个人独唱、独奏作品音乐会(必须是在专业音乐厅个人演出30分钟以上)的,每项2分。

③建筑类公开发表作品,国家级每项5分,省级每项3分。建筑类公开发表作品是指:参加省级以上由建筑行业协会或主管部门主办的建筑类设计竞赛的获奖作品。

④若成果是合作完成的,按论文分摊方式进行分摊。

(4)文学、新闻作品加分

在公开刊物和政府部门主办的媒体(不含网络)上发表文学、新闻等作品的,字数要求不低于1000字(诗歌除外),在国家级权威报刊或新闻媒体、省级重要报刊或新闻媒体、市级公开发行的报刊或新闻媒体发表的分别按1.5分、1分、0.5分的方式加分,若作品是合作完成的,按论文分摊方式进行分摊。所有文学、新闻类作品最高只能加到3分。

(三)竞赛分

竞赛项目主要包括学科类竞赛、体育运动类竞赛、文艺活动类竞赛等,满分10分。

获奖名次	获奖等级	国家级	省市级	校级	国际比赛
1	一	4	3	0.8	国际比赛1～4分,根据举办单位的权威性和影响力酌情加分。
2～4	二	3	2	0.4	
5～8	三	2	1	0	

注:①评奖若以金银铜奖记,按一、二、三等奖加分;若有特等奖,可在一等奖分值基础上加0.5分;破纪录者可在获奖名次分值的基础上加0.5分;学校正式发文嘉奖的重要竞赛项目,可在获奖等级(名次)分值的基础上加0.5分。

②同一级别的竞赛项目,可根据举办单位的权威性和影响力酌情加分,但不得高于上表规定档次的最高分。

③团体项目获奖排名不分先后的,减半加分;有项目负责人或主要贡献者的,项目负责人或主要贡献者以满分计,其余合作者减半加分。

④各级别的竞赛,若仅在选拔赛中获奖,则以选拔赛所属的级别加分。

⑤因同一项目获得不同等级奖励的,只计最高分,不累计加分。

三、评选程序

1. 学校发布评奖通知；

2. 学生个人填写相关表格，在规定时间内向学院提交申请；

3. 学院对学生的申报材料进行审核，拟定推荐名单，并面向本单位公示推荐名单及其详细分数（不能确定的分数应予注明）；

4. 学院把推荐名单及申报材料送教务处，校奖学金评奖委员会秘书组相关单位进行审核；

5. 学校奖学金评奖委员会评审确定获奖名单，将所有评审结果公示3个工作日，无异议后由学校组织颁奖。

四、有关规定

1. 嘉庚、本栋、亚南奖学金为我校学生最高级别的奖学金。

2. 德育分、智育分中的科研实践成果分、竞赛分的计算依据为参评学生在学期间的所有表现，其中德育分加分事迹、科研实践成果和竞赛项目在参评校级奖学金（除嘉庚、本栋、亚南奖学金外）时，只能使用一次，不得重复使用。

3. 智育分中的课程成绩分的计算依据，嘉庚、本栋、亚南奖学金为在学期间的所有成绩，其他校级奖学金为评审年度成绩，评审年度以参评时的前三个学期成绩为依据。

4. 嘉庚、本栋、亚南奖学金为差额评定。申请上述"三大奖"的学生可同时申请其他校级奖学金，但需一并提交两类申请表格，一类为嘉庚、本栋、亚南奖学金申请表，一类为校级奖学金申请表。

5. 凡已获得嘉庚、本栋、亚南奖学金其中一项奖学金的本科生，如无新的突出成果，不再连续参加这三项奖学金的评奖。

6. 获校级奖学金未满一年的，除可以参评嘉庚、本栋、亚南奖学金外，不得参评其他校级奖学金。

7. 校级奖学金（除嘉庚、本栋、亚南奖学金外）与国家奖学金在同一学年内不能同时兼得。

五、本办法自颁布之日起执行，原有相关评奖办法同时废止。本办法由学生工作处负责解释

附表1：厦门大学校级奖学金本科生申请表（表略——编者注）

附表2：厦门大学嘉庚、本栋、亚南奖学金本科生申请表（表略——编者注）

——本文摘录自《关于印发〈厦门大学校级奖学金本科生评审办法（试行）〉的通知》，厦大学〔2007〕12号，档号2007-XZ11-1

厦门大学本科生创新性实验计划管理办法

(2007年5月14日)

为进一步实施教学质量改革工程,鼓励本科生特别是拔尖人才尽早进入科研训练活动,更好地培养本科生的创新能力、创新精神,学校在广泛参考兄弟院校的经验和结合学校已有的工作基础上制定了此办法,具体内容如下:

一、计划内容

1.“本科生创新性实验计划”主要依托学校学科优势力量,结合教师的科研课题进行。

2.“本科生创新性实验计划”分为“教师指导下的独立研究”(A类)和“教师指导下的小组合作研究”(B类)两种类型。

3.“本科生创新性实验计划”实行导师指导下的课题负责制。由本科学生个人或创新团队,在导师的指导下,自主进行研究性学习,自主进行实验方法的设计、组织设备和材料、实施实验、分析处理数据、撰写总结报告等工作。

4.“本科生创新性实验计划”面向一、二、三年级学生,主要以二、三年级学生为主。

5.“本科生创新性实验计划”初步定3～5学分,课程为选修课或任意选修课,研究周期1～3年。选修“本科生创新性实验计划”学生一般要有充裕的时间投入,对课题的投入时间为600～800个小时。

二、计划申报立项

1.“本科生创新性实验计划”分校院两级实施。学校设立专项经费资助本科生创新性实验计划,鼓励各院系多渠道筹措经费资助本科生进行创新性实验。

2.“本科生创新性实验计划”于每学年春季学期开始。由学生所在院系向学校教务处提出“本科生创新性实验计划”计划。计划内容包括研究项目、研究周期、导师安排以及学生选题情况。学生项目选题要求思路新颖、目标明确、研究方案及技术路线可行、经费预算合理。

3. 申请“本科生创新性实验计划”的学生,应当对科学研究具有浓厚兴趣并学有余力,主修专业课程无不及格者,学业成绩排名在院系专业前30%。

4.申请研究同一课题的学生一般控制在3～5人,小组成员必须有相对独立研究内容,成员有明确分工。同一指导教师指导学生数一般不超过5人。

5. 教务处根据各院系申报计划组织专家进行评审,确定并公布年度资助项目并下拨资助经费。每个项目按3000～5000元,经费由院系负责监督管理,可以用于购买(复印)图书、资料、药品及器材,参加学术会议、学术交流、调研活动等。院系不得提取管理费,不得截留或挪用。

三、计划中期管理

1. 选修“本科生创新性实验计划”学生要听从导师的安排和指导,合理地安排课程学习和课外研究工作。如果学生在选修课程时间受到学术警告或考试课程出现不及格,将终止经费资助,所选修课程成绩按0分登记。

2. 选修"本科生创新性实验计划"的第二年春季3—4月,教务处对选修课程的同学进行中期检查;中期检查不合格,如无改进措施确保时间精力投入以达到研究目标情况下,将终止经费资助,所选修课程成绩按0分登记。

3. 在研究过程中,如发现少数学生兴趣转移需要变更研究计划时,学生应提前提出变更申请,各院系于选课当年秋季学期开学后第4周将变更研究题目送学校教务处备案。

4. 在中期检查过程中,项目如进展顺利并有明显成效,学校将给予追加经费支持,并择优推荐部分优秀项目参评省级、国家级大学生科研创新项目计划。对于列入省级、国家级资助项目,学校将给予项目总经费不小于1∶1的配套经费资助。

四、计划结题验收

1. 选修"本科生创新性实验计划"的第二年10月,学校组织各学院对到期的"本科生实验计划"项目进行结题验收。学生应在10月前将经导师审阅后的结题论文、专利或报告等材料送交导师所在的院系主管领导。论文格式必须符合《厦门大学本科毕业论文规范》[(2004)厦大教19号]规定要求。

2. 结题验收由导师所在院系组成3～5人专家小组(不含导师)对学生所提交的论文进行15～20分钟的答辩。答辩小组根据论文质量、在研期间发表论文、导师评价意见及学生答辩情况给出综合评定成绩,成绩载入学生个人成绩卡。

3. 每年举办优秀项目评选活动,分别评选出一、二、三等项目,并由学校颁发"荣誉证书"。学生发表与项目相关的论文在评定奖学金、保研可相应加分。保送直博生、硕士研究生时,学生可以优先选择自己的导师。

五、计划保障机制

1. 学校成立包括由主管教学校领导担任组长,由教务处、学生处、团委、人事处、财务处等单位组成的"大学生创新性实验计划协调小组",由教务处牵头组织实施大学生创新性实验计划。

2."本科生创新性实验计划"导师安排应与学校推行导师制结合起来。承担"本科生创新性实验计划"的指导教师的教学工作量按指导学生毕业论文或毕业设计教学工作量计算。在评选优秀导师时,对于承担"本科生创新性实验计划"的导师在同等条件下优先考虑。

3."本科生创新性实验计划"如列入国家或省级资助项目,指导老师的教学工作量参照建设省级、国家级精品课程第一负责人工作量计算,项目经验收达到要求,其成果认定视同省级或国家级精品课程建设成果。

4. 各学院的国家实验教学示范中心、福建省实验教学示范中心、各类重点实验室以及其他实验室要向参与项目的学生提供实验场地和仪器设备等各种便利条件。各学院应为"本科生创新性实验计划"制定相应的经费、人员以及各种条件支持。

六、附　则

本办法自公布之日起实施,其他未尽事宜由教务处负责解释。各学院可制定具体的实施细则。

——本文摘录自《关于印发〈厦门大学本科生创新性实验计划管理办法〉的通知》,厦大教〔2007〕20号,档号2007-XZ12-2

厦门大学学风委员会章程

(2007年5月15日)

第一条　为深入贯彻落实国家关于加强学风建设的有关规定,营造我校诚信、严谨的学术风气,提高学术研究的质量,特成立厦门大学学风委员会。

第二条　厦门大学学风委员会(以下简称"学风委员会")是厦门大学学术委员会下设的专门委员会,是对我校科学研究的学术规范、学术道德和学术风气建设进行指导和咨询的机构。

第三条　学风委员会分设文科学风委员会和理工科学风委员会,分别在文科学术委员会和理工科学术委员会领导下工作。

第四条　学风委员会的主要工作职责:

1.贯彻落实教育部和我校有关学风建设的文件精神,拟定我校加强学风建设、惩处学术不端行为的基本准则和实施细则等;

2.总结、推广我校学风建设的典型经验,倡导学术规范,指导和推进我校学风建设;

3.针对我校科学研究工作中出现的学术失范、学术不端行为,通过组织调研或专家鉴定以及召开听证会等方式,提出咨询意见或建议,供有关机构决策参考;

4.完成学校委托的其他涉及学风建设的工作。

第五条　两个学风委员会分别由9～11位委员组成。委员应具备如下条件:

1.坚持马列主义、毛泽东思想、邓小平理论和"三个代表"重要思想,具有良好的政治素质和理论修养;

2.熟悉党和国家有关科学研究、学风建设方面的方针政策,热心我校科学研究事业;

3.具有较高的专业造诣、学术水平和良好的学术道德,模范遵守学术规范,有较高的学术声望和社会影响;

4.为人正派,办事公正。

学风委员会委员主要从我校专职教师中选聘。在选聘委员时,除考察委员是否具备上述条件之外,还应综合考虑委员的学科结构、年龄层次等因素。

第六条　两个学风委员会各设主任委员1人、副主任委员1人。主任委员和副主任委员分别由文科学术委员会和理工科学术委员会主席提名,报校长办公会议讨论决定。

第七条　学风委员会其他委员分别由主任委员提名,报文科学术委员会和理工科学术委员会全体会议讨论决定。

第八条　学风委员会委员任期4年,连聘连任不超过两届。主任委员、副主任委员和其他委员在届中由于离职、调离本校等原因而无法履行职责的,可另行增补。增补程序按照本章程第六条、第七条有关规定执行。

第九条　学风委员会下设秘书处,负责处理学风委员会的日常事务。秘书处设秘书长1人,秘书组由3～5人组成,成员由秘书长提名,主任委员决定。

第十条　学风委员会一般每年举行两次全体委员会议。全体委员会议由主任委员召集和主持。

主任委员可以根据工作需要召集和主持委员会临时会议。

主任委员因故无法召集和主持上述全体委员会议或委员会临时会议时,由副主任委员召集和主持。

第十一条　学风委员会的议事规则另行制定。

第十二条　学风委员会应采用书面形式向有关机构提出咨询意见或建议，同时附送其他必要的书面材料。

第十三条　本章程经文科学术委员会和理工科学术委员会全体会议审议通过并经校长办公会议批准后实施。

本章程的修改程序参照上述规定执行。

第十四条　本章程的解释权属于两个学风委员会。

厦门大学学风委员会（文科）人员构成

（略——编者）

厦门大学学风委员会（理科）人员构成

（略——略者）

——本文摘录自《关于印发〈厦门大学学风委员会章程〉的通知》，厦大办〔2007〕25 号，档号 2007-XZ09-8

厦门大学家庭经济困难学生认定工作实施细则

(2007年10月27日)

为认真做好我校家庭经济困难学生认定工作,公平、公正、合理地分配资助资源,切实保证各项资助政策和措施真正落实到家庭经济困难学生身上,根据教育部、财政部《关于认真做好高等学校家庭经济困难学生认定工作的指导意见》(教财〔2007〕8号)和福建省教育厅、财政厅《关于认真做好高等学校家庭经济困难学生认定工作的实施意见》(闽教学〔2007〕32号)精神,结合我校实际,制定本实施细则。

一、适用对象

本实施细则适用于我校招收的本专科(含高职)学生。

二、家庭经济困难学生定义

家庭经济困难学生是指学生本人及其家庭所能筹集到的资金,难以支付其在校学习期间的学习和生活基本费用的学生。

三、认定原则

1. 家庭经济困难学生认定工作应坚持实事求是,确定合理标准,由学生本人提出申请,实行民主评议和学校评定相结合的原则。

2. 家庭经济困难学生认定工作应严格工作制度,规范工作程序,坚持公开、公平、公正的原则。

四、认定工作的组织

1. 学校学生资助工作领导小组全面领导全校家庭经济困难学生的认定工作。

2. 学校学生资助管理中心具体负责组织和管理全校经济困难学生的认定工作。

3. 学院、研究院和漳州校区学生工作站学生工作组(以下简称学生工作组)负责本单位认定的具体组织和审核工作。

4. 以年级(或专业、班级)为单位,成立以学生辅导员任组长,班主任、学生代表担任成员的认定评议小组,负责认定的民主评议工作。认定评议小组成员中,学生代表人数视年级(或专业、班级)人数合理配置,应具有广泛的代表性,一般不少于年级(或专业、班级)总人数的10%。认定评议小组成立后,其成员名单应在本年级(或专业、班级)范围内公示。

五、认定标准

家庭经济困难学生根据学生家庭经济收入、家庭人员组成、家庭成员健康状况以及学生在校学习生活平均消费情况,并参照厦门市思明区城市居民最低生活保障标准(315元/人·月),分为特别困难和困难

两档。特别困难学生原则上按在校生的5%认定,困难学生根据实际申请情况认定。认定基本条件如下:

1. 孤儿、烈士子女或优抚家庭子女等无直接经济来源者;

2. 单亲或父母年事已高或患病长期卧床家庭缺乏劳动力,家庭又无固定经济来源且亲友无资助能力者;

3. 家庭被地方政府列为特困户,难以维持基本生活者;

4. 家庭为民政部门确定的城市居民最低生活保障对象者;

5. 学生家庭或本人突遭不幸(如家庭遭遇自然灾害,学生本人突发疾病或意外事故),超越家庭经济承受能力者;

6. 来自老少边穷地区,经济条件差,家庭无固定经济来源,基本生活难以维持者;

7. 因家庭经济贫困,无力支付在校期间必要的学习和生活费用的学生。

六、认定程序和工作要求

1. 学校在向新生寄送录取通知书时,同时寄送《高等学校学生及家庭情况调查表》(详见附表1);在每学年结束之前,在校学生可从学生资助管理中心网站下载《厦门大学学生及家庭情况调查表》。需要申请认定家庭经济困难的新生及在校学生要如实填写《高等学校学生及家庭情况调查表》,并持该表到家庭所在地乡、镇或街道民政部门加盖公章,以证明其家庭经济状况。已被认定为家庭经济困难的学生再次申请认定时,如家庭经济状况无显著变化,可只提交《厦门大学家庭经济困难学生认定申请表》(详见附表2)。

2. 每学年开学后,学校统一发布认定工作通知。申请认定的学生登录厦门大学学生资助管理中心网站,通过学生管理系统进行网上申请,生成打印《厦门家庭经济困难学生认定申请表》,在规定的时间内交到辅导员处。首次申请认定或已认定的家庭经济困难学生再次申请认定时家庭经济情况发生显著变化的,还需填写上交《厦门大学学生及家庭情况调查表》。

3. 辅导员负责召集认定评议小组。评议小组根据学生提交的《厦门大学家庭经济困难学生认定申请表》和《厦门大学学生及家庭情况调查表》,以学生家庭人均收入对照本实施细则认定标准的认定基本条件,并结合学生日常消费行为,以及影响其家庭经济状况的有关情况,认真进行评议,确定本年级(或专业、班级)各档次的家庭经济困难学生资格,报所在单位学生工作组进行审核。如有需要可要求学生提供其他证明材料。认定时应着重考虑孤残学生、烈士子女,以及家庭成员长期患重病、家庭遭遇自然灾害或突发事件等特殊情况的学生。评议小组组长必须参照认定条件,在申请学生《厦门大学家庭经济困难学生认定申请表》的"陈述理由"一栏中写明认定理由。

4. 学生工作组要认真审核认定本单位评议小组申报的初步评议结果。如有异议,应在征得认定评议小组意见后予以更正。

5. 学生工作组审核通过后,要将家庭经济困难学生名单及档次在年级(或专业、班级)范围内公示5个工作日,公示信息不得涉及学生个人隐私。如师生有异议,可通过有效方式向本单位学生工作组提出质疑,学生工作组应在接到异议材料的3个工作日内予以答复。如对学生工作组的答复仍有异议,可通过有效方式向学校学生资助管理中心提请复议。学校学生资助管理中心应在接到复议提请的3个工作日内予以答复,如情况属实,应做出调整。

6. 学校学生资助管理中心负责汇总全校审核通过的《厦门大学家庭经济困难学生认定申请表》和《厦门大学学生及家庭情况调查表》,报学校学生资助工作领导小组审批,并建立家庭经济困难学生信息档案。

七、认定后的管理

1. 加强学生的诚信教育,教育学生如实提供家庭情况,及时告知家庭经济状况显著变化情况。如学生家庭经济状况发生显著变化,学校应及时做出调整。

2. 每学年定期对全部家庭经济困难学生进行一次资格复查,并不定期地随机抽选一定比例的家庭经济困难学生,通过信件、电话、实地走访等方式进行核实。如发现弄虚作假现象,一经核实,取消资助资格,收回资助资金。情节严重的,依据有关规定进行严肃处理。

3. 家庭经济困难学生的助学资金要专款专用,及时发放给受助学生,严禁截留、挪用和挤占。

4. 学校各项经济困难资助的对象原则上应是已认定的家庭经济困难学生。对于因突发事件造成家庭经济困难的,应及时申请认定。

附表1:厦门大学学生及家庭情况调查表(表略——编者注)

附表2:厦门大学家庭经济困难学生认定申请表(表略——编者注)

——本文摘录自《关于印发〈厦门大学家庭经济困难学生认定工作实施细则〉的通知》,厦大学〔2007〕114号,档号2007-XZ11-5

厦门大学横向技术合同管理暂行办法

（2007 年 11 月 15 日）

第一章　总　则

第一条　为全面贯彻《中华人民共和国合同法》，维护学校和教职工在科技活动中的合法权益，加强学校横向技术合同管理，促进我校科技成果的转化和产业化，根据国家有关法律、法规和规章规定，特制定本办法。

第二条　本办法适用于学校与校外企事业单位所签订的技术开发合同、技术转让合同、技术咨询合同和技术服务合同等各类横向技术合同的管理。

第三条　横向技术合同管理部门为科技处。

第二章　合同的签订

第四条　横向技术合同一般应以学校名义对外签订。学校内无独立法人资格的院系、研究机构未经学校授权，不得与校外企事业单位签订横向技术合同。

第五条　以学校名义签订的横向技术合同须经科技处审核认定，由科技处处长作为学校法定代表人的委托代理人负责签署。重大横向技术合同，须经学校法律事务办公室和科技处共同审核并报主管副校长批准后，由科技处处长代表学校签署。

第六条　横向技术合同一般应包括以下条款：

1. 项目名称；

2. 项目内容、要求、应达到的指标；

3. 项目的计划、进度安排、完成时间、履约的地点和方式；

4. 双方的责任和义务；

5. 技术情报和资料的保密；

6. 风险责任的承担；

7. 知识产权的归属和分享，包括专利权、奖励申报、论文署名等；

8. 验收的标准和方法；

9. 项目经费及其支付方式；

10. 违约条款及违约金的支付方式；

11. 争议的解决办法；

12. 名词和术语的解释。

第七条　项目负责人负责合同的洽谈工作。在进行合同洽谈时，应了解相对方的资信，明确合同双方的责任、权利、义务，确定实施计划，科技处应给予必要的指导。对于重大横向技术合同，科技处应参与合同洽谈。

第八条　横向技术合同文本形成后，项目负责人应先将合同文本交由有关院、系、科研机构进行审核,再报科技处审定。科技处审定的期限为三个工作日。

第九条　横向技术合同经双方签字盖章后,科技处留存合同原件一份,作为项目立项的依据。合同未在科技处备案而自行执行的,将视为未立项,所产生的后果由当事人承担。

第三章　合同的履行和验收

第十条　横向技术合同生效后,当事人应当按照约定全面履行自己的义务。

第十一条　项目负责人及所在单位是合同履行的责任人,应按合同约定组织力量实施,确保合同按质、按量、按期完成。

第十二条　合同履行过程中,合作双方协商变更、解除或终止合同条款等情况的电信函件,应作为合同的有效附件,妥善保存。合同的变更、解除或终止应由双方协商确定后形成文字材料,经所在单位签署意见后报科技处审定,并登记备案。

第十三条　合同项目完成后,应由委托方出具正式验收报告,由项目负责人报科技处备案。

第四章　法律责任

第十四条　违反本办法第四条规定,未经授权而以学校的名义与校外企事业单位签订横向技术合同的,当事人应承担相应的法律责任。

第十五条　项目负责人在合同签订过程中未履行合理注意义务,未确认对方的法人资格和履行能力导致损害学校及所属单位利益的,应承担相应的法律责任。

第十六条　横向技术合同所提供的有关技术不得侵犯他人的知识产权。因侵犯他人知识产权损害学校及单位利益的,项目负责人应承担相应的法律责任。

第十七条　横向技术合同在履行过程中发生争议的,由项目负责人与相对方协商解决。协商不成的,项目负责人应及时报请所在院、系、研究机构和科技处,积极配合相关部门解决合同争议。

第五章　附　则

第十八条　本办法由科技处负责解释。

第十九条　人文社科类横向研究合同参照本办法执行,由社科处和科技处负责管理。

第二十条　本办法自学校公布之日起施行。

——本文摘录自《关于印发〈厦门大学横向技术合同管理暂行办法〉的通知》,厦大科〔2007〕75号,档号2015-XZ13-47

厦门大学知识产权保护管理暂行办法

（2007年11月15日）

第一章　总　则

第一条　为有效地保护和管理学校的知识产权，鼓励教职员工和学生的发明创造与智力创作，发挥学校的智力优势，促进科技成果转化与产业化，根据国家有关法律、法规和规章规定，特制定本办法。

第二条　本办法所称的学校所属单位是指学校各院、系、所、机关各部处、后勤、附属单位及以厦门大学命名的产学研联合体等单位。本办法所称的师生员工是指在学校及其所属单位的工作人员、博士后在站人员以及在校学习的研究生、本科生、专科生和进修人员。

第三条　本办法所称的知识产权包括：

1. 厦门大学校名、校标和各种服务标记；
2. 商标权；
3. 专利权；
4. 商业秘密，包括经营信息和技术信息；
5. 著作权及其邻接权，计算机软件、集成电路布图设计；
6. 依照国家法律、法规规定或者依法由合同约定由学校享有或持有的其他知识产权。

第二章　知识产权归属

第四条　学校的名称，以学校名义申请注册的商标及其他统一使用的标记或标志，如“厦门大学”、“Xiamen University”、“厦大”、“Xia Da”以及学校的校徽图案等，均属学校所有。学校各单位和师生员工不得以任何方式侵犯学校的名称权和商标权。

第五条　未经学校授权，学校内无独立法人资格的院系、研究机构或个人不得以“厦门大学”或“厦大”名义设立机构或签署协议、合同。

第六条　执行学校及其所属单位任务，或主要利用学校及所属单位物质条件所完成的发明创造或技术成果是职务发明或职务技术成果。职务发明或职务技术成果申请专利的权利属于学校，专利权被依法授予后由学校所有。

第七条　主要利用学校及所属单位物质条件所完成的发明创造或技术成果，单位与发明人或者设计人订有合同，对专利申请权和专利权的归属做出约定的，从其约定。

第八条　职务发明或职务技术成果的使用权、转让权由学校享有。职务发明或职务技术成果的发明人、设计人依法享有在有关技术文件上署名、获得奖励和报酬的权利。

第九条　在执行学校工作任务过程中所产生、形成的不对外公开的信息资料、程序等商业秘密属学校所有。

第十条　由学校及所属单位主持，代表单位意志创作，并由单位承担责任的作品为单位作品，其著作权由学校享有。

第十一条　为完成学校及所属单位任务所创作的作品是职务作品,著作权由完成者享有。单位在其业务范围内对职务作品享有优先使用权。作品完成二年内,未经单位同意,作者不得许可第三人以与单位使用相同的方式使用该作品。

第十二条　主要利用学校及所属单位的物质技术条件创作,并由单位承担责任的工程设计、产品设计图纸、计算机软件和地图等特殊职务作品,除作者享有署名权外,其著作权的其他权利由学校享有。

第十三条　本办法所称"执行学校及其所属单位任务"完成的发明创造或技术成果是指:

1. 在本职工作中完成的发明创造及其他技术成果,包括在完成科研计划课题或合同课题时所完成的技术成果及在自选课题、自筹经费完成的与本职工作有关的发明或其他技术成果;

2. 履行本单位交付的本职工作之外的任务所完成的发明创造或其他技术成果。

第十四条　本办法所称"主要利用学校及其所属单位物质条件"包括教职员工和学生在技术成果的研究开发过程中,全部或者大部分利用了学校及其所属单位的资金、设备、器材或者原材料等物质条件,并且这些物质条件对形成该技术成果具有实质性的影响;还包括该技术成果实质性内容是在学校及其所属单位尚未公开的技术成果、阶段性技术成果基础上完成的情形。

第三章　知识产权管理机构及其职责

第十五条　学校成立知识产权管理办公室,负责学校知识产权的保护和管理。学校知识产权保护与管理的日常工作由科技处和社科处承担。其主要职责是:

1. 宣传普及知识产权基本知识,接受各单位和教职工知识产权法律和事务咨询,制订学校知识产权工作规划;

2. 办理学校及所属单位专利申请、商标注册、计算机软件登记等事宜,负责专利权、商标权、软件著作权的维持;

3. 协调处理本校内有关知识产权的争议和纠纷;

4. 参与签订或审核学校涉及知识产权内容的重大合同;

5. 办理对职务发明人、设计人、作者的奖励与报酬事务。

第四章　知识产权的保护

第十六条　学校所属单位经授权以学校名义对外签订各类科技合同的,须经科技处负责审核认定,并由科技处处长作为学校法定代表人的委托代理人负责签署。重大技术合同,须经学校法律事务办公室和科技处共同审核并报主管副校长批准后,由科技处处长代表学校签署。

第十七条　学校及其所属单位派出人员,包括访问学者、进修人员、公派留学生等派出国的人员和派往国内其他单位的研究人员,应遵守学校知识产权保护和管理规定。其在国外或外单位完成的发明创造或其他智力成果,除另有协议外,归学校所有。

第十八条　学校及其所属单位接受的学习、进修或合作研究的客座研究人员、临时聘用人员、博士后在站人员,应遵守学校知识产权保护和管理规定。其在学校及其所属单位学习或工作期间完成的发明创造或其他智力成果,除另有协议外,归学校所有。上述人员在离开学校及其所属单位前,须将其在学校及其所属单位从事科技工作的全部技术资料、实验材料、实验设备、产品、计算机软件等交回学校。

第十九条　离休、退休、停薪留职、辞职及调离的职工,在离开学校前,承担或参与学校有关科研课题的本科生、硕士研究生、博士研究生、博士后人员、进修生、培训生等在毕业离校之前,必须将其在原单位从事科技工作的全部技术资料、实验材料、实验设备、产品、计算机软件等交回原单位。上述人员离校时需列出移交技术资料清单,经课题组负责人、导师审核签名,校科技处审核同意后,到人事处办理有关离校程序。

第二十条　师生员工申请非职务专利或非职务技术成果，登记非职务计算机软件，以及进行非职务专利或非职务技术成果、非职务计算机软件转让和许可的，应向学校科技处申报，接受审核。对于符合非职务条件的，由科技处出具相应证明。

第二十一条　学校所属单位或师生员工经批准与国内外单位或个人进行合作研究或合作开发的，必须订立书面合同。合同中应对该知识产权价值进行评估，并对知识产权的归属以及利益的分配加以约定。

第二十二条　学校所属单位或师生员工经批准接受国内、外单位或个人委托，或者委托国内、外单位或个人进行研究、开发，须订立书面合同。合同中应对该知识产权价值进行评估，并对知识产权的归属以及利益的分配加以约定。

第五章　奖励和惩处

第二十三条　学校设立科学技术奖励基金，依据《厦门大学促进科技创新、加快科技成果转化和产业化的若干规定》等规定奖励在知识产权的产生、转化及产业化方面为学校做出突出贡献的人员。

第二十四条　学校设立知识产权专项基金，用于资助第一申请人为学校的专利事务费用（包括申请费、审查费、维持费、授权后三年内年费、代理费）、软件登记费等有关费用。知识产权专项基金的管理及使用由科技处负责。

第二十五条　申请专利和授权专利数量列入教师业绩考核内容。

第二十六条　师生员工违反本办法规定，侵犯学校知识产权的，学校将依法追究其行政或法律责任。

第六章　附　则

第二十七条　本办法由学校知识产权管理办公室负责解释。

第二十八条　本办法自公布之日起施行。

——本文摘录自《关于印发〈厦门大学知识产权保护管理暂行办法〉的通知》，厦大科〔2007〕76号，档号2015-XZ13-47

厦门大学关于设立学部委员会的决定

(2007年12月26日)

一、为了加强学科建设和队伍建设,进一步提高人才培养、科学研究的水平,更好地利用办学资源,实现资源共享,根据学科内在联系与建设规律组建学部委员会。

二、根据我校现有学科的布局和发展规划,设立人文与艺术学部(文学部)、社会科学学部、自然科学学部(理学部)、工程技术学部(工学部)、医学与生命科学学部(医学部)。

三、各学部委员会的主要职责:

1. 制定本学部的学科建设与发展规划,在学校批准之后,监督规划的落实;

2. 制定本学部的师资评价标准,在学校批准之后,监督标准的执行;

3. 提出本学部重点建设的资源配置方案,在学校批准之后,监督方案的实施;

4. 完成学校委托的其他工作。

四、学部委员会由9～11位委员组成,设主任1人,副主任2～3人。

学部委员会委员由校长提名,经校党委常委会研究通过,由校长聘任。学部委员会一届五年,可以连选连任。一般最多连任两届。

五、学部委员会设立专门办公室,办公室配置秘书1人,负责处理主任与副主任交办的各项具体事宜。

六、学部委员会的具体议事规则由各学部自行决定,原则上各学部委员会每两个月应召开一次全部委员会议。

七、全校各学部委员会主任联席会议,由校长召集。主任联席会议原则上每半年召开一次。

主任联席会议的意见与建议为学校学科建设工作决策的重要依据。

八、本决定由校长办公会负责解释。

——本文摘录自《关于印发〈厦门大学关于设立学部委员会的决定〉的通知》,厦大综〔2007〕92号,档号2007-XZ09-6

· 管理与服务工作 ·

厦门大学学术假制度实施办法

（2007 年 1 月 19 日）

第一章　总　则

第一条　为了进一步完善我校的学术假制度，鼓励广大教师充分利用学术假，提高教学科研水平，增强对外学术交流能力，提升我校师资队伍层次，促进我校师资队伍建设，学校在总结十年来学术假制度实施情况的基础上，重新制定本实施办法。

第二条　实行学术假制度，旨在为教师提供较为集中的时间来接受继续教育，从事科研活动和学术交流，以提高教师自身的业务水平和教学科研能力。

第三条　在保证教学和科研等工作正常开展的前提下，学校鼓励教师充分利用学术假，提高自身的业务能力和学术水平。

各有关单位要积极创造条件，在安排好正常教学科研等工作的同时，有计划地组织教师培养工作，积极促进教师学术假制度的实施。

第二章　学术假适用范围及申请条件

第四条　学术假制度仅在我校全职专任教师中实行。

第五条　教师使用学术假仅限用于到国内外著名大学和科研机构进行学术交流、合作科研或进修学习。

第六条　申请使用学术假须同时具备以下基本条件：

1.教师连续在本校工作满 5 年后且满足本条规定的其他条件，可申请使用 1 学年学术假（含假期最长为 12 个月，下同）；连续在本校工作满 2 年半后且满足其他规定条件，可申请使用 1 学期学术假（指长学期，含假期最长为 6 个月，下同）。

2.学术假原则上不能提前使用。新聘应届博士毕业的教师，因人才培养或学科建设的需要，经批准，首次学术假可申请提前使用，但原则上需在我校工作满 1 年后方可派出。提前使用学术假者，按期学成回校工作后，再次使用学术假按本条第一款的规定执行。

3.使用学术假不应影响教学工作的正常进行。教师应服从所在单位的教学工作安排，在不影响教学工作的前提下申请使用学术假。

4.使用学术假不应影响在研课题的研究工作。凡属在研课题负责人,应在在研课题执行计划期限1/3以上,并明确指定临时课题负责人,方可申请使用学术假。

5.教师申请使用学术假须在规定的年限内完成本职工作且各年度考核均须为合格或以上等次。

第三章　学术假使用期限与使用方式

第七条　教师每次使用学术假的期限最长不超过1学年。

第八条　为了保证学术假的使用质量和维护学校正常的教学科研秩序,教师每次所申请的学术假原则上不得拆开和跨学期使用(即申请1学期的学术假不得跨2个长学期使用,申请1学年的学术假不得跨3个长学期使用)。

第九条　为维护学校的教学科研秩序,使用学术假一般不允许延期。

第十条　用假者确因合作研究需要延期,须在教学科研工作安排许可的前提下,经学校批准后方可延期。延期期限最长不超过1学期。

第十一条　申请1学期学术假的用假者,若具备使用1学年学术假资格,申请延期经学校批准的,可按使用1学年学术假对待。其他情况的延期期限不计为学术假。

第十二条　学术假期满或延期期满逾期未归者,学校将按有关规定处理,并有权随时单方面解除与用假者签订的聘用合同,同时追究其违约责任;对于与国家留学基金管理委员会或学校签订出国协议的用假留学人员,将同时根据协议约定的有关条款追究其违约责任。

第四章　学术假申请程序

第十三条　为便于安排教学科研工作,教师使用学术假必须提前半年申请,并填写《厦门大学学术假申请表》及提交用假期间详细的工作(学习)计划书(附邀请函或接受进修通知),经所在单位、科学技术处或社会科学研究处审查同意,送人事处审核后,报学校领导审批。

第十四条　经学校批准使用学术假的教师应完成或妥善安排好相关工作,办理临时离校手续后方可离校,并按邀请函或接受进修通知的要求及时到接受单位报到。未按规定办理离校手续者,将视其为擅自离岗并扣发其擅自离岗期间的所有工资及津补贴等待遇。

第十五条　符合本办法第十条的规定申请延期的,须在学术假期满前3个月提出延期申请,经所在单位审查同意,送人事处审核后,报学校领导审批。未按时间要求提交的延期申请,原则上不予批准。

第五章　使用学术假的权利与义务

第十六条　教师使用学术假期间除岗位津贴外的所有工资、津补贴照常按月发放。岗位津贴待其按期回校工作、经考核合格后按50%的比例予以补发。考核结果为基本合格或不合格者,岗位津贴不予补发。

第十七条　用假者须维护国家和学校的利益与声誉。

第十八条　用假者应按计划完成进修学习、学术交流或科学研究的任务,充分利用学术假提高业务水平和教学科研能力。

第十九条　用假者应保持与所在单位的联系,所在单位应主动关心用假者的学习、生活等情况。

第二十条　学术假结束之后,用假者须向所在单位提交一份详细的工作(学习)总结及相关证明材料,并在所在单位做相关学术报告。所在单位应对用假者在学术假期间的工作(学习)情况进行审查和考核,提出书面审核意见。

第二十一条　用假者须在学术假结束的10个工作日之内，持所在单位开具的到岗工作证明及经所在单位签署审核意见的工作(学习)总结等材料，到人事处销假并办理报到手续。未及时办理返校手续者，将视其为擅自离岗并扣发其擅自离岗期间的所有工资及津补贴等待遇。

第二十二条　用假者按计划较好地完成工作(学习)任务后按时回校工作，并提交相关材料，该年度的考核可定为合格；用假者未能按计划完成工作(学习)任务或其行为造成不良影响或未按期回校，该年度的考核视情节定为基本合格或不合格。

第二十三条　学术假期满后延期期间，所有工资、津补贴(含岗位津贴)均予以停发。

第六章　附　则

第二十四条　在保证教学科研工作不受影响的前提下，教师经批准在学期内参加1个月以内(含1个月)的校外学术活动可不计入学术假。

第二十五条　在保证教学科研工作不受影响的前提下，教师在寒暑假期间安排的校外学术活动可不计入学术假。

第二十六条　本办法自颁布之日起实行，《厦门大学关于学术假制度的暂行规定》(厦大师职〔1996〕22号)、《厦门大学学术假制度实施细则》(厦大师职〔1998〕18号)和《厦门大学关于使用学术假人员工资待遇的有关规定》(厦大师职〔1998〕14号)同时废止。

第二十七条　本办法由学校人事处负责解释。

——本文摘录自《关于印发〈厦门大学学术假制度实施办法〉的通知》，厦大人〔2007〕10号，档号2007-XZ10-4

厦门大学漳州校区教室借用规定

(2007年4月3日)

1.教室限用于正常的教学、学术以及学生活动,不得用于盈利性的讲座和培训等其他活动。严禁私自使用教室。

2.教学、辅导方面的教室借用由教务人员提出申请,教师和学生不能直接借用;学生活动方面的教室借用由学生向所在工作站提出申请,工作站审核盖章后再向教务办申请;学生办、团工委下属的学生机构或团体借用教室,需先向团工委提出申请,团工委审核签字盖章后再向教务办申请。

3.借用教室需提前至少一天申请,必须在教务办办理借用手续。如借用多媒体教室需将多媒体使用单提前至少半天交至技术办值班室。

4.学生借用教室的申请需包括:借用单位、活动时间、活动内容、需要教室间数和容量、是否使用多媒体。

5.教室借用流程:

普通教室借用:持有相关单位盖章的申请到教务办办理教室借用手续,领取普通教室使用单。使用教室时,将使用单交至物业处。

多媒体教室借用:持有相关单位盖章的申请到教务办办理教室借用手续,领取多媒体教室使用单。使用教室时,将使用单交至技术办多媒体值班室,凭本人多媒体使用证换取多媒体钥匙。

6.多媒体使用证只限本人使用,不得外借。

7.使用教室时请爱护设备,保持卫生,如使用不当造成设备损坏将按照学校相关规定赔偿处理。

8.使用多媒体设备需控制使用时间,非教学安排需要请勿拖延。使用中不要影响邻近教室的教学和活动。

9.本规定最终解释权归教务办所有。

——本文摘录自《关于印发〈厦门大学漳州校区教室借用规定〉的通知》,厦大漳教〔2007〕1号,档号2007-XZ36-1

漳州校区教工公用自行车管理办法(修订稿)

(2007 年 4 月 26 日)

为方便教工在漳州校区的内部交通,校区在六个站点配备公用自行车,供教工使用。公用自行车自2006 年 12 月投入使用以来,得到全校教工的好评。同时,也出现部分教工未按规定使用的现象,导致自行车周转不够顺畅,影响到其他教工的用车方便。为确保校区公用自行车的正常使用,现对管理办法进行修订,修订后的管理办法如下:

一、六个站点分别位于:

1.校区主楼一楼东侧;

2.生化楼 B 栋西侧;

3.人文大楼西侧;

4.校区宾馆南面;

5.南校门内侧;

6.公共教学楼 1 号楼东面。

二、自行车严格限于校区内使用。

三、自行车使用对象为到校区工作的教工。

四、自行车只能停放于专设的六个站点。

五、教工凭"一卡通"到站点登记借车,到达目的地站点还车签收;实行"本站借,抵目的站即还"的原则,每次借用不超过半小时。

六、自行车损坏请及时报告站点管理人员,并将损坏零件一并交还,以便修复再用。

七、各站点由当班的保安、安防队员负责登记管理。

八、借还车时间:上午 7:30—晚上 22:10。

九、如违反以上规定,将按以下办法处理:

1.违反规定第一次者,登记提醒。

2.违反规定第二次者,批评并通报其所属单位。

3.违反规定第三次者,取消其借车资格一个月。

4.违反规定第四次者,取消其借车资格。

十、本办法自 2007 年 5 月 1 日起实施。

——本文摘录自《关于印发〈漳州校区教工公用自行车管理办法〉(修订稿)的通知》,厦大漳综〔2007〕1 号,档号 2007-XZ36-1

厦门大学校长办公会议议事规则

(2007年4月30日)

第一章 总 则

第一条 为实施依法治校,贯彻落实党委领导下的校长负责制,根据《中华人民共和国教育法》、《中华人民共和国高等教育法》和有关政策法规,结合我校实际,制定本规则。

第二章 会议的举行

第二条 校长办公会议是校长行使职权、履行职责、组织实施学校党委有关决议、研究和处理学校行政工作中重要事项的工作会议。校长办公会由校长(或由校长委托的副校长)召集和主持。

第三条 校长办公会成员由校长、副校长,党委书记、副书记,纪委书记,校长助理,学校办公室主任,校工会主席组成。列席人员根据需要由分管校领导或校长助理决定,由学校办公室负责通知。

第四条 校长办公会议原则上每周举行一次,时间定为每周五上午。如果校长认为必要,可临时召开校长办公会议。

第五条 校长办公会议至少应有半数以上成员出席方能举行,研究或决策某一问题时,分管校领导应到会。

第六条 校长办公会议成员如因特殊情况不能到会的,应事先向会议主持人请假。

第三章 会议议题的确定

第七条 校长办公会议的议题范围包括:

(一)传达、贯彻落实上级重要文件、会议精神;

(二)讨论学校党委关于学校行政事务的决议的实施意见;

(三)讨论决定学校重大改革和发展规划;

(四)讨论决定学校年度工作计划和工作总结;

(五)讨论决定学校重要行政规章制度的制定、修改、废止;

(六)审定教学、科研、行政机构的设置和调整;

(七)审定教学、科研、行政管理等方面的重大活动和计划;

(八)审定学科建设和队伍建设的重大事项;

(九)审议申报专业设置和学位授予点的增设与调整;

(十)审定学校年度经费的预、决算,讨论决定学校100万元以上的重大财务支出;

(十一)审定学校年度招生计划;

(十二)讨论决定对教职员工和学生的相关奖惩;

(十三)审定年度基建和维修计划,讨论决定重大基建和维修项目;

(十四)讨论决定校长认为需要讨论的其他重要问题。

第八条　校长办公会议议题由办公会议成员提出，学校办公室收集和汇总后，报经校长（或会议主持人）审定后，正式确定为校长办公会议议题。

第九条　校长办公会议议题一经确定，原则上不再变动。因特殊情况需临时增加或减少议题，必须经校长（或会议主持人）同意。

第十条　议题提出后，有关领导应事先组织有关职能部门负责人，就提出的议题做好充分的调研和论证，提出具体建议或备选方案，于每周三前由职能部门将相关材料提交至学校办公室。

第四章　会议议题的审议

第十一条　审议校长办公会议议题时，首先由分管校领导或部门负责人对议题做出说明，并提出具体意见提请校长办公会议研究决定。会议成员要紧紧围绕议题充分发表自己的意见。在此基础上，由校长（或会议主持人）根据讨论结果正式做出会议决定。

第十二条　校长办公会议应做到有议有决。如果对议题意见分歧较大，会议可授权校长（或会议主持人）根据实际情况做出决定，或授权校长和党委书记在会后协商做出决定，在下一次会议上做出说明；或由校长（或会议主持人）提出暂缓决定的意见。

第十三条　校长办公会议讨论的议题如涉及会议成员个人或其亲属，有关与会人员应回避。

第五章　会议决议的执行

第十四条　校长办公会议的决议由分管校领导或校长助理负责组织实施。在执行过程中，如有特殊情况，经校长同意，可提请校长办公会议复议。

第十五条　学校办公室负责校长办公会议决定或决议执行的督办和检查工作，并及时将落实情况向校长报告。

第六章　会议纪要

第十六条　校长办公会议的会务工作由学校办公室承担。每次校长办公会议后由学校办公室整理并形成《校长办公会议纪要》。

第十七条　《校长办公会议纪要》应包括下列内容：

（一）校长办公会议时间、地点、主持人、出席人、列席人、缺席人、缺席原因、记录人；

（二）综述审议议题时的讨论情况；

（三）议题审议结果和决定；

（四）会议主持人认为应该记录的事项。

第十八条　《校长办公会议纪要》须经有关成员审阅后由校长（或会议主持人）签发，分送校领导、校长助理和相关部门或学院，并送学校档案馆存档。

第十九条　《校长办公会议纪要》与学校文件具有同等的效力。

第七章　附　则

第二十条　凡经校长办公会议做出的决定，必须坚决执行，任何单位或个人不得以任何理由拒绝执行。已经校长办公会议决定的事项如需修改，应经校长办公会议再次研究通过后方为有效。

第二十一条　会议成员均有保密的义务和责任。校长办公会议所做出的决定或决议，何时、以何种方式、在何种范围内公布，应按会议决定或决议执行，不允许擅自将会议内容和与会人员的观点外传。对违反保密规定的应按有关规定和纪律追究当事人的责任。

第二十二条　本规则自公布之日起执行，2001 年 1 月 10 日发布并施行的《厦门大学校长办公会议议事规则》同时废止。

——本文摘录自《关于印发〈厦门大学校长办公会议议事规则〉的通知》，厦大办〔2007〕22 号，档号 2007-XZ09-7

厦门大学漳州校区体育场馆使用管理规定

（2007年5月11日）

为加强校区体育场馆管理，提高场馆使用效率，更好地发挥其为我校教学、训练、竞赛和师生体育锻炼服务的功能，结合校区的实际，制定本管理规定。

一、校区运动场馆管理工作由漳州校区体育运动场馆管理小组负责，日常具体管理事务由校区资产后勤办负责。

二、校区体育场馆优先保证学校体育教学、训练、竞赛需要。其他时段，在规定的时间内向全校师生员工开放。

三、在规定的开放时间内，师生员工凭校园一卡通、工作证或学生证等有效证件出入体育场馆；其他任何人员未经许可，禁止入内。

凡需要使用体育场馆的单位或部门，需提前三天向资产后勤办递交使用申请，并服从统一安排；如有大型活动，必须经校区管委会审批。

四、凡进入体育场馆内的人员必须服从现场管理人员的安排、疏导和管理。按指定时间、地点活动。不得影响学校正常的体育教学、训练、竞赛秩序。

体育场馆非开放时间，请勿擅自入内；否则，视情节轻重予以处理；若发生意外，后果自负。

五、进入体育场馆内的人员要注意安全、文明礼貌，杜绝不文明行为，须遵守下列规定：

1. 保持体育场馆内卫生，严禁在场地内吸烟、吐痰、吃带有皮核的食物和口香糖，严禁乱扔废弃物；禁止在墙面、椅面和桌面上刻画、涂写。

2. 禁止携带禽畜、易燃、易爆及油质物品进入场地。

3. 禁止嬉戏、打架斗殴。

4. 爱护体育场馆各种设备、设施和器材，使用器材时要按操作规程进行，未经允许不得随意挪动，如有损坏，照价赔偿。

5. 在活动时须按各运动项目要求着装；室内体育馆严禁穿皮鞋、高跟鞋、钉鞋等进入场地。

六、未经许可，不得在体育场馆内外悬挂、张贴宣传品，摆放及发放商业产品。

七、严禁占用疏散通道；严禁擅自使用大功率电器设备。

八、使用单位、部门和个人在使用体育场馆的过程中，都要保证场馆安全、保持环境卫生和维护活动秩序。

九、使用单位或部门应对参与人员进行爱护场馆设备设施的公德教育与安全教育，积极配合场馆管理人员的工作，遵守各项规章制度。

十、如违反以上条例，按学校相关规定处理。

——本文摘录自《关于印发〈厦门大学漳州校区体育场馆使用管理规定〉的通知》，厦大漳综〔2007〕3号，档号2007-XZ36-1

厦门大学规范性文件制定办法

(2007年5月18日)

第一章 总 则

第一条 为推进我校依法治校进程,规范我校规范性文件(以下简称"规范性文件")制定程序,保证规范性文件质量,根据国家有关法律、法规规定,特制定本办法。

第二条 本办法所称规范性文件是指以学校名义发布的在全校范围内适用的具有规章制度性质的规定、办法以及带有规范性内容的通知、意见等。

以学校名义发布的文件包括以中共厦门大学委员会名义发布的、以厦门大学名义发布的和以中共厦门大学委员会与厦门大学名义联合发布的文件。以中共厦门大学委员会或厦门大学名义转发上级机关的文件不在此限。

第三条 规范性文件的立项、起草、审查、决定、公布、解释,适用本办法。违反本办法规定的制定权限和程序所制定的规范性文件无效。

第四条 制定规范性文件,应当符合宪法、法律、法规、规章和上级机关其他规范性文件的规定。

第五条 制定规范性文件,应当切实保障师生员工的合法权益,在规定其应当履行义务的同时,应当规定其相应的权利和保障权利实现的途径。

第六条 制定规范性文件,应当体现党政职能部门(以下简称"职能部门")的职权与责任相统一的原则。在赋予有关职能部门必要的职权的同时,应当规定其行使职权的条件、程序和应承担的责任。

第七条 制定规范性文件,应当符合精简、统一和效能的原则,体现改革创新的精神,科学规范学校的管理和服务行为。

第八条 规范性文件的名称一般称"规定"、"办法"。

第九条 规范性文件应当做到结构严谨,用语准确、简洁,条文内容明确、具体,具有可操作性。

除内容复杂的外,规范性文件一般不分章、节。

第二章 立 项

第十条 职能部门认为属于自己职权范围而需要制定规范性文件的,应当向分管校领导报请立项。

第十一条 职能部门报请立项时,应当对制定该规范性文件的必要性、所要解决的主要问题、拟确立的主要制度等做出说明。

第十二条 分管校领导批准立项后,职能部门应当及时将上述说明和立项批准文件报送学校法律事务办公室备案。

第十三条 职能部门应根据学校事业发展和工作的需要,研究并拟定相应的规范性文件制定工作计划。分管校领导应当加强对规范性文件制定工作计划的领导。

第十四条 规范性文件制定工作计划应当明确规范性的名称、起草单位、完成时间等。规范性文件制定工作计划报分管校领导批准后送学校法律事务办公室备案。

第十五条　对于已批准立项的或者已列入规范性文件制定工作计划的项目，承担起草工作的单位应当抓紧工作，按照本办法的规定及时上报。

第三章　起　草

第十六条　规范性文件由职能部门负责起草。对于重要的综合性、法律性较强的规范性文件，可以由学校办公室或者学校法律事务办公室组织起草。

起草规范性文件，可以邀请有关专家、学者参加。

第十七条　起草规范性文件，应当深入调查研究，总结实践经验，广泛听取有关部门、团体和师生员工的意见。

听取意见可以采取书面征求意见、座谈会、论证会、听证会和教职工代表大会讨论等多种形式。

第十八条　起草的规范性文件直接涉及师生员工切身利益的，应当在全校范围内公布，征求师生员工的意见。

第十九条　听证会按照下列程序组织：

(一)听证会在一定范围内公开举行，起草单位应当在举行听证会的10日前公布听证会的时间、地点和内容；

(二)参加听证会的有关部门、团体和师生员工对起草的规范性文件，有权提问和发表意见；

(三)听证会应当制作笔录，如实记录发言人的主要观点和理由。

起草单位应当认真研究听证会反映的各种意见，起草的规范性文件在报送审查时，应当说明对听证会意见的处理情况及其理由。

第二十条　起草规范性文件，涉及学校其他部门的职责或者与其他部门关系紧密的，起草单位应当充分征求其他部门的意见。起草单位与其他部门有不同意见的，应当充分协商；经过充分协商不能取得一致意见的，起草单位应当在上报规范性文件草案送审稿(以下简称“送审稿”)时说明情况和理由。

第二十一条　起草规范性文件，应当对现行的内容相同的规范性文件进行清理。如果现行的规范性文件将被起草的规范性文件所替代，应当在送审稿中明确予以废止。

第二十二条　起草单位应当将送审稿及其说明、对送审稿主要问题的不同意见和其他有关材料按规定报送学校办公室审查。

报送审查的送审稿应当由起草单位主要负责人签署；数个起草单位共同起草的送审稿，应当由该数个单位主要负责人共同签署。

报送审查的送审稿的说明主要包括对制定规范性文件的必要性、规定的主要制度和措施、有关方面的意见等情况做出的说明。

报送审查的有关材料主要包括所依据的法律、法规和上级机关的规范性文件、汇总的意见、听证会笔录、调研报告及有关背景资料等。

第四章　审　查

第二十三条　送审稿由学校办公室和学校法律事务办公室共同审查。学校办公室主要从文字、格式等方面进行审查，学校法律事务办公室主要从合法性方面进行审查。

第二十四条　送审稿有下列情形之一的，学校办公室或者学校法律事务办公室可以退回起草单位，要求起草单位按照有关规定重新研究、起草：

(一)制定规范性文件的基本条件尚不成熟的。

(二)送审稿与法律、法规及上级机关规范性文件的规定不一致或者相抵触的。

(三)送审稿中的主要制度有明显制度缺陷的;或者有关部门对于主要制度存在较大争议,起草单位与有关部门未进行充分协商的。

(四)应该听取意见但未听取意见的;或者对已听取的有关意见未做处理或未做说明的。

(五)送审稿结构混乱,条文内容不明确、具体,操作性差的。

(六)报送送审稿未按本办法第二十二条的规定报送的。

第二十五条　学校办公室或者学校法律事务办公室在审查送审稿过程中,可以就有关问题自行组织调查研究,也可以按本办法第十七至十九条的规定进一步征求、听取意见。

第二十六条　学校办公室或者学校法律事务办公室审查送审稿后,应当形成书面审查意见,及时向起草单位反馈。

起草单位应当根据审查意见拟定正式的规范性文件草案(以下简称"草案")和对草案的说明。说明应当包括制定规范性文件拟解决的主要问题、确立的主要制度和措施以及与有关部门的协调情况等。

第二十七条　草案和对草案的说明由起草单位、学校办公室和学校法律事务办公室负责人共同签署,并提出提请学校党委常委会或者校长办公会议审议的建议。上述文件报分管校领导审阅并经学校党委常委会或者校长办公会议主持人同意后提交有关会议审议。

第五章　决定和公布

第二十八条　规范性文件应当经学校党委常委会或者校长办公会议决定。

第二十九条　学校党委常委会或者校长办公会议审议规范性文件草案时,由起草单位负责对草案做说明。

第三十条　学校办公室和学校法律事务办公室应当根据有关会议审议意见,与起草单位共同对草案进行修改,形成草案修改稿,报送有关校领导签署后公布。

第三十一条　公布规范性文件应当载明制定机关、序号、规范性文件名称、通过日期、施行日期、公布日期等。

第三十二条　规范性文件公布后,应当及时印制成印刷品或者在校园网上刊登。规范性文件涉及保密内容的,应当按照国家有关保密工作的规定确定印发和公布范围。

第三十三条　规范性文件可以自公布之日起施行;有特殊情形的,应当自公布之日起30日后施行。

第六章　解释与备案

第三十四条　规范性文件有下列情形之一的,由党委常委会或者校长办公会议负责解释:

(一)规范性文件需要进一步明确具体含义的;

(二)规范性文件制定后出现新的情况,需要明确适用规范性文件依据的。

上述规范性文件的解释由起草单位参照本办法规定的规范性文件送审稿审查程序提出意见,学校法律事务办公室审查后报请党委常委会或者校长办公会议批准公布。

上述规范性文件的解释与规范性文件具有同等的效力。

第三十五条　属于在实际工作中具体运用规范性文件的问题,由执行该规范性文件的职能部门负责解释。

第三十六条　学校有关部门和师生员工认为规范性文件同法律、法规、规章和上级机关其他规范性文件的规定不一致或者相抵触的,可以向学校法律事务办公室书面提出意见或建议,学校法律事务办公室应当予以研究处理。

第三十七条　规范性文件由起草单位和学校办公室、学校法律事务办公室各备案一份。

第七章 附 则

第三十八条 学校有关部门应当对规范性文件及时进行清理，发现与新公布的法律、法规、规章或者上级机关其他规范性文件的规定不一致或者相抵触的，应当及时修改或者废止。

修改、废止规范性文件的程序，参照本办法执行。

第三十九条 学校办公室和学校法律事务办公室负责全校规范性文件的汇编工作。职能部门也可自行对与本部门工作有关的规范性文件进行汇编。

第四十条 本办法自公布之日起施行。

——本文摘录自《关于印发〈厦门大学规范性文件制定办法〉的通知》，厦大办〔2007〕26号，档号2007-XZ09-8

厦门大学核心学术刊物目录(2007 年版)

(2007 年 5 月 24 日)

一、文科核心学术刊物

(一)文科一类核心学术刊物

1.以下刊物为文科一类核心学术刊物(共 96 种):

序号	刊物名称	序号	刊物名称
1	*CHINA DAILY*(理论版学术类)	23	国际问题研究
2	爱知论丛(日本)	24	国外社会科学
3	北京大学学报(哲社版)	25	吉林大学社会科学学报
4	北京师范大学学报(人文社科版)	26	教育研究
5	北京体育大学学报	27	教育与经济
6	比较教育研究	28	金融研究
7	财政研究	29	近代史研究
8	当代外国文学	30	经济管理
9	当代亚太	31	经济学动态(学术类)
10	读书(学术类)	32	经济学家
11	法律科学	33	经济学论纂(日本)
12	法学研究	34	经济研究
13	复旦学报(社科版)	35	考古
14	高等教育研究	36	会计研究
15	高校理论战线	37	历史研究
16	古汉语研究	38	马克思主义与现实
17	古代文化(日本)	39	民族研究
18	管理科学学报	40	南京大学学报(哲学、人文、社科版)
19	管理世界	41	南开管理评论
20	光明日报(理论版学术类)	42	南开学报(哲社版)
21	国际金融研究	43	农业经济问题
22	国际贸易问题	44	求是

续表

序号	刊物名称	序号	刊物名称
45	人口研究	71	心理学报
46	人类学学报	72	新华文摘(全文转载)
47	人民日报(理论版学术类)	73	新美术
48	社会学研究	74	新闻大学
49	审计研究	75	新闻与传播研究
50	史学理论研究	76	戏剧
51	世界经济	77	学术月刊
52	世界历史	78	音乐研究
53	世界民族	79	哲学动态(学术类)
54	世界宗教研究	80	哲学研究
55	数量经济技术经济研究	81	政法论坛
56	税务研究	82	政治学研究
57	台湾研究	83	中共党史研究
58	体育科学	84	中国法学
59	统计研究	85	中国工业经济
60	投资研究	86	中国广播电视学刊(理论栏学术类)
61	外国文学评论	87	中国经济史研究
62	外国语	88	中国军事科学
63	外语教学与研究	89	中国人民大学学报
64	文史哲	90	中国社会科学
65	文学评论	91	中国史研究
66	文学遗产	92	中国行政管理(理论栏学术类)
67	文艺研究	93	中国音乐学
68	厦门大学学报(哲社版)	94	中国语文
69	现代法学	95	中国哲学史
70	心理科学	96	自然辩证法通讯

2.被SSCI(《社会科学引文索引》)、A&HCI(《艺术与人文科学引文索引》)、ISSHP(《社会科学及人文科学会议录索引》)和SCI(《科学引文索引》)、EI(《工程索引》)、ISTP(《科学技术会议录索引》)收录的学术论文,亦为文科一类核心学术刊物论文。

(二)文科二类核心学术刊物

1.未被收进一类核心学术刊物的CSSCI(《中文社会科学引文索引》)期刊均为文科二类核心学术刊物(共406种)。列表如下:

(表略——编者注)

2.增列以下刊物为文科二类核心学术刊物(共7种):

序号	刊物名称	序号	刊物名称
407	法令月刊(台湾地区)	411	外语与外语教学
408	法学研究(台湾地区)	412	现代广告
409	美术研究	413	装饰
410	日本学论坛(日本)		

二、理工科核心学术刊物

(一)理工科一类核心学术刊物

1.被 SCI、El、ISTP 和 SSCI、A&HCI、ISSHP 收录的学术论文,均为理工科一类核心学术刊物论文。

2.增列以下刊物为建筑学和医学学科一类核心学术刊物(共 75 种。其他学科为二类核心学术刊物):

序号	刊物名称	序号	刊物名称
1	城市规划	25	中国中医骨伤科杂志
2	毒理学杂志	26	中华病理学杂志
3	光明中医	27	中华超声影像学杂志
4	建筑学报	28	中华传染病杂志
5	解剖学报	29	中华创伤杂志
6	免疫学杂志	30	中华儿科杂志
7	生理学报	31	中华耳鼻咽喉科杂志
8	新建筑	32	中华放射学杂志
9	药物分析杂志	33	中华风湿病学杂志
10	药学学报	34	中华妇产科杂志
11	营养学报	35	中华肝胆外科杂志
12	中国病理生理杂志	36	中华骨科杂志
13	中国临床药学杂志	37	中华核医学杂志
14	中国生化药物杂志	38	中华护理杂志
15	中国卫生统计	39	中华急诊医学杂志
16	中国新药与临床杂志	40	中华检验医学杂志
17	中国药理学通报	41	中华结核和呼吸杂志
18	中国药物化学杂志	42	中华精神科杂志
19	中国药学杂志	43	中华口腔医学杂志
20	中国应用生理学杂志	44	中华劳动卫生职业病杂志
21	中国园林	45	中华老年医学杂志
22	中国针灸	46	中华流行病学杂志
23	中国中西医结合杂志	47	中华麻醉学杂志
24	中国中药杂志	48	中华泌尿外科杂志

续表

序号	刊物名称	序号	刊物名称
49	中华内分泌代谢杂志	63	中华消化杂志
50	中华内科杂志	64	中华心血管病杂志
51	中华皮肤科杂志	65	中华胸心血管外科杂志
52	中华普通外科杂志	66	中华血液学杂志
53	中华器官移植杂志	67	中华眼科杂志
54	中华全科医师杂志	68	中华医学杂志
55	中华烧伤杂志	69	中华预防医学杂志
56	中华神经外科杂志	70	中华整形外科杂志
57	中华神经医学杂志	71	中华中医药杂志
58	中华肾脏病杂志	72	中华肿瘤杂志
59	中华实验外科杂志	73	中医临床(日本)
60	中华外科杂志	74	中医杂志
61	中华微生物学和免疫学杂志	75	中医杂志(英文版)
62	中华物理医学与康复杂志		

(二)理工科二类核心学术刊物

1.未被收进一类核心学术刊物的CSCD(《中国科学引文数据库》)中文核心库期刊均为理工科二类核心学术刊物(共615种)。列表如下:

(表略——编者注)

2.增列以下刊物为理工科二类核心学术刊物(共92种):

序号	刊物名称	序号	刊物名称
616	癌变·畸变·突变	631	介入放射学杂志
617	肠外与肠内营养	632	临床儿科杂志
618	城市建筑	633	临床耳鼻咽喉科杂志
619	分子细胞生物学报	634	临床麻醉学杂志
620	肝胆外科杂志	635	上海口腔医学
621	高血压杂志	636	上海中医药大学学报
622	工业卫生与职业病	637	时代建筑
623	骨与关节损伤杂志	638	实用妇产科杂志
624	规划师	639	世界华人消化杂志
625	护理管理杂志	640	数学研究
626	护理学杂志	641	现代预防医学
627	环境与健康杂志	642	眼科学报
628	建筑环境	643	药物不良反应杂志
629	建筑师	644	药学实践杂志
630	解剖学科学进展	645	浙江大学学报·医学版

续表

序号	刊物名称	序号	刊物名称
646	诊断病理学杂志	677	中国现代应用药学
647	中国癌症杂志	678	中国心脏起搏与心电生理杂志
648	中国动脉硬化杂志	679	中国新生儿科杂志
649	中国耳鼻咽喉头颈外科	680	中国新药杂志
650	中国法医学杂志	681	中国胸心血管外科临床杂志
651	中国妇幼保健	682	中国学校卫生
652	中国工业医学杂志	683	中国循证医学杂志
653	中国公共卫生	684	中国医学影像技术
654	中国骨质疏松杂志	685	中国医院
655	中国呼吸与危重监护杂志	686	中国医院管理
656	中国激光医学杂志	687	中国运动医学杂志
657	中国急救医学	688	中国中医基础医学杂志
658	中国脊柱脊髓杂志	689	中华创伤骨科杂志
659	中国介入心脏病学杂志	690	中华高血压杂志
660	中国康复医学杂志	691	中华理疗杂志
661	中国抗感染化疗杂志	692	中华神经外科疾病研究杂志
662	中国临床康复	693	中华手外科杂志
663	中国临床心理学杂志	694	中华糖尿病杂志
664	中国临床药理学杂志	695	中华围产医学杂志
665	中国慢性病预防与控制	696	中华胃肠外科杂志
666	中国内镜杂志	697	中华消化内镜杂志
667	中国皮肤性病学杂志	698	中华心律失常学杂志
668	中国普通外科杂志	699	中华眼底病杂志
669	中国全科医学	700	中华医学科研管理杂志
670	中国神经科学杂志	701	中华医学美学美容杂志
671	中国实验血液学杂志	702	中华医院感染学杂志
672	中国实用儿科杂志	703	中华医院管理杂志
673	中国实用护理杂志	704	中外建筑
674	中国食品卫生杂志	705	中西医结合学报
675	中国疼痛医学杂志	706	中药药理与临床
676	中国微创外科杂志	707	中医药通报

3.CSCD(《中国科学引文数据库》)英文核心库期刊为理工科二类核心学术刊物(共53种):(表略——编者注)

——本文摘录自《关于印发〈厦门大学核心学术刊物目录(2007年版)〉、〈厦门大学已撤销的核心学术刊物目录(2007年版)〉和〈厦门大学关于核心学术刊物的若干规定〉的通知》,厦大人〔2007〕77号,档号2007-XZ10-7

厦门大学已撤销的核心学术刊物目录(2007年版)

(2007年5月24日)

1.CSSCI撤销刊物(共31种):

序号	刊物名称	截止时间	序号	刊物名称	截止时间
CW1	长白学刊	2006.06.30	CW17	世界经济文汇	2007.06.30
CW2	百年潮	2007.06.30	CW18	书法研究	2007.06.30
CW3	城市环境与城市生态	2006.06.30	CW19	文学自由谈	2006.06.30
CW4	当代思潮	2007.06.30	CW20	文史知识(2005.01.01起算)	2007.06.30
CW5	地理与地理信息科学	2007.06.30	CW21	新疆大学学报(社科版)	2006.06.30
CW6	东方文化(2005.01.01起算)	2007.06.30	CW22	学前教育研究	2006.06.30
CW7	高等理科教育	2007.06.30	CW23	语文建设	2007.06.30
CW8	国际商务研究(上海贸易学院学报)	2006.06.30	CW24	战略与管理	2007.06.30
CW9	湖北大学学报(哲社版)	2006.06.30	CW25	中国道教	2006.06.30
CW10	环境科学动态(2005.01.01起算)	2007.06.30	CW26	中国环境科学	2006.06.30
CW11	经济问题探索	2006.06.30	CW27	中国投资(原名:投资与建设)	2006.06.30
CW12	理论学刊	2006.06.30	CW28	中国信息导报(2005.01.01起算)	2007.06.30
CW13	理论与改革	2006.06.30	CW29	中国资产评估	2007.06.30
CW14	林业经济	2006.06.30	CW30	自然科学史研究	2006.06.30
CW15	农村生态环境	2007.06.30	CW31	自然资源学报	2007.06.30
CW16	上海环境科学	2006.06.30			

2.CSCD撤销刊物(共73种):

序号	刊物名称	截止时间	序号	刊物名称	截止时间
CL1	安徽农业大学学报	2006.06.30	CL6	城市规划汇刊(原一类核心)	2006.06.30
CL2	白求恩医科大学学报	2006.06.30	CL7	传感器技术	2008.06.30
CL3	北京医科大学学报	2006.06.30	CL8	大连水产学院学报	2006.06.30
CL4	长春科技大学学报	2006.06.30	CL9	地震研究	2008.06.30
CL5	成都理工大学学报	2008.06.30	CL10	地质地球化学	2008.06.30

续表

序号	刊物名称	截止时间	序号	刊物名称	截止时间
CL11	第一军医大学学报	2008.06.30	CL43	上海免疫学杂志	2008.06.30
CL12	电子科学学刊	2006.06.30	CL44	上海医科大学学报	2006.06.30
CL13	光散射学报	2008.06.30	CL45	沈阳农业大学学报	2008.06.30
CL14	广西农业生物科学	2008.06.30	CL46	生态农业研究	2006.06.30
CL15	海洋工程	2008.06.30	CL47	生物工程进展	2006.06.30
CL16	海洋通报	2008.06.30	CL48	生物化学与生物物理学报	2008.06.30
CL17	河北农业大学学报	2008.06.30	CL49	石油大学学报·自然科学版	2008.06.30
CL18	河南农业大学学报	2008.06.30	CL50	实验生物学报	2008.06.30
CL19	湖南医科大学学报	2008.06.30	CL51	数学季刊	2008.06.30
CL20	华北农学报	2008.06.30	CL52	天体物理学报	2006.06.30
CL21	华西医科大学学报	2007.06.30	CL53	同济医科大学学报	2006.06.30
CL22	华中理工大学学报	2006.06.30	CL54	土壤肥料	2008.06.30
CL23	化学物理学报	2008.06.30	CL55	卫生毒理学杂志	2006.06.30
CL24	吉林农业大学学报	2008.06.30	CL56	武汉测绘科技大学学报	2006.06.30
CL25	暨南大学学报·自然科学与医学版	2008.06.30	CL57	西北农业大学学报	2006.06.30
CL26	江苏农业研究	2006.06.30	CL58	西南农业大学学报	2008.06.30
CL27	结构化学	2008.06.30	CL59	西南师范大学学报	2006.06.30
CL28	金属热处理学报	2006.06.30	CL60	岩矿测试	2008.0630
CL29	菌物系统	2008.06.30	CL61	遗传学报	2008.06.30
CL30	流体力学实验与测量	2008.06.30	CL62	云南天文台台刊	2008.06.30
CL31	内蒙古大学学报·自然科学版	2008.06.30	CL63	浙江林学院学报	2008.06.30
CL32	南京林业大学学报	2008.06.30	CL64	植物生理学报	2006.06.30
CL33	南京气象学院学报	2006.06.30	CL65	植物学报	2008.06.30
CL34	农村生态环境	2008.06.30	CL66	中国纺织大学学报	2006.06.30
CL35	农业环境保护	2006.06.30	CL67	中国公共卫生学报	2006.06.30
CL36	农业环境科学学报	2007.06.30	CL68	中国药理学报	2006.06.30
CL37	气象	2008.06.30	CL69	中国医学影像技术	2008.06.30
CL38	青岛海洋大学学报·自然科学版	2008.06.30	CL70	中南工业大学学报	2008.06.30
CL39	山东农业大学学报·自然科学版	2008.06.30	CL71	中南林学院学报	2008.06.30
CL40	陕西师范大学学报·自然科学版	2008.06.30	CL72	中山医科大学学报	2008.06.30
CL41	陕西天文台台刊	2008.06.30	CL73	紫金山天文台台刊	2006.06.30
CL42	上海第二医科大学学报	2008.06.30			

3.已撤销的 CSCD 英文核心学术刊物(共 4 种):

序号	刊物名称	截止时间	序号	刊物名称	截止时间
CL74	*Chinese Journal of Lasers.Series B*	2008.06.30	CL76	*Chinese Journal of Nuclear Physics*	2008.06.30
CL75	*Entomologia Sinica*	2008.06.30	CL77	*Journal of China Universities of Posts and Telecommunications*	2008.06.30

4.已撤销的理工科核心学术刊物(共 4 种):

序号	刊物名称	截止时间	序号	刊物名称	截止时间
CL78	哈尔滨建筑大学学报(原一类核心)	2006.06.30	CL80	重庆建筑大学学报(原二类核心)	2006.06.30
CL79	细胞生物学杂志(原一类核心,调整为二类核心)	2008.06.30	CL81	中国医药学报(原二类核心)	2008.06.30

——本文摘录自《关于印发〈厦门大学核心学术刊物目录(2007 年版)〉、〈厦门大学已撤销的核心学术刊物目录(2007 年版)〉和〈厦门大学关于核心学术刊物的若干规定〉的通知》,厦大人〔2007〕77 号,档号 2007-XZ10-7

厦门大学关于核心学术刊物的若干规定

(2007年5月24日)

1.《厦门大学教师职务聘任条例(试行)》所规定的“本学科核心刊物”,既指《厦门大学核心学术刊物目录》所列的本学科领域的核心学术刊物,也指《厦门大学核心学术刊物目录》所列的与本学科有关的跨学科或交叉学科的核心学术刊物。

2.高聘教师职务(在任现职务期间或最近5年内),在我校主办的一类核心学术刊物上发表的学术论文,最多只能计算1篇为一类核心学术刊物发表的学术论文,其余只能作为二类核心学术刊物发表的学术论文计算。

3.《厦门大学教师职务聘任条例(试行)》第十五条第4款和第十七条第4款所规定的高聘教授或副教授职务须“至少有1篇本人独立完成或以第一作者(且同时作为通讯作者)署名的发表在一类核心刊物上的学术论文”,均要求为在校外一类核心刊物上发表的学术论文。

4.高聘教授职务要求的学术论文至少应有二分之一发表在校外核心学术刊物上;高聘副教授职务要求的学术论文至少应有三分之一发表在校外核心学术刊物上。理工科教师高聘教授职务应至少有1篇学术论文发表在国外发行的外文刊物上。

5.文科在《人民日报》(理论版)、《光明日报》(理论版)、*CHINA DAILY*(理论版)上发表的学术论文(非学术性论文不计为一类核心刊物论文)要求不低于2500字,在其他刊物上发表的及被《新华文摘》转载的学术论文要求不低于4000字。

6.文科在国外学术刊物上用外文发表的学术论文(被接受为学术类论文刊载或3000个单词以上的学术论文),若该刊物经(1)校外本学科学术权威2人认可、(2)学院(单位)学术委员会表决通过、(3)学校聘委会最后审定已达到国内一类或二类核心学术刊物水准的,可相应视同在一类或二类核心学术刊物上发表的学术论文。理工科在国外学术刊物上用外文发表的学术论文,若该刊物经过上述三个程序认定已达到国内二类核心学术刊物水准的,可相应视同在二类核心学术刊物上发表的学术论文。台港澳地区学术刊物的认定参照国外学术刊物的认定办法执行。

7.增列的理工科一类核心学术刊物仅对建筑学和医学学科有效,其他学科为二类核心学术刊物。

8.申请高聘或新聘医学学科(中医学和附属医院临床医学学科除外)高级教师职务所要求发表的一类核心学术论文中至少要有1篇被SCI、SSCI或EI收录。

9.在被撤销的原我校1998年颁布的权威和核心学术刊物上发表的学术论文有效期截至2005年6月30日。凡在此日期之前在这些刊物上发表或提交正式录用通知的学术论文,仍相应视同在一类或二类核心学术刊物上发表的论文,但作为考核和应聘条件时,须提交正式出版物。

10.列入《厦门大学核心学术刊物目录》的刊物将根据CSSCI和CSCD收录期刊的变动实行动态调整。凡新增加的刊物,所发学术论文的有效期均从我校公布当年的1月1日起算;凡被撤销的刊物,所发学术论文的有效期均截至下一年的6月30日。

11.本规定自公布之日起开始实行,学校原有的相关规定不再执行。

12.本规定由学校人事处负责解释。

——本文摘录自《关于印发〈厦门大学核心学术刊物目录(2007 年版)〉、〈厦门大学已撤销的核心学术刊物目录(2007 年版)〉和〈厦门大学关于核心学术刊物的若干规定〉的通知》,厦大人〔2007〕77 号,档号 2007-XZ10-7

厦门大学教师职务聘任条例(试行)

(2007年5月修订)

(2007年5月30日)

第一章　总　则

第一条　为进一步深化我校教师职务聘任制度改革,规范教师职务聘任工作,加强教师队伍建设,提高学校的教学科研工作水平,根据《中华人民共和国教育法》、《中华人民共和国高等教育法》、《中华人民共和国教师法》、《中华人民共和国劳动法》以及其他有关法律法规,制定本条例。

第二条　本条例适用于厦门大学专任教师。厦门大学专任教师指在厦门大学专门从事教学科研工作的专业技术人员。

第三条　教师职务聘任制遵循按需设岗、公开招聘、平等竞争、择优聘任的原则,学校与教师通过平等协商、双方自愿签订聘用合同的方式建立聘任关系。

第四条　教师职务聘任制坚持尊重劳动、尊重知识、尊重人才、尊重创造的方针,保障教师的劳动积极性和学术创造力得以充分发挥。

第二章　岗位设置

第五条　教师岗位分为教学科研并重型岗位和教学为主型岗位。

第六条　教学科研并重型岗位教师职务设助教、助理教授、副教授、教授;教学为主型岗位教师职务设助教、讲师、副教授。其中,助教为初级职务,讲师、助理教授为中级职务,副教授和教授为高级职务。

第七条　承担全校性思想政治理论课程、公共英语课程、公共体育课程、公共实验课程、军事理论课程等五类全校性公共课程和对外汉语课程的教学任务的教师,在应聘(含申请高聘、续聘和新聘)教师职务时,可以选择应聘教学为主型教师岗位。其他学科年龄在55周岁以上且已受聘副教授以上职务的本校教师,也可申请按教学为主型岗位聘任(现任副教授)或减免科研工作任务(现任教授)。

其他教师岗位(含上述五类公共课程和对外汉语课程所属学科设置的教授岗位)均为教学科研并重型岗位。

第八条　教师职务岗位根据教学科研和学科建设的需要设置,一般按二级学科或本科专业设置。

第九条　教师职务岗位设置在结构上必须符合教育发展规律和教学科研工作及学科建设的需要,原则上全校高级职务岗位数占教师职务岗位总数的比例不低于60%(其中正高职务岗位数占高级职务岗位总数的比例不低于40%),中初级职务岗位数占教师职务岗位总数的比例不高于40%。不同类型岗位教师职务的结构比例应有所不同。

第十条　学校鼓励教师资源在全校范围内得以充分共享,相关学院(直属教学科研单位,以下简称"单位")可以联合聘用或复聘教师,一个教师在同一聘期最多可以接受3个单位的聘任。凡实行教师合聘或复聘的学院(单位),其合聘或复聘的教师按其实际承担的工作量比例计算所占相应职务岗位数。

第十一条　学校保障担任管理职务的教师认真履行管理职责,受聘教师担任学校机关部处正职以上管理职务或担任各学院副院长、副书记以上职务(含研究院、直属教学部党政正职领导职务)的,不占本学院(单位)教师岗位数。

教师担任学校其他管理职务,通过减免教学科研工作量或配备教学科研助手的办法予以鼓励。

第十二条　根据国家及地方省一级政府规定年满60周岁可不办理退休手续的教师,受聘教师职务可不占本学院(单位)的教师岗位数。

第十三条　学校鼓励优秀人才的引进,凡有岗位空缺,必须面向国内外公开招聘,同等条件下,优先聘用校外应聘人员。

学校根据事业整体发展的需要,在全校专任教师编制总数中划出5%的机动编制,用以保证各学院(单位)在没有空缺岗位的情况下满足学科发展对于特别优秀人才的聘用需要。各学院(单位)占用学校的机动编制数,应在5年内归还。

第三章　岗位职责与任职条件

第十四条　受聘教师应当依法取得中华人民共和国高等学校教师资格或外国专家资格,符合国家和学校规定的有关任职条件,遵纪守法,热爱教育工作,具有良好的职业道德,履行相应的岗位职责。

尚未取得中华人民共和国高等学校教师资格的应聘人员,应满足学校按照国家的有关法律法规所规定的有关条件,并在规定的时间内依法取得中华人民共和国高等学校教师资格。

第十五条　学校鼓励教师同时承担教育教学和科学研究双重任务;鼓励受聘教学为主型岗位的教师,在完成教育教学任务的同时,努力钻研业务,不断提高自己的业务水平和教学质量;鼓励年龄在55周岁以上受聘教授、副教授职务的教师把主要精力投入到教育教学和组织、指导学科建设的工作中;鼓励中青年教师在完成学校规定的教育教学任务的同时,把更多的精力投入到科研工作中。

所有受聘教师每学年均须独立承担或至少完成18课时的本科生课程的教学任务,未能符合本款规定者不得受聘教师职务。

第十六条　教学科研并重型教师岗位的基本职责:

1. 教授岗位的基本职责:

(1)承担教育教学工作,指导研究生和本科生的学习,每学年至少完成3门课程(其中2学分以上的课程至少2门)的主讲任务(其中至少1门是本科生的课程),或者完成不低于8学分的教学工作(仅限于本科生基础课和公共课教学)。

(2)承担科研工作,组织、领导或作为主要成员参加科研团队完成重要科研项目,或完成重大科研成果转化工作,并在3年的时间内至少取得1项同行专家认可的高水平科研成果(独立完成或者第一作者或通讯作者署名)。

年龄在55周岁以上的教授,若承担本款规定的教授岗位其他职责任务较重(其中承担的教学工作量不少于每周9课时),对上述科研任务可不作硬性要求。

(3)指导教育教学改革、课程建设或实验室建设,领导本学科、专业的建设与发展,并做出显著成绩。

(4)指导本学科的教师队伍建设和高级研修人员,帮助并督促本学科副教授及以下职务的教师不断提高自己的学术水平。

(5)积极参与学校及所在学院(单位)的各类活动,对学校及所在学院(单位)的建设与发展提出自己的意见和建议。

(6)完成学校和学院(单位)规定的其他工作。

2. 副教授岗位的基本职责:

(1)承担教育教学工作,指导研究生和本科生的学习,每学年至少完成3门课程(其中2学分以上的课程至少2门)的主讲任务(其中至少1门为本科生课程),或者完成不低于8学分的教学工作(仅限于本科生基础课和公共课教学);

(2)承担科研工作,组织、领导或参加科研团队完成科研项目,或完成重要科研成果的转化工作,并在3年的时间内至少取得1项同行专家认可的高水平科研成果(独立完成或者第一作者或通讯作者署名);

(3)参与并协助指导教育教学改革、课程建设或实验室建设,在本学科、专业的建设和发展中起骨干作用,并做出突出成绩;

(4)参与并协助指导本学科的教师队伍建设,帮助并督促本学科中初级职务教师不断提高自己的学术水平;

(5)积极参与学校及所在学院(单位)的各类活动,对学校及所在学院(单位)的建设与发展提出自己的意见和建议;

(6)完成学校和学院(单位)规定的其他工作。

3. 助理教授岗位的基本职责:

(1)承担教育教学工作,指导本科生(或研究生)的学习,每学年至少完成2门课程(每门2学分以上)的主讲和辅导任务,或者完成不低于6学分的教学工作(仅限于公共课教学)。原则上,助理教授不得作为基础课和主要专业课程的主讲教师,若确有特殊需要,须经学校教务处批准。

(2)承担科研工作,参加科研团队完成科研项目,在3年的时间内至少参与完成1项得到同行专家认可的高水平科研成果,或在核心学术刊物(以下凡“核心学术刊物”均简称“核心刊物”)上至少发表2篇学术论文(独立完成或者第一作者或通讯作者署名)。

(3)参与教育教学改革、课程建设或实验室建设,参与本学科、专业的建设和发展工作。

(4)帮助并督促助教不断提高自己的学术水平和教学能力。

(5)积极参与学校及所在学院(单位)的各类活动,对学校及所在学院(单位)的建设与发展提出自己的意见和建议。

(6)完成学校和学院(单位)规定的其他工作。

4. 助教岗位的基本职责:

(1)承担教育教学工作,辅导本科生学习,每学年至少完成3门本科生课程的辅导任务或实验指导工作;

(2)参与科研工作,完成科研项目负责人或指导教师交给的各项科研任务;

(3)参与教育教学改革、课程建设或实验室建设,参与本学科、专业的建设和发展工作;

(4)积极参与学校及所在学院(单位)的各类活动,对学校及所在学院(单位)的建设与发展提出自己的意见和建议;

(5)完成学校和学院(单位)规定的其他工作。

第十七条　教学科研并重型教师岗位任职条件:

1. 担任教授职务,应当具备下列基本条件:

(1)具有博士学位或本学科最高学位,担任副教授岗位工作5年以上,年度考核没有不合格的记录。

(2)具有较高学术造诣,在国内学术界有较大的影响。

(3)具有良好的教育教学能力,系统地讲授过3门以上的课程(其中至少1门为本科生课程),完成学校和学院(单位)规定的教育教学任务,教学效果良好。

(4)具有较强的科研能力,主持过省部级以上科研课题或重大横向科研课题或作为主要成员参与过国家级科研课题的研究,取得过代表国内先进水平的科研成果;在担任副教授职务期间(校外应聘人员在最近5年内),独立完成或以第一作者或通讯作者署名在本学科一类核心刊物上发表过3篇以上学术论文或同等水平的其他学术成果(但至少有1篇本人独立完成或以第一作者且同时作为通讯作者署名的发表在一类核心刊物上的学术论文)。

(5)在教育教学改革、课程建设或实验室建设及人才培养方面,或者在科研成果转化方面,或者在学校或社会的发展方面做出显著成绩。

(6)能熟练地运用1门外国语进行学术研究和交流。

(7)具备学校和学院(单位)规定的其他任职条件。

2. 担任副教授职务,应当具备下列基本条件:

(1)具有博士学位或本学科最高学位,其中具有博士学位者担任助理教授岗位工作3年以上或从事博士后研究2年以上且已出站,其他人员担任助理教授岗位工作6年以上,年度考核没有不合格的记录。

(2)具有较高的学术水平,在国内学术界有一定的影响。

(3)具有良好的教育教学能力,系统地讲授过2门以上的课程(其中至少1门为本科生课程),完成学校和学院(单位)规定的教育教学任务,教学效果良好。

(4)具有较强的科研能力,组织、领导或作为主要成员参与过省部级以上的科研课题或重大横向科研课题的研究,取得过在本学科领域有较大影响的科研成果;在担任助理教授职务期间(具有博士学位的校外应聘人员在最近3年内、其他校外应聘人员在最近5年内),独立完成或以第一作者或通讯作者署名在本学科一类核心刊物上发表过2篇以上学术论文或同等水平的其他学术成果(但至少有1篇本人独立完成或以第一作者署名的发表在一类核心刊物上的学术论文)。

(5)在教育教学改革、课程建设或实验室建设及人才培养方面,或者在科研成果转化方面,或者在学校或社会的发展方面做出突出成绩。

(6)能熟练地运用1门外国语进行学术研究和交流。

(7)具备学校和学院(单位)规定的其他任职条件。

3. 担任助理教授职务,应当具备下列基本条件:

(1)具有硕士以上学位或本学科最高学位,仅具有硕士学位者担任助教岗位工作3年以上,仅具有学士学位者担任助教岗位工作6年以上;年度考核没有不合格的记录;

(2)具有合格的教育教学能力,完成学校和学院(单位)规定的教育教学任务(新聘教师要求有过教学实践),教学效果良好。

(3)具有独立开展科学研究的能力,参与过科研课题或教改项目的研究工作,在担任助教期间或最近3年内,独立完成或以第一作者署名在本学科核心刊物上发表过1篇以上学术论文。

(4)可以运用1门外国语进行学术研究和交流。

(5)具备学校和学院(单位)规定的其他任职条件。

4. 担任助教职务,应当具备下列基本条件:

(1)具有硕士学位或本学科最高学位;

(2)具有合格的教育教学能力,通过学院(单位)教学委员会组织的教育教学能力考察;

(3)具有一定的科研能力,学位论文得到优秀的评价;

(4)可以运用1门外国语进行学术研究和教学资料的搜集;

(5)具备学校和学院(单位)规定的其他任职条件。

第十八条　教学为主型教师岗位基本职责:

1. 副教授岗位的基本职责:

(1)承担教育教学工作,指导本科生(或研究生)的学习;公共实验课程和公共体育课程教师完成每周不少于18课时、思想政治理论课程、公共英语课程和军事理论课程教师完成每周不少于15课时、对外汉语课程教师和其他课程55周岁以上教师完成每周不少于12课时的课程(其中均至少有1门为本科生课程)主讲任务。

(2)参与并协助指导教育教学改革、课程建设或实验室建设,在本学科、专业的建设和发展中起骨干作用,并做出突出成绩。

(3)参与并协助指导本学科的教师队伍建设,帮助并督促本学科讲师和助教不断提高自己的业务能力和教学水平。

(4)积极参与学校及所在学院(单位)的各类活动,对学校及所在学院(单位)的建设与发展提出自己的意见和建议。

(5)完成学校和学院(单位)规定的其他工作。

2. 讲师岗位的基本职责:

(1)承担教育教学工作,指导本科生(或研究生)的学习,公共实验课程和公共体育课程教师完成每周不少于15课时,思想政治理论课程、公共英语课程、军事理论课程和对外汉语课程教师完成每周不少于12课时的课程(其中均至少有1门为本科生课程)主讲和辅导任务;

(2)参与教育教学改革、课程建设或实验室建设,参与本学科、专业的建设和发展工作;

(3)帮助并督促本学科助教不断提高自己的业务能力和教学水平;

(4)积极参与学校及所在学院(单位)的各类活动,对学校及所在学院(单位)的建设与发展提出自己的意见和建议;

(5)完成学校和学院(单位)规定的其他工作。

3. 助教岗位的基本职责:

(1)承担教育教学工作,辅导本科生学习,完成每周不少于10课时的本科生课程辅导任务或实验指导工作;根据需要,经学校教务处批准,可承担部分课程内容的主讲工作。

(2)参与教育教学改革、课程建设或实验室建设,参与本学科、专业的建设和发展工作。

(3)积极参与学校及所在学院(单位)的各类活动,对学校及所在学院(单位)的建设与发展提出自己的意见和建议。

(4)完成学校和学院(单位)规定的其他工作。

第十九条　教学为主型教师岗位任职条件:

1. 担任副教授职务,应当具备下列基本条件:

(1)具有博士学位或本学科最高学位,其中具有博士学位者担任讲师岗位工作3年以上或从事博士后研究2年以上且已出站,其他人员担任讲师岗位工作6年以上,年度考核没有不合格的记录;

(2)具有良好的教育教学能力,系统地讲授过2门以上的课程(其中至少1门为本科生课程),完成学校和学院(单位)规定的教育教学任务,教学效果良好;

(3)在担任讲师期间(具有博士学位的校外应聘人员在最近3年内,其他校外应聘人员在最近5年内),在公开发行的正式刊物上独立撰写或者以第一作者或通讯作者署名发表过1篇以上教学研究论文或本学科的学术论文(学术论文要求发表在核心刊物上),或者以本人为主取得1项以上省部级(含副省级,不含校级)以上教学科研成果奖、精品课程立项建设等同等水平的相关成果,或者本人指导学生取得1项以上省部级(含副省级,不含校级)以上相关奖项;

(4)在教育教学改革、课程建设或实验室建设及人才培养方面做出突出成绩;

(5)能熟练运用1门外国语进行教学资料的搜集和阅读;

(6)具备学校和学院(单位)规定的其他任职条件。

2. 担任讲师职务,应当具备下列基本条件:

(1)具有硕士以上学位或本学科最高学位,仅具有硕士学位者担任助教岗位工作3年以上,仅具有学士学位者担任助教岗位工作6年以上,年度考核没有不合格的记录;

(2)具有合格的教育教学能力,完成学校和学院(单位)规定的教育教学任务(新聘教师要求有过教学实践),教学效果良好;

(3)能运用1门外国语进行教学资料的搜集和阅读;

(4)具备学校和学院(单位)规定的其他任职条件。

3. 担任助教职务,应当具备下列基本条件:

(1)具有硕士学位或本学科最高学位;

(2)具有合格的教育教学能力,通过学院(单位)组织的教育教学能力考察;

(3)具有一定的科研能力,学位论文得到优秀的评价;

(4)可以运用1门外国语进行学术研究和教学资料的搜集;

(5)具备学校和学院(单位)规定的其他任职条件。

第二十条　各学院(单位)聘任委员会应根据学校关于各类型各级教师职务岗位基本职责和任职条件的规定,按照不同学科岗位的要求,制定各类型、各学科教师职务聘任的具体岗位职责和任职条件,并报学校专业技术职务聘任委员会(以下简称"学校聘委会")审批。

第二十一条　新聘教师一般应具有博士学位或本学科最高学位。除特殊学科外,原则上不选聘本校毕业的硕士和学士直接留校任教;除非有特殊的需要,原则上不选聘本院(系、所)毕业的单一学缘的博士直接留本单位任教。

经学校聘委会认定的特别优秀人才可以不受学历、学位、履职年限等条件的限制予以破格聘用。

第四章　聘任组织与聘任程序

第二十二条　学校聘委会负责学校教师职务聘任工作。其主要职责是:组织制定并实施有关学校教师职务聘任的各项规章制度;组织审定教师编制和岗位设置方案;审批各类中、初级职务教师聘任人选;研究决定各类高级职务教师聘任人选;研究决定与教师职务聘任有关的各项政策。

学校人事处为学校聘委会办事机构,负责学校教师职务聘任工作的有关具体事宜。

第二十三条　学校按一级学科成立各学科教师职务聘任评议组。学科评议组一般由7～9名本学科教授组成。本校全职教授人数不足的学科,可以聘请兼职教授参加学科评议组。学科评议组设组长1人,副组长1～2人。学科评议组成员由学校聘委会研究确定。

学科评议组负责对本学科的教师选聘候选人的学术水平和能力进行评议,并提出具体的聘任意见或建议。

第二十四条　学院(单位)聘任委员会[以下简称"学院(单位)聘委会"]负责本学院(单位)教师职务聘任工作。其主要职责是:根据学校有关规定制定本学院(单位)教师职务聘任工作细则和岗位设置方案,报学校审批并组织实施;组织本学院(单位)应聘教师的考核评议工作;根据考核评议结果,向学校聘委会推荐副高级以上职务教师拟聘人选;确定中级及以下教师职务聘任人选,报学校聘委会审批;负责本学院(单位)与教师职务聘任相关的其他工作。

第二十五条　教师职务聘任的基本程序:

1. 学校公布教师职务岗位及其职责、聘任条件等信息。

2. 个人申请应聘。申请新聘和高聘教师职务者须提供可证明符合聘任条件的有效材料。校外申请人还须分别提供2位以上专家的个人推荐信。

3. 各学院(单位)聘委会对应聘人员的资格条件进行审议,初定候选人名单,并在本学院(单位)进行公示。

各学院(单位)应组织校外应聘人员进行试讲并对其教学能力进行评议。对应聘教授职务的校外人员,亦可采用学术报告形式对其教学能力进行评议。

4. 各学院(单位)聘委会对公示后确定的候选人(应聘教学为主型岗位者除外)组织同行专家对其学术水平和能力进行评审。候选人须提供本人符合本条例要求的正式发表或出版的能证明自己学术水平和能力的代表作。

对申请高聘高级教师职务的候选人进行评审的专家(必须是教授)至少要5位,其中3位以上是校外专家;对申请高聘中级教师职务的候选人进行评审的专家至少要3位,其中1位以上是校外专家。

代表作送审以匿名方式进行。

5. 各学科评议组根据申请材料和专家评审意见对候选人(应聘教学为主型岗位者除外)的学术水平和能力进行评议,必要时可请候选人到场回答学科评议组成员提出的问题。

应聘教学为主型岗位教师职务,由学院(单位)教学委员会对候选人的教学能力和水平及教学工作的履职情况进行评议。

学科评议组(单位教学委员会)成员以记名投票方式表明自己的评议意见,评议意见分为优先推荐、一般推荐、不予推荐。学科评议组(单位教学委员会)必须有三分之二以上成员出席方可开会,候选人得到学科评议组(单位教学委员会)二分之一以上(不含二分之一)与会成员推荐的,方可提请学院(单位)聘委会审议。

6. 各学院(单位)聘委会根据同行专家和学科评议组(单位教学委员会)的意见,按照岗位要求对候选人的应聘申请进行讨论研究,各位委员独立地以记名投票的方式表明同意或不同意聘任中级及以下职务教师人选和推荐或不推荐高级职务教师聘任人选的意见。

学院(单位)聘委会必须有三分之二以上成员出席方可开会;应聘人员获得到会成员的三分之二以上同意票方为通过。

7. 学校聘委会对各学院(单位)聘委会报批的聘任人选和推荐的拟聘人选开会讨论研究,以举手表决方式审批中级及以下职务教师聘任人选,以记名投票方式表决决定高级职务教师聘任人选。

学校聘委会必须有三分之二以上成员出席方可开会;应聘人员获得到会成员的三分之二以上同意票方为通过。

所有表决通过的聘任人员名单均在人事处网页或学校办公自动化网上进行公示。

8. 学校公布教师聘任名单,校长或其授权代表与受聘教师签订聘用合同,并颁发聘书。

第二十六条　学校急需引进的高层次特殊人才,必要时可以简化考核评议程序,由学院(单位)聘委会讨论确定拟聘后,提请学校聘委会研究决定。

第五章　聘用合同与合同管理

第二十七条　受聘教师须与学校签订聘用合同。有关聘用合同的条款和聘用合同的订立等事宜,按《厦门大学教职员工聘用制度试行办法》的相关规定执行。

第二十八条　教师聘用合同分为固定期限合同和无固定期限合同。

中级及以下职务教师的聘用合同为固定期限合同,每一聘期一般为 3 年。中级及以下职务教师在 3 个固定期限合同聘期内未能受聘高一级职务岗位,学校不再续聘。

高级职务教师固定期限合同,每一聘期一般为 3 年。担任副教授职务的教师在 3 个固定期限合同聘期内 2 次应聘教授职务岗位未获通过,若非岗位限制,学校不再续聘;因岗位限制无法竞聘高一级职务但每年均圆满完成各项教学科研任务,在 3 个固定期限合同聘期结束后,经考核合格,可以与学校签订无固定期限合同。担任教授职务连续受聘 2 个以上聘期的教师,经考核合格,可以与学校签订无固定期限合同。无固定期限合同的期限从签约之日起至受聘教师按国家规定的法定退休年龄止。

凡工作累积已满 25 年(其中须在本校工作 5 年以上)或者在本校连续工作已满 10 年且年龄距国家规定的退休年龄已不足 10 年的教师,可与学校签订无固定期限合同。

学校需要的优秀特殊人才,可以直接与学校签订无固定期限合同。

第二十九条　新招聘的教师,一般须经过 3～12 个月的试用期。试用期包括在聘任合同期限内。在试用期满之前,用人单位应按岗位要求,对受聘人员是否胜任岗位要求进行考评。经确认能够胜任岗位要求的,按规定程序上报学校确认其相应教师职务。

第三十条　受聘教师在聘期内每学年与所在学院(单位)签订一次年度岗位任务书,根据聘用合同约定本学年本岗位工作的具体任务。

第三十一条　受聘教师在聘期内承担国家重大科研课题或重大横向科研课题,科研任务特别繁重的,可向所在学院(单位)提出适当减少教学工作量的申请,学院(单位)聘委会审议同意后报学校聘委会研究决定。

教师个人或团队对于聘期内的科研任务的完成方式有特别要求的,可以向所在学院(单位)聘委会提出申请,学院(单位)聘委会审议同意后报学校聘委会研究决定。此类特别要求原则上最高只能放宽到 6

年有1项重大的高水平的科研成果。

第三十二条　学校和各学院(单位)根据聘用合同对受聘教师履行合同的情况进行考核。

考核分为年度考核和聘期考核。年度考核由各学院(单位)组织实施,考核结果报学校人事处备案;聘期考核由学校人事处组织实施。与学校签订无固定期限合同的教师,每4年由学校人事处组织一次综合考核。

受聘教师在聘期内可以就聘用合同约定的学校义务履行的情况提出意见与建议,学校认真对待受聘教师提出的意见与建议,严格履行义务,保障教师完成任务所需的基本的工作与生活条件。

第三十三条　学校与受聘教师通过聘用合同明确双方的权利义务关系,在学校依约履行了各项义务,为受聘教师提供了所需的基本工作条件后,受聘教师没有依约履行义务要承担违约责任,年度考核1次不合格,学校提出警告,累计2次不合格,学校可以解聘。

第三十四条　双方签订固定期限合同的,对下一个聘期双方可自主选择续聘或不续聘;学校若选择不续聘,应在合同到期之前的6个月通知教师本人;教师若选择不续聘,应在合同到期之前3个月通知所在学院(单位)和学校人事处。

双方签订无固定期限合同,若一方违约,另一方可以责成对方纠正自己的违约行为严格履约,在合同期限内若有3次以上违约,另一方可以中止合同,并依法追究违约责任。

第三十五条　双方签订固定期限合同,在合同期内,受聘教师不得提出应聘另一职务或高一级职务的要求,若受聘教师对此有特殊要求,应在签订合同前与学校协商,经双方同意后在合同中作特别约定。

双方签订无固定期限合同,受聘教师可以在合同签订1年后提出应聘另一职务或高一级职务的要求。

第三十六条　受聘教学为主型岗位的教师,在合同期满后(签订无固定期限合同的教师履约满1年后)且考核合格,并符合教学科研并重型教师岗位相应职务任职条件要求,可申请转聘教学科研并重型岗位教师职务,但应聘高一级教师职务需该学科公布有相应的教师招聘岗位。

第六章　附　则

第三十七条　鉴于我国学位制度建立时间不长及我校师资队伍的现实,对于2004年7月31日以前已在厦门大学工作的没有博士或本学科最高学位且在1964年7月31日以前出生的教师在教师职务聘任上可放宽对学位的要求,1964年8月1日以后出生的教师在学位的要求上给予6年的过渡期,即在2010年7月31日以前该部分教师受聘各级教师职务可放宽对学位的要求。

第三十八条　本条例中所称"核心学术刊物"的目录由学校另行公布。"核心学术刊物"包括"一类核心学术刊物"和"二类核心学术刊物"。

第三十九条　本条例中所称"以上"、"以前"、"以后",如无特别说明,均含其本数(级)。

第四十条　本条例中关于教师职务聘任、聘任期间的待遇、合同管理和解聘、辞聘等规定的未尽事宜,均按《厦门大学教职员工聘用制度试行办法》及本条例配套文件的相关规定执行。

第四十一条　本条例自公布之日起试行,学校此前颁布的有关教师职务评审文件同时废止。学校此前颁布的其他相关文件中有与本条例不符的,以本条例为准。

第四十二条　本条例由学校人事处负责解释。

——本文摘录自《关于印发〈厦门大学教师职务聘任条例(试行)〉的通知》,厦大人〔2007〕78号,档号2007-XZ10-7

厦门大学“十一五”和谐校园建设规划

(2007年5月31日)

全面贯彻落实科学发展观，大力推进社会主义和谐社会建设，是全党全社会的一项重要战略任务。建设和谐校园是构建社会主义和谐社会的重要组成部分，是培养社会主义事业合格建设者和可靠接班人的迫切需要，是推进学校科学发展的重要基础和保障。为深入贯彻落实党的十六届六中全会和第十五次全国高校党建工作会议精神，努力建设社会主义和谐校园，结合《厦门大学“十一五”规划和2021年远景规划》和学校实际，制定本规划。

一、和谐校园建设的基础

(1)我校和谐校园建设具有良好的基础。改革开放以来，我校以邓小平理论、“三个代表”重要思想和科学发展观等党的十六大以来一系列重大战略思想为指导，坚持社会主义办学方向，大力弘扬以“四种精神”为核心的优良办学传统，紧紧围绕人才培养这一根本任务，认真实施“211工程”和“985工程”建设，学校整体办学实力和办学水平迈上新台阶，各项事业呈现出蓬勃发展的良好态势。党建和思想政治工作不断加强，先后两次荣获“全国党建和思想政治工作先进高等学校”称号；依法治校工作全面推进，被教育部确定为“依法治校示范学校”；校内管理体制改革不断深入，各种关系逐步理顺，创新环境日益优化；学校八十多年积淀的优良办学传统得到弘扬；校园环境优美，办学条件不断改善；师生员工思想政治状况的主流积极、健康、向上，校园政治稳定、运转有序。所有这些，都为建设和谐校园奠定了坚实的基础。

(2)存在的主要问题。目前，我校校园总体上是和谐的，但仍存在一些不容忽视的问题。部分干部和教师的发展理念、业务能力和工作作风与科学发展和新形势新任务的要求还有差距；少数师生员工在理想信念、道德诚信、责任意识、心理素质等方面还存在不少问题；体制机制有待进一步健全和完善，管理效率和服务水平有待提高；办学资源在优化配置和充分利用方面尚待进一步改进；一些关系师生员工切身利益的问题尚需更好地解决和落实；校园及周边还存在一些影响安全稳定的因素。另外，国内外敌对势力的渗透破坏和敌我争夺青年一代的斗争将更加尖锐复杂。对于这些问题，必须认真分析，制定对策，有效地加以解决。

二、和谐校园建设的指导思想、建设目标和根本要求

(1)指导思想：坚持以邓小平理论和“三个代表”重要思想为指导，全面贯彻落实科学发展观，坚持以社会主义核心价值体系为根本，按照“民主法治、公平正义、诚信友爱、充满活力、安定有序、人与自然和谐相处”的总要求，努力建设社会主义和谐校园，以和谐求发展，以发展促和谐，实现学校和师生员工全面、健康、可持续发展，为创建世界知名高水平研究型大学奠定坚实的基础。

(2)建设目标：建成“以人为本、全面发展，依法治校、民主管理，勇于创新、充满活力，诚信友爱、人际和谐，文明高尚、安定有序”的社会主义和谐校园。社会主义核心价值体系的基本要求得到切实贯彻和充分体现；学校的优良办学传统得到充分弘扬；依法治校、民主管理的各项措施得到全面落实；师生员工的合法权益得到切实尊重和保障；创造活力和创新能力得到充分发挥；校园文化更加繁荣，发展环境更加优

化；形成师生员工各尽其能、各得其所而又和谐相处的局面，实现学校各项事业又好又快地发展。

(3)根本要求：要实现上述目标，必须坚持以社会主义核心价值体系为根本。社会主义核心价值体系是社会主义制度的内在精神之魂，在所有社会主义价值目标中处于统摄和支配的地位。社会主义核心价值体系内涵主要包括：马克思主义指导思想、中国特色社会主义共同理想、以爱国主义为核心的民族精神和以改革创新为核心的时代精神、社会主义荣辱观。要深刻领会社会主义核心价值体系的丰富内涵和精神实质，把社会主义核心价值体系融入和谐校园建设的全过程、贯穿于学校教育教学工作的各个方面，使社会主义核心价值体系的基本要求得到切实贯彻和充分体现，为学校和谐发展提供坚实的思想基础。

三、和谐校园建设的主要任务

(一)把握方向、夯实基础，始终坚持马克思主义的指导地位

(1)坚持用马克思主义中国化最新成果武装师生头脑。建立健全校院两级中心组学习制度，发挥校院两级党委党校在理论武装和干部教师教育培训方面的主阵地作用。认真总结我校思想政治理论课教育教学的经验，查找不足，进一步抓好马克思主义中国化最新成果进教材、进课堂、进头脑的工作。发挥课堂教学的主渠道作用，用中国特色社会主义伟大的实践、辉煌的业绩、丰富的素材和生动的事例，进一步充实教育教学内容，改进教育教学方法，增强吸引力、感染力和说服力。

(2)大力建设充分体现马克思主义中国化最新成果的学科体系和教材体系。依托学校优势学科，整合力量，组建“马克思主义研究院”，推进马克思主义理论研究和建设工程，加强马克思主义理论一级学科及相关二级学科的建设，积极参与思想政治理论课统编教材的编写工作，推出一批高质量的辅助教材、课件和案例。

(3)加强马克思主义中国化最新成果的研究和普及。依托马克思主义研究院，加强人才引进和培养，建设一支高素质的马克思主义理论研究队伍，深入研究和阐释马克思主义中国化最新成果的新思想新观点新论断，积极开展重大理论和现实问题研究，创造出更多具有中国特色、中国风格、中国气派的优秀成果；加强学校理论报告员队伍建设，对马克思主义中国化最新成果展开多学科、多视角的宣讲，帮助广大师生提高观察事物、辨别是非、把握方向的本领。充分发挥报告会、主题活动、理论社团等载体的作用，积极探索在网上开展理论学习、宣传、探索与交流的新方式，培养学生学习和研究马克思主义的兴趣，引导学生了解和掌握党的理论创新成果，在学习和实践中逐步成长为坚定的马克思主义者。

(二)针对实际、增强实效，进一步加强和改进思想政治教育

(1)加强教职工思想政治教育。要努力探索新形势下教职工思想政治教育的有效途径和方法，坚持提高思想素质和业务素质相结合，创造工作条件和解决生活困难相结合，实行严格要求与落实人文关怀相结合，促进事业发展和实现个人抱负相结合，充分调动广大教职工的积极性、主动性和创造性。积极创造条件，引导教师深入社会、深入实际，开展调查研究，了解国情、民情，进行自我教育和自我完善，不断调适心理、思想和工作状态。

(2)加强师德师风建设。多渠道、分层次地开展各种形式的师德教育，全面提高教师队伍的思想政治素质、职业道德水平和教书育人能力。建立和完善新教师岗前师德教育制度，传承优良师德师风；每年教师节表彰一批师德标兵和德育工作先进集体，大力宣传他们的先进事迹；将师德表现作为教师年度考核、职务聘任、派出进修和评优奖励等的重要依据；建立师德建设长效机制，修订完善《厦门大学教师职业道德规范》、《厦门大学学术道德行为规范》等制度，规范教师的激励和约束机制；充分发挥学校学风委员会在学术道德建设方面的作用，营造潜心研究、严谨治学、诚实守信的学术氛围；加强教学督导工作，推动教师改进教风，不断提高教学质量。

(3)深入细致地做好学生思想政治工作。继续深入贯彻《中共中央国务院关于进一步加强和改进大

学生思想政治教育的意见》精神,积极探索思想政治教育的新思路、新办法,努力做到教书与育人相结合,教育与自我教育相结合,政治理论教育与社会实践相结合,解决思想问题与解决实际问题相结合,教育与管理相结合,继承优良传统与改进创新相结合,形成全员育人、全方位育人、全过程育人的格局。统筹党政干部和共青团干部、思想政治理论课和哲学社会科学课教师、辅导员和班主任三支队伍建设,不断完善导师制,形成和谐的师生关系。统筹教书育人、管理育人、服务育人,广大教师要认真履行教书育人职责,爱岗敬业、为人师表,以高尚的思想、道德、品质和人格影响、感染学生;管理人员要增强育人意识,把严格日常管理与引导学生遵纪守法、养成良好行为习惯结合起来;后勤员工要努力做好后勤保障工作,为学生办实事办好事,使学生在优质服务中受到感染和教育。

(4)切实抓好学生心理健康教育。加强心理健康教育和心理咨询工作,帮助学生掌握心理调节的有效方法,培养学生良好的心理品质,引导学生正确对待自己、他人和社会,正确对待困难、挫折和荣誉,塑造自尊自信、理性平和、积极向上的社会心态;建立和完善学生心理健康教育工作机制,构建课内与课外、教育与指导、咨询与自助紧密结合的心理健康教育工作体系;加强心理咨询与教育中心建设,开设心理健康教育系列选修课,广泛开展心理健康知识宣传普及活动,支持学生心理健康教育社团的发展;建立和完善学生心理问题预警机制和干预机制,深入细致地做好学生心理疏导、引导和辅导工作。

(5)认真做好家庭经济困难学生的资助工作。进一步完善以国家助学贷款为主体的学生资助体系。完善家庭经济困难学生的认定制度;加强学生资助管理中心和助学工作队伍建设;加强国家助学贷款的贷后管理工作;大力倡导"以勤代补",争取和提供更多的勤工助学岗位;实施"社会助学工程",争取和动员更多的社会有识之士资助家庭经济困难学生;加强对家庭经济困难学生的人文关怀。

(6)千方百计做好学生就业工作。加强学生职业生涯辅导,开设一批优秀的职业生涯系列课程,引导学生树立正确的就业观念;加强就业指导中心建设,完善就业信息库、毕业生数据库建设,搭建富有厦大特色的就业信息平台和推介平台;努力开拓就业市场,为学生提供更多的就业信息和就业机会;建设一支高素质的就业工作队伍,为学生就业提供全过程优质高效的服务,千方百计实现毕业生充分就业,努力提高就业质量。

(7)深入开展学生社会实践活动。以促进学生全面成长成才为目标,精心设计、周密安排学生社会实践活动,进一步巩固思想政治理论教育的效果,使学生在社会主义建设的伟大实践中受教育、长才干、做贡献。深入开展文化、科技、卫生"三下乡"和科教、文体、法律、卫生"四进社区"活动,继续做好"青年志愿者扶贫接力计划"研究生支教工作,启动"厦门大学山区小学支教团"工作,遴选一批研究生和本科生到百所山区小学开展支教;开展"青年创业行动"、"青年文化行动"、"服务海西行动"等活动,引导学生主动投身创新型国家和海峡西岸经济区建设。

(三)弘扬主旋律、突出高品位,大力推进校园文化建设

(1)弘扬办学传统,建设优良校风。秉承"自强不息,止于至善"的校训,大力弘扬以"四种精神"为核心的优良办学传统;结合学校历史传统和办学特色,发动广大师生员工共同参与,集思广益,进一步凝炼、培育和建设体现时代发展和社会进步要求的优良校风、教风和学风;建好一批体现优良校风、教风、学风和办学传统的教育基地,完善陈嘉庚纪念堂、罗扬才烈士纪念室、鲁迅纪念馆、校史馆、人类博物馆、厦大长汀旧址等的建设,保护并开发好我校国家级重点文物保护单位——群贤、芙蓉、建南等嘉庚风格建筑群,展示学校深厚的历史积淀和文化内涵;深入挖掘、树立、宣传一批爱国敬业、为人师表、严谨笃学的教师典型,一批品学兼优、奋发向上、敢于创新的学生典型,一批德才兼备、心怀桑梓、热爱厦大的杰出校友和热心人士,激励、感召广大师生员工和海内外校友。

(2)精心组织校园文化活动。以弘扬民族精神和时代精神、践行社会主义荣辱观为核心,精心设计和组织开展内容丰富、形式新颖、吸引力强的校园文化活动。以"爱国、敬业、成才、奉献"为主题,大力开展爱国主义教育、理想信念教育、国情教育和形势与政策教育活动,唱响爱国主义、集体主义、社会主义主旋律;以"创文明校园、文明班级、文明宿舍,做文明厦大人"、"共铸诚信、共建和谐"为主题,引导师生员工深

入践行以“八荣八耻”为主要内容的社会主义荣辱观；全面实施“大学生素质拓展计划”，办好学生课外科技、文艺体育、社团组织等校园文化活动，使学生在活动中受到潜移默化的影响，综合素质得到提升、思想感情得到熏陶、精神生活得到充实、道德境界得到升华。

（3）加强人文素质和科学精神教育。继续实施“大学生全面素质教育工程”，把人文素质和科学精神教育融入学校人才培养的全过程，落实到教育教学的各环节；建设好学生文化素质教育基地，逐步建立起内容覆盖课堂教学、课外活动和社会实践的人文素质和科学精神教育体系；开好人文素质和科学精神教育的必修课和选修课，办好“南强学术讲座”、“百科知识讲座”、“人文论坛”等高水平的系列讲座，不断提升学生的综合素质，培养学生的创新精神和创新意识。

（4）提升校园环境的文化内涵。增强“环境育人”意识，进一步完善校园规划、设计，更加突出人文气息和环境生态，把优美的建筑形体与自然生态环境相结合，把塑造艺术景观与展现文化内涵相结合，把合理功能分区与人文环境营造相结合，着力建设人文生态校园，营造富有厦大特色的校园环境，实现校园的山、水、园、林、路等达到使用功能、审美功能和教育功能的和谐统一。

（5）加强校园文化载体建设与管理。规划、建设好文艺、体育、科技活动场所，完善校园文化活动设施。坚持正确舆论导向，加强出版社、各类报刊、校内广播电视等文化传播载体建设，加强课堂、论坛、讲坛等各类文化阵地的管理；要建设一批融思想性、知识性、趣味性、服务性于一体的优秀校园网站，强化管理、因势利导，有效引导网上舆论，使校园网成为校园文化建设的新渠道、新平台。

（四）依法治校、民主管理，充分激发师生员工创新活力

（1）健全民主科学的决策机制。认真贯彻民主集中制原则，进一步健全重大事项集体研究制度，健全党委常委会和校长办公会议事规则，制定《厦门大学关于执行“三重一大”制度的规定》；加强对学校改革发展重大问题的调查研究；充分发挥教职工代表大会、学术委员会、学位委员会、教学指导委员会等组织在民主管理、科学决策、政策咨询中的重要作用，确保决策的民主化和科学化；推进校务公开的制度化、规范化、程序化，切实保障师生员工的知情权、参与权和监督权。

（2）深化校内管理体制改革。完善校院两级管理体制和运行机制，进一步明确责权利关系；理顺院系行政组织与跨学科平台、基地的关系，建立有利于调动各方积极性的体制和机制；建立健全资源合理配置和开放共享的体制和机制。

（3）建立健全各项规章制度。加强各类学历、非学历教育的管理，规范办学行为；完善资产管理制度和资产有偿使用制度，提高资产使用效率，努力建设节约型校园；加强财务管理，严格财务监督，提高资金使用效益，切实防范财务风险；加强对招生、考试、收费、基建、物资采购、后勤保障等重要环节和重点部位的管理，健全核查制约的机制。

（4）着力提高管理服务水平。树立“管理就是服务”的理念，加强职员培训，提高综合素质，强化岗位责任，规范工作流程，改进工作作风；制定并实施《厦门大学督办工作条例》，加强检查督办，确保政令畅通，狠抓工作落实；推进校园信息化建设，促进管理信息资源共享，转变管理方式方法，提高工作效率和服务水平。

（五）以人为本、人尽其才，大力加强队伍建设

（1）加强领导干部队伍建设。按照“社会主义政治家、教育家”的要求，努力建设一支高素质的领导干部队伍。坚持正确的用人导向，完善干部队伍选拔任用机制，扩大干部选任工作的视野和渠道，把政治上靠得住、工作上有本事、作风上过得硬的干部选拔到各级领导岗位上来；深化干部人事制度改革，加强后备干部队伍建设，加大干部交流力度，不断完善体现科学发展观要求的干部考核评价体系。

（2）加强教师队伍建设。建设一支教书育人、爱岗敬业、兼具学识魅力和人格魅力的师资队伍。深化人事制度改革，完善全员聘用制，健全有利于公平竞争、创新发展的人才评价体系，形成鼓励人才干事业、支持人才干成事业、帮助人才干好事业的良好环境；继续实施“厦门大学高层次创造性人才计划”，抓住培

养、吸引、用好人才三个环节,不断优化教师队伍结构;大力加强“学术带头人+创新团队”建设,实现学科交叉和人才资源的最佳组合,鼓励团结协作,团队作战,联合攻关。

(3)加强辅导员和班主任队伍建设。建设一支奉献精神强、善于与大学生沟通交流、能成为学生的知心朋友和人生导师的辅导员、班主任队伍。重视辅导员、班主任的选拔、培养和使用,建立严格的准入机制,把德才兼备、乐于奉献的人员选聘到辅导员和班主任队伍中来;建立规范的培训制度,提升辅导员和班主任队伍的专业化水平;建立科学的评价机制,规范辅导员和班主任考核体系。专职辅导员总体上按1∶200的比例配备,确保每个院(系)的每个年级都有一定数量的专职辅导员,每个班级都配备一名兼职班主任。

(4)抓好教育培训工作。认真落实《厦门大学“十一五”干部教育培训规划》,以校院两级党委党校和厦门大学干部教育培训基地为主阵地,坚持把理论培训放在首位,加强政策法规、业务知识、文化素养和技能培训;分级分类抓好教育培训工作,把教育培训的普遍性要求与不同类别、不同层次、不同岗位人员的特殊性结合起来,增强教育培训的针对性和实效性。

(六)完善体系、落实责任,努力创建安定有序的“平安厦大”

(1)健全安全稳定责任体系和防控机制。建立健全安全稳定工作责任体系,严格落实维护学校稳定工作责任制和责任追究制;积极探索条块结合、分工明确、责任落实的“一校多区”安全稳定工作管理模式;建立和完善校园安全稳定综合防控体系,形成综合治理、群防群治、齐抓共管的工作格局。

(2)积极维护校园安全稳定。加强对意识形态阵地的领导,健全教育、管理制度,积极防范和应对境内外敌对势力、“法轮功”等邪教组织、“三股势力”在校园内进行渗透破坏活动,提高广大师生的政治鉴别力和对各种腐朽思想的免疫力;认真排查问题,妥善处理各种矛盾和纠纷,依法果断、妥善处置群体性突发事件;规范涉外学术交流活动,加强对接受境外资助的管理,做好外籍教师、外国留学生和在校举办国际会议的管理工作。

(3)加强校园安全管理。加强法制教育和安全教育,增强师生员工自我保护意识和安全防范能力;加大校园治安工作力度,有效防范和打击违法犯罪,保持良好的治安环境和校园秩序;加强校门、宿舍楼及各公共场所安全管理,完善消防、监控和报警设施,定期进行安全检查,及时消除安全隐患;加大交通安全管理力度,规范校园内车辆管理;加强食品、药品和危险品管理,防止意外事故发生;加强校内各单位、附属企业、建设工地的安全管理,确保安全生产;与地方有关部门联合开展综合治理,确保校园及周边安定有序。

(4)完善应急管理工作体系。加强对影响学校稳定各种信息的掌握、分析和研判,健全信息工作机制,做好预警预防工作;切实解决好关系师生员工切身利益的问题,建立健全科学有效的利益协调机制、诉求表达机制、矛盾调处机制、权益保障机制,把矛盾化解在基层、解决在萌芽状态;根据《厦门大学突发公共事件应急预案》的要求,定期进行演练,科学防范、有效应对各类突发事件。

(七)以人为本、多办实事,形成尊重人、关心人、爱护人的良好氛围

努力解决好师生员工最关心、最直接和最现实的利益问题。积极争取各级政府和社会各界的支持,为学校发展提供更多的资源保障;科学合理地配置各类办学资源,使资源发挥最大的使用效益;不断完善“一校多区”管理办法,提高各校区的运行效率;完善校园总体建设规划,使教学、科研和生活等功能分区更加协调,不断改善师生员工的学习、工作和生活条件。

完善收入分配制度,在学校财力允许范围内,稳步提高教职工生活待遇;加强教职工住房的统筹规划,通过多种途径,着力解决好中青年教职工的住房问题;争取与市政府合作共建优质中小学,更好地解决教职工子女的就学问题;关心师生员工身心健康,建立师生员工“重大疾病”救助体系,完善教职工医疗、保险、体检制度和学生人身保险制度;做好离退休工作,落实好离退休干部的政治、生活待遇,帮助他们解决好生活上的实际困难。

(八)统筹协调、突出重点,实现学校各项事业又好又快发展

(1)坚持统筹协调推动发展。坚持发展第一要务,统筹处理规模、结构、质量和效益,统筹人才培养、科学研究和社会服务,统筹学科建设、队伍建设和创新平台基地建设,统筹办学经费、内部管理和对外学术交流与合作;统筹各校区之间的关系,认真谋划校区发展的战略布局,认真研究校区发展的科学定位,认真做好校区发展的区域规划;坚持"尽力而为、量力而行"的原则,分清轻重缓急,有序推进学校的建设和发展,确保学校各项事业全面、协调、可持续发展。

(2)突出提高质量推动发展。把发展的重点放在提高质量上,大力实施人才培养"质量工程"和"研究生教育创新计划",继续深化人才培养模式、课程体系、教学内容、教学方法和教学手段的改革,优化办学条件,着力培养创新型人才,全面提高人才培养质量,促进学生德、智、体、美全面发展。

(3)突出科研创新推动发展。认真梳理各学科的发展条件和发展态势,凝炼学科方向,理清发展思路,明确发展重点,大力推进学科交叉,培育新的学科增长点;构筑若干国家级、省市级科技创新平台,培育创新团队,积极参与创新型国家和创新型省份建设,大力推进科技创新,不断增强学校的自主创新能力;加强哲学社会科学创新基地建设,围绕经济社会发展的重大理论和现实问题,积极推进理论创新,为国家和区域发展提供高水平的决策咨询服务,为繁荣我国哲学社会科学做出重要贡献。

(4)突出服务社会推动发展。坚持"以服务为宗旨,在贡献中发展",紧紧围绕国家和区域科技、经济、社会发展的重大战略需求,制定并实施《厦门大学服务海峡西岸经济区行动计划》,为国家和地方经济社会发展提供人才支持、科技服务和智力支撑。发挥在对台交流方面的区位优势和人文优势,为促进祖国统一做出积极贡献。

四、和谐校园建设的保障措施

(1)完善领导体制和工作机制。建立党委统一领导、党政齐抓共管的领导体制。学校成立和谐校园建设工作领导小组,统领全校和谐校园建设工作;各单位成立相应的领导机构,负责本单位的和谐校园建设工作。

充分发挥校内宣传阵地的作用,广泛宣传和谐校园建设的重要意义、目标任务和具体举措,统一广大师生员工的思想认识,动员全校师生员工积极参与,逐步形成和谐校园建设的校内合力。大力开展服务农村、服务社区、服务社会活动,密切学校与社会的关系,争取社会对和谐校园建设的支持,逐步形成和谐校园建设的校内外合力。

加大和谐校园建设投入,将和谐校园建设经费列入学校年度经费预算,确保专款专用,提高使用效益。

(2)切实提高学校各级领导班子构建和谐校园的本领。各级领导班子要加强团结、增强合力、共创和谐,在和谐校园建设中起表率和带头作用;要把和谐校园建设放在全局工作的突出位置,加强具体指导、综合协调和督促检查;要加强调查研究,解决好影响校园和谐的突出矛盾和问题,着力提高统筹事业发展、开展群众工作、协调利益关系、处理各种矛盾、激发创造活力、维护校园稳定的本领。

(3)发挥基层党组织和广大党员在和谐校园建设中的作用。加强基层党组织建设,发挥基层党组织凝聚人心、推动发展、促进和谐的作用,使其成为建设和谐校园各项工作的有力组织者、推动者和实践者;巩固党员先进性教育成果,健全党员经常受教育、永葆先进性的长效机制,充分发挥广大党员在和谐校园建设中的先锋模范作用,体现示范引领效应,以党内和谐促进校园和谐;广大党员干部要牢固树立群众观点,坚持走群众路线,始终保持党同人民群众的血肉联系,密切党群干群关系。

(4)抓好党风廉政建设。认真贯彻落实《建立健全教育、制度、监督并重的惩治和预防腐败体系实施纲要》;在领导干部中大力倡导胡锦涛总书记提出的"三种意识"和"八个方面良好风气";加强党员干部的党性锻炼和思想道德修养,推进廉政文化建设,筑牢拒腐防变的思想道德防线;加强监察审计工作,加大

违法违纪案件查处力度;认真执行党风廉政建设责任制,以优良的党风促进校风、教风、学风建设。

(5)调动各方积极性。充分发挥我校各民主党派及有关团体的作用,及时通报和谐校园建设工作的进展情况,凝聚各民主党派及有关团体的智慧和力量,齐心协力推进和谐校园建设;充分发挥工会、共青团、妇委会、学生会、研究生会等群团组织的桥梁和纽带作用,组织工、青、妇、学、研各组织的成员积极投身和谐校园建设,形成推进和谐校园建设的强大合力。

——本文摘录自《关于印发〈厦门大学"十一五"和谐校园建设规划〉的通知》,厦大委综〔2007〕19号,档号2007-XZ09-12

厦门大学招募大学生志愿者赴贫困地区小学支教实施办法(暂行)

（2007年6月8日）

第一章　总　则

第一条　为实施选派大学生志愿者赴贫困地区小学支教项目，制定本实施办法。

选派大学生志愿者赴贫困地区小学支教项目是指厦门大学与翰名教育基金会合作支援百所贫困地区小学建设，在厦门大学和其他高校选派学生到贫困地区小学帮助其开展教学等工作。

第二条　选派大学生志愿者赴贫困地区小学支教工作，是为了帮助贫困地区小学建设，改善贫困地区青少年成长环境，也是为了激励大学生服务社会、奉献社会，培养大学生崇高社会责任感，让青年大学生在艰苦环境中锻炼成长。

第二章　招募对象

第三条　招募对象必须具有较高政治思想素质、奉献精神；学业合格、身心健康，能胜任艰苦地区扶贫支教工作。

第四条　大学生志愿者赴贫困地区小学支教人选招募对象是在读非毕业班研究生、在读高年级本科生、获免试研究生资格的应届本科毕业生、统考录取的研究生。

第五条　志愿者人数规模为500人。

第三章　招募方式

第六条　选派原则按“公开招募、自愿报名、择优选拔”的方式。

第七条　学校统一发布招募志愿者通知；各学院、研究院、漳州校区各园区负责宣传发动；研究生院牵头负责研究生的招募工作和选录；教务处牵头负责本科生的招募和选录；学生工作处负责招募协调工作和制定招募政策，其他相关职能部门配合。嘉庚学院志愿者招募工作由该院统筹实施。

第四章　政策与支持

第八条　学校根据年度实际需求，在招生计划中制定专项计划，包括免试保送研究生专项名额和统考研究生专项名额，用于从符合免试研究生资格的应届本科毕业生和达到我校研究生复试分数线的考生中，选派赴贫困地区小学支教志愿者。

第九条　赴贫困地区小学支教的志愿者为当年专项计划录取的研究生在服务期间保留研究生入学资格一年；在读学生在服务期内保留学籍。

第十条　从在读研究生招募的志愿者，参加支教一年的，可以用课程论文或调查报告方式完成二门思想政治理论课程(4 学分)的学习,参加支教一学期的,以同样方式完成一门政治理论课程(2 学分)的学习;完成支教任务的,按社会实践模式给予 2 学分。

参加支教一学期的本科生可以采取课程论文或作业方式抵代本科阶段的思想政治理论课、实习或非主要课程 15 学分。

从在读学生招募的志愿者服务期间,所在专业或班级必修的专业课程一般采用缓修,有条件的,也可在导师和任课教师的同意下(本科生仅需任课教师同意),通过任课教师指导、学生自习和参加课程考试来完成。

第十一条　学校在年度评优选好(三好生、优秀学生干部等)中下达单列指标,表彰优秀志愿者。

第十二条　志愿者服务结束后复学,其学习期间具备评选优秀学生奖学金条件的给予优先考虑(学校单独下达指标,不占用所在单位名额);申报校级奖学金,德育测评给予加分。

第十三条　学校向每名志愿者提供每年 10 个月,每月 600 元生活补贴和每年两次从学校往返服务地的交通补贴。从在读研究生招募的志愿者,符合《厦门大学研究生助学金暂行办法》可申请厦门大学研究生助学金的,可同时享有其待遇。

第十四条　志愿者享受大学生公费医疗,同时学校提供志愿者服务期间住院医疗保险和人身意外伤害保险。

第十五条　学校为从在读学生招募的志愿者减免学费。具体办法是免交与服务期间相等的学费或培养费;本科生延长学习年限者若家庭经济困难的,还可申请与服务期时间相等的学费减免。

第十六条　志愿者服务结束后,学生工作处根据服务单位意见审定《厦门大学青年志愿者支教服务鉴定表》,记入志愿者个人档案,发放支教志愿服务证书。

第十七条　服务期间,志愿者的党、团组织关系临时转到服务单位。

第十八条　志愿者赴贫困地区小学支教前,应接受岗前培训。

第十九条　志愿者服务期间,因身体或其他原因学校批准中途退出的,学校准其复学。

第五章　服务地区和期限

第二十条　选派赴贫困地区小学支教项目的服务地为当年红军长征途经地的贫困地区。

选派赴贫困地区小学支教项目的学校为国家公办学校。

第二十一条　选派赴贫困地区小学支教的志愿者,专项计划录取招募的研究生服务期限为一学年;从在读研究生招募的志愿者服务期限为一学期或一年;本科生服务期限为一学期。

——本文摘录自《关于印发〈厦门大学招募大学生志愿者赴贫困地区小学支教实施办法(暂行)〉的通知》,厦大学〔2007〕43 号,档号 2007-XZ11-2

厦门大学财政国库集中支付制度改革用款计划编报管理暂行办法

（2007年6月8日）

根据《国务院办公厅关于财政国库管理制度改革方案有关问题的通知》(国办函〔2001〕18号)及《关于实施财政国库管理制度改革的通知》(教财司函〔2007〕12号)等文件精神，以及财政部、教育部对实施财政国库集中支付制度改革单位的工作要求，结合我校实际情况，制定本办法。

一、用款计划编制原则

用款计划是指在教育部、财政部等经费下达部门批准的预算范围内，根据事业发展、项目建设进度对国库集中支付资金的需求量，按照财政预算科目类、款、项，分月编制的国库集中支付资金的计划。

用款计划编制原则是：

1. 用款计划的编制必须在核定的预算范围内编制，不得超出预算范围编制。

2. 用款计划的编制要符合实际。基本支出用款计划按照年度均衡性原则编制，项目支出用款计划按照项目实施进度编制。

3. 主管职能部处归口管理原则。相关主管职能部门应负责对所属项目及单位的用款计划进行审核汇总。

二、用款计划编制依据

用款计划是办理财政性资金支付的前提和依据。学校根据财政部批复的用款计划办理财政直接支付用款申请和财政授权支付手续。代理银行根据财政部批复的用款计划控制有关财政性资金的支出，超出用款计划规定的支出范围及额度，代理银行将拒绝支付资金。

用款计划按规定分月编报，包括财政直接支付用款计划和财政授权支付用款计划两部分。

1. 依据教育部批复的年度部门预算(部门预算控制数)和项目建设进度，科学编制用款计划。基本建设支出、科技三项费用、“985”专项资金、“211”专项资金、修购专项、科学事业费专项经费等专项类支出用款计划按具体项目编制，其他类支出用款计划按项级科目编制。

2. 基本支出用款计划一年编报二次，其中1—5月份分月用款计划原则上根据教育部下达的预算控制数编制，6—12月份分月用款计划根据财政部下达的部门预算编制。当财政部下达的部门预算与预算控制数差距较大时，应当根据部门预算及时调整第二季度分月用款计划，按照规定程序报教育部审批。

项目支出用款计划按季分月编报(一年编报4次)，原则上根据项目预算和项目建设进度编制。

三、用款计划编报程序、要求及时间

1. 基本支出用款计划由各相关部处协商后，财务处按照年度均衡性原则编制。基本支出中涉及人员经费支出、水电费支出、教学设备及图书资料购置、学生奖助勤补支出、专项修缮项目经费支出的事项，由人事处、资产处、学生处、图书馆、教务处等部门和单位在规定时间内,编制分月用款计划报财务处,财务处根据教育部的要求汇总上报。

2. 项目支出用款计划由各具体项目单位根据项目进度编制,并按照主管职能部处归口管理的原则分别上报项目主管部处,由项目主管部处审核汇总并在规定时间内报财务处。其中:"985"专项资金、"211"专项资金由发展规划办公室负责;科技三项费用、科学事业费专项经费及其他财政性资金安排的科研经费由科技处、社科处负责;修购专项由资产处负责;基本建设资金由基建处负责。

3. 校内各用款单位及相关资金管理部处要密切配合,用款计划的编报应当做到及时、科学、切合实际,根据项目实施进度做好计划,确保资金按计划支付。

4. 经费管理部处必须严格按规定编制分月用款计划,并在规定时间内报送财务处。

5. 财务处应严格按照教育部的通知要求及时汇总编报分月用款计划,并在规定时间内上报教育部。

6. 分月用款计划一般不做调整,因特殊情况确需调整的,用款单位应在用款月度 30 个工作日前按规定程序提出申请,由财务处汇总上报教育部、财政部,经批准后方可执行。

四、分月用款计划的批复与使用

1. 财务处收到教育部用款计划批复后的 3 个工作日内,通知经费管理部门,由经费管理部门通知用款单位或项目组,严格按批复的用款计划使用项目资金。

2. 批复用款计划的各类、款、项、项目资金应当专款专用,用款额度不得调剂使用。

3. 根据财政部规定,用款计划年末结余要注销,下一年重新申报用款计划,待财政部批复后方可继续使用结余资金(财政部规定结余资金于次年分五个月下拨),为此,各单位应按照预算额度,根据事业发展、项目建设进度安排好年度内的用款计划,在年度执行过程中应实时跟踪执行情况,确实由于客观原因造成在年度内无法使用完用款额度的,应提前报告学校,由学校在允许的范围内调整使用。

五、国库集中支付资金归垫的范围及程序

国库集中支付资金归垫,是指在用款计划下达之前,用本单位实有资金账户的资金垫付相关支出,再通过财政授权支付方式或财政直接支付方式将资金归还原垫付资金账户的一种特殊行为。一般情况下,必须按照规定程序以财政授权支付方式或财政直接支付方式支付财政资金,不得违反规定通过本单位实有资金账户支付财政资金。允许归垫的资金范围及审批程序必须严格按照《财政部关于规范和加强中央预算单位国库集中支付资金归垫管理有关问题的通知》(财库〔2007〕24 号)的规定执行。

——本文摘录自《关于印发〈厦门大学关于财政国库集中支付制度用款计划编报管理暂行办法〉的通知》,厦大财〔2007〕54 号,档号 2007-XZ18-4

厦门大学财政国库集中支付制度改革工作实施方案(试行)

(2007年6月8日)

为我校顺利开展财政性资金国库集中支付制度改革工作,根据《国务院办公厅关于财政国库管理制度改革方案有关问题的通知》(国办函〔2001〕18号)及《关于实施财政国库管理制度改革的通知》(教财司函〔2007〕12号)等文件精神,以及财政部、教育部对实施财政国库集中支付制度改革单位的工作要求,结合我校实际情况,制定本实施方案。

一、指导思想

我校实施财政国库集中支付制度改革工作的指导思想是:认真贯彻执行国家关于财政国库集中支付制度改革工作相关文件的指示精神,按照《国务院办公厅关于财政国库管理制度改革方案有关问题的通知》(国办函〔2001〕18号)及《关于实施财政国库管理制度改革的通知》(教财司函〔2007〕12号)总体要求,以及财政部、教育部对高校实施国库集中支付制度改革工作的具体部署,结合我校的实际情况,建立既符合现代财政国库管理系统的规范要求,又具有学校特色,能积极为教学科研服务,用款方便、管理规范的财政性资金国库集中支付体系。

二、实施原则

根据上述指导思想,我校实施财政国库集中支付制度改革工作的原则是:

(一)统一管理。我校财政国库集中支付制度改革工作在财政部、教育部的领导下,由学校财务处统一管理。

(二)方便用款。在确定的资金范围内,结合高等学校特点,在符合国库支付各项规定的前提下,制定规范、高效的工作程序,尽量简化手续,减少环节,逐步形成满足教学科研需要的支付方式。

(三)加强学校内部预算管理。根据财政国库集中支付制度改革的要求,进一步加强学校内部预算管理,细化预算,使之与中央财政性资金预算执行有机结合。

(四)及时提供有关会计信息。建立既方便核算操作、又满足国库集中支付及学校内部管理需要的会计核算体系,及时、准确地提供会计信息。

(五)确保学校各项工作正常开展。这项改革涉及面广、资金支付模式变化很大,与学校各项工作紧密相关,因此学校各单位要密切配合,做好本单位相关工作,及时沟通协调,使财政性资金国库集中支付顺利实行,确保各项工作继续正常开展。

三、实施范围

实施国库集中支付的财政性资金范围是:财政预算内资金、纳入财政专户管理的预算外资金、其他财政性资金。

根据财政部、教育部的统一部署，教育部部属高校目前纳入财政国库集中支付制度改革资金范围为通过教育部转拨的财政性预算内资金，包括教育经费拨款、985专项资金、修购专项资金、211专项资金、基本建设经费拨款、科学事业费、科技三项费用、住房改革经费拨款及其他财政拨款资金等。

四、实施步骤

(一)设立厦门大学零余额账户

根据财政性资金国库集中支付办法的规定，设立厦门大学零余额账户，并向教育部和财政部国库支付执行机构办理预留印鉴手续。

(二)做好实施国库集中支付制度改革前后的会计账务衔接工作

财务处要认真做好会计账务核对工作，包括：与教育部财务司核对改革实施前的预算指标及领拨款数额，结出各项资金使用情况，结出前各项收支累计数，编制资产负债表和相关报表。

(三)对资金进行测算分析，确定零余额账户支出内容

由于从1998年开始执行的新的高等学校会计制度已经打破了预算内外的界限，而且学校实行综合财务预算，校级财力掌握的各项资金在预算安排时统筹使用，因此要对学校各项支出进行测算分析，确定零余额账户支出内容。

(四)编制用款计划

根据教育部下达我校的年度预算数，按国家预算支出的类、款、项和项目，分清财政直接支付和财政授权支付的额度，按要求编制分月用款计划，在规定的时间内上报教育部。学校各用款单位及相关资金管理部门要密切配合，力求用款计划符合实际需要，确保资金按计划支付。

(五)会计核算及对账办法

1. 根据《财政国库管理制度改革会计核算暂行办法》及补充规定，增加相应的会计科目，按文件规定进行会计核算及账务处理。

2. 对账

(1)学校内部对账

(2)学校与代理银行对账

学校应与代理银行密切合作，建立严格的对账程序，包括平时对账、每月对账和年终对账。

(3)学校与教育部对账

根据财政国库集中支付制度改革工作的规定和教育部的要求，做好与教育部对账工作。

五、支付程序

按照不同的支付主体和不同类型的支出，财政性资金国库集中支付方式分为财政直接支付和财政授权支付两种方式。财政直接支付业务主要为国拨基建款业务。

(一)财政直接支付程序

1. 需要进行财政直接支付时，基建处应按照批复的预算和用款计划，提出直接支付申请，并附有关支付凭证(如：施工合同、购货合同、工程价款结算单、设备或材料采购清单、票据等)，报财务处。

2. 财务处负责填写《中央基层预算单位财政直接支付申请书》，连同基建处提供的支付凭证报财政部驻厦专员办，经专员办审核签署意见后报教育部，由教育部汇总后统一报财政部国库支付执行机构。

3. 直接支付申请经财政部批准后，财政部发出清算与支付指令，由代理银行直接将款项支付到收款单位或收款人。学校根据银行办理支付后出具的通知单进行会计核算。

(二)财政授权支付程序

1. 支用财政授权支付额度时，各部处、院系单位应在批复的用款计划额度内提出支付申请，填写暂

付款凭单或报销凭证，到财务处办理支付手续。

2. 财务处经审核后，办理支付手续，填写财政授权支付令及有关银行票据，并将票据及时送交代理银行。

3. 代理银行办理授权支付后，按实际发生的明细业务给学校提供对账单，学校要根据对账单逐笔核对支出。

4. 每月初，财务处将学校上月零余额账户的支出情况上报教育部，由教育部统一报财政部国库支付机构。

（三）支付业务的其他相关规定

1. 财政直接支付申请原则上每季度或半年申请一次。

2. 为做好年终与银行对账签证工作，每年12月21日至年底安排10天整理期，用于处理未达账项等事宜。整理期内停止办理国库支付手续。

3. 每月最后一个工作日不办理零余额账户现金的收支手续。

六、组织机构

（一）领导机构

学校成立“厦门大学财政国库集中支付制度改革工作领导小组”，由李建发副校长任组长，领导小组成员由学校办公室、人事处、学生处、发展规划办公室、科技处、社科处、基建处、资产与后勤事务管理处、财务处、管理学院、化学化工学院等单位负责人担任。

（二）执行机构

根据工作需要，在财务处下设国库集中支付管理办公室，负责协调和办理国库集中支付的相关业务及管理工作，具体包括：零余额账户核算、管理及与银行对账，汇总编报用款计划及类、款、项、项目的支出明细表，与教育部核对数字、反馈信息等。

七、职责分工

（一）财务处

负责我校财政国库集中支付制度改革工作的统一管理，按预算使用财政性资金，并做好相应的财务管理和会计核算。

1. 负责零余额账户的开设、管理、核算、对账等工作，与代理银行密切配合，积极协调，按国库集中支付管理办法规定，做好每日、每月及年终对账、签证等工作，准确编制财政性资金按类、款、项、项目的支出明细表。

2. 负责学校财政性资金用款计划的汇总编报和上报工作。

3. 测算资金使用情况，确定学校基本支出中零余额账户的支出内容。

4. 具体办理财政国库集中支付业务，包括：填写财政直接支付申请书，报送驻厦财政专员办审核、签发授权支付凭证，通知代理银行支付资金等。

5. 负责与财政部、教育部、财政部驻厦专员办、代理银行的工作联系，积极沟通，解决财政国库集中支付制度改革工作中出现的问题，及时与教育部对账，向财政部、教育部反馈信息。

（二）基建处

负责基本建设经费国库支付相关手续的办理及经费的使用和管理。包括：

1. 掌握工程项目进度，管理监督按项目进度使用资金。

2. 负责与施工单位的工作联系，积极沟通，签订工程合同时，细化资金支付计划，确保施工单位在国库未直接支付之前的资金垫付。

3. 按照《厦门大学财政国库集中支付制度改革用款计划管理办法》的规定,按项目进度编制切实符合实际的用款计划,并在规定的时间内报送财务处。

4. 按财政性资金国库支付的要求办理资金支付手续。需要进行财政直接支付时,基建处应按照批复的预算和用款计划,提出直接支付申请,并附有关支付凭证(如:施工合同、购货合同、工程价款结算单、设备或材料采购清单、票据等),报财务处。

(三)发展规划办公室

负责"985 工程"、"211 工程"等专项资金国库集中支付相关业务的组织、协调、检查、监督。包括:

1. 负责掌握各项目的工作进度,监督用款单位按项目进度使用资金。

2. 按照《厦门大学财政国库集中支付制度改革用款计划管理办法》的规定,指导用款单位按项目进度编制切实符合实际的用款计划,审核汇总后,在规定的时间内报送财务处。

(四)科技处、社科处

负责科技三项费用、科学事业费及其他财政性资金安排的项目经费国库集中支付相关业务的办理及经费的使用和管理,包括:

1. 负责掌握各项目的工作进度,监督用款单位或项目组按项目进度使用资金。

2. 按照《厦门大学财政国库集中支付制度改革用款计划管理办法》的规定,指导用款单位或项目组按项目进度编制切实符合实际的用款计划,审核汇总后,在规定的时间内报送财务处。

(五)资产与后勤事务管理处

负责水电费、后勤服务费、修购专项项目经费等国库集中支付相关手续的办理及经费的使用和管理,包括:

1. 负责掌握各项目的工作进度,管理监督按项目进度使用资金。

2. 按照《厦门大学财政国库集中支付制度改革用款计划管理办法》的规定,按项目进度编制切实符合实际的用款计划,在规定的时间内报送财务处。

3. 按财政性资金国库支付的要求办理专项修缮项目资金支付手续。需要进行财政授权支付时,资产与后勤事务管理处应按照批复的预算和用款计划,提出授权支付申请,并附有关支付凭证(如:施工合同、购货合同、修缮工程价款结算单、设备或材料采购清单、票据等),报财务处。

(六)人事处

负责人员性支出经费国库集中支付相关手续的办理,包括:

1. 负责及时提供学校的人员编制、人员增减、工资标准、工资性开支及其他属国库集中支付范围的人员性支出;按月及时提供代扣款项(含各类保险等)等数据。

2. 按照《厦门大学财政国库集中支付制度改革用款计划管理办法》的规定,按照人员性支出进度编制切实符合实际的用款计划,在规定的时间内报送财务处。

(七)学生处

负责学生事务支出经费国库集中支付相关手续的办理,包括:

1. 负责及时提供学校的各类学生人数、奖助学金标准、人员增减数据。

2. 按照《厦门大学财政国库集中支付制度改革用款计划管理办法》的规定,按照学生奖助勤补的支出进度编制切实符合实际的用款计划,在规定的时间内报送财务处。

(八)其他部门及单位

负责本部门本单位经费中属于财政性资金的国库支付相关手续的办理及经费使用和管理,包括:

1. 按要求及时编报切合实际的用款计划。

2. 按财政性资金国库支付的要求办理资金支付手续。需要办理财政性资金国库授权支付时,各部门单位应按照批复的预算和用款计划,提出授权支付申请,并附有关业务凭证、支付凭证(如:施工合同、购货合同、修缮工程价款结算单、设备或材料采购清单、票据等),报财务处。

八、其他相关工作

实行财政国库集中支付,是一项政策性强、涉及面广的系统工程,不仅涉及财政资金拨付程序、支付方式、账户设置的变化,而且会影响到我们传统的思维方法、工作习惯、管理方式。学校各部门要密切配合,协调一致,共同做好国库集中支付工作,保证学校各项工作顺利开展。

(一)做好宣传工作。这项改革涉及面大,改变了多年遵循的资金支付模式。为了使全校教职工都能充分理解这项改革,了解改革后的资金支付程序,提高工作效率,减少报账等候时间,要对这项改革的相关情况进行广泛宣传,对需要做的工作及改变的环节进行详细说明,以便得到教职工的理解和配合,共同做好财政国库集中支付制度改革工作。

(二)进行人员培训。随着财政国库管理制度改革工作的开展,在已进行的人员培训基础上,由财务处负责组织对校内有关财务人员及单位负责人进行培训。

(三)进一步加强预算的编制和管理工作。根据教育部要求,继续推进预算编制改革,建立科学的预算定额和支出标准,尽可能细化预算,使所有财政性资金的支付都建立在明细预算的基础上。根据国库集中支付制度改革工作的要求,认真做好校内相关财务规章制度的修改和完善。

(四)加强监督制约机制。要建立健全财政国库集中支付的内部监督制约机制,确保财政资金安全。

九、附 则

(一)本实施方案自通过之日起试行。

(二)本方案解释权在财务处。

——本文摘录自《关于印发〈厦门大学关于财政国库集中支付制度改革工作实施方案(试行)〉的通知》,厦大财〔2007〕55号,档号2007-XZ18-4

厦门大学漳州校区宣传报道工作奖励暂行办法

(2007年6月13日)

为进一步加强校区宣传报道工作,完善激励机制,加强制度建设,根据学校宣传工作的有关要求,结合校区实际情况,特制订本暂行办法。

一、奖励范围

凡校区师生在学校及校区新闻媒体(包括:学校主页、校报、校新闻中心、校电台、校区主页、校区动态)和校外新闻媒体(包括:报纸、期刊、电视台、电台、网络等)上通过各种形式,反映校区办学管理工作的做法、成绩及师生良好风尚的宣传报道稿件,均属于本办法奖励范围。

二、奖励标准

1.在校报、校新闻中心、校电台发表的新闻报道稿件,按所发稿费给予1∶1奖励。

2.在地(市)级、省部门级新闻媒体(如:《厦门日报》、《厦门晚报》、《海峡导报》、《厦门湾南岸报》等)发表的新闻报道稿件,按所发稿费给予1∶1奖励。

3.在省级、中央部门级新闻媒体(如:《福建日报》、《中国青年》、《大学生》、《中国青年报》、新华社、中新社等)发表的新闻报道稿件,按所发稿费给予1∶2奖励。

4.在中央级和国家教育系统新闻媒体(如:《人民日报》、《光明日报》、《中国教育报》等)发表的新闻报道稿件,按所发稿费给予1∶3奖励。

5.在各门户网站、学校主页、校区主页、校区动态发表的新闻报道稿件,将发稿情况记入年度宣传报道工作先进个人和积极分子的评选统计中。

三、实施办法

1.凡符合奖励条件的校区师生,在稿件被采用后的一季度内由作者填写《厦门大学漳州校区宣传报道工作奖励登记表》,附上稿件及稿费单复印件等相关材料送校区办审核,报校区领导审批后交财务办按奖励标准发放奖金。

2.宣传报道工作奖励目前以稿件及稿费单为依据,未发放稿费的稿件暂不奖励,将发稿情况记入年度宣传报道工作先进个人和积极分子的评选统计中。

3.同一篇稿件被重复刊载的,按所发最高稿费申报奖励;稿件联合署名的,由校区排名最前的作者申报奖励。

4.根据宣传工作纪律,在学校及校区新闻媒体和校外新闻媒体上发表宣传报道稿件,必须经本部门领导审核;在学校主页、校外新闻媒体发表宣传报道稿件,还必须经校区办审核;涉及重大事件的,必须报校区领导审批。违反以上要求的宣传报道稿件,视情节轻重,追究相关人员的责任。

5.校区党工委每年对在宣传报道工作中表现突出的校区师生进行表彰,有关评选事宜按照《漳州校区宣传报道工作先进个人和积极分子评选办法》执行。

6.本办法自 2007 年 1 月起试行,具体事宜由校区办负责协调落实。

——本文摘录自《关于印发〈厦门大学漳州校区宣传报道工作奖励暂行办法〉的通知》,厦大漳委综〔2007〕4 号,档号 2007-XZ36-2

厦门大学“新世纪优秀人才支持计划”评估办法

(2007年6月18日)

为进一步加强我校青年学术带头人队伍建设,推动“新世纪优秀人才支持计划”(以下简称“支持计划”)入选者深入开展教学改革,围绕国家重大科技和工程问题、哲学社会科学问题和国际科学与技术前沿开展创新研究,取得具有原创性、高水平的教学和科研成果,根据《厦门大学“新世纪优秀人才支持计划”实施办法》(厦大人〔2005〕6号),制定本评估办法。

一、评估范围和对象

在资助期内的我校教育部、福建省和校级“支持计划”入选者。

二、评估时间与评估结果等次

评估分为年度评估和期终评估。年度评估安排在资助期的第一年和第二年年度资助结束后进行,期终评估安排在三年资助期结束后进行。

年度评估结果等次分为合格和不合格;期终评估结果等次分为优秀、合格和不合格。

三、年度评估的基本标准

年度评估主要是检查入选者是否按《新世纪优秀人才支持计划任务书》(以下简称《任务书》)中年度进展计划规定的进度开展研究工作并完成相应的年度计划任务。年度评估以学校批准的入选者本人的《任务书》中的年度进展计划为基本标准。

入选者完成《任务书》中年度进展计划规定的本年度研究任务,经审核通过的,可认定为年度评估合格,否则,认定为年度评估不合格。

四、期终评估的基本标准

(一)教育部“支持计划”入选者基本评估标准

1.哲学社会科学类入选者基本评估标准:

入选者在3年资助期内须完成《任务书》所确定的研究任务,并至少满足以下4项要求中的1项:

(1)在一类核心学术刊物上发表(限第一作者或通讯作者或唯一作者署名,下同)1篇以上学术论文,并获得国家社会科学基金或自然科学基金项目或省部级重点研究项目1项以上(课题均限负责人,下同);或获得校外科研项目经费总计30万元以上(限项目负责人,非项目负责人为个人经费部分;横向课题经费以进入校财务处账上为准,下同)。

(2)在一类核心学术刊物上发表4篇以上学术论文;或在一类核心学术刊物上发表2篇以上学术论

文,并正式出版1部以上学术专著(个人撰写15万字以上,不累计。以下凡著作字数要求均为不累计)或学术译著(个人翻译15万字以上)或教材(个人撰写20万字以上)或词典(个人撰写50万字以上)。

(3)在一类核心学术刊物上发表2篇以上学术论文,并获得1项以上社会科学优秀成果奖部级三等奖以上、省级二等奖以上奖项(奖项均限政府奖,且限第一获奖者,下同);或在一类核心学术刊物上发表3篇以上学术论文,并获得1项以上省级社会科学优秀成果奖三等奖以上奖项。

(4)在一类核心学术刊物上发表2篇以上学术论文,并获得1项以上省级教学成果奖二等奖以上奖项;或在一类核心学术刊物上发表1篇以上学术论文,并获得1项以上省部级以上教学改革重点研究项目或精品课程或优质硕士学位课程(限第一负责人,下同)。

2.自然科学类入选者基本评估标准:

入选者在3年资助期内须完成《任务书》所确定的研究任务,并至少满足以下4项要求中的1项:

(1)在一类核心学术刊物上发表2篇以上学术论文,并获得国家自然科学基金项目或省部级重点研究项目1项以上;或获得校外科研项目经费总计100万元以上。

(2)在一类核心学术刊物上发表学术论文或获得发明专利授权(限第一发明人,下同)共5篇(项)以上。

(3)在一类核心学术刊物上发表3篇以上学术论文,并获得1项以上省部级科学技术奖三等奖以上奖项。

(4)在一类核心学术刊物上发表3篇以上学术论文,并获得1项以上省级教学成果奖二等奖以上奖项;或在一类核心学术刊物上发表2篇以上学术论文,并获得1项以上省部级以上教学改革重点研究项目或精品课程或优质硕士学位课程。

(二)省、校级"支持计划"入选者基本评估标准(含哲学社会科学类和自然科学类)

入选者在3年资助期内须完成《任务书》所确定的研究任务,并至少满足以下4项要求中的1项:

1.获得国家社会科学基金或自然科学基金项目或省部级重点研究项目1项以上;或获得校外科研项目经费,哲学社会科学类入选者总计20万元以上,自然科学类入选者总计60万元以上。

2.在一类核心学术刊物上发表学术论文或获得发明专利授权共3篇(项)以上;或在一类核心学术刊物上发表1篇以上学术论文,并且正式出版1部以上学术专著(个人撰写15万字以上)或学术译著(个人翻译15万字以上)或教材(个人撰写20万字以上)或词典(个人撰写50万字以上)。

3.在一类核心学术刊物上发表1篇以上学术论文,并获得1项以上省部级社会科学优秀成果奖或科学技术奖三等奖以上奖项。

4.在一类核心学术刊物上发表1篇以上学术论文,并获得1项以上省级教学成果奖二等奖以上奖项;或获得1项以上省部级以上教学改革重点研究项目或精品课程或优质硕士学位课程。

(三)特殊学科"支持计划"入选者基本评估标准

术科及外国语言文学、数学、建筑学、中医学、附属医院临床医学学科的入选者可适当降低产出成果要求,但原则上酌减的幅度不超过上述相应要求的三分之一。

以上学科的入选者填写《任务书》时,应根据教学科研成果预期产出情况预算相应的资助经费。学校根据入选者所承担的任务和产出计划,确定相应的经费资助额度。

(四)期终评估结果等次的确定

期终评估时,达到上述期终评估标准并经审核通过的,可认定为期终评估合格,其中产出成果和(或)立项课题等达到上述期终评估标准的150%或以上的,可认定为期终评估优秀;未达到上述期终评估标准或经审核未通过的,确定为期终评估不合格。

五、评估方式

(一)年度评估方式

在资助年度结束后1个月内,入选者必须认真填写并提交《新世纪优秀人才支持计划年度进展报告》(以下简称《年度进展报告》)和有关材料,并向所在学院(研究院、直属教学部或研究中心,以下简称单位)学术委员会进行汇报,汇报时应出具已取得的相关成果(含尚未发布的成果)。入选者的《年度进展报告》等有关材料经学院(单位)审查合格并签署意见后报送人事处,由人事处审核汇总后报送分管副校长审定。

(二)期终评估方式

在资助期结束后3个月内(教育部"支持计划"为资助期结束的下一年度3月31日前),入选者须填写《新世纪优秀人才支持计划总结报告》和有关表格,并附相关材料,经学院(单位)认真考核评估并提出考核评估意见后,报送学校相关科研管理部门。科研管理部门根据入选者本人的《任务书》和本办法规定的期终评估标准进行认真审查评估后,提出评估意见和评估结果等次建议,经人事处审核汇总后,报送学校人才工作领导小组审定。

六、评估结果的处理

1.年度评估结果等次为合格的,方可下达下一年度资助经费的使用额度;年度评估不合格的,暂缓下达下一年度资助经费的使用额度,待下一年度(或期终)评估合格后,与该年度(或期终)资助经费的使用额度一并下达。若年度评估时该研究项目尚未启动,按本条第3款"未能正常履行工作职责"进行处理。

2.期终评估结果等次为合格及以上等次的,方可下达最后一次资助经费的使用额度;其中,期终评估结果等次为优秀的,在推荐和遴选其他高层次人才计划、出国研修、访学等项目人选时,同等条件下予以优先推荐或选派;期终评估结果等次为不合格的,不予下达余下资助经费的使用额度,且原则上在2年内学校不予推荐该教师为其他人才项目人选,不予批准该教师出国研修、访学等。

3.对未能正常履行工作职责或调离学校教学、科研岗位或出国逾期未归的获资助者,以及违反职业道德、弄虚作假或触犯法律的获资助者,学院(单位)应及时以书面形式报学校人事处。经核实后,获校级"支持计划"资助者,学校将中止或撤销其资助;获教育部和福建省"支持计划"资助者,学校将按规定向教育部和福建省教育厅提交书面报告,由教育部和福建省教育厅决定中止或撤销其资助。

七、附　则

1.入选者在资助期内须独立承担本科生授课任务。

2.入选者提交评估的论著,须按《厦门大学"新世纪优秀人才支持计划"实施办法》要求标注相应资助字样方予认可。

3.本办法中所称"以上",均含其本数(级)。

4.本办法自发布之日起施行。

5.本办法由学校人才工作领导小组秘书组负责解释。

——本文摘录自《关于印发〈厦门大学"新世纪优秀人才支持计划"评估办法〉的通知》,厦大人〔2007〕89号,档号2007-XZ10-8

厦门大学服务海峡西岸经济区行动计划(2007—2010 年)

(2007 年 8 月 3 日)

为深入贯彻中共福建省委关于建设海峡西岸经济区的重大战略决策,认真落实《福建省建设海峡西岸经济区纲要》、福建省及厦门市国民经济和社会发展第十一个五年规划纲要、福建省及厦门市中长期科学和技术发展规划纲要(2006—2020 年),全面融入海峡西岸经济区建设,结合《厦门大学"十一五"规划和 2021 年远景规划》,制定《厦门大学服务海峡西岸经济区行动计划(2007—2010 年)》(以下简称"行动计划")。

一、统一思想、明确定位,切实增强服务海西的责任感和紧迫感

(1)服务社会是厦门大学的重要职能。培养高素质的创新人才、产生高水平的研究成果、提供高质量的社会服务是高水平研究型大学的三大职能。自创办之日起,厦门大学就确立了服务国家、服务社会的办学宗旨。办学初期的《厦门大学大纲》明确规定:"本大学以研究学术、培植人才并指导社会为目的";"本大学应'启发闽省之天然资源,以达到振兴实业之目的,而徐图国际贸易之发展'"。

在八十多年的办学历程中,厦门大学秉承服务社会的办学宗旨,始终与民族同呼吸、共命运,与国家同发展、共进步,为国家的科技进步、经济建设和社会发展做出了重要的贡献。长期以来特别是改革开放以来,福建省委省政府、厦门市委市政府高度重视厦门大学建设与发展,通过与教育部共建等方式,从政策、资金、土地等各方面给予支持,推动厦门大学"211 工程"和"985 工程"建设;厦门大学则充分发挥学科优势和人才优势,为福建省和厦门经济特区的科技创新、经济建设和社会发展提供了有力的支持,努力走一条"以服务求支持、以贡献求发展"的路子,现已成为一所"学科门类较为齐全,办学特色鲜明,科研实力和师资队伍较强,在国际上有影响的高水平的国家重点大学"。

(2)服务海西是厦门大学的重要使命。厦门大学是国家重点大学,但首先是福建的大学、厦门的大学。厦门大学要服务全国,但首先要服务福建、服务厦门。进入新世纪以来,福建省立足于全国发展大局,立足于服务祖国统一大局,提出建设"对外开放、协调发展、全面繁荣的海峡西岸经济区"的战略构想。在建设海西、发展海西、繁荣海西的伟大实践中,厦门大学必须紧紧抓住机遇,牢固树立科学发展观,按照省委省政府关于新一轮发展"四个推进"、"四个基本"、"四个关键"、"六个扎实"、"四个重在"的战略部署,把贴近海西、融入海西、服务海西作为始终坚持的办学理念和发展战略,更新发展观念,创新服务模式,提高服务质量,推动海西发展。

二、整合资源、构建平台,在海西创新体系中发挥重要骨干和引领作用

(1)构建海西科技创新平台。突出海西科技创新和产业发展需求,围绕生物、新材料、新能源、海洋、化工、医药、信息、软件、光电、重大疾病预防与控制等领域,以政府为主导,以技术创新为核心,与国内外科研机构和省内外大中型骨干企业合作,构筑一批交叉集成、联合攻关、团队作战的科技创新平台,力争在服务海西科技创新方面起重要骨干和引领作用。首批规划建设 10 个科技创新平台:

——福建省药物科技创新平台。依托我校国家传染病诊断试剂与疫苗工程技术研究中心、福建省药

物工程实验室、化学生物学福建省重点实验室等研究机构,重点围绕微生物天然活性物质的提取和药物开发、药物合成、中药新药、保健药品、创新疫苗、人用或兽用诊断试剂的研发和产业化问题,开展具有自主知识产权的创新药物(含疫苗、诊断试剂、抗体等)的研究开发、创新药物相关工程技术服务(委托研发、人员培训、产业咨询、技术服务),促进我省生物医药产业的跨越式发展。充分利用我校已取得的药物研究成果如丙谷二肽、抗肿瘤新药阿霉酮、环氧二烯、抗艾滋病及抗病毒药物、“禽流感治疗性抗体”、“重组戊型肝炎疫苗”等,3 年内将现有福建省药物工程实验室晋升为国家药物工程技术研究中心或药物创制国家工程中心。

建立包括新药筛选、活性成分提纯、药理与药效、规范化药物非临床安全评价(GLP 实验室)、药物临床药理、药物制剂工艺、药物合成、小试、中试等技术的综合性药物研发和公共服务平台,在化学药物(海洋药物、新抗生素)、生物药物(生物工程药物、基因疫苗和诊断试剂抗体芯片和抗体生物传感器)和现代中药(包括 GAP 种植)等领域开展创新新药研发和推动我省相关制药企业的发展。

——福建省先进材料科技创新平台。重点开展纳米材料合成、手性纳米材料、多壁碳纳米管的制备技术及应用开发、半导体多晶硅材料、环境友好高分子材料、生物医学材料、特种先进陶瓷材料、光电材料的研究和开发,加快对人工晶体、金属及其合金(特别是钨材料)、陶瓷材料等新型材料的研发,重点对高膨胀、低熔点无铅封接微晶玻璃、半导体照明荧光粉的研发及产业化、防火材料、镁合金表面化学镀 Ni-B 新工艺等新技术进行推广与应用。

适应福建省重点培育发展新材料产业的需求,发挥我校高性能连续陶瓷纤维、生物医学材料、钢结构防火涂料等方面已形成的优势,积极推进新材料技术的开发、应用和推广,争取尽快实现产业化,培育行业内新的经济增长点,促进我省新材料产业的迅速发展。

——福建省能源科技创新平台。针对福建省能源短缺的现状,大力开发可再生能源利用、能源高效转化与节能等关键技术和产品,以降低我省对进口化石能源的依赖。整合全校在化学电源、太阳能利用、生物质能、海洋能源和能源经济等领域的人才资源与设备资源,形成综合实力雄厚、独具特色的集应用研究、工程开发和人才培养于一体的新能源产业技术基地。

重点开发基于薄液层氧化还原偶的新型超级电容器、锂离子聚合物电池等高性能化学电源技术和产品,建成我国重要的化学电源产业技术开发基地;大力开发太阳能级多晶硅提纯技术和高效能太阳能电池关键技术,建成我省太阳能光伏发电产业链的技术开发基地;重点发展燃料酒精、生物柴油、生物燃气等生物能源关键技术,建成我国南方重要的生物能源技术开发基地;大力开发风能发电、温差发电和潮汐能发电技术,实现我省海洋能源的规模产业化与高效利用;积极参与国家和地方的能源战略规划,为我省新能源产业的健康发展提供重要的决策依据。

——福建省海洋科技创新平台。围绕海洋经济强省建设,推动国家南方海洋研究中心建设,打造一流的海洋科学研究和技术研发基地,发挥科技对海洋产业现代化的支撑作用。

加强海洋生物育种、海产品精深加工、海洋活性物质提取、海洋药物、海洋化工、海水利用等重点开发领域的研究与开发,组织实施科技攻关,提高海洋科技自主创新能力,促进相关产业的提升和快速发展。

开展海水养殖动物新型抗菌肽、海洋食品有毒有机污染物检测技术、有毒有机污染物海洋环境行为及其生态毒理效应等研究,建设具有优良水质的公用试验基地和海洋食品安全监测中心,力促海西成为新型海洋水产技术服务产业的南方示范基地。

加强近海生态环境的治理与修复、海洋灾害成灾机理和变化规律研究、海洋环境及生物资源动态监测,构建海洋环境保护和生态修复技术体系,推进立体海洋监测网和海洋预报系统建设,显著提升我省有效利用和保护海洋资源的能力。

加强台湾海峡区域海洋监测、海洋流域与海岸带综合管理、海洋区域经济发展、海洋政策与法律、海岸带和谐城市群规划等研究,为海洋安全、海洋政策和法律的制订、海洋事务、海洋开发技术以及海洋科技人才的培训提供咨询与服务。

——福建省燃料化工催化科技创新平台。瞄准福建化工支柱产业的发展需求,重点建设“醇醚酯化工清洁生产国家工程实验室”,开展煤或天然气基醇醚燃料化工产业的一些核心技术的自主创新研究,包括:新型纳米催化材料的研制及其用于甲醇/低碳醇合成的新一代高效新型催化剂的研制及催化过程的开发、宽温耐硫水煤气变换不含钾的钴钼催化剂的研制和扩试等,若干年内为我国我省的醇醚燃料化工产业提供若干具有我国自主知识产权并适应未来发展需要的新催化剂及催化反应工程技术。

开展具有重要应用前景的相关研发,包括:天然气转化制合成气高效新型催化剂的研制及新过程开发,生物柴油代用型燃料生产扩试,合成气经“费托合成”制燃料柴油,石油化工中新一代重要催化剂(包括燃料油深度加氢脱硫/脱氮/脱芳及某些石油基高附加值专用化学品生产用催化剂)的研制开发;支持福建省现有石油化工产业链的延伸和拓展,促进海西高附加值有机化工、精细化工产业集群的发展。

——福建省光电子材料与器件科技创新平台。围绕福建省光电产业的特色和优势,把握台湾地区光电信息产业向海峡西岸转移的机遇,以福建省半导体照明工程技术研究中心和福建省半导体材料及应用重点实验室为依托,大力开展光电信息材料与器件、半导体照明等共性技术的研发,制订新型照明与显示行业的检测标准。重点开展光电信息材料、半导体照明器件、超高亮度LED芯片、蓝紫光激光器、光子晶体、微传感器、磁光开关、显示器件、光通讯与存储、光电集成芯片等材料器件的研制,为“国家半导体照明产业化基地”和福建省光电产业的可持续发展提供技术支撑,使福建省从光电产业大省发展成为光电产业强省。

开展全息光学、医学影像、微机电系统(MEMS)等先进技术和仪器的研发,坚持自主创新与引进消化相结合,形成一批核心与关键技术,加快相关产品的产业化,提高产业竞争力,促进福建省先进光电仪器和医疗器械产业链的发展和产业基地的建设。

——福建省信息技术科技创新平台。围绕着福建省信息产业发展的需求,重点开展三方面研究开发:集成电路设计与制造方面,开展集成电路设计、嵌入式系统开发、非线性电路与射频系统、宽带网通讯与网络安全、人工智能及其应用等研发;无线通讯终端及服务技术方面,开展基于卫星通信网、移动通信网、无线城域网、无线局域网及无线个域网的无线数据传输系统及其核心技术的研究,无线数据传输终端实现技术及其内容服务技术开发,开发手机短信、语音等机器翻译系统并实现产业化等;智能应用软件产品开发方面,开展人口资源环境与地理信息系统、亚健康智能中医诊断体检系统、大规模网络化翻译服务器软件等研发。

——福建省先进装备与仪器科技创新平台。重点开展对精密加工装备的综合设计与制造、精密数控系统、精密检测、智能化控制、精密加工环境控制等关键技术的研发,打破国外技术垄断,实现部分关键装备技术的国产化,形成一批具有自主知识产权的精密加工新技术,并在国防先进防御技术领域获得应用;重点推广与汽车产业相关的视频、传感器、电器控制、电子仪表、总线等高新技术,并实现产业化;着重发展纳米纤维制造及应用、射频标签制造及应用、激光技术及应用、微陀螺仪、高性能恒流源等电子制造及仪器开发关键技术;提升福建省精密加工装备、汽车产业、电子制造与仪器开发等方面的核心竞争力。

——福建省环境健康与生态安全科技创新平台。瞄准环境健康与生态安全领域里的全球热点,立足解决福建省所遇到的近海环境受污染、生态安全受威胁、人类健康受损害等问题。积极发展污水处理、垃圾处理、机动车排气净化装置、养殖业水体净化、富营养化防治技术及产品和环境自动监测仪器及系统的研发。

以发展新技术方法为先导,着重开展以下研究开发、科技成果转化和服务海西建设的工作:环境健康关键指标的监测技术及相应仪器的研发、环境和食品安全检验技术的标准化和应用推广、海洋生物毒素标准物质的研制及检测新技术的研发、海洋环境污染物和生物毒素对海洋生物和水产品安全影响评估、环境污染物对人体健康远期影响的流行病学调查和数据库建立。

——福建省现代农业科技创新平台。发挥生命、海洋学科优势,围绕闽台农业合作、培植海西优势产业和特色农产品,加强我省水仙花等特色花卉、瘦肉型白羽肉鸭等家禽和铁观音等茶叶的特色、主导农产品改良研究,加快杂色鲍、西氏鲍等优良养殖新品种的培育并在生产上推广应用,做好优质早籼稻新品种、东风螺、大弹涂鱼和锯缘青蟹等育苗和养殖技术等国内首创的获奖成果的转化工作,形成规模化产业，推动品牌农产品的形成。

推动“松材线虫快速分离装置及其检测”、“高效表达转人源胸腺素基因蓝藻开发”、“生物杀线农药”、“天然虾青素的新型微藻培育”等专利技术的产业化，促进我省粮食作物、经济作物及林木、花卉等无公害化。

围绕提高农产品质量安全水平，加强种苗、水源、土壤、肥料、农药和农产品等质量监控中的分析化学研究、安全监测和成果转化，为安全农业生产服务。

(2)构建海西科技资源共享协作平台。根据“整合、共享、完善、提高”的原则，分阶段建成与创新型省份相适应的政府引导、社会共建、共享互利的科技资源共享平台，推进与国家和福建省科技条件平台对接，实现科技资源的合理配置和效益最大化。首批规划建设3个共享协作平台：

——福建省高性能计算平台。在我校已有高性能计算中心(惠普高性能大型主机系统，配置256个安腾二代高端CPU，浮点运算速度峰值达1.5万亿次/秒)的基础上，着眼于资源共享、开放服务，继续加大投入力度，搭建起为我省相关产业发展服务的大型科学运算技术支撑平台，对于促进我省电子信息、汽车、制药、新材料、动漫、软件等产业的发展，以及在大型工程运算、防灾减灾工作等方面产生重大经济与社会效益。

——福建省贵重仪器设备共享协作平台。包括建设厦门大学分析测试中心、贵重仪器设备信息资源共享系统，进一步充实、优化大型仪器设备的配置，促进大型仪器设备的开放共享，打破学校大型仪器设备管理相对封闭的现状，提高大型仪器设备的利用率，为推进全省科技创新提供先进的技术支撑平台。

——厦门大学国家大学科技园高新技术孵化平台。在已建成生物医药、合成化学、纳米科技、微光机电、新型能源、农业技术等孵化中心的基础上，与厦门市政府联合共建“厦门大学国家大学科技园”，力争使科技园成为海峡西岸经济发展和技术进步的重要创新源泉。

三、创新思路、服务决策，在海西发展中发挥重要思想库和智囊团作用

(1)构建高水平决策咨询服务基地。整合海峡两岸发展研究院、台湾研究院等研究力量，深入开展海峡西岸经济区建设重大理论问题和现实问题研究，密切配合省委省政府及市县重大决策开展调研，立足海西发展大局，创新思路，服务决策，推动发展。

加强我校“985工程”哲学社会科学创新基地和福建省人文社科研究基地建设，大力发展哲学社会科学，加强面向经济建设和社会发展的应用理论和决策咨询研究，全方位承接省市各级党委、政府和企事业单位委托的咨询课题。

有计划、有组织地引导、鼓励教师以更加积极、主动的态势参与福建省及各地市的软科学课题研究、咨询、论证；遴选、推荐各学科专家、学者担任省市政府顾问和国民经济与社会发展规划的咨询专家，参与省市重大发展计划的论证和实证研究。

发挥活跃在国际科技前沿的海内外校友、留学回国人员和各领域专家掌握前沿科技信息的作用，编报《专家建议》，及时向省市提供有价值的信息服务。

(2)着力办好“海峡发展论坛”。充分发挥闽台“五缘”优势，结合我校的优势特色，积极参与我省涉台交流合作载体平台建设，每年举办一届“海峡发展论坛”(包括两岸发展论坛、两岸经贸论坛、两岸文化论坛等)，以此为载体搭建海峡两岸高层和专家学者对话、交流与合作的前沿平台，推进海峡两岸关系的和平发展与良性互动。

(3)积极参与文化强省建设。适应海西建设全国重要的文化产业基地和海峡两岸文化交流的重要基地的需求，发挥我校人文学科优势，积极参与打造地域特色明显、展现福建风貌、具有国内外影响的文化品牌，不断提高海峡西岸文化影响力。

加强国学研究院、南洋研究院、人文学院等建设，积极开展闽南文化、客家文化、红土地文化、妈祖文化、船政文化、畲族文化、朱子文化、闽商研究、闽侨研究等特色文化研究，打造一批代表海西形象、展现福

建风貌、具有国内外影响的文化品牌，彰显福建文化特色，弘扬中华优秀文化。

发挥我校艺术、软件等学科优势，积极支持海西将文化资源优势转化为产品优势、产业优势和竞争优势，增强文化产业的活力、实力和竞争力。

四、调整结构、适应需求，为海西持续发展提供强有力的人才保障和高层次继续教育服务

(1)为海西建设输送大批急需人才。积极贯彻“科教兴省”和“人才强省”战略，加大学科专业结构调整力度，优化人才培养结构，建立与福建、厦门战略产业、传统优势产业、高新技术产业发展相适应的人才培养体系，成为海西创新型、应用型、复合型人才培养的重要基地。每年至少为福建省输送毕业生本科生3000 人，研究生 2000 人(其中博士 300 人以上)。

根据福建省中长期经济社会发展目标和产业结构调整对高层次人才的需求，加大学科专业结构调整力度，建立与战略产业、传统优势产业、高新技术产业发展相适应的人才培养结构，在服务海峡西岸经济区建设中切实发挥人才保障作用。

积极与省内各界合作，为政府管理部门，公共事业部门，经营管理、医疗卫生管理等部门中层以上管理及专业技术人员提供工商管理硕士(EMBA、MBA)、公共管理硕士(MPA)、会计硕士(MPAcc)、法律硕士(JM)、艺术硕士(MFA)、翻译硕士(MTI)以及物流管理、项目管理、计算机技术、软件工程、集成电路等工程硕士(ME)专业学位教育。

(2)为海西发展提供高层次继续教育培训服务。适应海西构建现代国民教育体系和终身教育体系、建设学习型社会的需求和“大规模培训干部、大幅度提高干部素质”的要求，根据坚持“围绕海西、务实管用、注重创新、提高质量”的原则，成为省委实施“干部海西建设能力提升计划”，建设“三大培训工程”的重要基地之一。

着力服务“三大培训工程”。针对党政干部“1725”培训工程，与省委和省政府有关部门合作，重点支持福建省开展厅处级领导干部的教育培训和实施党政领导人才重点培训计划；针对企业经营管理人员“1051”培训工程，与企业和企业管理部门合作，重点支持福建省实施国有企业高级经营管理人员和较大规模非公有制企业高级经营管理人员培训计划的落实；针对专业技术人员知识更新工程，为全省企事业单位专业技术人员的继续教育提供服务，重点支持福建省开展学术技术带头人和现代农业、现代制造业等 8 个领域专业技术人员的培训。

着力提供干部教育培训师资和教材。充分利用我校的优势学科资源，会同省组织、人事部门制定干部教育培训师资和教材建设规划，为省内各级干部教育培训机构培养一批思想政治素质好、业务能力强的教学科研骨干；加强干部教育培训教材、党的创新理论宣讲教材建设，为省内高校和各级干部教育培训机构提供政治理论、政策法规、业务知识、文化素养和技能训练的教材、案例和课件。

五、立足全局、主动对接，全力服务海西拓展“六求”作为和祖国统一大业

(1)加大与台湾地区高校交流力度。认真贯彻中央对台工作的战略部署，把握中央支持海峡西岸经济发展的机遇，充分发挥厦门大学在对台交流方面所具有的得天独厚的区位优势和人文优势，发挥“五缘”优势，拓展“六求”作为。在与台湾大学、成功大学、政治大学、交通大学、铭传大学、文化大学、海洋大学、淡江大学、东海大学、东吴大学等开展交流与合作的基础上，扩宽交流渠道，加大交流力度，深化合作内涵，开展互派学者讲学、交换学生、合作研究、交换图书资料、共同举办学术会议等多种形式、多种途径的合作与交流，引领福建高校与台湾地区高校开展交流与合作，把厦门大学建设成为祖国大陆与台湾地区开展教育、科技、文化交流与合作的前沿重镇和重要平台。

(2)积极参与做好台湾人民工作。改革开放以前，厦门大学在台校友曾达 300 多人，在政界、科技界、

商界尤其在石油、钢铁、电信、公路、税务、文学、艺术等领域具有广泛影响,其中包括新竹科技园的创始人何宜慈,台湾地区"石油之父"、中油公司创办人沈觐泰,台湾中国钢铁公司创办人陈树勋、陈俊德,原台湾"税务局局长"傅百屏,原"台湾省政府教育厅长"、国民党台湾省委员会副主任委员谢又华,原台湾"公路局局长"严启昌,台湾著名剧作家、戏剧教育家、文学评论家、美学家姚一苇,台湾著名诗人余光中等知名人士。在上世纪六十年代,台湾地区经济实现腾飞,推动经济起飞的十大项目中有六大项目由厦门大学校友主持。

改革开放至今,我校又先后培养台湾地区函授生和学历生1000多人(其中博士生60人、硕士生39人、本科生123人),这些新一代校友活跃于海峡两岸之间。2006年4月19日,中国国民党荣誉主席连战先生获得我校授予的法学名誉博士学位,成为我校新校友。要充分利用这一独特资源,通过在台校友广泛开展各种形式的联谊活动,发挥校友沟通各界、联络各方的桥梁、纽带作用。重视和支持我校台联、台属联谊会积极做好台湾地区各界人士的联谊、交流工作。

认真贯彻国家有关政策,实行与大陆学生同一收费标准,更多地吸引台湾地区优质生源,扩大高层次学历教育的台生规模;组织开展两岸民情风俗调研、两岸学生"闽南文化研习"夏令营等丰富多彩的民间活动,吸引更多台胞来校访问交流,进一步增强台湾同胞对祖国大陆的认同感和归属感。

(3)积极推进两岸技术合作与对接。抓住加入WTO后海峡两岸高新技术互动和对接的机遇,加强光电、信息、机械、通信、石化等重点领域合作,促进闽台产业对接,使我校成为祖国大陆和台湾地区高新技术产业特别是光电和软件产业对接的窗口和平台。同时,依托我校与台湾地区教育界、科技界的交流优势,有计划地聘请台湾地区教育界专家和科技界拔尖人才来校任教或合作研究;密切与台湾地区相关行业协会、企业的联系,大力帮助我省企业引进台湾地区技术领军人才和工程技术人员,大力促进台湾地区高新技术企业落户海西。

(4)及时为中央和省市领导提供高层次对台决策服务。重点加强台湾研究院和海峡两岸发展研究院的研究团队建设,积极扶持相关学科开展涉台研究,在保持和提高现有的对台湾地区政治、历史、两岸关系等方面问题的研究优势的基础上,重点加强台湾地区经济、闽台产业合作研究,注重对台湾地区文化、教育、军事、科技、宗教、法律、社会等方面问题的研究,开展台湾岛内社情民意和台湾地区高科技产业动向的追踪调研工作。建立与福建省各级涉台部门的工作联系机制,加大对闽台关系及"五缘、六求"等问题的研究力度,使厦门大学真正成为海峡西岸乃至全国的台湾研究中心,成为中央和省市领导涉台决策最好的思想库和智囊团之一。

六、加强领导、全力推进,切实保障服务海西各项工作落到实处

(1)加强组织领导。学校成立以党委书记、校长为组长,分管副校长为副组长,各相关职能部门负责人参加的"厦门大学服务海西协调领导小组",统一领导、统筹协调和组织实施,举全校之力服务海西建设与发展。领导小组下设地方合作办公室,专门负责地方合作工作计划、组织、协调和督查评估。

(2)建立合作机制。建立学校与省委省政府各部门、各市、各大企业,学校与各学院、各研究机构之间的协调互动机制,建立定期联系沟通机制和需求—服务对接机制。

通过召开联席会议、项目对接会、发布服务指南、签订合作协议等,积极推进校地合作、校企合作,确定服务项目,增强服务针对性,提高服务成效。

(3)强化政策导向。完善教学科研人员评价机制和内部分配制度,在教师考核和聘任的评价指标体系中强化服务海西政策导向;借助"闽江学者"、"福建省创新团队"评选机制,鼓励"闽江学者"、"福建省创新团队"关注海西、研究海西,在服务海西中长才干、做贡献;完善资源分配制度,将服务海西的平台、基地和重点项目纳入"211工程"、"985工程"建设,在实验用房、研究生招生指标以及助研人员配备等方面予以必要倾斜;实施干部教师挂职锻炼制度,选派干部教师到福建省的有关市县挂实职或柔性挂职;制定服务海西奖励制度,对为海西服务做出突出贡献的教师、学生给予特别奖励,充分调动院系和师生的主动

性、积极性和创造性;加大宣传力度,引导师生自觉主动地投身海西建设。

(4)务求服务成效。按照"整体推进,分步实施;项目管理,注重效益"原则,抓好"行动计划"的任务分解、分工负责和组织实施,确保各项任务落到实处。加强检查督促,切实抓好服务项目的启动、中期检查与评估等管理环节,确保服务效益。

名词解释:

(1)"四个推进":推进树立和落实科学发展观,推进构建社会主义和谐社会,推进党的执政能力建设,推进海峡西岸经济区建设。

(2)"四个基本":

——基本构想:建设对外开放、协调发展、全面繁荣的海峡西岸经济区。

——基本思路:"四个三"、"四个二"、"八项举措"、"九大支撑体系"、"一项根本建设"。即:"四个三":构建对外开放、对内联接、山海协作的三条战略通道;按三个层面促进区域经济协调发展;分三个阶段推进全面建设小康社会的进程;争取比全国提前三年实现全面建设小康社会的奋斗目标。"四个二":实施人才强省和可持续发展两大战略;实行城市社区建设和农村乡镇工作两个《纲要》;夯实农业发展和社会稳定两个基础;建立选人用人和反腐倡廉两个机制。"八项举措":实施项目带动、发展县域经济、加快产业集聚、壮大中心城市、提升民营经济、转变政府职能、推动海洋开发、促进文化振兴。"九大支撑体系":产业发展、基础设施、城镇建设、社会事业、对外开放、区域协作、生态环境、防灾减灾、促进和谐。"一项根本建设":党的执政能力建设。

——基本态势:延伸两翼、对接两洲,拓展一线、两岸三地,纵深推进、连片发展,和谐平安、服务全局。

——基本格局:准确定位、主动融入,整合优势、合理布局,外延拓展、内涵深化,互动联动、统筹协调。

(3)"四个关键":关键在活,关键在和,关键在实,关键在人。

(4)"六个扎实":扎实推进新农村建设;扎实提高经济增长的质量和效益;扎实增强经济社会发展活力;扎实搞好和谐社会建设;扎实扩大两岸交流合作;扎实提高党的执政能力。

(5)"四个重在":重在持续、重在提升、重在运作、重在实效。

(6)党政干部"1725"培训工程:5年内落实全省17万多名党政干部的培训任务,重点抓好近2万名厅处级领导干部的教育培训,实施500名党政领导人才重点培训计划。

(7)企业经营管理人员"1051"培训工程:落实10万名左右企业经营管理人员的培训任务,重点抓好500名国有企业高级经营管理人员和1000名较大规模非公有制企业高级经营管理人员培训计划的落实。

(8)专业技术人员知识更新工程:落实全省143万名企事业单位专业技术人员的继续教育任务,重点抓好1000名学术技术带头人和现代农业、现代制造业等8个领域12万名左右专业技术人员的培训计划。

——本文摘录自《关于印发〈厦门大学服务海峡西岸经济区行动计划(2007—2010年)〉的通知》,厦大委综〔2007〕27号,档号2007-XZ09-14

厦门大学通信基站场地使用管理办法

(2007年10月19日)

第一条　为了规范校外移动通信业务运营单位在厦门大学内因设置、使用公众移动通信基站而发生的场地使用行为,结合我校实际情况,制定本办法。

第二条　本办法适用于在厦门大学范围内因设置、使用公众移动通信基站(以下简称基站)而发生的场地使用行为。

本办法所称的基站是指在一定的无线电覆盖区中,通过无线通信交换中心,与无线终端之间进行信息传递的无线电收发信电台(包括采用GSM数字移动通信系统基站、CDMA数字移动通信系统基站、数字集群通信系统基站、PHS无线接入系统基站以及采用其他技术体制的无线电通信系统基站等)。

本办法所称的移动通信业务运营单位(以下简称运营单位)是指依法获得基础电信业务经营许可,在厦门大学范围内建设移动通信网络,并向社会公众提供移动网络语音、数据、图像业务和其他增值电信业务的单位。

第三条　厦门大学资产与后勤事务管理处负责校外移动通信业务运营单位在厦门大学范围内的基站场地使用监督管理工作。

第四条　运营单位在厦门大学范围内设置公众移动通信基站时,应向厦门大学资产与后勤事务管理处提出申请,申请时应当提交以下资料:

(一)设置基站的书面申请;

(二)基站建设方案;

(三)技术资料申报表;

(四)设置基站使用的发射设备的《无线电发射设备型号核准证》;

(五)《营业执照》和《电磁辐射环境验收合格证》;

(六)基站站址的电磁辐射测试报告。

第五条　运营单位需经厦门大学资产与后勤事务管理处审核并报有关校领导同意并签订建站使用协议后,方可在厦门大学范围内设置公众移动通信基站。

第六条　运营单位在厦门大学范围内设置公众移动通信基站的,应遵循有偿使用的原则,按照与厦门大学资产与后勤事务管理处签订的协议的规定向厦门大学交纳场地使用费及其他相关费用。

第七条　基站的设计与安装,应当按照国家建筑方面的有关规定进行,不得危及相关建筑的安全。运营单位在设置基站的过程中对建筑物或者构筑物造成损害的,应当依法承担赔偿责任。

第八条　基站投入运行后,运营单位应当确保基站周围环境中的电磁辐射水平符合国家规定,否则厦门大学有权要求运营单位撤销已安装的基站并赔偿相应的损失。

第九条　设置、使用基站时,运营单位应采取必要的技术措施,避免对其他无线电通信系统造成有害干扰。

第十条　基站在运行过程中,运营单位必须做好用电安全工作,防止安全事故的发生。对因基站运行引起的事故和损失,运营单位必须承担相应的法律责任。

第十一条　运营单位应当确保在厦门大学范围内设置、使用的通信基站符合国家、福建省与厦门市有关法律法规的规定,基站信号辐射强度应符合国家相关标准,对周边教学、科研及住宅人员的辐射应低于安全辐射值。

第十二条　对于未按本办法进行规范管理的基站，厦门大学资产与后勤事务管理处有权通知其整改或采取停止供电等措施，直至该基站的拆除。

第十三条　本办法颁布之前由校内其他单位与通信运营单位协商设置的基站，在本办法生效后统一由资产与后勤事务管理处负责监督管理，行使和履行相关协议所确定的权利和义务。

第十四条　本办法由厦门大学资产与后勤事务管理处负责解释，自颁布之日起执行。

——本文摘录自《关于印发〈厦门大学通信基站场地使用管理办法〉的通知》，厦大资产〔2007〕22 号，档号 2007-XZ27-2

厦门大学学生公派出国出境管理暂行规定

(2007年11月21日)

第一章　总　则

第一条　为促进我校国际化进程,扩大学生视野,培养国际型人才,规范厦门大学学生公派出国出境事宜的办理程序,提高工作效率,根据国家有关法律、法规规定及学校相关文件精神,制定本规定。

第二条　本规定所称厦门大学学生是指在厦门大学注册,具有中华人民共和国国籍,需要办理出国出境手续的各类学生。

第三条　本规定所称出国出境从时间上可分为短期和长期,出国出境在3个月以内的,称为短期出国出境;出国出境达到3个月(含3个月)以上的,称为长期出国出境。本规定所称公派出国出境学生是指按照国家留学基金资助方式选派到国外攻读硕士、博士学位的研究生,在国内攻读博士学位期间赴国外从事课题研究的联合培养博士研究生,以及由学校校际交流项目资助的校际交流学生。

第二章　管理体制

第四条　国际合作与交流处(以下简称"国际处")全面负责出国出境学生工作,包括协调和对外联络,发布相关通知,指导学生办理出国出境手续,核准离校手续并进行各类学生出国出境情况统计等。

第五条　各学院(研究院)负责按名额和条件对本单位的申请人进行初选和内部公示工作,负责办理获准者的院内请假、审批和返校后报到注册等工作。

第六条　研究生院负责"国家建设高水平大学公派研究生项目"研究生的选拔,各类长期出国出境研究生学籍保留、学分互认与成绩登记,返校后的报到等工作。

第七条　教务处负责长期出国出境本科生的审批、学籍保留,交流生学分互认与成绩登记的最终认定,返校报到等工作。

第八条　学生处负责长期出国出境学生的校内奖助学金管理、校内住宿管理等工作。

第九条　财务处负责对学生欠费情况进行核实审批。

第十条　科技处和社科处负责审批需要动用导师科研经费的研究生出国出境事项。

第十一条　组织部负责办理出国出境学生党员保留党籍的相关手续。

第三章　公派出国出境学生的申请、选拔和派出

第十二条　公派出国出境项目的申请者应具备下列基本条件:

1. 我校正式录取的具有中华人民共和国国籍的全日制在校研究生和本科生;
2. 外语能力优良,身心健康;
3. 在本校期间学业及表现优良,无违法行为或严重违纪行为;
4. 具备在国外学习和生活的经济能力和适应能力;

5. 符合各类项目或接受方学校规定的其他申请条件。

第十三条　学生申请公派出国出境，应按规定提供以下材料：厦门大学学生公派出国出境选拔相关申请表格，外方教育机构的录取通知书、邀请信、科研合作协议书、联合培养研究生协议书等资料的复印件，各类项目所规定提供的其他材料等。

第十四条　公派出国出境学生的校内申请和选拔按以下程序进行：

1. 国际处发布选拔通知，各相关单位在本单位网站转发通知。

2. 申请人根据通知的要求向所在学院（研究院）递交申请材料。

3. 各单位按照选拔通知所规定的条件和给本单位下达的名额进行初选。"国家建设高水平大学公派研究生项目"由研究生院对申请材料进行汇总，其余项目由国际处汇总。

4. 学校对初选名单进行审核或面试后拟定入选名单，在研究生院、国际处网站上公示3天后，上报学校主管领导批准。

5. 将政府公派奖学金项目入选名单报教育部留学基金管理委员会审核、录取。

第十五条　国际处负责按录取名单出具厦门大学学生公派出国出境任务书，督促公派学生完成派出手续。

公派学生的派出程序为：

1. 公派出国出境学生在获得任务书之后，到国际处领取厦门大学学生出国出境相关审批表格。

2. 按规定填写完审批表格后交给导师，到学院办理请假等手续。

3. 按出国出境相关审批表上的规定到学校相关部门办理离校手续；研究生需报研究生院批准并办理保留学籍手续；本科生需报教务处批准并办理保留学籍手续。委培、定向、国防等另外签署合作培养协议的学生出国出境，审批时还需提交其他签约方的书面同意证明；送国际处进行审核批准。

第四章　学籍管理

第十六条　公派学生出国出境三个月以上者应当申请保留学籍（研究生以两年为限，本科生以一年为限）。学生在境外、国外学习的时间计入学生在校学习年限。

第十七条　公派学生必须按照批准时限如期返校。短期出国出境者返校后应在一周内到国际处和所在学院办理报到手续；长期出国出境者返校后必须在两周内到国际处和所在学院办理报到手续，到研究生院或教务处办理恢复学籍手续。

公派学生出国出境逾期，擅自超过批准出国出境返校时限未报到者，根据学籍管理规定处理。

公派学生未经学校批准或未完成审批手续而擅自出国出境，连续两周以上未参加学校规定的教学科研活动者按退学处理。

第十八条　公派学生在国外进修的各科成绩，应于境外学校每学期结束后一个月内，由该校密封寄至我校相关学院。

公派研究生参加学校组织、派出交流项目在外方学校学习交流所取得的课程成绩，经学院分管领导确认，原则上作为选修课程计入研究生学习成绩总卡。研究生院拥有是否承认上述学分的最终审定权。

公派本科生参加学校组织、派出交流项目在外方学校学习交流所取得的课程成绩，可以根据专业需要和学习量对等的原则，由学生填写厦门大学本科交流生学分转换审批表（表格从教务处网站下载），经学院分管领导确认，计入学生学习成绩总卡，并免修我校相应的课程。教务处拥有是否承认上述学分的最终审定权。

第十九条　公派学生应严格执行我国有关保密法律法规和学校保密工作的有关规定。各类公派学生在境外期间获得的科研成果及其后续成果，均应注明作者单位为厦门大学，也可同时联署外方联合培养单位。

第二十条　公派学生向双方学校申请学位的，按双方学校相关协议执行。申请厦门大学学位的，须符合厦门大学学位授予的相关条件。

第二十一条　公派学生学位论文一般应以中文撰写(特殊专业除外)。凡用外文撰写者,必须同时提交中文译本。在国外进行论文答辩且同时向联合培养高校申请学位者,可不提供中文译本,但应提供详细的中文论文摘要。

第五章　学生管理

第二十二条　申请公派出国出境的学生在办理校内审批手续前必须缴清本校的全部费用,不得欠费。

第二十三条　公派学生在境外的学费、旅费、住宿费、生活费、书籍费、保险与其他个人消费等,均由相关项目经费及学生本人承担。

长期公派项目的学生有享受政府、学校或项目提供的在国外院校就读时的免学费、免住宿费、提供奖学金、发放生活费等待遇者,应同时缴纳在本校的学费、住宿费;若未享受政府、学校或项目提供的上述待遇者,可凭外方高校交纳学费、住宿费的发票或证明免交相应期间厦门大学学费、住宿费。

短期公派项目学生应正常交纳本校的学费、住宿费。

第二十四条　公派学生出国出境超过 3 个月的,必须办理退宿手续;短期出国出境的,学校保留其床位。

第二十五条　研究生短期出国出境者可以继续享受研究生助学金,长期出国出境者,在境外期间不享受研究生助学金;本科生在长期出国出境期间不享受特困生生活补助等各项生活补贴。

第二十六条　学生党团员出国出境者,应事先主动向所在党团支部和学院党委团委报告,并遵守党员、团员出国出境管理的相关规定。

第二十七条　公派学生在境外期间不享受公费医疗待遇,学生应自行选择医疗保险等医疗保障措施。

第二十八条　各学院分管领导应做好出国出境学生的管理工作,并指派教师(本科生为辅导员,研究生为导师)负责学生在国外学习、交流期间的指导与联络工作。

第二十九条　已派出的公派项目学生有义务向后续的学生提供必要的信息和帮助。公派项目的学生完成任务后,应于返校 15 日内向国际处和学院各提交一份“出访交流报告”。

第三十条　在境外学习期间,公派学生应遵守所在国家和地区的法律法规和所在学校的校规校纪;应注意维护厦门大学的声誉,正面宣传我校的形象。

第六章　公派出国联合培养研究生项目管理

第三十一条　参加公派出国联合培养研究生项目(以下简称“本项目”)的研究生在出国期间应遵守国家留学基金资助出国留学人员的有关规定及《资助出国留学协议书》的有关约定。

第三十二条　参加本项目的培养方式为非国家任务自筹经费的研究生可申请适当减免在外学习期间部分厦门大学培养费。在外学习期限超过半年(含半年)不足一年的,最高可减免半年的厦门大学培养费;在外学习期限超过一年(含一年)不足一年半的,最高可减免一年的厦门大学培养费;在外学习期限超过一年半(含一年半)不足两年的,最高可减免一年半的厦门大学培养费;在外学习期限满两年的,最高可减免两年的厦门大学培养费。

第三十三条　联合培养研究生的我校导师应根据厦门大学的相关规定履行导师职责,与外方导师共同督促研究生按时完成学习任务。

第三十四条　参加本项目的研究生在联合培养期间取得的与获得资助有关的论文、研究项目或科研成果,在成文、发表、公开时,应注明或说明“本研究/成果/论文得到国家留学基金资助”,并署名“厦门大学”。

第三十五条　本项目的其他方面的管理参照本规定的相关条款执行。

第七章 附 则

第三十六条 本规定由国际处负责解释。

第三十七条 本规定自公布之日起执行。学校原相关规定与本规定有抵触的,以本规定为准。

附件:厦门大学学生公派出国出境任务书(略——编者注)

厦门大学学生公派出国出境项目选拔申请表(略——编者注)

厦门大学学生公派出国出境审批表(略——编者注)

——本文摘录自《关于印发〈厦门大学学生公派出国出境管理暂行规定〉的通知》,厦大外〔2007〕84号,档号 2007-XZ22-8

厦门大学干部人事档案收集归档管理暂行办法

(2007年12月16日)

为规范我校干部人事档案收集归档工作,根据中共中央组织部、国家档案局《干部档案工作条例》(1990年修订)和中共中央组织部《干部人事档案材料收集归档规定》(组通字〔1996〕14号)等相关文件,结合我校具体情况,制定本办法。

一、归档内容

干部人事档案归档内容应包括:

(一)履历材料

1. 中央组织部历次印发的《干部履历表》;
2. 个人简历表;
3. 各类人员登记表(包括学生登记表);
4. 其他反映教职员工个人经历的材料。

(二)自传材料

自传和属于自传性质的材料。

(三)鉴定、考核、考察材料

1. 学生(学员)鉴定表;
2. 民主评议干部的综合材料;
3. 组织审定的考察材料;
4. 试用期满考核结果登记表、聘期考核表、年度考核结果登记表;
5. 领导干部离任审计报告、离任经济责任检查和廉政检查登记表等;
6. 其他在考察、考核干部工作中形成的评价性材料。

(四)学历和评聘专业技术职务材料

1. 国民教育系列、党校、军队院校考生报考登记表、学习成绩表、毕业生登记表,授予学位的材料等;
2. 国外学历学位认证;
3. 参加三个月以上在职培训的材料;
4. 博士后研究人员进出工作站所形成的材料;
5. 评审(考试)专业技术职称(资格)和聘任专业技术职务工作中形成的有关材料。

(五)政治历史情况的审查材料

1. 更改姓名、民族、出生日期、国籍、入党入团时间、参加革命工作时间等工作中形成的个人申请、组织审查报告及所依据的证明材料、上级批复等；

2. 审查干部政治历史情况的调查报告、审查结论、上级批复、本人对结论的意见、检查交代或情况说明材料，作为结论依据的调查证明、证据材料；

3. 甄别、复查结论（意见、决定）、调查报告、批复及有关的主要依据材料；

4. 其他在政审工作中形成的材料。

（六）参加中国共产党、共青团及民主党派的材料

1. 中国共产党入党志愿书（已批准转正的）、入党申请书（1～2份系统、全面的）、入党积极分子考察表、入党宣誓词、党校成绩卡、预备党员考察表、转正申请书；

2. 中国共产党党员登记表，不予登记的决定、组织审批意见及所依据的材料；

3. 民主评议党员中形成的组织意见、登记表，认定为不合格党员被劝退或除名的组织审批意见及主要事实的依据材料，取消预备党员资格的组织意见，退党材料；

4. 中国共产主义青年团入团志愿书、申请书，团员登记表，退团材料；

5. 加入民主党派的有关材料。

（七）奖励材料

获省部级及省部级以上表彰奖励材料。

（八）处分材料

1. 处分决定，免予处分的意见，上级批复，核实（调查）报告，本人检查、交代、对处分决定的意见，撤销处分的有关材料；

2. 通报批评材料；

3. 复查甄别报告、决定（结论）、上级批复；

4. 法院判决书；

5. 其他在纪律检查、监察和行政管理等部门工作中形成的处分材料。

（九）录用（或聘用）、任免、转业、工资和待遇、退（离）休、退职、解聘等材料及各种代表会代表登记表等材料

1. 录用、聘用和解聘干部工作中形成的毕业生报到证、行政介绍信、工资关系介绍信、人才调动审批表、重新聘用审批表、人才柔性引进申报表、解聘/辞职/解除人事关系证明等材料；

2. 干部任免审批表及所附考察材料；

3. 办理工资和待遇等工作中形成的转正定级表、各种工资变动审批（登记）表、提职晋级和奖励工资审批表，享受专家特殊津贴的呈报表，解决各种待遇问题的审批表、批复等材料；

3. 退（离）休审批表；

4. 出席省部级及省部级以上单位的党代会、人代会、政协会议和工、青、妇等群众团体代表会，以及民主党派代表会议工作中形成的代表登记表、委员简历、政绩材料等。

（十）其他可供组织上参考的材料

二、收集途径

1. 校纪委负责收集党纪处分决定（免予处分的意见）、离任干部廉政检查报告等。

2. 学校办公室负责收集学校设立的各种奖励项目的通知和评选结果。

3. 党委组织部负责收集干部任免审批表(包括所附考察材料),干部外派、挂职的有关材料,干部学习培训三个月以上的培训材料,已批准转正的中国共产党入党志愿书、入党申请书、入党积极分子考察表、党校培训成绩单或结业证书、转正申请书、预备党员考察表、政审材料等入党材料,党员登记表、党员重新登记表、不予登记的决定,组织审批意见及所依据的材料,认定为不合格党员被劝退或除名的主要事实依据和组织审批材料,退党材料、取消预备党员资格的组织意见,民主评议党员中形成的组织意见、民主评议党员登记表,评选表彰校级以上优秀党员、优秀党务工作者工作中形成的审批材料,出席省部级及省部级以上党代会所形成的登记表等。

4. 校党委统战部负责收集民主党派成员加入党派组织申请表,民主党派、团体成员在党派、团体组织任职通知书,民主党派、团体成员获省部级以上组织表彰的审批材料,民主党派、团体成员参加党派、团体省级以上会议登记表,党外人士担任市级以上人大代表、政协委员登记表等。

5. 学生工作部(处)协助收集在我校接受过本科教育的教职员工的学生登记表、学年鉴定表、毕业生登记表和在校期间奖励、处分材料等。

6. 人事处负责收集干部履历表、体检表、毕业生报到证、行政介绍信、工资关系介绍信、人才调动审批表、重新录用审批表、解聘/辞职/解除人事关系证明,教职工年度考核结果登记表、聘期考核表、试用期满考评审批表,职务任职资格评审(申报)表、高聘教师职务申请表、专业技术岗位等级聘用申请表、教师资格认定申请表,晋升(套改)工资审批表、退休审批表、工龄间断核定表,博士后申请表、博士后研究人员工作期满登记表、博士后进站批件等人事工作中形成的材料。

7. 监察处负责收集行政违纪处分决定(免予处分的意见)等。

8. 审计处负责收集处级以上领导干部离任经济责任审计报告或审计决定书等。

9. 研究生院协助收集在我校接受过本科教育的教职员工的学位申请书;在我校接受过硕士教育的教职员工的报考研究生登记表、录取审批表、学生学籍总登记卡、学生学年鉴定表、毕业生登记表、学位申请书,在职硕士生专家推荐书两份;在我校接受过博士教育的教职员工的报考研究生登记表、专家推荐书两份、录取审批表、学生学籍总登记卡、学生学年鉴定表、毕业生登记表、学位申请书。

10. 教务处负责收集省部级及省部级以上高等学校教学名师奖,并协助收集在我校接受过本科教育的教职员工的学生学籍总登记卡。

11. 科学技术处、社会科学研究处负责收集省部级以上个人科研成果奖励审批材料。

12. 校工会负责收集市级以上劳动模范登记表、"五一劳动奖章"获得者登记表、"三八红旗手"推荐表,省级以上师德标兵推荐表等表彰奖励材料,并负责收集独生子女父母光荣证审批表等。

13. 校团委负责收集省级以上优秀团员申报材料、事迹材料、团代会代表登记表等材料。

14. 其他由相关文件规定的,对于考察了解和正确使用干部具有参考价值的材料,由材料形成单位负责收集。

三、收集归档制度

1. 专人负责。各单位须确定一名分管领导,并指定一名党员干部作为人事档案工作联系人,负责本单位干部档案材料的收集、保管和送交工作。

2. 归档时限。形成人事档案材料的部门,在材料形成后的两个月内,应按要求将材料送交至人事处。

3. 移交手续。人事档案材料形成单位向人事处送交材料时,须填写移交清单,由接收人和送交人签名后,双方各执一份。大批量归档的同类材料,应先以学院或部门为单位分类,再附上移交清单。

四、归档材料要求

1. 归档材料必须是办理完毕的正式材料。材料应完整齐全，内容真实可靠，文字清楚，对象明确，有承办单位或个人署名，有形成材料的日期。

2. 归档的材料，凡规定由组织审查盖章的，须有组织盖章，规定要同本人见面的材料（如审查结论、复查结论、处分决定或意见、组织鉴定等），一般应有本人的签字。特殊情况下，本人见面后未签字的，可由组织注明。

3. 归档材料一般应使用16开规格的办公用纸，材料左边应留出2～2.5厘米装订边。文字须是铅印、胶印、打印或用蓝黑墨水、黑色墨水、墨汁书写。不得使用圆珠笔、铅笔、红色墨水及纯蓝墨水和复写纸书写。除电传材料需复印存档外，一般不得用复印件代替原件存档。

五、本办法自公布之日起开始实施

六、本办法由人事处负责解释

——本文摘录自《关于印发〈厦门大学干部人事档案收集归档管理暂行办法〉的通知》，厦大人〔2007〕178号，档号2007-XZ10-10

厦门大学因公临时出国、赴港澳管理工作暂行规定

(2007年12月18日)

第一章　总　则

第一条　为进一步促进我校的国际合作与交流,保证我校因公出访工作顺利地开展,根据国家有关法律、法规和教育部相关规定,结合我校实际情况,制定本规定。

第二条　本规定适用于学校在编教职员工和学生因公临时出国三个月以下或赴港澳一个月以下的申报、审批和管理工作,但不含因执行任教、合作研究、讲学、学习等任务出国、赴港澳的情形。

第三条　国际合作与交流处/港澳台事务办公室负责学校因公临时出国、赴港澳的申报、审批和管理等工作。

第二章　申报原则

第四条　申请因公临时出国、赴港澳的,必须出访理由充分、任务必要、派员身份恰当、期限适宜、费用落实,并符合相关出国、赴港澳规定。各单位不得组织一般性的综合考察或无明确目的的出国、出境访问。

第五条　因公临时出国、赴港澳人员(以下简称因公临时出访人员)必须身体健康,能保证完成出访任务。七十岁以上人员须附二级乙等及以上医院出具的近期(半年内)健康证明。

第六条　因公临时出访人员应严格按照批准方案出访。不得绕道,不得擅自改变出访路线、增加出访地点或延长出访时间。因特殊情况确需改变出访方案的,应报国际合作与交流处/港澳台事务办公室审批。

第七条　各单位出国、赴港澳组团人数原则上不得超过五人,其中党政管理干部原则上不得超过一人。同一单位的党政主要领导干部不得同时出访或同时分别率团出访同一国家或地区。

第八条　各单位原则上不得通过旅行社渠道办理公费出国、赴港澳组团。

第九条　教职员工因公临时出国、赴港澳,原则上应持因公证件。因特殊原因确需持因私护照/因私赴港澳通行证执行公务的,各派出单位必须说明理由,报学校审批,签证/签注由本人直接向外国驻华使、领馆或厦门市公安局出入境管理处申请办理。未经学校批准持因私证件执行公务的,当事人应自行承担责任。

第十条　在校学生因公临时出国、赴港澳,原则上应持因私护照/因私往来港澳通行证。签证/签注由学生本人直接向外国驻华使、领馆或厦门市公安局出入境管理处申请办理。如参加外单位组团,需持因公护照/因公往来港澳通行证出访,可向国际合作与交流处/港澳台事务办公室提交组团单位的征求意见函、任务通知书和任务批件,办理出国、赴港澳任务确认件和因公护照/因公往来港澳通行证、签证/签注。

第十一条　各单位不得自行组织和申报跨地区、跨行业的出访团组。

第三章 报批程序

第十二条 因公临时出访人员应按要求认真填写出访信息，并提交《厦门大学因公出国、赴港澳个人申请表》(该表格将由厦门大学外事出访管理系统自动生成)、邀请信等相关材料。

第十三条 因公护照/因公往来港澳通行证、签证/签注手续须严格按照我外交部和教育部及外国驻华使领馆规定的时限要求申办；不符合申办期限要求的，国际合作与交流处/港澳台事务办公室不予受理。

第十四条 学校现职正校级领导干部因公临时出国、赴港澳访问，须报教育部审批。

第十五条 学校副校级领导干部因公临时出国、赴港澳访问，须经主管外事/港澳台事务校领导同意后，报学校党委书记或校长审批。

第十六条 各单位的正、副职领导(副处级以上)因公临时出国、赴港澳访问，须经所在单位的党政正职领导审核，报分管校领导同意后，再由国际合作与交流处/港澳台事务办公室报主管外事/港澳台事务校领导审批。

第十七条 除上述三类人员外，其他因公临时出访教职员工须经所在单位的党政正职领导审核后，再由国际合作与交流处/港澳台事务办公室报主管外事/港澳台事务的校领导审批。

第十八条 因公临时出访研究生须经所在院系的党政正职领导审核，并经研究生院会签同意后，再由国际合作与交流处/港澳台事务办公室报主管外事/港澳台事务的校领导审批；因公临时出访本科生须经所在院系的党政正职领导审核，并经学生处会签同意后，再由国际合作与交流处/港澳台事务办公室报主管外事/港澳台事务的校领导审批。

第十九条 上述各类因公临时出访如系使用科研经费或参加国际会议的出访任务，还须经科技处/社科处审核。凡涉密人员出访的，须按学校保密规定办理审批手续，并签订《涉密人员对外科技交流保密义务承诺书》。

第二十条 出访任务涉及敏感、国家安全等问题，按规定需要上报审批的，由国际合作与交流处/港澳台事务办公室报教育部审批。

第二十一条 国际合作与交流处/港澳台事务办公室负责对由我校自行审批的因公临时出访下达任务批件或任务确认件。

第四章 外事管理

第二十二条 持因公护照或因公往来港澳通行证出访者，必须在完成出访任务后5天内交回证照，并提交出访成果报告表(纸质和电子版各一份)。因迟延交回证照导致影响下一次出访的，出访人员应自行承担责任。

第二十三条 因公证件丢失者，持照人应立即向公安机关(在境外向使、领馆)和国际合作与交流处/港澳台事务办公室报告，并递交书面情况说明，由国际合作与交流处/港澳台事务办公室书面报厦门市外办。

第二十四条 因公临时出访人员如果使用因私护照申请签证遭到使领馆拒签的，不得使用因公护照为同一目的再次申请签证。

第二十五条 因公临时出访人员在出访前，须购买境外意外伤害保险和紧急救援保险。保险期必须覆盖出访时间，保险费用可从相关出境费用来源支出。

第五章 外事纪律

第二十六条 因公临时出访人员应维护国家和学校利益，不得损害国家和学校的声誉。

第二十七条 因公临时出访人员出访时应严格遵守保密纪律，注意保护学校的知识产权。凡是教学、科研、生产中有关密级的资料，未经保密主管部门的批准，不得带(寄)往境外。

第二十八条 因公临时出访人员及经办人员应诚实守信。在办理相关手续过程中有弄虚作假行为的，将根据国家有关规定进行处理。对违规违纪的因公临时出访人员，学校在一年内不再受理其因公临时出国、赴港澳申请。

第六章 附 则

第二十九条 本规定由国际合作与交流处/港澳台事务办公室负责解释。

第三十条 本规定自二〇〇七年十二月一日起施行。学校原相关规定与本规定有抵触的，以本规定为准。

——本文摘录自《关于印发〈厦门大学因公临时出国、赴港澳管理工作暂行规定〉的通知》，厦大外〔2007〕85号，档号2007-XZ22-8

厦门大学督促检查工作暂行办法

（2007年12月26日）

第一章　总　则

第一条　为进一步加强学校督促检查工作，促进督促检查工作的规范化、制度化，提高工作效能，确保校令畅通，根据上级有关加强督促检查工作的文件精神，并结合我校实际，特制定本办法。

第二条　督促检查的事项包括：

1.党和国家的路线、方针、政策，上级部门重大决策、重要工作部署和上级领导的重要批示在我校的贯彻落实情况；

2.学校重要会议决定、重要文件和学校领导重要批示的贯彻落实情况；

3.学校领导授权开展的其他督促检查事项。

第三条　督促检查工作应坚持依法督办、实事求是、注重实效的原则，重点围绕学校中心工作开展，着力推动学校各项决策的落实。

第二章　组织领导

第四条　督促检查工作在校党委、校行政统一领导下，由一名党委副书记分管。

第五条　学校办公室内设督查室，具体负责督促检查工作的组织和实施。督查室主任由学校办公室一位副主任兼任。

第六条　各学院党委（党总支）书记、院长、机关各部（处）长和其他单位的正职领导为本单位督促检查工作第一责任人。各单位要选配政治素质好、事业心强，政策水平较高、业务能力较强的人员从事督促检查工作。

第三章　督促检查工作方法和程序

第七条　督促检查工作主要采取专项督办、催报检查和督查调研等方式。

第八条　学校办公室可以对督促检查事项进行专项督办。督促检查事项一般由学校办公室提出拟办意见，报请校领导同意后，交由有关部门承办。必要时，学校办公室可组织有关部门联合成立督查组进行督办。

第九条　有关承办单位应及时对交办的督促检查事项进行认真落实办理，并在规定的时限内向学校办公室报告办结情况。确因特殊情形无法及时办结的，应向学校办公室书面报告原因及相关情况。

第十条　学校办公室应对重要督促检查事项的落实办理结果进行核查，对不符合要求的，应退回承办单位重新办理。对逾期不报或在办结报告中弄虚作假的，学校将予以严肃处理。

第十一条　在督促检查事项落实过程中，学校办公室可以催促承办单位书面报送落实进展情况。

第十二条　学校办公室负责向上级部门反馈或者报告本办法第二条第一项规定的督促检查事项在

我校的贯彻落实情况。

第十三条　学校办公室可以对督促检查事项的落实情况开展相关的调查研究,并将调研情况加以分析综合,为学校推动决策落实和再决策提供依据。

第十四条　每项督促检查事项完成后,学校办公室应向学校有关领导反馈报告督促检查结果,并及时将相关材料整理归档。

第十五条　督促检查工作人员有权阅读与督促检查事项相关的文件资料、旁听有关会议,但应严格遵守保密纪律。

第十六条　学校办公室每年应至少通报一次各单位开展督促检查工作的情况,以总结经验,表彰先进,督促后进。

第四章　附　则

第十七条　本办法由学校办公室负责解释。

第十八条　本办法自公布之日起施行。

——本文摘录自《关于印发〈厦门大学督促检查工作暂行办法〉的通知》,厦大办〔2007〕63 号,档号 2007-XZ09-10

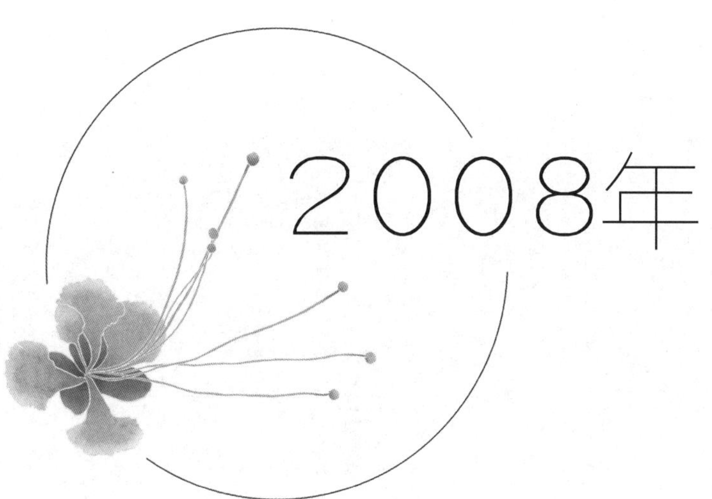

2008年

·特　载·

立足新起点　开创新局面

——2008 年新年献词

（2008 年 1 月 5 日）

校党委书记　朱之文　校长　朱崇实

亲爱的老师、同学们，海内外的校友、朋友们：

一元复始，万象更新。新年的钟声即将敲响，我们就要迎来充满生机和希望的 2008 年。值此辞旧迎新之际，我谨代表校党委、校行政，向全校师生员工、离退休老同志、海内外校友和各界朋友致以亲切的问候和新年的祝福！

过去的一年，是我们党和国家历史上具有重要意义的一年。举世瞩目的中国共产党第十七次全国代表大会胜利召开，描绘了中国特色社会主义繁荣富强的新蓝图；举国上下深入学习贯彻落实科学发展观、构建社会主义和谐社会，奏响了科学发展、和谐发展的时代最强音。

伴随着伟大祖国前进的脚步，2007 年，我校各项事业发展取得了令人振奋的成绩。

在 2007 年，我校成功召开了第九次党代会，进一步明确了今后五年学校工作的指导思想、奋斗目标和主要任务，为学校的改革与发展指明了方向。

在 2007 年，我校各项事业再创佳绩：人才培养质量稳步提高，科研实力大幅提升，学科建设获得新进展，国际交流与合作不断深入，办学条件日益改善。

回首 2007 年，特别令人鼓舞的是，教育部、福建省和厦门市签署了《继续重点共建厦门大学协议书》，三方将大幅度增加对我校的投入；厦门市与我校签订了《战略合作框架协议》，市校之间建立了长期稳定的战略合作关系；我校与国家特大型企业开展战略合作，打开了进入国家科技创新前沿的战略新通道。所有这些，都为下一步的发展奠定了坚实的基础、创造了良好的条件。面向未来，我们已经站在一个新的历史起点上。

2008 年，是我校推进“十一五”规划的关键一年。在新的一年里，我们要深入贯彻落实党的十七大精神，高举中国特色社会主义伟大旗帜，深入学习实践科学发展观，认真落实校第九次党代会提出的各项任务，立足新起点，开创新局面，夺取新胜利。

一要紧紧抓好人才培养这个根本，以提高质量为核心，着力培养学生的创新精神、实践能力和创业能力。

二要紧紧抓好队伍建设这个关键，坚持培养与引进并重，全面提高师资队伍与干部队伍的水平和质量。

三要紧紧抓好创新发展这个灵魂，以新的思路推进“211 工程”和“985 工程”三期建设；要进一步完善科研体制和机制,着力抓好科技创新平台和创新团队建设。

四要紧紧抓好改革开放这个动力,营造有利于创新的体制机制环境。要以更加开放的姿态,大力加强国际交流与合作。

五要紧紧抓好改善条件这个重点,加快校区发展布局战略性调整;要认真做好校区发展的总体规划,尽快启动翔安校区建设;要想方设法,尽最大努力逐步解决教职工特别是中青年教师的住房困难。

六要紧紧抓好党建这个根本保障,坚持党要管党、从严治党的方针,全面加强党的建设和思想政治工作。要大力推进和谐校园建设,以和谐求发展,以发展促和谐。

老师们,同学们,旧的一年即将过去,新的一年即将来临,让我们以更加饱满的热情、良好的精神状态和务实的作风投入到学习、工作中去,勤勤恳恳学习、踏踏实实工作、认认真真做事,为早日实现世界知名高水平研究型大学的奋斗目标而努力奋斗!

最后,祝愿大家在新的一年里身体健康、工作顺利、阖家幸福!祝愿厦门大学和谐平安、事业发达、蒸蒸日上!

——本文摘录自《厦门大学报》,2008 年 1 月 5 日第 765 期

厦门大学2008年工作计划要点

（2008年2月26日）

2008年是贯彻落实党的十七大精神的开局之年，也是实施我校“十一五”规划的关键之年。2008年学校工作的指导思想是：认真学习贯彻党的十七大精神，高举中国特色社会主义伟大旗帜，以邓小平理论和“三个代表”重要思想为指导，深入学习实践科学发展观，认真落实学校第九次党代会提出的各项任务，努力实现学校各项事业又好又快发展。2008年主要工作如下：

一、深入学习贯彻党的十七大精神，以改革创新的精神加强党的建设

1.继续深入学习贯彻党的十七大精神。根据中央和上级党委的部署，深入开展学习实践科学发展观活动；健全党委中心组学习制度，继续办好党的十七大精神专题学习班，不断把全校党员和师生员工的学习引向深入；积极开展马克思主义中国化最新成果的研究和宣传普及工作，完成马克思主义研究院组建工作，加强理论报告员队伍建设；要把理论武装和推进工作结合起来，以十七大精神为指导，继续推进学校第九次党代会提出各项任务的落实。

2.开展改革开放30周年系列纪念活动。以“继续解放思想，坚持改革开放，推动科学发展，促进校园和谐，加快建设高水平研究型大学”为主题，整体策划活动方案，精心组织、广泛开展形式多样的纪念活动，充分展示改革开放30年来取得的辉煌业绩和伟大成就，教育和引导广大师生员工更加坚定地走中国特色社会主义道路，更加深入地推进改革开放，更好更快地推动高水平研究型大学建设。

3.以改革创新的精神加强党的建设。

（1）学习贯彻第十六次全国高校党建工作会议精神，认真调研，精心组织，开好全校党建工作会议。

（2）加强基层党组织建设。认真落实校党委关于“保持共产党员先进性四个长效机制实施办法”，着力加强学院党委、党总支建设，完善党政分工协作、共同负责的工作机制；认真做好学院党委、党总支的换届选举工作；完善党支部组织生活制度、党员经常性学习教育制度和党员干部联系群众制度，不断增强基层党支部的凝聚力和战斗力；开展纪念建党87周年活动。

（3）加强领导班子和干部队伍建设。加强党内民主制度建设，健全党委全委会会议制度，完善党委常委会议事规则；健全学院、研究院党政联席会议议事规则；完成干部调整和配备工作；做好后备干部的队伍建设、动态管理、跟踪培养和定期考察工作；修订《厦门大学中层领导干部考核工作暂行规定》，完善干部队伍考核评价体系和工作机制；认真落实《厦门大学“十一五”干部教育培训规划》，制订和实施2008年度干部教育培训计划，重点加强新提拔领导干部的培训。

（4）加强领导干部作风建设。制定《关于加强领导干部作风建设的若干意见》及相关配套文件，并召开全校领导干部作风建设大会，增强领导干部的责任感和使命感，树立为民、务实、清廉的领导干部形象，为实现建设世界知名高水平研究型大学的奋斗目标提供有力保障；加强机关作风建设；建立巡视工作制度，加大督促检查工作力度，促进学校各项工作的落实。

（5）深入开展反腐倡廉建设。完善惩治和预防腐败体系，努力形成拒腐防变教育长效机制、反腐倡廉制度体系和权力运行监控机制。开展反腐倡廉教育和廉洁自律工作，推进校园廉政文化创建活动；加强制度建设，坚持和完善党风廉政建设责任制、经济责任制和“三重一大”集体决策等制度；强化监督，严格

执行党内监督条例,完善对各单位反腐倡廉工作的考核办法和责任追究办法;加强审计工作,提高监督实效。

(6)做好统战群团和离退休工作。认真落实全校统战工作会议精神,建立健全统战工作有关制度,提高统战工作制度化、规范化水平;召开校第六次教职工代表大会;召开共青团厦门大学第十三次代表大会;加强离退休工作,关心离退休教职工生活。

二、加强思想政治教育,着力构建和谐校园

1.扎实推进和谐校园建设。突出重点、点面结合,认真落实2008年和谐校园建设工作任务,努力形成建设和谐校园的浓厚氛围。组织社会主义核心价值体系主题教育活动;开展"和谐校园,青春先行"活动;推进模范"教工之家"建设;实施"校园温暖工程",解决师生实际问题。

2.加强教职工思想政治教育。积极探索教职工思想政治教育的有效途径和方法,充分调动广大教职工的积极性、主动性和创造性;深入开展师德师风调研,制定《关于加强师德师风建设的若干意见》;建立师德和教书育人考评制度,将教师思想品德素质和教书育人实绩作为年度考核的主要内容,逐步形成师德师风建设长效机制。

3.加强学生思想政治教育。坚持育人为先、德育为本,把社会主义核心价值体系融入教育全过程;深化思想政治理论课教学改革,认真抓好党的十七大精神进教材、进课堂、进头脑工作;加强形势政策、国情教育和实践教育;建设好学生思想政治工作主题教育网络平台;广泛开展心理健康教育活动,着力构建心理危机预警和干预机制;实施以单项奖学金为主体的学生奖励机制改革;创新学生资助管理模式;全力拓展毕业生就业市场;建立辅导员队伍建设长效机制。

4.努力维护校园安定稳定。坚决防范和抵制境内外敌对势力的渗透和破坏;建立健全维护学校稳定综合防控体系,加强校园及周边治安综合治理;做好"平安校园"创建和验收工作;加强应急管理工作,完善学校应急管理机制,修订《厦门大学突发公共事件应急预案》,并组织应急演练。

三、继续深化教学改革,全面提升人才培养质量

1.继续推进"厦门大学本科教学质量与教学改革工程"。认真开展教学计划修订工作,探索以能力培养为核心的教学模式,切实提高学生创新能力、实践能力和综合素质;加强教学团队建设,扎实推进本科生导师制,落实教授为本科生讲授基础课制度;实施大学生创新性实验计划,建立一批校内外教学实践基地,努力加强实践教学。

2.大力实施"研究生教育质量与创新工程"。稳步推进研究生培养机制改革,切实提高研究生培养质量;加强跨学科、复合型研究生的培养,加大与国内外大中型企业、高水平大学和科研机构联合培养研究生的力度;大力发展专业硕士学位教育,培养更多适应社会需求的应用型高素质人才。

3.办好高层次继续教育。大力开展远程教育,为构建终身教育和学习型社会做出贡献;积极与地方和大型企业的干部人事部门联系,为创新型国家和海西建设提供高层次的继续教育。

4.加强海外学生教育。扩大海外学生培养规模,提高海外学生办学层次;做好海外学生的管理工作。

四、创新科研体制机制,进一步增强科研自主创新能力

1.千方百计争取科研经费。积极拓展科研经费来源渠道,切实提高横向科研经费的比重,力争2008年科研经费达到3.6亿元。

2.抓好科研平台、基地建设。积极探索科技创新平台和哲学社会科学创新基地的构建模式,建好现有平台、基地,争取建设更多的国家级平台、基地和面向海西需求的平台、基地。

3.加强科研项目管理。加强对重大项目申报工作的设计、引导和组织;提高科研项目的完成质量,加强知识产权的保护。

五、主动对接国家和地方的重大需求,积极服务创新型国家和海西建设

1.积极推进产学研合作。围绕国家战略需求和重点发展领域,加强与国家大型企业的战略合作,积极承担国家重大攻关项目,重点推进与中国一航、大唐国际和福建省电子信息集团等大型企业的战略合作。

2.加强服务海西对接工作。大力推动《服务海峡西岸经济区行动计划》的落实,着力建设好服务海西科技创新平台;依托"6·18"项目成果交易会这一平台,努力办好厦门大学专场对接会;加强海西发展重大理论和现实问题研究,为把海峡西岸经济区建设成为科学发展的先行区、两岸人民交流合作的先行区做出应有贡献。

3.加强"厦门大学国家大学科技园"建设。继续与厦门市联合建设"厦门大学国家大学科技园",积极探索"三区联动"运作模式,努力提升大学科技园的建设水平和质量;加快科技成果转化和技术转移。

4.加强决策咨询服务。发挥我校人文社科和理工等多学科的综合优势,积极为各级党委和政府提供高质量的决策咨询服务,充分发挥"思想库"和"智囊团"作用。

六、以新思路推进"211工程"和"985工程"建设,不断提升学科整体水平和核心竞争力

1.继续推进"211工程"建设。调查研究,总结经验,认真做好"211工程"三期建设的立项论证工作,确保"211工程"三期建设方案通过教育部立项审核,并尽快启动建设。

2.继续推进"985工程"建设。精心组织好"985工程"二期验收工作,认真做好"985工程"三期启动建设的各项工作。

3.优化学科结构。以做好第十一次学位授权审核的申报工作为契机,总结经验,查找差距,积极推动新兴学科、交叉学科的发展。

4.落实学部制度。组建学部委员会,着手制定各学部的学科建设与发展规划、师资评价体系和评价标准、重点建设的资源配置方案。

七、启动新一轮人才引进和培养计划,着力建设高水平的师资队伍

1.加大力度培养和引进人才。改革现有人才队伍建设模式,使队伍结构更加优化,配置更加合理;紧紧围绕创新平台、基地建设和学科发展的需求,实施培养新一代学科带头人的"百人计划";积极选派优秀中青年教师到国内外一流大学、科研机构和国内一流企业从事学习研修、开展合作交流,使他们尽快进入国际学术前沿和国家科技创新前沿;提供大力支持,做好服务工作,使引进人才尽快在学科建设、科技创新等方面发挥领军作用。

2.加大力度建设创新团队。积极创新人才组织模式,更多地承担国家和区域重点发展领域的重大科技项目。

3.继续深化人事制度改革。加强各类人员聘用管理的制度化建设;根据新的岗位设置方案,做好全校职员和专业技术人员的聘用工作;着力完善并大力推进研究生担任助研、助教和助管工作。

八、积极开展实质性交流与合作,着力提升国际和区域合作水平

1.加强学生对外合作与交流。积极开展国际和区域间的学生交流工作,将对外交流的主体从教师向学生拓展;做好“国家建设高水平大学公派研究生项目”出国留学人员的选派工作。

2.积极开展汉语国际推广工作。大力推动孔子学院总部南方基地建设,加强已建和待建孔子学院的建设;召开我校建设的孔子学院外方院长联席会议。

3.继续推动与台港澳地区著名大学的校际交流与合作。召开“第二届海峡两岸大学校长论坛”,办好两岸大学生学术论坛。

4.加大引进国外智力的力度。积极创造条件,邀请高层次外国专家到学校讲学、合作研究或者任教。

九、大力改善办学条件,努力提高管理和服务水平

1.努力争取共建经费。紧紧抓住部省市继续重点共建我校的机遇,确保共建经费的落实。

2.大力推进基本建设。全面完成漳州校区基本建设;尽快启动翔安校区建设,按照“整体规划、分期建设”的原则,认真抓好翔安校区建设规划、征地及其他前期各项准备工作;加快推进校本部基本建设项目,按计划保质保量完成在建工程项目,按时启动拟建工程项目,尽快完成海韵园二期等建设用地红线的办理和征地拆迁安置工作。

3.加强教职工住宅统筹规划和建设。完成西村、北村教职工住宅售房工作;启动西坑水库等安置房建设,加快推进漳州校区教职工住宅建设;落实教职工住房纳入厦门市的保障性住房计划。

4.深化资产和后勤管理体制改革。完善资产管理制度和资产有偿使用制度,提高资产使用效益,努力建设节约型校园;突出后勤服务的公益性特点,不断提升后勤服务水平;全面完成学校物业服务体制改革。

5.加强财务工作。全面实施财政国库管理制度;创新机制,做强做大教育发展基金会,争取更多办学经费;加强财务管理,厉行节约,提高资金使用效益;推行学院会计委派制度。

6.推进校园信息化建设。完成校园信息化建设一期一阶段建设任务,制定和实施校园信息化后续建设规划方案。

——本文摘录自《关于印发〈厦门大学2008年工作计划要点〉的通知》,厦大委综〔2008〕5号,档号2008-XZ09-1

中共厦门大学委员会常务委员会 2008 年度工作报告

(2009 年 1 月 6 日)

校党委书记 朱之文

同志们：

现在，我受校党委常委会委托，向全委会做年度工作报告。

一、2008 年的工作情况

2008 年，我校高举中国特色社会主义伟大旗帜，继续深入贯彻落实党的十七大精神，以邓小平理论和“三个代表”重要思想为指导，深入学习实践科学发展观，认真落实学校第九次党代会提出的各项任务，党的建设进一步加强，各项事业蓬勃发展。

(一)着力抓好党的建设

校党委常委会以改革创新的精神加强党的建设，努力为建设高水平研究型大学提供坚强的政治和组织保证。

一是继续深入学习贯彻党的十七大精神。学校组织党的十七大精神宣讲团，深入全校各单位开展宣讲活动，收到良好效果。依托党委党校，继续办好党的十七大精神专题学习班，一批中青年学科带头人、中青年骨干教师、教工党支部书记、统一战线骨干成员、科级干部、系主任和中层正职领导干部先后参加了专题学习。坚持和完善党委中心组学习制度，为全校党员和师生员工的学习做出表率。切实抓好党的十七大精神进教材、进课堂、进学生头脑的工作，成立了厦门大学学生十七大精神红色理论社团、厦门大学学生中国特色社会主义理论研究会等。在校报、有线电视、有线广播、校园网等校内媒体开设十七大精神学习专栏。积极承担各级各类课题，开展中国特色社会主义理论研究。加大力度推进马克思主义研究院筹建工作，积极与省委宣传部加强沟通，双方决定共同把马克思主义研究院建成福建省的马克思主义创新研究基地，并力争使之成为国家级的创新研究基地。加强思想政治理论课建设，认真制定《厦门大学关于加强和改进思想政治理论课的意见》，积极筹备并将于近期召开全校加强和改进思想政治理论课工作会议。

二是隆重举行纪念改革开放 30 周年系列活动。今年是我国改革开放 30 周年，学校以“继续解放思想，坚持改革开放，推动科学发展，促进校园和谐，加快建设高水平研究型大学”为主题，精心组织、广泛开展形式多样的系列纪念活动。举办了厦门大学纪念恢复高考 30 周年活动，召开了厦门大学庆祝建党 87 周年暨改革开放 30 周年大会，组织收听收看中央改革开放 30 周年纪念大会，举办了座谈会、理论研讨会、专题报告会、专题展览、音乐会、演唱会、征文、影像比赛等活动。这些活动，紧密联系改革开放 30 年来我国改革发展的辉煌成就和高等教育大发展的实际，用丰富的素材和生动的事例，开展中国特色社会主义理想信念教育，教育和引导广大师生员工坚定不移地走中国特色社会主义道路。

三是着力加强领导班子和干部队伍建设。坚持集体领导、民主决策，充分发挥全委会的作用，重要干部和重大事项提交全委会进行研究决定的制度日趋完善。做好干部选拔任用工作，严格按照干部管理条例和选拔任用程序，选任了 69 位处级领导、121 位系(所)领导和 7 名孔子学院中方院长，推荐 3 名干部到地方和高校挂职或任职,完成139位科级干部选任工作。坚持抓好干部的思想素质和业务素质培训,制订并实施2008年度干部教育培训计划,依托校党委党校举办7期党校培训班,培训1050人次;推荐和选派干部教师48人次到中央党校、国家教育行政学院、省委党校进行学习培训。

四是着力加强基层组织建设。认真做好学院党政领导班子换届工作,首次派出换届工作巡视组,对换届工作进行检查、指导和监督,确保院党政领导班子换届工作顺利完成。加强党支部建设工作,进一步优化党支部设置,启动党支部换届选举工作;做好2007年度党支部立项总结暨2008年度立项申报工作。举办新党员和入党积极分子培训班6期,培训4252人。2008年,全校共有25个基层党组织获校级以上先进基层党组织荣誉称号,178名党员获校级以上优秀共产党员、优秀党务工作者和优秀思想政治工作者等荣誉称号。

五是着力推动党建工作改革创新。为进一步加强学校党的建设,从2008年10月开始,校党委在全校范围内组织开展了党建工作调研。通过调研,全面了解我校党建工作的实际情况,总结好的经验和做法,查找存在的突出问题,根据新形势、新任务和新要求,深入研究和探索我校党建工作的新思路、新途径、新举措。近期,校党委将召开全校党建工作会议,对以改革创新的精神加强党的建设工作进行全面部署,扎实推进学校党的建设和思想政治工作,努力为建设世界知名高水平研究型大学提供坚强有力的保障。目前,各项筹备工作进展顺利。

六是着力加强作风建设和反腐倡廉建设。2008年6月,召开了全校领导干部作风建设大会,出台了《中共厦门大学委员会关于加强领导干部作风建设的若干意见》和《中共厦门大学委员会巡视工作暂行办法》,校党政主要领导与各单位党政主要领导签订了《党风廉政建设责任书》,力求通过加强领导干部作风建设,使各级领导干部树立为民、务实、清廉的形象,始终做好“六个表率”,在新的历史起点上把学校各项事业推向新的高度。学校认真制定了巡视工作方案,并在公共事务学院和物理与机电工程学院进行巡视工作试点,取得阶段性成果,校党委将在总结经验、查找不足、完善方案后,再全面铺开。

11月,召开全校加强反腐倡廉建设工作大会,对加强党风廉政建设和反腐败工作进行了全面部署,出台了校党委《贯彻落实〈关于加强高等学校反腐倡廉建设的意见〉实施方案》和《厦门大学落实党风廉政建设责任制的实施办法》,扎实推进党风廉政建设和反腐败工作。全校各单位认真贯彻落实会议精神,结合本单位实际,认真对照检查,找准突出问题,制定实施方案,采取各种有力措施,扎实推进作风建设和反腐倡廉建设。

七是着力加强统战群团和离退休工作。认真落实校党委《关于加强新时期统一战线工作的意见》和全校统战工作会议精神,制定出台《校党委常委联系党外代表人士工作制度》等7项统战工作制度,提高统战工作制度化、规范化水平。加强工会和教代会工作,扎实推进“模范教工之家”建设,2008年我校荣获了全国“模范职工之家”称号;召开五届五次教代会,对西北村教职工住宅售房方案进行认真审议;学校大部分教学科研单位都召开了二级教代会,二级教代会的工作得到加强。加强共青团和离退休工作,顺利召开了共青团厦门大学第十三次代表大会和离退休工作表彰大会。加强妇女工作,进一步推动妇委会建设,成立了海峡两岸性别研究与教学合作中心。

八是扎实推进和谐校园建设。认真落实《厦门大学“十一五”和谐校园建设规划》,启动“和谐校园,青春先行”系列活动。大力实施青年马克思主义者培养工程,认真做好学生“中国特色社会主义理论研修班”筹备工作;举办“支援抗震救灾”、“迎接北京奥运会”、“纪念改革开放30周年”等系列主题报告会;建立起一批规范性校外道德实践基地和校内文明建设活动品牌项目,开展“校园公益日”、“校园义工修身计划”和“向校园不文明行为告别”等活动,教育学生从我做起、从小事做起,勇担社会责任;遴选了一批在全国和国际上有影响的学业学术竞赛项目,给予重点扶持;开展“挑战杯”系列活动,推进优秀艺术进校园,让大学生在践行社会主义核心价值体系、共同推进和谐校园建设的实践中,更加坚定理想信念、提高综合素质、促进和谐发展。

九是以实际行动支持奥运会、支援抗震救灾。积极参与奥运活动,组织15000多名师生喜迎奥运圣火传递;28名志愿者从全省6000余名志愿者中脱颖而出,代表福建省和厦门大学赴北京参与奥运会志愿服务。发动党员干部和师生员工通过各种形式积极支援四川地震灾区抗震救灾工作，广大党员通过缴纳特殊党费和党员献爱心活动共捐款近116万元，全校师生员工累计为灾区捐款440多万元；选派了6位医疗专家参与灾区的医疗工作，4位教师参与灾区群众的心理康复工作，1位专家参与灾后重建评估、规划工作；免试录取1位受国家表彰的“抗震救灾优秀大学生”，招收了来自地震重灾区的新生45名。

十是切实抓好校园安定稳定工作。针对今年南方低温雨雪灾害、汶川地震、北京奥运会、改革开放30周年等大事、喜事、急事、难事多的复杂局面，校党委牵头多次召开稳定工作专题会议，分析形势、研究问题、部署工作、检查落实；紧密结合校园稳定工作形势，加强专项安全稳定教育，并广泛开展“平安奥运”、“平安校园”创建活动；积极开展矛盾纠纷排查调处和安全隐患排查工作，对重点对象、重点物品、重点部位进行认真检查；强化应急管理工作，完善安全稳定工作方案和应急处置预案；健全维护学校稳定综合防控体系，加强校园及周边治安综合治理和校园管理工作，切实维护了校园安定稳定。今年，我校以高分通过了福建省“平安校园”评估验收。

(二)着力抓好几项重点工作

校党委常委会深入学习实践科学发展观，抢抓机遇，开拓创新，围绕中心，服务大局，着力抓好事关全局和师生关注的重点工作，努力推动学校事业全面协调可持续发展。

一是扎实推进“211工程”和“985工程”建设。启动了“211工程”三期建设，认真做好规划编制和立项论证，已通过了国家发改委、财政部和教育部的审批。“211工程”三期重点建设15个学科项目、3个公共服务体系项目及创新人才培养和队伍建设项目，总投入为2.1亿元，其中中央专项7900万元，福建省和厦门市配套经费7900万元，学校自筹5200万元。

继续扎实推进“985工程”二期建设，2008年是“985工程”二期建设的最后一年，通过5年来的建设，各平台、基地取得了丰硕的成果。目前，学校正在按教育部的统一部署，开展“985工程”二期总结和“985工程”建设十年的总结工作，准备迎接国家验收。同时，根据教育部的安排，在认真总结前两期建设经验的基础上，完成了“985工程”三期预研究工作，预研究方案已上报教育部。

二是全面推进校地、校企战略合作。扎实有效地推进《服务海西行动计划》和市校战略合作协议的落实。加强与省市领导和有关部门、企业的经常性沟通，建立联系沟通机制和需求—服务对接机制，通过“请进来、走出去”、召开联席会议、组织专场对接等途径，推进项目对接、成果对接和咨询服务工作的开展。2008年1月，我校主要领导专程向省委常委、副省长、教育工委书记陈桦及省教育厅、科技厅、财政厅、发改委、省编办等部门汇报了我校实施《服务海峡西岸经济区行动计划》进展情况；7月，李川副省长率省科技厅、经贸委、教育厅、信息产业厅、质监局、药监局等有关部门专程来校，开展科技项目和成果对接，并就如何开展常态化合作达成协议，形成了《合作推进海峡西岸经济区科技及产业发展会商纪要》。同时，成功召开了我校与厦门市战略合作第一次联席会议，双方签署了“市校共建厦门大学翔安校区协议书”和“市校共建厦门大学国家大学科技园协议书”，并明确了我校教职工住房纳入厦门市保障性住房的具体计划。

坚持“顶天立地”的原则，继续深入地推进校地、校企战略合作。今年又与漳州市人民政府、赣州市人民政府、中国航空工业集团公司、大唐国际发电股份有限公司等签署了战略合作协议书，努力为国家和地方经济社会发展提供科技支撑和智力服务。组织开展“学习实践科学发展观”考察调研活动。2008年8月底，学校组织主要领导干部90多人分3路赴大唐国际、宝钢集团、中国航空工业集团、上海张江高科技园区和部分兄弟高校进行了考察调研。通过考察调研，大家普遍感到开阔了视野、增长了见识，了解了需求，加强了对接，为深入开展学习实践科学发展观活动，进一步解放思想、更新观念打下了基础。

我校与地方政府开展战略合作的做法得到刘延东国务委员和教育部周济部长的充分肯定，教育部专门发文要求各有关高校学习我校的经验。2008年11月，教育部组织中央主要媒体采访团来校实地采访，集中宣传报道我校与地方共建、开展战略合作的好的做法、成效和经验。

三是大力推进翔安校区筹建工作。组织力量认真做好翔安校区总体规划设计方案，邀请了来自同济大学等五家设计单位参加规划设计工作。目前,五家设计单位已完成规划设计方案,通过了专家评审,广泛征求了师生员工意见,校党委常委扩大会也进行了研究,并同意以同济大学的方案为基础进行修改。目前,同济大学已完成方案的第二次修改,今天上午常委会再次研究了规划方案,并同意提交今天下午的全委会进行审议。同时,在省市规划局、土地局、发改委等部门的大力支持下,翔安校区通过了项目的立项、选址、核准,目前已进入征地预公告阶段,按计划春节后开始征地,争取今年奠基并启动建设。

四是着力解决民生问题。学校想方设法、尽最大努力,通过多种途径、多种形式,努力解决教职工特别是中青年教师的住房困难。认真做好西村、北村新建房售房工作,目前已完成回迁户、搬迁户和引进人才的售房工作并已交付使用,其余人员的售房工作正在抓紧进行;加快推进漳州校区教职工住宅建设,首期建设的7幢524套教工住宅预计2009年8月底即可完工;积极争取将我校教职工纳入了厦门市保障性商品房政策覆盖范围,2008年已落实308套住房,目前正组织教职工进行申购;抓紧西坑水库等安置房建设,目前已进入方案设计阶段。提高在职教职工的午餐补贴标准和离退休教职工的住房货币化补贴标准,并根据全年物价变动情况,按照工资收入5.5%的标准为全校教职工发放物价补贴。

认真做好毕业生就业工作,努力克服世界金融危机对我国宏观经济产生不利影响所带来的就业压力,积极联系用人单位,为2009届毕业生举办了130场校园招聘会,同时,积极组织毕业生参加校外各类人才招聘活动。加大家庭经济困难学生资助力度,实施“一揽子”资助管理模式,5545名学生得到资助,总额达1700多万元。为我校家在地震灾区的126名家庭受灾的学生发放补助金11.3万元;向2008级来自地震灾区的新生发放“爱心资助包”,减免学费、教材费和军训服装费,各项资助折合39万多元。

(三)各项工作取得新成绩

2008年,在全体师生员工的共同努力下,学校各项事业蓬勃发展,整体办学实力有了显著提升。

一是学科建设扎实推进。坚持以学科建设为龙头,凝炼学科方向,构筑学科平台,汇聚学科队伍,学科综合实力不断提升。完成了人文与艺术学部、社会科学学部、自然科学学部、工程技术学部、医学与生命科学学部5个学部委员会的组建。学部委员会组建后,加强对学科建设的规划和论证,通过做好“211工程”三期论证和“985工程”三期预研究工作,学部的作用开始显现。

二是人才培养质量稳步提高。扎实推进“本科教学质量与教学改革工程”,进一步完善学分制、“三学期制”和本科生导师制,切实提高学生创新能力、实践能力和综合素质;召开了本科生导师制总结表彰大会,认真总结了本科生导师制实施以来的工作情况,表彰了69位本科生优秀导师。扎实推进“研究生教育质量与创新工程”,全面启动研究生培养机制改革。2008年,新增2个国家理科基础科学人才培养基地,3门国家精品课程,13门福建省精品课程;新增1个国家级实验教学示范中心,2个省级实验教学示范中心;新增3个国家特色专业建设项目,7个福建省特色专业建设项目;新增软件工程人才培养模式国家级创新实验区。投资5000万元建成本科生实习实训基地并投入使用,获批1个工科实验教学示范中心。学生多次在足球机器人世界杯大赛、数学建模竞赛等国际和全国性竞赛中获奖。2008年,毕业生就业率继续保持在96%以上。

三是科研实力大幅提升。2008年科研经费再创历史新高,达到3.42亿元,比2007年的2.97亿元增长了12%。理工科经费2.9亿元,比2007年增长了10%,其中获国家自然科学基金资助经费5746万元,比2007年增长27.5%;在国家973、国家重大研究计划项目方面新增首席科学家牵头项目3项;“醇醚酯化工清洁生产国家工程实验室”获批建设。发表影响因子10以上的高水平学术论文11篇,影响因子5以上的高水平学术论文43篇;授权专利101项,其中发明专利82项,实用新型19项;获教育部自然科学一等奖1项(该项目正在申报国家自然科学奖);福建省科技进步奖正在评审中,预计有7项获奖;获厦门市科技进步奖7项,其中二等奖1项,三等奖6项。人文社科经费5200万元,比2007年增长53%;在2008年度国家社科基金项目的申报中,共有24项项目获批立项,立项数居全国高校第8位,获批经费219万元,为我校历年最多;在2008年度教育部人文社会科学研究一般项目的申报中,有29个项目获批立项,立项数居全国高校第3位。

四是社会服务工作成效显著。围绕海西建设重大理论和实践问题，提供决策咨询服务，2008年，与省委政研室、省社科联开展了8个重大课题的合作研究；与省政府发展研究中心签署了合作开展重大课题研究的备忘录；承担福建省各类社科、科技项目和企业事业单位委托项目600多项；积极开展科技项目对接，与省科技厅等部门签订5项产学研合作联盟和9项合作项目；20多项成果在第六届"6·18"项目成果交易会上成功签约；围绕海西文化大发展大繁荣，制定《厦门大学服务福建文化大发展大繁荣实施计划(2009—2015年)》，规划开展十个福建文化特色项目研究。《实施计划》得到省委宣传部的认可和支持。

五是师资队伍建设不断加强。2008年，我校新聘全职教师116人，其中副教授以上31人，占新聘全职教师总数的26.7%，拥有博士学位的107人，占新聘全职教师总数的92.2%；招收博士后50人。新增国家自然科学基金委员会委员1人，新增国务院学科评议组成员3人(新一届入选10人)，新增"国家杰出青年科学基金"获得者5人(累计27人)，"长江学者"特聘教授1人；新增3个国家级教学团队，3个省级教学团队；新增国家级教学名师1人，福建省教学名师6人。

六是国际交流合作不断拓展。首次招收中国政府奖学金高校研究生项目留学生145名；国际研究生的招生规模进一步扩大，共招收国际硕士、博士研究生178名；又有82位学生入选国家公派研究生留学项目；厦门大学汉语国际推广南方基地获国家汉办批准并启动建设；新增4所孔子学院，11月，贾庆林同志亲自为土耳其的厦门大学—中东技术大学孔子学院揭牌。

七是两岸交流合作不断深入。共有1022人次的台港澳地区学者和客人来校进行交流访问；招收台港澳地区研究生44名，其中博士33名，硕士11名；成功举办第二届海峡两岸大学校长论坛，台湾地区36所大学、大陆57所大学的近200位校长、副校长和校长代表参加了论坛，有力地促进了两岸高校的交流合作不断迈向深入。

二、2009年的工作基本思路

在新的一年里，我们要继续深入贯彻落实党的十七大精神，高举中国特色社会主义伟大旗帜，深入学习实践科学发展观，认真落实校第九次党代会提出的各项任务，以改革创新精神全面加强党的建设，努力推动学校各项事业又好又快发展。

(一)深入开展学习实践科学发展观活动

要按照中央和上级的部署，认真组织好学习实践科学发展观活动。通过学习实践活动，使全校党员干部和师生员工深刻理解、坚决实践科学发展观，进一步解放思想，更新观念，切实把科学发展观的要求转化为正确的办学理念、发展思路和改革措施，真正把科学发展观贯彻落实到各项工作之中，把学校的建设与发展推向一个新的高度。2月中旬，学校领导班子将以"学习实践科学发展观，加快推进高水平研究型大学建设"为主题召开务虚会，先行一步，为开展"学习实践科学发展观活动"奠定基础。

(二)以改革创新精神加强党的建设

要深入贯彻落实党的十七大和第十七次全国高校党建工作会议精神，认真落实校第九次党代会和即将召开的全校党建工作会提出的各项工作任务，以改革创新精神推动我校党建工作迈上新台阶，为高水平研究型大学建设提供坚强保障。要深刻认识当前我们面临的复杂形势，切实抓好安定稳定工作，坚决防范和抵制境内外敌对势力的渗透和破坏，为学校科学发展营造良好的环境和氛围。

(三)切实加强思想政治工作

要大力抓好师德师风建设，广泛开展调研，深入了解师德师风方面存在的突出问题，着手研究相应的政策和措施，建立师德师风建设长效机制。今年适当时候召开全校师德师风建设大会。要全面推进学生思想政治教育的创新发展,认真分析新形势、新特点,主动探索新途径、新方法,充分运用新资源、新载体,不断丰富教育内容,拓展教育渠道,整合教育资源,解决学生实际问题,着力提高针对性和实效性。要按照“规范化管理、专业化培养、多样化发展”的整体思路,全面推进辅导员队伍建设。

(四)切实推进和谐校园建设

要继续大力实施《厦门大学“十一五”和谐校园规划》,扎实推进和谐校园建设,以和谐求发展,以发展促和谐。要把社会主义核心价值体系融入教育的全过程,以坚定理想信念、提高全面素质、促进和谐发展为重点,从构建精神家园、活力校园、温馨校园入手,继续深入开展“和谐校园,青春先行”活动,努力形成建设和谐校园的浓厚氛围。要继续实施“校园温暖工程”,切实解决师生员工的实际困难和问题。

(五)切实加强学科建设

要以新的思路推进“211 工程”和“985 工程”三期建设,以实现重点突破为目标,坚持国家战略优先与服务区域发展相结合,坚持提升学科水平与增强服务能力相结合,坚持重点建设与带动整体发展相结合,进一步完善建设规划;要集中有限资源,构建大平台、大团队,争取大突破;要完善重点建设的管理制度,加强建设过程的监督检查,确保按期保质完成建设任务。要认真做好“985 工程”二期建设的验收准备工作,积极争取“211 工程”三期和“985 工程”三期建设经费尽快到位。要不断完善学部委员会的功能和作用,抓好学科建设规划和评价体系建设,根据不同学科的特点,制定相应的评价体系和评价标准。

(六)切实提高人才培养质量

要继续推进“厦门大学本科教学质量与教学改革工程”,加大本科生教学实习的投入,加强本科教学实习实训基地建设。完善本科生导师制,着力培养学生的创新精神、实践能力和创业能力。大力实施“研究生教育质量与创新工程”,继续深化研究生培养机制改革,进一步提高研究生培养质量。加强导师队伍建设,坚定不移地把研究生的培养与导师的科研工作相结合,着力加强研究生创新能力的培养。

(七)切实抓好科技创新

要紧紧围绕面向国家和区域科技创新的重大需求,找到结合点、找准切入点、形成突破点,着力增强自主创新能力,争取在若干研究方向上取得重大突破。要抓好科技创新平台和哲学社会科学创新基地建设,集中优势力量,整合优势资源,着力提升学科的核心竞争力和科技创新能力。要抓住当前经济发展“保增长、扩内需、调结构”的机遇,积极组织大团队,争取更多地承接国家和区域重点发展领域的重大科技项目。

(八)切实抓好服务发展

围绕国家和地方战略需求和重点发展领域,继续推动与有关部委、地方政府和大型企业的战略合作。大力实施《厦门大学服务海峡西岸经济区行动计划》,与省市有关部门、企业加强项目和成果对接,要紧密结合海西建设的实际,有针对性地做好决策咨询服务,为把海峡西岸经济区建设成为科学发展的先行区和两岸人民交流合作的先行区做更大的贡献。要借助“6·18”展会平台和厦门市联合共建“厦门大学国家大学科技园”,积极推进技术开发和技术转让、技术合作和成果转化。要认真抓好部省市重点共建厦大协议书、市校战略合作框架协议等已签订的战略合作协议的项目对接和有关工作落实。

(九)切实抓好人才队伍建设

要坚持党管人才的原则,抓好培养与引进工作,全面提高师资队伍的水平和质量。要抓住当前机遇,加大人才引进力度,积极吸引更多海外高层次优秀人才来校工作。要加大培养人才力度,创造条件使更多优秀中青年教师尽快成长。要健全教师考核评价机制,建立符合科学发展观要求的教师综合评价体系，充分调动广大教师的积极性、主动性和创造性。要根据考核评价结果，进一步强化激励机制，深化分配制度改革。今年要召开全校人才工作会议，研究部署人才队伍建设工作。

(十)切实推进国际与区域合作交流

要坚持开放办学，积极与国际知名大学开展高层次的交流合作，特别是要推动学院（研究院）与国外高水平大学之间的交流合作。要大力推动孔子学院总部南方基地建设，办好我校现有的孔子学院。要积极创造条件，借助高水平留学生公派计划等项目，加大学生的外派力度；要加强招生宣传，吸引优秀留学生来我校就学。要充分拓展第二届海峡两岸校长论坛所产生的效应，更积极地开展与台湾地区高水平大学的交流与合作；发挥我校优势，做好台湾人民特别是台湾青年学子的工作，积极举办各类两岸学生交流活动；充分利用孔子学院这一平台，积极与台湾地区高校合作推广中华优秀文化；加强港澳台地区的人才引进工作。

(十一)切实改善办学条件

要扎实推进翔安校区建设，争取今年奠基并启动建设。要多渠道筹措办学经费，努力提高经费使用效益，要积极争取、落实部省市重点共建经费；要充分利用翔安校区建设的契机，积极争取社会各界的捐赠；要充分运作各种资源，积极争取地方政府、企业等与我校开展共建、合作。要继续着力解决民生问题，不断改善师生员工的工作、学习、生活条件。

同志们，做好今年的各项工作，任务艰巨，责任重大，我们一定要以更加饱满的热情，更加昂扬的斗志，更加务实的作风，抢抓机遇，埋头苦干，为建设世界知名高水平研究型大学做出新的贡献！

——本文摘录自《关于印发〈中共厦门大学委员会常务委员会 2008 年度工作报告〉的通知》，厦大委综〔2009〕1 号，档号 2009-XZ09-21

·专　文·

把握方向　围绕中心　服务大局

——在2008年福建省高校党建工作会议上的讲话

(2008年4月8日)

校党委书记　朱之文

全面加强党的建设，是推进高校各项事业又好又快发展的根本保证。以改革创新精神加强高校党的建设，就是要"把握方向、围绕中心、服务大局"。我们认为，"把握方向"，就是要认真贯彻落实党的十七大精神，高举中国特色社会主义伟大旗帜，牢牢把握社会主义办学方向；"围绕中心"，就是要以科学发展观为指导，紧紧围绕建设世界知名高水平研究型大学这个中心，推动学校各项事业发展；"服务大局"，就是要坚持服务国家和区域发展大局，为全面建设小康社会和海峡西岸经济区建设做贡献。把握方向、围绕中心，最终都要落实到服务国家大局和区域发展大局上，在发展中国特色社会主义的历史进程和海峡西岸经济区建设的伟大实践中展现更大作为。

一、围绕服务大局，更新发展理念

厦门大学的发展目标是建设高水平研究型大学。当前，中国特色社会主义的伟大实践、海峡西岸经济区和厦门经济特区的建设和发展，为我们建设高水平研究型大学提供了最大机遇。围绕服务国家和区域发展大局，我们明确提出，厦大是国家重点大学，但首先是福建的大学、厦门的大学；厦大要服务全国，但首先要服务福建、服务厦门。在实际工作中，我们强调服务大局，要牢固树立三种意识：

一是在发展站位上，要牢固树立"国家队"意识。厦门大学是国家"211工程"、"985工程"重点建设的大学，在国家高等教育体系和科技创新体系中位居"国家队"行列。作为"国家队"的一员，我们必须围绕建设创新型国家和高等教育强国的新任务、新要求，勇于承担重任，不断开拓创新，在人才培养、科学研究、社会服务等各方面，牢固树立"国家队"意识，立足"国家队"站位，体现"国家队"作为，展示"国家队"形象，在服务国家发展上始终站在高校前列。

二是在科技创新上，要牢固树立"顶天立地"意识。"顶天"，就是面向国家战略需求与科学技术前沿，解决关系国计民生和国家安全的重大科技问题，在国家科技创新前沿的若干领域占有一席之地；"立地"，就是主动贴近、主动融入、主动服务海峡西岸经济区建设，从海西的紧迫需求出发，切实解决海西经济社会发展中的关键问题，在海西科技创新体系中发挥重要骨干和引领作用。

三是在服务发展上，要牢固树立"服务国家发展与服务区域发展相统一"意识。高水平大学服务国家发展与服务区域发展是相辅相成、辩证统一的，服务区域就是服务国家，服务国家就是为了更好地服务区域。厦大服务海西、服务厦门,就是服务国家发展,就是为全国发展大局和祖国统一大业做贡献。因此,我们把服务国家发展与服务海西发展有机地统一起来,既要瞄准前沿、积极参与创新型国家建设,又要融入海西,着力解决海西经济社会发展的重大问题。

二、围绕服务大局,主动融入海西

建设海峡西岸经济区,是中央战略决策的重要组成部分,是站在新的历史起点上加快福建发展的战略选择。为深入贯彻《福建省建设海峡西岸经济区纲要》,我校制定并实施《厦门大学服务海峡西岸经济区行动计划》,认真落实《厦门市人民政府与厦门大学签订战略合作框架协议书》,更加紧密地贴近海西、融入海西、服务海西。

(一)增强科技创新能力,服务海西科学发展

转变经济发展方式,推动海西科学发展,必须紧紧依靠自主创新。近年来,我校通过构建创新平台、加强应用研究、开展项目对接,着力增强服务海西科学发展的科技支撑能力。

一是构建科技创新平台。从科技发展趋势看,今后科技创新能力将越来越集中体现在创新平台上。近年来,我们坚持把构建大平台作为增强创新能力的着力点,充分依托学科优势和人才优势,通过与国家部委、特大型企业和省市合作构建各类创新平台。现已拥有 4 个国家级、12 个部级、25 个省市级重点实验室、工程中心、文科基地;形成了 2 个国家创新研究群体、8 个部省级创新团队、25 个校级创新团队。

围绕海西科技创新和产业发展,与省市合作构建平台。2004 年以来,省市共投入平台建设经费 2 亿多元,并带动企业投入经费 4 亿多元。目前,这些平台的作用已逐渐显现。如为承接台湾地区高技术的产业转移,厦门市依托我校人才和技术支撑,投入 4000 万元建设的"集成电路设计公共服务平台",已吸引 5 家台湾地区集成电路领域的上市企业落户厦门,预计可带动厦门 GDP 增长数百亿元。在已建平台的基础上,我校"服务海西行动计划"提出,在 2010 年前,要进一步整合资源、汇聚团队,围绕国家和海西急需发展的生物、新材料、新能源、海洋、化工、医药、信息、软件、光电、重大疾病预防与控制等领域,重点构建 10 个交叉集成的科技创新平台。

围绕助推海西科技创新,与有关部委、特大型企业开展战略合作,构建科技创新平台。如,与信息产业部 CSIP 中心合作设立"国家软件与集成电路公共服务平台厦门大学研究中心",与中国航空工业第一集团公司共建先进材料研究平台,与大唐国际发电股份有限公司共建能源化工研究平台。这些创新平台,将为我们打开进入国家科技创新前沿的战略新通道,为海西发展信息、材料、能源等产业提供科技支撑。

二是着力加强应用研究。近年来,我们在保持基础研究优势的同时,鼓励教师面向经济建设主战场,围绕经济发展、改善民生的共性技术和关键技术,大力加强应用研究和高新技术研究,取得了可喜的成果。据初步统计,近两年我校已产业化和近期可产业化的大项目有 40 多项,中期可产业化的项目 50 多项,还有一大批具有良好应用前景的项目正在研发之中。

2007 年,我校在应用基础研究领域取得重大突破。孙世刚教授课题组首次制备出具有高表面能的二十四面体铂纳米晶粒催化剂,显著提高了铂纳米催化剂的活性和稳定性,在能源、催化、材料、化工等领域具有重大的意义和应用价值。研究论文发表在去年 5 月 4 日出版的美国《科学》杂志上,并入选"2007 年度中国基础研究十大新闻"和"2007 年度中国高校十大科技进展"。

近年来,我们已有一批应用研究成果在福建、厦门实现产业化。2006 年胡锦涛同志在厦考察 3 家高新技术企业,其中 2 家均由我校教师提供核心技术。我校的福建省医学分子病毒学研究中心,成功研制了世界首个戊型肝炎疫苗等一系列具有自主知识产权的新药品种;研制了国内唯一能完全满足艾滋病毒抗体诊断试剂盒生产要求的艾滋病毒重组抗原,转化后使生产企业在该领域国内市场占有率跃居第一,累计创造产值已超过 20 亿元。2007 年,该中心研发的"禽流感病毒单克隆抗体"又取得突破性进展,目

前已进入三期临床试验,实验表明该抗体对禽流感的治疗效果显著优于世界卫生组织(WHO)推荐的“达菲”,产业化后将产生巨大的社会效益和经济效益。我校王候聪教授历时26年研发的优质水稻“佳辐占”获得2006年福建省科学技术奖一等奖,目前在福建省已累计推广450万亩,占福建省早稻播种面积的30%,2008年产能有望突破1万吨,5年来共增加经济效益10多亿元。

三是加强项目成果对接。近年来,我们深入贯彻省委省政府提出的“项目带动战略”,借助“6·18”项目成果交易会和专场对接会等平台,切实加强项目成果对接,努力促进科技成果向现实生产力转化,收到良好效果。先后发布科技成果600多项,与企业成功对接200多项。

积极引导教师走出校园,在全省各地推介科研项目和科技成果。2004年,全校20多个学院分管科研的院长、副院长,带着可产业化的400项科技成果和200多项专利技术,在全省8个设区市大规模地集中推介科技成果,有100多个项目与企业实现了对接。

积极参加“6·18”展会或举办专场对接会,大力促进科研项目、成果与企业的双向对接。2007年,借助“6·18”这一永不落幕的项目成果交易会,我校“太阳能多晶硅1661系列研究”等50多项科技项目与企业成功对接。今年年初,我们与省发改委、省经贸委、省教育厅等有关部门联合举办“生物与医药项目”专场对接会,全省高校共有146个项目实现现场对接,其中我校占1/3;同时,还与福建省电子信息集团所属企业就通信、集成电路设计、高亮度发光二极管、汽车电子、光机电一体化等领域的技术研发,开展了专场对接。

(二)发挥台湾研究优势,服务海西对台工作

解决台湾问题、实现祖国完全统一,是中华儿女的共同心愿。把握中央支持海峡西岸经济发展的机遇,发挥“五缘”优势,拓展“六求”作为,服务祖国统一大业,是我们责无旁贷的特殊使命。

一是加强对台决策咨询研究。我们整合台湾研究院等研究机构的优势力量,组建海峡两岸发展研究院,紧紧围绕两岸关系、台海安全等课题,深入开展台湾研究,为中央和省市领导对台决策提供参考依据。2004年以来,我们通过多种渠道,加强台情调研,为中央、省委提供决策咨询报告100多份,被采纳的咨询报告50多份;向国台办和中央有关部门报送《台情专报》、《台情内参》等200多期;向省委省政府报送《海峡两岸发展研究专报》、《闽台经贸动态》、《台湾科技产业发展动态》等100多期。2007年,与省委政研室合作开展“福建与台湾经济发展比较、趋势预测及相关对策研究”等7个重大课题研究成果,通过呈阅件等形式,报送省领导参阅。

依托台湾研究院,建成大陆第一家台湾民意电话访问中心。该中心建成以来,已经运行了多批次的调研项目。中心通过对台湾民众的直接电话访问,取得了大量第一手民调资料,使得台情分析和研究更加符合台湾实际,对台湾政党选情走向的预测更加客观准确,为中央、省委对台决策提供了独家的第一手民意调查数据及分析报告。

二是加强闽台“五缘”研究。展工书记以“五缘六求”高度概括了闽台之间历史及未来的发展趋势。加强“五缘六求”研究,对促进闽台之间的合作交流,对海峡西岸经济区建设具有非常重要的意义。

大力加强“五缘”研究,积极促进闽台文化交流,进一步增强台湾同胞对祖国大陆的认同感和归属感。2004年以来,我校出版了《透视中国东南:文化经济的整合研究》、《海峡两岸经济合作问题研究》、《闽台文学的文化亲缘》等台湾研究著作50多部,发表台湾研究论文500多篇。陈支平教授主编的《台湾文献汇刊》100册,以大量的历史事实和文献史料无可辩驳地说明两岸同根同缘。2006年胡锦涛总书记出访美国之际,将该丛书作为代表性图书赠送给耶鲁大学。受国台办、省台办和厦门市委托,目前我校正在编纂《闽南文化丛书》、《闽南文化百科全书》、《闽台民间族谱汇编》(100册),这些丛书将从闽台“五缘”水乳交融的渊源和依存关系,有力地证明台湾是中国不可分割的一部分,有力地服务祖国统一大业。

积极参与国家级对台专题博物馆——中国闽台缘博物馆的建设工作。其展品文本内容和《闽台缘》书稿,均由我校教授负责设计和撰写,得到中宣部和国台办领导的充分肯定。闽台缘博物馆建成后,已接待参观者近50万人次,成为两岸文化交流与合作的平台和国家级的爱国主义教育基地。

三是加强两岸交流合作。我们认真贯彻中央和福建对台工作部署,充分利用海峡西岸区位优势,充分发挥涉台交流基础好、在台校友多的优势,积极开展各种形式的交流活动,深入做好台湾人民特别是台湾青年的工作。

积极拓展交流渠道,活跃两岸学术文化交流。近五年来,我校举办两岸学术会议50多次,接待来校台湾地区学者及各界人士3000多人次,派出赴台进行学术文化交流师生达1000多人次。目前,我们已与台湾大学、成功大学等20多所台湾地区高校签订了交流合作协议,成为祖国大陆对台教育、科技、文化交流最为活跃的高校之一。

努力办好"海峡发展论坛"和"海峡两岸大学校长论坛",搭建高层政要和专家学者对话、交流平台。2006年我校举行85周年校庆,邀请萧万长、余光中、唐树备先生等两岸知名人士参加"海峡两岸论坛";授予中国国民党荣誉主席连战先生法学名誉博士学位,在海内外引起巨大反响。

逐步扩大对台招生,深入做好台湾青年工作。我们不断完善对台招生政策,设立台湾地区学生专项奖学金,深入细致地做好在校台生工作,吸引更多台湾地区优质生源来我校接受高层次学历教育。近五年来,共有800多名台籍学生进入我校学习,我校已成为祖国大陆对台招生最多的高校之一。

(三)调整优化布局结构,服务海西人才需求

国以才立、政以才治、业以才兴。人才是自主创新的主体,是海西持续发展的第一资源。这就要求我们,适应海西发展对人才的新要求,调整人才培养结构,提升人才培养层次,创新人才培养模式,为海西建设提供高素质人才支撑。

一是加强校区布局和学科结构的战略性调整。进入新世纪以来,为了改变海西高等教育发展相对落后的局面,我们在完善校本部的基础上,努力拓展办学空间,从2001年启动漳州校区建设,现已基本完成建设任务。面对海西经济社会发展对高层次人才的需求,我们进一步对校区发展布局进行战略性调整,并着手规划建设翔安校区。与此相适应,我们对校区功能定位和学科布局也将作战略性调整。今后,我校漳州校区将主要用作独立学院——嘉庚学院办学,校本部以发展文理学科为主,翔安校区将以发展高新技术学科和应用学科为主。战略调整完成后,厦门大学将成为一所文理工医协调发展的高水平大学,更好地为海西发展提供持续的高层次人才支撑。

二是加强人才培养结构的战略性调整。在缺乏并校资源的情况下,我们通过拓展办学空间,努力扩大办学规模。2000年以来,我校在校生总数从2000年的13264人,增长到现有的36410人,博士生、硕士生、本科生分别增加1675人、10773人、10698人。2000年以来,我校共有2万多名毕业生留在福建就业,在服务海峡西岸经济区建设中切实发挥了人才保障作用。

在扩大办学规模的同时,我们不断调整优化人才培养的专业结构和层次结构。近年来,大力发展计算机、电子信息、自动化、通信、软件、建筑、土木、化工、机械、生物技术、医学、材料、法学、经济、管理等40多个应用型学科专业,这些专业占我校本科专业的60%以上。我们加大研究生特别是应用类研究生的招生比例,进一步优化人才培养的层次结构,在校研究生与本科生的比例从2000年的1:3.2提高到目前的1:1.3,我校所培养的研究生占福建省研究生总数的50%以上,成为福建省培养高层次人才的重要依靠力量。

三是加强高层次的继续教育。近年来,我校积极与省内各界合作,为政府管理部门,公共事业部门,经营管理、医疗卫生管理等部门中层以上管理及专业技术人员提供工商管理硕士(EMBA、MBA)、公共管理硕士(MPA)、会计硕士(MPAcc)、法律硕士(JM)、艺术硕士(MFA)、翻译硕士(MTI)以及物流管理、项目管理、计算机技术、软件工程、集成电路等工程硕士(ME)专业学位教育。目前我校各类专业硕士学位在校生6000人,其中80%以上都来自我省各条战线。

三、围绕服务大局,提升服务实效

当前,海峡西岸经济区建设正在加快全面推进。党的十七大明确提出"支持海峡西岸经济发展",赋予了海峡西岸经济区建设以特殊的意义。省委省政府进一步提出要把海峡西岸经济区建设成为科学发展的先行区、两岸人民交流合作的先行区。围绕这一目标,我们必须抓住机遇、发挥优势、主动作为、提升实效,在"两个先行区"建设中体现更大的作为。

一是强化先行意识。展工书记指出,海西先行,科技、教育创新首先要先行。在今后工作中,我们必须强化先行意识,一方面,要在建设科学发展的先行区中起更大作用:在人才培养上,要注重增强学生的创新意识和创新能力;在科学研究上,要进一步组建大团队、构建大平台、承接大项目,加强交叉集成创新,着力突破关键技术,为全省提供更强有力的科技支撑;在社会服务上,要进一步抓好项目带动,在更高的层次上参与区域创新体系建设和企业的技术创新活动。另一方面,要在建设两岸人民交流合作的先行区中先行先试,多渠道、全方位地开展两岸教育、科技、文化交流与合作,进一步做好台湾人民工作,为发展两岸关系、推进祖国统一大业做出新的贡献。

二是强化组织领导。学校成立校院及有关部处领导组成的"服务海西工作领导小组",加强组织领导和统筹协调。通过提供信息、铺路搭桥、畅通渠道、提供服务,让教师和科研人员走出校园,及时了解海西科技创新和产业发展需求,把握创新的重点和方向。通过召开联席会议等形式,进一步加强与省市有关部门及企业的交流互动,建立定期联系沟通机制和需求—服务对接机制。通过办好全国"6·18"重点高校专场对接会,完善项目对接机制,吸引全国著名高校和企业参与海西建设。

三是强化政策导向。要推进机制体制创新,建立有利于多学科交叉的科技创新平台运行机制,制定有利于调动教师积极性的考核评价办法,完善有利于高层次人才汇聚的选人用人办法,营造有利于科技创新的文化氛围,形成有利于服务海西和厦门发展的政策导向,鼓励广大教师脚踏实地、关注海西、研究海西,在服务海西发展中长才干、做贡献。

八闽处处生机盎然,海西建设气势如虹。站在新的起点,我们将继续围绕中心、服务大局,坚持以改革创新精神全面加强党的建设,让全校各级党组织的凝聚力进一步增强,让全校共产党员的先锋模范作用充分发挥,让全校师生员工的创新激情与创新活力竞相迸发,使全校的创造能量充分释放、创新成果不断涌现,全力以赴做好服务海西大文章,为海西"两个先行区"建设做出更大的贡献!

——本文摘录自《党建和事业发展文稿汇编》,档号 2019-XZ09-002

全面加强领导干部作风建设
推动学校各项事业又好又快发展

——在厦门大学领导干部作风建设大会上的讲话

(2008年6月11日)

校党委书记　朱之文

同志们：

今天，我们召开全校领导干部作风建设大会。大会的主要任务是：深入贯彻党的十七大关于党的建设的总体部署和中纪委七次全会精神，紧密围绕我校第九次党代会提出的目标任务，全面加强领导干部作风建设，为建设世界知名高水平研究型大学提供坚强保障。

选择这个时间召开领导干部作风建设大会，主要基于几点考虑：一是胡锦涛总书记在党的十七大报告中对加强党的建设做出了总体部署，对加强党的作风建设提出了明确要求，在中纪委七次全会上要求各级领导干部大力倡导八个方面的良好风气。我们一定要紧密结合实际，认真贯彻落实好中央精神。二是我校第九次党代会进一步明确了今后五年学校改革发展的指导思想、奋斗目标和主要任务，并对新的发展条件下全面加强学校党的建设和思想政治工作做出了新的部署，新形势、新目标、新任务对各级领导班子和干部队伍提出了新的更高的要求。三是去年以来，在学校党委换届之后，对校机关部处领导干部进行了调整和充实，对学院、研究院党政领导班子和系级行政班子进行了换届，一大批干部走上新的工作岗位，开始担负起新的工作任务。这些情况，都迫切要求我们加强领导干部队伍建设尤其是领导干部的作风建设，使各级领导干部提升素质、提高能力，以新的精神风貌更好地肩负起建设高水平研究型大学的重担。为此，从去年10月开始，校党委在深入调研的基础上，组织力量研究制定了《关于加强领导干部作风建设的若干意见》(以下简称《意见》)。半年多来，经广泛征求意见，反复修改，集思广益，数易其稿，并经校纪委委员会、党委常委会、党委全委会审议通过，已正式印发。

下面，我按照《意见》的基本精神，就加强我校领导干部作风建设问题，谈三点意见：

一、要统一思想，深刻认识领导干部作风建设的重要意义

加强领导干部作风建设，首先必须深刻认识加强领导干部作风建设的重大意义，把思想认识统一到中央对这项工作的战略部署上来，统一到校第九次党代会对这项工作的具体部署上来。

(一)加强领导干部作风建设，是贯彻落实科学发展观、建设世界知名高水平研究型大学的必然要求

科学发展观是指导发展的世界观和方法论的集中体现，是推动各项事业发展必须长期坚持的重要指导思想。我们要建设中国特色社会主义高水平研究型大学，就必须坚定不移地贯彻落实科学发展观。贯彻落实科学发展观，各级领导干部起着举足轻重的作用。领导干部的作风如何，对科学发展观在指导事业发展中的成效具有重要影响。因此，加强领导干部作风建设，是全面贯彻落实科学发展观的必然要求。只有加强领导干部作风建设，才能学习好、树立好科学发展观；才能按照科学发展观的要求，进一步解放思想、更新观念，深刻认识“建设什么样的大学、怎样建设这样的大学”、“实现什么样的发展、怎样发展”

等重大问题;只有加强领导干部作风建设,才能贯彻好、落实好科学发展观,不断提高素质、增强本领,提高运用科学发展观推动学校发展的能力,解决制约学校事业发展的突出问题,实现持续发展、统筹发展、创新发展、服务发展、开放发展、和谐发展。

(二)加强领导干部作风建设,是以改革创新精神全面加强学校党的建设的重大举措

加强领导干部作风建设是高校党建工作的重要组成部分。高校坚持党的领导,是通过各级领导干部来实现的。校党委的决策部署,要靠各级领导干部来执行。抓好领导干部作风建设,是抓好学校党建工作的重大举措。一个单位领导干部的作风状况如何,是衡量一个单位的党组织是否具有先进性、是否具有凝聚力、是否具有战斗力的重要标志。广大师生员工往往通过领导干部的作风,来评价领导干部是否靠得住、是否信得过、能否带好队伍、能否引领发展。一个单位的领导干部作风好,其在师生员工中的凝聚力、号召力就强,事业发展就快;反之,势必脱离群众,党群干群关系就会紧张,事业发展就会受到严重影响。因此,只有抓好领导干部作风建设,各级领导干部才能不断提高思想政治素质,提高治校办学能力,才能永葆先进性,才能引领学校各项事业的健康发展。

(三)加强领导干部作风建设,是造就一支与建设高水平研究型大学相适应的领导干部队伍的迫切需要

造就一支政治坚定、勇于创新、勤政廉政、奋发有为、干事创业的高素质干部队伍,是建设高水平研究型大学的关键。学校第九次党代会后,校党委领导班子、院级党政领导班子和系级行政班子相继进行了换届调整。通过换届,班子更加年轻化,院级党委和行政班子的平均年龄分别下降5.6岁和4岁,系级单位领导班子成员的平均年龄下降3.8岁;新提任进入领导岗位的干部大大增加,占到各级领导班子成员的52%;干部专业化水平有了很大提高,一些高学历、高职称的教师被选任到各级领导岗位。换届工作完成后,一方面学校领导干部队伍得到了很好的加强,另一方面,新进班子的领导干部的教育培训和作风建设任务很重。这些年来,学校教育事业发展很快,发展态势很好,从总体上讲,我校广大干部尤其是各级领导干部的作风是好的,大多数领导干部能够认真贯彻落实科学发展观,深入实际,联系群众,开拓进取,求真务实,兢兢业业,艰苦奋斗,廉洁奉公,勤政为民,以良好的作风推进学校事业发展,得到师生员工的肯定和认可。但也必须清醒看到,从新形势新任务对领导干部的新要求来看,部分领导干部在素质上、能力上和作风上还存在诸多不相适应的地方,有些问题还比较突出。只有加强领导干部作风建设,切实解决领导干部中存在的突出问题,才能在新的历史起点上,把学校各项事业推向前进。因此,当前我们加强领导干部作风建设,比以往任何时候都显得更为紧迫、更为重要。

二、要围绕中心,明确领导干部作风建设的指导思想和目标任务

加强领导干部作风建设的指导思想是:高举中国特色社会主义伟大旗帜,以邓小平理论和"三个代表"重要思想为指导,深入贯彻落实科学发展观,按照党的十七大关于党的建设的总体部署和中纪委七次全会精神,全面加强领导干部作风建设,以良好的作风推动学校各项事业又好又快发展,为建设世界知名高水平研究型大学提供坚强保障。

加强领导干部作风建设的目标要求是:通过加强领导干部作风建设,发扬光荣传统,弘扬新风正气,解决突出问题,使各级领导干部树立为民、务实、清廉的形象,始终做勤奋学习、学以致用的表率,做心系师生、服务基层的表率,做真抓实干、务求实效的表率,做顾全大局、民主团结的表率,做艰苦奋斗、勤俭节约的表率,做立党为公、廉洁从政的表率,团结和带领全校师生员工继续解放思想、坚持改革开放、推动科学发展、构建和谐校园,在新的历史起点上把学校各项事业推向新的高度。

通过深入调查研究,认真分析领导干部队伍的现状,校党委明确加强领导干部作风建设的主要任务是:

(一)要带头加强学习,不断提高素质,始终做勤奋学习、学以致用的表率

学习是领导干部提高素质、增长才干的重要途径,是做好各项工作的重要基础。对领导干部来说,学习就是工作,而且是非常重要的工作,只有学习才能把握发展全局,才能跟随上发展步伐,才能抢占发展先机,才能赢得发展优势。领导干部要把善于学习、勤于思考、重于应用作为重要的工作。

建设高水平研究型大学对我们来说是新的定位、新的目标、新的课题。这个定位的要求、目标的内涵以及如何进行建设,需要我们深入地去学习、去探索。高水平研究型大学的定位意味着我们是教育领域和科技领域的"国家队","国家队"有什么责任?肩负什么使命?如何去承担?怎样去实现?这需要我们深入地去研究、去实践。我们建设高水平研究型大学是在开放的条件下进行的。当今世界正在发生广泛而深刻的变化,当今中国正在发生广泛而深刻的变革,这些广泛而深刻的变化和变革将给教育尤其是高等教育带来广泛而深刻的影响,这需要我们去学习、去了解、去思考、去应对。每一位领导干部,无论你有什么学历,有什么经历,有什么阅历,干过什么工作,面对发展变化,面对未来前景,我们都面临一个共同课题,这就是学习、学习、再学习。

我们需要学习的东西很多。我们要善于学习理论,尤其是学习中国特色社会主义理论,学习科学发展观,这样我们才能坚持正确的办学方向,实现又好又快的发展;我们要善于学习业务,这样我们才能把握教育发展的规律和趋势,不断提高办学水平和教育质量;我们要善于学习了解国家战略需求,从学科建设实际出发,找准结合点、切入点和着力点,进入国家科技创新的战略前沿;我们要善于学习了解区域发展的重大需求,主动对接、主动融入、主动服务,在贡献中赢得发展。

我们要把学习成果和建设高水平研究型大学的实践结合起来。认真研究学校发展的重大战略问题,认真研究学校改革的重大问题,认真研究学科建设、人才培养、科技创新和社会服务的重大问题,围绕高水平研究型大学建设,做到发展有新思路、改革有新突破、开放有新局面、各项工作有新举措。

(二)要带头践行宗旨,坚持为民服务,始终做心系师生、服务基层的表率

群众是实践的主体。建设高水平研究型大学,必须紧紧依靠全体师生员工。因此,各级领导干部一定要牢固树立全心全意为人民服务的宗旨,坚持走群众路线,充分调动广大师生员工、基层组织和校内外各方面的积极性、主动性和创造性,凝聚人心,汇聚力量,共同推进高水平研究型大学建设。

要密切联系群众。我们的领导干部无论工作岗位如何,职务有什么不同,都要努力做到从群众中来,到群众中去,体察师生员工的所思所想,了解师生员工的愿望要求。在这一点上,大部分领导干部是做得比较好的,但是也确有少部分领导干部联系群众不够、深入基层不够,对师生员工学习、工作和生活情况不了解,为师生员工服务的意识不强,对待师生员工方法简单、态度生硬,等等。各级领导干部都要对照检查,坚决克服这些不良作风,真正把密切联系群众的作风体现在具体行动上,落实在工作实践中。要坚持把对上负责与对下负责一致起来,经常深入群众,想群众之所想,急群众之所急。研究问题、确定任务、制定政策,要与群众多沟通,努力争取群众的理解和支持。只有这样,才能充分调动广大师生员工投身学校改革发展的积极性和创造性。

要坚持服务师生员工。各级领导干部要坚持把解决民生问题放在各项工作的首位,下大力气解决好师生员工迫切希望解决的问题。要设身处地、换位思考,认真倾听师生员工的意见和建议,始终把为民服务作为想问题、做决策、办事情的出发点和落脚点,把师生员工的利益摆在首位,脚踏实地办实事,真心实意解难事,持之以恒做好事。当前,我们要抓紧解决教职工住房困难,通过加快校内住房建设和将教职工住房纳入厦门市社会保障性住房建设规划等多种途径和形式,统筹解决教职工特别是中青年教师的住房困难。要切实做好家庭经济困难学生的资助、心理健康教育和毕业生就业等工作。总之,各级领导干部要通过密切联系群众,更好地赢得师生员工的信赖和支持。

要坚持服务基层。建设高水平研究型大学,要有一流的管理。近年来,我校管理水平和服务质量有了明显改善,但与建设高水平研究型大学的要求和师生员工的期望还有较大差距。虽然机关部处"门难

进、脸难看、事难办”的现象有所好转,但师生员工反映的“表格多、布置任务多、重复劳动多、办理时间长”等情况依然不同程度存在;有的部处领导遇事不是想方设法帮助解决问题,而是找各种理由、找各种借口,或一推了之,或互相推诿,不是“马上就办”,而是压着不办、拖着不办,最后不了了之,造成简单的事情复杂化、造成易事拖成难事。如果长此以往,管理水平和服务质量怎么提高?我们机关部处的领导务必要树立领导就是服务、管理就是服务的理念,强化服务基层意识,不断改进管理方式,采取切实可行的措施,规范工作办事流程,努力提高工作效率和服务质量。

(三)要带头求真务实,扎实推进发展,始终做真抓实干、务求实效的表率

空谈误国,实干兴邦。邓小平同志指出,世界上的事情都是干出来的,不干,半点马克思主义都没有。实践也反复证明,发展不是说出来的,而是干出来的。当前,我们正面临着难得的发展机遇和艰巨的发展任务,各级领导干部只有从建设高水平研究型大学的目标要求出发,用心想事、用心谋事、用心干事,才能乘势而上、取得更大的发展成效。

要立足实际抓谋划。发展是第一要务,是学校的中心工作,也是解决一切问题的关键。广大师生员工把大家推选到领导岗位,既是一份信任、一份期待,更是一种责任、一种考验。因此,每一位领导干部要珍惜这种信任,把主要精力放在谋划发展上。要深入实际开展调查研究,掌握校情、院情和本单位的实际情况,理清工作思路,使做出的决策和推出的举措更加符合学校、符合本部门、本单位、本学科的客观实际;要紧紧围绕高水平研究型大学建设的重大问题,主动思考、创新思路,谋体制机制改革,谋学科发展,谋人才汇聚,谋科技创新,谋社会服务实效;要摒弃“等、靠、要”的思想,不要一味埋怨基础薄弱、埋怨经费不足、埋怨条件有限,而是要主动出击、主动作为、发挥主观能动性,善于在谋划、运作中争取办学资源。当前,我们的许多办学资源都需要靠大家去争取,但是如果我们不走出校门,不主动与国家有关部委、省市有关部门以及社会各界等进行沟通、联系,那怎么能争取到更多的资源?我们有的同志,在校内争资源时声音很大、嗓门很粗,而一走出去就畏首畏尾,想不出办法、迈不开步子,那就注定谋不成大事、注定只能是碌碌无为。

要把握机遇抓创新。机遇不是等来的,也不是送上门来的,机遇只钟情于有思想准备的人,只青睐于多谋善断的人。面对新的机遇和挑战,我们的各级领导干部必须始终保持清醒头脑,树立忧患意识,增强使命感和紧迫感,以时不我待、只争朝夕的拼劲和敢想敢干、敢闯敢拼的韧劲来把握机遇、推动发展。要紧紧围绕建设世界知名高水平研究型大学的目标,坚持改革开放,勇于开拓创新,善于把上级的工作部署和本单位的实际情况结合起来,创造性地开展工作。要把握创新型国家建设的重大机遇,积极参与主流竞争,力争在国家科技创新的前沿领域抢占一席之地;要抓住区域发展的重大机遇,主动融入、主动对接、主动服务,力争在海西建设“两个先行区”中取得更大作为;要抓住重点建设的重大机遇,创新“985 工程”和“211 工程”的建设思路,大力推动学科、队伍建设和平台、基地建设,着力提升核心竞争力,切实提高建设效益。

要真抓实干抓落实。任何的工作部署,抓而不紧、抓而不实等于不抓;任何科学的规划、任何正确的决策,抓而不紧、抓而不实等于一纸空文。我们建设高水平研究型大学的目标任务,只有靠大家扎扎实实去推动、去实施、去落实,宏伟蓝图才能变为现实。而我们有的领导干部习惯于“以会议落实会议,以文件落实文件”,往往使许多好的思路、好的想法,落实不下去或大打折扣;有的领导干部在具体工作中缺乏干事创业的事业心和责任感,要么害怕困难不愿抓落实、要么回避矛盾不敢抓落实、要么缺少办法不善抓落实,造成许多工作成了“夹生饭”;有的领导干部在“要我发展”和“我要发展”的把握上存在偏差,抓发展、抓落实的内在动力不足,主观努力和实际付出不够。如果说不善谋划、不闯不拼是一种不作为的话,那么不愿抓落实、不敢抓落实、不善抓落实,也是典型的不作为。因此,各级领导干部务必要发扬求真务实、真抓实干的精神,以强烈的责任感和事业心抓好各项工作的落实。要完善抓落实的工作机制,明确抓落实的责任,切实解决干与不干一个样、干好干坏一个样的问题。

(四)要带头增进团结,自觉维护大局,始终做顾全大局、民主团结的表率

团结就是力量,团结就是形象,团结就是战斗力,团结就是生产力。我们要建设高水平研究型大学,单凭个人的智慧和才能是很不够的,要靠集体领导、团队精神和强大合力。领导班子一旦在团结方面出了问题,就会影响事业的发展,也会影响个人的进步,造成不可估量的损失。因此,各级领导班子成员都要珍惜同志之间的友谊,珍惜合作共事的缘分,要心胸开阔,严于律己,宽以待人,大事讲原则,小事讲风格,切实做到在合作共事中增进了解、相互支持,自觉维护领导班子和干部队伍的团结,把精力用在想大局、谋大计、成大事上,真正把自己的荣辱得失融进事业发展的大局之中。

要严格执行民主集中制的各项规定。民主集中制是我们党的根本组织制度和领导制度,也是我们党最重要的组织纪律和政治纪律。对各级领导干部来说,党内生活中、领导工作中,能不能认真贯彻民主集中制原则,团结大家一道工作,不仅仅是工作方法问题,也是执政能力、执政水平和党性修养的体现。要完善党委领导下的校长负责制,健全决策、议事、监督制度,发挥教授在治学中的主导作用,保障教职工和学生参与学校民主管理的权利,推进"党委领导,校长负责,教授治学,民主管理"。要坚持"集体领导、民主集中、个别酝酿、会议决定"的原则,重大决策、重要干部任免、重大项目安排和大额资金使用,都必须由集体研究决定,不能个人或少数人说了算,更不能无视组织原则和程序,把自己凌驾于组织之上,擅自决定重大事项,搞独断专行。去年党代会之后,校党委高度重视发挥全委会的作用,凡是重大事项均提交全委会进行研究决定。各学院、研究院要完善党政分工协作、共同负责的工作机制,建立健全各院党委、党总支委员会议事规则,党政联席会议议事规则,学院院务会议议事规则,党政之间既要明确职责,又要协同合作,既要合理分工,又要形成合力。

要正确处理集体领导与分工负责的关系。"一把手"在领导班子中处于核心地位,起着关键作用,既要切实担负起"班长"的职责,又要真正把自己当作班子的平等一员,懂得尊重别人,乐于听取各种意见,善于集思广益,善于调动积极性。在团结问题上,党政"一把手"的觉悟要更高一些,心胸要更开阔一些,律己要更严格一些,要负起主要责任,带头执行民主集中制原则,带头维护和增进班子的团结。班子其他成员既要立足本职、胸怀大局,对全局性工作主动提出意见和建议,又要根据集体的决定和工作分工,切实履行自己的职责,还要积极参与集体领导,相互支持、相互配合、互相补台,切实增强领导班子的整体功能。

要坚持大事讲党性、讲原则,小事讲团结、讲风格。班子每一个成员都要严以律己、宽以待人,多说有利于团结的话,多看别人的长处、多看自己的短处,多做沟通协调、有利于团结、有利于发展、有利于大局的事。在这里,我要特别强调的是,班子成员之间、部门领导之间、机关部处与院系领导之间要加强沟通、善于沟通。除了通过一定的会议形式沟通外,大量的工作要通过会议之外的个别交流沟通,尤其是党政主要领导要加强沟通。遇到事情要早沟通,取得理解和支持,防止别人先入为主,造成误会、误解;班子决策之前要多沟通,多沟通更容易形成共识;党政之间要主动沟通,不要只等别人找自己,自己要主动找别人,比如在干部问题上,院党委书记要主动与学院行政主要领导沟通,在重大项目、大额资金使用等问题上,学院、研究院的行政主要领导要主动与院党委(党总支)书记沟通;党政领导要直接沟通,不要仅通过办公室主任、秘书进行转达,而是要经常性地进行面对面沟通,避免信息传达不准确或不完整而影响大局、影响团结。部门之间、部处与学院、研究院之间要加强沟通,能办的事要"马上就办",不能办的事要及时沟通、及时给予明确答复。

(五)要带头艰苦创业,牢记"两个务必",始终做艰苦奋斗、勤俭节约的表率

艰苦奋斗、勤俭节约是我们党的光荣传统。我们党是在艰苦奋斗中成长壮大、成就伟业,是在勤俭节约中发展事业、建设国家的。今天,我们建设高水平研究型大学,我们每一位领导干部仍然必须继承和发扬党的这一光荣传统。

要牢固树立艰苦奋斗、勤俭办学的意识。这些年随着国家的发展,学校的办学经费逐年在增加,学校

的办学条件逐年在改善。但是我们要清醒地认识到,我们国家现在还处在而且将在相当长一段时期内处在社会主义初级阶段,国家对教育投入尤其对高等教育的投入与发达国家和发达地区相比还有很大差距。并且,这种差距在短时期内不可能消除。在今后相当长时间内,我们将面临着加快发展与资源短缺的矛盾,面临着提高水平与资金短缺的压力。我们只能在这样的背景下来推进高水平研究型大学的建设,我们只能在这样的条件下来赶超发达国家高等教育的水平。因此,发扬艰苦奋斗、勤俭办学的优良传统对我们每一位领导干部来讲特别重要,杜绝贪图奢华、铺张浪费的不良风气对我们每一位领导干部来讲特别重要。

要带头精打细算。要节约使用每一块"铜板",合理使用每一份资源,使每一块"铜板"、每一份资源发挥最大效益。一定要避免一方面资金资源严重不足,另一方面却大手大脚、铺张浪费现象严重。重点建设项目一定要做好规划,搞好论证。实践证明,规划的节约是最大的节约,做不好规划的浪费是最大的浪费。方向不清楚、规划不明确、设计不深入、论证不到位、项目仓促上马,花出去的钱形不成配套、形不成能力、不能有效发挥作用、不能满足使用要求,造成的浪费往往是最严重的。要科学合理地配置资源,最大限度实现资源开放共享,要尽最大努力,避免不必要的重复购置和重复建设;要实行资源资产有偿使用和效益评估制度,切实提高资源使用的效率和效益。

要努力建设节约型校园。艰苦奋斗、勤俭节约要具体体现在日常工作中,体现在生活细节上。在节约能源和资源方面,要防止办公室、实验室、教室的水、电、纸张等资源随意消耗的现象,要杜绝二次装修互相攀比、讲排场、比阔气的现象,严格控制办公经费支出,千方百计节约办学成本。在办学经费的使用方面,要加强公务接待开支管理,严格控制公务接待范围,倡导公务卡消费方式,规范职务消费行为。

(六)要带头廉洁自律,经受住各种考验,始终做立党为公、廉洁从政的表率。立党为公、廉洁从政,是对党的各级领导干部的基本要求,是学校改革发展稳定的政治保证

要清醒认清高校反腐倡廉工作的形势。长期以来,在人们印象中,高等学校是一片净土和"清水衙门"。但是近年来,随着经济体制深刻变革,社会结构深刻变动,利益格局深刻调整,思想观念深刻变化,高校反腐倡廉工作面临着不少新情况新问题。胡锦涛总书记在中纪委十七届二次全会分析反腐败斗争形势时指出,如果不加强管理和监督,高校、医院等被认为是清水衙门的部门和单位也很可能成为案件多发地带。因此,我们高度重视新形势下学校的反腐倡廉建设,严格按照中央部署,认真贯彻标本兼治、综合治理、惩防并举、注重预防的反腐倡廉战略方针,推进教育、制度、监督并重的惩治和预防腐败体系建设,更加注重治本、更加注重预防、更加注重制度建设,拓展从源头上防治腐败工作领域。当前,我们要特别注重对招生、考试、收费、基建、后勤、物资采购、科研经费、对外合作、校办企业、知识产权等重大事项、重要环节、重点部位的管理和监督。

要以身作则、管好自己。"管好自己,天下无敌"。我们的每一名领导干部都要自觉遵守党的纪律和国家的法律法规,严格执行领导干部廉洁从政的各项规定,坚持立党为公、执政为民,立足本职、忠于职守,秉公办事、秉公用权,勤政干事、廉洁自律。领导干部特别要注意用好手中的权力。这种权力是师生员工赋予的,只能用来为师生员工谋利益,为学校发展谋利益,绝不能用来为自己谋私利。

要管好班子、带好队伍。作为单位的主要领导干部,在以身作则的同时,还要管好班子、带好队伍。要认真贯彻党风廉政建设责任制,每年都要检查落实情况。班子主要领导干部要履行第一责任人的政治职责,做到重要工作亲自部署、重大问题亲自过问、重点环节亲自协调、重要案件亲自督办。班子其他成员要抓好自己职责范围内的反腐倡廉建设。要加强监督检查和责任追究,对反腐倡廉建设方面的失职行为,一定要追究责任,绝不包庇袒护。

要强调"三个更加注重"。在坚决惩治腐败的同时,要更加注重治本,更加注重预防,更加注重制度建设。要坚持不懈地抓好理想信念教育、廉洁从政教育、党的作风和纪律教育,引导党员干部自觉遵纪守法,筑牢拒腐防变的思想道德防线。要把制度建设贯穿于教育、监督、管理、惩治等各个环节,认真落实党员领导干部廉洁从政准则和党内监督条例,通过加强制度建设,规范、约束干部的行为。要加强监督检查,坚持关口前移,强化事前监督和事中监督,重点加强对领导班子特别是班子主要负责人的监督,严肃查处违纪违法案件,充分发挥查办案件的治本功能。

三、要加强领导,切实把领导干部作风建设的各项任务落到实处

全面加强领导干部作风建设,使全校各级领导干部树立为民、务实、清廉的形象,做“六个方面”的表率,是加强领导干部队伍建设的重大任务。为了把领导干部作风建设的各项任务落到实处,我们要在五个方面下功夫。

(一)要加强组织领导

加强领导干部作风建设是一项重大政治任务。各级领导班子要高度重视,精心组织,狠抓落实,形成党政“一把手”负总责,班子成员分工负责,一级抓一级,层层抓落实的工作格局。各单位党政主要负责人要切实负起第一责任人的责任,带头抓好本单位的领导干部作风建设。落实党风廉政建设责任制,各级党政主要负责同志要亲自抓、带头做、负总责,管好班子、带好队伍,班子其他成员要实行“一岗双责”,把领导干部作风建设纳入分管工作目标,与业务工作一起部署、一起检查、一起考核、一起落实。各学院党政联席会议、机关部(处)务会要定期分析本单位领导干部作风建设的情况,检查党风廉政建设责任制落实情况,要针对存在的突出问题,制定并落实整改措施,确保领导干部作风建设取得实效。

(二)加强制度建设

加强领导干部作风建设,必须要有完善的制度作保证。要根据《意见》的要求,制定相关的配套制度。一要坚持和健全民主集中制,完善领导班子的议事规则和决策机制;二要完善监督制度,严格执行领导干部个人重大事项报告、述职述廉、民主评议、诫勉谈话、民主生活会、巡视检查、经济责任审计等制度,促使领导干部正确行使权力;三要完善学习制度,健全理论学习和学习成效考核机制,确保理论学习取得良好成果;四要建立和完善情况通报制度和重大决策征求意见制度,进一步推进党务公开、政务公开。通过制度建设,努力形成用制度管权、按制度办事、靠制度管人的良好氛围,促进领导干部作风的进一步转变。

(三)要加强教育宣传

加强作风建设必须首先抓教育,打牢思想道德基础。要加强理想信念教育和思想道德建设,使各级领导干部成为实践社会主义核心价值体系的模范,做共产主义远大理想和中国特色社会主义共同理想的坚定信仰者、科学发展观的忠实执行者、社会主义荣辱观的自觉实践者、社会和谐的积极促进者。要运用各种新闻媒体和宣传阵地,采取多种形式抓好教育宣传工作,大力宣传加强领导干部作风建设的重要意义、指导思想、目标要求和主要任务,引导广大领导干部深刻领会《意见》的精神实质,增强贯彻落实《意见》的自觉性和主动性,要及时宣传报道在加强领导干部作风建设过程中涌现出来的先进典型,营造加强领导干部作风建设的良好氛围,推动领导干部作风建设的深入开展。

(四)要加强管理监督

加强对各级领导干部的监督,是推进领导干部作风建设的重要保障。要进一步拓宽监督渠道,把党内监督和群众监督、舆论监督等结合起来,逐步形成全方位、多层次的监督网络;要强化对干部执行制度情况的督查,切实维护制度的严肃性。各单位领导干部要签订《领导干部廉政承诺书》,就作风建设问题做出承诺,接受广大党员、师生员工的监督。

(五)要加强巡视检查

要贯彻落实《中国共产党党内监督条例(试行)》和中纪委、中组部、教育部党组关于开展巡视工作的

文件精神,以巡视检查为抓手,按照《厦门大学巡视检查工作暂行规定》,重点围绕各单位领导班子及其成员贯彻党的路线方针政策、执行民主集中制、落实作风建设和反腐倡廉建设等情况,定期对各级领导班子及其成员、重点是党政一把手开展巡视检查。巡视检查的结果要在一定范围进行通报和反馈,对切实存在作风问题的单位和个人,要督促其限期整改,整改不到位的,要追究单位主要领导的责任。

同志们,当前我校的发展已经站在一个新的历史起点上。大学之间激烈的竞争告诉我们:发展如逆水行舟,不进则退,慢进也是退。全校师生员工殷切期盼我们在座的各位同志,肩负重任、不辱使命、不负众望。让我们紧密团结在以胡锦涛同志为总书记的党中央周围,高举中国特色社会主义伟大旗帜,以邓小平理论和"三个代表"重要思想为指导,以科学发展观统领改革发展全局,以开拓创新的精神、勤奋务实的作风、清正廉洁的形象,团结带领广大师生员工为建设世界知名的高水平研究型大学而努力奋斗!

——本文摘录自《党建和事业发展文稿汇编》,档号 2019-XZ09-002

在厦门大学庆祝中国共产党成立八十七周年暨纪念改革开放三十周年大会上的讲话

（2008年6月30日）

校党委书记　朱之文

同志们：

今天，我们在这里隆重集会，共同庆祝伟大的中国共产党成立八十七周年，纪念改革开放三十周年。同时表彰一批先进基层党组织、优秀党务工作者和优秀共产党员。在此，我谨代表校党委向全校共产党员致以崇高的敬意和节日的问候！向受到表彰的先进党组织、优秀党员和优秀党务工作者表示衷心的祝贺！

（一）

中国共产党自1921年诞生以来，已走过了八十七年的光辉历程。八十七年来，我们党坚持把马克思主义的基本原理与中国实际紧密结合，找到了一条有中国特色的新民主主义革命道路，带领中国人民推翻了帝国主义、封建主义和官僚资本主义"三座大山"的压迫，实现了民族独立和人民解放，建立了人民当家作主的新中国；实行了一条有中国特色的社会主义改造道路，实现了从新民主主义向社会主义的过渡，确立了社会主义基本制度；历经艰辛探索，找到了一条建设有中国特色社会主义道路，形成了中国特色社会主义理论体系，不断推进国家富强、民族振兴、社会和谐、人民幸福的历史进程，为中国今后发展开辟了更加广阔的前景。

今年，我们迎来了改革开放三十周年。1978年，我们党召开具有重大历史意义的十一届三中全会，开启了改革开放历史新时期。从那时以来，中国共产党人和中国人民以一往无前的进取精神和波澜壮阔的伟大实践，谱写了中华民族自强不息、顽强奋进新的壮丽史诗，中国人民的面貌、社会主义中国的面貌、中国共产党的面貌发生了历史性变化。

这三十年，是解放思想的三十年。党的十一届三中全会坚持实践是检验真理的唯一标准，破除了"两个凡是"的思想禁锢，重新恢复确立了解放思想、实事求是的思想路线。彻底否定了"以阶级斗争为纲"的错误理论和实践，做出把党和国家工作中心转移到经济建设上来、实行改革开放的历史性决策，确立社会主义初级阶段基本路线，吹响走自己的路、建设中国特色社会主义的时代号角。三十年来，我们党坚持马克思主义的思想路线，不断探索和回答什么是社会主义、怎样建设社会主义，建设什么样的党、怎样建设党，实现什么样的发展、怎样发展等重大理论和实际问题，不断推进马克思主义中国化，不断破除把马克思主义教条化、把国外某些社会主义模式神圣化、把历史经验凝固化的错误做法，不断深化对执政规律、社会主义建设规律和人类社会发展规律的认识。从"发展是硬道理"，到"发展是第一要务"，再到科学发展，从高度集中的计划经济，到计划经济为主、市场调节为辅，到公有制基础上有计划的商品经济，再到社会主义市场经济，从邓小平理论，到"三个代表"重要思想，再到科学发展观、构建社会主义和谐社会等一系列重大战略思想，党的执政理念和中国特色社会主义理论不断得到丰富和发展。实践充分证明，解放思想是发展中国特色社会主义事业的一大法宝。改革开放以来的每一个巨大的变化，无一不是思想解放的结果。正因为如此，三十年来我们才始终方向明确、步伐坚定，不断开拓中国特色社会主义事业的新局面。

这三十年，是改革开放的三十年。改革开放是新时期最鲜明的特点，坚持改革开放是决定中国命运的一招。改革开放是一个“全新的事业”,没有现成的经验。我们党尊重群众的首创精神,在实践中大胆探索,摒弃了高度集中的计划经济体制,摒弃了那些脱离社会主义初级阶段的方针政策,摒弃了因循守旧、墨守成规,实行了全面的改革开放。从实行联产承包责任制,到农村税费改革,再到农村综合改革,农村经济体制改革不断向深层次迈进;从个体工商户,到乡镇企业、私营企业的蓬勃发展,再到国有企业改革,以公有制为主体的多种经济成分得到完善和发展;从“出口工业区”,到“出口特区”,再到“经济特区”,从沿海、到沿江、再到沿边广大地区的开放,从鼓励东部地区率先发展,到实施西部大开发、振兴东北地区等老工业基地战略,再到“促进中部地区崛起”,一个全方位开放的经济格局已经形成。三十年来,我国政治体制改革稳步推进,人民代表大会制度、中国共产党领导的多党合作和政治协商制度、民族区域自治制度不断完善,中国特色社会主义法律体系基本形成,依法治国基本方略切实贯彻,行政管理体制、司法体制改革不断深化。三十年来,我们在文化建设、社会建设等各个领域的体制改革全面推进。事实证明,改革开放是当代中国的主旋律,是发展中国特色社会主义的强大动力。改革开放每前进一步,都有力地推动了中国特色社会主义的发展,都深化了我们对中国特色社会主义的认识。

这三十年,是经受考验的三十年。改革开放三十年来,我们走过的路并不是一帆风顺的。三十年来,国际格局剧烈变动,世界风云跌宕起伏,来自世界的压力无时无刻不在考验着我们党的应变能力;社会转型期新旧体制的激烈碰撞,转型期特有的矛盾,改革与发展中出现的一个个难题,无时无刻不在考验着我们党的胆略和智慧。在极其复杂多变的环境中,我们党冷静观察,处变不惊,经受住了资产阶级自由化思潮、东欧剧变、苏联解体等国际、国内政治风云变幻的考验,经受住了通货膨胀、亚洲金融危机等来自经济领域的考验,经受住了特大洪灾、严重“非典”、冰雪灾害等来自自然界的考验,带领全国人民闯过了一个个风口浪尖,战胜了一个个艰难险阻,取得了一个又一个胜利。今年 5 月 12 日,我国四川汶川发生特大地震,这场地震强度之大、波及之广,为几十年所罕见。面对这场突如其来的特大自然灾害,在党中央、国务院和中央军委坚强领导下,全党全军全国各族人民万众一心、众志成城,一方有难、八方支援,夺取了抗震救灾斗争的重大阶段性胜利,奏响了一曲感天动地的英雄凯歌。这次抗震救灾,再次有力地证明中华民族具有强大的凝聚力,再次有力地证明社会主义制度具有集中力量办大事的优越性,再次有力地证明我们党是一个能够应对各种风险、驾驭各种复杂局面、具有强大战斗力的马克思主义政党。

这三十年,是快速发展的三十年。三十年来,在改革开放强劲东风的推动下,我国的国民经济持续快速发展,综合国力大大增强,人民生活从温饱不足发展到总体小康。到 2007 年,我国国内生产总值已达 24.66 万亿元人民币,比 1978 年增长 67 倍;国家财政收入达 5.13 万亿元,比 1978 年增长 44 倍;对外贸易总额从 206.4 亿美元增长到 2.17 万亿美元,由世界第 22 位跃居世界第 3 位;城镇居民人均可支配收入和农村居民人均纯收入增长了 6 倍以上,农村绝对贫困人口从 2.5 亿人减少到 1479 万人。三十年来,我国经济年均增长 9.7%,远远高于同期世界经济平均增长速度,经济总量由世界第 10 位跃居世界第 4 位。三十年来,我国工业化进程大大加快,已经建成了比较完整的现代化工业体系。科技教育及其他各项社会事业全面发展。推进“一国两制”实践和祖国和平统一大业,香港、澳门相继回归祖国,极大地激发了全国人民振兴中华的热情,增强了中华民族的凝聚力;中国加入世界贸易组织标志着一个新时代的开始,使中国更加紧密地融入世界经济,并将极大地推动中国改革开放进程。总之,改革开放带来的成果,归结为一句话,就是生产力的大发展。中国人在三十年里完成了西方国家以往需要百年以上时间才能实现的经济飞跃,创造了令世界瞩目的奇迹。人们从改革开放中得到了越来越多的实惠,更加深刻地体会到中国特色社会主义制度的优越性,更加深切地感悟到中国特色社会主义所具有的强大生命力和美好发展前景。

历史和实践充分证明,中国共产党不愧是伟大的党、光荣的党、正确的党,是中国特色社会主义事业的坚强领导核心;中国特色社会主义道路才是中国人民的富裕之路、中华民族的复兴之路;中国特色社会主义理论体系是我们党最宝贵的政治和精神财富,是全国各族人民共同奋斗的思想基础。只有坚持中国共产党的领导,高举中国特色社会主义伟大旗帜,坚定不移地走中国特色社会主义道路,始终不渝地坚持中国特色社会主义理论体系，继续推进改革开放，中国这艘巨轮才能乘风破浪，不断从胜利走向新的胜利。

(二)

三十年来，伴随着国家改革开放和加快发展的历史进程，教育迎来了大改革、大发展的春天。从率先冲破“两个凡是”的桎梏到恢复高考和各类教育制度，从大规模派遣留学生到全方位的教育国际交流合作，从教育优先发展战略的确立到科教兴国战略和人才强国战略的实施，从 1985 年《中共中央关于教育体制改革的决定》到 1993 年《中国教育改革和发展纲要》，从世纪之交高等教育体制改革的重大突破到进入新世纪以来农村义务教育管理体制和经费保障机制的重大转变，教育事业发展取得了举世瞩目的丰硕成果和巨大成就。我们在 13 亿人口的发展中大国全面实现了普及九年义务教育，基本扫除青壮年文盲，农村教育面貌发生了翻天覆地的变化。适应工业化、城镇化、市场化、信息化的进程，职业教育在改革中蓬勃发展，在校生数从改革开放初期的几十万人发展到现在的 3000 多万人。高等教育发展实现了历史性跨越，全国普通高校在校生规模从 1978 年的 86 万多人发展到现在的 2300 多万人，居世界第一，高等教育各项改革取得突破性进展，“211 工程”和“985 工程”的实施，有力推动了高校重点学科建设和高水平大学建设，大大增强了服务国家现代化建设的能力。三十年的改革发展，我们走出了一条中国特色社会主义教育发展之路，实现了从人口大国向人力资源大国的转变，并正大踏步地向人力资源强国迈进。

三十年来，我校的发展是中国高等教育大改革、大发展的一个缩影。在上级党组织的正确领导下，学校历届领导班子带领全体师生员工，紧跟时代步伐，适应国家需求，明确目标定位，抓住发展机遇，坚持改革开放，推动科学发展，取得一个又一个辉煌业绩，实现了学校事业的跨越式发展，谱写了厦门大学发展的新篇章。经过三十年的建设，学校已从一所以文理为主的综合性大学，发展为一所学科门类齐全的综合性大学和国家“211 工程”、“985 工程”重点建设的高水平大学，并正朝着世界知名的高水平研究型大学的目标奋进。

这三十年，是加快发展步伐、扩展规模的三十年。改革开放以来，学校抓住机遇，科学谋划，加快发展，人才培养规模迅速扩大，校园面貌发生了巨大变化。1978 年，全校在校生只有 3300 多人，今天我们在校生已达 46400 多人(含嘉庚学院 1 万多人)，在校学生总数增长了 13 倍。在规模扩大的同时，我们不断调整、优化学科结构、专业结构、层次结构，1978 年我校的学科仅涵盖 5 大学科门类，如今已涵盖 10 大学科门类；1978 年我校只有 10 个系、29 个本科专业，如今已拥有 22 个学院、58 个系、79 个本科专业；1978 年全校除了本科生，只有 63 名研究生，如今我们的硕士生已达 13300 多人，博士生达 2200 多人。与规模扩大、结构优化相适应，学校努力拓展办学空间，加大基础设施建设和校舍基本建设力度，漳州校区、海韵园区、曾厝垵学生公寓相继建成，师生员工的学习、工作和生活条件不断改善。1978 年到 2008 年，校园占地面积从 1110 亩增加到 5000 多亩，校舍建筑总面积从 21 万平方米增加到 153 万平方米，学生住宿基本实现“421”目标。学校不断增强筹集办学经费的能力，加大校内公共服务体系建设的投入，为教学和科研提供了有力保障。学校年度办学经费从 504 万元增加到 13 亿元，增长了 257 倍；仪器设备总值从 1025 万元增加到 9 亿元，增长了 177 倍；图书馆藏书从 102 万册增加到 416 万册，增长了 3 倍；校园信息网络快速发展，已成为第二代互联网的国家核心节点之一。

这三十年，是推进改革创新、增强活力的三十年。改革开放以来，我们积极顺应国家改革开放的大势，以改革为动力，以改革促发展，办学效益不断提高。我们积极推进办学体制改革，在全国率先开展省校联办艺术学院、政法学院和市校联办工学院、医学院，在全国率先推动部市、部省共建厦门大学和部省市重点共建厦门大学，福建省、厦门市、漳州市从政策、资金、土地等方面支持我校发展，我校则充分发挥学科优势和人才优势，为福建省、厦门市、漳州市的经济社会发展提供支持，努力走一条“以服务求支持、以贡献求发展”的路子。我们不断深化校内管理体制改革，推进人事分配制度改革、职员职级制改革、机关机构改革、院系管理体制改革，逐步建立健全竞争激励机制，充分调动广大教职工的积极性。我们不断深化教学改革，积极探索学分制、三学期制、主辅修制、导师制等改革，人才培养质量稳步提高。我们不断深化科研管理体制改革,有效地激发教师的创新活力。我们不断深化后勤社会化改革,大力增强后勤保障能力。我们坚持开放办学,不断扩大对外开放,先后与120多所国外知名高校签订校际交流合作协议,培养了来自95个国家和地区2万多名海外函授生和9000多名外国留学生及台港澳地区学生。在对台交流方面,继1995年与台湾淡江大学签订海峡两岸高校第一份交流协议书之后,我校又先后与台湾大学、成功大学等20多所台湾地区高校签订了交流合作协议,成为祖国大陆对台教育、科技、文化交流最为活跃的高校之一。

这三十年,是加大重点建设、提高质量的三十年。改革开放以来,学校整体实力、办学水平和办学质量显著提升。通过大力实施高层次创造性人才计划,加强人才培养和引进,师资队伍规模不断扩大,结构不断优化,整体素质不断提高。1978年,我校教师队伍高学历比例很低,断层现象十分突出。经过三十年的发展,专任教师从1978年的856人增加到现在的2337人,其中具有博士学位的教师比例已达62%,45岁以下青年教师占73.9%。目前,学校聚集了包括两院院士、资深教授、长江学者和闽江学者特聘教授、国家杰出青年科学基金获得者、国家"百千万人才工程"入选者等各类优秀人才在内的一支实力雄厚的师资队伍,为学校提高人才培养质量、增强自主创新能力、服务经济社会发展提供了有力保证。

学校紧紧抓住"211工程"和"985工程"建设的契机,加大对重点建设学科的支持,凝炼方向,汇聚队伍,构筑平台,加大投入,重点建设了13个高水平学科、11个科技创新平台和基地。学校国家重点学科从1988年最初的7个增加到目前的5个一级学科国家重点学科、9个二级学科国家重点学科,一级学科国家重点学科数位居全国高校第17位,国家重点学科增幅居全国高校前列。学校着力构筑一流学科平台,先后建成4个国家级、37个部省级重点实验室、工程中心和文科基地。通过重点建设,学科核心竞争力不断提升,实力明显增强,打造了一批在国内有较强竞争力的基础学科、优势学科和特色学科。

这三十年,是加强科学研究、成果丰硕的三十年。学校重视加强科研工作,科研管理体制不断完善,科研创新能力明显增强。三十年来,学校科研经费大幅上涨,从1978年的108万元增长到2007年的2.97亿元。取得一批高显示度的科技成果,在国际顶尖学术杂志《自然》和《科学》上发表5篇高水平学术论文,300多项科技成果获国家级和省部级奖励,其中"量子化学中的群论新法"、"碳原子团簇的形成研究"、"艾滋病重组抗原及第三代艾滋病抗体诊断试剂盒的研制"和"海洋初级生产力结构及微型生物生态学研究"等14项科技成果获国家科技三大奖,"二十四面体铂纳米晶体催化剂研究"入选2007年度"中国高等学校十大科技进展"和"中国基础研究十大新闻";研制成功世界首个戊型肝炎疫苗;"丙谷二肽合成新技术"、"优质早稻新品种佳辐占的选育与应用"等一大批成果成功实现产业化,产生了显著的经济和社会效益。

在哲学社会科学研究领域,我校承担国家社科基金项目数、获中国高校人文社会科学研究成果奖总数位居全国高校前列。我校积极服务国家战略需求,《中国南海疆域研究》、《台湾文献汇刊》等研究成果为维护国家主权完整、促进祖国和平统一做出了贡献;围绕经济社会发展的重大理论和现实问题,在台湾研究、海西研究、东南亚研究、高教研究、会计研究、财政研究、宏观经济研究等领域为各级党委、政府和有关部门提供了一系列科学有效的决策咨询服务。学校已成为各级党委和政府科学决策的"智囊团"和"思想库",为经济社会又好又快发展提供有力的智力支持。

三十年来的成绩来之不易,三十年来的成绩振奋人心。这些成绩是在上级党组织正确领导下,在福建省、厦门市、漳州市的大力支持下,全校各级党组织、全体共产党员和广大师生员工共同努力的结果。在此,我谨代表厦门大学党委,向所有为厦门大学发展做出贡献的同志们、朋友们,表示崇高的敬意和衷心的感谢!

三十年的改革发展实践,给我们提供了诸多深刻启示,主要是:

——必须坚持党的领导、把握正确方向。大学担负着培养社会主义建设者和接班人的神圣使命,旗帜问题、政治方向问题,永远是第一位的。建设中国特色社会主义的高水平研究型大学,必须坚持党的领导,必须坚持中国特色社会主义的办学方向。我们要以改革创新精神全面加强学校党的建设,为学校的改革发展提供坚强有力的政治保证。

——必须坚持发展为先、推动科学发展。三十年改革开放的实践，充分证明发展是解决一切问题的关键。要坚持发展第一要务，以发展统一思想、用发展解决问题、用发展凝聚人心。要善于抓住发展机遇、把握发展规律、创新发展理念、转变发展方式、破解发展难题、提高发展质量，促进学校各项事业全面协调可持续发展。

——必须坚持解放思想、深化改革开放。三十年来，我们取得成绩靠的是解放思想、改革开放，今后的发展仍然要靠解放思想、改革开放。要摒弃不合时宜的观念，打破陈规陋习的束缚，在解放思想中加快发展，在加快发展中进一步解放思想，用改革的思路、创新的办法，研究解决前进中的困难和问题。要立足社会主义初级阶段的国情、校情，创造性地开展工作，采取新举措，解决新问题，创造新业绩。

——必须坚持围绕中心、服务发展大局。建设中国特色社会主义高水平研究型大学，只有与国情相结合、与祖国同命运、与时代同进步，才能焕发出强大的生命力和创造力。要紧紧围绕建设中国特色社会主义高水平研究型大学这个中心，服务国家发展和海西建设这个大局，才能实现又好又快地发展，才能在服务国家和区域发展上始终站在前列。

——必须坚持以人为本、强化立德树人。高素质人才是决定国家和民族前途命运的重要力量。要坚持育人为本、德育为先，始终把培养德智体美全面发展的社会主义事业建设者和接班人作为根本任务。要坚持“教育以育人为本，办学以人才为本”，充分调动师生员工的主动性、积极性和创造性，努力形成良好的校风、学风，营造有利于人才成长的良好氛围。

——必须坚持和谐发展、确保安定稳定。实践证明，高校的和谐稳定，是高校发展的前提，是社会和谐稳定的基础。维护校园稳定是任何时候都不能放松的重要政治任务。要始终坚持正确处理好改革、发展、稳定的关系，把改革的力度、发展的速度和师生员工可承受的程度结合起来，在和谐稳定中推进学校的改革和发展，通过改革和发展促进学校和谐稳定。

（三）

我们庆祝建党八十七周年，纪念改革开放三十周年，就是要坚持在中国共产党的领导下，高举中国特色社会主义伟大旗帜，坚定不移地走中国特色社会主义道路；就是为了更好地总结经验、面向未来、谋划发展，坚定不移地走中国特色社会主义高水平研究型大学发展之路。经过改革开放三十年的发展，我们的国家已经进入了一个新的发展阶段，我校的发展也将开启新的征程。国家的和平崛起、中华民族的伟大振兴、全面建设小康社会的新目标，都对我们提出了新的更高要求。我们必须按照党的十七大做出的战略部署和我校第九次党代会提出的目标要求，深入学习贯彻科学发展观，紧紧抓住创新型国家建设和人力资源强国建设、海峡西岸经济区建设、部省市重点共建和“211 工程”、“985 工程”三期建设等重大机遇，加快推进中国特色社会主义高水平研究型大学建设，全面开创科学发展的新局面。

第一，要大力推进思想解放。我校三十年的大发展，是思想解放的结果，我们要赢得新的发展，还必须不断地解放思想。继续解放思想，必须紧紧围绕加快建设高水平研究型大学的办学目标；继续解放思想，必须深刻分析学校发展所面临的国内外环境；继续解放思想，必须紧紧抓住和用好重要的战略机遇；继续解放思想，必须立足于学校发展的现实基础；继续解放思想，必须着力解决影响和制约科学发展的观念问题；继续解放思想，必须着眼于不断破除那些不符合科学发展要求的体制机制障碍。今年下半年，我们要根据中央和上级党委的部署，结合学习实践科学发展观，在全校大力开展解放思想学习讨论活动，大力倡导解放思想。要通过学习讨论，找准影响科学发展的问题，形成破解难题的思路，提出有针对性的创新举措。只有这样，我们才能跟上时代的潮流，才能始终掌握发展的主动权，在继承、创新与发展中赢得更加美好的未来。

第二，要大力推进改革开放。深化改革，扩大开放，是实现又好又快发展的必然要求。我们要把改革创新精神贯彻到办学治校和党的建设的各个环节，以改革创新精神深化体制机制改革，以改革创新精神加强党的建设，为建设中国特色社会主义高水平研究型大学提供强大动力和根本保证。要继续深化人才培养模式、课程体系、教学内容、教学方法和教学手段的改革，强化素质教育，强化研究性学习，强化实践环节,强化创新意识,着力培养学生的创新精神、实践能力和创业能力。要深化研究生培养机制改革,进一步把研究生教学与科学研究、技术创新和解决经济社会发展重大问题紧密结合起来,进一步提高研究生培养质量。要进一步完善科研体制机制,理顺院系行政组织与跨学科创新平台、基地的关系。根据各学科的不同特点和科研发展的需求,制定相应的评价体系和评价标准。尊重学术自由,营造宽松环境,充分调动广大教师的积极性、主动性、创造性。要深化人事制度改革,不断完善"能进能出、能上能下、能高能低"的竞争激励机制和约束机制。要加强资产管理体制改革,实行资源资产有偿使用和效益评估制度,建立知识产权保护制度,切实提高资源使用的效率和效益。要进一步扩大对外开放,进一步推进高水平、高层次、实质性的国际和区域交流与合作,提升国际竞争力;要进一步扩大对内开放,推动学校与国家部委、学校与地方政府、学校与大型企业、学校与著名大学之间的合作,不断增强发展活力和后劲。

第三,要大力推进科学发展。科学发展,就是要按照科学发展观的要求,大力推进学校各项事业全面协调可持续发展。我们要科学谋划校区发展布局的战略性调整,明确各校区发展的功能定位,争取尽快启动翔安校区建设,努力为学科布局结构调整和加快学科发展提供广阔的空间和良好的条件。今后,漳州校区主要用作独立学院——嘉庚学院办学,校本部以发展文理学科为主,翔安校区以发展医学、生命科学与技术等应用学科为主。要坚持"教育以育人为本、以学生为主体,办学以人才为本、以教师为主体",统筹规模、结构、质量和效益,统筹队伍建设、学科建设和平台基地建设,统筹人、财、物等资源配置,努力实现以人为本、重点突出、统筹兼顾、协调发展。要从学校发展实际出发,坚持"尽力而为、量力而行"和"保证重点、兼顾一般"的原则,正确处理局部和整体、眼前和长远、重点和一般的关系,实现又好又快、持续健康发展。

第四,要大力推进科技创新。创新是高水平研究型大学的灵魂。我们要紧紧围绕创新型国家建设,瞄准国家和区域发展的战略需求,大力加强与国家有关部委、地方政府、大型企业的战略合作,开辟更多科技创新的战略通道,找到结合点、找准切入点、形成突破点,力争在国家科技创新前沿的若干领域占有一席之地,在区域科技创新体系中发挥重要骨干和引领作用。要紧紧围绕海峡西岸经济区建设,落实好"服务海峡西岸经济区行动计划",构筑科技创新平台,提高科技创新水平,增强服务海西发展能力;要落实好市校战略合作框架协议,借助"厦门大学国家大学科技园"和"6·18"展会平台,积极推进技术开发和技术转让、技术合作和成果转化。要以新的思路推进"211工程"和"985工程"三期建设,认真制定"211工程"和"985工程"三期建设规划,加强项目论证和顶层设计,加大重点学科和平台基地建设力度,大力推进学科交叉、融合,着力提升学科的核心竞争力、科技创新能力和决策咨询服务能力,更好地为改革开放和社会主义现代化建设服务。

第五,要大力推进人才队伍建设。提高教育质量、提高学科核心竞争力、增强科技创新能力,关键是人才。我们要建立人才信息库,全面掌握各学科国内外领军人物的信息、学科带头人的信息、有潜质的优秀人才信息和相关创新团队的信息,为开展国际交流合作、做好人才培养和引进工作奠定基础。要对我校现有的学科人才状况进行调查梳理,摸清各学科的人才队伍状况,正视存在的问题,采取有力的举措,加强人才队伍建设,确保重点学科增强后劲、新人辈出,传统学科增强实力、后继有人,新兴交叉学科集聚人才、加快发展。要围绕学科、平台、基地建设培养人才,拓宽培养渠道,实施"百人计划",着力培养具有战略思维、创新能力和发展潜力的中青年学科带头人。要围绕学科、平台、基地建设引进人才,依托"长江学者"、"闽江学者"等人才计划,面向国内外引进学科领军人才和高层次拔尖创新人才。要着眼于原始创新、集成创新和承担重大科技项目,大力推进"学科带头人+创新团队"建设。要建立科学的人才评价体系和考核办法,实行有利于人才成长的政策措施,营造有利于人才成长和发挥作用的体制机制和环境。明年将适时召开全校人才工作会议,对学校人才队伍建设进行专题研究和部署。

第六,要大力推进和谐校园建设。和谐校园是实现科学发展的基础和保障。我们要落实好《"十一五"和谐校园建设规划》,努力建设"以人为本、全面发展,依法治校、民主管理,勇于创新、充满活力,诚信友爱、人际和谐,文明高尚、安定有序"的社会主义大学校园。要加强学生思想政治教育,坚持以社会主义核心价值体系为根本,切实抓好党的十七大精神进教材、进课堂、进学生头脑的工作,大力开展社会主义核心价值体系主题教育实践活动;要加强师德师风建设,深入开展师德师风调研,创新师德师风建设的有效途径和方法,建立师德师风评价体系,形成师德师风建设的长效机制,明年将适时召开师德师风建设工作会议。要将改善民生和人文关怀贯穿于和谐校园建设的全过程,坚持承诺有度、承诺有信、承诺有效,通过加快校内住房建设和将教职工住房纳入厦门市社会保障性住房建设规划等多种途径和形式,抓紧解决教职工特别是中青年教师的住房困难。要切实做好家庭经济困难学生的资助、心理健康教育和毕业生就业等工作。

在这里,我要特别强调:今天距离2008北京奥运会正式开幕还有39天。从今天开始,全校各单位要按照学校党委的统一部署,把"平安奥运、平安校园"作为重要政治任务来抓,切实维护暑期以及奥运期间校园的安全稳定。

第七,要大力推进党的建设。学习实践科学发展观,建设中国特色社会主义高水平研究型大学,关键在于加强党的领导。要围绕建设中国特色社会主义高水平研究型大学这个中心任务,加强调查研究,以改革创新精神全面加强党的思想、组织、作风、制度和反腐倡廉建设,为全面推进高水平研究型大学建设提供更加坚强有力的保证,今年底召开全校党建工作会议。要抓紧抓好全校领导干部作风建设大会精神的贯彻落实,深入查找问题,制定整改方案,提出整改措施,确保领导干部作风建设取得实效,使各级领导干部树立为民、务实、清廉的形象,始终做好"六个表率",团结和带领全校师生员工在新的历史起点上把学校各项事业推向新的高度。要加强各级领导班子建设,着力提高领导科学发展的能力和水平。要加强干部队伍建设,着力打造一支思想解放、作风务实、干事创业的干部队伍。要加强基层基础工作,确保各项工作部署和政策措施能够落到实处。

同志们,回顾建党八十七周年、改革开放三十周年,我们感到无比骄傲和自豪;展望我校科学发展的美好未来,我们充满必胜的信心和力量。让我们高举中国特色社会主义伟大旗帜,坚持以邓小平理论和"三个代表"重要思想为指导,深入贯彻落实科学发展观,更加紧密地团结在以胡锦涛同志为总书记的党中央周围,继续解放思想,坚持改革开放,推动科学发展,构建和谐校园,为把我校建设成为中国特色社会主义的高水平研究型大学而努力奋斗!

——本文摘录自《党建和事业发展文稿汇编》,档号2019-XZ09-002

加强党风廉政建设和反腐败工作，为学校科学发展、和谐发展提供有力的政治保障

——在厦门大学反腐倡廉建设工作会议上的讲话

(2008年11月20日)

校党委书记　朱之文

同志们：

今年是党中央、国务院颁布实施《关于实行党风廉政建设责任制的规定》10周年。为认真贯彻落实党的十七大关于反腐倡廉建设的战略部署，最近，中央召开了全国落实党风廉政建设责任制电视电话会议，教育部也召开了加强高校反腐倡廉建设工作会议，对加强反腐倡廉建设提出了明确的要求、做出了重要部署。校党委高度重视党风廉政建设和反腐败工作，决定召开今天的会议，认真贯彻落实中央和教育部的会议精神，切实加强党风廉政建设和反腐败工作，为学校科学发展、和谐发展提供有力的政治保障。下面，我先传达这两个会议的主要精神，并就贯彻落实会议精神强调几点意见。

一、会议主要精神

2008年10月20日上午，中央召开全国落实党风廉政建设责任制电视电话会议，传达学习贯彻胡锦涛总书记就落实党风廉政建设责任制做出的重要指示，总结交流十年来落实党风廉政建设责任制的经验，对进一步做好党风廉政建设责任制工作进行部署。中共中央政治局常委、中央纪委书记贺国强出席会议并作重要讲话。中共中央政治局委员、中央书记处书记、中央组织部部长李源潮主持会议。江苏省、公安部、北京外国语大学等6个单位党委(党组)负责人做了大会发言。

在此之前，教育部于9月23日至24日在北京召开了加强高校反腐倡廉建设工作会议。会议的主要任务是：贯彻落实党的十七大、中纪委二次全会和国务院廉政工作会议精神，总结交流高校反腐倡廉建设工作经验，研究部署今后一个时期高校反腐倡廉建设工作任务，推动我国高等教育事业的科学发展、健康发展。这次会议是近年来第一次专门召开的高校反腐倡廉建设工作会议。中央对开好此次会议高度重视，会前，中共中央政治局常委、中央纪委书记贺国强同志专门听取了会议筹备情况汇报并做出重要指示。中央政治局委员、国务委员刘延东在会上做了重要讲话，教育部长周济做了会议总结，北京大学、清华大学等9所高校介绍了开展反腐倡廉建设工作的经验。

这两次会议的主要精神集中体现在贺国强同志和刘延东同志的重要讲话中。

(一)贺国强同志在全国落实党风廉政建设责任制电视电话会议上讲话的主要精神

贺国强同志在讲话中指出，中央对落实党风廉政建设责任制、扎实推进党风廉政建设和反腐败工作高度重视。近日，胡锦涛同志又专门做出重要指示。胡锦涛同志强调："党风廉政建设责任制是深入推进党风廉政建设和反腐败斗争的一项基础性制度。十年来，各级党委、政府认真贯彻落实党风廉政建设责任制，推动党风廉政建设和反腐败斗争取得明显成效，但我们也要清醒地看到工作中仍存在的问题。"他指出："党的十七大强调要把反腐倡廉建设放在更加突出的位置，旗帜鲜明地反对腐败。各级党委、政府要认真贯彻党的十七大精神，毫不松懈地抓好党风廉政建设和反腐败斗争，严格执行党风廉政建设责任

制，扎实推进惩治和预防腐败体系建设，进一步加大解决党风廉政建设方面突出问题力度，为推动科学发展、促进社会和谐提供有力的政治保障。”

贺国强同志强调，胡锦涛总书记的重要指示，为继续抓好党风廉政建设责任制的落实，推动党风廉政建设的深入开展指明了方向，我们一定要认真学习领会，坚决贯彻落实。各级党委政府要按照胡锦涛总书记的要求，认真总结《关于实行党风廉政建设责任制的规定》实施10年来的成功经验，从巩固党的执政地位、推进党和国家事业发展全局的高度充分认识加强反腐倡廉建设的重大意义，正确认识和妥善处理好抓经济建设、业务工作与反腐倡廉工作的关系，认真研究解决落实党风廉政建设责任制工作中存在的问题，切实负起抓党风廉政建设的政治责任，进一步巩固和发展全党动手抓党风廉政建设和反腐败工作的局面。

贺国强指出，落实党风廉政建设责任制，要紧紧围绕责任分解、责任考核、责任追究三个关键环节，细化工作责任和目标要求，将责任制落到实处。当前和今后一段时间，落实党风廉政建设责任制、推进反腐倡廉工作，要着力抓好三项重点任务：一是要加强对贯彻执行党的路线方针政策的监督检查，严肃党的政治纪律，确保中央政令畅通，坚决维护中央权威，切实把中央关于推动科学发展的重大决策部署和保障改善民生的各项政策措施落到实处；二是要认真学习贯彻党的十七届三中全会精神，抓好农村基层党风廉政建设，推动中央农村改革发展方针政策和决策部署的贯彻落实；三是要认真贯彻《建立健全惩治和预防腐败体系2008—2012年工作规划》，着力抓好查处一批腐败案件、整治一批损害群众利益的不正之风、解决一批领导干部违反廉洁自律规定的突出问题、出台一批反腐倡廉制度规定、推进一批改革措施等工作。

贺国强强调，落实党风廉政建设责任制，关键在各级党政领导班子和领导干部。各级党委、政府及其职能部门要切实负起责任，把党风廉政建设和反腐败工作纳入党委、政府的总体工作规划，通盘考虑，协调推进。各级领导干部既要严格遵守廉洁从政的各项规定，又要切实抓好职责范围内的党风廉政建设和反腐败工作，做到工作职责和掌握的权力管到哪里，党风廉政建设的职责就延伸到哪里。各级纪检监察机关要抓好组织协调，加强督促检查，实行分类指导，保证党风廉政建设责任制落到实处。

(二)贺国强同志在加强高校反腐倡廉建设工作会议前听取会议筹备情况汇报时的重要指示精神

贺国强同志强调，加强高校反腐倡廉建设要认真贯彻落实党的十七大精神，按照中央的要求和部署，坚持标本兼治、综合治理、惩防并举、注重预防的方针，突出重点，狠抓落实，特别是要切实解决好关系群众切身利益的突出问题。

贺国强指出，这些年来特别是党的十六大以来，高校深入推进反腐倡廉各项工作，取得了明显成效，促进了高校改革发展的各项工作。高校是教书育人的地方，高等教育工作地位崇高，使命光荣，在反腐倡廉建设方面应当有更高的要求。教育部党组在新学期开学之际，召开加强高校反腐倡廉建设工作会议很有必要，非常及时。

贺国强强调，当前，加强高校反腐倡廉建设，一是要进一步总结经验，巩固成果，特别是对过去抓得比较好的一些工作，比如高校招生阳光工程、治理乱收费等，要坚持不懈地抓下去；二是要注意抓好财务管理、高考招生、工程建设、物资采购招投标、校办产业等容易滋生腐败的重点领域和关键环节；三是要加强对领导班子特别是主要领导干部的教育、管理和监督，促进领导干部廉洁从政，确保权力正确行使；四是要高度重视校园廉政文化建设，推进廉政文化进校园、进课堂，努力营造风清气正的文化氛围，决不能让乌七八糟、消极腐败的东西进校园；五是要充分发挥高校研究力量强、人才聚集的优势，为反腐倡廉建设提供智力支持。

(三)刘延东同志在加强高校反腐倡廉建设工作会议上讲话的主要精神

刘延东同志在讲话中强调三点意见。

第一，要认清形势，提高认识，增强新形势下做好高校反腐倡廉建设的使命感和责任感。刘延东指出,加强高校反腐倡廉建设是贯彻党的十七大精神的重要举措,是构建和谐高校、维护社会稳定的必然要求,是培养社会主义合格建设者和可靠接班人的重要保证,是高校适应新时期新阶段反腐败斗争新形势的迫切需要。从中央领导同志讲话来看,胡锦涛总书记在今年1月中纪委二次全会的讲话中三次谈到教育问题。一是在谈到反腐倡廉建设面临不少新情况新问题、出现一些案件多发的新领域时,明确指出高校等单位案件呈多发态势;二是提出这些年中央采取一系列改善民生、加强社会建设的政策,加大对教育等的投入,但这些领域发生的一些腐败问题使这些政策的效用受到了影响;三是强调要继续治理教育乱收费问题。温家宝总理在今年3月国务院第一次廉政工作会议上指出,要以教育等行业和领域作为重点,推动涉及群众利益的公共企业事业单位办事公开,方便群众办事和监督。从高校违法违纪行为来看,最近五年,高校职务犯罪案件数、涉案人数占全国教育系统的比例约为1/4,涉案金额100万元以上的特大案件和校级干部职务犯罪呈上升趋势,发案对象集中在35～55岁年龄段的中青年干部,犯罪类型主要是受贿行贿,个别高校甚至出现了几百万元、上千万元的贪污贿赂案件。有的高校存在乱招生、乱收费、乱发文凭的问题,个别地方和高校还因此引发了一些校园群体性事件。一些高校领导干部的作风建设需进一步加强和改进,有的图虚名、讲排场,有的大手大脚、奢侈浪费,无谓耗费有限的教育资源,群众意见很大。学术造假时有发生,损害了高校特别是教师的社会形象。从高校的发展态势来看,我国高等教育事业正站在新的发展起点上,正从大众化向高水平高质量目标迈进。随着办学规模的扩大和办学形式日益多样,高校领导干部处置人、财、物的权力越来越大。在队伍建设和制度建设不断加强的同时,也存在着一些不完善的地方,让一些腐败分子钻了空子。这些问题的解决已经到了刻不容缓的地步,否则将严重影响高校的改革和发展。因此,高校要全面贯彻党的十七大精神,认真贯彻落实中央关于学习实践科学发展观活动的要求,理清思路,改革创新,解决影响教育改革和科学发展的突出问题,提高教育系统落实科学发展观的能力和水平。要按照《建立健全惩治和预防腐败体系2008—2012年工作规划》要求,不断加强高校反腐倡廉建设,努力推动高等教育事业科学发展。

第二,要突出重点,抓住关键,深入推进高校反腐倡廉建设。刘延东强调,要从高校实际出发,突出重点,抓住关键,加大治理力度。一是高校领导干部要提高管理学校的能力和水平,坚持科学管理、民主管理、依法管理、从严管理;要精于管理,善于管理,廉洁、高效地配置学校人、财、物等资源。二是加大对高校的财务、基建、招生、采购、校办企业等重点领域和薄弱环节的监管,注重制度建设,从源头上预防和治理腐败行为。统计表明,58%的教育系统职务犯罪集中在基建、设备采购、财务等领域,24%发生在教材图书采购和招生等领域。三是坚持民主集中制,大力推行校务公开,确保权力规范透明运行。四是严肃查办案件,依纪依法惩治腐败。五是推进廉政文化建设和反腐倡廉理论政策研究,加强高校领导干部作风建设、师德师风建设、学术道德和学风建设以及大学生廉洁教育,努力营造风清气正的校园环境。

第三,要加强领导,明确责任,把高校反腐倡廉建设落到实处。刘延东要求,高校要把反腐倡廉建设作为一项重大政治任务,摆在更加突出位置。要进一步完善反腐倡廉建设责任体系,做到组织领导到位、责任主体到位、工作落实到位、力量整合到位。要积极转变领导干部作风,大兴求真务实之风,大力倡导艰苦奋斗、勤俭办学的作风,以良好作风推动各项反腐倡廉任务的落实。要切实加强高校纪检监察干部队伍建设,健全机构,完善机制,不断提高依法依纪履行职责的能力和水平。

二、贯彻落实会议精神的几点意见

下面,我就如何认真贯彻全国落实党风廉政建设责任制电视电话会议和加强高校反腐倡廉建设工作会议精神,切实加强我校党风廉政建设,强调几点意见。

(一)认识重大意义

高校党风廉政建设和反腐败工作是全党全国反腐倡廉建设的重要组成部分。党的十七大从提高党的执政能力、保持和发展党的先进性的战略部署出发，第一次把反腐倡廉建设同党的思想建设、组织建设、作风建设、制度建设一起确定为党的建设的基本任务，充分体现了党中央对反腐倡廉建设的高度重视。

近年来，高校党风廉政建设和反腐败工作稳步推进，富有成效，得到中央和人民群众的充分肯定。但是，我们也要清醒地认识到，在新的历史条件下，高校的党风廉政建设和反腐败工作还面临着不少新情况新问题，一是敌对势力对我分化西化的图谋从没有改变，其加紧对高校进行思想文化渗透，企图影响和改变师生的理想信念和价值观；二是近年来，随着经济体制深刻变革，社会结构深刻变动，利益格局深刻调整，思想观念深刻变化，社会腐败现象和不良风气对学校有很大影响；三是从近年来查办案件的情况看，高校已经不再是一片净土，其违纪违法案件呈多发上升态势，已经引起中央的高度关注。高校反腐倡廉形势严峻，任务艰巨。

从我校的情况看，近年来我校的反腐倡廉取得了可喜的成绩，在推动学校事业发展中发挥了“保驾护航”的重要作用。但是对照中央要求，我校的反腐倡廉建设还存在不少差距。主要表现在：党风廉政建设责任制已经建立，但部分领导干部“一岗双责”的自觉性还有待进一步提高；党风廉政教育不断推进，但针对性和有效性还不够强；反腐倡廉制度建设得到加强，但制度的集成协调和系统性还有待进一步提升，在对外科研合作、知识产权保护、横向科研管理、重点建设管理等方面的制度建设还有待进一步健全和完善；学校各项事业快速发展，人、财、物的投入不断加大，但监督制约机制相对滞后，管理上还存在一些漏洞，有章不循和违反财经纪律的现象仍时有发生；等等。因此，从推动学校科学发展、健康持续发展的高度来看，我们现在比以往任何时候都更加需要加强反腐倡廉建设。我们要充分认识加强党风廉政建设和反腐败工作的极端重要性和紧迫性，切实增强使命感、责任感和紧迫感，以更加坚定的信心、更加有力的措施，扎实工作，深入推进反腐倡廉建设。

(二)强化领导责任

党风廉政建设责任制是加强学校党风廉政建设的重要制度保证，是落实反腐倡廉各项任务的总抓手。要坚持党委统一领导，党政齐抓共管，纪委组织协调，部门各负其责，依靠师生员工的支持和参与的领导体制和工作机制，把党风廉政建设作为一项重大政治任务，放在更加突出的位置，列入党委重要议事日程，纳入学校发展总体规划，融入学校各项中心任务。为了深入贯彻全国落实党风廉政建设责任制电视电话会议和加强高校反腐倡廉建设工作会议精神，最近校党委已经研究制定了我校《贯彻落实〈关于加强高等学校反腐倡廉建设的意见〉的实施方案》和《落实党风廉政建设责任制的实施办法》，全校各单位要认真学习好、贯彻好、落实好《实施方案》和《实施办法》。

贯彻落实党风廉政建设责任制，明确责任是前提。要明确学校各级领导干部对党风廉政建设应负的责任，努力构建权责明晰、逐级负责、责任到岗、层层落实的党风廉政建设责任体系。校党委是党风廉政建设的责任主体，担负着全面领导党风廉政建设的政治责任。校党委书记对全校党风廉政建设和反腐败工作负总责，校长对全校行政工作范围内的党风廉政建设和反腐败工作负总责，党委常委对职责范围内的党风廉政建设和反腐败工作负直接领导责任。校党政领导班子成员要根据工作分工，全面履行分管范围内的党风廉政建设职责，每年至少一次听取分管部门和单位党风廉政建设情况汇报。校纪委作为推进反腐倡廉建设的职能机关，要积极协助校党委研究部署反腐倡廉工作，抓好任务分解和落实，加强组织协调和督促检查。全校各单位领导班子和各级领导干部都要按照“一岗双责”和“谁主管，谁负责”的要求，把党风廉政建设有关任务与业务工作一起部署、一起检查、一起考核、一起落实，确保在自己管辖范围内不发生违法乱纪问题。各职能部门正副职领导对本部门反腐倡廉建设负总责，正职领导是第一责任人；各学院、研究院、直属单位党委、党总支书记要对本单位党风廉政建设负总责，院长和直属单位行政正职领导对职责范围内的反腐倡廉建设负全责。

要突出抓好责任分解、责任考核和责任追究三个关键环节，把党风廉政建设工作责任和要求落实到每位领导干部的身上，将反腐倡廉建设情况列入领导班子和领导干部考核评价范围，作为工作实绩和奖惩的重要内容。对责任不落实、措施不得力，管辖范围内屡屡发生违法乱纪问题的，要严肃追究有关领导的责任。

(三)明确责任内容

贯彻落实党风廉政建设责任制，要明确各级领导干部的主要责任内容。我校各级领导干部在党风廉政建设中承担的主要责任内容是：

一要深入贯彻落实党的十七大精神，认真学习实践科学发展观，严肃党的政治纪律，确保中央政令畅通，保证党的路线、方针、政策在本单位的贯彻执行。

二要认真贯彻《建立健全惩治和预防腐败体系2008—2012年工作规划》和中纪委、教育部、监察部《关于加强高等学校反腐倡廉建设的意见》精神，严格按照我校制定的《实施方案》和《实施办法》，结合本单位或职责范围内的实际，制订党风廉政建设计划，并组织实施。

三要贯彻落实校党委、校行政的重要决策、重大部署，紧紧围绕校第九次党代会提出的各项目标任务，切实把学校关于推动科学发展、和谐发展的重大决策部署和保障改善民生的各项政策措施落到实处。

四要认真贯彻执行民主集中制，对于重大事项决策、重要干部任免、重大项目安排和大额资金使用，要实行民主决策，按程序办事，集体讨论决定。

五要负责抓好本单位党风廉政建设和反腐败工作的制度建设、制度落实和监督检查工作，切实维护制度的严肃性和约束力，确保各项工作规范有序。要自觉履行《党风廉政建设责任书》和《廉政承诺书》。

六要负责抓好校务、院务公开，确保权力规范透明运行。对关系到师生切身利益的重要事项，要公开办事程序，公开办事内容，公开办事结果，自觉接受师生员工的监督。

(四)加强廉政教育

要完善党委统一领导，党政齐抓共管的党风廉政教育工作格局，形成整体合力。要重点抓好领导干部廉政教育培训，把反腐倡廉教育与切实改进领导干部作风紧密结合起来，继续深入贯彻落实全校领导干部作风建设大会精神，着力解决领导干部作风方面存在的突出问题，以优良的党风促政风带校风。要加强对重要领域、重要岗位、重要环节工作人员的反腐倡廉教育，促进他们树立遵纪守法观念，增强拒腐防变意识，预防各种违纪违法案件的发生。要加强师德师风建设，坚持把党纪法规教育、廉洁自律教育、学术道德教育和诚信教育贯穿于师德建设的各个环节，要重视对学术带头人、科研项目负责人、评审专家等人员的教育、管理和监督。要改进宣传教育方式，丰富教育内容，注重教育效果。充分发挥先进典型的激励引导作用，用身边典型教育身边人；充分发挥我校人文社科优势，积极开展反腐倡廉建设理论研究。加强大学生廉洁教育和校园廉政文化建设，积极推进廉洁教育进校园、进课堂、进学生头脑，充分发挥专业教师队伍的主导作用、思想政治工作队伍的引导作用和学生骨干队伍的示范作用，集中开展廉洁教育，让廉洁意识扎根学生心中，努力形成以廉为荣、以贪为耻、遵纪守法、自我约束的校园廉政文化氛围。

(五)完善制度建设

小平同志说："制度好可以使坏人无法任意横行，制度不好可以使好人无法充分做好事，甚至会走向反面。"要健全领导班子科学决策、民主决策机制，进一步完善领导班子议事规则和决策程序。凡属"三重一大"事项，必须经过校党委常委会或全委会集体研究决定。对于专业性较强的重要事项，必须经过专业委员会咨询论证；对于事关学校改革发展全局的重大问题和涉及教职工切身利益的重要事项，应广泛征求师生员工的意见。学院、研究院、直属单位工作中的重要事项都要经过党政联席会议集体研究决定。要进一步完善校院两级教代会制度，依法保障教职工参与民主决策和民主管理。

要以改革创新的精神推动重点领域和关键环节的制度建设。从近年来查处的兄弟高校案件看，基建(修缮)、物资(设备)采购、财务管理、科研经费使用、招生、校办产业等领域，违纪违法案件发生率比较高。我们要把这些权力相对集中、监管又比较薄弱的领域，作为学校反腐倡廉建设的重点。要从关心、爱护干部出发，认真查找制度和管理上的漏洞，进一步修订完善重点领域和关键环节方面的制度，健全对外合作、知识产权、横向科研、重点建设等方面的制度，着力解决“无制度可用”、“制度不管用”和“有制度不用”的突出问题，做到制度安排无漏洞，科学管理无死角，做到用制度管权、管事、管人，努力实现多层次、无缝隙、全方位的监督。要加强制度的宣传教育，切实增强领导干部带头执行制度的自觉性，要建立健全督查机制，加大力度，开展经常性督促检查工作，坚决维护制度的权威性和严肃性。

(六)强化管理监督

加强管理，是有效预防腐败的重要手段。目前，学校的发展任务十分繁重，如果各级领导干部不能保证把足够的时间和精力投入到管理工作中来，就有可能延误和错失学校的发展机遇，就有可能放松了对所属干部的管理和监督。因此，我们一定要对学校管理工作的重要性有清晰的认识，要始终坚持一手抓发展，一手抓管理。要加强对权力的监督，确保权力运行到哪里，监督就延伸到哪里。要以决策执行为重点环节，以人财物管理为重点部位，组织实施程序监控、过程监管、结果监督和责任追究，切实加强对领导班子、领导干部特别是主要领导干部的监督。要积极推进党务公开，建立和完善党内情况通报制度。要进一步提升校务公开制度化和规范化水平，进一步加大校务、院务两级公开力度，建立健全各项公开制度。要加强巡视检查工作，按照《厦门大学巡视工作暂行办法》和学校关于开展巡视工作的方案要求，本学期先进行巡视工作试点，积累经验后再全面铺开，争取用两年时间对全校各部门、各单位巡视一遍，对各单位党政领导班子和领导干部工作情况、能力状况、作风建设和反腐倡廉建设情况等方面进行全面检查。要全面推行会计委派制度，做到全校财务联网，实时监控各单位资金进出状况。要全面开展审计工作，重点加强对重要领域和关键环节的审计，将有关审计结果列入各级领导班子和领导干部考核评价范围，作为工作实绩内容和奖惩的依据。

(七)严肃查办案件

查办案件是反腐败最直接、最有效的手段。只有惩治有力，才能增强教育的说服力、制度的约束力和监督的威慑力。要加大查办案件工作力度，坚决查处违纪违法案件。要以查办领导干部滥用权力、谋取私利的行为为重点，严肃查办贪污、贿赂、挪用公款案件和失职渎职案件。以解决群众反映的突出问题为重点，严肃查处严重违反政治纪律、组织纪律的案件和严重违反财经纪律的案件。同时，要注意针对案件中暴露出来的问题，深入剖析，查找原因，举一反三，以教育干部，充分发挥查办案件的综合效应。

同志们，党风廉政建设和反腐败工作是一项系统工程，是一项事关学校事业发展全局的长期的政治任务。全校各级党组织和广大领导干部要以高度的政治责任感和历史使命感，把党风廉政建设和反腐败工作摆在更加突出的位置，自觉做到抓改革与发展坚定不移，抓党风廉政建设和反腐败工作坚持不懈，扎扎实实地把反腐倡廉建设的各项任务落实好、贯彻好，为建设世界知名高水平研究型大学提供有力的政治保障！

——本文摘录自《党建和事业发展文稿汇编》，档号2019-XZ09-002

以改革创新精神开创厦门大学共青团工作新局面

——在共青团厦门大学第十三次代表大会上的讲话

(2008年12月28日)

校党委书记　朱之文

各位代表、青年朋友们、同志们：

中国共产主义青年团厦门大学第十三次代表大会今天隆重开幕了。这是全校团员青年政治生活中的一件大事。我代表校党委、校行政，向大会的召开表示衷心的祝贺！向莅临会议的各位领导、各位来宾表示热烈的欢迎！向在座的各位代表以及全校的共青团员、青年朋友们致以亲切的问候！

这次会议，是在全党、全国隆重纪念改革开放30周年的重要时刻召开的。开好这次大会，对于全面贯彻落实党的十七大精神，深入学习实践科学发展观，认真落实我校第九次党代会提出的各项任务，开创我校共青团工作和青年工作的新局面，加快把厦门大学建设成为世界知名的高水平研究型大学，具有十分重要的意义。

厦门大学是一所与中国共产党同龄、具有光荣革命传统的大学，是福建省第一个中共党支部的诞生地。建校87年来，厦门大学始终与民族共命运，与祖国同呼吸，与时代同进步，为国家发展、社会进步、民族振兴做出重要贡献，“爱国爱校、追求真理、艰苦奋斗、严谨治学”的优良传统在这里生生不息，“自强不息、止于至善”的校训精神在这里代代相传，一代又一代的厦大青年从这里走向社会，在祖国建设的各条战线上挥洒汗水、建功立业。

我们高兴地看到，共青团厦门大学第十二次代表大会召开以来，在校党委和上级团组织的正确领导下，全校各级团组织高举中国特色社会主义伟大旗帜，围绕培养德智体美全面发展的中国特色社会主义合格建设者和可靠接班人这一根本任务，主动服务广大团员青年，积极开展文化、科技、卫生“三下乡”和科教、文体、法律、卫生“四进社区”活动，深入实施“青年志愿者扶贫接力”、“青年骨干培训”、“青年创业行动”、“青年文化行动”、“服务海西行动”等计划，扎实推进“和谐校园、青春先行”、“保护母亲河”等有特色、有影响、有效果的社会实践活动，扎实推进大学生思想政治教育，着力打造富有特色的校园文化，不断扩大团的工作覆盖面，圆满完成了校党委交给的任务，为推动我校各项事业的持续健康发展做出了重要贡献。特别是今年以来，在南方低温雨雪冰冻灾害、拉萨“3·14”打砸抢烧严重暴力犯罪、“藏独”分子干扰奥运火炬正常传递和四川汶川特大地震等重大事件面前，在支持和服务北京奥运会的过程中，我校团员青年表现出极高的政治觉悟和爱国热情，向党和人民交上了一份圆满的答卷。你们用自己的实际行动，展现着坚强和成熟，书写着光荣和责任，传递着爱心和希望。在你们的身上，我们看到了与祖国同呼吸、共命运的忧患意识，看到了与人民群众同甘苦、共患难的感人情怀，看到了中华民族的未来和希望！

当前，与我们伟大的祖国一样，厦门大学的发展正站在一个新的历史起点上。全面建设小康社会的新目标，海峡西岸经济区建设的新实践，厦门经济特区的新发展，都对我们提出了新的更高要求。去年9月，我校第九次党代会进一步明确了加快建设世界知名高水平研究型大学的奋斗目标。伟大的事业需要一代又一代人接力，美好的未来需要一代又一代人奋斗。全校广大青年要适应时代进步的要求，充分认识肩负的神圣使命，树立远大理想，培养高尚品德，练就过硬本领，展示青春活力，让豪迈的青春在建设高水平研究型大学的征程中激情飞扬，让绚丽的年华在建设中国特色社会主义的伟大事业中焕发光彩！

在此，我代表学校党委，对我校团员青年和共青团工作提几点希望：

第一，希望你们树立远大目标、坚定理想信念。理想信念是追求事业、克服困难、战胜挫折、勇往直前的强大精神支柱和力量源泉。每个青年都有自己的理想抱负，这是青年人的特点。但个人的理想抱负只有与全民族的共同理想相一致、与祖国发展的历史洪流相融合、与人民前进的伟大步伐相统一，才能真正得到实现。正确的理想信念应当建立在对科学理论和社会发展规律深刻认识的基础之上。希望你们大力弘扬以爱国主义为核心的民族精神，牢固树立为党为国家为人民奋斗终生的远大理想，把报效祖国作为自己的最大追求，把奉献社会作为自身价值的最大体现，把服务人民作为自己的最大责任。要积极参与"厦门大学青年马克思主义者培养工程"，坚持用马克思主义中国化的最新理论成果武装头脑，进一步深化对我国历史和国情的认识、对改革开放30年伟大进程的认识，牢固树立高举中国特色社会主义伟大旗帜、跟党走中国特色社会主义道路的坚定信念，把个人的发展融入推动国家发展、民族振兴的时代洪流中去，以饱满的热情、昂扬的斗志、蓬勃的朝气在新的征程中实现个人的理想和人生的价值，努力成为中国特色社会主义事业的合格建设者和可靠接班人。

第二，希望你们加强思想修养、培养高尚品德。修身是立业之本、成才之基。青年要担负起时代赋予的重任，不仅要有丰富的知识、过硬的本领，还要有高尚的情操、良好的品德。希望你们进一步增强社会责任感，始终把国家和人民的利益放在第一位，正确处理个人利益与集体利益、局部利益与全局利益的关系，在国家和人民利益面前，不计个人名利、不讲个人得失。要切实加强思想道德修养，自觉抵制拜金主义、享乐主义和极端个人主义等腐朽思想的侵蚀，增强明辨是非的能力，陶冶高尚情操，塑造健全人格，努力成为中华民族传统美德的传承者、社会主义道德规范的实践者、良好社会风尚的倡导者。要积极投身我校正在全面推进的"和谐校园，青春先行"活动，自觉践行社会主义荣辱观和基本道德规范，带头实践爱国守法、明理诚信、团结友爱、勤俭自强、敬业奉献的基本道德规范，分清是非荣辱，明辨善恶美丑，为把我校建设成为师生员工的"精神家园、活力校园、温馨校园"做出应有的贡献。要大力弘扬志愿者精神，积极参与扶弱助困、扶贫支教、环境保护、资源节约、生态建设等志愿服务，使"奉献、友爱、互助、进步"的青年志愿者精神进一步发扬光大，推动全社会形成"我为人人、人人为我"的良好社会氛围。

第三，希望你们紧跟时代步伐、练就过硬本领。学习是一个人成长发展的基石。当今世界，国际竞争日趋激烈，科技进步日新月异，知识更新不断加快，我们生活在一个充满机遇和挑战的时代，许多新事物需要我们去学习、去探索、去实践，许多新问题等待我们去研究、去回答、去解决。希望你们珍惜宝贵时光，勤奋刻苦学习，充实提高自己，把学习作为一种追求、一种修养、一种责任。既要刻苦钻研专业知识和专业技能，又要广泛涉猎、博览群书；既要学习人类社会创造的一切文明成果，又要跟踪世界科技发展的前沿动态；既要向书本学习，又要向群众学习、向实践学习；既要"读万卷书"，又要"行万里路"。要坚持学以致用、知行统一，自觉将学到的知识运用到实际工作中去，在全面建设小康社会的历史进程中找准自己的人生坐标，在发展中国特色社会主义的伟大事业和建设海西、发展海西、繁荣海西的伟大实践中画上优美的人生轨迹。

第四，希望你们坚持开拓创新、展示青春活力。青年时期是最富有生命力和创造力的时期。当前，中华大地处处涌动着推进科学发展的时代大潮。希望你们大力弘扬以改革创新为核心的时代精神，大力弘扬厦门大学的"四种精神"，树立创新理念，培养创新思维，善于在学习中创新、善于在创新中学习、善于在实践中提升，充分激发自身蕴藏的创造活力和创造潜力；学会创新方法，把创造热情和科学态度结合起来，把打好基础和创新突破结合起来，善于继承前人创造的成果、勇于超越前人创造的业绩；投身创新实践，积极参与青年创新、创业活动，围绕国家和区域创新体系建设，着力提升创新的能力和水平，在科技创新中展示才华，在服务发展中显示身手，在促进社会和谐中奉献智慧，努力走在科技创新和文化创新的时代潮头，在促进科学发展中体现青春活力。

共青团是党领导的先进青年的群众组织，是党的助手和后备军。希望各级团组织继续按照"让党放心，让青年满意"的要求，全面落实科学发展观，以改革创新的精神，进一步做好团的工作和青年工作，主动适应我国经济社会深刻变革和当代青年在思想观念、行为方式、群体分布方面呈现的新特点，不断完善工作思路和创新工作方式，进一步走进青年，服务青年，努力使团组织网络覆盖到全体青年学生和青年教职工，使共青团的各项工作和活动影响到全体青年学生和青年教职工，不断扩大组织覆盖面，增强组织活力。

共青团干部是开展团的工作的骨干力量，是党的干部队伍的重要组成部分。开创我校共青团工作新局面，必须有一支高素质的共青团干部队伍。希望全校团干部按照"忠诚党的事业、热爱团的岗位、竭诚服务青年"的要求，树立强烈的政治意识、学习意识、责任意识，正确处理好学习与工作的关系，以良好的精神状态全力抓好各项工作，提高做好共青团工作的本领。要把工作激情、科学精神和务实作风结合起来，做勤奋学习、学以致用的表率，做心系学生、服务青年的表率，做埋头苦干、艰苦创业的表率，做奋发有为、敢为人先的表率，做求真务实、真抓实干的表率。

团的事业与党的事业密不可分，青年工作始终是党的群众工作的重要组成部分。各级党组织要从党的事业、学校的事业代代相传、后继有人的战略高度，切实加强和改进对青年工作的领导，充分信任青年，真诚理解青年，热情关心青年，正确引导青年，为青年成长进步、创业发展提供有利条件。要树立正确的舆论导向，努力在全校形成关心爱护青年、鼓励青年成才、支持青年创业的良好氛围。要切实加强对共青团工作的领导，坚决支持共青团根据广大青年的特点和需要，生动活泼地、富于创造性地开展工作，充分发挥团的突击队作用和联系广大青年的桥梁作用。

青年朋友们、同志们，时代召唤青年，青年创造未来。去年 5 月 4 日，胡锦涛总书记致信中国青年群英会，勉励广大青年努力成为理想远大、信念坚定的新一代，品德高尚、意志顽强的新一代，视野开阔、知识丰富的新一代，开拓进取、艰苦奋斗的新一代。这是党和人民对你们的殷切期望。希望全校团员青年紧密团结在以胡锦涛同志为总书记的党中央周围，高举中国特色社会主义伟大旗帜，坚持以邓小平理论和"三个代表"重要思想为指导，深入贯彻落实科学发展观，脚踏实地，开拓创新，努力创造无愧于时代、无愧于青春、无愧于人民的辉煌业绩！

最后，预祝共青团厦门大学第十三次代表大会取得圆满成功！

——本文摘录自《党建和事业发展文稿汇编》，档号 2019-XZ09-002

提升自主创新能力，打造高水平研究型大学

——在2008年度全校科研工作大会上的报告

（2008年4月1日）

校长 朱崇实

今天报告分主要成绩、问题分析和努力方向三个部分。

一、2007年科研工作取得的主要成绩

1.到位科研经费大幅增长

2007年，我校科研经费再创历史新高，达到2.97亿元，比2006年的2.12亿元增长了40%。其中，理工科26284万元，人文社会科学3411万元；纵向科研经费16959万元，横向科研经费达到11069万元，其他科研经费1667万元。按专任教师和科研人员实际人数计算，文科人均科研经费3.22万元，理工科人均科研经费30.14万元。这个数字是创记录的。

2.科研项目取得稳步进展

理工科国家自然科学基金获资助经费达4511.5万元，其中面上项目达93项，新增国家杰出青年基金项目1项200万元，重点项目4项655万元，重大研究计划1项220万元。国家863、973、科技支撑计划项目较往年有较大的增长，共承担29项7000多万元。学校以优秀成绩通过国防科工委军品质量体系认证工作。郑兰荪院士以“物质性能的分子设计与结构调控”项目实现我校“973”首席科学家零的突破。横向课题稳步增长，课题的领域不断拓展，单个课题的经费数也在上升。

3.科研基地建设取得新进展

2007年，我校积极整合各方的力量，大力加强平台建设。新增3个省部级科研平台（教育部微纳光电子材料与器件工程研究中心、亚热带湿地生态教育部重点实验室、福建省新能源产业技术开发基地），2个厦门市重点实验室（高性能金属材料重点实验室、防火阻燃材料重点实验室）。近海海洋环境国家重点实验室顺利通过验收，正式挂牌。我校向国家发改委申请的醇醚酯化工清洁生产国家工程实验室有望在近期内将获得批准建设。

教育部文科重点研究基地建设成绩显著。高等教育发展研究中心初步建成中国高等教育研究数据库平台，东南亚研究中心出版“东南亚研究系列丛书”，会计发展研究中心获国家财政部会计司表彰，台湾研究中心为各级政府部门提供高质量的决策咨询服务，宏观经济研究中心两次举行中国季度宏观经济模型(CQMM)预测发布会，预测结果客观、准确。国学研究院复办一年多，已有若干有影响的科研成果问世。

4.科研队伍结构优化、素质提升

2007年，学校新聘全职教师251人，其中外籍教师50人。在职全聘教师201人（除外籍教师外）中，教授26人，副教授40人；具有博士学位的教师173人，占新聘教师总数的86%，具有外校学历背景的教师187人，占新聘教师总数的93%。学历结构、学员结构都有很大的优化，外籍教师水平和质量不断提高。

积极推进高层次人才计划的实施。新增973首席科学家1人，国家杰出青年科学基金获得者1人，2007年“新世纪百千万人才工程国家级人选”1人，教育部新世纪优秀人才支持计划入选者10人，福建省

高等学校新世纪优秀人才支持计划入选者40人,“闽江学者”特聘教授7人,讲座教授7人,新增1个“国家创新研究群体”和1个教育部“创新团队”。

5.科研工作取得可喜成果

2007年我校在*Science*杂志上发表论文2篇(其中1篇厦门大学为第二作者单位),获福建省科技进步奖二等奖1项,三等奖4项。孙世刚教授主持的课题组合成出具有高电氧化催化活性的二十四面体铂纳米晶体,成果入选2007年度“中国高等学校十大科技进展”,并与“我国首颗探月卫星嫦娥一号发射成功并顺利传回探测数据”一同入选2007年度“中国基础研究十大新闻”。

2007年,我校申请专利195项,其中发明专利181项,实用新型14项;授权专利76项,其中发明专利58项,实用新型18项。(2006年,我校申请专利139项,其中发明专利127项,实用新型12项;授权专利69项,其中发明专利60项,实用新型9项。)根据中国科学技术信息研究所的数据,2006年我校SCIE论文520篇(全国高校第28位)、EI论文361篇(全国高校第51位),ISTP论文200篇(全国高校第44位)。[2005年我校SCIE论文442篇(全国高校第22位)、EI论文182篇(全国高校第56位)、ISTP论文115篇,(全国高校第54位)。]我想说一下,国内很多高校在并校之后,办学实力不断增加,对厦大来说是个严峻挑战,但是很欣喜地看到,我校论文数,尤其是EI论文数在稳步增长,这说明我校科研,特别是工科科研水平不断增长。

文科2007年在核心期刊发表论文1008篇,比2006年增加15%;其中,一类核心期刊433篇,二类核心期刊575篇,分别比2006年增加22%和10%。在国外SSCI和A&HCI收录的刊物上发表论文24篇,在《中国社会科学》(该期刊全年共发表论文101篇)上发表论文5篇,两者均创下我校在该项指标上的最好成绩。被《新华文摘》(该期刊全年共发表文章1017篇)转摘论文11篇。交流面大大拓宽了。2007年获福建省社科奖100项(一等奖10项、二等奖30项、三等奖60项);吴玉章奖1项;钱端升法学奖1项。

6.社会服务成效显著

2007年,我校制定并实施了《厦门大学服务海峡西岸经济区行动计划(2007—2010年)》,首批规划建设10个科技创新平台和3个共享协作平台;100多个项目参加福建项目成果交易会,10多项优秀成果项目成功签约;与福建省政府相关部门共同主办2次的项目成果对接会,我校有47项在“生物与医药项目对接会”上实现现场对接。

2007年,共承接福建省科技项目3000多万元,其中包括基金项目50项,重点项目15项,重大专项1项等。完成了海西发展研究项目和决策咨询项目共150多项,其中,海峡两岸发展研究院完成了省委政策研究室7个委托咨询项目(合作课题)。帮助厦门市建设“厦门微电子集成电路设计公共服务平台”,厦门市对这个平台感到很满意,今后我校要承担更多的福建省、厦门市的委托,把它当成很重要的一项科研内容抓好。

科技成果转化与产业化获得可喜进展。生命科学学院的“H5亚型禽流感病毒检测技术”项目的产业化工作已在加快推进。化学化工学院的“乙烯基吡咯烷酮(NVP)和聚乙烯吡咯烷酮(PVP)生产技术”项目以20万美元转让给印度巴拉吉胺公司,是我校近年来单项金额最高的技术转让。

学校先后与中国航空工业第一集团公司、大唐国际发电股份有限公司、福建省电子信息集团、信息产业部CSIP中心、山东寿光等大型企业集团和政府部门开展合作,组团参加第十届北京科博会、第九届上海工博会、第九届深圳高交会等各类科技成果博览会和论坛。可以说,我校与国有大型企业的合作已经打开了局面。

二、存在问题分析

1.经验与体会

(1)正确处理数量和质量的关系。

如何正确看待科研成果数量和质量,是我校必须认真考虑的一个严肃话题。我们认为,从学校整体而言,数量是基础,质量是目标。没有一定的数量不可能有高质量;没有质量的提高,数量也就失去意义。要求数量并不意味着放弃质量,追求质量也不排斥数量。我们一定要有这样的观念,任何成功都是在无数失败后才能达到的,想一步到位追求质量是根本不可能的。因此,我们在科研考核和科研管理的要求上,仍然要坚持有一定的数量要求,与此同时要强调质量导向,不断提高成果质量的评判标准,力争既有量又有质。

(2)高度重视科技创新平台和创新基地建设。

从《国家中长期科学和技术发展规划纲要(2006—2020年)》和我国科技创新的发展趋势看,高等学校与科研院所的竞争将主要体现在创新平台和创新基地上。平台和基地是我们凝聚力量的根本,国内外无论是高校还是科研院所,都把建设好平台和基地作为科研工作的首要任务之一,我校也要高度重视。我们不反对教师个人的自由研究,但是,要更加注重有组织的、跨学科的联合攻关。

(3)高度重视创新团队建设。

由于历史原因和发展水平所限,"单兵作战"、"作坊经营"成为学校传统学术和科研工作的一个习惯,人文社会科学长期以来更是形成了"一个人、一支笔、一张纸"的科研模式。这样的模式不应完全否定,但我们要适应当今科技日新月异的发展和要求,更重要的是要鼓励团队的力量,鼓励创新团队的建设。这几年,我校科研团队建设取得进展,团队已开始展现实力,例如:在生命科学学院、化学化工学院、海洋与环境学院、人文学院、经济学院都有若干科研团队取得了较好的科研成绩。

(4)明确科研的国家目标导向。

国家导向是处于科技前沿、为了解决国民经济和社会发展的重大问题和科研专项,其中在许多方面都与我们的学科发展有密切的关系。国家导向应当成为厦门大学的导向,厦大作为部属重点高校之一,一定要把国家导向放在议事日程的最前面。我们要从学校的实际出发,围绕《国家中长期科学和技术发展规划纲要》的部署,根据学校的优势与条件,把握科技创新的重点和方向,整合学科与队伍的力量,确实找准学校与国家科技创新的最佳结合点。

(5)主动融入区域经济和社会发展。

服务社会是大学的一项重要职能,更是高水平大学的重要价值体现。2007年,我校积极推动与地方政府和国有大企业集团的合作,加大学校科研信息与社会需求信息的交流互动,加强学校与企业的项目对接,促进我校科研工作与经济社会发展紧密结合。应该说,今年我校科研取得的新进展,跟我们紧密结合经济社会发展有相当大的关系。

(6)加强与境外高校及科研机构的交流与合作

加强国际交流与合作,是当今世界高水平大学发展的趋势,是提升大学科研水平与质量的有效途径。加强与境外高校、国际著名大学和科研机构的交流与合作,有利于我们紧跟世界科学发展的前沿,有利于我们在交流与合作中提高水平、缩短差距,有利于我们拓宽视野、更好地把握建设世界一流大学的规律。在这方面,厦大具有很好的基础和条件,已经取得了一定的成就,同时也还有广阔的发展空间。

2.不足与问题

2007年,与传统意义上的13所教育部综合性大学主要科研指标相比,我校在2007年科研经费、2007年人均科研经费、973首席科学家数、杰青总数、科技部重大研究计划项目数(2006—2007)、国家社科基金重大项目数(2005—2007)、国家三大奖数(2001—2007)、百篇优博累计篇数(1999—2007)上分别位列第9位、第8位、第11位、第9位、第9位、第10位、第10位、第12位。

主要不足与问题有:

(1)经费总量偏少。2007年,我校科研经费总量呈快步上升趋势,但与其他高校相比,在所选择的教育部13所综合性大学中排第9位,差距较大。横向课题、军工项目、国际合作项目有待于进一步争取。

(2)重大项目偏少。在争取重大项目中,组织协调力度还需要进一步加大。科技部重大研究计划项目至今仍未突破,国家社科基金重大项目也仅有1项,创新能力有待于进一步提高。

(3)有影响的科学家和科研团队较少。973首席科学家数在所选择的教育部13所综合性大学中排倒数第2位,杰青总数排倒数第5位,差距很大。科研队伍的整体水平有待提高,科研业绩增长后劲不足。此外,工程技术队伍总量不足,服务高水平科研创新的能力有待提高。

(4)科研评价体系有待完善。科研评价体系是导向,是指挥棒。一个好的科研评价体系,能够充分激发科研人员的积极性,使大家各尽所能,各展所长,各得其所。建设创新文化,很重要的一个方面是要逐步建立符合学科规律、有科学内涵、客观的评估体系。目前,我们对不同学科和不同领域的客观规律研究不够,工程技术人员的积极性不高,这些问题需要我们深入探讨,进一步完善现有的评价体系。

(5)高显示度成果少。2007年,我校在国家科技三大奖的评选中没有一个项目入选,2001—2007年的国家三大奖统计中,我校在教育部13所综合性大学中排第10位。有管理部门的同志反映,厦大的老师特别不喜欢评奖,调动不起积极性。我看了一些其他高校的获奖成果,觉得我校一些科研成果的水平丝毫不差,但我们没有报。为何不报,这其中有多方面的原因,包括文化层面的问题,厦大人历来是比较含蓄的,当然,还有其他原因,我希望大家好好探讨。

(6)高水平创新性人才培养能力有待提高。在校博士生规模偏小,科研生力军的作用没有充分发挥;研究生特别是博士生培养质量有待于进一步提高。目前我校百篇优秀博士论文仅为3篇,在所选择的教育部13所综合性大学中,与兰州大学并列最后1位。令人高兴的是,这3篇都是在近5年内获得的,说明我校高素质人才培养水平不断提高,但是为什么博士论文的质量还是不能获得更多的社会认可?个人觉得,主要是我们部分导师的培养思想和教育观念有偏差,没有对学生负足够的责任。如何解决这个问题,大家要好好讨论。

(7)横向科研项目仍然较少,产学研合作主要以短期的项目合作居多,缺乏战略层次的合作,科技成果转化和科技产业化水平较低。产学研合作从思想认识到落实措施上也还需要进一步加强研究,从形式、内容、运行机制、管理办法都还有待于充实完善。

(8)科研管理有待加强。部分教师承接项目后,不能很好地完成科研任务,不重视项目的结题工作,存在"重申请,轻研究"的现象;科研经费管理有待加强,科研经费存在"体外循环"的现象;科研投入产出的绩效不高,存在一定程度的科研浪费现象;科研管理尤其是院系科研管理有待加强,学校有关部门要严格把关,各学院的党委书记和院长要切实承担起责任,进一步提高我校科研管理的水平。

三、2008年的努力方向

实现2008年学校的科研目标,要重点做好以下几个方面的工作:

1.进一步转变科研观念。要把个人兴趣与国家现实需要紧密结合起来,在鼓励基础研究自由探索的同时,强调服务国家目标与需求,这个观点要反复讲;要正确处理好科研与教学的关系,教学与科研是高素质创新型人才培养的两大支柱,教学必须与科研紧密结合,科研必须向教学延伸,科研训练应该成为培养创新型人才的重要途径。比如华中科技大学,最近开始建设创新研究院,里面的人才培养完全是多学科互相交叉融合的,打破了现有的专业限制,这一改革试点得到教育部和国务院学位办的支持,对此,我深有体会,如何加强本科生的科研训练,让高年级的本科生也接受创新研究的熏陶,这是我们要好好研究的。

要注重引导科研人员树立团队精神,强调懂得互相欣赏,多看到彼此长处,要学会尊重别人,在相互激励、互相帮助中共同提高,科研离不开竞争,竞争不是对抗,而是合作双赢,是共同发展;要正确处理好基础研究与应用研究的关系,做到既能"顶天"又能"立地",服务国家、服务地方、服务企业。

2.进一步培养和引进高层次人才。要加大院士、长江学者、杰出青年等高层次人才的培养和引进的力度。我认为,科研水平能不能上得去,关键在于人。希望各学院要把寻求人才、爱惜人才放在学院工作的第一位;积极创新人才组织模式,着眼于承担国家和区域重点发展领域的重大科技项目,以创新平台和创新基地为依托,以优秀领军人才为核心,大力推进"学科带头人+创新团队"建设。

创新研究生培养机制,重点做好研究生的培养,努力提高博士生培养质量。我校今年要实行研究生培养机制改革，这是近年来改革力度最大的一次，我们要把研究生资源与我校的科研需求相结合，打破那种无论有没有科研需求，都配备研究生名额的做法。研究生培养一定要突出“研究”二字，研究生不是本科生的五、六年级，研究生教育与本科教育应当有很大的差别。

3.进一步完善科研政策。要充分发挥学部的职能，根据不同学科的特点，制定相应的评价体系和评价标准，在深入调查研究、科学论证的基础上，根据不同学科的特点，制定相应的评价体系和评价标准。评价体系的建设，要有利于团队建设和调动科研人员的积极性，有利于形成鼓励创新和服务发展的政策导向。

完善人事分配政策和奖励机制，使每一位教师和科研人员各展所长，各尽所能，各得其所。要发挥学科综合优势，促进文理工医科交叉融合，切实增强承担国家重大专项和重大横向项目的能力。改革和完善科研经费的管理办法，确保横向课题经费进学校，要建立一套合理有效的激励机制，让教师把“体外循环”的横向经费转入校内。

4.进一步改善科研条件。加快改善教师科研人员的工作与生活条件，积极拓展科研经费来源渠道，在继续争取纵向科研经费的同时，切实提高横向科研经费的比重，力争2008年科研经费达到3.6亿元；以“211工程”和“985工程”三期建设为契机，创新平台基地构建模式。要加强科研资源的共建共享，特别是大型仪器设备的配置一定要杜绝重复建设和“大而全”、“小而全”，使有限的资源发挥最大的使用效益。

我校这几年的条件有了很大改善，但是与需求相比还远远落后，许多学院科研用房很紧张，很多教师尤其是中青年教师的生活问题没有得到解决，特别是住房问题，这是一个很迫切的问题，学校正在全力解决这个问题，今年将会有一部分住在校内的老师搬到西北村去，校内可以腾出一些周转房，希望今年让青年教师住公寓的年限由1年延长到若干年。

5.进一步推进产学研合作。高水平大学创一流必须“顶天立地”，必须坚定不移地走产学研结合道路。走产学研结合的道路，必须坚持以企业为主体、市场为导向。当前，我们要特别关注围绕国家中长期科技发展规划和重点发展领域，继续加强与国家部委和大型企业的战略合作，构建科技创新大平台，积极争取承接企业委托大项目。

落实“服务海西行动计划”，围绕福建省主导产业和高新技术产业发展的需要，积极协调，分批启动建设面向海西产业发展需求的科技创新平台；通过办好全国“6·18”重点高校专场对接会，完善项目对接机制，使学校的科技创新能够和经济社会的发展联系得更加紧密，同时吸引全国著名高校和企业参与海西建设。

落实市校战略合作协议，在“985工程”和“211工程”重点共建、翔安校区建设、共建厦大医学院和附属医院、国家大学科技园建设、科技合作、人才培养等方面开展战略合作；与厦门市联合建设“国家大学科技园”，充分发挥大学科技园的孵化功能，加速科技成果转化和技术转移。

6.进一步开展决策咨询服务。发挥我校人文社科和理工医等多学科的综合优势，加强对重大理论和现实问题研究，积极为各级党委和政府提供高质量的决策咨询服务，充分发挥“思想库”和“智囊团”作用；积极地为企业经营的科学决策和文化建设提供帮助和服务。

春节前，我和朱之文书记带着一些同志到泉州和晋江，我们看到许多企业的领导迫切希望得到我校的帮助和服务。面对经济社会发展的迫切需求，我们的研究人员要走出校门，进一步发挥学科和科研优势，积极为经济社会发展出谋划策，努力成为各级政府和企业的思想库和智囊团。

7.进一步加强国际交流与合作。国际交流合作是站在国际教育科技前沿，提升学校办学水平的重要途径。我们要进一步把现有的国际合作科研平台办好，在此基础上，以更加开放的姿态着力提升国际交流与合作的层次、水平和实效。以学院(研究院)为主体，进一步推动强强合作、强项合作，努力与一批世界名校、著名企业建立长期稳定的战略合作伙伴关系；创造更好条件，聘请国际知名专家学者来校任教、开展合作研究，与国外高水平大学开展学者交流、学生互换；引进境外优质教育资源，促进合作办学。

8.进一步加强科研管理。管理出效益，管理出质量。我们要高度重视科研管理，特别是要加强对重大项目和重大科研奖励申报工作的设计，一方面要积极引导和组织校内相关力量对科研项目和科研奖励的争取工作,另一方面要扩大宣传,畅通渠道,鼓励广大教师和科研人员积极参与各类重大科研项目的竞争和评选。

加强科研成果,引导专利和各类奖项的申请,加强知识产权的保护;加强对科研项目的后续管理工作,提高科研项目的完成质量;建立并完善科研管理系统,加强技术支撑队伍和科研管理队伍建设,提高科研管理与服务水平。

9.2008 年科研任务。去年,我校理工医科科研经费任务实际完成 26284 万元,完成率达 125%,今年的任务是 3 亿元;人文社科科研经费实际完成 3357.4 万元,完成率也不错,达 90%左右,今年要完成 6000 万元。这样的一个任务是不是高了? 根据我校人文社科的力量与水平,我认为不高,只要认识到位,措施得力,完全有可能完成,中国人民大学去年完成了 1.1 亿,浙江大学是 6000 万,中山大学大概是 5000 万,与这些高校相比,我校还有很大的空间可以拓展,很大的潜力可以挖。

最后,让我们共同努力,进一步解放思想,进一步奋发精神,进一步认清自己的担子和使命,共同把我们今年的科研工作做得更好,更加圆满地完成今年的科研任务,谢谢!

——本文摘录自朱崇实:《大学的进步》,商务印书馆,2019 年 1 月版

在厦门大学八十七周年校庆大会上的讲话

（2008年4月6日）

校长　朱崇实

尊敬的各位来宾、各位校友，亲爱的老师、同学们：

大家上午好！

在这春暖花开、风光无限的美好季节，我们亲爱的母校迎来了她87周年的生日，在这充满欢欣与喜庆的时刻，让我们共同祝愿我们的母校生日快乐，共同祝愿我们的母校蓬勃发展，青春永驻！同时，我也要借这个美好的时刻，向广大师生员工，向国内外的所有校友，致以诚挚的问候和节日的祝福！向所有关心支持和帮助厦门大学的社会各界朋友表示衷心的感谢！

今年校庆，有着特殊的意义，这就是我们将同时庆祝我们的附属中山医院建院80周年。厦门大学87年的历史，附属中山医院80年的历程，对于我们所有厦大人、中山人来说，都是一样的厚重和珍贵。不论是我们的母校，还是我们的附属中山医院，都始终与国家、与民族的命运紧紧相连，都曾经历尽坎坷却执着前行，都数度遭遇磨难而又屡创辉煌。今天，我们在这里欢聚一堂，庆祝我们建校87周年、建院80周年，我想，在座各位一定都和我一样，无比激动，感慨万千。

在这不同寻常的纪念日里，回顾历史，我们有着太多太多的回忆和感激。80多年前的中国，是世界上最贫困落后的国家之一。备受列强欺凌，沦为半封建半殖民地的旧中国，民不聊生、教育落后、医疗匮乏、卫生极差。1921年，陈嘉庚先生怀抱教育救国的理想倾资创办厦门大学时，因条件所限，只能在校内设立一间不足十人的医疗室，服务厦大师生员工，同时也方便学校附近的民众就医。1928年，时任厦门大学校长的医学博士林文庆先生自新加坡等地募得近八万元捐款，欲建厦大医学院，却因资金缺额太大只好作罢。林文庆校长转而联合厦门有识之士，发起创建厦门中山医院，以弘扬孙中山先生倡导的“天下为公，造福社会”的精神，改善厦门的医疗条件，服务厦门市民。1933年厦门中山医院正式开诊，林文庆校长接受医院董事会的邀请，兼任中山医院首任院长。可以说，厦门大学和中山医院的创办及后来的发展，都倾注了先辈们的爱国情愫、凝聚了无数人的心血和汗水，得到了社会贤达的慷慨支持和无私帮助。在此，我要向所有关心、支持和帮助厦门大学与附属中山医院的人们致以我们最诚挚的谢意！

在今天这个特殊的纪念日里，我们要向林文庆校长表示我们特别的敬意。林文庆校长把他一生最美好的时光献给了厦门大学，献给了厦门中山医院，87年前他受嘉庚先生之感召，放弃自己在南洋的优裕生活到贫困的中国为自己的民族和人民劳心劳力，为厦门大学和厦门中山医院的发展做出了宝贵的贡献。昨天，我们在文庆亭旁为林文庆校长的半身雕像落成揭幕，我们由衷地希望他热爱教育、普济众生的高尚情怀能为更多的后人所景仰。

建设好厦门大学的医学学科，办一所一流的医学院，为福建省乃至中国培养一流的医学人才是我们先辈的一个崇高愿望。让我们无比感激的是，先辈们的这一愿望70年后在中共厦门市委、厦门市人民政府的英明决策和教育部、卫生部及诸多校友和朋友们的大力支持和帮助下，终于实现了。1996年经教育部批准，厦门市人民政府与厦门大学共建厦门大学医学院。十二年来，医学院一步一个脚印向前发展，现已具备了良好的办学条件。医学院的历届毕业生都得到社会的高度认可与赞扬，他们中的一些人已成为自己所在单位的骨干与中坚。在最近召开的全国医学教育工作会议上，教育部周济部长强调，要努力实现医学教育优先发展、科学发展，办人民满意的医学教育，建设医学教育强国。厦门大学作为一所国家综合性重点大学,有责任,也有义务尽最大努力办好医学教育。让我们感到特别高兴的是厦门大学医学院的建设始终得到党和政府的高度重视,得到社会各界贤达的支持。去年,新加坡李氏基金捐赠1000万新币合5000万人民币专门用于厦大医学院的建设,嘉庚先生、光前先生的精神真是代代相传,永远光大!更让我们激动的是,厦门市委、市政府始终高度重视厦大医学院的建设,最近又在谋划厦大医学院新一轮的大规模建设和发展!我相信,在不久的将来,一所设施一流、师资一流、学生一流的医学院将矗立在厦门的大地上!从而为提升厦门、福建乃至全国的医疗卫生水平做出应有贡献。

今天是我们的校庆纪念日,也是我们的感恩日子。今天我要向在座的各位特别地介绍我们的陈为敏老校友,让我们分享陈老校友对母校的一片感恩之心。陈老校友1935年就学于厦门大学数学系,今年已92岁高龄,他与卢嘉锡学长为同窗好友。陈老学长离开母校后数十年,始终心系母校,无时无刻不在关注着母校的建设和发展,始终以一颗赤子之心感恩母校,感恩师长。今天,他将他在美国旧金山价值近500万美元的房产全部捐献给母校,以帮助母校的建设和发展。陈老学长不是一个大贾巨富,他是一个极其节俭的人,他在旧金山的这份房产,是他数十年辛劳的积蓄,他对母校这一片赤子之心,真是令我万分的感沛!我提议,让我们以热烈的掌声向陈为敏学长表示由衷的敬意和感谢!我们衷心祝愿陈老学长健康长寿!

陈为敏老学长坚持他的捐赠不设任何的条件,但我们为了弘扬这一善举,将学校的4幢大楼分别冠名萨本栋楼、林觉世楼、卢嘉锡楼和曾呈奎楼,这4个人都是陈为敏老学长所敬重的师长与同学,我们希望以此使得我们后人更好地记住于民族危难之际,学校将破之时,率全校师生内迁闽西、艰苦奋斗、自强不息,为振兴厦大殚精竭虑、呕心沥血的萨本栋校长;更好地记住曾经担任厦大数理系主任,倾其所学、因材施教、诲人不倦,为厦大数理学科的人才培养和建设做出杰出贡献的林觉世师长;更好地记住在十分艰苦的条件下不遗余力地重振厦大化学系,一生致力于推动科技进步,为我国科技事业的发展做出卓越贡献的卢嘉锡学长;更好地记住在个人长达76年的科研生涯中,始终把国家利益放在首位,求真务实,为推动我国海洋科技事业的发展做出巨大贡献的曾呈奎学长;从而激励我们后人更好地记住厦门大学"自强不息,止于至善"的校训,更好地记住厦门大学"爱国、革命、自强、科学"的四种精神!

同志们、朋友们、老师们、同学们,我们每时每刻都在感恩我们的党、我们的政府,感恩我们的先辈、我们的校友,感恩所有关心支持厦大的社会各界朋友。我们的感恩,最好的表达方式就是勤奋工作,刻苦学习,为把我们的母校建设成一所南方之强的一流大学而努力奋斗。让我们感到无比骄傲和自豪的是厦门大学的师生员工没有辜负党和人民的期望,没有辜负社会各界的期望,他们在各自的岗位勤奋工作,努力学习,在过去的一年又取得了丰硕的成果,使得我校在人才培养、科学研究和社会服务又上一个新的台阶。在今天的校庆大会上,我们将隆重表彰他们中的先进个人和先进集体,这些先进个人和先进集体是我校4万多名师生员工的杰出代表和楷模,我要借此机会,向他们表示热烈的祝贺和衷心的感谢,并号召全体师生员工向这些先进人物学习,像他们那样在科学的道路上不畏艰难、勇攀高峰,为把厦门大学建设成为一所世界知名高水平研究型大学而努力奋斗。

尊敬的各位来宾、各校校友,老师们、同学们,今天厦门大学的历史又翻开了新的一页,厦门大学附属中山医院也将书写新的华章,我们又站在新的起跑线上。我由衷地期望,我们在新的起点上,要以党的十七大精神为指导,牢牢把握科学发展观,继续解放思想、开拓创新、奋勇拼搏,为厦门大学的建设和发展,为海峡西岸经济区的建设与发展,为我们伟大祖国的繁荣昌盛做出更大的贡献!

谢谢大家!

——本文摘录自《厦门大学报》,2008年4月12日第776期

在厦门大学领导干部作风建设大会上的总结讲话

（2008 年 6 月 12 日）

校长　朱崇实

同志们：

在全校上下深入贯彻落实党的十七大精神和我校第九次党代会精神，深入实施我校“十一五”规划，大力推进高水平研究型大学建设的关键时期，召开全校领导干部作风建设大会，具有十分重要而深远的意义。大家普遍反映，这次全校领导干部作风建设大会，开得很及时，很有必要。

昨天上午，朱之文书记作了题为“全面加强领导干部作风建设，推动学校各项事业又好又快发展”的大会报告。报告深入贯彻落实党的十七大和中纪委七次全会精神，围绕我校第九次党代会提出的奋斗目标，紧密结合我校各级领导班子和领导干部队伍的实际，强调要把加强领导干部作风建设作为一项战略任务，下决心抓紧、抓实、抓出成效，使各级领导干部切实转变作风、树立形象、做好表率，带领广大师生员工在新的历史起点上把各项事业推向新的高度。辜芳昭副书记传达了上级纪委会议精神，对我校 2008 年反腐倡廉建设进行了部署。各单位党政主要领导与校党委、校行政签订了《党风廉政建设责任书》。

昨天下午，各单位领导班子成员围绕朱之文书记的大会报告、辜芳昭副书记的工作报告和有关文件，进行了分组讨论。各组的讨论都十分热烈，大家踊跃发言，发表了很多很好的意见和建议。校党委将认真地研究同志们提出的意见和建议。刚才三位职能部门的处长和三个学院的党委书记分别代表本单位作了代表性发言，对加强领导干部作风建设谈了学习体会，并提出了本单位初步的贯彻落实意见。

下面，我根据同志们在讨论发言中的重点，就加强领导干部作风建设问题谈几点看法。

一、加强领导干部作风建设，重视学习是前提

只有理论上的清醒，才有政治上的坚定。各级领导班子和领导干部要想有凝聚力、号召力和战斗力，就必须把学习作为锤炼作风、增强本领、成就事业的基本功，带头养成读书学习的良好习惯。当前，我们有些领导干部凭经验办事，靠拍脑袋决策，工作干到哪里算哪里；有的领导干部在学习中摆样子，做表面文章，搞形式主义；有的认为自己有高学历、高职称，学不学无所谓，甚至不用学习也能对付；有的表面上看似乎在学习，但实际上从思想到工作什么问题也没有解决，学习成了“走过场”；有的认为工作太忙、没时间学，却整天忙于不必要的应酬；有的学习不刻苦、不钻研，浅尝辄止，满足于一知半解，不掌握理论的科学体系和精神实质，等等。所有这些，都与建设高水平研究型大学的目标要求是不相适应的。因此，我们的各级领导干部必须牢固树立终身学习的思想，真正挤出时间、沉下心来，多读点书、多思考点问题，努力在建设学习型政党和学习型社会中走在前列。要通过学习，不断增强政治敏锐性、政治鉴别力和用科学发展观统领全局的能力，进一步提高工作本领，增强工作的主动性、预见性和创造性，真正成为领导学校事业发展的行家里手。

二、加强领导干部作风建设，加强教育是基础

加强作风建设必须首先抓好教育，筑牢思想道德基础，这是坚持关口前移的重要手段，也是我们在实

际工作中形成的一条基本经验。要在广大领导干部中深入开展理想信念教育、党的光荣传统和优良作风教育、党章和法纪教育、社会主义荣辱观教育、廉洁自律教育和警示教育，自觉践行社会主义核心价值体系，不断夯实廉洁从政的思想道德基础，筑牢拒腐防变的思想道德防线。要加强干部生活作风问题的教育，引导各级领导干部牢固树立正确的世界观、人生观、价值观，形成知难而进、迎难而上、奋发有为的精神力量，从思想深处自觉按照党员干部的行为规范来约束自己的言行，知所守、知所辨、知所拒，慎初、慎独、慎交、慎微，以实际行动弘扬新风正气、抵制歪风邪气。

三、加强领导干部作风建设，完善制度是根本

我们已经有了一系列保障领导干部树立良好作风的好制度，关键是要如何执行好、落实好，使之在领导干部作风建设中充分发挥作用。就我校而言，我们要建立健全并严格执行民主集中制的各项制度规定，保证各级领导班子民主议事、科学决策，努力形成用制度管权、按制度办事、靠制度管人的有效机制。要完善校、院两级领导班子民主生活会制度，将领导干部作风纳入民主生活会的重要内容和议题，在班子内部有针对性地开展思想、作风方面的教育、提醒和批评与自我批评。要健全完善领导干部廉洁从政的有关制度，抓紧建立结构合理、配置科学、程序严密、制约有效的权力运行机制，规范各级领导干部的从政行为。建立和完善效能建设制度，不断增强机关部处领导干部的服务意识；建立和完善绩效考评机制，注重加强对干部作风的考核；建立健全干部激励机制，真正把那些政治上靠得住、工作上有本事、作风上过得硬、师生员工信得过的优秀干部选拔进各级领导班子，促进广大党员干部作风的根本转变。

四、加强领导干部作风建设，真抓实干是重点

在其位、谋其政、履其职、负其责，是对领导干部的最起码的要求。但我们有些干部事业心和责任感不强，缺乏激情，不思进取，谋划发展、干事创业的拼劲闯劲不足，不想干成事，只想不出事。最近，中山大学黄达人校长在全校中层干部会上作主题为“干部要谋事”的讲话，用了许多具体生动的例子，阐明了一个基本的道理，这就是：各级领导干部切不可做一个“维持会长”，得过且过、安于现状，所有工作只是等待上级的指示，不主动地去谋划发展，而是要为学校、为本单位发展而积极谋划，为学校的发展寻求突破，要谋大事，要谋公事，最后还要谋成事。我认为黄校长的讲话讲得很好、很深刻，既有实际案例，又有理论的高度。我要求办公室已将这个讲话印发给各位校领导和部处长、院党委书记、院长们阅读。有些同志看了以后，觉得黄校长讲话确实不错，对自己有所触动。希望还没有看的同志不妨花点时间去阅读一下。几年来，我每周都会利用一点时间有重点地浏览国内外若干所大学的网站，了解和掌握这些大学最近在做什么，有哪些主要的工作重点，取得了哪些重要的成果。我觉得这实际上也是在学习，而且是花时间不多但却能够比较快地掌握信息、学习别人经验的好途径。因此，我希望各位院长、书记和部、处长能选定几所学校或学院，每周用一点时间去了解他们的情况，看看他们在想什么，在做什么。希望从今天开始，大家都想一想如何在“谋”字上下功夫，怎么样来谋大事、谋公事、谋成事？

要认真抓好工作的落实。每一项工作任务的完成，关键在于落实。如果我们不抓落实，不去真正落实，那么，任何创新的思路、任何有效的方法、任何重要的会议精神，都只能是画饼充饥。如果我们不抓落实，不去真正落实，那么，建设高水平研究型大学的宏伟蓝图，都只能成为水中月、镜中花。因此，各级领导干部要发扬求真务实精神，以强烈的责任感和事业心抓好各项工作的落实，切实解决当前我们工作中存在的重部署轻检查、重形式轻效果的现象，坚决克服得过且过、不思进取，遇事推诿扯皮、敷衍了事的不良作风，定下来的事情就要雷厉风行、抓紧实施、认真干好，努力做到“看不准不动手、看准了不松手、干不成不放手”，一步一个脚印地把工作落到实处。

五、加强领导干部作风建设,强化监督是保障

加强对各级领导干部的监督,是推进领导干部作风建设的重要保障。当前,要严格执行党内监督的各项规定,重点要加强对领导干部贯彻落实科学发展观、构建社会主义和谐社会等重大战略决策和部署情况的督促检查,保证各级领导干部始终与党中央保持高度一致,切实把中央的各项要求落到实处;加强对领导干部坚持立党为公、执政为民,秉公用权、服务师生、服务基层等情况的督促检查,着力解决师生员工反映强烈的突出的问题,营造和谐的党群干群关系;加强对领导干部坚持求真务实、真抓实干情况的督促检查,引导各级领导干部真正把心思用在事业发展上、把情感贴近师生员工上、把作风拧在求真务实上;加强对领导干部生活作风情况的督促检查,使各级领导干部真正做到台上和台下一个样,工作时间和业余时间一个样,有监督和没有监督一个样。要进一步拓宽监督渠道,扩大监督的视野和范围,逐步形成全方位、多层次的监督网络,切实做到领导干部的权力行使到哪里、活动延伸到哪里,监督就跟踪到哪里。通过加强监督,及时发现和纠正领导干部在作风方面存在的问题。

最后,我代表校党委就贯彻落实好本次会议的精神,提四点要求:

1.统一思想、提高认识。

各单位领导班子要认真组织学习,领会这次会议的精神,领会校党委《关于加强领导干部作风建设的若干意见》和朱之文书记的动员报告,认清领导干部作风建设的极端重要性和紧迫性,进一步把思想统一到会议精神上来。各单位要在 6 月 18 日之前,把组织学习的情况以书面形式报学校办公室。

2.明确任务、重在落实。

各单位领导班子要结合本单位实际,进一步把行动统一到狠抓落实上来,把加强领导干部作风建设的各项任务抓紧、抓好、抓实,切实增强领导干部作风建设的针对性和实效性。要采取多种形式,广泛听取意见,加强对照检查,找准突出问题,制定实施方案,加大整改力度,有的放矢,对症下药,使师生员工感受到实实在在的变化。

3.形成合力、推动发展。

要按照胡锦涛总书记提出的“发扬民主、团结共事”要求,积极开展“和谐班子”建设,通过班子和谐带动党内和谐,通过党内和谐促进学校和谐,形成以和谐促发展的生动局面。要通过加强领导干部作风建设,使各级领导干部全身心地投入到加快发展上来,努力开创学校各项事业的新局面。

4.持之以恒、务求实效。

领导干部作风建设,既是一项长期的艰巨任务,又是一项现实而紧迫的工作。要坚持把领导干部作风建设作为一项经常性工作来抓,加强日常教育,加强管理监督,加强巡视检查,扎扎实实地推进领导干部作风建设,使各级领导干部始终保持振奋的精神和良好的作风。

同志们,加强领导干部作风建设,意义重大、使命光荣、任务艰巨。让我们齐心协力,共同奋斗,以良好的作风推动学校科学发展、和谐发展,为早日把我校建设成为世界知名的高水平研究型大学而努力奋斗!

谢谢大家。

——本文摘录自《厦门大学报》,2008 年 6 月 14 日第 785 期

让爱充满你的世界

——在2008届本专科生毕业典礼上的讲话

(2008年6月27日)

校长　朱崇实

四年前,同学们怀着求知之心、报国之志来到厦门大学,翻开生活的新篇章。在这个古朴而又现代、美丽而又厚重的校园里,你们求学解惑,增长知识,锻炼才干,茁壮成长,度过了你们青春岁月里最值得怀念的日子。光阴似箭,四年弹指一挥间。有同学告诉我,入学时的情景还历历在目,今天却就要毕业了,马上就要离开这美丽而温馨的校园了。很多同学舍不得,舍不得离开这校园,舍不得离开相伴了四年的师生和同学,舍不得这里的山、海、草、木!因此有同学怀念当年毕业生用大笔在大路上写下充满感情的“我不想毕业”五个大字,还有同学在墙上画下一个大得让人心跳的红心表达对母校的不舍,也有同学因为要离校悲喜交加,喜则流泪,悲则大吼!当然,有更多同学用更加优美的方式留下自己的眷念和记忆。我看了你们在学生活动中心举办的摄影展,有些照片真是美,我在校园生活了二十多年,照片里的很多美景我都从未见过,我真佩服你们对自己校园的熟悉和热爱!但我感到最美的还是同学们散落在校园四处的青春风采,校园正是因为有了各位同学才活力四射,动感十足,青春是校园最美的景色。为此,我要由衷地感谢你们,感谢你们在过去的四年用你们的青春为我们共同的厦大增添了许多新的风采!

四年了,四年不长,四年也不短!同学们,你们把自己最宝贵的四年青春留在了厦大。我由衷地希望厦大四年是你们自己毕业记忆里最愉快、最有收获、最值怀念的四年。每当与毕业生道别,总是忍不住有几分感慨,今年也是。我们今天的毕业典礼离刚刚过去的百年不遇的汶川大地震才一个多月。我想在座的每一位同学跟我一样,一个多月前的这场特大灾害给了我们无数的画面、无数的感想,我想最大的画面,最深的感想应该是爱的力量、爱的美丽!母亲死了还抱着自己的孩子;教师牺牲自己抓着讲台救了自己的学生;女学生已经跑出教室又返回去救自己的同学,结果自己被废墟压倒;小青年被巨石砸断了手脚仍忘我地抢救他人;才十二岁的小哥哥背着自己的三岁妹妹徒步奔跑几十公里逃生,没有一刻想过扔下自己的妹妹;地震才两个多小时,总理就出现在灾区指挥抗灾;空降兵在极端恶劣的气候条件下冒死从4000多米的高空跳下去侦察险情;总书记冒着余震几乎踏遍所有的重灾区安慰灾民、组织抢险;解放军官兵、武警战士、救护队、消防员、医疗队、壮年人、青年人、男人、女人……无数的人都是奋不顾身地抢救自己的同胞,与天灾做殊死的搏斗!更有无数不分国籍、不分种族、不分肤色、不分信仰的人在灾区之外、在全球各地以各种不同的方式表达自己的爱心,为救灾提供自己的帮助。这一切,无一不是体现了爱的力量,体现了中华民族的骨肉情怀!体现了人类的普世价值!我很高兴的是,面对这场灾难,我们的师生一刻也没有落后,在得知灾害发生的第一时间就无私地献出了自己的爱。我知道在座的每个同学都以不同的方式表达了自己的爱,表达了自己对受难同胞的关怀。我由衷地期望各位同学能永远保持自己的爱心,大爱无疆,大爱无敌,大爱能克服一切困难,大爱能化解一切恩怨,大爱能赢得尊重,大爱能让你成功。

厦门大学是一位充满爱心的华侨领袖创办的。数十年来,我们的学校始终在党和人民、在社会各界的关爱下不断发展,爱国、革命、自强、科学是厦门大学崇尚的“四种精神”,也是厦门大学的优秀传统。同学们、朋友们,在你们即将离开学校之际,我由衷地期望你们不论走到哪里,都要牢牢记住厦门大学“自强不息，止于至善”的校训，记住厦门大学“爱国、革命、自强、科学”的优良传统，把你们的所学、把你们的知识、把你们的本领和才干奉献给社会，为把我们的祖国建设得更加繁荣富强做出自己应有的贡献！

——本文摘录自朱崇实：《大学的进步》，商务印书馆，2019年1月版

百年不遇的灾难带给我们的启示

——在2008届研究生毕业典礼上的讲话

(2008年6月28日)

校长　朱崇实

有这么多的亲人和朋友专程来到这里参加你们的毕业盛典，这足以说明各位今天毕业是一件多么值得庆贺的事情，足以说明各位今天的毕业是一生中最值得纪念的一件事情！为什么值得如此的庆祝和纪念？因为你们为了这一天吃了太多的苦、流了太多的汗，而且是拉扯着你们的亲人跟你们一起吃苦流汗！我知道，在座很多同学在厦大度过的岁月超过十年！有些同学可能有一段时间是生活在别的校园，但无论如何，你们在校园的时间至少是超过了七年！一个人一生有几个七年？有几个十年？你们确实是把一生最宝贵的时光留在了厦大、留在了校园。厦大如此之美、校园如此之美，我想肯定跟各位留下的青春有关，因为有了你们，厦大才永远年轻，校园才永远美丽！我要由衷地感谢你们为厦大的建设和发展所做出的贡献，感谢你们为厦大的进步所付出的辛劳和汗水。

昨天，在欢送本(专)科毕业生的大会上，我提到刚刚发生现仍处在救灾抢险中的汶川大地震。这场大灾难在悲痛之余给我们每一个人最大的震撼就是爱的力量！在这场百年不遇的大灾难面前，我们中华民族向世人展现了前所未有的爱的力量！无数可歌可泣的事迹，许多知名或不知名的英雄，上至我们的总书记、总理，下至我们的普通百姓，无一不展示了爱的力量。什么是舍生忘死？什么是舍己救人？什么是奋不顾身？什么是义薄云天？什么是情深似海？这些我们十分熟悉但又感觉有些抽象、有些遥远的语言在这场大灾难中全部变得如此的鲜活、如此的生动、如此的靠近我们，几乎可以说是每时每刻都出现在我们身边。因此，我在我的讲话中表达了一个真诚的愿望，就是希望我们的同学能永远保持自己的爱心，大爱无疆，大爱无敌，大爱能帮助你克服一切困难，大爱能帮助你获得成功。我想，这同样也是我对在座各位的一个殷切希望。

这一次的汶川大地震还给了我们一个深切的感受，这就是知识的力量、科学的力量。如此之大的一场灾难，震级为8级，裂度为11度，可谓百年不遇。但是有一所学校，同样处在地震中央范围，2300多师生却没有一个伤亡！为什么？因为这所学校的老师和领导者除了有爱心之外还尊重知识、尊重科学，讲知识、讲科学！他们尊重客观规律，长年坚持对同学进行防灾抗灾的知识教育和安全逃生训练；他们尊重技术标准，对不达标、不规范的教学楼一幢一幢地进行修缮、加固，直到符合标准，有一幢楼盖楼花了15万，修楼却用了40万；他们尊重科学，他们的管理是科学管理，他们针对学校的情况制定了科学严谨的灾害应对预案，并且让同学们都熟悉这个预案，所以一旦遇到灾难，同学们都十分冷静地快速行动。在几分钟的时间里，2300多师生全部整齐有序地列队站在操场上，没有科学，不讲科学，能做到这一点吗?！因此，这场大地震再次告诉了人们知识的重要、科学的重要！在座的各位是高学位的拥有者，博士、硕士代表了知识的高级程度，表明了你们都是经过科学系统训练、拥有某一专长的高级人才。我由衷地期望在座各位能把你们的所学，把你们的知识和才干奉献给社会，希望你们不论在哪个工作岗位上都一定要用自己拥有的知识和科学去做好每一份工作，去营造一个尊重知识、尊重科学的良好环境，使我们的社会变得更美好！

——本文摘录自朱崇实:《大学的进步》，商务印书馆，2019年1月版

在本科生优秀导师总结表彰大会上的讲话

（2008 年 12 月 30 日）

校长　朱崇实

同志们，今天我们在这里隆重举行本科生优秀导师总结表彰大会，6 个典型发言都讲得非常好，很感人，对我来说是一次教育。首先，我要代表校党委、校行政，向这次受到表彰的 69 位本科生优秀导师表示衷心的祝贺与衷心的感谢！

学校实行本科生导师制，这是学校教育教学制度的一项改革。大学以育人为本，什么是大学最重要的产物？就是它生生不息，一年又一年为社会提供的各类人才。大学最骄傲的是什么？最骄傲的是它能够为社会、为国家培养高素质的人才。怎么培养高素质的人才，是大学永恒的话题，厦门大学也不例外，我们也在不断探索如何提高人才培养质量。

现在的大学生，在素质、能力各方面，都在不断提高，应该说，现在的年轻人，不要说跟三十年前比，就是跟十年、二十年前相比，无论是从信息的获取量、知识的积累、自学的能力，还是跟同学们互相交往的本事，都大大增强了，但是他们也有弱点，什么弱点？根据我的观察和归纳，最大的弱点在于真正的社会阅历不足，因为这代年轻人，受到家庭与社会所限，社会活动的圈子和范围其实很窄，他们接收了大量的信息，但是如何在这纷繁浩瀚的信息中去提取有价值的，去提取最有用的，还比较茫然。我赞成刚刚前面有导师说的，说现在的学生浏览了大量的信息，但是他们没有读书，或者说书读得不够，学生浏览了大量的信息，但是怎么在这大量的信息中去把握其中核心的东西，去把握里面的精髓，这个需要引导。那么大学就被赋予这样的责任，我们怎么能够更好地去帮助他们，让他们的思想更加深邃，对自己的人生把握能够更加的准确，学校采取了种种的方法和措施，其中最重要的措施之一就是实行本科生导师制，这是一个探索，我们希望通过这个探索，让师生更好地互动，让导师和同学结成亲密的家庭，在这个家庭里，老师同学教学相长，共同前进。

说实在的，任何一项改革的过程一定是痛苦的，本科生导师制推行两年多来，也是不平凡的，对于这个制度，褒贬不一，争论至今，究竟这个制度有没有必要，对同学有没有帮助，到目前都还是一个有争议的话题。下午总结表彰会上的 6 个发言，个个都讲得很精彩，特别我还要建议，同志们把教务处编印的《厦门大学本科生导师制经验交流》汇编好好看一看，这本汇编还没有把收集到的稿件全部收进去，我建议，把那些即使没有评上优秀导师的导师心得也收进去。

这次获表彰的 69 位导师，有已经退休的老教授，也有刚刚进入教师队伍不久的年轻教师，有蜚声中外的学者专家，也有名不见经传、刚刚离开校园的年轻博士，但无论是哪一类的教师，无论他年纪大还是年纪小，无论他有经验还是没经验，他对自己的工作都充满激情，充满爱心，确实是像对待自己的孩子、自己的兄弟姐妹一样对待学生。我想，假如有这么一片爱心，我们这个制度就一定能够实行好，一定能够取得成效。因为我们深切地感到，这样的制度得到了同学们的欢迎，我们的同学渴望跟我们的导师见面，能够跟我们的导师交流，刚刚有代表说，我做不了更多其他的事情，我就默默地聆听同学们的发言，说自己各种各样的经历，你只要听，就是对他的一种帮助和鼓励，我觉得确实是这样，所以我说我们有很多很多的工作，它并没有过于功利的目标，但是做了一定会有结果，为什么？因为我们在用心地做这件事，今天下午这个总结表彰会，我个人认为仅仅是个开端，有好开端，一定能够有好的结果。我要再一次向所有的本科生导师表示我的敬意。

今天的总结表彰大会由于时间限制,没有办法听取各位针对如何把我们这项工作做好,学校在哪些方面还要改进,无论是制度层面、机制层面,还是具体的工作措施的意见和建议。例如,学校给每一个本科生安排了200元的活动经费,但是我听说,这200元要拿到手很困难,有很多导师干脆自己掏钱给学生开展活动。我建议教务部门、学生部门等相关部门,能专门安排一些时间,听听大家在这些方面有些什么意见和建议,包括听同学们的意见和建议,看看如何从制度上、机制上,具体的措施上创造一个更好的条件,让本科生导师制更健康地向前发展。

我们这项改革能不能取得逾期的效果目标,能不能给我们的同学以更多力所能及的帮助,再有很重要的一点就是要不断地创新,刚刚有代表说,这项制度是古老的制度,在数百年前人家就有了,但这项制度又是年轻的制度,数百年来在不断地创新和进步,各国都有各国的做法,各校都有各校的措施,我希望厦门大学在这方面也能够不断地与时俱进,不断创新,我看了一下汇编,觉得我校19个有本科生在读的学院做的经验总结都很好,这恐怕是厦门大学对一项工作做总结最为丰富多彩的一次了,19个院有19种不同的做法,各个院都有自己的经验体会,69个导师的心得体会也是各有千秋、各有精彩。我觉得,这也就是这项制度的生命力所在,只要围绕着教书育人这个原则和目标,至于应该要怎么做,如何做,我觉得,可以因人而异、因学院而异、因专业而异、因导师学生而异,就像刚刚有导师说的,能不能文理科导师来个交叉,能不能文理导师共同来指导几个学生?我觉得完全可以。

在一次会议上,我曾说过,我切切实实希望看到厦门大学出现一种"学术生态",或者说"教育生态",在这里,若干个导师带着若干个博士生,若干个硕士生,还有若干个本科生,形成像是一个大家庭一样的生态群,我想,如果厦大有很多很多这样的群体,厦门大学的学生一定会感觉到,他是最幸福的学生,我也相信,这样的组织生态一定是充满活力,最有创新意识、最有创新活力的组织。

刚刚前面好几个学院的发言,已经让我们看到了这样的前景:优秀学生取得的成绩是同我们这样的生态群有关系的,我们的学生得到了兄弟院校的赞同,也同我们的本科生导师制,同我们实行这样的培养模式有关系。我想,我们坚持往前走,坚持数年,正像刚刚有位导师说的,"二十年后见分晓",二十年、三十年后,厦门大学的人才培养肯定会在已有的基础上、高度上跃上一个新的台阶。今天下午的大会大大增强了我们的信心,一项新的事物,在实行的初期,有困难、有不足都不足为奇,我知道,教务部门曾经做过调查,大概还有一半的学生不知道本科生导师制是什么,根本就没有与自己的导师见过面,我校现在有2300多个专任教师,我不知道有没有一半的老师在工作中以这种方式来帮助学生。我想,不管怎样,今天我们已经迈出了很好的一步,这69个同志,就是69个典型,69个榜样,有今天的69个,就会有明天的690个,后天的1690个,如果厦门大学有1690个优秀导师,那么我相信,所有厦门大学的学生,都会更加热爱自己的学校,都会更加热爱自己的学院,都会更加热爱自己的老师,毫无疑问,也就会更加热爱自己的祖国。我想,这就是活生生的思想政治教育,我们如果把这个工作做好了,那我们的教书育人将会真正落到实处,今后,我们要在现有的基础上,不断地总结经验,不断地把我们的问题、困难逐一解决,我们要创造一个更好的环境和条件,为同学做更多事情。谢谢大家!

——本文摘录自《厦门大学报》,2009年1月6日第811期

·党建与思想政治工作·

中共厦门大学委员会
关于加强新时期统一战线工作的意见

（2008年1月13日）

为深入学习贯彻党的十七大精神，落实我校第九次党代会确定的各项任务，促进和谐校园建设，实现建设世界知名高水平研究型大学的奋斗目标，根据《中共中央关于进一步加强中国共产党领导的多党合作和政治协商制度建设的意见》（中发〔2005〕5号）、《中共中央关于巩固和壮大新世纪新阶段统一战线的意见》（中发〔2006〕15号）和中央统战部、教育部《关于加强高校统一战线工作的意见》（统发〔2004〕62号）等文件精神及第二十次全国统战工作会议、全国高校统战工作会议精神，结合我校实际，对加强新时期我校统一战线工作提出如下意见。

一、充分认识新时期做好学校统战工作的重要性

统一战线是我们党夺取革命、建设、改革事业胜利的重要法宝，是我们党执政兴国的重要法宝，是实现祖国完全统一和中华民族伟大复兴的重要法宝。高校统战工作是党的统一战线工作的重要组成部分。高校党外知识分子相对集中，汇聚着党外各方面代表人物，是统一战线培养、选拔新一代党外代表人士的重要源头，是输送党外干部的重要基地。高校统战工作关系到中国共产党领导的多党合作和政治协商制度的巩固和发展。

当前，我校正处在改革发展的关键时期。全面贯彻落实学校第九次党代会提出的目标任务，实现学校各项事业又好又快发展，对学校的统一战线工作提出新的更高的要求。我校统一战线成员人数多、层次高、联系广、影响大，是学校改革、发展和稳定的重要力量。实践证明，发挥统一战线协调关系、化解矛盾、凝聚人心、汇聚力量的功能，充分调动全校统一战线成员的主动性、积极性、创造性，对于我校构建社会主义和谐校园、建设世界知名高水平研究型大学有着重要的意义。

二、新时期学校统战工作的指导思想、重要原则和工作范围

1.新时期学校统战工作的指导思想是：坚持以邓小平理论和“三个代表”重要思想为指导，深入贯彻落实科学发展观，高举爱国主义、社会主义旗帜，团结一切可以团结的力量，调动一切可以调动的积极因素，紧紧围绕改革、发展和稳定的大局，着眼实施科教兴国、人才强国和建设创新型国家战略，巩固和壮大

最广泛的爱国统一战线，为推动学校科学发展，促进校园和谐服务，为夺取全面建设小康社会新胜利、开创中国特色社会主义新局面服务。

2.新时期学校统战工作必须坚持以下重要原则：坚持党对统一战线的领导，坚持统一战线为党和国家的中心任务服务，坚持大团结、大联合的主题，坚持发扬社会主义民主，坚持求同存异、体谅包容，坚持"团结—批评—团结"，坚持以人为本、照顾同盟者利益。

3.新时期学校统战工作范围主要包括：各民主党派成员、无党派人士、党外知识分子、出国和归国留学人员、少数民族人士、有宗教信仰的人士、港澳同胞及在校就读的港澳学生，台湾同胞及其亲属(包括在大陆定居的台胞和就读的台湾学生)、海外侨胞和归侨侨眷等。重点是专业领域成果显著、政治上有代表性、社会上有影响的党外人士。

三、全面把握新时期学校统战工作的主要任务

1.切实做好党外知识分子工作。党外知识分子工作是高校统一战线的基础性工作。要坚持党管人才和"尊重劳动、尊重知识、尊重人才、尊重创造"的方针，着重做好培养人才、用好人才、留住人才、吸引人才的工作。统战部要按照成为"党外知识分子之家"的要求，增强服务意识，密切同党外知识分子的联系，充分听取他们的意见建议，帮助他们解决实际困难和问题。有针对性地开展思想政治工作，引导党外知识分子自觉接受党的领导，不断坚定走中国特色社会主义道路的信念。要鼓励他们立足本职，爱岗敬业，始终做到政治上充分信任、工作上大力支持、生活上关心照顾。组织、统战、人事部门要加强沟通配合，积极发现和培养党外重点人才，为他们的进一步成长创造条件，帮助他们在各自的专业领域和社会政治生活中发挥更大的作用。

2.认真做好民主党派工作。加强对民主党派组织的政治领导，支持和帮助民主党派加强自身建设。帮助民主党派加强思想建设，开展以坚持中国特色社会主义政治发展道路为主线的政治交接学习教育活动，巩固民主党派与中国共产党团结合作、共同奋斗的思想基础。支持民主党派加强领导班子建设，充分酝酿，慎重选拔民主党派领导班子成员。帮助民主党派领导班子成员不断提高组织领导能力和参与学校民主管理、民主监督的能力。支持民主党派加强组织建设，按照注重质量、保持特色的原则，以有代表性的人士为主，协助民主党派做好吸收新成员的工作。协助民主党派组织做好后备干部选拔培养工作。

支持民主党派围绕学校中心工作，开展活动，发挥作用。支持民主党派成员在做好教学、科研、管理等本职工作的基础上，积极为学校事业发展，为国家和地方经济社会发展建言献策。

3.加强无党派人士工作。无党派人士是我国政治生活中不可缺少的一支重要力量，无党派人士工作是学校统战工作的重要方面。要加大无党派人士的选拔培养力度，在调研、分析的基础上，通过协商协调和细致的思想政治工作，使有代表性知识分子在中国共产党、民主党派和无党派人士中保持合理的分布，形成相对稳定的无党派人士队伍。

在无党派人士中开展以"自觉接受中国共产党的领导，坚持走中国特色社会主义道路"的思想教育，提高他们的政治把握能力、参政议政能力、合作共事能力。要搭设适当的台阶和舞台，帮助无党派人士积累工作经验，扩大社会影响，提高知名度，鼓励他们为中国特色社会主义事业贡献力量。

4.重视留学人员统战工作。认真贯彻党和国家关于留学人员工作的方针政策，加大对出国和归国留学人员工作的力度，重点掌握有成就、有影响的代表性人士的基本情况，加强同他们的联系交往，维护他们的合法权益，为他们发挥作用营造良好环境。发挥留学人员与海外联系广泛的优势，广泛开展对外交流合作，宣传学校办学成就，扩大我校在海外的影响。引导、鼓励更多的出国和归国留学人员通过多种形式为祖国、为学校服务。

5.加强台港澳和海外统战工作。坚持"一国两制"方针，认真贯彻党的台港澳政策和侨务政策，关心在校台胞、港澳同胞，侨胞、归侨和侨眷的学习、生活和工作，保护他们的合法权益。努力构建有利于增强民族凝聚力的培养体系，加强台、港、澳、侨学生工作，加深他们对祖国大陆的了解，增强他们的爱国主义

情感、民族荣誉感和文化认同感。发挥台盟、台联、台属联、侨联、留学生同学会、校友会等组织的桥梁纽带作用,建立开展海外统战工作的平台和机制,加强引资引智工作,广泛开展联谊活动,最大限度地争取人心,为维护港澳地区繁荣稳定,扩大两岸经济文化交流,促进祖国完全统一服务。

6.努力做好民族宗教工作。加强马克思主义民族观、宗教观和党的民族、宗教政策以及有关法律法规的宣传教育。关心少数民族师生,尊重他们的风俗习惯,及时帮助他们解决实际困难,营造各族师生团结友爱的良好氛围。针对少数民族特点组织各种活动,丰富他们的文化生活。适当扩大少数民族贫困生申请助学贷款的比例和额度。做好对西部少数民族地区科技、教育的支援工作。加强教育教学管理、思想文化阵地管理和校园安全管理,防止境外宗教向学校渗透,禁止在校内传播宗教,禁止在校园内开展宗教活动,依法妥善处理涉及宗教问题。

7.加强党外代表人士队伍建设。要把党外代表人士队伍建设工作纳入全校高层次人才队伍和干部队伍建设的总体规划,建立健全培养、考察、举荐党外代表人士的制度。按照德才兼备、注重实绩和群众公认的原则,拓宽选拔渠道,加强培训教育、实践锻炼,建立一支自觉接受中国共产党领导,坚定不移地走中国特色社会主义道路,素质优良、结构合理、学术造诣较高的党外代表人士队伍及其后备干部队伍。要根据工作需要,把更多的优秀党外干部选拔到校、院、系及机关部处任职,原则上处级以上党外干部人数不少于全校处级以上干部总数的15%。支持党外代表人士参与各类政治社会活动,积极向各级人大、政府、政协、司法机关及各人民团体推荐党外代表人士担任有关职务。

四、切实加强统战工作制度化和规范化建设

1.完善信息沟通制度。统战部定期召开民主党派、有关团体负责人联席会,党外代表人士情况通报会、座谈会,向他们通报学校改革发展的进展情况,沟通统战工作中的重要信息。各院党委、党总支要定期向统一战线成员介绍本单位有关情况。通过沟通信息、交换看法,增进了解、达成共识。

2.完善传达有关会议精神和邀请参加重要活动制度。根据上级党委的有关规定和学校工作需要,有关会议精神要向民主党派、有关团体负责人、无党派人士代表传达;学校有关文件应印发给各民主党派;学校中层干部会,校、院两级党代会、教代会、工代会以及校、院举办的重大庆典和活动应邀请民主党派、有关团体负责人、无党派人士代表参加。

3.完善征求党外代表人士意见制度。学校发展的重大决定或涉及面广的重要举措出台和调整,要听取民主党派、有关团体负责人和无党派人士代表的意见。统战部要把征求的意见以书面的形式上报校党委。有关部门对民主党派组织提出的有关意见和建议,要及时研究处理并予以反馈。

4.完善同党外代表人士联系交友制度。校、院两级党员领导干部要确定联系若干名党外代表人士,保持经常联系,开展谈心活动,交知心朋友。利用节假日开展统一战线成员的座谈、交流和联谊活动,走访和看望老一辈党外代表人士。

5.完善民主监督制度。校、院党委要定期召开会议,听取民主党派负责人和无党派人士代表对领导班子及其成员的意见;定期就党风廉政建设向民主党派通报情况。校、院两级领导班子、领导干部的民主测评和推荐、考核工作应邀请民主党派、有关团体负责人和无党派人士代表参加。纪检、监察部门要聘请党外人士担任特邀监察员,参加学校的财务检查、机关作风检查、校园文明检查、招生监督和教学督导等工作。

6.完善学习培训制度。制定统战干部和党外代表人士的培训规划,依托校党委党校定期举办统战干部培训班和民主党派、有关团体骨干培训班。有计划地选送民主党派、团体骨干和无党派人士到各级社会主义学院学习培训。

7.完善为统战工作提供支持和保障的有关制度。把统战工作经费列入学校年度经费预算,确保统战工作的必要开支。逐步增加民主党派、有关团体和无党派人士的活动经费。为民主党派、有关团体和无党派人士参加考察调研、教育培训、社会活动等提供条件和财力支持。按照照顾同盟者利益的政策,落实

有关待遇。根据学校的有关规定,适当减免民主党派、团体负责人的教学工作量,在年终考核时予以体现。

五、进一步加强对统战工作的领导

1.健全统战工作领导体制。统一战线工作是党的特殊政治工作和群众工作,是学校党的工作的重要组成部分。校、院党委要高度重视,切实把统一战线工作列入重要议事日程,明确分管统一战线工作的领导,定期听取统一战线工作情况汇报,研究、部署和检查统一战线工作。

进一步建立健全校党委统一领导,统战部牵头协调,组织、宣传、人事、港澳台办、党校等部门和各院党委、党总支密切配合、各负其责,工会、共青团、妇委会、侨联、留学生同学会等群团组织共同参与的统战工作网络和运行机制。

各院党委、党总支应建立健全党委负责、书记挂帅、行政领导积极支持、统战委员履行职责的统战工作机制。及时掌握统战成员的思想动态和利益诉求,做好掌握政策、协调关系、化解矛盾、举荐人才的工作。

要把统战工作纳入对各院党委、党总支工作考评的重要指标,纳入对各单位党政领导班子的考核内容,作为选拔任用领导干部的重要依据。

各级党员领导干部要增强统战意识,带头学习宣传统战知识、带头贯彻落实统战政策,带头参加统战重要活动,带头广交深交党外朋友。

2.加强统战工作队伍建设。要按照政治素质高、工作能力强、具有民主作风、善于处理复杂问题的要求,加强统战工作队伍建设。要把统一战线和多党合作理论、方针、政策教育作为校党委中心组学习的重要内容,并纳入校、院两级党校的教学计划。要加强统战工作队伍的思想教育和业务素质培训,全面提高统战工作队伍履行职责的能力,努力建设一支勤奋学习、作风民主、求真务实、开拓创新的统战工作队伍。

3.加强统战理论政策研究和宣传。坚持马克思主义的指导地位,把统一战线理论政策研究纳入马克思主义理论研究和建设工程。在积极鼓励理论创新的同时,对涉及政治和政党制度、民族和宗教问题等领域的社会科学研究、教学和学术活动严格把关,确保正确的政治方向。充分发挥我校哲学社会科学理论研究的优势,加强统战理论和政策的研究,积极主动承接上级统战部门的调研课题,课题研究成果作为教师考核和聘任的依据。把统战工作纳入宣传、新闻工作计划,运用校内外新闻媒体,积极报道统战工作的动态、经验和党外代表人士先进事迹、先进典型。做好统战信息工作,及时准确地反映党外人士的思想动态、意见和建议。

中共厦门大学委员会
二〇〇八年一月十三日

——本文摘录自《中共厦门大学委员会关于进一步加强新时期统一战线工作的意见》,厦大委综〔2008〕3 号,档号 2008-XZ09-1

厦门大学2008年干部教育培训计划

（2008 年 4 月 22 日）

为做好 2008 年我校干部教育培训工作，根据党的十七大精神和中共中央《2006—2010 年全国干部教育培训》要求及《厦门大学“十一五”干部教育培训规划》，围绕今年校党委工作中心，制订本计划。

一、干部教育培训的主要任务

2008 年是贯彻落实党的十七大精神的开局之年，也是我校实施“十一五”规划、落实校第九次党代会提出的各项任务、扎实推进和谐校园建设和各项事业又好又快发展的关键一年。新形势新任务对全校各级干部的素质、能力提出了新的更高的要求。2008 年干部教育培训工作的主要任务是：

1.深入学习贯彻党的十七大精神，坚持不懈地用中国特色社会主义理论体系武装党员干部；

2.深入开展学习实践科学发展观活动，坚持解放思想、更新观念，着力增强广大干部推进改革创新和科学发展的能力；

3.大力加强领导班子建设，着力提高党的执政能力和领导干部办学治校能力；

4.围绕高水平大学建设目标，加强高层次人才的教育培训；

5.以保持党同人民群众的血肉联系为重点加强作风建设，加强党风廉政教育，筑牢党员领导干部思想防线。

二、干部教育培训的主要工作

根据校党委的统一部署和今年我校工作实际，以深入学习党的十七大精神、学习实践科学发展观、加强领导班子建设和高层次人才队伍建设、推进学校各项事业又好又快发展为重点，按照分级分类的原则，通过自学、组织培训和外派培训等形式，有序做好各项干部培训工作。

1.坚持经常性自学制度。广大干部要提高自学的自觉性，认真学习党的十七大报告、党章和中央、省、市及学校重大战略部署，制订一份自学计划，做好读书笔记，每人每月自学时间不少于 20 学时。各单位要加大对干部自学的督促检查力度。

2.健全党委中心组学习制度。2008 年中心组学习将继续围绕深入学习贯彻党的十七大精神，以改革创新精神推动科学发展这一中心，计划安排党的十七大精神专题学习、形势政策学习及其他专题学习等共十八场。

3.充分发挥党校主阵地作用。2008 年党校计划举办如下学习班：

（1）学科带头人学习班。围绕党的十七大精神，瞄准国际科技前沿和国家重大战略需求，着眼于国家创新体系建设和海峡西岸经济区发展战略，针对我校学科建设需要和高水平研究型大学的建设目标进行培训。学习班计划安排 101 人参加，拟安排五场专题辅导报告、两次小组讨论，为期六天，共 30 学时。

（2）中青年骨干教师学习班。围绕党的十七大精神和高水平研究型大学的建设目标，着眼于培养高素质创新型人才和学科带头人及高层次管理人才的后备力量进行培训。学习班计划安排 188 人参加，拟安排五场专题辅导报告、两次小组讨论,为期六天,共30学时。

(3)教工党支部书记学习班。围绕党的十七大精神,着眼于以改革创新精神加强高校基层党建工作,提高教学科研和管理服务水平进行培训。学习班计划安排197人参加,拟安排五场专题辅导报告、两次小组讨论,为期六天,共30学时。

(4)学院党委书记、院长培训班。围绕学习贯彻党的十七大精神,学习实践科学发展观,落实学校第九次党代会的各项任务,瞄准国家重大战略需求和海峡西岸经济区建设,提高站位,开拓创新,进一步推进"211工程"和"985工程"建设,加大学科建设和人才队伍建设力度,加快实现高水平研究型大学目标的建设步伐进行培训。学习班计划安排61人参加,拟安排五场专题辅导报告、两次小组讨论,为期六天,共30学时。

(5)系主任培训班。围绕学习贯彻党的十七大精神、学习实践科学发展观、落实学校第九次党代会的各项任务、推进"211工程"和"985工程"建设、加大学科建设和人才队伍建设力度、加快实现高水平研究型大学目标的建设步伐进行培训。学习班计划安排70人参加,拟安排五场专题辅导报告、两次小组讨论,为期六天,共30学时。

(6)新提拔干部培训班。对全校新近提拔的副处级以上干部进行集中培训。围绕学习贯彻党的十七大精神、学习实践科学发展观、党风廉政教育、学校发展规划、提高领导科学水平、提高应急处置能力和高水平研究型大学的建设目标进行培训。学习班计划安排51人参加,拟安排五场专题辅导报告、两次小组讨论,为期六天,共30学时。

(7)政工干部培训班。围绕学习贯彻党的十七大精神、学习实践科学发展观、和谐校园建设、社会主义核心价值体系建设、大学生心理健康教育和不断开创我校思想政治工作新局面进行培训。学习班计划安排93人参加,拟安排五场专题辅导报告、两次小组讨论,为期六天,共30学时。

(8)民主党派、有关团体骨干培训班。围绕学习党的十七大精神,学习实践科学发展观、围绕第20次全国统战工作会议、全国高校统战工作会议以及我校统战工作会议精神,围绕如何进一步发挥统一战线在推动学校科学发展和促进校园和谐方面的重要作用进行培训。学习班计划安排32人参加,拟安排五场专题辅导报告、两次小组讨论,为期六天,共30学时。

(9)教工党的基本知识学习班。为加大发展优秀人才入党的工作力度,积极吸收符合党员条件的青年教师特别是学科带头人和学术骨干入党,集中进行党的基本知识学习。学习班计划安排36人参加,拟安排五场专题辅导报告、两次小组讨论,为期六天,共40学时。

(10)根据实际工作需要,由各相关职能部门分工负责,共同举办科级干部、学院秘书、新进教师和其他专业技术人员、新进职员等学习班。

4.选派43位干部到中央党校等各级培训机构接受教育培训。今年拟选派7人参加由中组部、中宣部、中央党校、教育部和总政治部主办的2008年高校哲学社会科学教学科研骨干研修班;16人参加由中宣部、教育部主办的2008年高校哲学社会科学教学科研骨干学习贯彻党的十七大精神培训班;6人参加由中宣部、教育部主办的2008年高校思想政治理论课骨干教师研修班;3人参加在国家教育行政学院举办的高校领导干部进修班;2人参加在国家教育行政学院举办的高校中青年干部培训班;2人分别参加在中央党校举办的高校组织人事干部研修班和中组部举办的组织人事干部进修班;2人参加在福建省委党校举办的2008年高校系统处级干部进修班;5人参加由省委组织部、省妇女联合会主办的2008年高校处级女干部培训班。

——本文摘录自《关于印发〈厦门大学2008年干部教育培训计划〉的通知》,厦大委组〔2008〕71号,档号2008-DQ02-2

中共厦门大学委员会
关于加强领导干部作风建设的若干意见

（2008年6月7日）

各院党委、各党总支：

党的十七大强调指出，必须把党的执政能力建设和先进性建设作为主线，坚持党要管党、从严治党，贯彻为民、务实、清廉的要求，切实改进党的作风，着力加强反腐倡廉建设。为深入贯彻党的十七大精神，全面落实校第九次党代会提出的各项任务，现就加强我校领导干部作风建设提出如下意见：

一、深刻认识加强领导干部作风建设的重大意义

（一）加强领导干部作风建设的重要性

领导干部是推动学校各项事业发展的骨干力量，是全校共产党员和师生员工的带头人，其作风如何，关系到校风、教风和学风，关系到党的凝聚力和号召力，关系到学校事业的兴衰成败。当前，我校正处在建设世界知名高水平研究型大学的关键时期。站在新的历史起点上，我们能否把握新机遇、谋划新思路、实现新跨越，关键取决于全校党员干部特别是领导干部是否具有良好的作风。只有坚持不懈地抓好领导干部作风建设，使全校各级领导干部始终保持振奋的精神和良好的作风，才能把科学发展观落到实处、推动各项事业又好又快发展，才能凝聚全校力量、形成发展合力、构建社会主义和谐校园，才能发扬党的光荣传统、保持和发展党的先进性，才能加大从源头上防治腐败力度、做好新形势下的反腐倡廉工作。

（二）切实增强领导干部作风建设的紧迫感

近年来，我校干部队伍建设不断加强，领导干部作风总体上是好的，但是，我们必须清醒地看到，少部分领导干部的作风仍然存在一些突出问题，主要表现在：有的学习不够主动、思想不够解放、视野不够开阔，思想观念、素质能力跟不上新形势、新任务的要求；有的事业心和责任感不强，谋划发展、干事创业的拼劲闯劲不足；有的贯彻落实重大工作决策部署不力，遇事推诿扯皮、敷衍了事；有的联系群众不够、调查研究不够、解决问题的办法不多，工作缺乏创造性、实效性；有的发扬民主不够，正确集中不够，班子不够团结，形不成合力；有的勤俭办学意识淡薄，铺张浪费现象时有发生；有的全局观念不强，想问题、做决策、办事情存在严重的本位主义思想，等等。这些问题虽然发生在少部分领导干部身上，但如果不警惕、不抓紧治理，就会损害党群干群关系，影响各项工作的深入推进，阻碍我校建设世界知名高水平研究型大学的进程。因此，加强领导干部作风建设比以往任何时候都显得更为紧迫。

二、明确加强领导干部作风建设的总体要求

(一)指导思想

高举中国特色社会主义伟大旗帜,以邓小平理论和“三个代表”重要思想为指导,深入贯彻落实科学发展观,按照党的十七大关于党的建设的总体部署和中央纪律检查委员会第七次全体会议精神,全面加强领导干部作风建设,以良好的作风推动学校各项事业又好又快发展,为建设世界知名高水平研究型大学提供坚强保障。

(二)目标要求

通过加强领导干部作风建设,发扬光荣传统,弘扬新风正气,解决突出问题,使各级领导干部树立为民、务实、清廉的形象,始终做勤奋学习、学以致用的表率,做心系师生、服务基层的表率,做真抓实干、务求实效的表率,做顾全大局、民主团结的表率,做艰苦奋斗、勤俭节约的表率,做立党为公、廉洁从政的表率,团结和带领全校师生员工继续解放思想、坚持改革开放、推动科学发展、构建和谐校园,在新的历史起点上把学校各项事业推向新的高度。

三、着力把领导干部作风建设各项举措落到实处

(一)坚持勤奋学习、学以致用

加强学习是做好工作的前提,是增长才干、提高素质的重要途径,是推进学校事业科学发展的迫切要求。

大力加强理论武装。完善校、院两级中心组学习制度和党校轮训制度,把学习贯彻党的十七大精神作为当前和今后一个时期的重要政治任务,大力加强干部教育培训。坚持用中国特色社会主义伟大旗帜统一思想、凝聚力量,深入学习中国特色社会主义理论体系,深入学习实践科学发展观,自觉运用马克思主义中国化的最新成果武装头脑,坚定中国特色社会主义的办学方向。

着力提高治校能力。要紧跟时代发展的潮流,立足本职工作的实际,深入学习科学技术、市场经济、高教管理等业务知识,加快知识更新,优化知识结构,培养战略思维,提升工作站位,不断提高驾驭工作全局的能力、统筹协调发展的能力、应对复杂局面的能力和依法办学、民主管理的能力,使领导干部的素质更加适应建设世界知名高水平研究型大学的要求。

善于用理论指导实践。要围绕高水平研究型大学的建设目标,坚持理论联系实际的马克思主义学风,着眼于科学理论的运用,着眼于现实问题的思考,着眼于实际问题的解决,抓住事关全局的重点、群众关心的热点、制约发展的难点,善于化解矛盾,善于破解难题,善于推动工作。全校各级领导干部要通过学习,练好内功,在思想上不断有新解放、在改革上不断有新突破、在实践上不断有新创造。

(二)坚持心系师生、服务基层

加强领导干部作风建设,核心问题在于保持党同人民群众的血肉联系。要坚持为民服务的宗旨,坚持走群众路线,始终把为民服务作为想问题、作决策、办事情的出发点和落脚点。

完善联系群众制度。要坚持和完善领导干部下基层制度、联系师生员工制度、联系党外人士制度和工作情况通报制度,畅通信息沟通渠道,充分听取群众意见,及时掌握思想动态,不断改进工作方法,使各项工作更加符合师生员工的愿望和要求,进一步密切党群、干群关系。要完善信访工作制度,认真解决群众来信、来电、来访反映的问题。

着力办好利民之事。要千方百计争取办学资源，大力改善办学条件，努力为师生员工做好事、办实事、解难事，为师生员工创造良好的学习、工作和生活环境。要加强教职工住房的统筹规划，通过多种途径、多种形式，着力解决教职工特别是中青年教师的住房困难。要切实做好家庭经济困难学生的资助、心理健康教育和毕业生就业等工作。

着力提高服务水平。要加强机关作风建设，强化"管理就是服务"的理念，坚持首问责任制和服务承诺制，明确办文、办事期限，坚决杜绝办事拖沓、互相推诿、疲沓懒散的作风。要加强机关效能建设，明确岗位责任制，规范工作流程，简化办事程序，提高管理水平和服务质量。要定期清理规章制度，精简会议、文件和事务性活动。要建立机关部处联席会议机制，加大综合协调力度，进一步提高机关服务基层、服务师生的水平。

（三）坚持真抓实干、务求实效

实干兴邦，空谈误国，事业是靠干出来的。要切实增强责任感和使命感，坚持科学精神和务实态度，把抓落实作为推进各项工作的关键。

大兴调查研究之风。要紧紧围绕学校改革发展的重大问题和师生员工普遍关注的突出问题，深入实际，深入群众，深入基层，坚持不懈地做好调查研究，掌握实际情况，理清工作思路，实现科学决策，解决矛盾和问题，努力使我们的工作体现时代性、把握规律性、富于创造性。要健全决策调研制度，在重大决策前要进行深入细致的调查研究，充分听取各方意见。

着眼推动创新发展。要坚决克服因循守旧、安于现状的思想，破除不合时宜的旧观念、旧做法和旧框框的束缚，创新体制机制，营造有利于创新的环境氛围。要创新工作方式方法，善于把上级的工作部署和本单位的实际情况相结合，创造性地开展工作，增强工作实效。要精心谋划，科学运作，敢想敢干、敢闯敢拼，勇于在激烈的竞争中抢得先机、赢得主动。

狠抓各项工作落实。要坚决克服说而不做、决而不行、抓而不紧的不良风气，把主要的时间和精力放在抓落实上，放在改革创新、解决问题、推动工作上，多干打基础、利长远的事。要牢固树立一具体就深入、一具体就突破、一具体就落实的抓工作理念，层层抓好责任分解，把每一项工作任务分解细化到具体项目上，落实到具体负责人身上，明确工作要求和完成时限，加强督查督办，确保各项工作落到实处、见到效果、干出水平。

（四）坚持民主团结、顾全大局

讲党性、讲团结、讲大局，是每个领导干部都必须遵守的政治纪律。要以扩大党内民主带动人民民主，以增进党内和谐促进校园和谐，形成民主和谐、团结共事、干事创业的良好氛围。

着力完善决策机制。要坚持民主集中制原则，健全民主科学的决策机制，提高决策的民主化、科学化、制度化水平。要充分发挥教职工代表大会、学术委员会、学部委员会、学位委员会、教学指导委员会等组织在民主管理、科学决策、政策咨询中的重要作用。要进一步推进校务、院务公开，切实保障师生员工的知情权、表达权、参与权和监督权。

充分健全党内民主。坚持"集体领导、民主集中、个别酝酿、会议决定"原则，规范校、院两级领导班子决策程序，进一步完善党委全委会制度、"三重一大"集体研究制度和各单位党政联席会议议事规则。尊重党员主体地位，保障党员民主权利，积极推进党务公开。要充分发挥党代会闭会期间党代表的重要作用，凡涉及学校改革发展的重大事项，都要征求和听取党代表的意见和建议，进一步扩大党内民主，完善党内监督机制。

切实维护班子团结。要认真落实民主生活会制度，把加强领导干部作风建设作为民主生活会的重要议题，开展批评与自我批评，沟通思想、交心谈心、化解矛盾、形成合力。各级领导班子成员要正确处理好民主与集中的关系、"一把手"与一班人的关系、集体领导与个人分工负责的关系，既各司其职、各负其责，又围绕中心、服务全局，互相支持、互相补台，在合作共事中加深了解，在推动发展中增进团结。

(五)坚持艰苦创业、勤俭办学

艰苦奋斗、勤俭节约是中华民族的传统美德,是我们党的传家宝,也是新形势下加强领导干部作风建设的一个重要方面。要牢记"两个务必",倡导勤俭节约、勤俭办一切事业,坚决反对奢侈浪费。

带头发扬优良传统。要牢固树立长期艰苦奋斗的思想,弘扬我校自强不息、艰苦创业的优良办学传统,自觉把握艰苦奋斗的精神实质和时代特征,带头勤俭节约、反对铺张浪费,带头精打细算、反对大手大脚,带头艰苦创业、反对盲目攀比,始终保持知难而进、奋发向上、锐意进取的工作作风和励精图治、克勤克俭、公而忘私的奉献精神。

努力建设节约型校园。要坚持"尽力而为、量力而行"的原则,注重各类投资的可行性研究,加强项目规划和论证咨询,优化资源配置,避免重复建设和资源浪费,真正把有限的资金和资源用在刀刃上,千方百计提高办学效益。要健全财务、预算管理制度,加强财务监督和财务审计工作,提高资金使用效益。要按照建设节约型、环境友好型社会的要求,坚持节约能源和资源,千方百计降低办学成本,努力建设节约型校园。

严格规范公务开支。要严格执行"收支两条线"制度和支出预算管理制度,加强公务开支的管理和监督,规范职务消费行为和收入分配行为。严格控制办公经费支出,降低行政成本。完善公务接待管理办法和会议审批制度,严格控制接待费、会议费支出。各级领导班子要坚持财务公开、民主理财,重大财务开支及劳务分配应由集体讨论决定,并定期向教职工报告财务收支情况。

(六)坚持立党为公、清正廉洁

廉洁从政,是对党的各级领导干部的基本要求。我们党的性质决定了党员领导干部必须坚持立党为公、执政为民,做到权为民所用、情为民所系、利为民所谋。

更加注重预防。要坚持不懈地抓好理想信念教育、廉洁从政教育、党的作风和纪律教育,引导党员干部自觉遵纪守法,筑牢拒腐防变的思想道德防线。各级领导干部要常修为政之德、常思贪欲之害、常怀律己之心,模范遵守社会公德、职业道德、家庭美德,讲操守、重品行。要培养健康的生活情趣,保持高尚的精神追求,明辨是非,克己慎行,切实做到工作时间和业余时间一个样,有监督和没有监督一个样。

更加注重制度建设。要把制度建设贯穿于教育、监督、管理、惩治等各个环节,认真落实党员领导干部廉洁从政准则和党内监督条例,完善领导干部述职述廉、报告个人重大事项、诫勉谈话、经济责任审计等制度,通过加强制度建设,规范、约束干部的行为。认真执行党风廉政建设责任制,完善反腐倡廉工作考核办法和责任追究办法。狠抓制度落实,做到令行禁止、违者必纠。

更加注重治本。要加强监督检查,坚持关口前移,强化事前监督和事中监督,重点加强对领导班子特别是班子主要负责人的监督;要加强对招生、考试、收费、基建、物资采购、后勤保障、知识产权、对外合作等重大事项、重要环节、重点部位的管理,健全核查制约机制;严肃查处违纪违法案件,充分发挥查办案件的治本功能。

四、切实加强对领导干部作风建设的领导

(一)加强组织领导

要把加强领导干部作风建设列入重要议事日程,作为党的作风建设的重点工作来抓。要建立党委统一领导,纪检监察和组织人事部门综合协调,其他部门各负其责,依靠员工参与和支持的领导体制和工作机制。党委常委会每年至少听取一次领导干部作风建设情况汇报,研究解决领导干部作风建设中的突出问题。各单位党政主要负责同志要以身作则,率先垂范,亲自抓、带头做,管好班子、带好队伍、负起责任。

(二)制定实施办法

各级领导班子及其成员要按照上述要求进行对照检查,找出存在的问题,制定实施办法,确保领导干部作风建设各项任务的落实。每年要对师生员工反映集中、影响较大的突出问题,制定工作方案,加大整改力度,有的放矢,对症下药,使师生员工感受到实实在在的变化。对于不正之风不敢抓、不敢管、不敢碰硬的领导班子,要严肃批评,限期整改。

(三)健全考核机制

开展对领导干部作风状况的定期分析评价,增强领导干部作风建设工作的主动性、针对性和实效性。要实行和完善体现科学发展观和正确政绩观要求的干部考核评价体系,把作风建设状况作为领导干部考核评价的主要内容之一,把组织考察、考核与群众评议结合起来,加强考核结果的运用,将其作为领导干部培养、选拔任用和奖励惩戒的重要依据。

(四)推行巡视检查

按照《中共厦门大学委员会巡视工作暂行办法》,围绕高水平研究型大学建设的目标要求,重点巡视检查各单位领导班子及其成员贯彻执行上级决策部署、推动各项事业发展、执行民主集中制、开展作风建设和反腐倡廉建设等情况。巡视检查的结果要作为评价各级领导班子及其主要负责人的依据。

二〇〇八年六月七日

——本文摘录自《中共厦门大学委员会关于加强领导干部作风建设的若干意见》,厦大委综〔2008〕13号,档号2008-XZ09-2

中共厦门大学委员会巡视工作暂行办法

(2008年6月7日)

第一章　总　则

第一条　为加强领导干部作风建设，推动重大工作决策部署的落实，加快世界知名高水平研究型大学建设，根据中纪委、中组部和教育部党组关于开展巡视工作文件精神，结合我校实际，制定本办法。

第二条　开展巡视工作，要坚持党要管党、从严治党的方针，围绕学校发展大局，一切从实际出发，紧紧依靠群众，做到总体巡视与专项检查相结合，巡视监督与干部考察、教育管理相结合。

第三条　巡视工作的对象是学校各单位领导班子及其成员，重点是各单位党政一把手。

第二章　主要任务

第四条　巡视工作的主要任务是对各单位领导班子及其成员的下列情况进行监督检查：

1.学习贯彻邓小平理论和“三个代表”重要思想，执行党的路线、方针、政策，落实上级和学校重大决策部署的情况。

2.贯彻落实科学发展观，处理改革发展稳定重大问题的情况。

3.执行民主集中制的情况。

4.推荐、选拔干部和后备干部的情况。

5.落实党风廉政建设责任制和廉政勤政的情况。

6.校党委要求巡视的其他事项。

第三章　组织领导

第五条　巡视工作在校党委常委会的领导下进行。学校设立巡视工作办公室(以下简称巡视办)，挂靠党委组织部，由分管组织工作的校党委副书记任巡视办主任，由分管纪检监察工作的校党委副书记、分管人事工作的副校长、组织部部长任巡视办副主任，巡视办成员由校党委根据工作需要抽调人员组成。

第六条　根据需要设立专门的巡视组。巡视组实行组长负责制，巡视组成员名单由巡视办提出，经校党委常委会研究确定。

第四章　工作方式

第七条　巡视组的主要工作方式：

1.听取被巡视单位领导班子的工作汇报及有关专题汇报。

2.根据工作需要列席被巡视单位的有关会议。

3.与被巡视单位领导班子成员及有关人员进行个别谈话，召开不同类型的座谈会。

4.调阅、复制被巡视单位有关会议记录等资料，可在一定范围内进行问卷调查、抽样调查，必要时也可以进行民主测评。

5.受理反映被巡视单位领导班子及其成员问题的来信来访，可对反映领导干部的重要问题进行深入了解。

6.巡视组既要发现和反映被巡视单位领导班子和领导干部的问题，也要注意发现和推荐被巡视单位领导班子思想政治建设、党风廉政建设、推进改革发展等方面的成功经验。

第五章　工作要求

第八条　对巡视组的要求：

1.巡视组要认真履行职责，坚持原则，公道正派，广泛听取干部群众意见，客观公正地了解和反映情况，为校党委提供真实、可靠、有价值的参考依据。

2.巡视组要严格执行请示报告制度，不直接干预被巡视单位的工作，不处理被巡视单位的具体问题。

3.巡视组要严格遵守纪律，坚持保密和回避制度，巡视中形成的材料要妥善保管，巡视结束后有关材料要及时归档。

4.巡视组要模范遵守法律法规和廉洁自律规定，不得接受被巡视单位的宴请和礼品。巡视组成员不得向被巡视单位提出任何个人要求。

5.巡视组在巡视过程中，应及时向巡视办汇报；在巡视工作完成后，要向校党委常委会汇报，并根据校党委常委会的意见，做好向被巡视单位的反馈工作。

第九条　对被巡视单位的要求：

1.被巡视单位要积极支持巡视组的工作，营造良好的巡视工作环境。

2.被巡视单位要认真贯彻《中国共产党党内监督条例(试行)》，促进党员领导干部增强接受监督的意识，教育党员干部自觉履行党内监督职责、正确行使党内监督权利。

3.被巡视单位不得对巡视组人员请客、送礼。

4.被巡视单位要高度重视巡视中发现的问题，针对反馈意见召开专题会议，提出整改措施，并将落实情况书面报告巡视办。

第十条　对巡视办的要求：

1.根据校党委的决定，制订巡视工作计划，及时总结工作经验，完善巡视工作制度。

2.负责巡视工作的组织实施，做好巡视组的组建、管理和服务工作。

3.负责组织做好巡视结果的反馈工作，对被巡视单位的整改工作进行指导和督办。

第六章　附　则

第十一条　本办法由巡视办负责解释。

第十二条　本办法自公布之日起施行。

——本文摘录自《关于印发〈中共厦门大学委员会巡视工作暂行办法〉的通知》，厦大委综〔2008〕14号，档号2008-XZ09-2

中共厦门大学委员会常委联系党外代表人士的工作制度

(2008年7月3日)

为深入贯彻落实《中共中央关于巩固和壮大新世纪新阶段统一战线的意见》(中发〔2006〕15号)和《中共厦门大学委员会关于加强新时期统一战线工作的意见》(厦大委综〔2008〕3号)的精神,进一步增进与党外代表人士的相互了解,发挥党外代表人士在构建和谐海西、建设世界知名高水平研究型大学中的积极性、主动性和创造性,经党委常委会研究决定,在总结以往工作经验的基础上,进一步完善新时期我校党委常委与党外代表人士联系交友的工作。

一、联系交友的对象范围

1.党外两院院士、文科资深教授;

2.党外全国政协委员、省人大常委、省政协常委;

3.民主党派省委常委以上的教授。

二、联系交友的基本原则

1.坚持坦诚相见。对党外代表人士在政治上充分信任、工作上放手使用、生活上关心照顾,交挚友、交净友,做到有成绩就鼓励,有困难就支持,有缺点就提醒。

2.坚持平等待人。发扬民主作风,同党外代表人士平等相处,以一名共产党员的身份、朋友的身份与他们交往,营造积极、宽松、和谐、活泼的交友氛围。

3.坚持求同存异。认真听取党外代表人士的意见、建议,不断增进与党外代表人士的共识。针对党外代表人士对某些工作和问题的不同意见、看法,及时加强沟通,尽量予以理解,注意引导,求大同存小异,巩固团结奋斗的共同思想基础。

4.坚持相互学习。坚持谦虚谨慎、宽以待人,取人之长、补己之短,不断增加与党外代表人士的共同语言,通过自己的模范行为,为党外代表人士做出榜样,帮助他们共同进步。

三、联系交友的方式内容

1.建立定期联系。校党委领导可利用节日,向党外代表人士致以问候或登门拜访;通过约请党外代表人士谈心,听取联系对象对学校教学、科研和管理方面的意见、建议,鼓励他们围绕学校建设世界知名高水平研究型大学目标积极建言献策。党外代表人士也可主动约见校党委领导,或通过电话、书信、电子邮件等方式进行定期联系。

2.开展联谊活动。校党委领导可利用座谈会、茶话会、联欢会等多种形式,同党外代表人士加强交往和沟通,向党外代表人士介绍学校的重大决定和重要工作的进展情况,加深相互了解和信任,不断增进友谊,建立良好的关系。

3.帮助解决困难。校党委领导可在联系过程中,了解和掌握党外代表人士的有关困难和需要,及时帮助反映和解决。对联系交友对象所在单位的党政领导提出要求,为党外代表人士创造更加宽松和谐的工作环境,使他们能够更好地贡献出力。

4.定期沟通信息。校党委常委对党外代表人士的重要思想动态及其反映的重大意见、建议,及时向校党委常委会议汇报,做好思想引导和信息反馈工作。

附:中共厦门大学委员会常委联系党外代表人士的名单

(附件略——编者注)

——本文摘录自《关于印发〈中共厦门大学委员会常务委员会委员联系党外代表人士工作制度〉的通知》,厦大委综〔2008〕19号,档号2008-XZ09-2

关于印发厦门大学统战工作若干制度的通知

(2008 年 7 月 30 日)

各院党委、各党总支：

为深入贯彻落实《中共中央关于巩固和壮大新世纪新阶段统一战线的意见》(中发〔2006〕15 号)和《中共厦门大学委员会关于加强新时期统一战线工作的意见》(厦大委综〔2008〕3 号)的精神，充分发挥我校统一战线在建设世界知名高水平研究型大学中的重要作用，我部在总结以往统战工作经验的基础上，结合学校实际，进一步建立和完善了《与党外人士沟通信息制度》等六项统战工作制度，现予以印发。

附件：

1.与党外人士沟通信息制度

2.向党外人士传达有关会议精神和邀请党外人士参加重要活动制度

3.征求党外代表人士意见制度

4.党外人士参与民主监督制度

5.党外人士学习、培训制度

6.支持党外人士发挥作用制度

中共厦门大学委员会统战部

二〇〇八年七月三十日

附件 1：

与党外人士沟通信息制度

1.校党委每年召开一次学校情况通报会，向学校各级人大代表、政协委员通报学校年度工作情况及下一步工作思路。

2.校党委统战部每学期组织召开两次民主党派、有关团体负责人联席会议，通报学校阶段性工作进展，通报统战工作有关情况，沟通统战工作重要信息。

3.校党委统战部以征询意见、工作研讨、个别约谈等方式，与民主党派、团体负责人不定期开展信息沟通工作。

4.搭建统战网络信息平台，设立统战信息专用电子邮箱，畅通与党外人士沟通信息的渠道，加强互动交流，增进理解和共识。

5.各民主党派、有关团体确定一名信息员，及时将本党派、团体学习调研、参政议政、社会服务等有关信息，与统战部联系沟通。

6.各院党委、党总支每学期至少召开一次本单位党外代表人士座谈会，通报本单位人才培养、科学研究、社会服务等方面情况，沟通本单位统战工作信息。

附件 2:

向党外人士传达有关会议精神和邀请党外人士参加重要活动制度

1.及时向党外人大代表、政协委员和民主党派、有关团体负责人、无党派人士传达中国共产党的重要会议精神,全国、省“两会”精神,上级统战工作会议精神以及学校重要会议精神和重大决定。

2.校党委统战部要及时将统战工作文件,按发送范围要求转发给校民主党派。校党委、行政发至校内各单位的文件,视情况发给校民主党派。

3.邀请党外人大代表、政协委员和民主党派、有关团体负责人、无党派人士参加校党代会、教代会、工代会等重要会议和活动。

4.邀请民主党派、有关团体负责人参加学校中层干部会。

5.各学院、研究院召开二级教代会、举办重要庆典时,可参照学校做法,邀请本单位党外代表人士参加。

附件 3:

征求党外代表人士意见制度

1.学校在党代会、教代会、工代会召开前,在制订工作规划和年度工作计划时,召开党外代表人士座谈会,征求党外代表人士的意见和建议。

2.召开党外代表人士专题座谈会,就事关学校发展的重大决定或涉及面广的重要举措的出台与调整,听取意见和建议。

3.统战部定期收集各民主党派、有关团体反映的重要意见和建议,以呈阅件的形式上报校党委,有关部门要根据校党委的批示认真研究办理并及时予以反馈。

4.党外代表人士提出的意见和建议,对学校发展产生较大效益的,给予表彰、奖励。

5.在各级人大、政协会议召开前,向党外人士征集提(议)案素材,提供给各级人大代表、政协委员撰写提(议)案时参考。

6.各院党委、各党总支可参照学校做法,就有关重大决定和举措的出台与调整征求本单位党外代表人士的意见和建议。

附件 4:

党外人士参与民主监督制度

1.校党委在党员领导干部民主生活会前,召开座谈会,听取党外代表人士的意见。

2.每年就党风廉政建设情况向校民主党派通报。

3.邀请校民主党派、有关团体负责人参加学校领导班子、领导干部的民主测评和推荐、考核工作。

4.聘请党外人士担任特邀监察员、教学督导员,参加学校财务检查、机关作风检查、校园文明检查、招生监督和教学督导等工作,对涉及广大师生员工切身利益的重大事项进行民主监督。

5.各院党委、党总支可参照学校做法,支持本单位党外人士参与民主监督工作。

附件5：

党外人士学习、培训制度

1.把党外人士学习培训工作纳入学校干部年度培训计划。每年年初，统战部制定党外代表人士培训工作方案。

2.依托校党委党校，每两年至少举办1次民主党派、团体负责人和无党派人士学习班，学习党的新时期统战理论、方针和政策。

3.分期分批选送人大代表、政协委员和民主党派、团体骨干、无党派人士到各级社会主义学院学习培训。支持民主党派做好新成员的培训工作。

4.根据国家形势发展需要，举办学习讲座、专题学习会、形势报告会等，组织党外代表人士学习党和国家的大政方针政策。

5.在统战部网站建立理论学习专栏，为民主党派、有关团体征订《中国统一战线》、《福建统一战线》、《台海》等刊物，向党外代表人士寄送有关学习资料。

附件6：

支持党外人士发挥作用制度

1.把统战工作经费列入学校年度经费预算，并根据实际情况逐步增加统战工作经费投入，确保统战工作的必要开支，每年按人均50元标准支持民主党派开展活动。

2.根据学校有关规定，适当减免民主党派、团体负责人教学、科研工作量，在年度考核中予以体现。

3.支持民主党派、有关团体和无党派人士对学校事业发展和国家经济社会问题进行深入调查研究，支持党外人士申报各级统战课题，课题研究成果作为教师考核和聘任的依据。

4.为党外代表人士参加重要统战会议和学习培训提供必要的经费支持。

5.为各级人大代表、政协委员参加人大、政协会议及视察调研活动，为校民主党派参加统战会议、开展调研活动提供用车支持。为校民主党派、有关团体开展活动提供必要的场所。

6.各学院、研究院积极支持党外代表人士参政议政、建言献策，本单位党外代表人士参加人大、政协、党派等重要会议和活动，若与教学科研工作发生冲突，应予支持协调解决。

——本文摘录自《关于印发厦门大学统战工作若干制度的通知》，(2008)厦大委统2号，档号2008-DQ04-1

厦门大学落实党风廉政建设责任制的实施办法

（2008年11月17日）

为加强学校党风廉政建设，进一步明确各级党政领导班子和领导干部对党风廉政建设应负的责任，确保党中央、国务院关于党风廉政建设的决策、部署的贯彻落实，根据中共中央、国务院《关于实行党风廉政建设责任制的规定》，中央纪委、教育部、监察部《关于加强高等学校反腐倡廉建设的意见》，结合我校实际，制定本实施办法。

第一章　指导思想和基本原则

第一条　落实党风廉政建设责任制，要坚持以邓小平理论和“三个代表”重要思想为指导，深入贯彻落实科学发展观，坚持“两手抓，两手都要硬”和“标本兼治、综合治理、惩防并举、注重预防”的方针，保证上级党组织关于反腐倡廉建设的各项部署和决策的贯彻执行。

第二条　落实党风廉政建设责任制，要坚持和完善“党委统一领导、党政齐抓共管、纪委组织协调，部门各负其责、依靠群众的支持和参与”的领导体制和工作机制，与构建惩治和预防腐败体系相结合，与学校的改革和发展相结合，与加强党的建设和精神文明建设相结合，与加强干部队伍、特别是领导班子建设相结合。

第三条　落实党风廉政建设责任制，要按照“一岗双责”和“谁主管，谁负责”的要求，明确我校各级党政领导对党风廉政建设应负的责任，努力构建权责明晰、逐级负责、层层落实的反腐倡廉建设责任体系。

第二章　组织领导

第四条　学校党风廉政建设和反腐败工作由校党委全面负责，在校党委领导下进行。校党委书记对全校党风廉政建设和反腐败工作负总责，校长对全校行政工作范围内的党风廉政建设和反腐败工作负总责，党委常委对职责范围内的党风廉政建设和反腐败工作负直接领导责任。学校成立党风廉政建设领导小组，校党委书记、校长任组长，校党委副书记、纪委书记任副组长，小组成员由校纪委、学校办公室、组织部、宣传部、统战部、学生处、人事处、财务处、资产与后勤事务管理处、监察处、审计处的主要领导干部组成。领导小组下设办公室，办公室设在校纪委，日常工作由校纪委负责组织协调。

第三章　责任内容

第五条　校党委是学校反腐倡廉建设的责任主体，担负着全面领导学校反腐倡廉建设的政治责任，要把反腐倡廉建设作为一项重大政治任务，放在更加突出的位置，列入党委重要议事日程，纳入学校发展总体规划，融入学校各项中心任务。校行政领导班子要认真抓好教学、科研和其他行政管理中的反腐倡廉工作，把反腐倡廉工作同行政工作一起部署，一起检查，一起考核。学校党政主要负责人对学校反腐倡廉建设要做到重要工作亲自部署，重大问题亲自过问，重点环节亲自协调，重要信件亲自批阅，重要案件亲自督办。党政领导班子其他成员要根据工作分工，全面履行分管范围内的反腐倡廉建设职责，对分管范围内的党风廉政建设情况负直接领导责任。具体责任内容：

党委书记、校长在党风廉政建设中承担以下领导责任：

(一)贯彻落实党中央、国务院、中共中央纪委和教育部党组关于党风廉政建设的重要决定，及时传达，提出具体贯彻意见并付诸实施。每年部署学校工作时，要就党风廉政建设工作向各单位和各级领导干部提出具体要求。

(二)指导纪委及有关部门开展对党员、干部进行党性党风党纪和反腐倡廉的教育，督促检查党风廉政教育计划执行情况，强化领导干部廉洁从政意识，引导其正确运用好手中的权力，努力为基层和学校事业发展服务。

(三)对职责范围内的党风廉政建设情况、校级党政副职领导和机关部处、学院、研究院、直属单位党政一把手廉洁从政的情况进行监督、检查和考核。坚持过双重组织生活会，开好校级领导班子民主生活会。

(四)认真贯彻执行《中国共产党党内监督条例(试行)》，学校的重大事项决策、重要干部任免、重要项目安排和大额度资金使用，都应经校党委常委会集体讨论做出决定，并责成有关部门组织实施。

(五)按照《厦门大学中层领导干部选拔任用工作暂行办法》的规定，选拔任用干部，防止用人上的不正之风。

(六)支持纪检、监察部门履行职责，定期研究反腐倡廉工作，听取专题汇报，对加强反腐倡廉、查办案件、监督管理等重要工作提出明确要求，确保反腐倡廉工作任务落实到位。

党委副书记、副校长在党风廉政建设中承担以下领导责任：

(一)按照校党委关于党风廉政建设责任制的要求，认真履行所承担的职责，把党风廉政建设贯穿于日常工作。

(二)模范遵守党风廉政建设的各项规章制度，对分管部门和单位领导干部实行有效的教育、管理和监督。

(三)指导和督促分管部门认真贯彻落实上级和学校关于党风廉政建设和反腐败的部署要求，结合部门实际，建立健全党风廉政规章制度，并检查落实执行情况。

(四)每年至少一次听取分管部门和单位党风廉政建设情况汇报，对分管部门在党风廉政建设方面发生的问题或违法违纪现象，要及时向校党委书记、校长汇报，并积极支持配合纪检监察部门进行查处。同时，针对存在的突出问题，要采取有力措施，督促有关部门制定和完善有关规章制度，堵塞漏洞，限期改进。

第六条　校纪委在上级纪委和校党委的双重领导下开展工作，全面履行党章赋予的职责，协助学校党委研究部署反腐倡廉工作，抓好任务分解和落实，加强组织协调和督促检查。具体责任内容：

(一)协助校党委抓好全校党风廉政建设，依照反腐倡廉的领导体制和工作机制，负责全校党风廉政建设的组织协调，做好工作部署和任务分解，开展反腐倡廉建设的宣传、教育工作，保证反腐倡廉建设各项规定得到切实有效的贯彻执行。

(二)每年制订加强反腐倡廉建设的计划。调查了解掌握全校党风廉政建设的情况，主动向上级纪委和校党委汇报，认真贯彻和落实上级纪委和校党委的指示要求。每年至少一次向校党委报告学校党风廉政建设工作情况，重要阶段性工作要及时总结，重要事项要随时请示报告。

(三)严肃执纪，组织调查处理全校各部门和单位及其党政领导干部违反党纪政纪的案件，督促指导相关单位认真查处违纪案件，落实办案工作责任制。

(四)协助校党委健全和完善党内监督机制。协助推进校务、院务公开工作，发挥教代会和民主党派的作用，拓展群众监督的形式和渠道。

(五)加强对学校从源头惩治和预防腐败等问题的调查研究，拟定学校党风廉政建设和反腐败工作的制度。对学校各单位党风廉政建设责任制落实情况进行监督检查，有针对性地提出加强和改进工作的要求和建议。

（六）加强纪检监察干部队伍的自身建设。

第七条　校机关部处、群众团体领导班子正职对本部门的党风廉政建设负总责。本部门领导班子其他成员根据工作分工，对职责范围内的党风廉政建设负直接领导责任。具体责任内容：

（一）根据校党委关于党风廉政建设和反腐败工作的部署和要求，分析研究职责范围内的党风廉政情况，结合本部门实际，研究制订加强党风廉政建设的工作计划，并做好落实工作。

（二）紧密结合干部任用、人员调配、提薪晋级、财务管理、基建（修缮）工程、物资（设备）采购、科研项目管理、招生考试、教务管理、学生管理、出境出国管理等重点部位和关键环节，制定本部门党风廉政建设规章制度，健全和完善监督制约机制。

（三）负责开好本部门领导班子成员专题民主生活会，开展批评与自我批评，针对存在的问题制定整改措施；公开办事规章，公开办事结果，接受师生员工的监督。

（四）每年年底书面向校党委和主管校领导报告本单位党风廉政建设责任制落实情况，研究解决党风廉政建设方面存在的问题，推动党风廉政建设各项任务的落实。

（五）协助纪检监察部门对本部门发生的违法违纪案件进行调查。

第八条　各学院、研究院、直属单位、资产经营有限公司、后勤集团领导班子正职对本单位的党风廉政建设和反腐败工作负总责。本单位领导班子其他成员根据工作分工，对职责范围内的党风廉政建设负直接领导责任。具体责任内容：

（一）根据校党委关于党风廉政建设和反腐败工作的部署和要求，逐项抓好落实工作。分析研究本单位党风廉政建设的现状，结合实际制订党风廉政建设计划，并组织实施。

（二）组织本单位党员、干部、职工学习有关文件，进行党风党纪、职业道德和廉政教育，加大宣传力度，保证党的路线、方针、政策和上级指示的贯彻落实。

（三）认真贯彻执行民主集中制，坚持重大问题必须经领导班子集体研究决定，抓好本单位财务管理制度、物资采购与资产管理等制度的制定、落实和检查工作。对关系到群众切身利益的重要事项要公开办事程序，公开办事结果，接受教职工监督。

（四）坚持党的组织生活会制度，负责开好本单位领导班子成员专题民主生活会，按照有关规定抓好民主生活会的各个环节，负责向教职工通报会议情况。担当财务“一支笔”的单位负责人要严格履行财务管理的职责，财务“一支笔”个人所使用的经费开支情况，应由党委、党总支书记审核，每季度应在单位党政联席会议上至少汇报一次。

（五）及时发现和报告本单位在党风廉政建设方面出现的重要问题或违法违纪现象，根据主管校领导和纪检监察部门的要求进行调查核实，按照干部管理权限负责做好对违纪党员、干部的处理工作，并积极做好犯错误党员、干部的思想教育工作。

（六）每年年底书面向校党委和主管校领导报告本单位党风廉政建设责任制落实情况。按规定适时做好本单位处级领导干部离任廉政检查工作和新任干部的廉洁自律教育工作。

第四章　专项工作责任

第九条　按照党风廉政建设责任制“一岗双责”、“谁主管，谁负责”的要求，学校各职能部门、单位根据各自职能、职责分别牵头负责以下各专项工作：

（一）由学校办公室负责落实党中央、国务院关于制止奢侈浪费的有关规定，公务活动中收受礼品的登记上交工作，执行公务活动接待标准；负责协调各职能部门定期清理各种规章制度；明确校务公开的领导体制、主要内容、公开项目的公开形式和反馈方式。

（二）由组织部负责中层以上领导干部个人重大事项报告，领导干部民主生活会，对党员领导干部进行诫勉谈话、函询和领导干部述职述廉，健全干部选拔任用科学机制。

(三)由人事处负责党政管理人员、教师的招聘、选拔、培养和提高工作,全校职员职级和专业技术人员职务评聘的组织工作,领导干部个人收入申报工作。

(四)由审计处负责领导干部经济责任审计、学校事业财务审计、基建(修缮)项目全过程审计、学校企业财务审计工作。

(五)由财务处负责每年向教职工代表大会报告上年度学校财务预算执行及财务决算情况,并通报下年度财务预算安排,严格执行"收支两条线"规定,杜绝各种乱收费行为。

(六)由招生办、考试中心负责完善招生政策、招生资格及有关考生资格、招生计划、录取信息、考生咨询及申诉渠道、重大违规事件处理结果"六公开"录取工作制度;严格规范各类招生考试各环节的管理,完善各种特殊类型招生制度,防止招生考试工作中违法违纪行为发生。

(七)由发展规划办负责完善重点建设项目管理,并配合财务处做好重点建设项目经费管理的有关工作。

(八)由科技处、社科处负责规范科研项目管理和合同管理,并配合财务处做好项目经费管理的有关工作,规范科研成果的验收、评审、登记及组织申报各类各级科研奖励等方面的管理和学校知识产权保护的管理。

(九)由基建处、资产与后勤事务管理处负责规范基建(修缮)项目管理,坚持基建(修缮)项目按规定报批制度,严格按照基建程序办事,完善基建(修缮)工程招投标工作,实施基建(修缮)工程的项目管理与财务管理分离。

(十)由资产与后勤事务管理处负责规范物资(设备)采购管理,严格执行政府采购有关规定,建立健全学校内部各项采购监管制度,完善物资采购招投标工作,规范固定资产入账及物资使用报损、报废等项工作,防止国有资产流失。

(十一)由教务处负责协调制定教材采购、教材选用标准的制度,规范教材采购和教材选用标准的行为;规范推荐免试攻读硕士研究生的组织工作。

(十二)由学生处负责规范各种评奖评优、学生贷款、困难补助、勤工助学等工作。

(十三)由图书馆负责完善图书资料采购招标工作,规范图书采购行为。

(十四)由校工会负责完善教职工代表大会制度,健全各种形式的民主监督机制,依法保障教职工参与民主管理和监督。

(十五)由纪委、监察处负责协助校党委抓好党风廉政建设落实,协调各职能部门落实党风廉政建设各项任务,监督检查各单位执行党风廉政建设情况,查办重要案件。

(十六)由各单位负责落实禁止公款吃喝玩乐,禁止设立"小金库",禁止收受礼金、有价证券和支付凭证等规定。

第五章　责任考核

第十条　学校党委、行政定期与中层党政领导班子签订《党风廉政建设责任书》。副处级以上领导干部向校党委签订《廉政承诺书》。

第十一条　校党委要对学院、研究院党政领导班子和领导干部执行党风廉政建设责任制的情况进行考核,考核工作要与对领导班子、领导干部的工作目标考核、年度考核等结合进行,必要时也可组织专门考核。考核工作要广泛听取党内外群众的意见,接受广大群众的监督。

第十二条　把党风廉政建设责任制执行情况的考核结果,作为对领导干部的业绩评定、选拔任用、奖励惩处的重要依据。组织人事部门向校党委呈报干部职务晋升建议之前,应书面征求校纪委的意见。

第十三条　校纪委负责根据本办法对中层领导干部党风廉政建设责任制执行情况进行监督检查,检查情况定期向校党政领导报告。对落实责任制好的单位和领导干部,建议校党政予以表彰和奖励,对落实不力的单位和领导干部提出处理建议。

第六章　责任追究

第十四条　领导干部违反本《实施办法》要求的，按照干部管理权限，由校纪委会同组织、人事等部门查清事实、分清责任，向学校党风廉政建设领导小组做出报告，并分别情况，按照中央有关规定，给予组织处理或党纪处分；需要追究政纪责任的，给予相应的行政处分；涉嫌犯罪的，移交司法机关追究刑事责任。

第十五条　领导干部不能按照本《实施办法》要求履行领导责任，有下列情况之一的，按有关程序分别给予责令检查、通报批评、调整领导职务直至给予党纪处分。

（一）对职责范围内的党风廉政建设的工作部署不研究、不部署或对存在的突出问题，不认真解决，放任自流或敷衍塞责，贻误工作的。

（二）对职责范围内的干部不廉洁行为或不正之风不制止、不查处，该处理而没有及时处理、该调查而没有及时调查、该上报而没有及时上报，造成不良后果的。

（三）严重违反民主集中制原则，领导干部个人或少数人决定重大事项，违反决策程序的。

（四）违反《厦门大学中层领导干部选拔任用工作暂行办法》的规定推荐、选拔任用干部或者推荐、选拔任用有明显违规行为的人，造成不良影响的。

（五）授意、指使、强令下属人员违反规定，私分、滥发钱物或者以其他方式挥霍浪费集体财物的；违反财务规定，隐瞒、截留应上交收入，挪用教学、科研专项资金的。

（六）授意、指使、纵容下属人员违反招生、考试等项规定，弄虚作假的；阻挠、对抗监督检查或案件查处，或者对办案人、检举控告人、证人打击报复的。

（七）对干部离任审计虚报隐瞒真实情况，事务不公开，不按规定交回办公用品，一般性问题的由纪委出面谈话，进行教育。

（八）有其他违反党风廉政建设责任制行为的。

第七章　附　则

第十六条　各机关总支、学院、研究院、直属单位、学校资产经营有限公司、后勤集团党委（党总支），要根据本《实施办法》，结合本单位实际情况，制定实行党风廉政建设责任制的具体办法。

第十七条　本《实施办法》由校纪委负责解释。

第十八条　本《实施办法》自公布之日起施行。《厦门大学关于党风廉政建设责任制的若干规定》（厦大委综〔1998〕16号）同时废止。

——本文摘录自《关于印发〈厦门大学落实党风廉政建设责任制的实施办法〉的通知》，厦大委综〔2008〕29号，档号2008-XZ09-3

中共厦门大学委员会贯彻落实《关于加强高等学校反腐倡廉建设的意见》实施方案

(2008年11月17日)

为全面贯彻党的十七大精神,贯彻落实中共中央《建立健全惩治和预防腐败体系2008—2012年工作规划》,根据中纪委、教育部、监察部《关于加强高等学校反腐倡廉建设的意见》要求,结合本校实际,制定以下实施方案。

一、落实责任,完善责任体系

(一)加强反腐倡廉建设要坚持以邓小平理论和"三个代表"重要思想为指导,深入贯彻落实科学发展观,保证党的路线、方针、政策的贯彻执行,全面落实学校第九次党代会提出的各项任务;坚持标本兼治、综合治理、惩防并举、注重预防的方针;坚持围绕中心、服务大局、改革创新、统筹推进、重在建设的基本要求;坚持"党委统一领导,党政齐抓共管,纪委组织协调,部门各负其责,依靠群众的支持和参与"的领导体制和工作机制;坚持落实党风廉政建设责任制,以完善惩治和预防腐败体系为重点,以体制、机制、制度创新为核心,整体推进教育、制度、监督、改革、纠风、惩处六项工作,为促进学校各项事业科学发展和人才队伍健康成长提供坚强的政治保证。

(二)校党委是反腐倡廉建设的责任主体,担负着全面领导反腐倡廉建设的政治责任。要把反腐倡廉建设作为一项重大政治任务,放在更加突出的位置,列入党委重要议事日程,纳入学校发展总体规划,融入学校各项中心任务;每年专题研究反腐倡廉工作,明确工作重点,召开工作会议,组织督促检查;要旗帜鲜明地支持纪检、监察部门行使职权,每月召开党委部门工作会议,解决工作中的困难和问题;落实监察处长列席校长办公会制度,保证纪检、监察、审计部门的人员编制和办案专项经费、办案补贴等政策的落实;重视纪检、监察、审计干部队伍建设,加大对纪检、监察、审计干部的培养、交流、使用力度。

(三)校行政领导班子要认真抓好教学、科研和其他行政管理中的反腐倡廉工作。要坚持把反腐倡廉工作同行政工作一起部署,一起检查,一起考核,与建立健全各项管理制度相结合,加强对行政权力运行的制约和监督;要指导和督促校内行政职能部门切实履行反腐倡廉工作职责;要积极探索对学术权力运行的规范和监督。

(四)校党委书记对全校党风廉政建设和反腐败工作负总责,校长对全校行政工作范围内的党风廉政建设和反腐败工作负全责。校党委书记、校长对学校反腐倡廉建设要做到重要工作亲自部署,重大问题亲自过问,重点环节亲自协调,重要信件亲自批阅,重要案件亲自督办;要对党政领导班子其他成员落实廉洁自律和党风廉政建设责任制情况进行监督检查。党政领导班子其他成员要根据工作分工,全面履行分管范围内的反腐倡廉建设职责,每年至少一次听取分管部门和单位党风廉政建设情况汇报。党政领导班子成员要增强监督意识,自觉接受监督,带头开展监督;每年要结合年度考核进行述职述廉。

(五)纪委要积极协助学校党委研究部署反腐倡廉工作,抓好任务分解和落实,加强组织协调和督促检查。实行纪委、监察处、审计处合署办公,充分发挥监督部门的工作效能。

(六)各职能部门、各单位党政领导班子和各级领导干部都要按照"一岗双责"和"谁主管,谁负责"的要求,健全并严格执行党风廉政建设责任制,各负其责,齐抓共管,形成合力,努力构建权责明晰、逐级负责、责任到岗、层层落实的反腐倡廉建设责任体系;各职能部门正副职对本部门反腐倡廉建设负总责,正职是第一责任人;各学院、研究院、直属单位党委、党总支书记要对本单位反腐倡廉建设负总责,院长和直属单位行政正职对职责范围内的反腐倡廉建设负全责。

(七)各职能部门、各单位党政领导班子要建立健全岗位督查、考评、奖惩、责任追究等工作机制,将反腐倡廉建设情况列入各级领导班子和领导干部考核评价范围,作为工作实绩内容和奖惩的依据。对责任不落实、措施不得力,造成不良后果的,要根据《厦门大学落实党风廉政建设责任制实施办法》的规定严肃追究责任。

二、加强监管,完善制度建设

(一)建立健全反腐倡廉建设长效机制。制定《中共厦门大学委员会关于贯彻落实〈建立健全惩治和预防腐败体系2008—2012年工作规划〉的实施办法》,做好学校反腐倡廉建设五年规划,建立健全学校惩治和预防腐败体系。

(二)建立健全反腐倡廉建设基本保障制度。修订《厦门大学落实党风廉政建设责任制实施办法》,完善责任内容、责任分解、责任考核、责任追究相结合的工作机制。

(三)健全领导班子科学民主决策机制。坚持民主集中制原则,按照党委领导下的校长负责制要求,完善并严格执行《中共厦门大学委员会常委会议事规则》、《中共厦门大学委员会全委会议事规则》、《中共厦门大学委员会落实"三重一大"制度实施办法》、《厦门大学校长办公会议事规则》;对于专业性较强的重要事项,要经过专业委员会咨询论证;对于事关改革发展全局的重大问题和涉及教职工切身利益的重要事项,要广泛听取群众意见;各单位要完善党政联席会议议事规则。

(四)加强对领导干部的管理与监督。要认真贯彻落实《中共厦门大学委员会巡视工作暂行办法》,组织开展巡视工作,加强对遵守党的政治纪律、贯彻落实科学发展观、执行民主集中制、遵守廉洁自律规定和执行党风廉政建设责任制等情况的监督;加强对学校第九次党代会提出的各项任务落实情况的监督检查,防止和纠正违背科学发展观要求的行为,促进各项任务落到实处;监督检查各单位贯彻落实厦门大学领导干部作风建设大会精神,落实校党委关于领导干部要始终做"六个方面表率"所提出的措施和要求;认真落实学校党政领导班子成员未经校党委常委批准不得在经济实体中兼职和不得违规在校内所属单位领取奖金、津贴等规定。各单位每年要结合民主生活会,开展领导干部述职述廉,对照党政领导班子《党风廉政建设责任书》和领导干部个人《廉政承诺书》,报告个人重大事项,进行自查,开展批评与自我批评,并将结果向本单位教职工公开。坚持对财务"一支笔"经济责任审计,坚持开展干部离任和任期届满的廉政检查工作。

(五)加强干部人事的管理与监督。认真执行《党政领导干部选拔任用工作条例》和《党政领导干部选拔任用工作监督检查办法(试行)》,对学校领导班子成员分工要定期调整;任用中层正职时,除经校党委常委会集体讨论外,须经全委会投票表决;落实领导干部职务任期制;对人财物等权力集中的重点岗位和单位负责人每年要开展经济责任审计,对重要职能部门要建立轮岗制度;审计处要完善经济责任审计制度;建立和完善干部监督工作联席会议制度;落实党委常委会讨论任用干部前书面征求学校纪委意见制度;完善新任处级领导干部任前谈话、签订《廉政承诺书》制度。

(六)加强内部财务的管理与监督。财务处要完善经济责任制等财务管理制度,完善学校财务集体决策、专家咨询和决策责任追究制度;严格执行财务预决算制度,制定学校经费预算编制与执行办法;全面实行教育收费公示,实施财务公开,每年开展年终财务检查,每年向教代会报告上年度财务预算执行和决算情况,并通报下年度财务预算安排;各单位要完善财务收支管理规定,严格审核报销程序;财务"一支笔"要严格履行财务管理职责,每季度向党政联席会议汇报、每学期向教职工大会汇报、每年向教代会汇报有关情况;财务"一支笔"个人所使用的公用经费开支,"一支笔"是党委、党总支书记担任的,须经院长审批,"一支笔"是院长担任的,须经党委、党总支书记审批;严格执行"收支两条线"规定,禁止私设"小金库”,一经核实单位或部门设立“小金库”,要严肃处理直接负责人,并追究有关领导的责任;审计处要加强财务审计;财务处要落实会计委派制度。

(七)加强基建(修缮)项目的管理与监督。要科学合理地制定学校事业发展规划及校园建设总体规划,按照勤俭办教育的精神,控制建设成本;坚持基建(修缮)项目集体决策制度和按规定报批制度,新上项目或项目内容的变更必须经集体决策。基建处、资产与后勤事务管理处应进一步修订和完善基建(修缮)工程项目规划、标前管理、招标管理、质量监督、增量监管、安全保障、竣工验收等方面的规章制度;任何人不得违规干预招投标活动;实施基建(修缮)工程的项目管理与财务管理分离,实行项目工程款支付“两支笔”会签制度;审计处要坚持基建(修缮)项目全过程审计,坚持“二审制”,完善相应制度;纪委、监察处、审计处要加强监督项目招标、合同签订、过程变更、质量控制、财务收支等各项管理活动中执行国家有关的法规和学校有关规定的情况。

(八)加强物资(设备)采购的管理与监督。基建处、资产与后勤事务管理处对物资(设备)采购过程中各关键环节应遵循的原则、选择标准、运行程序等应做出明确规定,加强对邀请招标、竞争性谈判、询价采购和单一来源采购的管理与监督,防止暗箱操作;严禁在采购活动中违规收受各种名义的回扣、手续费,防治商业贿赂;教务处、资产与后勤事务管理处、实验室与设备管理办公室要加强教学仪器设备等物资使用、报废等环节的规范管理;资产与后勤事务管理处、图书馆、后勤集团要完善采购活动的监管制度,提高使用效益;审计处要做好物资采购审计工作。

(九)加强重点建设项目经费、科研经费、知识产权的管理与监督。规划办、财务处、审计处要在对重点建设项目加强管理和审计的基础上,完善监管制度,杜绝重点建设经费、科研经费和人才引培经费使用中的假公济私等行为;各学院、研究院的各类科研经费,应纳入学校财务统一管理,并确保科研经费专款专用;科技处、社科处要建立健全科研项目管理和合同管理制度,并配合财务处做好项目经费管理的有关工作,明确开支范围和比例,完善报销程序,严把审核报销关;审计处要加强对科研经费使用审计,对重大科研课题或大额度科研项目资金使用进行全面审计;学校知识产权办公室、各学院、研究院要对职务发明科技成果进行跟踪监管,建立健全知识产权保护有关规定,强化对外合同的审核、管理;科技处、资产经营有限公司及各有关学院、研究院要完善科技成果转化有关制度和程序,防止知识产权流失。

(十)加强学校企业和国有资产的管理与监督。落实高校不得以事业单位法人的身份直接投资办企业规定;各职能部门、各学院、研究院等非法人单位严禁对外开展任何形式的经营活动和投资活动;资产与后勤事务管理处要完善、落实学校国有资产(包括有形和无形资产)管理和物资(设备)报废(报损)处理有关制度,依法维护学校国有资产的安全,防止国有资产流失;资产与后勤事务管理处、后勤集团要探索进一步深化后勤社会化改革的制度、政策,进一步规范后勤服务;资产经营有限公司要完善企业经营责任制和企业领导任期业绩考核责任制,促进校办产业规范化管理;资产经营有限公司未经董事会议批准,不得对外担保。

(十一)继续实施招生“阳光工程”。招生办要完善招生政策、考生资格、招生计划、录取信息、考生咨询、重大违规事件处理结果“六公开”制度;纪委、监察处要加强对学校招生录取实行全程监管;招生办、考试中心要建立健全自主招生、接收保送生、艺术类、艺术特长生、高水平运动员等特殊类型的招生、考试制度,完善研究生入学考试的命题、评卷、复试等管理制度,防范考试涉密信息泄露和录取舞弊等违纪违法行为;教务处要进一步完善推荐免试攻读研究生办法,做到公平、公开、公正;各学院研究院要进一步完善对研究生复试参与教师、复试题目的监管。

(十二)加强各种评审、评估、评选、评奖等工作的管理与监督。坚持学术诚信,充分依靠和发挥各专业委员会的作用,整治各种学术不正之风,确保各类评比“公平、公开、公正”,防止弄虚作假。研究生院、科技处、社科处、学生工作处等职能部门和各学部、学风委员会要建立健全学术规范、学风建设等方面的规章制度,加强学术诚信机制建设,制止学术造假行为。

(十三)完善机关作风建设和效能建设制度。学校办公室要强化督办制度,推行问责制,推动学校重大改革决定和措施的落实,着力提高管理服务水平;各职能部门要对现行的各项规章制度进行检查清理,及时做好规章制度的废、改、立工作，特别要针对实际工作中容易出现漏洞和产生问题的环节，及时规范程序，完善相关制度；学校机关部门要继续实施首问责任制、办事一次性告知制、限时答复制、服务承诺制，院部机关要参照执行；学校机关作风建设领导小组要进一步完善机关作风建设有关制度，完善效能告诫制度和考评办法。

（十四）健全民主监督机制。纪委、监察处要建立健全厦门大学重点部位和关键环节监督体系，形成党风廉政建设责任的监督、检查机制和考评体系；组织部要积极推进党务公开，建立和完善党内情况通报制度，尊重党员主体地位，切实保障党员批评、建议、检举等权利，拓宽党员反映意见和建议的渠道；学校办公室要深化校务公开工作，编制校、院两级事务公开内容的详细目录，分类公布；工会要敦促各单位完善二级教代会，积极支持教代会对重大问题进行审议和对执行情况的监督工作，健全各种形式的民主监督机制，依法保障教职工参与民主管理和监督；纪委、学校办公室等要全面执行《厦门大学信访工作的暂行规定》，健全信访举报工作机制，畅通信访渠道，依法保障教职工的知情权、参与权、表达权、监督权。

三、强化教育，推进廉政文化建设

（一）加强以领导干部为重点的反腐倡廉教育。坚持把反腐倡廉教育纳入全校宣传教育总体部署，贯穿于学校工作的各个方面，融入学习实践科学发展观活动中，深入开展理想信念、廉洁从政、党的作风和纪律教育，筑牢拒腐防变的思想道德和党纪国法防线；学校办公室要完善党委中心组学习制度，每年定期安排反腐倡廉理论学习；各单位党政领导班子每年应安排1～2次以反腐倡廉建设为主要内容的集中学习；党校要把反腐倡廉教育列入干部教育培训规划，在培训中开设廉政教育课程；纪委要坚持经常性教育和集中教育相结合、示范教育与警示教育相结合、自律教育与他律教育相结合，每年结合工作部署，进行党风廉政教育和党纪法规教育；各职能部门、各单位党政领导班子和各级领导干部要认真学习贯彻校党委《关于加强领导干部作风建设的若干意见》，切实改进领导干部作风，着力解决一些领导干部在思想作风、学风、工作作风、领导作风和生活作风方面存在的突出问题，树立为民、务实、清廉的形象，始终做“六个方面表率”，以优良的党风促政风带校风。

（二）加强师德师风教育。各学部、各学院、研究院要以学术道德和学术规范建设为核心，弘扬优良教风，形成既科学严谨又宽松自由的学术氛围；进一步完善教师职业道德规范体系，坚持把党纪法规教育、廉洁自律教育、学术道德教育和诚信教育贯穿于师德建设的各个环节，提高教师的职业道德修养和学术操守，严格防范和妥善处理学术上的失范行为；加强教师的职业道德教育，培养广大教师求真务实、勇于创新、坚韧不拔、严谨自律的治学态度；加强对科研经费规范使用的合理引导；树立和表彰优秀教师、优秀导师的先进典型，弘扬淡泊名利、廉洁从教、学为人师、行为世范的优良教风，树立良好的师德风范。

（三）高度重视大学生廉洁教育工作。认真落实《教育部关于在大中小学全面开展廉洁教育的意见》，建立健全大学生廉洁教育工作领导体制和工作机制；发挥课堂教学的主渠道作用，积极推进廉洁教育进校园、进课堂、进学生头脑；强化党团组织的引领功能，利用党校培训、党支部工作立项活动、团学活动、社会实践等载体，结合创建和谐校园，开展校园廉政文化活动；各学院、研究院要充分发挥专业教师队伍的主导作用、思想政治工作队伍的引导作用和学生骨干队伍的示范作用，抓住入学、毕业两个关键点集中开展廉洁教育，开展合格公民、遵纪守法、诚实守信教育。

（四）创新反腐倡廉宣传教育工作的方式方法。要建立健全纪检、组织、人事、宣传、学生工作、党校、监察等部门和全校各单位共同参与的反腐倡廉大宣传教育工作格局，整合宣传资源，形成反腐倡廉宣传工作的整体合力，把反腐倡廉建设不断引向深入。纪委、宣传部、监察处要充分利用校内媒体加强宣传落实党风廉政建设责任制、高校反腐倡廉建设有关精神，结合专题教育，播放反腐倡廉教育片和有关知识图文，加强反腐倡廉网络文化建设和管理；各部门、各单位要在本部门、本单位网页上增设反腐倡廉建设栏目，结合学校“四种精神”和校园人文资源，充分发挥先进典型的激励引导作用，用身边典型教育身边人，在校园进一步营造加强反腐倡廉建设的良好氛围，增强全校干部、师生员工的自律意识，提高反腐倡廉的自觉性,明确反腐倡廉,人人有责。

要充分发挥我校人文社科优势,加快学校党风廉政建设理论研究队伍的建设,加大反腐倡廉建设理论研究的指导和投入。

四、惩防并举,加大查处力度

(一)坚决查处违纪违法行为。纪委、监察处要严肃查处领导干部严重违反政治纪律、组织纪律的行为;严肃查处滥用职权、利用职务便利为个人、亲友及其他利害关系人谋取私利、侵犯师生利益的行为;严肃查处贪污、贿赂、挪用公款和失职渎职的行为;严肃查处乱收费、私设“小金库”、截留私分公款的行为;严肃查处重要部位、关键环节责任人违纪违法行为;纪委要建立与地方法院、检察院的合作机制,建立健全预防职务犯罪和防治商业贿赂长效机制。

(二)坚持依纪依法办案。纪委要严格区分一般错误和违纪违法的界限,严格区分改革中因缺乏经验出现的失误和违纪违法的界限;要建立案件线索排查制度,凡涉及严重违纪违法行为的举报或线索,要及时报告学校党委,在初步核实的基础上,组织强有力的工作团队负责对案件线索进行分析和处理,需要进一步查证的,要形成工作方案,选好办案人员专门查办;要正确把握政策和策略,综合运用纪律、行政和经济处罚、组织处理等方式和手段,综合考虑政治、经济和社会效果;做到事实清楚、证据确凿、定性准确、处理恰当、手续完备、程序合法。

(三)充分发挥查办案件的综合效应。坚持和完善“一案两报告”(即案件调查报告和案件剖析报告)制度;深入剖析案件,注重从管理和制度层面查找问题,提出建议,推进改革和制度创新;坚持和完善案件通报制度,利用典型案件开展警示教育,充分发挥查办案件的治本功能。

各部门、各单位要根据自身工作实际,不断研究新情况、解决新问题,切实抓好本实施方案的贯彻落实,做到认识到位、责任到位、贯彻到位;纪委、学校办公室、组织部、监察处要加强监督检查,对弄虚作假或贯彻不到位的部门和单位,要坚决追究其党政负责人的责任。

——本文摘录自《关于印发〈中共厦门大学委员会贯彻落实《关于加强高等学校反腐倡廉建设的意见》实施方案〉的通知》,厦大委综〔2008〕30号,档号2008-XZ09-3

·教学与科研工作·

厦门大学漳州校区教学督导办法

（2008年2月25日）

第一章　总　则

第一条　为加强漳州校区教学管理，疏通教学信息渠道，调动师生积极性，提高教学质量，由校长聘任若干名教学督导员，组成漳州校区教学督导组。

第二条　漳州校区教学督导组受校长委托，在漳州校区教务办公室指导下，从事教学状况的调查研究和咨询工作。

第三条　漳州校区教学督导应符合下列要求：

1.以党的教育方针为指导，把握政治方向，重视教书育人。

2.对教学状况的了解分析要力求客观、深入，争取师生参与，善于听取各方面意见。

3.对教师教学工作的评价力求准确、公正，评判教师的教学水平要尊重教学过程的规律性，考虑教学内容的先进性和学生学习效果各个因素，并以《厦门大学教师教学规范》和各项规章制度为依据。

第二章　漳州校区教学督导员的职责

第四条　反映老师执行《厦门大学教师教学规范》、教学计划和其他教学规章制度的情况，做出分析评价。

第五条　深入第一线，了解各门课程的教学内容、教学效果，指导青年教师改进教学方法。

第六条　反映漳州校区实验设备、电教设备等教学设备的使用情况。

第七条　反映漳州校区学生学习态度和遵守规章制度的情况，协助维持课堂纪律和考场纪律，指导学生会学习部门开展活动。

第八条　协助漳州校区教务办公室和有关部门调查研究全校性公共课的师资状况。

第九条　指导教师和有关教学人员建立教学档案、开展教学研究活动，检查校区教学管理人员执行学校教学规章制度的情况。

第十条　向漳州校区教务办公室反映老师的教学经验，提出推广建议并协助实施。

第十一条　向有关部门反映教学效果差或违反学校教学规章制度的教师情况，按有关规章提出批评和处理建议。

第十二条　协助漳州校区教务办公室编辑《漳州校区教学情况报告》,及时向上级领导反映教学动态。

第十三条　列席学校和系级教学工作会议,通过各种形式就学校教学改革管理等重大问题提出批评和建议。

第十四条　受校长和教务处处长委托担任有关教学评奖和立项的学术顾问或评审专家。

第十五条　教学督导员凭教学督导工作证履行其职责,在履行过程中享有本办法第十六条、第十七条、第十八条所规定的权力。

第十六条　有权随时进入教室和实验室听课。

第十七条　有权查阅教师教学教案,调阅教材、学生学习笔记、考试试卷及其他教学资料档案。

第十八条　有权向学生询问有关教学问题,随时调阅各系学生学籍总卡及其他有关教学管理的资料档案。

第十九条　教学督导员在执行、履行其职责过程中,各教学单位、校区各单位要积极配合,如有阻挠或不合作行为,视情况给予通报批评和纪律处分。

第三章　漳州校区教学督导员的聘任

第二十条　担任教学督导员要具备下列条件:

1.坚持四项基本原则,立场坚定。

2.年龄在65岁以下,身体健康,能胜任跨校区工作。

3.教学经验丰富,学术造诣较高,具有副教授以上任职资格。

4.为人公正,工作责任心强。

第二十一条　漳州校区教学督导员主要从符合条件的离退休正、副教授中聘请,由校长发给聘书和工作证,按月付给适当津贴。

第二十二条　漳州校区教学督导员任期一年。期满视本人意愿和工作需要可以续聘,对于因身体健康或其他原因无法继续履行督导员职责者,由漳州校区教务办公室提请校长批准也可以提前解聘。

第四章　附　则

第二十三条　漳州校区教学督导组办公室设在漳州校区教务办公室。

第二十四条　本办法自二〇〇八年一月一日起执行。

第二十五条　本办法由漳州校区教务办公室负责解释。

——本文摘录自《关于印发〈厦门大学漳州校区教学督导办法〉的通知》,厦大教〔2008〕9号,档号2008-XZ12-1

厦门大学授予外国来华留学生硕士、博士学位工作细则(试行)

(2007年12月27日校学位评定委员会修订)

(2008年2月27日)

第一章　总　则

第一条　为了促进我校的国际交流与合作,保证我校授予外国来华留学生(以下简称“外国留学生”)硕士、博士学位的质量,根据国务院学位委员会《关于普通高等学校授予来华留学生我国学位试行办法》和教育部、外交部、公安部《高等学校接受外国留学生管理规定》的文件精神,结合我校的实际情况,特制定本工作细则。

第二条　外国留学生在学期间必须遵守我国的法律、法规及学校纪律,遵守学术道德规范。

第二章　硕士学位授予

第三条　外国留学硕士生的硕士学位学术水平要求和学位申请办法按照《厦门大学硕士学位和博士学位授予工作细则》第三章“学位学术水平和学位申请办法”的相关规定执行。

第四条　各学科可参照同学科、专业的培养方案并根据学科的具体情况拟定专门的外国留学硕士生培养方案,经学位评定分委员会审定后,报研究生院备案。

外国留学硕士生须按培养方案的要求取得规定的学分后,方可进行学位论文答辩。

在他国已经修学相应学科、专业硕士学位课程的外国留学生申请攻读我校硕士学位时,我校将根据申请人提供的在他国修学的课程名称、成绩单以及两名专家(相当于副教授及其以上人员)的推荐信等材料,组织同行专家(副教授及其以上人员)三至五人对其已经修学的硕士学位课程进行审查、审核、考试或考核。凡经专家组认可的课程,可以免修;否则应按规定重新修学有关课程。

第五条　外国留学硕士生申请硕士学位,必须撰写学位论文(含专题报告)。我校各有关学科、专业可根据具体情况对学位论文提出不同的要求。学位论文可以是学术研究或科学技术报告,也可以是专题调研、工程设计、案例分析等报告,其报告应能反映学位申请者从事科学研究工作或综合运用基础理论和专门知识解决实际问题的能力。

学位论文应在导师指导下,由外国留学硕士生独立完成。

论文经学院(研究院)审查和同意推荐答辩后付印。导师对论文的评语和推荐意见,应密封传递,注意保密。

第六条　我校培养外国留学硕士生,原则上应采取脱产培养的方式,即整个培养过程均在我校完成。确因需要、经指导教师同意,外国留学硕士生可以利用部分时间回国撰写论文,但在我校进行论文工作的时间不得少于半年;外国留学硕士生的论文答辩工作须在我校进行。

第七条　外国留学硕士生硕士学位论文评阅按照《厦门大学硕士学位和博士学位授予工作细则》第六章“论文评阅”的相关规定执行。

外国留学硕士生学位论文的"双盲"评审,由各学院学位评定分委员会建立相应的评审专家库,并在此库中随机选择评阅专家。

第八条 外国留学硕士生硕士学位论文答辩和学位授予按照《厦门大学硕士学位和博士学位授予工作细则》第七章"论文答辩委员会和答辩规则"、第八章"学位授予"的相关规定执行。

第三章 博士学位授予

第九条 外国留学博士生的博士学位学术水平要求和学位申请办法按照《厦门大学硕士学位和博士学位授予工作细则》第三章"学位学术水平和学位申请办法"的相关规定执行。

第十条 各学科可参照同学科、专业的培养方案并根据学科的具体情况拟定专门的外国留学博士生培养方案,经学位评定分委员会审定后,报研究生院备案。

外国留学博士生须按培养方案的要求取得规定的学分后,方可进行学位论文答辩。

第十一条 我校培养外国留学博士生,可以采取两种方式:一是脱产培养,整个培养过程均在我校完成;二是在职培养,其课程学习和撰写论文可以在我校和他国完成。在职培养的外国留学博士生,如果课程学习在他国完成的,其课程考试应在我校进行;学位论文在他国完成的,其论文答辩工作须在我校进行。在职培养的外国留学博士生,在我校进行课程学习和科学研究工作的时间累计不得少于一年半。

第十二条 外国留学博士生撰写的博士学位论文,应当表明作者具有独立从事科学研究工作的能力,并在科学或专门技术上做出创造性成果。在工程技术、临床医学以及其他应用学科、专业毕业的外国留学博士生提交的博士学位论文,应具有重要的实际价值,同时表明作者具有独立从事科学研究工作或从事专门技术工作的能力。

学位论文应在导师指导下,由外国留学博士生独立完成。

论文经学院(研究院)审查和同意推荐答辩后付印。导师对论文的评语和推荐意见,应密封传递,注意保密。

第十三条 外国留学博士生博士学位论文评阅按照《厦门大学硕士学位和博士学位授予工作细则》第六章"论文评阅"的相关规定执行。

外国留学博士生学位论文的"双盲"评审,由各学院学位评定分委员会建立相应的评审专家库,并在此库中随机选择评阅专家。

第十四条 外国留学博士生博士学位论文答辩和学位授予按照《厦门大学硕士学位和博士学位授予工作细则》第七章"论文答辩委员会和答辩规则"、第八章"学位授予"的相关规定执行。

第四章 附 则

第十五条 在我校攻读硕士、博士学位的外国留学生,其学位论文原则上应用汉语撰写和答辩;如需用英语撰写和答辩,应向指导教师提出申请,报学位评定分委员会审批。如论文用英语撰写,须提交详细的汉语摘要。论文撰写格式严格按照《厦门大学研究生学位论文规范》的相关规定执行。

第十六条 我校为外国留学生颁发的硕士、博士学位证书,除按规定用汉语填写外,还提供用英语印制、书写的译文副本,两种版本具有同等效力。

第十七条 他国具有研究生毕业同等学力的有关人员申请我校硕士、博士学位,可参照《厦门大学授予具有研究生毕业同等学力人员硕士、博士学位实施细则》的有关规定办理。

第十八条 本细则未规定事宜参照《厦门大学硕士学位和博士学位授予工作细则》的相关规定执行。

第十九条 本细则自公布之日起开始实行。

第二十条　本细则由校学位评定委员会负责解释。

——本文摘录自《关于印发〈厦门大学授予外国来华留学生硕士、博士学位工作细则(试行)〉的通知》,厦大研〔2008〕4号,档号2008-XZ28-1

厦门大学博士、硕士研究生申请学位发表学术论文的规定

(2007年12月27日校学位评定委员会修订)

(2008年2月27日)

为进一步规范学位授予工作,不断提高研究生的培养质量,根据《厦门大学硕士学位和博士学位授予工作细则》及我校学位与研究生教育工作的实际情况,对我校博士、硕士研究生申请学位发表学术论文的要求,作如下规定:

一、博士、硕士研究生申请学位发表学术论文的规定

1.我校文科类(含哲学、经济学、法学、教育学、文学、历史学、管理学等)博士研究生自入学起,在获得博士学位之前,必须在全国核心刊物或国际同级学术刊物(均不含增刊、专刊、专辑)上,以第一作者(导师为第一作者的,研究生为第二作者视同第一作者)和"厦门大学"为第一署名单位至少发表2篇与其学位论文相关的学术论文(字数不少于3000),其中一篇可用与其学位论文相关的专著或教材(本人完成字数专著在3万字以上,教材在5万字以上,可累计)来代替。发表在一类核心期刊上的论文可以算作两篇核心论文,其中被SCI、EI、SSCI收录的有录用函即可。

2.我校理工类(含理学、工学)博士研究生自入学起,在获得博士学位之前,必须在全国核心刊物或国际同级学术刊物(均不含增刊、专刊、专辑)上,以第一作者(导师为第一作者的,研究生为第二作者视同第一作者)和"厦门大学"为第一署名单位至少发表2篇与其学位论文相关的学术论文(字数不少于3000),其中必须有一篇被SCI或EI收录(有录用函即可)。如论文被收录在第一、第二分区,或影响因子在本学科较高,经学位评定分委员会审议批准,可适当降低其发表学术论文的篇数要求,提交校学位评定委员会审议。

3.学校鼓励各学院学位评定分委员会根据本学科的具体情况,对博士研究生发表学术论文制定并公布更高的要求,并报研究生院学位与学科建设办备案。

4.我校硕士研究生(包括专业学位硕士研究生)申请学位所需发表的学术论文要求,由各学院学位评定分委员会制定、公布,并报研究生院学位与学科建设办备案。

5.在我校学习的外国来华留学研究生、港澳台地区研究生申请学位所需发表的学术论文要求,由各学院学位评定分委员会制定、公布,并报研究生院学位与学科建设办备案。

6.研究生的学位论文工作成果获得国内外发明专利1项(研究生排序为发明人前3名,"厦门大学"为第一申请人,获得公布即予认可),相当于在核心刊物上发表学术论文一篇,其中排序第一相当于发表一篇SCI、EI收录的学术论文;获得实用新型专利1项(研究生排序为设计人前3名,"厦门大学"为第一申请人,获得专利授权通知书即予认可),相当于在公开发行的学术刊物(非核心)上发表学术论文一篇。

7.已完成培养方案规定的学习项目,考试考核成绩合格,取得规定的学分,并通过学位论文答辩的研究生,可以按时毕业,并取得毕业证书。但未达到以上申请学位发表学术论文要求者暂不授予学位。

8.博士研究生在通过答辩后的三年内达到申请学位发表学术论文标准的,可向研究生院学位与学科建设办提出授予博士学位的申请,逾期视为自动放弃申请学位,研究生院学位与学科建设办亦不接受逾期的申请。

9.硕士研究生在通过答辩后的两年内达到申请学位发表学术论文标准的,可向研究生院学位与学科建设办提出授予硕士学位的申请,逾期视为自动放弃申请学位,研究生院学位与学科建设办亦不接受逾

期的申请。

10.在职人员以同等学力申请博士、硕士学位发表学术论文的要求另行规定。

二、核心刊物的认定

核心刊物的认定以我校研究生院认定的最新版《中文核心期刊要目总览》及《厦门大学核心学术刊物目录》为准,旧版在新版公布后的一年内仍有效。

三、本规定是《厦门大学硕士学位和博士学位授予工作细则》的补充,自公布之日起开始执行。原《厦门大学博士、硕士研究生申请学位发表学术论文的规定》(厦大研〔2006〕35号)同时废止。为保持政策的连续性,对2005年以前入学的研究生,其论文要求采取就低不就高的原则。

——本文摘录自《关于印发〈厦门大学博士、硕士研究生申请学位发表学术论文的规定〉的通知》,厦大研〔2008〕5号,档号2008-XZ28-1

厦门大学2008年普通高等教育招生章程

（2008年3月）

第一章　学校概况

第一条　厦门大学位于我国经济特区、“国际花园城市”——福建省厦门市，是公办全日制普通高等学校、教育部直属的全国重点综合性大学、国家“211工程”和“985工程”重点建设的高水平大学。现有校本部和漳州校区。

第二章　招生层次和计划

第二条　2008年我校全日制普通高等教育共有57个本科专业类，涵盖85个专业(含方向)，分别面向全国31个省(市、自治区)招生。

第三条　2008年我校全日制普通高等教育本科招生计划为5000人。具体分省分专业招生计划请参阅各省(市、自治区)招生部门编印的考生填报志愿手册。

第三章　招生模式

第四条　采用大部分院、系按专业类招生，少数院、系按专业招生的模式。各专业类的专业(方向)设置及分流情况请参阅《厦门大学2008年本科招生专业一览表》。

第四章　培养与管理模式

第五条　实行“宽口径、厚基础、多样化”的人才培养模式，录取的学生按专业类进行培养。即一、二年级学生一般按照专业类学习通修课程，二、三年级通过选修方向性课程进行专业分流、确定专业方向。方向性课程的选定根据学生个人的特点，在学校的指导下进行。

第六条　录取的新生全部入住依山傍海，环境优美，拥有全国一流的教学和生活配套设施，管理和服务规范的漳州校区。经第一、二学年的学习和生活后，回到校本部继续修读学业。准予毕业的学生，由我校颁发国民教育系列普通高等教育本科毕业证书。符合学位授予条件的，由我校授予学士学位。

第五章　招生要求

第七条　除外语类、国际经济与贸易专业和国防生仅招英语语种的考生外，其余专业(类)均无外语应试语种要求。我校主要以英语作为公共基础外语安排教学。报考英语专业的考生，须参加当地招生机构组织的口试。

第八条　报考我校面向全国招生的艺术类考生，须参加我校组织的专业考试，且取得专业考试合格通知书。艺术类学生入学后，我校将根据招生政策和录取标准进行专业水平复查，凡不符合录取条件的，取消入学资格。

第九条　除国防生外，各专业(类)无男女比例限制。考生的高考单科成绩一般应达到及格以上水平。考生身体健康状况的要求按《普通高等学校招生体检工作指导意见》的有关规定执行。新生入学后三个月内，我校根据录取有关要求对其进行身体健康状况复检，凡不符合录取要求或弄虚作假的，取消入学资格。

第六章　录取原则

第十条　坚持贯彻公平竞争、公正选拔，德智体美全面考核、综合评价、择优录取的原则。

第十一条　根据生源省份的出档规定和报考我校的生源等情况确定调档比例，原则控制在生源省份我校相应的招生计划数110%～120%以内。

第十二条　原则上认可考生所在地省级招生委员会制定的有关加(降)分政策。专业(类)录取以考生的投档分(高考分加照顾分)进行专业投档。

第十三条　在第一志愿生源不足的情况下，我校可接收非第一志愿的考生。

第十四条　在各省出档的考生中，根据公布的专业招生计划，采用专业志愿“分数级差”的方式进行专业(类)投档和录取。专业志愿间分数级差总分值为10分。即第一和第二专业志愿分数级差为5分，第二和第三专业志愿及第三和第四(含第四及其之后的所有排序志愿)专业志愿的分数级差均为2分，第四(含第四及其之后的所有排序志愿)与调剂专业志愿分数级差为1分。

第十五条　获我校保送生、自主招生、文艺特长生和高水平运动员资格的考生的录取规则分别按相应各类招生简章的有关规定执行。

第十六条　为满足我校专业人才的培养要求，凡获我校推荐录取资格、表现(特长)突出、相关考试科目成绩优异或专业志愿与拟录专业相近(同)等情况的出档考生，我校将予优先录取，分数差原则上不超过10分。

第十七条　面向全国和单独面向福建省招生的艺术类专业录取原则按我校艺术类招生简章的有关规定执行。

第七章　收费标准

第十八条　学费收费标准

1.人文学院、新闻传播学院、外文学院、法学院、公共事务学院、国际关系学院、经济学院、管理学院、数学科学学院、物理与机电工程学院(航空航天类除外)、化学化工学院、材料学院、生命科学学院、海洋与环境学院、信息科学与技术学院、建筑与土木工程学院所属各专业，每人每学年5460元；

2.医学院各专业、航空航天类每人每学年6760元；

3.软件学院一、二年级每人每学年5460元，三、四年级按学分收费，每生每学分400元，每学年约为40学分；

4.艺术学院各专业每人每学年9360元。

第十九条　学生公寓住宿费为1200元(人/学年)。

第八章　奖励资助政策

第二十条　优秀新生奖学金制度

1.凡高考总成绩(卷面原始分)名列所在省份前30名的文、理科考生，第一志愿填报我校且被录取的新生,给予免交四年学费,并一次性分别给予2万元(第1～10名)、1.5万元(第11～20名)和1万元(第21～30名)的奖励。

2.凡第一志愿填报我校,文或理科高考总成绩(卷面原始分)超过所在省份本一批分数线80分以上,且名列我校在其省份文或理科计划前5%的新生,给予2000元奖励。

第二十一条 "绿色通道"制度

学校设立"绿色通道",家庭经济困难学生持本人录取通知书和家庭所在地乡(镇)、街道以上民政部门出具的家庭经济困难证明,入学时现场办理缓交学费和入学报到手续。

第二十二条 国家资助政策

国家建立了包括国家助学贷款、国家奖学金、国家励志奖学金、国家助学金等资助措施在内的新资助政策体系,加大对家庭经济困难学生的资助力度。我校每年可申请助学贷款人数约占全日制在校生总数的20%,每人每年最高贷款金额为6000元。2007年评定发放国家奖学金、国家励志奖学金和国家助学金4514人,总金额1114.3万元。

第二十三条 学校资助政策

我校建立了包括奖学金、贷学金、勤工助学、困难补助和减免学费等多项措施在内的学生资助体系,2007年拨出专款2000多万元用于资助。

第二十四条 社会资助

由社会团体、人士专为我校学生设立的奖、助学金每年约为300多万元。

第九章 就业情况

第二十五条 我校近三年毕业生就业率分别为:2007届95.9 %,2006届95.1%,2005届97.07%。毕业生就业率位居全国高校前列。2007届毕业生就业主要单位性质流向依次为:各类企业、升学、金融单位、机关及事业单位、其他教学单位及高等院校。就业主要地区流向依次为:厦门、福建(不含厦门)、深圳、上海、广东(不含深圳)、浙江、北京、江苏等省份(城市)。

第十章 附 则

第二十六条 我校定向为西藏培养人才招收的非西藏生源省份的应届高中毕业生,其招生计划属国家定向就业招生计划。我校根据考生志愿在不低于考生所在省本一批中我校的出档线下40分以内择优录取。学生在校期间享受国家有关的学费、教材、伙食、住宿等补助,毕业后充实到西藏的县以下基层干部队伍,进藏服务期5年。录取的学生到校报到注册前须与西藏人事厅签订《定向西藏就业协议书》,否则,取消入学资格,相关责任由学生个人承担。

第二十七条 我校国防生的报考条件、志愿填报、录取办法、国防奖学金的标准与发放、学生毕业后的工作分配去向及待遇等信息,请查阅《南京军区国防生招生简章》或登录 http://210.34.18.180 查询,或咨询南京军区驻厦门大学后备军官选拔培训工作办公室,咨询电话:0592-2187802。

第二十八条 我校面向江苏省的选测科目要求:理工类专业选测科目为物理,文史类专业选测科目为历史,所有专业的另一门选测科目原则上不做要求。两门选测科目等级要求为AA。专业安排办法采用等级级差法,即考生两门选测科目每得一个A+折算成等级级差分2分,在考生投档分的基础上加上等级级差分后进行排序,再采用我校确定的"专业级差"的方式,结合考生的专业志愿和必测科目成绩和综合素质评价进行录取。

第二十九条 我校面向福建省厦门市、漳州市招收走读生的志愿填报和录取要求请登录我校招办网页查阅,或向考生所在地招生部门查询。

第三十条　咨询、查询、联系方式:欲了解我校招生资讯,可上网查阅或电话咨询。网址:zsb.xmu.edu.cn,电话:0592-2188888。录取结果及录取通知书的寄发状态可登录上述网页查询。

第三十一条　本章程由厦门大学招生办公室负责解释。

厦门大学

二〇〇八年三月

——本文摘录自《厦门大学 2008 年普通高等教育招生章程》,2019-XZ30-002

厦门大学海外学生奖学金暂行评审办法

(2008年3月2日)

第一章　总　则

第一条　为规范厦门大学海外学生奖学金评审管理,发挥海外学生奖学金的效益和作用,根据教育部《港澳及华侨学生奖学金管理暂行办法》、《台湾学生奖学金管理暂行办法》及我校校级奖学金评审办法的有关要求,结合我校海外学生实际情况,特制定本办法。

第二条　本办法所称厦门大学海外学生是指在厦门大学实施学历教育的港澳台侨学生和来华留学生,包括本科生、硕士研究生和博士研究生。

第三条　本办法所称厦门大学海外学生奖学金是指面向港澳台侨学生的教育部港澳及华侨学生奖学金、台湾学生奖学金和面向来华留学生的厦门大学国际学生奖学金。

第四条　教育部港澳及华侨学生奖学金、台湾学生奖学金(以下简称港澳台侨学生奖学金)为教育部面向在祖国大陆普通高等学校和科研院所就读的港澳台地区全日制本科学生、硕士和博士及华侨本科学生设立的奖学金。

厦门大学国际学生奖学金为厦门大学面向在校全日制来华留学本科生、硕士研究生和博士研究生设立的奖学金。

第二章　海外学生奖学金研究生评审办法

第五条　海外学生奖学金研究生参评条件:

1.自觉遵守国家法律、法规,遵守学校各项规章制度;

2.课程成绩优良,具有一定的科研和创新能力;

3.有不合格课程成绩的来华留学研究生不得参评厦门大学国际学生奖学金。

第六条　海外研究生奖学金评分办法:

总分由课程成绩分和科研成果分两部分组成,评分方法按《厦门大学校级奖学金研究生评审办法》(厦大研〔2006〕40号)执行。

第三章　海外学生奖学金本科生评审办法

第七条　海外学生奖学金本科生参评条件:

1.自觉遵守国家法律、法规,遵守学校各项规章制度;

2.诚实守信,有良好的道德修养;

3.入学考试成绩优秀或在校期间勤奋刻苦、成绩优良;

4.海外本科生参评学年所修得学分总数一般情况下不得少于25学分,参评学年重修所获的学分不计算在内。

第八条　海外本科生奖学金评分办法：

总分由课程成绩分和行为表现分两部分组成，采用百分制的计算办法，课程成绩分满分 80 分，行为表现分满分 20 分。

1.课程成绩分

课程成绩分满分 80 分，课程成绩分的计算公式为[(60～69 分)学分数×30＋(70～84 分)学分数×60＋(85～100 分)学分数×80]÷课程总学分数(各分数段学分之和)。其中成绩为优、良、及格对应的分数为 85～100、70～84、60～69；成绩以合格、不合格计分的课程只统计学分数而不列入评奖的课程成绩分计算中。

课程成绩分的计算以参评时的前三个学期总计成绩为依据。

2.行为表现分

行为表现分满分 20 分，包括行为评议分和社会活动分两部分，其中行为评议分 5 分，社会活动分 15 分，总共 20 分。

行为评议由所在学院组织进行，主要评议内容为：

(1)遵守国家法律、法规和学校各项规章制度，无违纪记录；

(2)勤奋学习，学习态度端正，出勤良好；

(3)积极参加院系和学校组织的活动；

(4)遵守学校宿舍管理规定，自觉维护海外学生住宿环境；外住学生应遵守社区管理规章制度，尊重当地人民的风俗习惯，主动配合当地派出所及居委会的工作，不做有损学校声誉及与自己身份不符的事情。

社会活动分总分为 15 分，海外学生担任学生干部，参加院校级文娱活动、志愿者活动、学校体育比赛和参加其他级别的各项竞赛活动获奖者，学院可以酌情加分，加分标准参照《厦门大学校级奖学金本科生评审办法(试行)》(厦大学〔2007〕12 号)执行。

行为表现分的计算依据参评学生在学期间的所有表现，其中社会活动分加分事迹、竞赛项目在参评教育部港澳台侨学生奖学金和厦门大学国际学生奖学金时，只能使用一次，不得重复使用。

第四章　相关规定

第九条　凡已获得厦门大学国际学生奖学金的来华留学生，如无新的突出表现和成果，在校期间只能参加一次该项奖学金的评奖。

第十条　对于获奖海外学生，如出现以下情况之一的，应取消其获奖资格并及时向上级主管部门报告：

1.触犯国家法律、法规和违反学校规章制度；

2.参加非法社团组织。

第五章　申报和评审程序

第十一条　厦门大学国际学生奖学金申报和评审程序参照《厦门大学校级奖学金本科生评审办法(试行)》(厦大学〔2007〕12 号)执行。

第十二条　港澳台侨学生奖学金的校内申报与评审程序见当年度评奖通知。

第六章　附　则

第十三条　本办法由国际处负责解释。

第十四条　本办法自公布之日起施行。

——本文摘录自《关于印发〈厦门大学海外学生奖学金暂行评审办法〉的通知》,厦大学〔2008〕39号,档号2008-XZ11-2

厦门大学本科生课程重修办法

（2008 年 3 月 17 日）

综合考虑我校目前本科生教育按学年组织开课、跨校区开课和部分专业毕业班尚有少数必修课程等实际情况，为方便学生及时安排课程重修，特对重修做如下安排：

一、课程考核不及格必须重修。一门课程缺课的学时累计达到该门课程总学时数的 1/3 者（获准部分免听者除外），或者实验课缺做实验达 1/3 者，该门课程必须重修。

二、每学期开学前，院系教务人员应通知需要重修的学生申请重修。重修必修课的学生可以申请参加专门开设的重修班，也可以选择与下一年级一起修读，或及时选读其他班级要求相同的课程。如该门课程确已停开，学院分管教学领导可以指定学生修读学分相同、要求相近的其他替代课程。选修课不及格的学生，可以重修该门课程或另选其他教学计划规定的同类课程。

重修课程与后续修读课程发生时间冲突，学生应当按教学计划规定的顺序，优先修读重修课程。一、二年级挂科门数较多，随原班级迁校本部再返回漳州校区重修、补修有困难的，应选择在漳州校区修完低年级课程后再迁到校本部继续学习。课程重修必须在毕业前完成。

三、学生可以根据对重修课程的掌握程度申请部分免听，经任课教师同意、报开课院系备案后，可不必全程听课而参加课程考试。未经任课教师同意、报备，没参加听课的不得参加该课程考试。

参加重修的学生须填写“课程重修单”，并按要求办理重修手续。

四、各院系对课程覆盖面较大、不及格学生人数较多的课程可以在下一学期，或在短学期组织重修班（一般 10 人以上即可开班）。

重修班列入教学计划，教师按实际上课课时计算工作量。短学期开设的重修班一般为 30 学时（每周 6 学时），重修班课程考核必须与正常学期考试标准一致、难度等同（或启用期末考试备用卷），学生考核成绩正式记入成绩档案。

五、毕业班学生个别课程不及格或缺个别学分，允许在当年短学期参加重修（一般限两门以内）或补修，考核合格可以申请当年 9 月份参加毕业生业务审查和申请学士学位，其他的可申请结业或在规定的年限内继续修读。

六、本办法自公布之日起试行。

教务处

2008 年 3 月 17 日

——本文摘录自《厦门大学本科生课程重修办法》，(2008)厦大教 6 号，档号 2008-XZ12-4

厦门大学关于本科教学质量与教学改革工程实施的意见

(2008年3月31日)

全校各单位：

为全面贯彻落实《教育部财政部关于实施高等学校本科教学质量与教学改革工程的意见》(教高〔2007〕1号)和《教育部关于进一步深化本科教学改革全面提高教学质量的若干意见》(教高〔2007〕2号)文件精神，进一步深化我校教育教学改革，全面提高教学质量，学校决定实施“厦门大学本科教学质量与教学改革工程”(下称“质量工程”)，实施意见如下：

一、“质量工程”的指导思想

坚持以邓小平理论和“三个代表”重要思想为指导，全面落实科学发展观，全面贯彻党的教育方针，主动适应国家和地方经济社会发展需要，全面推进素质教育；遵循高等教育的基本规律，牢固树立人才培养是根本任务、质量是生命线、教学工作是高校中心工作的理念；按照统一规划、提高质量、鼓励特色、重在建设的原则，加大教学软硬件建设，强化教学管理，深化教学改革，提高人才培养质量。

二、“质量工程”的建设目标

通过质量工程的实施，重点抓好一批具有基础性、引导性、创新性项目，使学校人才培养模式改革取得突破，学生的实践能力和创新精神显著增强；加强硬件教学条件和软件教学资源建设，推进学校优质教学资源共享，使学校的规模、结构、质量、效能协调发展和优质教学资源共享机制基本形成；教师整体素质进一步提高，科技创新和教育教学能力全面提高，科研与教学结合更加紧密。健全教学管理制度，强化教学管理规范，优化教学激励机制，建立健全质量监控长效机制，进一步调动广大师生参与教学改革的积极性和主动性。

三、“质量工程”建设的主要内容

(一)特色专业建设项目

大力加强本科专业建设，按照优势突出、特色鲜明、新兴交叉、社会急需的原则，择优遴选确定30个左右办学水平较高、具有办学特色的本科教育特色专业进行重点建设，形成一批品牌专业。充分发挥品牌专业的带动和示范作用，推动专业改造和建设，提升专业整体水平，努力形成与地方经济建设和社会发展相适应的本科专业结构布局与人才培养模式。

1.继续加强基础学科人才培养基地建设。按照基地建设要求，进一步加强教学建设，推进教学改革，使基地人才培养特色更加鲜明，人才培养质量全面提高，成为国内一流、国际知名的专业点。

2.遴选10～15个基础较好的学科专业，通过深化人才培养模式改革，加强师资队伍建设，加强课程和实践条件建设,使之成为教学理念先进、教学条件优良、教学质量和教学效果好的学校优势专业增长点。

3.遴选10～15个国家和地方建设紧缺的应用型专业,以强化学生实践能力培养为核心,重点建设校内外的实践教学基地,使之与地方或企业建立良性互动,并深化教学改革,使之成为学校特色专业。

(二)人才培养模式与教学改革立项项目

1.人才培养模式创新实验区。择优建设人才培养模式创新实验区,推进教学内容、课程体系、实践环节等方面进行人才培养模式的综合改革,以倡导启发式教学和研究性学习为核心,探索教学理念、教学方式、培养模式和管理机制的全方位创新。

2.启动新一轮教学计划修订工作。适应建设创新型国家对人才培养的要求以及建设高水平研究型大学的目标,按照精英教育的理念和"宽口径、厚基础、多样化"的原则,建立学科平台课程,强化公共基本课程、专业基础课程和主要专业课程教学,进一步推进学分制教学改革,建立有利于学生自主学习的更具弹性化、柔性化特征的人才培养方案。

3.探索国际化人才培养模式。在若干专业方向进行系列主干课程全英文教学,选用国际通用教材,鼓励教师编写英文教材,建立适合双语教学的实践平台,加强国际交流和合作。

(三)课程、教材建设项目

1.精品课程建设。加强基础课程和平台课程建设,在现有基础上对200门左右的精品课程进行重点建设,使之在教学内容、教学方法和手段、教学梯队、教材建设、教学效果等方面真正起到示范作用。

2.新教材建设。加强新教材和立体化教材建设,通过立项资助鼓励教师编写新教材,培育一批优秀教材,特别要择优重点建设若干种系列立体化教材,与此同时积极做好高质量教材推广和新教材选用工作。

3.示范性双语教学课程建设。继续推进本科课程的双语教学,在现有基础上,重点建设200门左右的双语课程,其中100门左右的本科课程实现全英文教学,100门左右的本科课程大部分内容实现英文教学;推进系列双语教学课程建设,形成若干系列双语教学课程。

4.加强思想政治理论课教学,提高思想政治理论课的教学质量和教学效果。设立政治理论课首席教授、主讲教授重要岗位,组织优秀教师承担思想政治课教学;每年划拨专项建设经费;进一步加强社会调查、实习等社会实践环节;尝试建设思想政治理论课网络课程建设,从而建立理论联系实际、课堂教学与网络教学相结合的立体化思想政治理论课教学体系。

5.积极推进网络教育资源开发和共享平台建设,建设面向全校的精品课程、双语课程和立体化教材的数字化资源中心,实现全部精品课程、双语教学课程和大部分本科专业基础课程的教案、大纲、习题、实验、教学文件以及参考资料等教学资源上网,为广大教师和学生提供免费使用的优质教学资源。

(四)实践教学创新建设项目

1.实验教学示范中心建设。加强实验教学示范中心特别是基础实验教学示范中心建设。在实验教学示范中心建设的带动下,推进我校实验教学内容、方法、手段、队伍、管理和实验教学模式的改革与创新,在提高实验教学水平,加强学生创新能力的培养与训练上起示范和带动作用。

2.本科教学实习实训基地建设。实施"本科生教学实习基地建设计划",建设6～7个大型教学实习实训中心,使每一个学生都能在实习实训基地进行实践和研究。与此同时,支持建设200个左右的稳定的本科教学实习基地,尤其要重点建设一批联系紧密、容纳学生实习人数较多的大型校外教学实习基地,保证绝大多数学生能在实习基地进行集中实习。

3.本科生创新性实验项目。每年立项100个左右的由各学院高年级本科生、研究生共同参与的创新性主题实验项目;资助500名左右优秀本科生进行创新性试验,促进学生自主创新兴趣和能力的培养。

4.本科生学业竞赛活动。重点资助大学生电子设计竞赛、机械创新设计竞赛、数学建模竞赛、广告艺术设计竞赛、结构设计竞赛及大学生外语竞赛等在全国具有较大影响和广泛参与面的本科生学业竞赛活动,支持高等数学、大学外语及其他覆盖面广的基础课程的校内学业竞赛,激发本科生的学习兴趣和潜能,培养本科生的团队协作意识和创新精神。

(五)师资队伍建设项目

1.教学名师评选。每年评选10名教学态度认真、教学效果好、教学成就突出的长期从事本科课程教学的教学名师,鼓励高职称、高水平教师进入本科教学第一线。与此同时,充分发挥教学名师的指导和模范带动作用,实现教师总体教学水平的提高和教学风气的优化。

2.教学团队建设。要根据教学改革和教学任务的需要,建设一批由教学水平高、学术造诣深的教授领衔,由教授、副教授、讲师、助教及教辅人员组成,结构合理,以承担基础课教学为主要任务组建的本科教育教学团队,通过建立有效的团队合作机制,实行教学工作的老中青相结合,组织开展校级及以上重大教学改革课题的研究与实践,推进教学内容和方法的改革,促进教学研讨和教学经验交流,建立起一支教学水平高、结构合理、可持续发展的教学队伍。

3.青年教师教学技能大赛。分学院和学校两个层面组织青年教师教学技能大赛,每年评选10～15名教学态度认真、教学方法科学、教学水平高和教学效果好的青年教师,对他们进行表彰和奖励。通过这项活动的开展,提高青年教师教学积极性和教学水平。

4.青年教师岗前培训。充分发挥老教师对青年教师的传帮带作用,在各个学科选择若干位教学水平高、教学方法科学、教学经验丰富的教师进行示范教学,并对教学重点难点定位、教学内容的选择、教学方法的运用、教学语言的组织等方面进行讲解,提高青年教师的教学水平。

四、"质量工程"的保障措施

(一)要切实加强对本科教学工作的领导。学校党政部门领导要高度重视教学工作,把教学质量作为考核党政一把手和领导班子的重要指标。一把手作为教学质量的第一责任人要亲自抓教学质量,定期召开教学工作会议,及时研究解决教学工作的新情况、新问题。要加强教学管理组织建设,完善由校长负责、教务处牵头、院系为基础、各职能部门协调配合的本科教学管理组织体系。进一步推进校内人事分配制度改革,把支持教学工作情况作为考核各部门和各级干部的重要指标。制定具体的政策措施,对在教学工作中取得突出成绩的教师给予鼓励,努力营造重视教学工作、关心教学工作、支持教学工作的良好氛围,保证教师把主要精力投入到人才培养和教学工作中去。

(二)进一步落实和完善教授上讲台制度,把为本科生授课作为教授、副教授的基本要求,不承担本科教学任务者不得被聘为教授、副教授职务。被聘为教授、副教授后,连续两年不为本科生授课,不得再聘为教授、副教授职务。要加大青年教师培养和培训的工作力度,支持青年教授到企事业单位进行产学研合作,参加国内外进修、交流和学术会议等,提高青年教师的素质和水平。要建立和完善青年教师助教制度,未被聘为副教授的青年教师,原则上不得作为基础课程和主要专业课程的主讲教师。新聘任的青年教授要有一定时间从事辅导员、班主任和学生导师工作。要高度重视基础课程教师队伍建设,在职称评定、教学改革课题立项、评优奖励等方面采取倾斜政策,支持基础课教师提高教学水平。

(三)要进一步端正学风,严明学习纪律,严格考试管理,建立学习激励制度,调动广大学生的学习积极性和主动性,保证学生的主要精力投入到学习中去。要坚持育人为本,德育为先,深入实施素质教育,要切实加强学生的思想政治教育,把社会主义核心价值体系融入教育教学全过程,充分发挥思想政治理论课的主渠道作用,注重提高思想政治理论课的教学实效。

(四)进一步加强本科教学校内评估工作,逐步建立保证教学质量不断提高的长效机制。要根据国家对提高高等教育质量的新要求,继续开展并不断完善本科教学质量年度校内评估制度,要建立教学基本状态数据年度统计和公布制度，并作为教学工作评估、经费划拨和教学改革课题立项的重要依据。进一步完善内部质量监控和评价体系，健全教学委员会制度和教学督导制度，学院要建立院级教学委员会制度和教学督导制度，充分发挥教学委员会的咨询、论证和审议作用和教学督导的监督、指导作用。进一步加强教学质量监控，建立用人单位、教师、学生共同参与的内部质量保障和评价机制，形成社会和企业对课程体系与教学内容的评价制度、课堂教学评估制度、实践教学评估制度、领导和教师听课制度、同行评议制度、学生定期反馈制度及教学督导制度等，加强对人才培养全过程的管理。

（五）进一步加大对教学工作的经费投入，切实保证教学工作所需的各项经费。要按照教育部《关于进一步加强高等学校本科教学工作的若干意见》（教高〔2005〕1号）的有关规定，调整经费支出结构，加大对教学工作的经费投入，切实保证教学工作必需的各项经费。要进一步加强对实验室实践、图书资料等教学基本条件的投入，保证生均教学行政用房、生均教学科研仪器设备值、生均图书、多媒体教室等基本办学条件达到国家规定的标准。

（六）切实加强教学基础设施和教学信息化建设，构建校级教学资源共享平台，促进资源共享，优势互补，提高教学建设的效益。进一步提高教师制作和使用的多媒体课件、运用信息技术开展教学活动的能力，培养和提高本科生通过计算机和多媒体课件学习的能力，以及利用网络资源进行学习的能力，努力提高教学信息化水平。要加快教学管理系统的升级改造，建立与“学分制”相适应的教学管理、网络课程、学生自主学习的教学管理系统。

五、“质量工程”项目管理

（一）学校成立“厦门大学本科教学质量与改革工程领导小组”，全面统筹规划、协调学校“质量工程”建设，制定学校“质量工程”实施方案。成立“厦门大学本科教学质量与改革工程办公室”，具体负责“质量工程”项目申报、年度评估、结题验收等。各学院要把“质量工程”当作重要的工作，成立领导小组，制订本单位的实施计划，同时对于立项的项目在经费、条件和制度给予配套支持，确保项目按时、按计划顺利完成。

（二）“质量工程”实行项目管理制度。项目分为综合项目和单项项目，综合项目包含若干单项项目，综合项目负责人一般为学院分管教学的院长或主任。

“质量工程”项目实行年度评估检查制度，项目负责人每年应提交项目进展年度报告。“质量工程”办公室根据需要组织专家进行评审和验收。

（三）“质量工程”经费管理。学校每年安排专项资金资助“质量工程”建设，专项资金实行项目管理。项目经费由学院根据“质量工程”项目建设情况统筹安排，可用于研究相关的图书资料、教学差旅、课件研发以及网络资源建设、教材出版、成果鉴定评审等，其中大学生创新性实验项目经费必须按照经费开支计划足额用于学生开展创新性实验活动。

“质量工程”项目一经立项，学校给予首期启动经费。同时根据项目研究周期进行中期检查，经中期检查合格，给予后续经费投入。中期检查不合格，如无改进措施确保时间精力投入以达到研究目标情况下，将终止经费资助。

二〇〇八年三月三十一日

——本文摘录自《厦门大学关于本科教学质量与教学改革工程实施的意见》，厦大教〔2008〕17号，档号2008-XZ12-1

厦门大学研究生招生与导师配套经费管理办法

(2008年4月11日)

为了建立并完善以科学研究为主导的研究生培养机制,完善研究生培养的导师责任制与资助制,发挥研究课题在培养人才上的作用,提高对研究生的奖助力度,激发学校、院系、导师和研究生的积极性,建立研究生培养质量的长效保障机制,构建充满活力的研究生教育运行机制,促进研究生教育持续健康发展,学校制定厦门大学研究生招生与导师配套经费管理办法如下:

第一章　基本原则

第一条　研究生招生资源分配体现研究导向原则。重视学术研究与应用研究在研究生培养过程中的主导作用。招收研究生的导师应是拥有学术研究或应用研究课题的厦门大学专职或兼职研究生导师。研究生招生资源分配与导师承担的研究项目及业绩相关联。

第二条　研究生招生资源分配体现导师责任制与导师资助制原则。重视研究生教育具有的人类文明传承与知识创新的双重属性。在以研究导向的研究生培养过程中,研究生与导师共同构成学校创新的主体。导师所承担的研究课题是研究生培养的基础,研究生参与导师的研究课题;导师负有培养责任,与学校共同承担培养经费,并提供研究资助。招收研究生的导师应有足以支撑研究生培养的研究经费。

第三条　导师所需承担的培养配套经费的比例体现公平性原则与学科差异性原则。

第四条　本办法所称的导师配套经费是指来源于导师承担的研究课题的部分经费。

第二章　管理办法

第五条　已受聘为厦门大学研究生指导教师的专职或兼职教师拟招收下一年度研究生,须向研究生院提出招生名额申请,承诺按第七条规定的数额提供三年研究生(非直博生)培养配套经费,拟招收直博生的导师须承诺按第七条规定的数额提供五年研究生培养配套经费,并提供校内转账账户。

第六条　导师配套经费体现学科差异,并按照其招收博士生数递增,以体现博士生招生资源的优化配置。导师招收研究生所需提供的最低培养配套经费按表1执行。

表 1　导师最低配套经费定额表

（单位：元/人 · 年）

<table>
<tr><th rowspan="3">学科分类</th><th rowspan="3">硕士
研究生</th><th colspan="5">博士研究生</th><th rowspan="3">说　　明</th></tr>
<tr><th>招收
第 1 名</th><th colspan="2">招收第 2 名</th><th colspan="2">招收第 3 名</th></tr>
<tr><th>基本
配套</th><th>基本
配套</th><th>资源
调节</th><th>基本
配套</th><th>资源
调节</th></tr>
<tr><td>文史哲艺</td><td>300</td><td rowspan="2">2000</td><td rowspan="2">2000</td><td rowspan="2">2000</td><td rowspan="2">2000</td><td rowspan="2">6000</td><td rowspan="4">当博士研究生招生数大于 2 名时，导师配套经费将在招收前一名博士生的基础上翻一番。其中的资源调节费部分由学院统筹用于学院的研究生教育。</td></tr>
<tr><td>经管法教</td><td>500</td></tr>
<tr><td>理工医
（不含数学）</td><td>2000</td><td>4000</td><td rowspan="2">4000</td><td rowspan="2">4000</td><td rowspan="2">4000</td><td rowspan="2">12000</td></tr>
<tr><td>数学</td><td>300</td><td>2000</td></tr>
</table>

第七条　导师所提供的转账账户应是经科技处或社科处认定的研究项目在财务处开设的账户。导师所提供的校内转账账户须经项目负责人签名认可，并经科技处或社科处审核。

第八条　计划招收研究生的导师所提供的转账账户中应有足够的经费，其额度不得低于同一导师招生当年所有在校研究生与新入学研究生所需的配套经费总和。

第九条　导师配套经费转账按年度进行，于每学年秋季学期开学第三周进行。财务处根据研究生院提供的当年各学院（研究所）应提供的研究生培养配套经费总额，将经费从各学院（研究所）的发展基金项目转入学校研究生培养配套经费专项账户。学院根据导师提供的培养经费额度，再将导师的经费充回学院的发展基金项目。学校研究生配套经费专项账户按学院设分账户。经费仅用于研究生的研究助理岗位津贴和研究生学术活动。基本配套经费的使用由导师统筹安排，学院主管领导审核签字。配套经费中的资源调节部分，由学院统筹用于学院的研究生教育。

第十条　转账工作完成后，若出现已录取新生未到校报到或在读研究生退学的情况，财务处根据研究生院提供的学籍异动通知，从学校研究生培养经费专项账户将相应的配套经费转回学院（研究所）发展基金项目。

第十一条　若导师提供的研究项目账户出现亏空，导师应在每学年秋季学期的第一周之前办理转账账户更新。对提供虚假账号或恶意亏空账户的导师，学校将停止其下一年的招生。

第十二条　如果已招收研究生的导师，因后续研究经费不到位或未能申请到新的研究课题及其他原因导致的研究经费不足，不能提供配套经费或配套经费不足时，学校将按相应于缺口配套经费额度的105%，扣发下拨给学院的研究生综合办学经费。

第十三条　研究经费不足或无研究经费的导师，当年不予招生，但可作为导师组成员协助有研究经费的导师指导研究生。

第三章　附　则

第十四条　本办法所指研究生招生资源不包括专业学位研究生、少数民族高层次人才培养计划研究生、港澳台地区研究生、外国来华留学研究生等。

第十五条　本管理办法经校长办公会通过之日起生效。

第十六条　本管理办法的解释权属厦门大学研究生培养机制改革领导小组。

——本文摘录自《关于印发〈厦门大学研究生招生与导师配套经费管理办法〉的通知》，厦大研〔2008〕13 号，档号 2008-XZ28-2

厦门大学研究生挂职工作实施办法

(2008年4月15日)

为进一步贯彻落实《中共中央、国务院关于进一步加强和改进大学生思想政治教育的意见》,坚持思想政治教育与社会实践相结合的原则,引导我校研究生积极投身海峡西岸经济区建设,学校鼓励研究生参加挂职工作,并制定本办法。

第一条　研究生挂职工作是指研究生在学期间,结合专业特长到政府部门或企事业单位挂职,并在规定期限内完成一定工作任务的一种社会实践模式。

第二条　本办法适用于我校正式注册的接受普通高等学历教育且符合下列基本条件的全日制研究生(不含委托培养、定向培养、在职培养和专业学位研究生):

1.热爱祖国,有正确的政治立场、观点和态度,拥护党的路线方针政策;

2.自觉遵守国家法律法规和学校规章制度;

3.组织纪律性强,服从组织安排;

4.勤奋学习,学习成绩优良;

5.关心集体,有较强的组织协调能力;

6.心理、身体健康,能适应工作需要;

7.一般为二年级以上研究生。

第三条　学生工作处和研究生院负责与研究生挂职单位进行具体工作的联系和对接。鼓励各学院、研究院根据自身专业特点,加强与社会各界联系,向学校推荐挂职单位。

第四条　学校、挂职单位和挂职研究生应签订三方协议,约定各自的权利和责任。

第五条　挂职研究生选拔坚持公开、公平、公正的原则。学校公开需求信息,严格按照报名条件和选拔程序选拔挂职研究生。

挂职研究生的选拔坚持专业对口的原则。挂职研究生的专业能力应和挂职工作的要求相适应。

第六条　挂职研究生报名程序如下:

1.学生工作处发布挂职研究生需求信息和相关事项通知。

2.符合条件的研究生根据通知要求准备相关申请材料,并征得导师和所在单位的同意后向学生工作处提交。学院、研究生院亦可向学校直接推荐研究生参加挂职工作。

3.校党委组织部会同学生工作处、研究生院对报名研究生进行资格审查和考核,提出推荐人员名单。推荐人数一般应多于需求人数。

4.挂职单位会同学生工作处、研究生院对推荐人员进行面试,确认最终录用的学生,并在全校公示3天。

第七条　研究生参加挂职工作的时间一般为半年,可根据需要采取集中与分散相结合的方式灵活安排工作,但在挂职单位的实际工作时间累计不少于45天。

第八条　学生工作处、研究生院与挂职单位共同实施对挂职研究生的管理。挂职研究生在挂职期间应服从挂职单位的工作安排,积极完成所承担的工作。

第九条　学院、研究院应对挂职研究生的工作给予充分的支持。导师要加强工作指导,提供便利条件,关心挂职研究生生活,帮助挂职研究生顺利完成工作任务。

第十条　挂职研究生要坚持理论联系实际的原则，将课程学习或课题研究与挂职工作紧密结合，既要充分运用所学的知识指导工作，又要善于在工作实践中归纳总结，丰富和完善自身知识体系，将实际工作经验转化为科研成果。

第十一条　挂职研究生的考核工作由学生工作处、研究生院会同挂职单位共同负责。挂职工作结束一周内，每位研究生应向学生工作处提交挂职锻炼总结或调研报告（不少于5000字）。考核结果分为优秀、合格和不合格三个等次。考核结果报组织部备案。挂职工作材料归入研究生本人档案。

第十二条　研究生挂职工作作为一门选修课（课程名称为《社会调查与科技服务》）列入研究生培养方案。考核合格及以上等次者可以获得2个学分。

第十三条　其他激励措施：

1.挂职单位向挂职研究生按月发放挂职津贴；

2.挂职单位为挂职研究生购买挂职期间人身意外伤害保险；

3.考核合格及以上等次者由挂职单位颁发挂职证书；

4.考核合格及以上等次者优先参评全校性奖学金和荣誉称号。

第十四条　本办法自2008年4月15日起实施。

第十五条　本办法由学生工作处负责解释。

——本文摘录自《关于印发〈厦门大学研究生挂职工作实施办法〉的通知》，厦大学〔2008〕60号，档号2008-XZ11-3

厦门大学研究生培养机制改革实施方案

（2008 年 4 月 18 日）

根据教育部的部署，厦门大学确定于 2008 年启动研究生培养机制改革工作。现根据教育部有关文件精神，并参照第一、二批研究生培养机制改革试点学校的成功做法，结合我校研究生教育现状，形成如下研究生培养机制改革实施方案（实施方案根据 2007 年研究生实际招生数测算）：

一、实施方案

（一）研究生奖、助学金经费来源

研究生奖助金体系由政府财政拨款、学校筹措办学资金、导师配套经费、社会捐助和研究生个人支付等构成。

1.学费收入（经费预算见表 1）

表 1　厦门大学研究生教育经费收入预算

项目	研究生类别	生数/年	人均收入（万元/人）	收入小计（万元）	说明
2007 级公费生人数	博士生	422			研究生数以 2007 年招生人数标准计算，硕士生 2955 人，其中计划内 1651 人，国家财政拨款 896 人；博士生 572 人，其中计划内为 422 人，国家财政拨款 234 人。
	硕士生	1651			
国家财政拨款	博士生	234	1.2	280.8	
	硕士生	896	1.0	896.0	
研究生个人自筹与用人单位支付	博士生	572	1.3	743.6	
	硕士生	2955	1.1	3250.5	
合计				5170.9	

注：* 学校每年的公费生和自费生比例与数额均会有所调整，以上数据根据 2007 年实际招生数测算；

* 我校公费生的人数与国家财政拨款人数有所不同；
* 此表仅为学费收入，包括国家的财政拨款及学生个人支付部分；
* 按以往的情况：国家财政拨款按博士生 1.2 万元/人的标准，硕士生 1.0 万元/人的标准；我校自筹生的标准则是博士生 1.3 万元/人，硕士生 1.1 万元/人；
* 表格中改革后的学费收入应包含了国家对公费生部分的财政拨款，另外全体学生应按自筹生进行收费，费用总额才是改革后的学费总收入。

2.导师的配套经费

导师的配套经费来源于导师的科研课题经费，主要用于支付研究生的助研津贴和学术活动费用。

导师配套经费要体现学科差异，并按照其招收博士生数递增，以实现博士生招生资源的优化配置。

导师招收研究生所需投入的最低培养配套经费见表2。

表2 导师最低配套经费定额表

(单位:元/人·年)

<table>
<tr><th rowspan="3">学科分类</th><th rowspan="3">硕士
研究生</th><th colspan="5">博士研究生</th><th rowspan="3">说　明</th></tr>
<tr><th>招收
第1名</th><th colspan="2">招收第2名</th><th colspan="2">招收第3名</th></tr>
<tr><th>基本
配套</th><th>基本
配套</th><th>资源
调节</th><th>基本
配套</th><th>资源
调节</th></tr>
<tr><td>文史哲艺</td><td>300</td><td rowspan="2">2000</td><td rowspan="2">2000</td><td rowspan="2">2000</td><td rowspan="2">2000</td><td rowspan="2">6000</td><td rowspan="4">当博士研究生招生数大于2名时，导师配套经费将在招收前一名博士生的基础上翻一番。其中的资源调节部分由学院统筹用于学院的研究生教育。</td></tr>
<tr><td>经管法教</td><td>500</td></tr>
<tr><td>理工医
(不含数学)</td><td>2000</td><td>4000</td><td rowspan="2">4000</td><td rowspan="2">4000</td><td rowspan="2">4000</td><td rowspan="2">12000</td></tr>
<tr><td>数学</td><td>300</td><td>2000</td></tr>
</table>

3.研究生培养机制改革专项基金

研究生培养机制改革专项基金来源于教育部对培养机制改革的一次性专项投入，预计为500万元。

(二)研究生奖、助学金制度

学校建立研究生奖、助学金制度，研究生奖、助学金由研究生奖学金、“三助”岗位津贴、专项奖学金和特困学生补助构成。

1.研究生奖学金等级和标准

根据每年实际招生情况，由学校研究生培养机制改革领导小组确定研究生奖学金名额的分配，相关职能部门具体负责研究生奖学金的组织、管理、审核与发放工作。

(1)博士研究生。博士研究生奖学金原则上按三年评定，直博生按五年评定，等级和标准如下：

特等奖学金:三年全程9万元(其中学费3.9万元，生活费5.1万元);

一等奖学金:每年3万元(其中学费1.3万元，生活费1.7万元);

二等奖学金:每年2.3万元(其中学费1.3万元，生活费1.0万元);

三等奖学金:每年1.9万元(其中学费1.3万元，生活费0.6万元);

四等奖学金:每年0.6万元(生活费)。

(2)硕士研究生。硕士研究生奖学金原则上按三年评定，提前攻博学生在获得博士生资格当年起参评博士生奖学金，硕博连读学生前两年参评硕士生奖学金。等级和标准如下：

特等奖学金:三年全程5.1万元(其中学费3.3万元，生活费1.8万元);

一等奖学金:每年1.7万元(其中学费1.1万元，生活费0.6万元);

二等奖学金:每年1.5万元(其中学费1.1万元，生活费0.4万元);

三等奖学金:每年0.4万元(生活费)。

2.“三助”岗位

学校设立“教学助理”和“管理助理”岗位，研究生导师设立“科研助理”岗位。实施方案见厦门大学相关管理文件。

各类助学岗位的资助额度如下:硕士研究生助教岗位400万元/年，博士研究生助教岗位100万元/年，由人事处负责安排实施;硕士研究生助管岗位100万元/年，由学生处负责安排实施;硕士研究生助研岗位500万元/年，博士研究生助研岗位100万元/年，由导师配套经费支出。“三助”岗位津贴总额度合计为1200万元。

3.专项奖学金

学校设立由社会捐赠的专项奖学金。有关专项奖学金的实施方案见厦门大学相关文件。

4.特困学生补助金

学校对特困学生实行一定的补助金,有关实施方案另行制定。

(三)研究生综合办学经费投入额度(见表3)

表3 研究生综合办学经费投入额度

研究生层次	文科类综合办学经费投入额度(元/人·年)	理工医类综合办学经费投入额度(元/人·年)
博士生	4500	6000
硕士生	1500	2000

学校投入的研究生综合办学经费将按研究生教育收入的增加同比增加。导师的配套经费也将根据学校科研总量的增加予以调整。学校对研究生培养经费投入的综合办学经费的30%用于学校研究生教学资源平台建设及其他统筹,5%用于研究生教育绩效管理,65%直接下拨学院(研究院)。下拨学院(研究院)的研究生培养经费主要用于学院(研究院)研究生教育公共教学资源平台建设,原则上不拨付给博士生指导教师博士研究生指导经费,拨付给硕士生导师的硕士研究生指导费(*用于研究生培养,不是劳务费)原则上不高于学校投入的硕士研究生综合办学经费的30%。

二、实施方案的说明

1.特等奖学金为固定奖学金,在研究生入学时根据入学综合成绩及低一级学历的学习成绩与综合表现评定,一经评定,一般三年内不再变更,除非出现《厦门大学研究生奖学金评定管理暂行办法》规定的取消和中止的情形。

2.特等奖学金以外的其他奖学金均为滚动奖学金,每年评定一次,于每年秋季学期开学前一周申请。

3.当攻读学位类型发生变化时,须重新申请奖学金类别。

4.奖学金用于缴纳学费和住宿费,不足部分由研究生个人筹措支付。

——本文摘录自《关于印发〈厦门大学研究生培养机制改革实施方案〉的通知》,厦大研〔2008〕12号,档号2008-XZ28-2

厦门大学研究生奖学金评定管理暂行办法

（2008 年 4 月 18 日）

根据《厦门大学研究生培养机制改革实施方案》，学校设立研究生奖学金，用于支付我校全日制研究生在校期间的全部或部分学费和生活费，支持他们全身心投入专业学习和科学研究。为规范研究生奖学金的评定管理工作，制定本办法。

一、参评对象

厦门大学研究生奖学金的参评对象为 2008 年起录取的接受普通高等学历教育的全日制在校研究生，不包括委培生、在职生和 MBA、法律硕士等应用型研究生，也不包括港澳台地区研究生、外国来华留学研究生。定向研究生按定向协议办理。

二、申请基本条件

1.热爱祖国，坚持四项基本原则；

2.遵守国家法律法规和学校规章制度；

3.各门课程学习成绩合格；

4.在学校规定的学制内；

5.按学校的规定办理注册手续。

三、奖学金等级和标准

1.博士研究生。博士研究生奖学金原则上按三年评定，直博生按五年评定，等级和标准如下：

特等奖学金：三年全程 9 万元（其中学费 3.9 万元，生活费 5.1 万元）；

一等奖学金：每年 3 万元（其中学费 1.3 万元，生活费 1.7 万元）；

二等奖学金：每年 2.3 万元（其中学费 1.3 万元，生活费 1.0 万元）；

三等奖学金：每年 1.9 万元（其中学费 1.3 万元，生活费 0.6 万元）；

四等奖学金：每年 0.6 万元（生活费）。

2.硕士研究生。硕士研究生奖学金原则上按三年评定，提前攻博学生在获得博士生资格当年起参评博士生奖学金，硕博连读学生前两年参评硕士生奖学金。等级和标准如下：

特等奖学金：三年全程 5.1 万元（其中学费 3.3 万元，生活费 1.8 万元）；

一等奖学金：每年 1.7 万元（其中学费 1.1 万元，生活费 0.6 万元）；

二等奖学金：每年 1.5 万元（其中学费 1.1 万元，生活费 0.4 万元）；

三等奖学金：每年 0.4 万元（生活费）。

四、管理机构

1.学校研究生培养机制改革领导小组负责研究生奖学金的全面工作,指导检查奖学金的评定和落实情况。

2.研究生院负责于每学年末核定和发布各学院、研究院、教学部各类奖学金名额。

3.学生工作处负责研究生奖学金工作具体的组织与管理,审核各学院、研究院、教学部奖学金评定委员会的评定结果,制订奖学金发放方案等工作。

4.财务处负责研究生奖学金的发放工作。

5.学院、研究院、教学部奖学金评定委员会由学位评定分委员会、研究生学生工作组共同组建,负责根据本办法制定本单位研究生奖学金评定实施细则和组织本单位研究生奖学金评定工作。奖学金评定委员会名单和奖学金评定细则报学生工作处和研究生院备案。

五、评定的基本内容

新录取的学生由各学院、研究院、教学部依据研究生入学考试成绩、复试成绩、受教育经历和参与科研经历等进行评定。

二年级以上的研究生按照德育和智育表现进行综合评定,采用百分制的计算方法。

德育表现评定内容包括学生的政治素质、道德品质和集体观念等方面。获得各类表彰、积极参与社会工作和有其他突出表现的,应给予适当加分。

智育表现评定内容包括课业成绩和科研成绩,两者的比例可根据各学院、研究院、教学部实际情况自行调整。

六、评定程序

1.学生工作处每学年末发出评定通知。

2.符合评定条件的学生填写《厦门大学研究生奖学金申请表》,并在规定的时间内向各学院、研究院、教学部提交申请表和评定实施细则所要求的其他材料。

3.各学院、研究院、教学部每学年上报拟录取研究生名单时,同时将奖学金资助对象及类别按规定格式报送学生工作处审核,另报研究生院、招生办备案。

二年级以上的研究生由各学院、研究院、教学部根据学校下达的名额和本单位实施细则组织在校生奖学金的评定工作,评定结果必须由各学院、研究院、教学部奖学金评定委员会集体讨论确定,并在本单位范围内公示一周。

4.各学院、研究院、教学部公示结束后将评定结果报学生工作处审核。学生工作处审核后在全校范围内公示,公示无异议后报校领导批准后由财务处发放。

七、奖学金发放

奖学金总额高于学费的,学校每年将学费从奖学金中一次性扣除,剩余奖学金分十个月平均发放(7、8月不发)。

奖学金总额低于学费的,学校将奖学金一次性扣除抵作学费,学生应及时缴纳不足部分。未足额缴纳学费的不能注册。

八、不能参与评定的情形

有以下任何一种情况者,不得参与评定下一学年的奖学金。获得特等奖学金的,则取消下一学年奖学金。

1.违反校纪校规受到处分者。

2.学位课程考试有一门以上(含一门)不及格者。

3.第一次中期考核不合格者。

4.署名(不论署名次序)公开发表论文有剽窃、伪造实验数据或有其他违背学术道德行为的。

九、其他特殊情形

1.出国、出境留学或者国内交流三个月以上的,不予发放离校期间的研究生奖学金。奖学金自离校手续办理完成日的下个月起停发,回校后自报到手续办理完成日的下个月起恢复发放。已抵扣学费的部分奖学金根据学生离校时间长短由财务处收回全部或一部分。

2.申请休学的,停发奖学金,未发部分待学生复学后转作当学年的奖学金。复学后不再参评当年奖学金。

3.中途退学的,自退学之日起停发奖学金。已抵扣学费的部分奖学金由财务处根据学生当学年在学时间收回全部或部分。

4.在学研究生支教期间,研究生奖学金照常发放。

5.超过学校规定的学习年限延期毕业的研究生,自超出学习年限之日起停发奖学金。

6.其他特殊情形研究生奖学金的发放办法由学校研究确定。

十、附　则

1.本办法由学生工作处负责解释。

2.本办法自 2008 年 9 月 1 日起实施。

——本文摘录自《关于印发〈厦门大学研究生奖学金评定管理暂行办法〉的通知》,厦大学〔2008〕61号,档号 2008-XZ11-3

厦门大学学生管理助理聘任管理办法

(2008年5月4日)

第一章　总　则

第一条　为进一步规范学生管理助理的管理,促进校内勤工助学活动的健康发展,根据上级有关文件精神,结合我校实际,制定本办法。

第二条　学生管理助理岗位是指在学校党政管理、学生事务管理和教学科研管理等工作中设置的、由学生承担辅助性管理工作的校内勤工助学岗位。

第三条　学生参加管理助理岗位工作由学生工作处统一组织、协调和监督。漳州校区学生办在学生处的指导下开展工作。

第二章　岗位设置和管理

第四条　岗位类型

根据工作的性质和我校的实际情况,学生管理助理岗位分为固定岗位、临时岗位和项目岗位。

1.固定岗位。指持续一个学期以上的长期性岗位和寒暑假期间的连续性岗位。

2.临时岗位。指不具有长期性,通过一次或几次勤工助学活动即完成任务的工作岗位。

3.项目岗位。指在学校管理、服务中,将一些应由学校经费支付的专项工作岗位设置为勤工助学岗位。

第五条　岗位的确定、配置原则和有效时限

1.固定岗位的管理

岗位的确定:用工单位提出申请,经学生工作处会同人事处审核后设立。

岗位配置原则:岗位的配置与用工单位的工作任务、编制使用情况相结合。岗位的数量原则上在一定基数之外,再参考缺编数和新增工作职能或职责而未增加编制的情况确定。学生的工作仅为辅助性劳动,不能用勤工助学的方式替代各类岗位的全职工作。

岗位的有效时限:岗位存续期间不足一年的,以审批的期间为限;岗位存续期间超过一年的,需每年确认一次。

2.临时岗位的管理

临时岗位的确定、用工人数和岗位时效,由用工单位申报学生工作处核准。

3.项目岗位的管理

岗位的确定:由学校根据需要设立或由用工单位申请设立。长期项目岗位(用工时间超过一学期)的开设由校学生资助工作领导小组审核批准。临时项目岗位(用工时间不超过一学期)学生工作处审核批准。

岗位的配置原则:项目岗位的设立要与学校专项工作经费划拨和人员配置相结合。专项工作经批准设立勤工助学岗位后,原则上按勤工助学所承担的工作量,酌减专项经费和人员配置。

岗位的时效:项目岗位自批准之日起有效,常设项目岗位需每年确认一次。

第六条　岗位的设立和确认。岗位设立申请和已设立岗位确认时间一般为每年9月份。用工单位填写《厦门大学学生管理助理设岗申报表》,写明或确认岗位工作内容、技能要求、用工时间和岗位数量,并报学生工作处审核。

临时项目岗位需提前一周向学生处提出申请。

第七条　厦门大学学生资助工作领导小组可根据学校事业的发展和客观需要,对岗位种类、数量进行调整。

第三章　申请程序

第八条　学生工作处于每年10月中旬发布招聘通知,临时岗位和项目岗位将视审批情况随时予以公布。有意申请岗位的学生填写《厦门大学学生管理助理岗位个人申请表》后送所在学院、研究院签署意见,向指定部门报名。用工单位应在所录用的学生申请表中签署意见,交学生工作处备案和公示。

漳州校区学生办负责本校区学生的报名组织工作。

第九条　校内勤工助学岗位原则上应优先录用家庭经济困难的学生。

第四章　劳酬管理

第十条　固定岗位的劳酬为每个月300元;项目岗位和临时岗位的计酬标准一般为每小时8元。

第十一条　学生管理助理工作的安排应充分考虑到学生的专业学习时间,避免影响学生学业。工作时间每周原则上不超过12小时,每个月不超过50小时。其中,固定岗位每周工作时间不少于8小时。

第十二条　劳酬每月发放一次。具体程序是:学生管理助理由用工单位记录用工时间并进行工作考核,对考核合格者,由用工单位填写《厦门大学学生管理助理劳酬审批表》(一式两份),附上《厦门大学学生管理助理工时记录表》(每人一张),于每月初五日内送学生工作处审核。校区学生办负责汇总本校区学生管理助理劳酬审批表并送学生工作处审核。学生工作处审核完毕后,将汇总材料送财务处,由财务处于每月底将学生上个月的勤工助学劳酬发至学生个人缴费银行卡中。

第五章　勤工助学的终止

第十三条　受聘学生出现下列情况之一者,学生工作处可终止其勤工助学,停发报酬,另行招聘:

1.责任心不强或不遵守岗位要求;

2.因特殊原因或身体健康状况,不适合继续勤工助学活动;

3.在勤工助学期间受到校纪处分或治安处罚;

4.因勤工助学严重影响学业;

5.日常生活铺张浪费;

6.有弄虚作假行为。

被终止勤工助学的家庭经济困难学生,经考察如已符合条件的,可按审批程序重新申请参加勤工助学活动。

第十四条　对用工单位违反《厦门大学学生勤工助学管理规定》和本办法的行为,学校将采取终止勤工助学、停发和追缴劳动报酬等措施,并追究相关领导和人员的责任。

第六章　附　则

第十五条　本办法由学校学生工作处负责解释。

第十六条　本办法自公布之日起施行。学校原相关规定与本规定冲突的,以本规定为准。

——本文摘录自《关于印发〈厦门大学学生管理助理聘任管理办法〉的通知》,厦大学〔2008〕63号,档号2008-XZ11-3

厦门大学学生教学助理聘任管理办法

（2008 年 5 月 4 日）

第一章　总　则

第一条　为进一步规范学生教学助理的聘任管理工作，根据上级有关文件精神，结合我校实际，制定本办法。

第二条　学生教学助理岗位是指学校在本科生和研究生课程教学工作中设立的、由学生承担辅助性教学工作的校内勤工助学岗位。

第三条　从学生中聘任教学助理应立足于进一步完善我校本科生和研究生教学环节，提高本科生和研究生的教学质量，拓展学生勤工助学活动途径。

第四条　教学助理岗位的聘任工作必须坚持专业对口、按需设岗、公开招聘、平等竞争、择优聘用的原则。

第二章　岗位设置

第五条　岗位设置范围

（一）本科生课程：主要是针对修课人数多、作业量大的公共课、基础课、学科基本课程或核心课程、实验课程和其他需要助理的社会实践或实习课程。非实验实践类课程，若无大量作业、练习要求，原则上不配备教学助理。

（二）研究生课程：主要是针对全校性研究生公共学位课、全校性研究生公共选修课、学院专业学位课程。博士生课程原则上不设置教学助理岗位。

第六条　岗位设置标准

（一）本科生课程：除实验课外，教学助理按实际上课课程门班数配备。教授主讲的课程人数在 30 人以上的，每门班可设置 1 个教学助理岗位；副教授主讲课程人数在 40 人以上（实验课酌减）的，每门班可设置 1 个教学助理岗位；讲师主讲的公共基础课、专业基础课以及主要专业课（含实验）课程人数在 50 人以上（实验课酌减）的，每门班可设置 1 个教学助理岗位；100 人以上、作业量大的公共基础课、专业基础课酌情申请增设 1 至 2 个教学助理岗位；精品课程、双语课程可根据实际情况适当放宽；由多位教师联合主讲一门课程、课时不多或修课人数不多的，不配备助理。

（二）研究生课程：原则上研究生课程修课人数在 30 人以上（实验类课程可以适当放宽至 15 人以上）方可设立教学助理岗位。一门课程一般只设置一个教学助理岗位。专业学位硕士（全日制研究生）课程可参照上述标准设置教学助理岗位。

第七条　教学助理岗位的职责：协助任课教师进行课程建设（包括制作多媒体课件和编写教学资料等），在任课教师的指导下承担课程的辅导工作，包括辅导、答疑、批改作业和试卷，或协助指导教师指导学生社会实践或实习。

第八条　岗位设置申报

(一)本科生课程:教学助理岗位设置每学期进行一次。各学院在期末将下一学期需要的教学助理岗位数按规定程序报送教务处审核。

(二)研究生课程:教学助理岗位申报在当学期研究生通过选课系统选课完成之后按规定程序报送研究生院审核,申报工作在开学一个月内完成。

第九条　聘用教学助理,不影响任课教师的工作量计算。

第三章　岗位聘任

第十条　本科生课程教学助理从在读研究生中选聘。硕士研究生课程原则上只聘用博士研究生担任教学助理工作,无博士点的专业可聘用优秀高年级硕士生担任低年级教学助理工作。担任教学助理的研究生还必须符合下列基本条件:

(一)为在学全日制博士研究生或二、三年级硕士研究生;

(二)热爱祖国,有正确的政治立场、观点和态度,拥护党的路线方针政策;

(三)自觉遵守国家法律法规和学校规章制度;

(四)按计划完成专业培养方案基本环节;

(五)学业成绩良好,有能力胜任所设教学助理岗位工作。

第十一条　各单位应根据教学助理的岗位职责和设岗课程教学工作的要求,拟定该课程教学助理岗位的具体职责、工作任务,并组织开展聘任工作。聘任结果按本科生和硕士研究生课程助理岗位类别分别填写《厦门大学本科生课程教学助理聘任人选汇总表》和《厦门大学硕士研究生课程教学助理聘任人选汇总表》分别报送教务处和研究生院,由教务处和研究生院签署审核意见后报人事处备案。

第四章　教学助理的管理

第十二条　教学助理必须认真履行岗位职责,认真负责地完成教学助理任务。任课教师要切实负起指导教学助理工作的责任,并按月检查教学助理工作的情况。

第十三条　教务处、研究生院和各教学单位应将教学助理的管理纳入教学质量监督管理体系中,加强监督和管理。

第十四条　为保证研究生的学习时间,研究生担任教学助理所承担的工作量,原则上不超过每周4个小时。

第十五条　硕士研究生不得担任同年级或高一年级硕士研究生课程的教学助理。

第十六条　教学助理若不能按照聘用合同的约定履行岗位职责或不能胜任岗位工作要求,教学效果差,学生意见大,学校可以随时解除聘用。

第十七条　聘期结束后,用人单位要组织对教学助理的考核。考核包括任课教师的考评和学生测评。任课教师的考评参照《厦门大学教学助理岗位考核表》规定的考核指标和评分标准进行;学生测评纳入研究生院教学质量测评系统进行。用人单位领导综合任课教师的考评结果和学生的测评分数,确定教学助理的考核等次,并将考核结果归入研究生学籍档案。

第五章　劳酬管理

第十八条　教学助理在受聘期间享受学校提供的劳酬待遇。教学助理岗位的劳酬仅在聘期内适用。

第十九条　劳酬标准

人事处根据教务处、研究生院每学期给各学院核定可聘用的本科生、研究生课程教学助理岗位数,按照每个岗位每学期平均不超过1500元的标准,核定各学院本科生、研究生课程教学助理薪酬额度。

第二十条　劳酬发放办法

每学期教学助理完成工作任务后，各教学单位须在每学期末或下个学期初二个工作周内，根据教学助理工作任务完成情况以及考核结果，在教学助理薪酬额度内分别填报《厦门大学本科生课程教学助理薪酬汇总审批表》和《厦门大学研究生课程教学助理薪酬汇总审批表》送人事处，人事处审核后由财务处将薪酬直接打入教学助理的银行卡。

第二十一条　受聘教学助理岗位的研究生在聘期内如有缺岗现象，应根据缺岗情况扣除相应的薪酬。

第六章　附　则

第二十二条　本办法由学校教务处、研究生院和人事处负责解释。

第二十三条　本办法自公布之日起施行。学校原相关规定与本规定冲突的，以本规定为准。

——本文摘录自《关于印发〈厦门大学学生教学助理聘任管理办法〉的通知》，厦大学〔2008〕64 号，档号 2008-XZ11-3

厦门大学学生勤工助学管理规定

(2008 年 5 月 4 日)

第一章 总 则

第一条 为进一步加强对学生勤工助学活动的管理,促进勤工助学活动健康、有序开展,保障学生的合法权益,增强学生社会实践能力,有效地帮助经济上有困难的学生顺利完成学业,根据国家有关法律、法规和规章规定,结合我校实际,制定本规定。

第二条 本规定所称勤工助学活动是指学生在学校的组织下利用课余时间,通过劳动取得合法报酬,用于改善学习和生活条件的社会实践活动。

本规定所称学生是指已注册的在我校接受普通高等学历教育的全日制本专科生和研究生,不含在职培养、委托培养、定向培养和专业学位硕士研究生。

第三条 勤工助学活动必须坚持"立足校园、服务社会"的宗旨,按照学有余力、自愿申请、信息公开、扶困优先、竞争上岗、遵纪守法的原则,由学校在不影响正常教学秩序和学生正常学习的前提下有组织地开展。

第四条 勤工助学活动由学校统一组织和管理。任何单位和个人未经学校学生资助管理中心同意,不得聘用在校学生打工。

第五条 学生参加勤工助学活动,应以不影响学业为前提,做到"自尊、自重、自强";必须遵守国家法律、法规,遵守学校及用人单位的各项规章制度,认真履行协议规定的各项义务,维护学校和自身的声誉。

第六条 学校对在勤工助学活动中表现突出的学生予以表彰和奖励。对因参加勤工助学活动而影响专业学习、违反校规校纪的学生,学校有权调整或终止其参加勤工助学活动;问题严重的,取消其参加勤工助学活动的资格,并按学校有关规定处理

第二章 组织机构及其管理职责

第七条 厦门大学学生资助工作领导小组统一领导全校学生勤工助学工作;学生工作处为秘书单位,负责组织协调与监督工作;不同类型的勤工助学活动按工作有利原则,由不同职能部门负责组织实施。

第八条 在校学生资助工作领导小组的领导下,各类勤工助学活动的管理部门应分别负责校内勤工助学岗位的设置或接受校外用人单位或个人的用人请求,加强学生校内外勤工助学活动的管理,为学生和用人单位提供优质服务,切实维护学校、学生、用人单位或个人的合法权益。

第九条 任何单位或个人不得组织学生参加有毒、有害和危险的作业以及超过学生身体承受能力、有碍学生健康的劳动。参加勤工助学活动的学生有权拒绝用人单位或个人协议外的要求,保障自身合法权益。

第十条　任何单位和个人不得冒用厦门大学勤工助学或类似名义组织相关活动。对于扰乱学校勤工助学活动秩序的单位或个人,学校将依法追究其法律责任。

第三章　校内勤工助学活动的管理

第十一条　校内勤工助学活动包括担任学校管理助理、教学助理、科研助理和参加校办产业的生产活动、后勤服务及各项公益劳动等。适合长期安排学生劳动的岗位,要在合理计算工作量的基础上,核定岗位数量,安排学生参与辅助性的工作。

第十二条　勤工助学属于有偿劳动,应与学生干部的职务行为严格区别,不允许学生干部的职务行为以勤工助学的方式获得报酬;应与学生社团、学生文艺团体、体育团体等的正常活动和训练区别开来,此类活动不纳入勤工助学范畴。

第十三条　校内勤工助学活动应当贯彻岗位公开、报酬公开、用工结果公开的原则。

第十四条　学校设立勤工助学基金,专门用于支付学生校内勤工助学活动中学生的劳动报酬。勤工助学基金应专项管理,集中使用,不得挤占和挪用,不得平均发放。勤工助学基金的使用由学生工作处负责审核、监督和管理。

第十五条　勤工助学基金来源为:

1.按教育部确定的比例从每年学费收入中划拨;

2.上级部门下拨的勤工助学专项经费;

3.研究生导师配套经费;

4.社会捐赠;

5.其他来源。

第十六条　学生参与校内非营利性单位的勤工助学活动,其劳动报酬从勤工助学基金中支付;学生参与下列校内勤工助学岗位的劳动,原则上从勤工助学基金中支付其劳动报酬的 30%,用人单位支付另外 70%:

1.校办产业和后勤集团的劳动岗位;

2.校内部门有收费项目的劳动岗位;

3.全员工资总额总承包单位的劳动岗位;

4.其他经厦门大学学生资助工作领导小组认定的须由用人单位分摊支付报酬的劳动岗位。

第四章　校外勤工助学活动的管理

第十七条　学校学生资助管理中心应积极收集校外勤工助学需求信息,开拓校外勤工助学渠道,增加校外勤工助学岗位,并纳入学校管理。

第十八条　校外用人单位聘用学生参加勤工助学必须向学校学生资助管理中心提出申请,提供法人资格证书副本和相关的证明文件。经审核同意,学生资助管理中心推荐适合用人单位工作要求的学生参加勤工助学活动。

第十九条　学生在校外开展勤工助学活动的,学生资助管理中心必须经学校授权,代表学校与用人单位和学生三方签订具有法律效力的协议书。协议书应明确学校、用人单位和学生各方的权利和义务、发生意外伤害事故的处理办法以及争议解决办法。

第二十条　学生参加校外勤工助学,其劳动报酬由校外用人单位支付。校外勤工助学劳动报酬标准不应低于厦门市政府规定的最低工资标准,由用人单位、学校与学生协商确定,并写入聘用协议。

第五章 附 则

第二十一条　本规定由学校学生工作处负责解释。

第二十二条　本规定自公布之日起施行。学校原相关规定与本规定冲突的,以本规定为准。

——本文摘录自《关于印发〈厦门大学学生勤工助学管理规定〉的通知》,厦大学〔2008〕65 号,档号 2008-XZ11-3

厦门大学学生科研助理聘任管理办法

（2008年5月4日）

第一章　总　则

第一条　为深入推进研究生培养机制改革，调动研究生从事科学研究的积极性，提高加强研究生科研能力，根据上级有关文件精神，结合我校实际，制定本办法。

第二条　学生科研助理岗位是指学校在科学研究课题研究工作中设立的、由研究生承担辅助性研究工作的校内勤工助学岗位。

第三条　文科、理工科研究生担任学生科研助理工作分别由社科处、科技处会同学生工作处组织、协调和监督。

各学院、研究院、教学部要确定专人负责，协助职能部门做好学生科研助理的管理工作，参与日常管理、审核和监督。

第二章　岗位设置和招聘

第四条　学生科研助理岗位的设置原则是"按需定岗，公开招聘"。各单位课题组按照实际情况设置助研岗位，并将所有岗位信息在本单位公布并进行招聘。

第五条　自愿参加学生科研助理工作的研究生应填写《厦门大学研究生助研岗位申请表》，在规定时间内向所在学院、研究院、教学部提出申请。

第六条　各学院、研究院、教学部的学生科研助理岗位的设置和招聘事宜自行设定，岗位数量、招聘程序和聘任结果分别报科技处和社科处备案。

第七条　学生科研助理岗位限在课题计划研究年度内使用。课题结题后，学生科研助理岗位不得继续使用。

第八条　各单位根据课题和学生实际情况决定学生科研助理的人选，课题组如因特殊情况需要调整学生科研助理人选，应依照程序重新公开招聘。

第三章　经费来源和劳酬管理

第九条　学校设立科研助理经费，专门用于支付学生科研助理的劳动报酬，其来源为导师的配套经费。

第十条　若导师配套经费不足支付劳酬，可由科研项目经费支出。根据各类科研项目类别与经费额度的不同，原则上学生科研助理劳酬占项目经费的比例按照下列标准设置：

文科：纵向项目的学生科研助理劳酬可占课题到位经费的10%～15%；横向课题的学生科研助理劳酬最多可占课题到位经费的40%。

理工科:纵向项目根据项目的预算额度和开支标准开支;横向课题根据委托单位的要求开支,没有明确要求的,在保证项目任务完成情况下,由项目负责人设定合适的开支比例。

第十一条 课题组可根据自身科研项目、科研经费的实际情况和研究生实际承担的助研工作量向学生科研助理发放劳酬。

第十二条 用人单位凭《厦门大学研究生科研补贴领款清单》,经课题组负责人和各学院、研究院、教学部研究生秘书签字后,报财务处将劳酬直接打入研究生个人银行卡。

第四章 科研助理的管理

第十三条 课题组负责人对学生科研助理进行考核。对于不能胜任或不宜继续担任科研助理工作的研究生,课题组应及时进行调整和解聘。

第十四条 学生科研助理有以下任一情况发生的,停止聘用:

1.获聘研究生第一次工作考核未通过;

2.获聘研究生因任何原因中止或终止学业;

3.获聘研究生因特殊原因或身体健康状况,不适合继续从事助研工作;

4.获聘研究生因从事助研工作严重影响学业;

5.获聘研究生工作不投入、工作态度不认真,或工作有重大失误并带来不良影响;

6.署名(不论署名次序)公开发表论文有剽窃、伪造试验数据或由其他违背学术道德行为;

7.获聘研究生提出解除聘用协议。

凡是因第1、5、6项原因被解聘的研究生取消此后的科研助理岗位申请资格。

第五章 附 则

第十五条 本办法由学校社科处、科技处和学生工作处负责解释。

第十六条 本办法自公布之日起施行。

——本文摘录自《关于印发〈厦门大学学生科研助理聘任管理办法〉的通知》,厦大学〔2008〕66号,档号2008-XZ11-3

厦门大学本科生派出交流学习学分转换办法(试行)

(2008 年 6 月 5 日)

第一条　为提高本科生人才培养质量,推动我校本科生派往其他高校交流学习,根据《厦门大学本科生学籍管理规定》精神,特制定本科生派往其他高校交流学习学分转换办法(试行)。

第二条　厦门大学本科生派往其他高校交流学习,须由学校或学院选派,前往与签订校际合作交流协议的国内外高等学校学习。未经我校统一选派,或未经学校事先审批,或个人自行联系行为均不列入学分互换范围。

第三条　我校交流生在其他高校所取得的成绩、学分,按照学习量对等原则(如 1 学分等于 16 学时左右),由学生所在院系分管教学的领导认定转换。成绩如实记录在学生学习成绩登记卡的交流成绩栏内,同时相应减免修读本校相应的课程与学分,具体对应关系是:

外校与本学科相近或相同的课程成绩,可相应认定免修本专业教学计划中的某门或某几门课程、学分,被认定免修的本校课程的成绩登录为"免修"。

不能对应于本专业教学计划的外校课程和学分可以认定减免本校教学计划中非专业性的选修课学分,由教务人员在相应学期成绩栏登录免修课程类及学分数。

第四条　交流生应在收到派往学校正式成绩单两周内申请学分转换,由所在学院办理学分转换手续。如无特殊原因,逾期不予办理。

第五条　申请学分转换的学生,填写交流生学分转换审批表一式二份(教务处统一制定),并连同接受学校出具的成绩单(原件)交所在学院审定。经批准后,学分转换审批表一份交所在学院存入学籍档案,一份由学生本人保存。

第六条　教务处对学分转换保留复审权。学分转换出现争议,由教务处负责裁决。

第七条　本办法由教务处负责解释,并自发布之日起实施。

教务处
2008 年 6 月 5 日

——本文摘录自《厦门大学本科生派出交流学习学分转换办法(试行)》,(2008)厦大教 25 号,档号 2008-XZ12-4

厦门大学选聘硕士生指导教师工作细则

(2008年6月24日校学位评定委员会全体会议通过)
(2008年7月21日)

按照国务院学位委员会和国家教育部有关规定的精神,经校学位评定委员会研究决定,制定我校选聘硕士生指导教师工作实施细则。

一、硕士研究生指导教师应具备以下基本条件

1.必须是我校全职教师或各院聘请的兼职教师。

2.年龄原则上不超过57周岁;由国务院学位委员会确认导师资格的博士生指导教师,根据年龄、身体和工作情况分别确定受聘年龄。

3.一般应具有高级职称,具有博士学位的优秀讲师也可申请。

4.政治思想好,治学严谨,作风正派,工作认真负责,重视教书育人,能认真履行导师职责。

5.有在研科研项目(必须是主持人)和科研经费(文科余额不低于1万元,理工科不低于3万元);或近3年来有较重要的科研成果(以第一、通讯或独立作者在一类核心学术刊物上发表2篇以上学术论文或在二类核心学术刊物上发表3篇以上学术论文,或有15万字以上学术著作正式出版,或有20万字以上教材、译著正式出版);或近3年获得副省级以上教学、科研成果奖。专业学位硕士生的指导教师在科研方面的条件可适当放宽。

6.有教学经验,能承担一门以上硕士生课程。

7.我校获聘博士生指导教师为当然硕士生指导教师,除非本人提出不担任硕士生指导教师。

8.愿意提供《厦门大学研究生招生与导师配套经费管理办法》规定的导师配套经费。

二、选聘程序

1.申请者向学位评定分委员会提出申请。不论是否首次聘任,所有拟聘者都应于每年规定期间登录研究生院网站的导师系统,录入或更新硕士生导师信息,并打印出申请表,签名后交学院学位评定分委员会。

2.学位评定分委员会应根据申请者基本条件和岗位需要进行评审,确定聘任的人选名单,并报研究生院学位与学科建设办审批。

3.研究生院学位与学科建设办经审核后确定并公布聘任名单。

4.各单位获聘导师数将成为制定硕士生招生计划的主要依据之一。

三、聘　期

硕士生指导教师聘任工作每年举行一次,聘期一年。

四、质量保证和约束机制

遴选和聘任硕士生指导教师必须坚持公平、公正和公开的原则，坚持标准，宁缺毋滥。为此，应健全质量保证和约束机制。

1.如实填报有关材料

申请人必须正确对待遴选和聘任工作，务必实事求是地填报有关材料。申请人所在院（系、所）和学位评定分委员会必须认真审核有关材料和数据。

2.受理异议

校研究生院有责任受理个人或组织对选聘硕士生指导教师工作过程或结果提出的异议，对有关异议调查核实的结果做出合理仲裁。

五、附　则

本实施细则由研究生院负责解释。

本实施细则自发布之日起生效。原《厦门大学选聘硕士生指导教师工作细则》（厦大研〔2006〕34 号）同时废止。

——本文摘录自《关于印发〈厦门大学选聘硕士生指导教师工作细则〉的通知》，厦大研〔2008〕24 号，档号 2008-XZ28-3

厦门大学优秀博士学位论文培育与评选办法

(2008 年 7 月 21 日)

优秀博士学位论文是博士生培养质量的一个重要标志,做好这项工作是促进我校研究生教育,提高博士生培养质量的一个重要环节。为全面提高我校博士学位论文质量,培育国家级、省级优秀博士学位论文,鼓励博士研究生潜心开展高水平创新性研究,特制定如下措施与办法。

一、启动厦门大学优秀博士学位论文培育工程

学校每年从在学博士生中先行选拔有较强科研能力的人选,提供条件,加强培养,以期在博士学位论文的质量上能够有所提高。选拔类别分 A、B 两类。A 类主要从二年级博士生中选拔,B 类从三年级博士生中选拔。

1.具体选拔条件与程序

(1)优秀博士学位论文培育工程候选人的指导教师必须是国家重点学科的学术骨干,主持并在研国家社会科学或自然科学基金项目或教育部重大项目,同时原则上还至少应满足以下条件之一:

(A)院士;(B) 国内外较高知名度的专家;(C)国家重点学科带头人;(D)国家杰出青年基金获得者;(E)指导的博士生已获得过国家优秀博士论文或国家优秀博士论文提名论文;(F)已取得学术界公认的高水平的科研成果。

(2)优秀博士学位论文培育工程申请人应具备以下条件:

A 类:主要从在学的二年级博士生中选拔;如新入学的博士生科研能力特别突出,亦可申请。申请人考核成绩优秀,科研能力突出,并已取得一定的科研成果(在国家重要学术刊物上发表过论文,或作为第一作者出版过学术著作)。

B 类:从在学的三年级博士生中选拔,申请人思想品德端正,学风严谨,已在本学科高水平学术期刊上发表创新性研究成果,且正在从事的博士论文研究有望再经过半年到一年(或更长的时间)的深入研究,取得重大的突破,达到国家优秀博士论文水平。

(3)申请人经导师同意或推荐均可向相关院(研究院)报名。

(4)A 类:各院(研究院)学位评定分委员会审核有关材料,提出初步名单,上报研究生院学位与学科建设办公室。

(5)B 类:各院(研究院)学位评定分委员会审核有关申请材料,并组建考核小组(5~7 名教授组成)负责对申请博士生的考核。申请博士生向考核小组作博士学位论文预答辩,并就今后的研究工作计划和预期的研究成果作报告。考核小组对申请博士生的思想品德、学风、学位论文的创新性、学术水平及预期研究成果、科学研究的潜质等做出评议,表明推荐意见。各院(研究院)学位评定分委员会根据考核小组推荐意见,提出初步名单,上报研究生院学位与学科建设办公室。

(6)校研究生院讨论决定,最终下达正式名单。

2.培养措施

凡经校研究生院确定入选为培养对象者,学校与学院(研究院)将提供如下支持:

(1)加强导师组的指导力量。以博士生的导师为主,辅以其他具有高级职称或博士学位的优秀教师,

组成导师组,人数一般为3~5人,负责对入选者在科研上,尤其是学位论文撰写上的指导。

(2)提供经费支持。学校设立优秀博士学位论文培育基金,对每位入选者提供一定的经费支持。培育经费分两次拨付,主要用于有关的科研和学术活动,包括购买文献资料、必要的实验费用、参加学术会议等。B类入选者除了可获得与A类入选者同等金额的培育经费支持外,在延长学制期间,还享受3万元/年生活津贴。为了调动指导教师在优博培育中的积极性,发挥指导教师在优博培育中的主导作用,A、B类入选者的培育经费和B类入选者的生活津贴将拨给入选者的导师账户,由导师支配。

(3)A类、B类入选者如因科研需要延长学制、继续从事博士论文研究者,均可继续申请B类。

(4)学校将B类入选者的培养纳入"高层次创造性人才计划"。

(5)学校鼓励各学院(研究院)和导师对入选者提供配套经费支持。

(6)履行合同、成果突出并申请留校工作的博士毕业生,可优先享受留学基金出国进修,如属非同一学缘的博士毕业生也可直接留校工作,并在人事聘任等方面享受适当的政策倾斜。

(7)A类、B类入选者及其导师均须与学校签订合同。入选者必须定期(每学期一次)向有关学院和研究生院报告科研进展情况,接受学院和研究生院组织的考核。如果在入选一年后科研上没有新的成果,或新入学的博士生开题报告未能得到导师组通过,将取消此项培养资格。

二、实行优秀博士学位论文评选和奖励制度

从2003年起,每年将开展一次优秀博士学位论文的评选工作,从参评的博士论文中,评选出校级优秀博士学位论文,并从中推荐参评省级优秀博士学位论文。国家级优秀博士学位论文将从省级推荐参评的博士论文中评选产生。

1.参评对象

为达到广泛参与目的,参评对象不限于已入选的培养对象。凡上一学年度获得厦门大学博士学位的论文,均可报名参加评选。此前两个学年度内获得博士学位的学位论文,如确属优秀且未被评为校优秀博士学位论文的,也可参评。

2.参评条件

凡参评的博士学位论文,应以中文撰写或者有中文稿。同时,其论文评阅人和答辩委员会对论文评价的优秀率达到总人数的三分之二以上,或者答辩委员会最后对其评分在90分(含)以上(个别学科可以放宽至86分以上),并符合以下条件:

(1)论文选题紧密围绕重大的理论问题和实际问题,尤其鼓励与国家经济建设、科技进步和社会发展紧密相关的应用性、技术性选题;

(2)论文内容有重大创新,具有重要科学意义或应用前景;

(3)研究结果可能导致本领域科学研究的突破性进展,或有重要的直接应用价值;

(4)研究方法或技术路线有重要创新。

3.评选程序

(1)每年6月份由研究生院学位与学科建设办按各博士点上一年度实际毕业人数下达推荐名额,凡国家级重点学科和一级学科授予权博士点推荐比例可适当放宽。每年各学科的推荐名额和对报送材料的具体要求另行下达。

(2)由个人或导师提出申请。各学位评定分委员会受理申请,并在下达推荐名额范围内在6月底前择优推荐(注明推荐顺序)。研究生院学位与学科建设办受理后组织审核参评材料并查档调取参评人员博士论文评阅成绩及答辩成绩,于9月份报校学位评定委员会审核通过。

(3)校学位评定委员会同时从校级优秀博士学位论文中择优向福建省推荐优秀博士学位论文候选名单。

(4)凡经校学位评定委员会评出的校优秀博士学位论文,将在校内公示,并实行一个月的异议期。如

发现入选论文存在抄袭、剽窃、作假等违法和违背学术道德行为或主要研究结论不能成立等严重问题,可在一个月内以书面形式向研究生院学位与学科建设办提出异议。异议内容一经查实,将在全校公布,并按有关规定处理。

4.奖励办法

评上校优秀博士学位论文者,学校将向作者和导师颁发荣誉证书并奖励奖金各1500元;评上福建省优秀博士学位论文者,学校奖励作者与导师奖金各3000元;评上全国优秀博士学位论文者,学校奖励作者与导师奖金各20000元,并奖励导师组奖金10000元;评上全国优秀博士学位论文提名论文者,学校奖励作者与导师奖金各8000元,并奖励导师组奖金4000元;以上各级获奖按最高级别奖励,不重复累计。

三、附 则

本规定由校学位评定委员会负责解释。

本规定是《厦门大学硕士学位和博士学位授予工作细则》的补充,自公布之日起开始执行。原《厦门大学优秀博士学位论文培育与评选办法》(厦大研〔2006〕37号)同时废止。

——本文摘录自《关于印发〈厦门大学优秀博士学位论文培育与评选办法〉的通知》,厦大研〔2008〕25号,档号2008-XZ28-3

厦门大学研究生招生与导师配套经费管理补充规定

（2008年7月29日）

为贯彻落实研究生培养机制改革的系列文件，鼓励导师推荐优秀学生公派出国留学，鼓励各学院、研究院以导师组形式招生和导师跨学科招生，学校制定厦门大学研究生招生与导师配套经费管理补充规定。

一、学校设立公派出国研究生专项基金（以下简称专项基金）鼓励导师推荐研究生公派出国留学

（一）专项基金金额

学校每年安排50万元经费，用于设立专项基金，实行专款专用。

（二）专项基金的资助范围

专项基金主要用于资助推荐研究生公派出国留学的导师。研究生公派出国留学是指根据我校与国家留学基金管理委员会签署的《合作开展“国家建设高水平大学公派研究生项目”协议书》，选派到国外攻读博士学位的研究生和联合培养博士研究生。

对于推荐研究生公派出国留学的，在收取导师配套经费时，学校根据该导师上一年度的研究生派出情况，第二年在计算当年累计招生名额时须扣除上一年度该导师公派出国研究生人数。

（三）专项基金的资助额度

1.对于派出类型为联合培养博士研究生的，按2000元/人的标准从专项基金中一次性划拨到导师指定的账户。

2.对于派出类型为攻读博士学位的，按5000元/人的标准从专项基金中一次性划拨到导师（已明确指导教师者）或学院（从本科毕业生或硕士毕业生中选拔，且未明确指导教师者）指定的账户。

（四）专项基金的使用与管理

1.学校根据导师上一年度的研究生派出情况，第二年从专项基金中划拨相应的金额到导师指定的账户。

2.专项基金专款专用，用于研究生的助研津贴和其他学术活动费用，不得挪作他用。

3.研究生院负责专项基金管理、审批及使用情况的监督和检查。对于违反有关规定或使用不当者，研究生院有权追回全部或部分资助款项。

二、关于导师组招生导师配套经费的收取

1.凡是以导师组名义招生的，收取导师配套经费可将招收的学生分摊给导师组成员；可分摊的导师组成员应为我校聘任的博士生导师。

2.导师组成员在其他专业的招生数应计入招生总数计算导师配套经费。

三、关于跨学科招生导师配套经费的收取与使用

跨学科招生的导师，按照“就低原则”提供配套经费，即导师跨学科招生按照导师配套经费额度较低的学科计算导师配套经费；导师配套经费的使用与管理纳入研究生所属学院的经费。

四、新引进人才的科研启动费和课题节余经费可以用于支付导师配套经费。

五、本补充规定自公布之日起实施。

六、本补充规定由研究生培养机制改革领导小组负责解释。

——本文摘录自《关于印发〈厦门大学研究生招生与导师配套经费管理补充规定〉的通知》,厦大研〔2008〕27 号,档号 2008-XZ28-3

厦门大学选聘博士生指导教师工作实施细则

（2008 年 6 月 24 日校学位评定委员会会议修订）

（2008 年 8 月 27 日）

根据国务院学位委员会《关于改革博士生指导教师审核办法的通知》（学位〔1995〕20 号）和《关于进一步下放博士生指导教师审批权的通知》（学位〔1999〕9 号）精神及其附件《关于选聘博士生指导教师工作的几点原则意见》，经厦门大学学位评定委员会审议通过，制定我校选聘博士生指导教师工作实施细则。

一、选聘博士生指导教师的基本原则

博士生指导教师是指导、培养博士生的重要工作岗位。选聘博士生指导教师必须坚持以下基本原则：

（一）有利于学科建设和调整学科结构，有利于发挥指导集体的作用，有利于培养国家经济建设、科技进步和社会发展所需要的高层次创新型专门人才。

（二）尊重专家评审意见和发挥学位评定委员会的作用，在具体的申请、送审和评审工作中应遵循诚信原则和严格执行自我约束制度。

（三）坚持标准，严格要求，保证质量，公正合理。

二、申请博士生指导教师资格的基本条件

申请者必须具备以下基本条件：

（一）热爱研究生教育事业，熟悉国家有关研究生教育的政策法规，能教书育人，为人师表，具有高尚的科学道德，治学态度严谨。

（二）1953 年 1 月 1 日以后出生的一般应具有博士学位。

（三）应是我校博士学位授予学科、专业范围内（含具有博士学位授予权的一级学科覆盖的博士点专业）的在岗教授（或相当专业技术职务）或者教学与科研成果特别突出的在岗副教授（或相当专业技术职务），并能够担负指导博士生的实际工作。

（四）年龄一般在 55 岁以下。如学科建设有特殊需要，申请者的年龄可适当放宽，但原则上不得超过 60 周岁。

（五）有较高的学术造诣和丰富的科研工作经验，学术水平应居国内本学科的前列，能及时掌握学科的前沿领域及发展趋势，已获得显著的科研成果（具体指标见附件）。

（六）所从事的研究方向有重要的理论意义或实际应用价值。正在承担国家或省部级科研项目或其他有重要价值的项目，科研经费充足（具体指标见附件）。

（七）已完整培养过一届硕士研究生，或参加过博士生指导小组工作完整地协助培养过一届博士生，培养质量良好，能胜任研究生的教学和培养任务。

另外，作为人才引进的正高职称教师在原所在院校已具有博士生指导教师资格的(或在国外实际指导过博士研究生的)，可直接申请确认博士生指导教师资格，其申请经所在学科的学位评定分委员会审核后，报送校学位评定委员会批准。

凡在我校申请兼职博导的，必须是我校的兼职教授，并对我校相应学科建设及博士生培养有重大支持。具体选聘办法另行制定。

三、博士生指导教师资格遴选程序

(一)资格审查

申请人可向所在学科学位评定分委员会提出申请，填报《博士生指导教师资格申请表》及附录(一式十份)，并附送代表性成果三件(包括这些成果的学术评价、鉴定材料及使用部门意见的复印件，每件一式三份)以及有关科研课题立项通知书和获奖证书复印件(一式三份)交所属学位评定分委员会。学位评定分委员会委托申请人所在学院(研究院)组织审核，并将每位申请人的《博士生指导教师资格申请表》及附录在其所在学院(研究院)公示一周。

凡通过审核的申请人，应向学位评定分委员会报告本人近5年来取得的主要科研成果，当前从事的科研工作(项目、经费和重要性等)和培养研究生等方面的情况，并回答分委员会委员提出的问题。

学位评定分委员会根据遴选博士生指导教师的条件对申请人资格进行审查，并采取无记名投票的方式进行表决。获得分委员会参会委员半数以上同意者方为通过。

在国家新增博士点的年份，各新增博士点的主要学术带头人申请博士生指导教师工作岗位的，只要其符合我校博士生指导教师的选聘条件，可简化审核和表决程序，由学位评定分委员会审核直接向校学位评定委员会推荐。

对于教学科研成果特别优秀者，可由校学位评定委员会主席提名，直接报送校学位评定委员会审议。

学位评定分委员会针对其审查通过并向校学位评定委员会推荐的候选人的学科、专业领域(限于二级学科)，向校学位评定委员会至少推荐5位校外有指导博士生经验且学风端正、治学严谨的同行专家，供校学位评定委员会选聘作为进行通讯评议的专家。校外同行专家推荐名单应保密。

(二)同行专家通讯评议

校学位评定委员会聘请同行专家(一般应是校外专家)对学位评定分委员会推荐的候选人的学术水平及指导博士生的能力进行全面评议，专家人数应不少于3人。

(三)学位评定分委员会复审

各分委员会参考同行专家的通讯评议，对已经通过资格审查的申请人再次进行审核，并采取无记名投票的方式进行表决。获得分委员会参会委员半数以上同意者方为通过。分委员会应根据本条例及附件规定的条件，并结合学科建设的实际需要和校学位评定委员会限定的名额，从通过审查的申请人中，择优向校学位评定委员会推荐候选人。

(四)校学位评定委员会审定

校学位评定委员会对各分委员会推荐的申请人名单逐个进行审查，并结合同行专家通讯评议的结果，采取无记名投票方式进行表决，就申请者是否具有指导博士生的资格做出决议。获出席会议三分之二以上委员同意者为通过。

(五)公示征询意见

凡经过校学位评定委员会表决通过确定博士生指导教师资格的申请人名单由校研究生院在校内公示，征询意见。自名单公布之日起，一个月内无异议者，由校学位评定委员会主席批准，确认其博士生指导教师资格。存在异议者按本细则第七条“质量保证和约束机制”之四“受理异议”处理。

(六)复议

校学位评定委员会的审定为最终审定。对未通过博士生指导教师资格审定的申请者提出的复议要求，除非事实证明在审议程序上有错误，并经有关职能部门认定事实存在的可以提请复议，其余一概不进行复议。

四、博士生指导教师的聘任条件

具有博士生指导教师资格的教师在受聘博士生指导教师工作岗位期间方可享受博士生指导教师待遇。受聘博士生指导教师工作岗位应具备如下基本条件：

（一）具有我校博士生指导教师资格，能认真履行导师职责，每年保证有足够的时间在国内指导博士生，身体健康情况良好。

（二）由校学位评定委员会确认导师资格的博士生指导教师，年龄一般不应超过 57 周岁；学科建设特殊需要，年龄可适当放宽，但原则上不得超过 62 岁；超过 62 岁申请聘任者，在申请时本人主持的在研科研经费总额文科必须达到 5 万元，理工科必须达到 15 万元。由国务院学位委员会确认导师资格的博士生指导教师，根据年龄、身体和工作情况分别确定受聘年龄。

（三）有充足的科研经费并获得了显著的科研成果。学位评定分委员会可根据各学科的具体情况，制定该学科博导聘任具体科研指标，报研究生院学位与学科建设办备案。学位评定分委员会制定的博导聘任科研指标，不得低于教授聘任标准。

（四）愿意提供《厦门大学研究生招生与导师配套经费管理办法》规定的导师配套经费。

五、博士生指导教师的聘任程序

（一）申请者向拟受聘学科学位评定分委员会提出申请，并填报《厦门大学博士生指导教师工作岗位受聘申请表》。为了鼓励交叉学科发展，支持新兴学科，学校允许申请者最多同时向两个二级学科申请受聘。但该申请者受聘后的招生限额将分解给两个二级学科。

（二）学位评定分委员会对申请招生的指导教师工作条件和能力进行综合评议，并根据本学科的招生计划和申请人的条件进行初选，将推荐名单报送研究生院。

（三）研究生院根据本实施细则附件规定的条件进行形式审查及复核，并确定受聘名单。学校招生办公室据此编制招生目录。

（四）已经纳入聘任名单并列入招生计划，但计划年度未能招生，且无在学博士生者，列入未上岗名单，不享受博士生导师待遇。

六、博士生指导教师资格的取消

有下列情况，校学位评定委员会可以取消其博士生指导教师资格：

（一）凡连续 3 年未招生或 5 年内未能培养出 1 名博士者。如需继续招生，则需重新申报参加新增博士生指导教师遴选，并经评审通过，重新获得博士生指导教师资格后方可纳入聘任程序。

（二）违反我国法律，并受到刑事处罚者。

（三）严重违反教师职业道德者。

（四）因其他原因，校学位评定委员会做出取消决定者。

研究生院在校学位评定委员会做出取消博士生指导教师资格的决议后，应将决议送达当事人。

七、质量保证和约束机制

遴选和聘任博士生指导教师必须坚持公平、公正和公开的原则，坚持标准，宁缺毋滥。为此，应健全质量保证和约束机制。

(一)如实填报有关材料

申请人必须正确对待遴选和聘任工作,务必实事求是地填报有关材料。申请人所在学院(研究院)和学科学位评定分委员会必须认真审核有关材料和数据。

(二)妥善推荐同行专家评审名单

同行专家评议是保证遴选质量的关键环节,各学位评定分委员会应审慎对待,推荐学术水准高,坚持原则,作风正派,治学严谨的相同或相近领域的专家。同时应注意回避原则。

(三)实行回避制度

凡申请参加遴选博士生指导教师资格的人员,不得参与涉及本人及本人同批申报的其他申请人的评议或审批工作和有关的组织领导工作。学位评定委员会和分委员会成员要自觉遵守回避制度,不得参与对自己或亲属的有关评议或审批工作。

(四)受理异议

研究生院学位与学科建设办公室负责受理个人或组织对遴选和聘任博士生指导教师工作过程或结果提出的异议。

异议应以书面形式具名提出。

异议处理,对于申请者本人提出的异议按上述第三条之六"复议"规定处理;对于非申请者本人提出的异议,校学位评定委员会正、副主席应通过组织集体讨论,对有关异议调查核实的结果做出合理仲裁。对因学术问题提出的异议,可根据情况采取扩大同行评议范围或组织专家小组审查的方式进行认定。

(五)纪律约束

学位评定委员会和分委员会委员必须从学校发展和学科建设的大局出发,坚持原则,出以公心,认真负责,坚决遏止不正之风。申请者不得以任何方式向有关评审人员施加影响。

八、时间安排

博士生指导教师的选聘工作根据校学位评定委员会的统一安排,由研究生院具体组织实施。

遴选博士生指导教师资格工作一般每两年(逢双年)进行一次。结合国家新增博士点评审工作和学科建设需要,可以由校学位评定委员会主席动议,增加博士生指导教师的遴选次数,但每年最多一次。

博士生指导教师聘任工作每年进行一次,聘期一年。

九、本实施细则所称"以上"均含本数

十、本实施细则自发布之日起生效。原《厦门大学选聘博士生指导教师工作实施细则》(厦大研[2006]32号)同时废止

十一、本实施细则由校学位评定委员会负责解释

附件：

厦门大学遴选博士生指导教师科研工作具体指标

学科类别	科研工作具体指标
理工科	1.近 5 年，至少获得 5 篇(项)以下成果(合计)： (1)在 SCI、EI 刊物上作为第一作者或通讯作者发表论文； (2)省部级及以上科技奖； (3)发明专利或计算机软件著作权。 2.近 3 年主持的科研项目经费，纵向经费不少于 20 万元或横向经费不少于 40 万元。
文科	1.近 5 年，至少获得 5 篇(项)以下成果(合计)： (1)在一类核心学术刊物上作为第一作者或通讯作者发表论文； (2)出版高水平学术专著； (3)省部级及以上科研成果奖。 2.近 3 年主持的科研项目经费，纵向经费不少于 5 万元或横向经费不少于 20 万元。
注：1.一般应同时满足二项，但如果其中某项条件特别突出，可以提请校学位评定委员会讨论。副教授申请博士生指导资格原则上应满足以上指标的两倍。 2.科研项目、经费及成果以校科研管理部门(科技处、社科处)审核结果为准。	

——本文摘录自《关于印发〈厦门大学选聘博士生指导教师工作实施细则〉的通知》，厦大研〔2008〕28 号，档号 2008-XZ28-3

厦门大学研究生学术活动规范(试行)

(2008年9月23日)

第一章　总　则

第一条　为维护良好学术道德，规范研究生基本学术行为，严明学术纪律，根据国家有关法律、法规及教育部《普通高等学校学生管理规定》相关精神，特制定本规范。

第二条　本规范所指研究生为本校接受普通高等学历教育的研究生。

第二章　研究生学术活动规范

第三条　研究生在学术活动中必须严格遵守以下基本规范：

(一)遵守国家相关法律、法规。

(二)遵守学术界公认的学术道德，遵守论文写作、学术引文、学术成果、学术评价等方面的规范。

(三)如实记录、报告并保存实验结果、调查结果与统计数据。

(四)遵守相关学科专业的基本学术规范。

(五)发表学术论文和其他学术成果应据实署名，并承担相应责任；合作成果发表时应征得合作者的同意。

(六)充分尊重他人的研究成果，并不得侵犯他人的知识产权。

(七)遵守有关保密规定。

第四条　研究生不得实施以下违反学术活动规范的行为：

(一)引用他人成果不符合著作权法关于合理使用的规定而构成不适当引用，或者引用部分构成引用者成果的主要部分或实质部分。

(二)编造实验数据、调查结果和统计数据，篡改引用的资料；故意销毁实验原始数据。

(三)请他人代写或代替他人撰写学术论文或学位论文。

(四)发表论文时未如实署名；未如实注明第一署名单位；在未参与实际研究的成果中署名；未征得合作者同意擅自发表论文。

(五)填报虚假的学术成果；伪造或涂改推荐信、鉴定意见、评阅意见、成绩单等反映个人学术能力的材料；伪造发表文章接受函。

(六)以不正当手段干扰各种科研立项、成果鉴定、专家评审、奖学金评定、论文评阅和答辩以及其他各类与学术相关的评奖活动。

(七)故意夸大研究成果的学术价值、经济与社会效益，在社会上造成不良影响。

(八)故意重复发表自己内容实质相同的研究成果。

(九)违反有关保密规定，对外泄露保密事项。

(十)其他违反学术规范的行为。

第三章　奖励与惩处

第五条　学校对于遵守学术活动规范，在学术活动中取得突出成果的研究生给予奖励。评奖办法另文规定。

第六条　研究生违反学术活动规范的行为，视情节和后果轻重，给予批评教育或纪律处分。纪律处分有五种：警告、严重警告、记过、留校察看、开除学籍。

第七条　在校研究生因违反学术活动规范受到纪律处分的，自处分决定生效之日起一年内取消其评定奖学金和各类荣誉称号的资格。

第八条　已离校的研究生一经查实在读期间有违反学术活动规范的行为，由学校视情节和后果轻重区别处理，直至撤销相关奖励和学位授予。

第四章　对违反学术规范行为的处理程序

第九条　发现学生有涉嫌违反学术活动规范的行为后，学院（研究院）负责组织对学生涉嫌违反学术活动规范的行为进行调查和认定。学院（研究院）根据需要组成不少于3人的调查小组。与当事学生存在利害关系或关系密切的教师不得参加调查小组。

第十条　调查小组应本着实事求是、认真严谨的原则对学生违反学术活动规范行为进行调查，并向学院提交调查报告和认定结论。学院（研究院）学术委员会或学位评定分委员会对调查小组的调查认定结果进行确认并提出初步处理意见。

第十一条　对违反学术规范的行为，按照《厦门大学学生违纪处分规定》规定的违纪处分程序处理。

第十二条　对涉及学位授予的各类违反学术活动规范的行为，学院应负责调查，积极核对事实、收集证据，将有关材料和学位评定分委员会意见提交校学位评定委员会审议。

校学位评定委员会接到相关材料后，应当进行审查，必要时组织相关单位进行讨论审查。拟做出撤销学位决定的，应委托学院或直接听取当事人或其代理人的陈述和申辩。对于无法联系本人的，可采用在学校公告栏告知其申辩权利，自公布之日起30日，视同送达。

校学位评定委员会审议决定做出撤销学位处理的，应当做出撤销学位决定书，送达本人。对于无法联系本人的，可在学校公告栏公告，自公布之日起15日，视同送达。

第十三条　在学校做出处理决定之前，所有相关参与人员有责任对调查资料和处理情况进行保密。

第五章　附　则

第十四条　在职攻读硕士学位研究生、同等学力申请学位人员、研究生课程进修班学员参照本规范执行。

第十五条　本规范自发布之日起施行，由校学位评定委员会负责解释。

——本文摘录自《关于印发〈厦门大学研究生学术活动规范（试行）〉的通知》，厦大研〔2008〕30号，档号2008-XZ28-4

关于调整厦门大学本科全校性选修课程管理办法的通知

(2008年9月24日)

根据《厦门大学三学期制本科教学计划(2008级)修订总则》,从2008级始将实行新的教学计划。按照新教学计划,全校性选修课与院系专业课将采取资源共享、打通选课的办法。为与新教学计划管理相衔接,现对《厦门大学本科全校性选修课管理办法》[(2004)厦大教26号]进行调整。调整后的管理办法具体如下:

一、原则上,学生跨系选修非本专业大类的课程均可认定为全校性选修课。例如,历史学类专业学生选修哲学类课程即为全校性选修课。但是与本专业课程相近或相同、不适合本专业学生作为全校性选修课程的,可由院系根据实际情况指导学生选课(全校本科专业归属专业大类详见附表1)。

二、在全校性选修课与院系专业课程打通选课的情况下,各单位在制订开课计划时,原则上应把所有适合对全校开放的课程留出一定名额供全校学生选修。同时,也可专门开设面向非本专业大类学生选修的全校性选修课。

三、各单位在遴选全校性选修课时应注意如下原则:有利于学生了解学科最基本的知识领域和思维方法;有利于加强学生的素质和能力;有利于促进不同学科交叉渗透;有利于引导学生了解学科前沿和新成果、新趋势、新信息;有利于提高学生的思想道德水平和身体心理素质。

四、全校性选修课程修习对象主要为一、二、三年级学生,在校本科生从一年级第二学期开始选修全校性选修课。学生在学期间必须修满12个学分全校性选修课方可毕业。

五、专门开设的全校性选修课程(即面向非本专业大类学生开设的课程)一般以2学分课程为主;为鼓励教师结合自己的科研和教学专长,也可开设1学分的短课程(至少15学时,不含考试时间)。1学分的课程根据需要和具体情况可集中在短学期(每周3学时)或在长学期上半学期上课(每周2学时)。与专业课合班上课的全校性选修课,课程学分(学时)与专业课学分(学时)相同。

六、全校性选修课程开课管理流程

1.制订开课计划:各学院于每学期第8～9周(短学期第2～3周),制订下学期全校性选修课开课计划,通过教学管理系统申报下学期拟对外开放的专业课程和开放人数、专门开设的全校性选修课和上课人数,教务处对各单位的开课课程和开放人数进行审核后正式列入开课计划。

2.申报课程:对已列入开课计划的课程,要求教学秘书认真填写课程所属专业大类、选课年级,同时必须注明开课校区、上课时间、限选人数及教室要求等。任课教师应认真填写课程简介和教学进度表,以使学生了解课程的主要内容、教学目的以及课程的考核方式。

3.课程选课:教务处将已确定开课的课程和课程信息在网上公布,各学院组织学生选课。

4.课程调整:教务处根据学生预选人数和申报课程数量,可对学院申报的课程进行人数适当调整,并将结果反馈给各学院和任课教师。

5.打印考勤表:选课结束后,各学院教学秘书把课程的考勤表打印给任课教师。

七、全校性选修课选课管理流程

1.全校性选修课一律采用网上选课。未经网上选课或者未通过网上确认,选课无效,学生不能参加课程的学习和考试,不能取得课程学分。

2.全校性选修课选课分两个阶段:第一阶段为预选阶段,一般安排两轮预选,时间安排在每学期学期末进行。第一轮预选采用随机抽取的方式进行筛选,每位同学在规定的时间段内任何时间选课,其选上课的机会是均等的。第二轮预选采用先报先上的原则进行筛选。预选阶段结束后人数不满20人的课程取消开课;第二阶段为改补选阶段,一般安排在开学的第1～2周进行,学生在该阶段可进行课程的改选和补选,在改补选阶段,学生还可以退课或选课。超过改补选时间,学生不能选课或退课。改补选阶段采用先报先上的原则进行筛选。

八、全校性选修课教学过程管理

1.教务处负责全校性选修课教学质量的监控,各学院根据学校有关要求加强对课程的质量管理,提高全校性选修课的教学质量。

2.在申报课程时,各学院应统筹规划,根据本学院的特点和优势,确定专门开设的全校性选修课和拟对外开放的课程。

3.任课教师应严格按教学大纲要求制定教学进度表,认真备课,并根据教学进度进行授课。

4.课程一经学生选定,任课教师或学院不能无故提出停课。确因教师出国、调动或者生病等原因不能完成教学任务的,各学院必须以书面的形式提出申请,并妥善安排其他教师接替该门课程的后续教学工作。

5.任课教师应严格执行教学规范,不得无故调课。确实需要调课的,任课教师应提前1周填写调课申请单,经分管教学院长或者系主任签字后送教务处。任课教师请假获准后,院系教务人员应与教务处相关负责人及时协调调课的时间和地点,并将结果提前通知学生。

6.任课教师应加强课堂考勤管理。对一学期缺课达到三分之一的学生,应取消其考试资格。

7.课程结束,任课教师应组织课程考核。与专业课合班上课的全校性选修课,课程考核要求与专业课考核要求一致。课程考核结束后一周内,任课教师要通过教学管理系统输入课程成绩,同时将书面课程成绩单送所在院系存档。

8.凡未参加课程考核或课程考核不及格者,不能取得学分,但可以在以后下学期重选该课程,也可以另选其他课程。

9.凡有指定教材的全校性选修课,选修该课程的学生必须购买或通过其他方式在课前备好教材。任课教师不得强迫学生购买自编教材。

九、本办法从2008级起全面推行,此前在校各年级参照此办法过渡。原《厦门大学本科全校性选修课管理办法》[(2004)厦大教26号]停止执行。

教务处

2008年9月24日

附表1:

厦门大学本科专业所属专业大类表

系别	专业(专业方向)	所属专业大类
中文系	汉语言文学	中国语言文学类
	汉语言(应用语言方向)	
	戏剧影视文学	
历史学系	历史学	历史学类
	考古学	

续表

<table>
<tr><th>系别</th><th>专业(专业方向)</th><th>所属专业大类</th></tr>
<tr><td rowspan="2">哲学系</td><td>哲学</td><td rowspan="2">哲学类</td></tr>
<tr><td>哲学(国学方向)</td></tr>
<tr><td>人类学与民族学系</td><td>人类学</td><td>法学类</td></tr>
<tr><td rowspan="3">新闻学系</td><td>新闻学</td><td rowspan="4">新闻传播学类</td></tr>
<tr><td>新闻学(国际新闻方向)</td></tr>
<tr><td>广播电视新闻学</td></tr>
<tr><td>广告学系</td><td>广告学</td></tr>
<tr><td>英语语言文学系</td><td>英语</td><td rowspan="5">外国语言文学类</td></tr>
<tr><td>日本语言文学系</td><td>日语</td></tr>
<tr><td>法语语言文学系</td><td>法语</td></tr>
<tr><td rowspan="2">欧洲语言文学系</td><td>俄语</td></tr>
<tr><td>德语</td></tr>
<tr><td>法学院</td><td>法学</td><td>法学类</td></tr>
<tr><td rowspan="2">政治学系</td><td>政治学与行政学(国际发展方向)</td><td rowspan="7">政治与社会学类</td></tr>
<tr><td>政治学与行政学(公共政策方向)</td></tr>
<tr><td rowspan="2">社会学系</td><td>社会工作</td></tr>
<tr><td>社会学</td></tr>
<tr><td rowspan="2">公共管理系</td><td>行政管理</td></tr>
<tr><td>行政管理(社会保障方向)</td></tr>
<tr><td>国际关系系</td><td>国际政治</td></tr>
<tr><td>经济学系</td><td>经济学</td><td rowspan="14">经济学类</td></tr>
<tr><td rowspan="3">金融系</td><td>金融学</td></tr>
<tr><td>金融工程</td></tr>
<tr><td>保险</td></tr>
<tr><td rowspan="3">财政系</td><td>财政学</td></tr>
<tr><td>税务</td></tr>
<tr><td>网络经济学</td></tr>
<tr><td rowspan="3">计划统计系</td><td>统计学(经济管理统计方向)</td></tr>
<tr><td>统计学(投资决策分析方向)</td></tr>
<tr><td>信息管理与信息系统</td></tr>
<tr><td rowspan="2">国际经济与贸易系</td><td>国际经济与贸易</td></tr>
<tr><td>市场营销</td></tr>
<tr><td rowspan="3">企业管理系</td><td>人力资源管理</td><td rowspan="3">工商管理类</td></tr>
<tr><td>工商管理</td></tr>
<tr><td>财务管理</td></tr>
</table>

续表

系别	专业(专业方向)	所属专业大类
会计学系	会计学	工商管理类
管理科学系	电子商务	
旅游与酒店管理系	管理科学	
	旅游管理	
数学与应用数学系	数学与应用数学	数学类
信息与计算数学系	信息与计算科学	
物理学系	物理学	物理与电子信息科学类
	电子信息科学与技术	
	微电子学	
机电工程系	机械设计制造及其自动化	机电类
	测控技术与仪器	
	飞行器动力工程	
化学系	化学	化工类
化学生物学系	化学生物学	
化学工程与生物工程系	化学工程与工艺	
	生物工程	
材料科学与工程系	材料科学与工程	材料类
生物学系	生物科学	生物科学类
农业生物技术系	生物技术	
生物化学与生物技术系	生态学	
生物医学科学系		
海洋学系	海洋科学	海洋与环境科学类
海洋技术与工程系	海洋技术	
环境科学与工程系	环境科学	
计算机科学系	计算机科学与技术	电气信息类
自动化系	自动化	
电子工程系	电子信息工程	
通信工程系	通信工程	
智能科学与技术系	智能科学与技术	
软件工程系	软件工程	
数字媒体工程系	数字媒体艺术	
建筑系	建筑学	土建类
城市规划系	城市规划	
土木工程系	土木工程	

续表

系别	专业(专业方向)	所属专业大类
预防医学系	预防医学	医学类
临床医学系	临床医学	
药学系	药学	
中医系	中医学(中西医结合方向)	
护理系	护理学(涉外护理方向)	
音乐系	音乐学	艺术类
	音乐表演	
美术系	美术学	
	艺术设计	
	绘画	

——本文摘录自《关于调整厦门大学本科全校性选修课程管理办法的通知》,(2008)厦大教32号,档号2008-XZ12-4

厦门大学研究生出国出境参加国际学术会议资助管理办法

（2008年10月6日）

为了鼓励和资助在读研究生出国出境参加国际学术会议，促进在校研究生的国际合作与交流，进一步提高我校研究生的培养质量，设立研究生出国出境参加国际学术会议资助项目。本资助项目由研究生院和各培养单位共同承担实施工作，包括资助项目的审批、经费资助额度的审定等。为了更好地做好此项工作，制定本管理办法。

一、资助对象与原则

1.资助对象为厦门大学全日制在校研究生，拟参加的国际学术会议的主题应与申请者专业领域紧密相关，且拟参加的国际学术会议会期应在完成论文答辩之前。

2.资助参加的国际学术会议原则上应为在国外境外举办的相关研究领域的高水平国际学术会议。

3.资助对象原则上应为论文的第一作者（或导师为第一作者，学生为第二作者），且在会议上做口头报告或报展。每篇论文原则上资助一名研究生参会。论文的第一署名单位为厦门大学。

4.资助原则是学校资助与导师（课题组）资助相结合。学校资助额度见研究生院年度相关工作通知。参加领域内最高国际学术学会（或协会）主办的学术会议可酌情提高资助额度。大会、分会邀请报告等可申请全额资助。参加双边学术会议原则上资助额度减半。

二、资助经费用途

1.参加国际学术会议的往返旅费

2.会议注册费

3.签证相关费用

4.往返机场/火车站交通费

5.住宿费

三、申请与审批相关程序

1.拟申请资助的学生须向所在院系提交以下材料：

（1）《厦门大学资助研究生出国出境参加国际学术会议项目申请书》

（2）会议正式征文通知（Final Call for Paper）

（3）论文录用函和大会邀请函

（4）拟发表论文全文（或会议摘要）

（5）外语水平证明

2.学生所在院系对学生所参加国际学术会议的内容、在所属领域会议的级别等情况进行审核,并确定资助申请人名单。

3.各院系向研究生院提交审核通过的申请人名单、学生填写的《厦门大学资助研究生出国出境参加国际学术会议项目申请书》以及论文录用函和大会邀请函,提交时间分别为每年3月、6月、9月和12月。

4.研究生院将对经过院系审核的资助申请进行复核,确定资助名单和资助额度。

5.获得资助的申请人如有需要,可提前至少十个工作日向所在院系申请办理借款。

四、经费核拨

1.研究生院每年3月、6月、9月和12月确定各学院(研究院)拟资助学生出国出境参会人数及额度后通知财务处将款项拨至各学院(研究院)。

2.各学院(研究院)每年3月,6月,9月和12月根据学生实际参会情况向研究生院提交上一期《厦门大学资助研究生出国出境参加国际学术会议项目汇总表》以及学生参加会议后撰写的总结报告。

3.学生因故未能成行但已下拨到学院(研究院)的款项将在下一期拨款时予以扣除。

五、报销相关程序

1.受资助学生回国后应在一个月内(遇寒暑假顺延)向所在院系报到并提交以下材料:

(1)会议日程安排(Final Program,含有本人发言或报展的日程页复印件)

(2)护照首页及标有出入境日期页面的复印件

(3)参加国际会议的总结报告

(4)参会情景照片若干张(电子版)

(5)批准资助项目的相关正式发票原件(所有发票背后需有导师和本人签字;机票原件需随发票,国外电子机票应附登机牌)

2.学生所在院系审核以上材料,并按程序办理审批。审批原则为学校资助额度内实报实销。

3.学生持相关审批件至财务处办理报销。

六、本办法自二〇〇九年一月一日起执行,由研究生院负责解释。《厦门大学研究生出国出境参加国际学术会议资助管理办法(试行)》[(2007)厦大研字03号]同时作废

厦门大学研究生院

二〇〇八年十月六日

——本文摘录自《厦门大学研究生出国出境参加国际学术会议资助管理办法》,(2008)厦大研字13号,档号2008-XZ28-5

厦门大学家庭经济困难学生认定和资助工作实施暂行办法

（2008年11月1日）

第一章　总　则

第一条　为做好我校家庭经济困难学生资助工作，公平、公正、合理地分配资助资源，切实保证各项资助政策和措施真正落实到家庭经济困难学生身上，根据上级文件精神，结合我校实际，制定本实施办法。

第二条　本实施办法适用于我校全日制本科学生。

第三条　本实施办法所称家庭经济困难学生是指学生本人及其家庭所能筹集到的资金，难以支付其在校学习期间的学习和生活基本费用的学生。

根据我校实际情况和经济困难程度，家庭经济困难学生认定标准分为特殊困难、困难和一般困难三个档次。特殊困难学生不超过全体本科生数的5%，困难学生不超过10%，一般困难学生根据实际情况认定。

第二章　家庭经济困难学生的认定

第四条　认定原则

1.家庭经济困难学生认定工作应严格工作制度，坚持公开、公平、公正的原则。

2.家庭经济困难学生认定工作应做到科学合理，坚持定量方法和定性方法相结合的原则。

第五条　认定标准

1.基本条件

家庭经济困难学生申请认定须符合下列基本条件之一：

(1)孤儿、烈士子女或优抚家庭子女等无直接经济来源者；

(2)单亲或父母年事已高或患病长期卧床家庭缺乏劳动力，家庭又无固定经济来源且亲友无资助能力者；

(3)家庭被地方政府列为特困户，难以维持基本生活者；

(4)家庭为民政部门确定的城市居民最低生活保障对象者；

(5)学生家庭或本人突遭不幸(如家庭遭遇自然灾害，学生本人突发疾病或意外事故)，超越家庭经济承受能力者；

(6)来自老少边穷地区，经济条件差，家庭无固定经济来源，基本生活难以维持者；

(7)因家庭经济贫困，无力支付在校期间必要的学习和生活费用者。

2.量化指标

在认定基本条件的同时，为了更准确地判断学生家庭困难的程度，学校在认定工作中引入量化指标。

学校提取所有学生连续3个月的食堂消费数据,计算出每名学生的用餐总次数和每月在食堂消费的平均金额,作为衡量学生家庭经济状况的重要指标。

各学院在认定工作中,应结合学生的家庭基本情况、量化指标和在校实际情况进行综合认定。

3.特殊困难的学生一般应申请国家助学贷款。

第六条　认定工作的组织

1.校学生资助工作领导小组全面领导全校家庭经济困难学生的认定工作。

2.校学生资助管理中心具体负责组织和管理全校经济困难学生的认定工作。

3.学院、研究院负责本单位认定的具体组织和审核工作。

4.各学院、研究院以年级(或专业、班级)为单位,成立以学生辅导员任组长,班主任、学生代表担任成员的认定评议小组,负责认定的民主评议工作。认定评议小组成员中,学生代表人数视年级(或专业、班级)人数合理配置,应具有广泛的代表性,一般不少于年级(或专业、班级)总人数的10%。认定评议小组成立后,其成员名单应在本年级(或专业、班级)范围内公示。

第七条　认定程序和工作要求

1.首次申请认定的学生和家庭经济情况发生显著变化需要变更困难等级的学生要如实填写《厦门大学学生及家庭情况调查表》(以下简称《调查表》),并持该表到家庭所在地乡、镇或街道民政部门签署意见并加盖公章,以证明其家庭经济状况。《调查表》新生随录取通知书寄送,在校生可从学生资助管理中心网站下载。

已被认定为家庭经济困难的学生再次申请认定时,若家庭经济状况无显著变化,可只提交《厦门大学家庭经济困难学生认定申请表》(以下简称《申请表》,由认定申请系统生成)。

2.家庭经济困难学生认定每学年认定一次。每学年开学后,学校统一发布认定工作通知。申请认定的学生登录厦门大学学生资助管理中心网站,通过学生管理系统进行网上申请,生成并打印《申请表》,并应在规定的时间内将《调查表》和《申请表》交到辅导员处。

3.所在单位评议组组长负责召集认定评议小组。评议小组根据学生提交的《申请表》和《调查表》,对照本实施办法认定标准认真进行评议。若有需要可要求学生提供其他证明材料。评议小组组长在学生《申请表》的"陈述理由"一栏中写明认定理由。初步评议结果报所在单位学生工作组进行审核。

4.学生工作组要认真审核认定本单位评议小组申报的初步评议结果。如有异议,应在征询认定评议小组意见后予以更正。

5.学生工作组审核通过后,要将家庭经济困难学生名单及困难档次在班级范围内公示5个工作日,公示信息不得涉及学生个人隐私。如有异议,可通过有效方式向本单位学生工作组提出质疑,学生工作组应在接到异议材料的3个工作日内予以答复。如对学生工作组的答复仍有异议,可通过有效方式向校学生资助管理中心提请复议。校学生资助管理中心应在接到复议提请的3个工作日内予以答复,如情况属实,应做出调整。

6.校学生资助管理中心负责汇总全校审核通过的《申请表》和《调查表》,报校学生资助工作领导小组审批,并建立家庭经济困难学生信息档案。

第三章　对家庭经济困难学生的资助

第八条　学校建立并逐步完善以国家助学贷款为主体、奖助学金、勤工助学、特殊困难补助、"绿色通道"和学生人身保险等资助形式为辅助的学生经济资助体系。本实施办法所指资助主要指各类助学金和困难补助。

第九条　资助原则

1.主动申请原则。需要资助的学生一般应主动提出申请。

2.差异性原则。学校对家庭经济困难程度不同的学生的资助应体现梯度差异。困难程度较低的学生所获得的资助额一般不应高于困难等级高的学生，资助数额较大的资助项目应优先评定给困难程度高的学生。根据学生学习、生活的基本负担，也为了照顾到资助范围，原则上特殊困难的学生每学年资助额度不超过6000元，困难学生每学年资助额度不超过3000元，一般困难学生每学年资助额度不超过1500元。这里所指资助包括学生通过校、院、系以及其他渠道所获得的资助。

3.救急优先原则。在家庭经济困难程度相近的情况下，更急迫需要帮助的学生优先得到资助，如遭受自然灾害等。

第十条　资助评定发放程序和工作要求

1.校学生资助管理中心根据各学院、研究院家庭经济困难学生实际比例，划定本学年资助计划，由学院、研究院统筹安排。

2.校学生资助管理中心向全校发布资助项目，学生登陆学生管理系统申请。

3.各学院根据差异性原则和救急优先等原则进行统筹安排，在提出资助申请的家庭经济困难学生中确定各类资助项目人选，并在班级范围内公示3天。

4.公示无异议后，学院通过学生管理系统进行审核确认评定结果，并将生成的报表文档打印盖章后报校学生资助管理中心。

5.校学生资助管理中心对各学院的评定结果进行审核。审核完成后报主管校领导批准后发放资助。

第四章　日常管理

第十一条　学校要加强学生的诚信教育，教育学生如实提供家庭情况，及时告知家庭经济状况显著变化情况。如学生家庭经济状况发生显著变化，学校应及时做出调整。

第十二条　学校要加强对认定学生家庭经济情况的复查，不定期地随机抽选一定比例的家庭经济困难学生，通过信件、电话、实地走访等方式进行核实。如发现弄虚作假现象，一经核实，取消资助资格，收回资助资金；情节严重的，依据有关规定进行严肃处理。

第十三条　家庭经济困难学生的助学资金要专款专用，及时发放给受助学生，严禁截留、挪用和挤占。

第十四条　学校各项经济困难资助的对象原则上应是已认定的家庭经济困难学生。对于因突发事件造成家庭经济困难的，应及时申请认定。

第五章　附　则

第十五条　一名学生在同一学年内可在资助档次限额内同时获得多项资助。受资助的学生在当学年可同时参评并获得学校各项奖学金。

第十六条　本规定由学生工作处负责解释。

第十七条　本规定自公布之日起施行。

附表：厦门大学学生及家庭情况调查表（表略——编者注）

——本文摘录自《关于印发〈厦门大学家庭经济困难学生认定和资助工作实施暂行办法〉的通知》，厦大学〔2008〕135号，档号2008-XZ11-5

关于加强我校人文社会科学研究和学术活动保密工作的通知

(2008年12月23日)

全校各有关单位：

随着高校人文社会科学的繁荣发展,科学研究和学术活动中涉密内容也不断增多。为进一步加强和做好我校人文社会科学研究和学术活动的保密工作,根据国家有关保密规定的要求,结合我校实际,现对加强和做好我校人文社会科学研究和学术活动保密工作通知如下：

一、我校人文社会科学研究各有关单位和个人应将科研保密工作与日常研究和学术活动相结合,严格遵守和执行有关保密规定,切实做好人文社会科学研究和学术活动保密工作。

二、人文社会科学研究各有关单位和个人对所承担的国家涉密科研项目,要严格按主管部门确定的密级或国家和学校科研保密规定开展研究工作,有关的涉密科研项目不得在网上进行文字处理和数据传送。

三、在科研项目申报时,项目申请书中需保密的研究思路、研究内容和数据等,项目申请人应在申请书中标示,并由项目申请人或指定专人负责该项目的申报,经校社科处审核后按相关保密规定上报。

四、在项目研究过程中需组织的专项调查,特别是舆情、社情动态、宗教、民族和外交等敏感问题的调查,须经相关主管部门审批。调查数据仅限于该课题内部使用,不得公开,不得向其他人公布内容和数据。调查研究成果的去向须经校社科处审核并登记备案。

五、在科研工作中涉及的国家秘密、部门行业保密事项、未公布的统计数据、内容文件和资料等,应由项目负责人或指定专人负责保管,并按学校科研档案管理的有关规定及时整理归档,不得扩散和公开。对科研工作中完成的有涉密内容的论文、著作、调研报告等研究成果不得在上网的计算机上进行文字处理和数据传送,其使用和去向要有严格限制,须经校社科处审核并登记备案。

六、人文社会科学研究各有关单位拟举办有涉密内容的学术交流活动和学术会议,须经校社科处审核后报学校审批备案或经学校审核后报上级主管部门审批备案。严格执行有关保密规定,会议文件、论文集等不得公开发行,也不得在网络上传送有关会议内容的信息。

七、任何单位和个人不得在联网的计算机上对涉密课题的文字和数据进行处理、存储和传输,涉密材料的报送一律通过机要渠道或专人送达。

八、所有上网公开的信息、文件、资料要由专人进行保密审查,实行“谁公开、谁负责”制度,严禁涉密的科研内容和科研信息出现在各有关单位和个人所管理的网站上。

九、教育部人文社会科学重点研究基地,除落实上述规定外,特别要加强对重大研究项目、咨询报告、网络信息、工作和成果简报的管理,涉密信息不得上网、不得从网上传送。研究基地的上网信息要有专人审核,专人负责。

十、人文社会科学研究各有关单位要加强科研保密的宣传教育工作,强化人文社会科学研究教师和有关人员的保密意识和保密责任。

十一、人文社会科学研究各有关单位和个人要严格遵守国家和学校有关保密规定,自觉接受保密监督检查,杜绝泄密事件发生。对发生的泄密事故,应及时向校社科处和校保密办公室报告并采取紧急措施及时进行补救，防止事态扩大。对隐瞒不报或故意拖延时间，造成不良后果的，要根据有关法规追究有关人员的责任。

附件：人文社会科学研究和学术活动保密工作程序

（附件略——编者）

厦门大学社科处

二〇〇八年十二月二十三日

——本文摘录自《关于加强我校人文社会科学研究和学术活动保密工作的通知》，(2008)厦大社科1号，档号2019-XZ31-001

厦门大学外国来华留学研究生培养管理与学位授予工作细则(试行)

(2008 年 12 月 25 日厦门大学学位评定委员会审议通过)
(2008 年 12 月 29 日)

第一章 总 则

第一条 为促进我校的国际交流与合作,维护学校正常的教育教学秩序,保证外国来华留学研究生(以下简称"外国留学研究生")的培养质量,根据教育部、外交部、公安部《高等学校接受外国留学生管理规定》、国务院学位委员会《关于普通高等学校授予来华留学生我国学位试行办法》及有关法律、法规,结合我校实际,制定本细则。

第二条 外国留学研究生在学期间必须遵守中华人民共和国的法律和法规,遵守我校的规章制度与纪律,执行我校学位与研究生教育的有关规定,遵守学术道德规范。

第二章 硕士研究生培养

第三条 外国来华留学硕士研究生(以下简称"外国留学硕士生")的学制为 2～3 年,在校年限 2～5 年。

按二年制计的文科硕士生应修读至少 32 学分,理工科硕士生应修读至少 30 学分。按三年制计的文科硕士生应修满 36～40 学分,理工科硕士生应修满 32～36 学分。其中国际项目硕士研究生应修满 24～32 学分。

第四条 各学科可参照同学科、专业的培养方案并根据学科的具体情况拟定专门的外国留学硕士生培养方案,经学位评定分委员会审定后,报研究生院备案。

外国留学硕士生须按培养方案的要求取得规定的学分后,方可进行学位论文答辩。

在他国已经修习相应学科、专业硕士学位课程的外国留学生申请攻读我校硕士学位时,我校将根据申请人提供的在他国修学的课程名称、成绩单以及两名专家(相当于副教授及其以上人员)的推荐信等材料,组织同行专家(副教授及其以上人员)三至五人对其已经修学的硕士学位课程进行审查、审核、考试或考核。凡经专家组认可的课程,可以免修;否则应按规定重新修习有关课程。

第五条 我校培养外国留学硕士生,原则上应采取脱产培养的方式,即整个培养过程均在我校完成。确因需要,经指导教师同意,所在学院及研究生院批准,外国留学硕士生可以利用部分时间回国撰写论文,但在我校进行论文工作的时间不得少于半年;外国留学硕士生的论文答辩工作须在我校进行。

第六条 外国留学硕士生必须修读汉语和中国概况两门公共学位课程,各 4 学分,共计 8 学分。其中国际项目硕士研究生修读汉语和中国概况两门公共课各 2 学分,共计 4 学分。公共课程由研究生院组织开设。

特殊专业或本科在中国修读者,可申请免修此两门课程;在中国生活或工作两年以上者,可申请免修中国概况课程;在中国已修读过同类同级别汉语课程者,可申请免修汉语课程。汉语水平(HSK)达到 8

级及以上者(国际项目硕士研究生汉语水平达到6级及以上者),可申请免修汉语课程。以上申请者均需向研究生院提出申请并提供相关材料证明。

第七条　外国留学硕士生是否安排社会实践活动可根据专业学习的需要由各学科确定。

第三章　博士研究生培养

第八条　外国来华留学博士研究生(以下简称"外国留学博士生")的学制为3～4年,在校年限3～7年。

外国留学博士生在学期间应修满12～14学分,一般在第一学年内完成。

第九条　各学科可参照同学科、专业的培养方案并根据学科的具体情况拟定专门的外国留学博士生培养方案,经学位评定分委员会审定后,报研究生院备案。

外国留学博士生须按培养方案的要求取得规定的学分后,方可进行学位论文答辩。

我校培养外国留学博士生,可以采取两种方式:一是脱产培养,整个培养过程均在我校完成;二是在职培养,其课程学习和撰写论文可以在我校和他国完成。在职培养的外国留学博士生,如果课程学习在他国完成的,其课程考试原则上应在我校进行;学位论文在他国完成的,其论文答辩工作须在我校进行。在职培养的外国留学博士生,在我校进行课程学习和科学研究工作的时间累计不得少于一年半。

第十条　外国留学博士生必须修读汉语和中国概况两门公共学位课程,各2学分,共计4学分。公共课程由研究生院组织开设。

特殊专业或本科、硕士在中国修读者,可申请免修此两门课程;在中国生活或工作两年以上者,可申请免修中国概况课程;在中国已修读过同类同级别汉语课程者,可申请免修汉语课程。汉语水平(HSK)达到8级及以上者,可申请免修汉语课程。以上申请者均需向研究生院提出申请并提供相关材料证明。

第四章　硕士学位授予

第十一条　外国留学硕士生的硕士学位学术水平要求和学位申请办法按照《厦门大学硕士学位和博士学位授予工作细则》第三章"学位学术水平和学位申请办法"的相关规定执行。

第十二条　外国留学硕士生申请硕士学位,必须撰写学位论文(含专题报告)。我校各有关学科、专业可根据具体情况对学位论文提出不同的要求。学位论文可以是学术研究或科学技术报告,也可以是专题调研、工程设计、案例分析等报告,其报告应能反映学位申请者从事科学研究工作或综合运用基础理论和专门知识解决实际问题的能力。

学位论文应在导师指导下,由外国留学硕士生独立完成。

论文经学院(研究院)审查和同意推荐答辩后付印。导师对论文的评语和推荐意见,应密封传递,注意保密。

第十三条　外国留学硕士生硕士学位论文评阅按照《厦门大学硕士学位和博士学位授予工作细则》第六章"论文评阅"的相关规定执行。

外国留学硕士生学位论文的"双盲"评审,由各学院学位评定分委员会建立相应的评审专家库,并在此库中随机选择评阅专家。

第十四条　外国留学硕士生硕士学位论文答辩和学位授予按照《厦门大学硕士学位和博士学位授予工作细则》第七章"论文答辩委员会和答辩规则"、第八章"学位授予"的相关规定执行。

第十五条　在我校攻读硕士学位的外国留学研究生,其学位论文原则上应用汉语撰写和答辩;如需用英语撰写和答辩,应向指导教师提出申请,报学位评定分委员会审批。如论文用英语撰写,须提交详细的汉语摘要。论文撰写格式应严格按照《厦门大学研究生学位论文规范》的相关规定执行。

第五章　博士学位授予

第十六条　外国留学博士生的博士学位学术水平要求和学位申请办法按照《厦门大学硕士学位和博士学位授予工作细则》第三章“学位学术水平和学位申请办法”的相关规定执行。

第十七条　外国留学博士生撰写的博士学位论文，应能反映作者具有独立从事科学研究工作的能力，并在科学或专门技术上做出创造性成果。工程技术、临床医学以及其他应用学科、专业毕业的外国留学博士生提交的博士学位论文，应具有重要的实际价值，同时表明作者具有独立从事科学研究工作或从事专门技术工作的能力。

学位论文应在导师指导下，由外国留学博士生独立完成。

论文经学院(研究院)审查和同意推荐答辩后付印。导师对论文的评语和推荐意见，应密封传递，注意保密。

第十八条　外国留学博士生博士学位论文评阅按照《厦门大学硕士学位和博士学位授予工作细则》第六章“论文评阅”的相关规定执行。

外国留学博士生学位论文的“双盲”评审，由各学院学位评定分委员会建立相应的评审专家库，并在此库中随机选择评阅专家。

第十九条　外国留学博士生博士学位论文答辩和学位授予按照《厦门大学硕士学位和博士学位授予工作细则》第七章“论文答辩委员会和答辩规则”、第八章“学位授予”的相关规定执行。

第二十条　在我校攻读博士学位的外国留学研究生，其学位论文原则上应用汉语撰写和答辩；如需用英语撰写和答辩，应向指导教师提出申请，报学位评定分委员会审批。如论文用英语撰写，须提交详细的汉语摘要。论文撰写格式严格按照《厦门大学研究生学位论文规范》的相关规定执行。

第六章　附　则

第二十一条　我校为外国留学研究生颁发的硕士、博士毕业证书和学位证书，除按规定用汉语填写外，还提供用英语印制、书写的译文副本，两种版本具有同等效力。

第二十二条　他国具有研究生毕业同等学力的有关人员申请我校硕士、博士学位，可参照《厦门大学授予具有研究生毕业同等学力人员硕士、博士学位实施细则》的有关规定办理。

第二十三条　本细则未尽事宜参照我校同类研究生的相关规定执行。

第二十四条　本细则自公布之日起施行。

第二十五条　本细则由校学位评定委员会负责解释。

——本文摘录自《关于印发〈厦门大学外国来华留学研究生培养管理与学位授予工作细则(试行)〉的通知》，厦大研〔2008〕45 号，档号 2008-XZ28-4

厦门大学关于规范研究生毕业证书颁发工作的相关规定

(2008 年 12 月 25 日厦门大学学位评定委员会全体会议审议通过)

(2008 年 12 月 30 日)

为进一步规范研究生毕业证书颁发的相关工作，保障各项工作有序地进行，根据教育部有关规定，结合我校实际制定本工作规定。

一、关于毕业研究生相关信息的核对与图像信息采集

1.毕业班研究生应于第一学期认真核对本人各项基本信息，包括姓名、性别、出生日期、专业、身份证号等。对于基本信息与本人有效证件不符的应凭有效证件复印件加盖证件所在地派出所章，经研究生院审核更改。

2.毕业班研究生应按学校通知的日期参加毕业生图像采集，并于 40 天后登录相关网站核对本人图像信息。

二、关于毕业研究生资格审查

1.各学院、研究院应对毕业班研究生进行毕业资格审查，审查内容包括：培养方案完成情况、论文答辩情况、德智体是否合格等。

2.研究生修完培养方案规定的课程，成绩合格，通过论文答辩，德、智、体达到毕业要求，视为具备毕业资格。

三、关于毕业研究生名单的报送与毕业证书的制作

1.根据《厦门大学研究生学籍管理规定》中研究生学制的规定，研究生正常毕业时间为每年夏季(6 月)，正常毕业研究生的毕业资格审查与毕业证书颁发于夏季(6 月)完成。同时为适应研究生弹性学习期限的实际情况，增加两次办理毕业生资格审查与毕业证书颁发，分别在秋季(9 月)、冬季(12 月)。

2.夏季通过毕业生资格审查的毕业研究生名单报送截止时间为每年 6 月 15 日；秋季通过毕业生资格审查的毕业研究生名单报送截止时间为每年 9 月 15 日；冬季通过毕业生资格审查的毕业研究生名单报送截止时间为每年 12 月 15 日(以上日期遇双休日、节假日顺延)。各学院、研究院应根据以上安排合理安排研究生的论文答辩时间，并在规定的截止时间前将通过资格审查的毕业研究生名单报送研究生院。

学院、研究院上报的毕业研究生名单应由研究生秘书、分管院领导签名并加盖单位公章。

3.研究生院根据各学院、研究院上报的毕业生名单分三批制作研究生毕业证书，具体如下：夏季(6 月)的研究生毕业证书发证日期填写为 6 月 30 日；秋季(9 月)的研究生毕业证书发证日期填写为 9 月 30 日；冬季(12 月)的研究生毕业证书发证日期填写为 12 月 30 日。

4.当年6月15日至9月15日前通过毕业生资格审查的研究生的毕业证书于秋季(9月)制作;当年9月15日至12月15日前通过毕业生资格审查的研究生的毕业证书于冬季(12月)制作;当年12月15日至次年6月15日前通过毕业生资格审查的研究生的毕业证书于次年的夏季(6月)制作。

四、研究生毕业证书的颁发

学院、研究院研究生秘书向研究生院领取毕业证书,由学院、研究院向毕业研究生颁发毕业证书。

五、关于毕业研究生的学历电子注册

研究生院根据福建省教育厅相关文件精神于每年7月中旬将上一年度9月15日至当年6月15日前通过毕业生资格审查的研究生学历信息进行电子注册;10月中旬将当年6月15日至9月15日前通过毕业生资格审查的研究生学历信息进行电子注册。若遇福建省教育厅关于学历电子注册工作时间调整,则以福建省教育厅的相关通知为准。

六、本规定由研究生院负责解释

七、本规定自2009年1月1日起生效

——本文摘录自《关于印发〈厦门大学关于规范研究生毕业证书颁发工作的相关规定〉的通知》,厦大研〔2008〕46号,档号2008-XZ28-4

·管理与服务工作·

厦门大学邀请外籍学者来校短期工作暂行规定

（2008 年 1 月 6 日）

第一条　为进一步促进我校的国际合作与交流，确保我校邀请外籍学者来校短期工作的顺利开展，更好地为我校创建世界知名的高水平研究型大学服务，根据国家相关规定，结合我校实际情况，制定本规定。

第二条　外籍学者来校短期工作包括来校进行短期讲学、访问考察、学术交流、参加会议等事宜，时间在六个月以下的外籍学者或其他人员，通常需办理访问签证。

第三条　邀请外籍学者来校短期工作应遵循“注重效益、学术为主”的原则。

第四条　被邀外籍学者一般应具有博士学位或副教授以上等高级专业技术职称，并在该学术领域有一定造诣。外籍学者来校时间原则上应安排在学校教学期间。

第五条　国际合作与交流处（以下简称“国际处”）负责办理外籍学者来校手续。各邀请单位负责所邀学者的邀请和接待工作。

第六条　一般外籍学者的邀请由学校按以下程序自行审批：

1.各邀请单位于外籍学者来华前提早至少一个月将学院报告、《厦门大学邀请外国人来华申请表》、《被授权单位签证通知表》、所邀学者护照首页复印件和简历等材料报送国际处。

2.国际处审核材料后，报分管校领导审批；审批同意后，由国际处出具《被授权单位签证通知表》。审批期限一般为 7 个工作日。

3.邀请单位将审批通过的《被授权单位签证通知表》寄送所邀学者，由其凭该表到中国驻外使领馆申请访问签证入境。

第七条　邀请以下重要或敏感人员来访的，邀请单位须于外籍学者来华前提早至少三个月将相关材料提交国际处，由国际处上报厦门市外办、教育部、外交部进行审批。

1.邀请外国现职副部级以上官员、卸任外国政要和地方现职正、副省级的官员来访；

2.邀请驻华使(领)馆和国际组织官员参加学校主办的国际会议和活动；

3.邀请未建交国家人员来访；

4.邀请涉及台湾、民族、宗教、人权、意识形态等敏感问题的人员来访；

5.邀请有复杂、邪教背景的国际组织的人员来访；

6.邀请境外媒体、记者采访；

7.其他上级管理部门规定的重要和敏感人员。

第八条　由我方资助邀请的外籍学者，其非学术活动不应超过我方资助的总日程的三分之一。来访时间超过一学期(含一学期)的，如由我方资助或部分资助，应与其签订相应的合同，并办理保险。

第九条　因访问需要，外籍学者可申请将其签证有效期延长至一年，或将入境次数改为多次。邀请单位应于学者签证到期前提早一周将学院报告、《外国人临时住宿登记表》、学者护照原件和2寸正面免冠彩照2张等材料送交国际处，由国际处向厦门市公安局出入境管理处申请办理。

第十条　本规定由学校国际合作与交流处负责解释。

第十一条　本规定自二〇〇七年十二月七日起施行。学校原相关规定与本规定有抵触的，以本规定为准。

——本文摘录自《关于印发〈厦门大学邀请外籍学者来校短期工作暂行规定〉的通知》，厦大外〔2008〕2号，档号2008-XZ22-7

厦门大学岗位设置管理试行条例

（2008年1月14日）

根据人事部、教育部《关于高等学校岗位设置管理的指导意见》（国人部发〔2007〕59号，以下简称《指导意见》）、《教育部直属高等学校岗位设置管理暂行办法》（教人〔2007〕4号，以下简称《暂行办法》），及《教育部办公厅关于厦门大学岗位设置方案的批复》（教人厅〔2007〕50号，以下简称《批复》）的精神，为做好学校岗位设置管理工作，结合我校实际情况，制定本试行条例。

第一章　岗位设置管理的指导思想、基本原则

第一条　岗位设置管理的指导思想

（一）科学设岗，宏观控制。坚持从人才培养、科学研究需要和社会服务出发，统筹学科建设，兼顾各类人员的现状合理确定岗位总量，按照岗位结构比例标准，规范设置各级各类岗位，加强宏观调控和监督管理。

（二）优化结构，精干高效。完善岗位设置分类分级体系，以教师队伍为主体，优化各类人员结构比例，合理配置人力资源，加强高层次人才队伍建设，提高队伍质量与用人效益。

（三）按岗聘用，规范管理。以岗位设置为基础，深化聘用制度改革，完善用人机制，加强规范管理。

第二条　岗位设置管理的基本原则

（一）岗位设置管理的目标与创建国内外知名高水平大学的办学目标相适应；

（二）岗位设置向国家重点学科、优势学科以及前沿交叉学科倾斜；

（三）岗位管理与校院两级管理体制相衔接；

（四）学校实行岗位总量及结构比例控制；

（五）岗位管理立足于各类人员现状，同时着眼于人才队伍长远发展。

第二章　岗位总量与结构比例

第三条　岗位类别比例

学校岗位根据职能、任务和性质分为三大类，即专业技术岗位、管理岗位和工勤技能岗位。专业技术岗位分为教师岗位和其他专业技术岗位，专业技术岗位占学校固定岗位总量的82%，其中，教师岗位占63%，其他专业技术岗位占19%。管理岗位占岗位总量的16.2%。工勤技能岗位占岗位总量的1.8%。

第四条　岗位总量

根据学校的发展规划和规模，学校总岗位量为4868个，其中固定岗位为4381个，流动岗位487个。固定岗位中教师岗位2760个，其他专业技术岗位832个，管理岗位710个，工勤岗位79个；流动岗位中教师岗位240个，其他专业技术岗位193个，管理岗位54个。

第五条　岗位等级与结构比例

（一）专业技术岗位

学校专业技术岗位分为13个等级，包括正高级岗位、副高级岗位、中级岗位和初级岗位，岗位比例控

制在2∶3∶4∶1,高级专业技术岗位应以教师岗位为主。教师和其他专业技术正高级岗位中,二级、三级、四级岗位之间的结构比例控制目标为2∶3∶5,首次聘用时按1∶3∶6掌握。副高级岗位中,五级、六级、七级岗位之间的结构比例为2∶4∶4。中级岗位中,八级、九级、十级岗位之间的结构比例为3∶4∶3。初级岗位中,十一级、十二级岗位之间的比例为5∶5。十三级为员级岗位。

(二)管理岗位

管理岗位分为9个等级,对应事业单位二至十级职员岗位。其中,二、三、四、五、六级为高级职员,七、八级为中级职员,九、十级为初级职员。高级与中、初级职员的比例为4∶6。四级及以上事业职员岗位根据干部人事管理权限按学校领导班子职数的一定比例确定。五、六级事业职员岗位按1∶2的比例设置。鉴于教育部对七级及以下事业职员岗位未作出结构比例的限制,我校七级及以下岗位不作硬性结构比例的限制。

(三)工勤技能岗位

工勤技能岗位包括技术工和普通工岗位,其中技术工岗位分为5个等级,对应事业单位一至五级技术工岗位。一、二、三级技术工岗位总量占工勤技能岗位的35%以内,一级、二级技术工岗位占工勤技能岗位总数的5%以内。普通工岗位不分等级。

(四)机动岗位

学校预留一定数量的机动岗位,由学校集中掌握,用于高层次人才引进和国家政策性安置等工作的需要。

第三章　岗位聘用与管理

学校根据上级有关文件精神、工作要求以及教育部审批的岗位设置方案,按照公开、公正、规范、有序的原则开展岗位聘用工作。

第六条　聘用条件和要求

(一)基本条件

1.政治立场坚定,拥护中国共产党的领导,忠于祖国,热爱人民;

2.热爱教育事业,愿意献身祖国的高等教育事业;

3.具备从事高等教育工作所要求的相关资格;

4.遵纪守法,具有良好的职业道德;

5.积极参与学校和所在单位的公共事务工作;

6.身心健康,能坚持开展正常的工作。

(二)具体条件

各类各级岗位的具体聘用条件按《厦门大学教职员工聘用制度试行办法》、《厦门大学教师职务聘任条例(试行)》、《厦门大学教师以外各类专业技术职务聘任办法(试行)》规定,以及相应岗位聘用实施办法的规定执行。

第七条　聘用组织和程序

(一)聘用组织

学校成立岗位设置管理工作领导小组,由主要校领导和相关校领导组成,下设专业技术职务聘任委员会、职员聘任委员会,工勤技能岗位的聘用工作由职员聘任委员会负责组织实施。

学院、研究院、机关职能部门、直属单位(以下统称"用人单位")成立相应的聘用组织,具体负责专业技术、管理、工勤技能等岗位设置与聘用实施等相关工作。

(二)聘用权限

1.专业技术岗位:一级岗位由国家人事部设置和审批;二至四级由学校聘用;五至十三级由用人单位在学校下达的岗位职数内聘用,报学校审核备案。

2.管理岗位:二至四级事业职员由国家教育部审批;五、六级事业职员由学校职员聘任委员会聘用;七至十级事业职员由各单位在学校下达的岗位职数范围内聘用,报学校审核备案。

3.工勤技能岗位:由用人单位在学校下达的岗位职数范围内聘用,报学校人事处审核备案。

(三)聘用程序

1.学校与用人单位公布具体岗位和聘用条件。

2.个人申请竞聘岗位。

3.用人单位审核后公示申报材料。

4.用人单位聘任组织根据聘用权限,确定或推荐岗位聘用人选并公示;并分别报学校人事处审核备案,报学校相关聘任委员会审议确定。

5.学校相关聘任委员会审议确定,并公示岗位聘用人选。

6.学校签发岗位聘用文件。

7.根据聘用权限签订岗位聘约。

第八条　聘约的签订

学校与受聘人员在平等自愿、协商一致的基础上签订岗位聘约,明确岗位任务及职责要求、工作条件、工资福利待遇、岗位纪律、聘约变更、解除和终止的条件以及聘约期限等方面的内容。岗位聘约作为受聘人员聘用合同的附件,与聘用合同具有等同的法律效力。

第九条　考核

根据各学科的特点、各岗位的职责差异,学校制定符合高校工作规律,由品德、知识、能力、业绩等要素构成的,以促进绩效改进和人才发展为导向的考核评价办法,将年度考核和聘期考核相结合,形成科学合理的考核体系。聘约与聘用合同期满前,按学校与用人单位二级权限认真考核受聘人员的履职情况,及时做出续聘、岗位调整或解聘等决定。

第十条　首次设岗后现有人员聘用的过渡办法

(一)在岗位设置后,首次开展聘用工作时,根据国家有关规定,现有在编在岗工作人员,按照新聘岗位或现有职务进入相应等级的岗位。

(二)在首次按岗聘用专业技术人员工作中,严格控制专业技术二、三级岗位的聘用数量,留出一定的比例用于今后选拔和吸引高层次人才。在管理岗位首次聘用中,按照制度入轨、平稳过渡、逐步到位、规范管理等原则,完善职员职务与职员职级体系。在工勤技能岗位首次聘用中,结合学校实际和现状,稳妥实施聘用工作。

(三)根据《普通高等学校辅导员队伍建设规定》,专职辅导员纳入教师岗位系列。已受聘学生思想政治教育教师职务的辅导员,按原所聘职务进入相应等级的教师岗位;未受聘学生思想政治教育教师职务的辅导员,在首次岗位等级聘用入轨中暂按现职员职级进入相应的职员职级岗位,待学校制定并实施学生思想政治教育教师职务聘任的有关规定后,再转聘教师岗位等级系列。

第十一条　岗位设置管理

(一)根据国家相关规定,人事部门结合学校发展规划和工作任务等因素,核定、管理各单位各类各级岗位。

(二)学校结合工作需要和现有人数向各用人单位核拨岗位总数及各类各级岗位结构比例控制数。

(三)学校对各类各级岗位根据发展需要实行动态管理。

第十二条　本试行条例由学校人事处负责解释。

第十三条　本试行条例自公布之日起实施。

——本文摘录自《关于印发〈厦门大学岗位设置管理试行条例〉等文件的通知》,厦大人〔2008〕3号,档号2008-XZ10-1

厦门大学职员岗位设置与聘用实施办法

(2008年1月14日)

为深化我校职员试点改革,规范职员岗位设置与聘用工作,根据《教育部直属高等学校岗位设置管理暂行办法》(以下简称《暂行办法》)、《教育部办公厅关于厦门大学岗位设置方案的批复》(以下简称《批复》)、《厦门大学岗位设置管理试行条例》以及《厦门大学教职员工聘用制度试行办法》,制定本实施办法。

第一条　岗位设置与聘用原则

根据教育部《批复》精神,我校要在教育职员试点改革的基础上完善事业职员(以下简称"职员")职务与职级体系,在管理岗位人员聘用中,按照制度入轨、平稳过渡、逐步到位、规范管理的原则,将从事管理工作的人员全部纳入职员岗位制度体系。

第二条　岗位设置范围和聘用对象

(一)职员是指在事业单位中从事管理和服务工作的人员。职员岗位职级是反映管理岗位层次、类别和职员专业水平、工作能力的标志。在高等学校中除教学、科研、工程技术等专业技术岗位外,其他管理、服务岗位原则上纳入职员岗位管理范围。

(二)双肩挑职员岗位设置秉持工作需要原则,根据实际工作需要设岗,确系需要由教师来任职的学校职能部门领导岗位,从教师中选拔担任,经学校专业技术聘任委员会和职员聘任委员会批准,既聘任教师职务,同时聘任职员岗位职级,任期内纳入职员管理,计算岗位总量时按所走工资系列计入相应岗位总量中。

(三)专职学生政治辅导员纳入教师系列,实行教师职务岗位聘任制。其他专职从事思想政治工作人员纳入职员岗位管理,实行职员岗位职级聘用。

(四)职能管理部门如财务处、审计处、基建处中确具专业技术水平要求的岗位,不专门设置专业技术岗位,均纳入职员岗位管理。为使在这些职员岗位上工作的职员便于开展工作,允许这些部门的职员到社会上参评专业技术职称资格,学校不予聘用专业技术职务,但职称资格可作为今后考核晋升职员职级时的参考依据,确实优秀的,在高聘职员职务时优先予以聘用。

第三条　岗位总量

学校职员岗位总量为710个,占学校岗位总量的16.2%。

第四条　岗位设置

根据《暂行办法》规定,高等学校职员岗位职级分为三个职等和九个岗位职级。其中二、三、四、五、六级为高级职员岗位,七、八级为中级职员岗位,九、十级为初级职员岗位。副部级的高等学校设二至十级职员岗位,原则上二至四级为校级领导职员岗位,其中二级为副部级职员岗位,三级为正局(正厅)级职员岗位,四级为副局(副厅)级职员岗位。

职员各级岗位总量均按《暂行办法》规定的结构比例设置。根据教育部《暂行办法》和《批复》规定,我校的高级与中、初级岗位的比例为4∶6。四级及以上岗位数按校级领导班子职数确定,五级和六级岗位原则上按1∶2的比例掌握,七级及以下岗位不作硬性结构比例的限制。高级岗位为285个,其中,五级岗位控制在91个以内,六级岗位控制在182个以内。五级、六级岗位数分年度设岗,由学校职员聘任委员会公布当年度六级及以上拟聘用的空岗。今后随着学校事业规模的发展将适时进行岗位总量的调整。

第五条 岗位基本职责

(一)初级职员的基本职责

承办具体的管理与服务工作,起草本职管理工作中一般性公文或者文稿。各个初级职员的岗位职责由各部门各单位负责拟定。

(二)中级职员的基本职责

协助主持或者分管院、部、处及其以下基层单位的管理工作,或者独立承担某一方面的专门性管理工作;独立起草本职管理工作中重要的公文或者文稿;指导初级职员工作。各个中级职员的岗位职责由各部门各单位负责拟定。

(三)高级职员的基本职责

主持或分管学校或者院、部、处等处级单位的管理工作,或者专职从事高层次的专门性管理工作;负责拟定本职管理工作中重要的公文或者文稿;指导中初级职员工作。高级职员岗位职责由学校主管部门另行拟定。

第六条 职员岗位的聘用条件

(一)职员必须贯彻执行党的路线、方针、政策,熟悉高等教育法规、政策,遵纪守法,维护学校的安全、荣誉、利益和知识产权,恪守职业道德,热爱本职工作,办事公正,作风正派,廉洁奉公,身心健康,能坚持正常工作。新聘或高聘职员职务均应具备本科及以上学历。

(二)初级职员的基本聘用条件

符合(一)款要求;了解本职工作的范围、任务和特点,胜任本职工作;基本掌握履行岗位职责所需的理论知识和技能方法;具有初步的分析、解决问题能力;具有一定的文字、口头表达能力。

(三)中级职员的基本聘用条件

符合(一)款要求;熟悉本职工作的范围、任务和特点,具有独立解决本职工作中实际问题的能力;熟练掌握履行岗位工作职责所需的理论知识和技能方法;具有一定的政策理论水平、业务研究能力和组织能力,有较好的文字、口头表达能力;能够独立撰写重要的公文、文稿;具有指导初级职员工作的能力。

(四)高级职员的基本聘用条件

符合(一)款要求;系统掌握履行岗位工作职责所需的理论知识和技能方法,具有较高的政策理论水平和组织能力,具有较强的解决本职工作中实际问题的能力;有较强的文字、口头表达能力和研究能力,能够撰写重要的工作规划、方案、文件和较高水平的研究报告、工作总结。具有指导中、初级职员工作的能力。

(五)学校聘用的高、中、初级职员,应分别必备(二)款、(三)款、(四)款规定的基本聘用条件要求,同时还应分别具备以下条件:

1.十级职员:特殊引进人才的家属或原我校教育职员试点改革已聘用的职员的学历,可放宽至专科毕业。

2.九级职员:大学本科毕业生或者硕士毕业生。

3.八级职员:副科级干部直接套聘;或硕士毕业任九级职员满一年以上,或九级职员任职三年以上;聘期考核及年度考核均为合格及以上。

4.七级职员:正科级干部直接套聘;或初聘职员职务时具有博士学位,或者八级职员任职三年以上,聘任考核及年度考核均为合格及以上。

5.六级职员:担任副处级职务直接套聘;未担任副处级职务的七级职员,在岗位许可的情况下,高聘六级职员职务,还应符合下列条件:运用现代管理理论指导工作,注重管理创新,用新思路指导工作取得突出成绩;独立承担某一方面专门性工作,创造性地开展工作,工作效率高、服务质量优;正科级的七级职员担任正科级职务应满六年以上,且七级职员职务任期内至少一次获年度考核优秀,或副科级的七级职员担任副科级职务应满八年以上,且七级职员职务任期内至少二次获年度考核优秀;或科员级的七级职员受聘七级职员职务满十年以上,且七级职员职务任期内至少二次获年度考核优秀,其中近三年内至少有一次优秀。

6.五级职员:正处级直接套聘;未担任正处级职务的六级职员,在岗位许可的情况下,晋升五级职员职务,还应符合下列条件:运用现代管理理念指导工作,创造性地采用新的工作思路和工作方法,取得卓越成效;主持或承担重要的学校内部管理改革任务,工作成绩突出;分管学校或院、部、处级单位管理工作,或专职从事承担高层次的专门性管理工作,工作指导思想明确,有效解决了工作中的重大问题;核心作用明显,威信较高。担任副处级职务的六级职员担任副处级职务应满八年以上,且年度考核结果为合格及以上;或受聘六级职员,担任正科级职务应满十二年以上,且六级职员职务任期内至少二次获年度考核优秀,其中近三年内有一次优秀。

7.四级职员:副校级领导直接套聘四级职员;担任校党委常委、校长助理职务满三年以上,或担任校党委常委、校长助理职务不满三年但担任正处级职务满八年以上,或主持单位党政管理领导工作的正处级干部,担任正处级职务满十二年以上,工作业绩突出,为学校的改革与发展做出重要贡献,因职数限制不能提拔为校级领导的,经校党委常委和校职员聘任委员会研究决定,并报教育部批准,可以高聘为四级职员。

8.三级职员:校常务副书记、常务副校长直接套聘三级职员,或副校级职务任满十年以上,经校党委常委研究决定,并报教育部批准,可以高聘为三级职员。

9.二级职员:副部级高等学校的校党委书记、校长。

第七条　职员聘用组织

学校职员实行聘用制。学校聘用职员必须在学校按规定核定的岗位数内,坚持因需设岗,严格按照岗位职责、任职条件和聘用程序进行。

按照管理权限实行分级聘用,其中二、三、四级职员岗位由教育部聘用;五、六级职员岗位由学校职员聘任委员会聘用;中初级职员岗位由各单位职员聘任领导小组审议聘用,并报校人事处审核备案。校职员聘任委员会负责全校职员聘用的组织领导工作,具体职责如下:

1.审定与职员聘用有关的规定、办法等;

2.确定各级职员岗位的比例、结构;

3.负责五级、六级职员岗位的聘用;

4.负责学校除校领导以外的高级职员的考核;

5.负责处理与职员管理有关的其他重大事宜。

学校职员聘任委员会下设办公室,办公室设在人事处,负责职员管理的日常工作。

各学院、研究院、机关部、处(室)及其他有关单位成立职员聘任领导小组,由3～7人组成,组长由单位行政负责人担任。职员聘任领导小组负责本单位职员的聘用工作,具体职责是:

1.负责本单位中、初级职员的聘用;

2.负责本单位职员的年度考核;
3.负责向学校推荐本单位高级职员的聘用人选;
4.负责学校职员聘任委员会安排的其他与职员聘用、考核有关的工作。

第八条　职员聘用的基本程序

(一)中初级职员岗位聘用的基本程序
1.学校公布职员岗位聘用信息;
2.个人申请应聘;
3.各单位职员聘用领导小组对应聘人员的资格条件进行审议,确定聘用人选,并在本单位进行公示;
4.各单位将确定聘用的中初级职员名单报送人事处审核备案。
(二)高级职员岗位聘用的基本程序
1.学校公布拟聘高级职员岗位及其职责、聘用条件等信息;
2.个人申请高聘;
3.各单位职员聘任领导小组对应聘人员的资格条件进行审议,初定候选人名单,并在本单位进行公示;
4.各单位将符合高聘资格的职员名单报送人事处审核;
5.学校职员聘任委员会审议确定聘用人选。

第九条　聘用合同与合同管理

(一)受聘职员须与学校签订聘用合同。有关聘用合同的条款和聘用合同的订立等事宜,按《厦门大学教职员工聘用制度试行办法》的相关规定执行。

(二)新招聘的职员,须经过6个月的试用期。试用期包括在聘用合同期限内。在试用期满之前,用人单位应按岗位要求,对受聘人员是否胜任岗位要求进行考评。经确认能够胜任岗位要求的,按规定程序上报学校确认其相应职员职务。

(三)受聘的中初级职员在合同起聘时与所在单位签订岗位任务书,约定本聘期本岗位工作的具体任务。

(四)学校和各单位根据聘用合同对受聘职员履行合同的情况进行考核。

考核分为年度考核和聘期考核。中初级职员的年度考核和聘期考核由各单位组织实施,考核结果报学校人事处备案;高级职员由学校组织考核。

第十条　本实施办法自公布之日起试行,学校此前颁布的有关职员文件同时废止

第十一条　本办法由学校人事处负责解释

——本文摘录自《关于印发〈厦门大学岗位设置管理试行条例〉等文件的通知》,厦大人〔2008〕3号,档号2008-XZ10-1

厦门大学教师及其他专业技术岗位等级设置实施方案

(2008 年 1 月 14 日)

根据《教育部直属高等学校岗位设置管理暂行办法》、《教育部办公厅关于厦门大学岗位设置方案的批复》,以及《厦门大学岗位设置管理试行条例》的规定,制定本实施方案。

一、岗位总量

学校专业技术总岗位量为 3592 个,其中教师岗位 2760 个,其他专业技术岗位 832 个。

二、岗位等级结构比例与设置

(一)岗位等级结构比例

专业技术岗位分为 13 个等级,包括正高级岗位、副高级岗位、中级岗位和初级岗位,岗位比例控制在 2∶3∶4∶1。高级专业技术岗位以教师岗位为主。教师和其他专业技术正高级岗位中,二级、三级、四级岗位之间的结构比例控制目标为 19∶31∶50,首次聘用时按 1∶3∶6 掌握。副高级岗位中,五级、六级、七级岗位之间的结构比例为 2∶4∶4。中级岗位中,八级、九级、十级岗位之间的结构比例为3∶4∶3。初级岗位中,十一级、十二级岗位之间的比例为 5∶5。十三级为员级岗位。

(二)教师岗位等级设置

教师岗位总量为 2760 个,其中,正高级岗位 701 个,副高级岗位 927 个,中级岗位 1005 个,初级岗位 127 个。

1.教授二级至四级岗位

教授岗位总量 701 个。其中,二级岗位 137 个,占 19.5%;三级岗位 220 个,占 31.2%;四级岗位 345 个,占 49.3%。

首次入轨设岗:二级岗位 78 个,三级岗位 139 个,四级岗位 333 个。

2.副教授五级至七级岗位

副教授岗位总量 927 个。其中,五级岗位 185 个,六级岗位 371 个,七级岗位 371 个。

首次入轨设岗:五级岗位 116 个,六级岗位 256 个,七级岗位 263 个。

3.中级教师八级至十级岗位

中级教师岗位总量 1005 个。其中,八级岗位 301 个,九级岗位 403 个,十级岗位 301 个。

首次入轨设岗:八级岗位 164 个,九级岗位 132 个,十级岗位 307 个。

4.助教十一级至十二级岗位

助教岗位中十一级、十二级之间的比例为 5∶5。

首次入轨设岗:按实际人数的 55%下达十一级岗位 68 个;十二级岗位 56 个。

(三)其他专业技术岗位等级的设置

其他专业技术岗位总量为832个,其中,正高级岗位17个,副高级岗位151个,中级岗位432个,初级岗位232个。

1.正高级三级至四级岗位

其他专业技术岗位最高设至三级岗位。正高级岗位总量17个,其中:三级岗位3个,四级岗位14个。

首次入轨设岗:三级岗位1个,四级岗位10个。

2.副高级五级至七级岗位

副高级岗位总量151个,其中:五级岗位31个,六级岗位60个,七级岗位60个。

首次入轨设岗:五级岗位17个,六级岗位59个,七级岗位40个。

3.中级岗位八级至十级岗位

中级岗位432个,其中,八级岗位130个,九级岗位172个,十级岗位130个。

首次入轨设岗:八级岗位147个,九级岗位110个,十级岗位95个。

4.初级十一级至十三级岗位

按实际人数的52%下达十一级岗位数,十一级岗位170个,十二级岗位157个。

员级十三级岗位13个。

三、教师及其他专业技术岗位等级聘用条件

教师及其他专业技术岗位等级聘用原则:教授二级、三级岗位的设置与聘用应体现以学术水平为中心的学术资历,又体现学术贡献、学术影响和学术地位的平衡;四级岗位及以下各岗位等级的设置与聘用以专业技术职务和职务任职年限为主要依据。

(一)教师岗位等级的聘用条件

1.教授二级岗位:教授职务任职年限须满12年以上,且学年度考核合格及以上;或长江学者特聘教授,或教授职务任满六年以上的闽江学者特聘教授和校级特聘教授。

2.教授三级岗位:教授职务任职年限须满7年以上但不足12年,且学年度考核合格及以上;或教授职务任职未满六年的闽江学者特聘教授和校级特聘教授。

3.教授四级岗位:未符合二级、三级岗位聘用条件的教授,仍在聘的或符合续聘条件的,均按四级岗位聘用,且学年度考核合格及以上;新聘和高聘教授职务的亦按四级岗位聘用。

4.副教授五级岗位:副教授职务任职年限须满10年以上,且学年度考核合格及以上。

5.副教授六级岗位:副教授职务任职年限须满4年以上,且学年度考核合格及以上。

6.副教授七级岗位:未符合五级、六级岗位聘用任职年限条件的副教授,仍在聘的或符合续聘条件的,均按七级岗位聘用,且学年度考核合格及以上;新聘和高聘副教授职务的亦按七级岗位聘用。

7.中级教师八级岗位:中级教师职务任职年限须满6年以上,或博士后出站人员受聘教师中级职务的,且学年度考核合格及以上。

8.中级教师九级岗位:中级教师职务任职年限须满3年以上,或具有博士学位受聘中级教师职务的,且学年度考核合格及以上。

9.中级教师十级岗位:未符合八级、九级岗位聘用条件的中级教师,仍在聘的或符合续聘条件的,均按十级岗位聘用,且学年度考核合格及以上;新聘和高聘中级教师职务的亦按十级岗位聘用。

10.助教十一级岗位:助教职务任职年限须满3年以上,且学年度考核合格及以上。

11.助教十二级岗位:未符合十一级岗位聘用任职年限条件的助教,仍在聘的,均按十二级岗位聘用,

且学年度考核合格及以上;新聘助教职务的亦按十二级岗位聘用。

(二)其他专业技术岗位等级的聘用条件

1.正高级三级岗位:正高级职务任职年限须满8年以上,且学年度考核合格及以上。

2.正高级四级岗位:未符合三级岗位聘用任职年限条件的正高级人员,仍在聘的或符合续聘条件的,均按四级岗位聘用,且学年度考核合格及以上;新聘和高聘正高级职务的亦按四级岗位聘用。

3.副高级五级岗位:副高级职务任职年限须满11年以上,且学年度考核合格及以上。

4.副高级六级岗位:副高级职务任职年限须满5年以上,且学年度考核合格及以上。

5.副高级七级岗位:未符合五级、六级岗位聘用任职年限条件的副高级人员,仍在聘的或符合续聘条件的,均按七级岗位聘用,且学年度考核合格及以上;新聘和高聘副高级职务的亦按七级岗位聘用。

6.中级八级岗位:中级职务任职年限须满7年以上,且学年度考核合格及以上。

7.中级九级岗位:中级职务任职年限须满3年以上,或具有博士学位受聘专业技术中级职务的,且学年度考核合格及以上。

8.中级十级岗位:未符合中级八级、九级岗位聘用条件的中级人员,仍在聘的或符合续聘条件的,均按十级岗位聘用,且学年度考核合格及以上;新聘和高聘中级职务的亦按十级岗位聘用。

9.初级十一级岗位:初级职务任职年限须满3年以上,且学年度考核合格及以上。

10.初级十二级岗位:未符合初级十一级聘用任职年限条件的初级人员,仍在聘的,均按十二级岗位聘用,且学年度考核合格及以上;新聘初级职务的亦按十二级岗位聘用。

11.员级人员对应聘用为十三级岗位。

四、聘用组织

1.厦门大学专业技术职务聘任委员会(以下简称“学校聘委会”)负责学校教师岗位聘用工作。其主要职责是:组织制定并实施有关学校专业技术岗位聘用的各项规章制度;核定二级、三级岗位的设置方案;研究决定二级、三级岗位的聘用人选,及审批四级岗位的聘用人选。

人事处为学校聘委会办事机构,负责学校专业技术岗位设置与聘用管理工作的有关具体事宜。

2.学院、研究院、教学部、直属单位聘任委员会(以下简称“单位聘委会”)负责本单位专业技术岗位聘用工作。其主要职责是:组织本单位应聘教师和其他专业技术人员的审核评议工作;根据审核评议结果,向学校聘委会推荐二级、三级和四级岗位拟聘人选;审核决定五级岗位及以下岗位教师和其他专业技术人员的聘用人选,报学校人事处审核备案;负责本单位与教师、其他专业技术岗位聘用相关的其他工作。

五、岗位聘用的基本程序

1.学校公布专业技术岗位设置与聘用条件等信息。

2.个人申请应聘。

3.各单位聘委会对应聘人员的资格条件进行审议,初定候选人名单。

4.各单位聘委会按照岗位要求对候选人的应聘申请进行讨论研究,确定推荐二级、三级岗位的聘用人选,审核四级岗位的聘用人选;决定聘用五级岗位及以下岗位教师和其他专业技术人员的聘用人选,并在本单位进行公示。

5.学校聘委会对各单位聘委会推荐的拟聘二级、三级、四级岗位人选开会研究,决定二级、三级、四级岗位的聘用人选。

所有通过的聘用人员名单均在人事处网页或学校办公自动化网上进行公示。

六、本实施方案自公布之日起试行

七、本实施方案由学校人事处负责解释

——本文摘录自《关于印发〈厦门大学岗位设置管理试行条例〉等文件的通知》，厦大人〔2008〕3 号，档号 2008-XZ10-1

厦门大学干部人事档案审核工作细则

(2008年1月15日)

为保证我校干部人事档案的规范化、科学化管理,方便审核工作的顺利开展,提高审核工作的实施效率,确保审核工作的完成质量,根据中共中央组织部《干部人事档案材料收集归档规定》(组通字〔1996〕14号)和《关于进一步开展干部人事档案审核工作的通知》(组厅字〔2006〕5号)的要求,按照中组部《干部档案整理工作细则》和《干部人事档案审核工作检查验收办法》的相关规定,特制定本细则。

一、审核工作基本要求

1.认真贯彻干部档案管理工作的有关规定,严格遵守安全保密制度,严防泄露干部档案内容,注意保护档案,严禁涂改、损坏材料。

2.严格档案出入库管理,不得私自将档案带出库房,以防遗失。因工作需要取出零散材料的,须及时登记、按时归还。

3.档案工作人员对干部人事档案须进行逐页逐项的细致核对,对错装的材料须及时更正,对缺少的材料须进行逐一登记、及时催要,对不符合归档要求的材料须及时通知材料形成单位尽快补交材料、补办手续。

4.参照《厦门大学收集归档管理暂行办法》,由负责收集材料的部门向材料形成单位催要所缺材料,确实无法补充的,由负责收集材料的部门出具书面说明。所需手续办理完毕后,各负责部门须尽快向人事处送交相关材料。

5.材料补充送交后,档案工作人员须进行细致的鉴别整理,归档具体内容及详细要求参照《厦门大学干部人事档案收集归档管理办法》。

二、审核工作具体程序

主要审查项目和处理办法按档案分类说明如下:

第一类:履历材料

主要审核项目:是否有中共中央组织部制发的1988、1999年版《干部履历表》。

处理办法:

(1)《干部履历表》要严格按照填表说明填写,所填信息应真实、准确、规范、完整,原则上凡《干部履历表》中填写的经历,应具有时间连贯性,且在干部档案中应有相应材料。

(2)1999年版《干部履历表》须有本人签名、填表时间、近期二寸正面半身免冠彩色照片及组织印章;档案中缺少1999年版《干部履历表》的,由本人补填后,交由干部现所在单位组织人事部门审核,并加盖公章。

第二类:自传材料

主要审核项目:材料是否为本人所写,并以第一人称进行表述。

处理办法:

材料不符合要求的，由有关部门调查、审核后附上相关说明。

第三类：鉴定、考核、考察材料

主要审核项目：历年年度考核登记表是否齐全；是否有对领导干部进行经济责任审计过程中形成的审计材料。

处理办法：

(1)《年度考核结果登记表》无组织盖章的，应补办手续。按规定不需要进行年度考核或应考核而未考核的，单位要出具书面说明。对于因原单位撤销、变更等原因导致年度考核登记表无法补齐的，可以查找到对应年度考核结果，重新填写考核结果登记表，加盖单位公章后归入个人档案。

(2)缺少领导干部廉政检查报告、离任经济责任审计报告或审计决定书的，可通过文书档案复制，经所在单位的组织部门核实后，加盖公章，补充入档。

第四类：学历和评聘专业技术职务材料

主要审核项目：

(1)“文革”(1966 年)以前入学的，须有高校毕业生登记表；“文革”期间(1970—1976 年)入学的，须有高校毕业生登记表或高校选拔学生登记表；恢复高考制度(1977 年)后入学的，大学本(专)科学历须有高校学生登记表、高校学生学习成绩表、高校毕业生登记表。

(2)硕士研究生须有报考攻读硕士学位研究生登记表、硕士研究生登记表、硕士研究生学习成绩表、硕士毕业研究生登记表、硕士学位申请书(或授予硕士学位决定)，参加硕士研究生单独考试的，还应有专家推荐书两份。

(3)博士研究生须有报考攻读博士学位研究生登记表、专家推荐书两份、博士研究生登记表、博士研究生学习成绩表、博士毕业研究生登记表、博士学位申请书(或授予博士学位决定)。

(4)同等学力申请硕士、博士学位的，须有学位课程进修成绩表和授予硕士、博士学位的材料，其中授予硕士学位的还须提供有国家统考科目成绩合格证书(通知单)复印件。

(5)在国外、境外取得学历学位的，本人须提供由国家学历学位认证机构出具的相关认证材料。

(6)取得党校学历的，须有学员登记表、学员成绩表和学员毕业鉴定表。

(7)通过电大、职大、夜大、函大、成人教育或国家教育行政主管部门认可的其他类型教育，取得国家承认大专以上学历的非在职毕业生，须提供有教育部规定的相关材料。

(8)培训时间在三个月以上的，须有相关培训材料。

(9)评聘专业技术职务(任职资格)的材料齐全，如：晋升专业技术职务(职称)呈报审批表，专业技术职务任职资格申报表，聘任专业技术职务的呈报审批表等。

处理办法：

(1)对于缺少学历、学位材料的，一方面在校档案馆查找部分毕业于我校的干部的学历、学位材料，将缺少的材料进行复印，经所在单位的人事部门核实后，补充入档；另一方面干部本人尽最大可能到原所在毕业院校查找所缺材料，经多方查找，确实无法补充的情况下，本人须提供教育部承认的学历、学位证明原件及复印件，由人事处核实原件，留存复印件，在复印件上加盖审核印章，注明审核人和审核时间，并加盖人事处公章。

(2)对于同等学力授予硕士学位的，要求本人须提供国家统考科目统考成绩合格证书的原件及复印件，由人事处核实原件，留存复印件，在复印件上加盖审核印章，注明审核人和审核时间，并加盖人事处公章。

(3)在国外、境外取得学历学位的，要求本人至少提供有国外学历学位证书，由人事处核实原件，留存复印件，在复印件上加盖审核印章，注明审核人和审核时间，并加盖人事处公章。

(4)由校党委组织部提供参加三个月以上国家行政学院培训的干部名单，逐个查找，缺材料的，由校党委组织部负责催要。

第五类：政治历史情况的审查材料

主要审核项目:申请更改出生日期、参加工作时间、民族等项目的,应有更改的批文及相关附件,如个人申请、调查报告、证明材料和上级批复等。

处理办法:

(1)出生日期的认定以档案中最早记载为准。2006年11月之前由个人申请更改出生日期的,须有个人申请、党委或组织人事部门的调查报告、证明材料(原始户口底账、登记卡片、出生证等)及上级党委或组织人事部门的批复等相关材料。缺少相关材料的,由相关单位调查、审核后补齐。2006年11月开始,依据中共中央组织部、人事部、公安部《关于认真做好干部出生日期管理工作的通知》(组通字〔2006〕41号),不再对干部本人提出的出生日期更改申请予以办理。

(2)干部参加工作时间的认定以转正定级表中填写的信息为准。申请更改参加工作时间的,须由本人提出申请,有关单位依据相关法律法规进行审核后,提出更改意见,经部门领导审查同意后,签署更改意见。

第六类:参加中国共产党、共青团及民主党派的材料

主要审核项目:中共党员应有《入党志愿书》,1985年、1990年填写的《党员登记表》。

处理办法:

(1)校党委组织部对档案中所涉及的入党时间进行认定,前后填写不一致的,其入党时间以成为预备党员的时间为准,党龄从转正之日算起。

(2)缺少入党志愿书的,须仔细查找,确实无法找到的,须由本人原单位党组织出具证明,证实其党员身份和入党时间,并由校党委组织部在其重新填写的《入党志愿书》"备注"栏里注明情况和原因,提出承认其党员资格的意见,经校党委组织部领导审查同意后,连同原单位党组织的有关证明材料,一并存入档案;如果原单位已不存在,校党委组织部在能够确认干部党员身份的前提下,出具书面证明,在其重新填写的《入党志愿书》"备注"栏里注明情况和原因,提出承认其党员资格的意见,经校党委组织部领导审查同意后,将补填材料存入本人档案。

(3)缺少1985年或1990年《党员登记表》的,确实无法补齐或原单位未填写的,由校党委组织部出具书面说明或证明材料。

第七类:奖励材料

主要审核项目:省部级及以上奖励材料是否齐全。

处理办法:

经过仔细查找,无法找到审批表等奖励材料原件的,可由本人提交相关奖状、证书、表彰文件,经所在单位的组织人事部门核实后,以原件或复印件作为材料入档。

第八类:处分材料

主要审核项目:任副处级及副处级以上职务后受过处分的,应有受处分的决定、免予处分的决定、解除行政处分的决定等材料。

处理办法:

缺少相关处分材料的,可通过文书档案复制,经所在单位的组织人事部门核实后,补充入档。

第九类:录用、任免、聘用、转业、工资、待遇、退(离)休、退职材料及各种代表会代表登记表等材料

主要审核项目:

(1)1993年以来的工资材料是否齐全或在《干部工资级别登记表》中是否有相应记载。

(2)1997年前任副处级及副处级以上职务的应有与任职经历相对应的《干部任免审批(呈报)表》。

(3)1997年以来的《干部任免审批(呈报)表》须按规定逐项填写,注明任免职务的批准机关、批准时间和文号,并盖有组织印章;平级调动的只须附有《干部任免审批(呈报)表》;提拔任副处级及以上职务的,须有干部考察材料,当中注明考察人及考察时间。

处理办法:

(1)历年工资材料未归档的,尽量补齐,实在无法补齐的,由干部所在单位出具书面材料对工资变动

情况给予说明。

(2)来我校任副处级以上职务后,缺少《干部任免审批(呈报)表》的,应由组织部尽量补齐,确实无法补齐的,可根据任免文件补填《干部任免审批(呈报)表》。

(3)1997年以后的《干部任免审批表》没有注明批准机关、时间和文号的,由组织部负责补填。

(4)1997年以后提拔任副处级及副处级以上职务的,缺少干部考察材料,或未注明考察人及考察时间的,由组织部负责补齐、补填。

三、本细则自公布之日起开始实行

四、本细则由人事处负责解释

——本文摘录自《关于印发〈厦门大学干部人事档案审核工作细则〉的通知》,(2008)厦大委组48号,档号2008-DQ02-6

厦门大学科研经费管理暂行办法

(2008年1月21日)

第一章 总 则

第一条 为了加强科研经费管理,强化预算约束和财务监督,保证科研经费的合理分配和有效使用,依据国家有关法规和学校财务制度规定,特制定本管理办法。

第二条 根据科研经费来源不同,分为以下两大类:

1.财政拨款类科研经费(以下简称纵向经费):包括国家自然科学基金委、国家社科基金委、科技部、教育部、国防科工委、国务院所属其他各部委、地方各厅局等直接下达给我校的各类研究经费和各类基金资助的研究经费,以及我校作为合作(协作)单位承担上述来源的项目,由项目主持单位转拨到我校的经费。

2.非财政拨款类科研经费(以下简称横向经费):包括各类企事业单位(机关、社团、部队、其他学校、企业等)和个人委托与合作研究的项目经费;境外(含港、澳、台)基金和非基金类资助的研究项目经费;国内民间基金资助的研究项目经费等。

第三条 各类科研经费,不论其资金来源渠道,均属学校收入,必须全部纳入学校财务处统一管理、集中核算。项目负责人应严格按《任务书》或《合同书》的预算(以下简称"项目经费预算")掌握使用,并确保科研经费专款专用。

第二章 经费管理

第四条 科研经费管理的职责分工:

1.学校科研管理部门负责科研项目管理和合同管理,并配合财务处做好项目经费管理的有关工作。

2.财务处负责科研经费的财务管理和会计核算,指导项目负责人编制项目经费预算,审查项目决算,监督、指导项目负责人按照项目立项书或合同约定,以及有关财经法规规定使用科研经费。

3.监察审计处(以下简称审计处)负责对科研经费的使用情况进行检查、监督和决算审计。

4.各院(系、所)应共同加强对科研项目经费的管理,负责项目负责人出差的审批,协助科研管理部门和财务处对科研项目经费的使用和开支情况进行监督,确保项目负责人在其权限范围内使用科研经费。

5.项目负责人负责编制科研项目经费预算和决算,并按财经法规制度规定及项目经费预算使用经费。项目负责人应自觉接受有关部门的监督检查,按有关规定及时办理科研项目结题及结账手续,对科研经费使用的真实性、有效性承担经济与法律责任。经费开支手续必须完整,票据必须合法。

第五条 项目经费预算管理

1.纵向经费预算管理

项目负责人应根据科研活动的需要及任务下达部门的规定,编制项目经费预算,并按任务下达部门批复的项目经费预算使用经费,严禁违反规定自行调整项目经费预算。

支出预算科目中劳务费、专家咨询费和管理费预算一般不予调整。其他支出科目确实需要调整的，必须遵循“先报批、后使用”的原则。项目经费下达部门对经费预算调整有明确规定的，按规定办理。无明确规定的，在不超过该科目核定预算10%，或超过10%但科目调整金额不超过5万元的，由项目负责人提出申请，报科研管理部门审批；超过该科目核定预算10%且金额在5万元以上的，由项目负责人提出申请，由科研管理部门报任务下达部门审批。

2.横向经费预算管理

项目负责人应根据科研活动的需要及任务委托单位的要求，按财务制度编制项目经费预算，并在项目《合同书》中必须按本办法规定的控制比例列入足额的“管理费”、“图书资料及网络使用费”的预算。

第六条　项目负责人应按规定及时到科研管理部门办理立项手续，科研经费到账后，由财务处和科研管理部门根据项目的《任务书》或《合同书》核实到校经费所属类别，按项目立户，经提扣管理费后核发科研项目经费卡。经费卡由项目负责人保管使用。

第七条　科研项目经费的使用应遵循“先收后支、量入为出”的原则，根据项目经费预算和进度安排使用经费。当年度项目经费结余可以转入下一年度继续使用。在研期间科研经费应专款专用，不得挪作他用，不得用于国家规定禁止列入的支出，不得用于支付各种罚款、捐赠、投资、福利性支出。

第八条　外拨合作研究经费或为项目委托单位代购仪器设备而发生的费用，可以不提管理费。

第九条　涉及多人合作的科研项目，其经费的分割比例应在项目组成员充分协商的基础上由项目负责人提出，报科研管理部门确认。

第十条　经费开支的范围

(一)纵向经费开支范围主要包括：

1.设备费：是指在课题研究开发过程中购置或试制专用仪器设备，对现有仪器设备进行升级改造，以及租赁外单位仪器设备而发生的费用。专项经费要严格控制设备购置费支出。

2.材料费：是指在课题研究开发过程中消耗的各种原材料、辅助材料等低值易耗品的采购及运输、装卸、整理等费用。

3.测试化验加工费：是指在课题研究开发过程中支付给外单位(包括课题承担单位内部独立经济核算单位)的检验、测试、化验及加工等费用。

4.燃料动力费：是指在课题研究开发过程中相关大型仪器设备、专用科学装置等运行发生的可以单独计量的水、电、气、燃料消耗费用等。

5.差旅费：是指在课题研究开发过程中开展科学实验(试验)、科学考察、业务调研、学术交流等所发生的外埠差旅费、市内交通费用等。差旅费的开支标准应当按照国家有关规定执行。

6.会议费：是指在课题研究开发过程中为组织开展学术研讨、咨询以及协调项目或课题等活动而发生的会议费用。课题承担单位应当按照国家有关规定，严格控制会议规模、会议数量、会议开支标准和会期。

7.国际合作与交流费：是指在课题研究开发过程中课题研究人员出国及外国专家来华工作的费用。国际合作与交流费应当严格执行国家外事经费管理的有关规定。课题发生国际合作与交流费时，重大项目课题、重点项目课题应当事先报经项目总体专家组或项目牵头(主持)单位审核同意。

8.出版/文献/信息传播/知识产权事务费：是指在课题研究开发过程中，需要支付的出版费、资料费、专用软件购买费、文献检索费、专业通信费、专利申请及其他知识产权事务等费用。

9.劳务费：是指在课题研究开发过程中支付给课题组成员中没有工资性收入的相关人员(如在校研究生)和课题组临时聘用人员等的劳务性费用。

10.专家咨询费：是指在课题研究开发过程中支付给临时聘请的咨询专家的费用。

11.管理费：是指在课题研究开发过程中对使用本单位现有仪器设备及房屋，日常水、电、气、暖消耗，以及其他有关管理费用的补助支出。

12.其他直接费用：是指无法归入上述费用但在经费预算中有单独明确列示的费用。

(二)横向经费的开支范围

根据科研活动的需要及任务委托单位的要求,由项目负责人按财务制度进行设置。

第十一条　科研经费开支管理费、图书资料及网络使用费、劳务费的比例(以下简称为控制比例)有明确规定的,按规定执行;没有明确规定的,按下表办理:

1.理工科的控制比例如下:

经费类别	控制比例(%)			
	劳务费	图书资料及网络使用费	学校管理费	院系管理费
纵向	按任务书预算数	2	3	2
横向	≤25%	2	3	2

注:(1)项目负责人必须在“出版/文献/信息传播/知识产权事务费”预算科目或相关预算科目中列入“图书资料及网络使用费”预算;(2)实验用水、电等使用费按实际使用核收。

2.文科的控制比例如下:

经费类别	控制比例(%)			
	劳务费	图书资料及网络使用费	学校管理费	院系管理费
纵向	按任务书预算数	1	3	2
横向	≤25%	1	3	2

注:(1)项目负责人必须在“出版/文献/信息传播/知识产权事务费”预算科目或相关预算科目中列入“图书资料及网络使用费”预算;(2)实验用水、电等使用费按实际使用核收。

第十二条　为了保证研究工作顺利进行,项目负责人一般不得变更。如遇出国等特殊情况需要变更的,项目负责人需到科研管理部门办理“科研项目委托代管手续”。经批准后,科研管理部门以书面形式通知财务处变更“财务一支笔”;未办理代管手续的,科研管理部门将通知财务处中止该项目经费的使用。

第十三条　因项目负责人病休或死亡,需对项目负责人进行变更的,项目负责人所在学院应及时提出相关方案,报科研管理部门审批。

第十四条　项目负责人应认真负责研究计划的实施,按要求如实做好项目的《年度进展报告》或《总结报告》。未按研究计划实施或不按时报送《总结报告》,又不在规定期限提出延期报告的项目,科研管理部门将通知财务处中止该项目经费的使用。

第十五条　科研项目负责人正常调动工作的,项目经费原则上仍留在校内(科研经费资助部门另有规定的除外)。

第十六条　纵向经费报账手续:

1.到校科研经费经提扣后,经费的开支应按国家有关财务制度和学校管理办法办理。经费的领用和报销都必须有经办人和项目负责人共同签字;开支的范围和数额由项目负责人按项目经费预算掌握使用。

2.用于国际合作交流的开支必须严格按项目下达部门规定的比例执行。出国者无论持因公还是因私护照,出国前均须事先按因公出国办理校内审批手续,预支或报销相关费用时必须提交校内批件、邀请函、原始票据及凭证,否则财务处不予预支或报销此项费用。

3.外拨科研经费需凭任务下达单位《任务书》或《合同书》,或学校批准的《合作协议书》,经科研管理部门和财务处审批后方可办理转款手续。

4.购置仪器设备必须按学校集中采购的相关规定办理。采购总价5万元以上的,须经科研管理部门审批。

第十七条　横向经费报账手续:

1.到校科研经费经提扣后,经费的开支应按国家有关财务制度和学校管理办法办理。经费的领用和报销都必须有经办人和项目负责人共同签字;开支的范围和数额由项目负责人按编制的项目经费预算掌握使用。

2.项目在研期间,项目组按总经费的25%提取劳务费;返聘教师工资、临时工工资、研究生津贴列入项目开发成本,由项目负责人根据实际需要据实列支。

3.根据《合同书》外拨的合作研究经费和代购仪器设备购置费,须经科研管理部门和财务处审批后方可办理转款手续。外拨经费文科超过20万元、理工科超过100万元的须经分管科研校领导签字批准。所购置的仪器设备须填报《厦门大学专用设备增减表》。

4.购置仪器设备委托单位有关规定的,按规定办理;没有规定的,按学校有关规定办理。采购总价5万元以上的,须经科研管理部门审批。

5.项目实施出现违约责任,根据《合同书》进行认定。项目组具有过错的,项目负责人应承担相应的经济和法律责任。

第三章　结题经费管理

第十八条　财务处应为每一项目负责人设立纵向经费结余卡和横向经费结余卡,分别用于合并该项目负责人所主持的纵向和横向科研项目的结余经费。

第十九条　纵向项目按期完成或提前完成并经鉴定或验收合格者,应及时办理结题结账手续,注销原经费卡。项目下达部门对财务结账有规定的从其规定执行;没有规定的则结余经费不得超过总经费的20%,结余经费可用于后续的项目研究、人才培养等费用。根据财政部、教育部的规定,原则上,项目负责人应在六个月内办理结账手续。对无正当理由逾期不办结账手续的科研项目,学校有权按照学校的有关规定予以结账。

第二十条　横向科研项目按期完成或提前完成并经鉴定或验收合格(或委托方出具同意结题证明)者,应及时办理结题手续,注销原经费卡。项目委托单位对财务结账有规定的从其规定执行;结余经费由项目负责人按财务制度的规定管理使用。根据财政部、教育部的规定,原则上,项目负责人应在六个月内办理结账手续。对无正当理由逾期不办结账手续的科研项目,学校有权按照学校的有关规定予以结账。

第二十一条　项目组因故不能继续其研究工作而要求中止或撤销原定项目,或项目下达单位及委托单位因故要求中止或撤销原定项目的,项目负责人应及时以书面形式向所在单位报告,所在单位应将具体情况及时报告科研管理部门。项目下达单位有规定的按规定办理,没有规定的,共同商讨剩余经费的处理意见。

第二十二条　项目被中止或撤销的项目负责人(由项目下达单位及委托单位的原因引发项目被中止或撤销的除外),其因项目获得的学校配套奖励,学校将视具体情况追回全部或部分已给予的配套奖励。

第四章　附　则

第二十三条　由学校提供的科研经费,参照纵向经费的管理办法进行管理,但不提扣管理费。

第二十四条　上述规定若与任务下达(委托)单位管理办法不相符的,按任务下达(委托)单位的规定执行。

第二十五条　本办法由科研管理部门负责解释。

第二十六条　本办法自公布之日起施行,《厦门大学科研经费管理办法》(厦大科〔2003〕17 号文)同时废止。

——本文摘录自《关于印发〈厦门大学科研经费管理暂行办法〉的通知》,厦大科〔2008〕4 号,档号 2015-XZ13-41

厦门大学文物保护建筑管理暂行规定

（2008年3月3日）

第一条　为加强对我校文物保护建筑的保护和管理，继承优秀的历史文化遗产，进行爱国主义和革命传统教育，建设和谐校园，根据国家有关法律法规和规章，结合我校实际，制定本规定。

第二条　本规定适用于对厦门大学具有所有权的各级文物保护建筑进行管理和保护。

目前学校各级文物保护建筑包括：

1.国家级文物保护建筑：群贤楼群（群贤楼、映雪楼、集美楼、同安楼、囊萤楼）、建南楼群（成义楼、南安楼、建南大礼堂、南光楼、成智楼）、芙蓉楼群（芙蓉一、芙蓉二、芙蓉三、芙蓉四和博学楼）三个楼群共15栋楼；鼓浪屿鹿礁路24号、26号、28号3栋建筑（原日本领事馆）。

2.市级文物保护建筑：演武亭遗址。

第三条　文物保护建筑保护工作应贯彻保护为主、抢救第一、合理利用、加强管理的方针。对文物建筑进行修缮、保养、迁移，必须遵循不改变文物原状的原则。

第四条　学校各单位、全体师生员工都有依法保护各级文物保护建筑的义务。学校加强文物保护的宣传教育，增强师生员工文物保护的意识，鼓励文物保护的科学研究，提高文物保护的科学技术水平。

第五条　属于我校所有的各级文物保护建筑不得进行转让、抵押，不得作为企业资产经营使用。

第六条　资产与后勤事务管理处负责各级文物保护建筑的管理和整体修缮、保养，文物保护建筑的使用单位负责建筑的日常维护。国家重点文物保护专项补助经费和地方文物保护专项经费，由厦门市文物局、投资主管部门、财政部门按照国家有关规定共同实施管理。任何单位或者个人不得侵占、挪用。

第七条　各级文物保护建筑自核定公布之日起1年内，资产与后勤事务管理处应配合有关部门按国家规定划定必要的保护范围，做出标志说明，建立记录档案。

文物保护建筑的保护范围，是指对文物保护单位本体及周围一定范围实施重点保护的区域。

文物保护建筑的标志说明，应当包括文物保护单位的级别、名称、公布机关、公布日期、立标机关、立标日期等内容。

文物保护建筑的记录档案，应当包括文物保护单位本体记录等科学技术资料和有关文献记载、行政管理等内容。

第八条　在文物保护建筑的保护范围内不得进行其他建设工程或者爆破、钻探、挖掘等作业。因特殊情况需要在文物保护建筑的保护范围内进行其他建设工程或者爆破、钻探、挖掘等作业的，应保证文物保护建筑的安全，并根据文物保护建筑的级别经相应的文物行政部门同意后，报核定公布该文物保护建筑的人民政府批准。

第九条　根据文物保护建筑管理的实际需要，资产与后勤事务管理处应配合有关部门按国家规定在我校各级文物保护建筑的周围划定一定的建设控制地带。在我校各级文物保护建筑的建设控制地带内进行建设工程，不得破坏文物保护建筑的历史风貌；工程设计方案应当根据文物保护建筑的级别，经相应的文物行政部门同意后，报城乡建设规划部门批准。

第十条　在各级文物保护建筑的保护范围和建设控制地带内，不得建设污染文物保护建筑及其环境的设施，不得进行可能影响文物保护建筑安全及其环境的活动。

第十一条　使用文物保护建筑，应保证建筑物及其附属文物的安全，不得损毁、改建、添建或者拆除文物保护建筑;应维护建筑原貌,保持建筑完好,不得擅自更改建筑外墙、门窗、阳台等造型。使用单位需在文物保护建筑上安装空调外机和其他构造物等设施的,须经资产与后勤事务管理处批准。

第十二条　对各级文物保护建筑进行修缮,应当根据文物保护单位的级别,报相应的文物行政部门批准。文物保护建筑的修缮、迁移、重建,应由取得文物保护工程资质证书的单位承担。

第十三条　对危害文物保护建筑安全、破坏文物保护建筑历史风貌的行为,资产与后勤事务管理处应及时调查处理,必要时移交有关部门处理。

第十四条　违反国家法律法规、规章及本规定,对我校各级文物保护建筑造成损害的,学校将依法追究其行政或法律责任;构成犯罪的,移交有关部门处理。

第十五条　本规定由学校资产与后勤事务管理处负责解释。

第十六条　本规定自公布之日起施行。

——本文摘录自《关于印发〈厦门大学文物保护建筑暂行管理规定〉的通知》,厦大资产〔2008〕9号,档号 2008-XZ27-1

厦门大学停车收费管理暂行办法实施细则(试行)

(2008年3月7日)

第一条　为进一步加强校园机动车管理,改善校园交通状况,维护学校正常秩序,根据《厦门大学停车收费管理暂行办法》,制定本细则。

第二条　本细则适用于对厦门大学本部校园范围内(包括生活区)所有停车场(位)的收费和管理。漳州校区、曾厝垵学生公寓、海韵园区、校园外生活区等相对独立区域的停车收费管理办法,由相关部门另行规定。

第三条　学校委托后勤物业服务有限公司进行校内停车场(位)的收费和管理。其他任何单位和个人不得另行收费。

第四条　学校有关部门应当合理规划、科学管理校内停车场(位),维护校园停车秩序。

第五条　进入校园的机动车驾驶人,应当自觉遵守道路交通法律、法规和校园管理的有关规定,安全驾驶、文明驾驶、遵规泊车。

第六条　学校在指定校门安装机动车智能收费管理系统,所有机动车均应凭智能管理卡(以下简称"智能卡")进出校门。

智能卡分为固定卡和临时卡,其中固定智能卡分为年卡和限次(储值)卡两类。持固定智能卡的车辆,经智能收费管理系统远距自动识别后,实现不停车自动升闸放行。其他临时来车在进门时领取临时卡,出门时经识别系统读卡、验证,计时收费后放行。

第七条　学校依实际情况对进校机动车进行分类,适用不同的收费标准。具体分为:

(一)本校公车。执行公务的本校车辆可向学校保卫处防火与交通管理科申请《公务车辆确认证明》并办理固定年卡。该固定年卡不收年费。

(二)本校教职工私人用车。

1.居住在校内的教职工私车可办理固定年卡,该固定年卡依本细则第八条规定的一类标准按年或月、季度交费。

2.居住在校外的教职工私车可办理固定年卡。该固定年卡不收年费。

申请人户口在校内的,按居住在校内的收费标准办卡收费;申请人户口在校内,但实际居住在校外的,申请人提供单位(院系)和居委会证明,并经调查属实的,可按居住在校外教职工同等条件办卡。

申请人户口在校外,但实际居住在校内的,应按居住在校内的收费标准办卡收费。申请人居住在校外,但车辆一年实际在校内停放过夜达到或超过五个月的,应补交年费;一个月内实际在校内停放过夜达到或超过15天的,应补交月费。

(三)教职工配偶及直系亲属私车

1.居住在校内的教职工配偶及直系亲属的私车可办理固定年卡,依本细则第八条规定的二类标准按年或月、季度交费。

2.居住在校外的教职工配偶及直系亲属的私车及校外单位来校接送教职工家属子女上下班、上下课的车辆不予办理固定年卡,按临时来车标准收费。

3.居住在校内的教职工,子女(包括孙子、女)在校外居住的,子女(包括孙子、女)所使用的私家车可申请办理《厦门大学停车优惠证》。

(四)非脱产学生(学员)私车。非脱产学生(学员)可凭办学单位证明和花名册等证明材料申请限次储值卡。限次储值卡实行“一人一车一卡”,学习期满按册退卡,过期未退的,该卡自动失效。

(五)校内租房户私车。校内租房户可依本细则规定条件申请办理固定年卡,该固定年卡依本细则第八条规定的三类标准按年或月、季度交费。

(六)外单位驻校内机构车辆

1.社区居委会,公安派出所驻校内警务室,南京军区选培办在编、在职工作人员私车,可申请固定年卡。居住在校外的不收年费,居住在校内的按一类标准收费。

2.其余驻校机构在编、在职工作人员私车,可申请固定年卡,依本细则第八条规定的三类标准按年或月、季度交费。

3.外单位驻校内机构使用的公车不予办理固定年卡,按临时来车标准收费。

(七)临时停车。外来车辆进入校园须经门卫同意。无正当理由或与学校无关的车辆一律不得进入校园。除使用固定年卡或本细则另有规定的车辆外,出租车、校外进校送货车、校外进校接送人员(包括幼儿园)的车辆、进校探亲访友车辆及其他外来车辆一律使用临时卡,按临时来车标准收费。

校内有接待任务的单位可购买接待卡。外单位来校的公务车辆,进校门领取临时卡,出校门时可将临时卡和由接待单位提供的接待卡一并交给门卫,从指定校门出校。一张接待卡限一车一次进出校门。车辆在校内每过一夜须加收一张接待卡。

校内旅店和餐饮单位可购买接待卡。旅店或餐饮客人自驾车进入校园的,进校门领取临时卡,出校门时可将临时卡和由校内旅店和餐饮单位提供的接待卡一并交给门卫,从指定校门出校。一张接待卡限一车一次进出校门。车辆在校内每过一夜须加收一张接待卡。

(八)不实行收费的车辆。除本细则规定应办理智能卡但不收费的车辆外,下述类别的车辆亦不实行收费:

1.进校执行公务的军车、警车、消防车、救护车、抢险车;

2.参加“110”联动的电信维护车、移动通讯维修车、供水供电抢修车、环境监测车、卫生防疫检测车等;

3.金融押运车、邮件运送车、垃圾清运车、殡葬车;

4.经学校批准的校内施工车辆,凭保卫处防火与交通科签发的标识按规定时间从指定校门进出的,不实行收费;

5.新购的公、私车辆,车主在申请办理车辆牌照期间须进出校门的,可向后勤物业服务有限公司申请20天(自购车之日起起算)免费卡使用。

第八条　收费标准

(一)一类标准:每月90元,年费1080元。

(二)二类标准:每月120元,年费1440元。

(三)三类标准:每月180元,年费2160元。

(四)非脱产学生(学员)限次储值卡充值金额自选,白天进出校门一次刷卡3元;在校内过夜一晚刷卡9元,白天和过夜的停放费一次刷卡不累加。

(五)接待卡每张5元,购买数量由接待单位自定。

(六)临时卡:大型车辆每小时收费3元,中小型车辆每小时2元。以上车辆30分钟以内不收费,超过30分钟不足1小时按1小时计。

持《厦门大学停车优惠证》的车辆,24小时内一次计时超过10元的,按10元收费;少于10元的,按实收费。

第九条　固定智能卡的申请与管理

(一)申请。申请办理固定智能卡,应按规定填写《厦门大学停车收费智能管理卡申请表》(以下简称“《申请表》”),并提供相关证明材料,《申请表》可从保卫处或后勤集团网页下载。

1.本校公务用车《申请表》由单位填写并加盖公章后，送保卫处防火与交通管理科审核。符合条件的，保卫处防火与交通管理科出具《公务车辆确认证明》，由用车单位凭该证明到后勤集团物业服务有限公司办理固定年卡。

2.各类私车《申请表》由申请人填写后，到后勤物业服务有限公司办理固定年卡。

3.非脱产学生(学员)申请限次储值卡的，由院系或班级集中办理。

4.各类申请人送交《申请表》时，系首次办卡的，应同时提交以下材料：

(1)车辆行驶证原件及其复印件；

(2)车主和申请人驾驶证原件及其复印件；

(3)车主和申请人户口簿、身份证原件及复印件；

(4)系本校教职工或其配偶及直系亲属的，还应提供工作证、单位证明、结婚证等身份证明文件；系校内租房户的，还应提供租房协议书及居委会证明等文件；系外单位驻校人员的，还应提供所在单位证明文件等材料。

5.申请各类固定智能卡，在申请时均应按智能卡工本费交纳押金。

(二)审核与管理

1.相关部门应当按规定对申请材料进行审核。任何单位和个人不得使用或协助他人使用虚假材料及采用欺骗手段办理固定智能卡。

2.固定智能卡的申请人与机动车行驶证的车主不符的，按以下办法办理：

(1)申请人与车主是配偶关系的，居住在校内的可按申请人条件办理，也可按车主条件办理；居住在校外的，申请人无驾驶证的不予办理。

(2)申请人与车主是直系亲属关系的，申请人居住在校内的，可按申请人条件办理一部。

(3)与车主非配偶和直系亲属关系的，申请人应出具车主声明和使用人的说明文件。所有证明材料能说明申请人使用办卡车辆的合法、正当理由和要求在校园内停放的合理性的，准予按申请人条件办卡。

3.无有效驾驶证或准驾车型与所申请办卡车型不符的，不予办理。

4.中、大型以上私车，不予办理。

5.各类固定智能卡仅限于申请人在准驾车辆上使用。

6.固定智能卡使用人申请退卡的，应交回智能卡。后勤物业服务有限公司应予办理退卡，并在检查、确认智能卡无损坏后，退回押金；智能卡损坏的，使用人应照价赔偿。

第十条　法律责任

具有以下情形之一的，学校将依其严重程度采取包括追缴所漏年费、撤销智能卡使用权限、追究责任人行政责任、移交司法部门处理等措施追究其相应法律责任：

(一)使用或协助他人使用虚假材料及采用欺骗手段办理智能卡，给学校造成损失的；

(二)管理人员玩忽职守或故意给不符合条件的人员办理智能卡，给学校造成损失的；

(三)伪造或变造我校各类智能卡，及私下售卖、出租各类智能卡，给学校造成损失的；

(四)违反本细则的其他情形。

第十一条　附则

(一)本细则所称本校教职工，是指与本校用人单位签订一年以上聘用合同、劳动合同、借用合同或派遣合同的人员以及本校离退休人员等。

(二)校内重大活动的来宾车辆，由主办单位事先申报，经学校有关部门审核批准后核发印有活动标识的出入证，凭证进出校门。

(三)校庆、迎新或毕业生离校等特殊期间的车辆管理办法另行规定。

(四)本细则由学校保卫处负责解释。

(五)本细则自二〇〇八年三月一日起施行。

——本文摘录自《关于印发〈厦门大学停车收费管理暂行办法实施细则(试行)〉的通知》,厦大综〔2008〕12号,档号2008-XZ09-4

厦门大学创新工程与繁荣计划基金管理暂行办法

（2008 年 3 月 16 日）

第一章　总　则

第一条　为了进一步提高我校科技创新能力和哲学社会科学的研究水平，鼓励原始创新和技术创新，鼓励学科综合、交叉、渗透，出高质量、高水平的标志性成果，造就一批具有知识创新、技术创新能力的研究群体，增强我校满足国家战略需求，承担国家重大项目和为地方经济发展服务的实力，促进我校科技事业和哲学社会科学的全面繁荣与进步，特设立厦门大学创新工程与繁荣计划基金。

第二条　本基金重点支持面向国家目标、瞄准国际科学发展前沿和服务地方经济的科学研究、科技创新和产业化平台建设，奖励高水平的科研与产业化成果。本基金设基地建设基金、重大项目基金、奖励基金、专利基金、学术交流与学术著作出版基金等五类资助项目。

第三条　创新工程与繁荣计划基金面向全校各院、系（所、中心），实行公平竞争、择优立项的原则。具体办法以当年科技处、社科处发布的申请通知为准。

第四条　学校科技处、社科处负责基金项目的申请、受理、管理和结题审核工作。

第二章　基地建设基金

第五条　科研平台、基地建设是我校实现科技创新和优秀人才培养的重要工作，也是我校综合实力和科研水平的具体体现。为了加大对国家、省部级科研平台建设的支持力度，特设立基地建设基金。

第六条　申请条件

1.已建科研平台、基地：包括国家级重点实验室和工程（技术）中心、省部级重点实验室和工程（技术）中心及文理科国家重点研究基地；

2.拟申请国家级重点实验室和工程（技术）中心以及文理科国家重点研究基地的研究机构。

第七条　资助方式

1.已建国家、省部级科研平台、基地申请资助的，应每年提出申请，并接受学校的考核。符合条件的，由学校根据有关规定予以配套资助。

2.拟申请国家级重点实验室和工程（技术）中心以及文理科国家重点研究基地申报组织费资助的，须按规定提出资助申请报告。经学校组织专家论证后，根据论证意见决定是否资助和资助金额。

该项基金的资助申请由科技处、社科处办理。

第三章　重大项目基金

第八条　为扶持和培育我校新兴的、具有发展前景，对学校学科建设具有重大推动作用的科技平台和产业化平台，提高我校整体科技水平和科技成果转化及产业化的能力，特设立重大项目基金。

第九条　本基金以重大项目资助的方式对未纳入学校“985 工程”重点建设的科技平台和产业化平

台进行支持。

第十条　申请重大项目基金资助的,应按规定提出资助申请报告。经学校组织专家论证后,根据论证意见决定是否资助和资助金额。本基金的资助可采取拨款或借款两种方式。

该项基金的资助申请由科技处、社科处办理。

第四章　专利基金

第十一条　为了有效地保护学校的知识产权,鼓励我校师生积极进行发明创造、及时申请和保护专利,特设立专利基金。

第十二条　专利基金用于资助以厦门大学为第一申请人的专利申请费用(包括申请费、审查费、维持费、授权后三年内年费、代理费)、软件登记费以及专利诉讼费等有关费用。

第十三条　申请国际专利申请费用资助的,需提出资助申请报告。经学校组织专家论证,在确认已获得其他渠道部分资助的前提下,根据论证意见决定是否资助国际专利和资助金额。

该项基金的资助申请由科技处办理。

第五章　奖励基金

第十四条　为了鼓励各学院更好地完成学校下达的科研任务,调动广大教师科研积极性,鼓励教师开拓进取,多出高水平成果,特设立奖励基金。

第十五条　对我校在职教职工、离退休人员、博士后研究人员、进修教师和各类合作科研人员以厦门大学为第一完成单位的研究成果给予奖励基金支持。

第十六条　奖励基金具体分为以下四项:

1.学院超额完成科研经费任务奖

对超额完成学校下达年科研经费任务的学院予以奖励。奖励的标准为:超额经费部分学校所提扣管理费奖励给学院,即(学院年到校科研经费－学院年经费任务)×3%。

2.论文奖

(1)对发表于 *NATURE*、*SCIENCE* 及影响因子高于它们的重要国际学术论文予以重奖,奖励金额为 10 万元/篇。

(2)以中国科技信息研究所信息分析中心的数据为依据对 SCI 收录学术论文按不同学科分区予以奖励。一区收录论文奖励金额为 8000 元/篇,二区收录论文奖励金额为 4000 元/篇,三区收录论文奖励金额为 2000 元/篇,四区收录论文奖励金额为 1000 元/篇。

(3)对 EI、ISTP 收录学术论文予以奖励,EI 收录学术论文奖励金额为 1000 元/篇,ISTP 收录学术论文奖励金额为 500 元/篇。

(4)对发表于《中国社会科学》的论文予以奖励,奖励金额为 8000 元/篇。

(5)对 SSCI、A&HCI 收录学术论文和被《新华文摘》全文转载的论文予以奖励,奖励金额为 4000 元/篇。

(6)对发表于重要学术期刊的论文予以奖励,A 类奖励金额为 2000 元/篇,B 类奖励金额为 1000 元/篇。重要学术期刊论文目录另行制定。

(7)对发表于 CSSCI 来源期刊的论文(除重要学术期刊论文目录外)予以奖励,奖励金额为 300 元/篇。

3.各级政府奖励的配套奖

以厦门大学为第一完成单位,获得国家级科研奖励的成果,给予原奖励金额 1∶1.5 配套奖励;全国普通高校人文社会科学研究优秀成果奖、国家社科基金项目优秀成果奖,给予原奖励金额 1∶1 配套奖励；获省、部级科研奖励的成果，给予原奖励金额 1∶0.5 配套奖励。

4.专利、计算机软件著作权奖

对于已获授权的以厦门大学为第一申请人的发明专利、实用新型专利、计算机软件著作权等，学校予以奖励。发明专利授权后奖励金额为2000元/个，实用新型专利授权后奖励金额为500元/个，计算机软件著作权获批后奖励金额为300元/个。专利、计算机软件著作权等实施后产生的效益奖励按学校《促进科技创新、加快科技成果转化和产业化若干规定》执行。

第十七条　奖励基金的资助申请由科技处、社科处办理。学校鼓励各院、系对上述科研成果同时予以配套奖励。

第六章　学术交流及学术著作出版基金

第十八条　学术交流及学术著作出版基金包括学术交流与合作基金、科技交流基金和学术著作出版基金三项。

第十九条　学术交流与合作基金用于部分资助由我校文科院系举办具有重要影响的国际学术会议和全国性学术会议以及国内外著名学者来我校讲学的费用，该项基金根据《厦门大学学术交流与合作专项经费资助和管理办法》执行。

第二十条　科技交流基金用于部分资助参加国内外各类重大的科技成果交流会的费用。

第二十一条　学术著作出版基金的资助根据《厦门大学优秀学术著作出版计划》执行。

该项基金的资助申请由科技处、社科处办理。

第七章　项目管理

第二十二条　所有受创新工程与繁荣计划基金资助的研究项目列入学校研究计划。

第二十三条　重大项目基金资助研究项目为期1～2年，受资助者应每年向科技处或社科处书面汇报项目执行情况和取得的成果。

第二十四条　凡涉及降低预定目标、改变研究内容、中止计划实施、提前结题或延长年限等变动的，项目负责人应及时提出书面报告，经所在单位签署意见后，报科技处或社科处审批。

第二十五条　项目执行过程中，课题组成员必须保持相对稳定。项目负责人原则上不得代理或变更，如遇特殊情况(如出国、病休等)确需离开该项目研究工作半年以上的，由所在单位安排合适代理人选，并报科技处或社科处审批。

第二十六条　受重大项目基金资助所取得的成果，其知识产权归属按《厦门大学知识产权保护管理暂行办法》处理；发表的论著应注明“厦门大学创新工程与繁荣计划基金资助项目”。

第二十七条　对于无正当理由而未完成预期任务，或到期没有按规定汇报，及经费使用不当的项目，学校有权根据其情节严重程度采取督促履行、停止资助、收回资助，在三年内取消其再申请资格等各种措施。对于在申请或项目执行、审核及经费使用过程中弄虚作假、违反相关法律法规和学校规定的，学校有权追究相关责任人的行政、法律责任。

第八章　经费管理

第二十八条　创新工程与繁荣计划基金项目研究经费按《国家自然科学(或社会科学)基金经费管理办法》和《厦门大学科研经费管理办法》进行管理。

第二十九条　对学校已安排专项经费(“211工程”、“985工程”等经费)资助的项目，本基金不再重复资助。

第三十条 项目经费应专款专用,不得挪作他用。项目经费应部分偿还的,偿还额需在审批书上确定,并说明偿还办法和违约处理条款。

第三十一条 项目经费不可提取劳务费,学校各部门也不提取管理费。科技处、社科处和财务处有权监督经费的使用。

第九章 附 则

第三十二条 本办法由厦门大学科技处、社科处负责解释。

第三十三条 本办法自学校批准公布之日起执行。

——本文摘录自《关于印发〈厦门大学创新工程与繁荣计划基金管理暂行办法〉的通知》,厦大科〔2008〕15 号,档号 2015-XZ13-41

厦门大学主页建设管理办法(试行)

(2008年4月20日)

第一条　为进一步发挥厦门大学主页(http://www.xmu.edu.cn,以下简称“学校主页”)展现我校形象、服务师生员工和社会公众的重要作用,加强学校主页的建设和管理,特制定本办法。

第二条　本办法适用于学校主页的建设和管理,学校各单位网站的建设和管理参照本办法执行。

第三条　学校主页建设应全面及时准确地反映学校建设成就,展现学校良好形象,充分体现学校悠久的办学历史、深厚的文化底蕴和鲜明的办学特色。

第四条　学校主页设中、英文两种版本。学校主页的建设目标为:版面规划合理(栏目齐全,布局合理,主题突出,特色鲜明,图文并茂);内容全面、及时、准确;运行稳定、安全、可靠;访问高速、便捷。

第五条　学校主页的建设和改版

(一)学校主页建设由学校办公室统一协调,党委宣传部、国际合作与交流处、信息与网络中心是主页的建设维护单位。各有关部门应密切配合、通力合作,各指定一位部门领导分管主页建设工作,并指派专人负责主页的建设和日常维护,做到分工明确、责任到人。

(二)主页中文版由学校办公室负责整体规划,对栏目设置、风格特色、页面布局、主题色调等提出建设性意见,组织设计和开发,并将建设方案报请校领导批准。

(三)主页英文版由国际合作与交流处负责整体规划,对栏目设置、风格特色、页面布局、主题色调等提出建设性意见;学校办公室协助组织设计和开发,并将建设方案报请校领导批准。

(四)信息与网络中心负责协助学校办公室和国际合作与交流处做好主页中、英文版的策划、设计、实施、测试、运行等工作,提供主页开发、运行等所需的技术支持。

(五)学校办公室可根据学校教育事业的发展状况、广大师生员工和社会公众对学校主页的建议和意见,以及校园信息化的建设需要等,提出对学校主页的改版请求,报请相关校领导批准后执行。

第六条　学校主页的内容管理

(一)学校主页中文版内容的更新和维护根据主页内容的类别分别由不同部门分工负责。

1.情况介绍类信息(如“学校概况”、“机构设置”等栏目的内容)。由学校办公室负责收集、编辑、审核和发布。学校办公室应根据学校事业发展情况,及时更新有关数据,调整相关链接,保证内容的准确性和权威性。

2.新闻动态类信息(如“图片新闻”、“校园快讯”、“视频新闻”等栏目的内容)。由党委宣传部负责收集、编辑、审核和发布。宣传部要由专人负责新闻稿件的采编、新闻图片的处理、新闻内容的发布等工作,重要稿件或特殊稿件须报宣传部部长和分管校领导审批后发布。

3.专题栏目类信息(如“服务海西”等栏目)。由与该专题相关的部门负责信息的更新和维护。

4.临时性的通知、公告。学校主页原则上只发布与社会公众有关的重要通知、公告。各部门需要在学校主页发布有关通知、公告,须提交学校办公室审核,由学校办公室对外发布。

5.链接类信息。学校主页指向机关部处、学院、研究机构等二级网站和专题类网站的链接由学校办公室负责管理。有关部门需要在学校主页做网站链接,须报请学校办公室同意。

(二)学校主页英文版的内容主要包括情况介绍类信息和新闻动态类信息,由国际合作与交流处负责更新和维护。

1.情况介绍类信息。国际合作与交流处可参照主页中文版的信息翻译、发布相应的内容。学校办公室在更新中文版有关信息后,应及时通知国际合作与交流处更新相应的英文版信息。

2.新闻动态类信息。国际合作与交流处应由专人负责,及时翻译和发布适用于主页英文版的新闻信息。

第七条　主页的运行和安全维护

(一)信息与网络中心应负责提供主页运行所需的软硬件和网络环境,主要包括:

1.独立的主页服务器,并安装有稳定运行的与主页服务相关的软件。

2.能保证校内外用户能快速、方便地访问学校主页的高速、稳定的网络环境。

3.能保证主机不受攻击或入侵、确保提供24小时不间断服务的网络防火墙、防病毒软件。

(二)相关部门应根据其责任分工对在主页发布的信息进行严格审查和把关,加强对主页信息安全的监控,确保信息的真实性、准确性、安全性。

(三)参与学校主页建设和管理的人员应严格遵守有关保密制度,防止有关主页管理和内容管理的账户和口令发生泄露。

第八条　本办法由厦门大学办公室负责解释。

第九条　本办法自公布之日起施行。

——本文摘录自《关于印发〈厦门大学主页建设管理办法(试行)〉的通知》,厦大办〔2008〕19号,档号2008-XZ09-17。

厦门大学主页新闻发布工作管理办法

（2008 年 4 月 20 日）

第一条　为进一步发挥厦门大学主页展现我校形象、服务师生员工和社会公众的重要作用，规范学校主页新闻（以下简称“主页新闻”）发布工作，特制定本办法。

第二条　本办法适用于学校主页新闻的登载、审核、发布和管理，学校各单位应遵照执行。

第三条　党委宣传部是学校主页新闻发布的主管部门，负责主页新闻的采编、审核和发布工作。国际合作与交流处负责主页英文版的新闻翻译和发布工作。

第四条　主页新闻的发布应围绕学校中心工作，坚持正确的舆论导向，坚持贴近实际、贴近生活、贴近师生的原则，全面及时准确地报道学校改革与发展的新举措、新成就，展示我校师生员工良好的精神风貌。

第五条　主页新闻登载范围

1.学校改革发展重大举措和重要事项、重要活动；

2.学校在人才培养、科学研究和社会服务等方面的重要工作动态和取得的重要成果；

3.师生员工工作、学习、生活动态，先进人物、先进事迹；

4.各个时期的校园热点等。

学校日常工作、一般性会议和例行性活动原则上不予登载。

第六条　主页新闻的来源渠道

1.国内外各种媒体对学校的报道；

2.校内媒体和宣传部工作人员采写；

3.各单位投稿。

第七条　主页新闻投稿要求

1.来稿应真实、准确、客观，所有稿件应文责自负。

2.来稿要求及时，一般应于活动当日或次日投稿；超过活动当日 2 天以上的稿件原则上不予采用。

3.来稿应注明责任作者姓名、单位、联系电话。

4.来稿须经所在单位分管领导审定后通过本单位已报备的邮箱发送到党委宣传部。

第八条　主页新闻的审核与发布程序

1.在主页发布的新闻及图片均须经党委宣传部分管领导审核后发布，必要时应送相关的校领导审定。

2.党委宣传部有权决定是否采用来稿，有权对稿件进行修改、删减或增补等编辑工作。

3.党委宣传部应及时将适合在主页英文版发布的稿件进行编辑、审核后转发给国际合作与交流处，由国际合作与交流处进行翻译并经处领导审核后发布。

4.党委宣传部对新闻的选择、修改、发布及撤除有最终解释权。

第九条　本办法由学校党委宣传部负责解释。

第十条　本办法自公布之日起施行。

——本文摘录自《关于印发〈厦门大学主页新闻发布工作管理办法〉的通知》,厦大办〔2008〕20号,档号2008-XZ09-17

厦门大学公务卡财务结算管理办法(试行)

(2008年5月29日)

第一章　总　则

第一条　为规范我校公务结算管理,方便单位用款,减少现金结算和暂付款业务,根据校长办公会议的决定,特制定本办法。

第二条　本办法适用于全校非独立核算单位,资产经营公司、医院及后勤集团等单位可参照本办法执行。

第二章　公务卡的使用范围

第三条　本办法所称公务卡,是指各单位及其教职工持有的,可用于日常公务支出和财务报销业务的银行贷记卡。公务卡分为单位公务卡(以下简称单位卡)和个人公务卡(以下简称个人卡)。公务卡结算试行期间,个人卡的持卡人范围暂定为:校领导、校长助理、各单位行政一把手和财务"一支笔"。

单位卡用于与个人卡的结算,不直接用于消费、不提取现金。单位卡的办卡单位为持卡人,对该卡负相应法律责任。

个人卡仅用于教职员工在学校预算安排的公用经费、综合办学经费及创收分成的成本和发展基金等经费中原使用现金结算的零星商品服务支出,主要包括:差旅费、招待费及零星办公用品耗材等,以及原使用转账结算的5万元以下的小额商品服务支出(如超过公务卡授信额度的仍通过转账结算)。教职工个人为个人卡的持卡人,对该卡负相应的法律责任。

第三章　公务卡的办理和使用管理

第四条　公务卡结算试行期间,学校指定中国工商银行股份有限公司为个人公务卡的发卡银行。

第五条　公务卡(指个人卡)由各单位按发卡银行的要求统一向发卡银行申请办理。

第六条　公务卡持卡人涉及公务卡的相关信息变动时,应及时通知发卡银行办理变更相关信息等手续。

第七条　公务卡原则上仅用于办理人民币支出结算业务。公务支出发生后,持卡人应及时向财务部门申请办理报销手续。公务卡用于个人支付结算业务的,不得办理财务报销手续,学校不承担因私人消费行为引致的一切责任。

第八条　公务卡的信用额度由发卡银行根据持卡人的资信等情况,按银行卡管理要求核实确定。持卡人在规定的信用额度和免息还款期内先支付,后还款。

第九条　持卡人应妥善保管公务卡的卡片和密码,并承担因个人保管不善等原因引起的公务卡有关费用。公务卡遗失或损毁后的补办等事项,由个人自行到发卡银行申请办理。

第十条　持卡人对公务消费交易发生疑义,可按发卡银行的相关规定等提出交易查询。

第十一条　持卡人在执行公务中原则上不允许通过公务卡提取现金。否则因提现形成的手续费、利息等相关费用由持卡人承担。

第十二条　持卡人应妥善保管公务卡,公务卡消费结算以及公务卡遗失、被盗等发生的纠纷及经济事项,由持卡人与代理银行按双方签订的合约或服务协议中的相关规定处理。

第十三条　对持卡人利用公务卡套现、恶意透支不还和其他形式的违规行为,由持卡人负责。

第四章　公务卡的财务管理

第十四条　实行公务卡结算不改变学校现有财务管理制度和日常报销审批的基本程序。

第十五条　属于公务卡结算范围的公务支出,应在公务卡信用额度内使用公务卡结算,并须取得发票等财务报销凭证和有关公务卡消费交易凭条,按照学校现行财务制度规定办理报销手续。

第十六条　持卡人使用公务卡消费结算的各项公务支出,必须在发卡银行规定的免息还款期内,向财务部门办理报销手续。因个人报销不及时造成的罚息、滞纳金等相关费用,由持卡人自行承担。

第十七条　公务卡结算的报销程序如下:

1.持卡人在使用公务卡消费后,应取得报销凭证(正式发票)和消费交易的凭条(刷卡机打印的小票),无消费交易凭条一律不予报销。

2.持卡人凭发票、POS机打印的消费交易凭条等单据,按学校规定的审批及报销程序办理。

3.财务人员按财务制度规定对持卡人的报销凭证进行审核后,对符合公务卡结算范围和财务制度规定的支出予以报销,并通过财务转账公务结算 POS 机将报销资金划转到个人公务卡上,持卡人在财务转账 POS 机打印的凭条上签字确认。

4.财务人员根据经办人签字确认的 POS 机转账凭条及经审批的报销单据等凭证登记入账。

5.实行公务卡结算方式后,属于公务卡结算范围的公务支出不再办理现金和暂付款业务。出现下列情况的,需另作说明并经相关领导签批后方可办理。

(1)由于商业服务网点无法使用公务卡结算,或因公务卡损坏等原因无法使用公务卡刷卡消费的,需另作说明并经单位财务一支笔审批后方可报销。

(2)因出差到外地等原因使报销时间可能超过约定还款日期等特殊情况,教职工可以提出借款申请,经单位财务一支笔审批后方可办理借款手续,并通过财务转账 POS 机从单位账户将费用划入教职工的个人卡。

第十八条　因向供应商退货等原因导致已报销资金退回公务卡的,持卡人应及时将相应款项退回学校财务部门,并按规定办理相关手续。

第十九条　个人退付单位的款项,可以通过现金退付,也可以通过个人银行卡将需退付的款项划入学校财务指定的账户,并将转款的银行进账单交给财务部门。其他单位退付的款项,必须通过银行转账还款。

第五章　附　则

第二十条　各单位、发卡银行、持卡人的权利和义务关系遵照《银行卡管理办法》及本办法等相关规定执行。

第二十一条　本办法由财务处负责解释。

第二十二条　本办法自 2008 年 6 月 1 日起施行。

——本文摘录自《关于印发〈厦门大学公务卡财务结算管理办法(试行)〉的通知》,厦大财〔2008〕24 号,档号 2012-XZ18-6

厦门大学关于核心学术刊物的若干规定

(2008 年 6 月 10 日)

1.《厦门大学教师职务聘任条例(试行)》所规定的“本学科核心刊物”,既指《厦门大学核心学术刊物目录》所列的本学科领域的核心学术刊物,也指《厦门大学核心学术刊物目录》所列的与本学科有关的跨学科或交叉学科的核心学术刊物。

2.高聘教师职务(在任现职务期间或最近 5 年内),在我校主办的一类核心学术刊物上发表的学术论文,最多只能计算 1 篇为一类核心学术刊物发表的学术论文,其余只能作为二类核心学术刊物发表的学术论文计算。

3.《厦门大学教师职务聘任条例(试行)》第十五条第 4 款和第十七条第 4 款所规定的高聘教授或副教授职务须“至少有 1 篇本人独立完成或以第一作者(且同时作为通讯作者)署名的发表在一类核心刊物上的学术论文”,均要求为在校外一类核心刊物上发表的学术论文。

4.高聘教授职务要求的学术论文至少应有二分之一发表在校外核心学术刊物上;高聘副教授职务要求的学术论文至少应有三分之一发表在校外核心学术刊物上。理工科教师高聘教授职务应至少有 1 篇学术论文发表在国外发行的外文刊物上。

5.文科在《人民日报》(理论版)、《光明日报》(理论版)、*CHINA DAILY*(理论版)上发表的学术论文(非学术性论文不计为一类核心刊物论文)要求不低于 2500 字,在其他刊物上发表的及被《新华文摘》转载的学术论文要求不低于 4000 字。

6.文科在国外学术刊物上用外文发表的学术论文(被接受为学术类论文刊载或 3000 个单词以上的学术论文),若该刊物经(1)校外本学科学术权威 2 人认可、(2)学院(单位)学术委员会表决通过、(3)学校聘委会最后审定已达到国内一类或二类核心学术刊物水准的,可相应视同在一类或二类核心学术刊物上发表的学术论文。理工科在国外学术刊物上用外文发表的学术论文,若该刊物经过上述三个程序认定已达到国内二类核心学术刊物水准的,可相应视同在二类核心学术刊物上发表的学术论文。台港澳地区学术刊物的认定参照国外学术刊物的认定办法执行。

7.增列的理工科一类核心学术刊物仅对建筑学和医学学科有效,其他学科为二类核心学术刊物。

8.文科核心学术刊物目录中的相关核心学术刊物对城市规划学科有效。

9.申请高聘或新聘医学学科(中医学和附属医院的临床医学学科除外)高级教师职务所要求发表的一类核心学术论文中至少要有 1 篇被 SCI、SSCI 或 EI 收录。

10.在被撤销的原我校 1998 年颁布的权威和核心学术刊物上发表的学术论文有效期截至 2005 年 6 月 30 日。凡在此日期之前在这些刊物上发表或提交正式录用通知的学术论文,仍相应视同在一类或二类核心学术刊物上发表的论文,但作为考核和应聘条件时,须提交正式出版物。

11.列入《厦门大学核心学术刊物目录》的刊物将根据 CSSCI 和 CSCD 收录期刊的变动实行动态调整。凡新增加的刊物,每年均增列入《厦门大学核心学术刊物目录》中,所发学术论文的有效期均从我校公布当年的 1 月 1 日起算;从今年起,凡被撤销的刊物,暂不列入《厦门大学已撤销的核心学术刊物目录》中,学校将根据 CSSCI 和 CSCD 收录期刊的删减情况每五年调整、公布一次。在被撤销刊物上发表的学术论文的有效期均从我校公布当年截止至下一年的 6 月 30 日。

12.本规定自公布之日起开始实行,学校原有的相关规定不再执行。

13.本规定由学校人事处负责解释。

——本文摘录自《关于印发〈厦门大学关于核心学术刊物的若干规定〉,〈厦门大学核心学术刊物目录(2008年版)〉和〈厦门大学已撤销的核心学术刊物目录(2008年版)〉的通知》,厦大人〔2008〕73号,档号2008-XZ10-3

厦门大学核心学术刊物目录(2008年版)

(2008年6月10日)

一、文科核心学术刊物

(一)文科一类核心学术刊物

1.以下刊物为文科一类核心学术刊物(共97种):

序号	刊物名称	序号	刊物名称
1	*CHINA DAILY*(理论版学术类)	22	国际贸易问题
2	爱知论丛(日本)	23	国际问题研究
3	北京大学学报(哲社版)	24	国外社会科学
4	北京师范大学学报(人文社科版)	25	吉林大学社会科学学报
5	北京体育大学学报	26	教育研究
6	比较教育研究	27	教育与经济
7	财政研究	28	金融研究
8	当代外国文学	29	近代史研究
9	当代亚太	30	经济管理
10	读书(学术类)	31	经济学动态(学术类)
11	法律科学	32	经济学家
12	法学研究	33	经济学论纂(日本)
13	复旦学报(社科版)	34	经济研究
14	高等教育研究	35	考古
15	高校理论战线	36	会计研究
16	古汉语研究	37	历史研究
17	古代文化(日本)	38	马克思主义与现实
18	管理科学学报	39	民族研究
19	管理世界	40	南京大学学报(哲学、人文、社科版)
20	光明日报(理论版学术类)	41	南开管理评论
21	国际金融研究	42	南开学报(哲社版)

续表

序号	刊物名称	序号	刊物名称
43	农业经济问题	71	心理学报
44	求是	72	新华文摘(全文转载)
45	人口研究	73	新美术
46	人类学学报	74	新闻大学
47	人民日报(理论版学术类)	75	新闻与传播研究
48	社会学研究	76	戏剧
49	审计研究	77	学术月刊
50	史学理论研究	78	音乐研究
51	世界经济	79	哲学动态(学术类)
52	世界历史	80	哲学研究
53	世界民族	81	政法论坛
54	世界宗教研究	82	政治学研究
55	数量经济技术经济研究	83	中共党史研究
56	税务研究	84	中国法学
57	台湾研究	85	中国工业经济
58	体育科学	86	中国广播电视学刊(理论栏学术类)
59	统计研究	87	中国经济史研究
60	投资研究	88	中国军事科学
61	外国文学评论	89	中国人民大学学报
62	外国语	90	中国社会科学
63	外语教学与研究	91	中国史研究
64	文史哲	92	中国行政管理(理论栏学术类)
65	文学评论	93	中国音乐学
66	文学遗产	94	中国语文
67	文艺研究	95	中国哲学史
68	厦门大学学报(哲社版)	96	自然辩证法通讯
69	现代法学	97	*The Journal of World Investment & Trad*(瑞士)
70	心理科学		

2.被 SSCI(《社会科学引文索引》)、A&HCI(《艺术与人文科学引文索引》)、ISSHP(《社会科学及人文科学会议录索引》)和 SCI(《科学引文索引》)、EI(《工程索引》)、ISTP(《科学技术会议录索引》)收录的学术论文,亦为文科一类核心学术刊物论文。

(二)文科二类核心学术刊物

1.未被收进一类核心学术刊物的 CSSCI(《中文社会科学引文索引》)期刊均为文科二类核心学术刊物(共 494 种)。列表如下:

（表略——编者注）

2.增列以下 CSSCI 来源集刊为文科二类核心学术刊物，2008 年 1 月 1 日起算（共 86 种）：

序号	刊物名称	序号	刊物名称
495	北大法律评论	525	马克思主义美学研究
496	北大史学	526	马克思主义哲学研究
497	北京大学中国古文献研究中心集刊	527	美国问题研究
498	边疆考古研究	528	民国研究
499	藏外佛教文献	529	民间法
500	禅学研究	530	民俗典籍文字研究
501	产业经济评论	531	民俗学刊
502	词学	532	南京大学法律评论
503	当代国外马克思主义评论	533	南开语言学刊
504	当代中国政治研究报告	534	欧亚学刊
505	东方丛刊	535	清华法学
506	敦煌吐鲁番研究	536	清华法治论衡
507	法律方法	537	人权研究
508	复旦政治学评论	538	社会科学评论
509	公共管理研究	539	社会理论论丛
510	古代文明	540	史学理论与史学史学刊
511	古代文学理论研究	541	私法研究
512	古典文献研究	542	宋史研究论丛
513	古文字研究	543	诉讼法学研究
514	国际关系评论	544	唐研究
515	国际经济法学刊，原名：国际经济法论丛	545	魏晋南北朝隋唐史资料
516	国学研究	546	文化研究
517	汉语史学报	547	文化与诗学
518	基督教文化学刊	548	文学理论前沿
519	暨南史学	549	文学评论丛刊
520	经典与解释	550	问题
521	经济法论丛	551	武大国际法评论
522	考古学集刊	552	西南边疆民族研究
523	跨文化对话	553	戏曲研究
524	历史地理	554	现代化研究

续表

序号	刊物名称	序号	刊物名称
555	新闻与传播评论	568	中国教育:研究与评论
556	刑法论丛	569	中国教育法制评论
557	刑事法评论	570	中国教育政策评论
558	行政法论丛	571	中国金融学
559	艺术史研究	572	中国媒体发展研究报告
560	英美文学研究论丛	573	中国农村研究
561	犹太研究	574	中国社会形势分析与预测
562	语言学论丛	575	中国诗歌研究
563	哲学门	576	中国诗学
564	政治经济学评论	577	中国文化产业评论
565	知识分子论丛	578	中国现象学与哲学评论
566	制度经济学研究	579	中华戏曲
567	中国会计评论	580	中外文化与文论

3.增列以下刊物为文科二类核心学术刊物(共 7 种):

序号	刊物名称	序号	刊物名称
581	法令月刊(台湾地区)	585	外语与外语教学
582	法学研究(台湾地区)	586	现代广告
583	美术研究	587	装饰
584	日本学论坛(日本)		

二、理工科核心学术刊物

(一)理工科一类核心学术刊物

1.被 SCI、EI、ISTP 和 SSCI、A&HCI、ISSHP 收录的学术论文,均为理工科一类核心学术刊物论文。

2.增列以下刊物为建筑学和医学学科一类核心学术刊物(共 75 种。其他学科为二类核心学术刊物):

序号	刊物名称	序号	刊物名称
1	城市规划	31	中华耳鼻咽喉科杂志
2	毒理学杂志	32	中华放射学杂志
3	光明中医	33	中华风湿病学杂志
4	建筑学报	34	中华妇产科杂志
5	解剖学报	35	中华肝胆外科杂志
6	免疫学杂志	36	中华骨科杂志
7	生理学报	37	中华核医学杂志
8	新建筑	38	中华护理杂志
9	药物分析杂志	39	中华急诊医学杂志
10	药学学报	40	中华检验医学杂志
11	营养学报	41	中华结核和呼吸杂志
12	中国病理生理杂志	42	中华精神科杂志
13	中国临床药学杂志	43	中华口腔医学杂志
14	中国生化药物杂志	44	中华劳动卫生职业病杂志
15	中国卫生统计	45	中华老年医学杂志
16	中国新药与临床杂志	46	中华流行病学杂志
17	中国药理学通报	47	中华麻醉学杂志
18	中国药物化学杂志	48	中华泌尿外科杂志
19	中国药学杂志	49	中华内分泌代谢杂志
20	中国应用生理学杂志	50	中华内科杂志
21	中国园林	51	中华皮肤科杂志
22	中国针灸	52	中华普通外科杂志
23	中国中西医结合杂志	53	中华器官移植杂志
24	中国中药杂志	54	中华全科医师杂志
25	中国中医骨伤科杂志	55	中华烧伤杂志
26	中华病理学杂志	56	中华神经外科杂志
27	中华超声影像学杂志	57	中华神经医学杂志
28	中华传染病杂志	58	中华肾脏病杂志
29	中华创伤杂志	59	中华实验外科杂志
30	中华儿科杂志	60	中华外科杂志

续表

序号	刊物名称	序号	刊物名称
61	中华微生物学和免疫学杂志	69	中华预防医学杂志
62	中华物理医学与康复杂志	70	中华整形外科杂志
63	中华消化杂志	71	中华中医药杂志
64	中华心血管病杂志	72	中华肿瘤杂志
65	中华胸心血管外科杂志	73	中医临床(日本)
66	中华血液学杂志	74	中医杂志
67	中华眼科杂志	75	中医杂志(英文版)
68	中华医学杂志		

(二)理工科二类核心学术刊物

1.未被收进一类核心学术刊物的CSCD(《中国科学引文数据库》)中文核心库期刊均为理工科二类核心学术刊物(共632种)。列表如下：

(表略——编者注)

2.增列以下刊物为理工科二类核心学术刊物(共92种)：

序号	刊物名称	序号	刊物名称
633	癌变·畸变·突变	648	介入放射学杂志
634	肠外与肠内营养	649	临床儿科杂志
635	城市建筑	650	临床耳鼻咽喉科杂志
636	分子细胞生物学报	651	临床麻醉学杂志
637	肝胆外科杂志	652	上海口腔医学
638	高血压杂志	653	上海中医药大学学报
639	工业卫生与职业病	654	时代建筑
640	骨与关节损伤杂志	655	实用妇产科杂志
641	规划师	656	世界华人消化杂志
642	护理管理杂志	657	数学研究
643	护理学杂志	658	现代预防医学
644	环境与健康杂志	659	眼科学报
645	建筑环境	660	药物不良反应杂志
646	建筑师	661	药学实践杂志
647	解剖学科学进展	662	浙江大学学报(医学版)

续表

序号	刊物名称	序号	刊物名称
663	诊断病理学杂志	694	中国现代应用药学
664	中国癌症杂志	695	中国心脏起搏与心电生理杂志
665	中国动脉硬化杂志	696	中国新生儿科杂志
666	中国耳鼻咽喉头颈外科	697	中国新药杂志
667	中国法医学杂志	698	中国胸心血管外科临床杂志
668	中国妇幼保健	699	中国学校卫生
669	中国工业医学杂志	700	中国循证医学杂志
670	中国公共卫生	701	中国医学影像技术
671	中国骨质疏松杂志	702	中国医院
672	中国呼吸与危重监护杂志	703	中国医院管理
673	中国激光医学杂志	704	中国运动医学杂志
674	中国急救医学	705	中国中医基础医学杂志
675	中国脊柱脊髓杂志	706	中华创伤骨科杂志
676	中国介入心脏病学杂志	707	中华高血压杂志
677	中国康复医学杂志	708	中华理疗杂志
678	中国抗感染化疗杂志	709	中华神经外科疾病研究杂志
679	中国临床康复	710	中华手外科杂志
680	中国临床心理学杂志	711	中华糖尿病杂志
681	中国临床药理学杂志	712	中华围产医学杂志
682	中国慢性病预防与控制	713	中华胃肠外科杂志
683	中国内镜杂志	714	中华消化内镜杂志
684	中国皮肤性病学杂志	715	中华心律失常学杂志
685	中国普通外科杂志	716	中华眼底病杂志
686	中国全科医学	717	中华医学科研管理杂志
687	中国神经科学杂志	718	中华医学美学美容杂志
688	中国实验血液学杂志	719	中华医院感染学杂志
689	中国实用儿科杂志	720	中华医院管理杂志
690	中国实用护理杂志	721	中外建筑
691	中国食品卫生杂志	722	中西医结合学报
692	中国疼痛医学杂志	723	中药药理与临床
693	中国微创外科杂志	724	中医药通报

3.CSCD(《中国科学引文数据库》)英文核心库期刊为理工科二类核心学术刊物(共54种)：
(表略——编者注)

4.增列以下2种刊物为工程实验技术人员二类核心学术刊物：

序号	刊物名称	序号	刊物名称
1	实验技术与管理	2	实验室研究与探索

——本文摘录自《关于印发〈厦门大学关于核心学术刊物的若干规定〉,〈厦门大学核心学术刊物目录(2008年版)〉和〈厦门大学已撤销的核心学术刊物目录(2008年版)〉的通知》,厦大人〔2008〕73号,档号2008-XZ10-3

厦门大学已撤销的核心学术刊物目录(2008 年版)

(2008 年 6 月 10 日)

2008 年的《厦门大学已撤销的核心学术刊物目录》沿用 2007 年版,不再增加新的撤销刊物。

1.CSSCI 撤销刊物(共 31 种):

序号	刊物名称	截止时间	序号	刊物名称	截止时间
CW1	长白学刊	2006 年 6 月 30 日	CW17	世界经济文汇	2007 年 6 月 30 日
CW2	百年潮	2007 年 6 月 30 日	CW18	书法研究	2007 年 6 月 30 日
CW3	城市环境与城市生态	2006 年 6 月 30 日	CW19	文学自由谈	2006 年 6 月 30 日
CW4	当代思潮	2007 年 6 月 30 日	CW20	文史知识(2005 年 1 月 1 日起算)	2007 年 6 月 30 日
CW5	地理与地理信息科学	2007 年 6 月 30 日	CW21	新疆大学学报(社科版)	2006 年 6 月 30 日
CW6	东方文化(2005 年 1 月 1 日起算)	2007 年 6 月 30 日	CW22	学前教育研究	2006 年 6 月 30 日
CW7	高等理科教育	2007 年 6 月 30 日	CW23	语文建设	2007 年 6 月 30 日
CW8	国际商务研究(上海贸易学院学报)	2006 年 6 月 30 日	CW24	战略与管理	2007 年 6 月 30 日
CW9	湖北大学学报(哲社版)	2006 年 6 月 30 日	CW25	中国道教	2006 年 6 月 30 日
CW10	环境科学动态(2005 年 1 月 1 日起算)	2007 年 6 月 30 日	CW26	中国环境科学	2006 年 6 月 30 日
CW11	经济问题探索	2006 年 6 月 30 日	CW27	中国投资(原名:投资与建设)	2006 年 6 月 30 日
CW12	理论学刊	2006 年 6 月 30 日	CW28	中国信息导报(2005 年 1 月 1 日起算)	2007 年 6 月 30 日
CW13	理论与改革	2006 年 6 月 30 日	CW29	中国资产评估	2007 年 6 月 30 日
CW14	林业经济	2006 年 6 月 30 日	CW30	自然科学史研究	2006 年 6 月 30 日
CW15	农村生态环境	2007 年 6 月 30 日	CW31	自然资源学报	2007 年 6 月 30 日
CW16	上海环境科学	2006 年 6 月 30 日			

2. CSCD撤销刊物(共73种)：

序号	刊物名称	截止时间	序号	刊物名称	截止时间
CL1	安徽农业大学学报	2006年6月30日	CL38	青岛海洋大学学报·自然科学版	2008年6月30日
CL2	白求恩医科大学学报	2006年6月30日	CL39	山东农业大学学报·自然科学版	2008年6月30日
CL3	北京医科大学学报	2006年6月30日	CL40	陕西师范大学学报·自然科学版	2008年6月30日
CL4	长春科技大学学报	2006年6月30日	CL41	陕西天文台台刊	2008年6月30日
CL5	成都理工大学学报	2008年6月30日	CL42	上海第二医科大学学报	2008年6月30日
CL6	城市规划汇刊(原一类核心)	2006年6月30日	CL43	上海免疫学杂志	2008年6月30日
CL7	传感器技术	2008年6月30日	CL44	上海医科大学学报	2006年6月30日
CL8	大连水产学院学报	2006年6月30日	CL45	沈阳农业大学学报	2008年6月30日
CL9	地震研究	2008年6月30日	CL46	生态农业研究	2006年6月30日
CL10	地质地球化学	2008年6月30日	CL47	生物工程进展	2006年6月30日
CL11	第一军医大学学报	2008年6月30日	CL48	生物化学与生物物理学报	2008年6月30日
CL12	电子科学学刊	2006年6月30日	CL49	石油大学学报·自然科学版	2008年6月30日
CL13	光散射学报	2008年6月30日	CL50	实验生物学报	2008年6月30日
CL14	广西农业生物科学	2008年6月30日	CL51	数学季刊	2008年6月30日
CL15	海洋工程	2008年6月30日	CL52	天体物理学报	2006年6月30日
CL16	海洋通报	2008年6月30日	CL53	同济医科大学学报	2006年6月30日
CL17	河北农业大学学报	2008年6月30日	CL54	土壤肥料	2008年6月30日
CL18	河南农业大学学报	2008年6月30日	CL55	卫生毒理学杂志	2006年6月30日
CL19	湖南医科大学学报	2008年6月30日	CL56	武汉测绘科技大学学报	2006年6月30日
CL20	华北农学报	2008年6月30日	CL57	西北农业大学学报	2006年6月30日
CL21	华西医科大学学报	2007年6月30日	CL58	西南农业大学学报	2008年6月30日
CL22	华中理工大学学报	2006年6月30日	CL59	西南师范大学学报	2006年6月30日
CL23	化学物理学报	2008年6月30日	CL60	岩矿测试	2008年6月30日
CL24	吉林农业大学学报	2008年6月30日	CL61	遗传学报	2008年6月30日
CL25	暨南大学学报·自然科学与医学版	2008年6月30日	CL62	云南天文台台刊	2008年6月30日
CL26	江苏农业研究	2006年6月30日	CL63	浙江林学院学报	2008年6月30日
CL27	结构化学	2008年6月30日	CL64	植物生理学报	2006年6月30日
CL28	金属热处理学报	2006年6月30日	CL65	植物学报	2008年6月30日
CL29	菌物系统	2008年6月30日	CL66	中国纺织大学学报	2006年6月30日
CL30	流体力学实验与测量	2008年6月30日	CL67	中国公共卫生学报	2006年6月30日
CL31	内蒙古大学学报·自然科学版	2008年6月30日	CL68	中国药理学报	2006年6月30日
CL32	南京林业大学学报	2008年6月30日	CL69	中国医学影像技术	2008年6月30日
CL33	南京气象学院学报	2006年6月30日	CL70	中南工业大学学报	2008年6月30日
CL34	农村生态环境	2008年6月30日	CL71	中南林学院学报	2008年6月30日
CL35	农业环境保护	2006年6月30日	CL72	中山医科大学学报	2008年6月30日
CL36	农业环境科学学报	2007年6月30日	CL73	紫金山天文台台刊	2006年6月30日
CL37	气象	2008年6月30日			

3.已撤销的CSCD英文核心学术刊物(共4种)：

序号	刊物名称	截止时间	序号	刊物名称	截止时间
CL74	*Chinese Journal of Lasers.Series B*	2008年6月30日	CL76	*Chinese Journal of Nuclear Physics*	2008年6月30日
CL75	*Entomologia Sinica*	2008年6月30日	CL77	*Journal of China University of Posts and Telecommunications*	2008年6月30日

4. 已撤销的理工科核心学术刊物(共4种)：

序号	刊物名称	截止时间	序号	刊物名称	截止时间
CL78	哈尔滨建筑大学学报(原一类核心)	2006年6月30日	CL80	重庆建筑大学学报(原二类核心)	2006年6月30日
CL79	细胞生物学杂志(原一类核心，调整为二类核心)	2008年6月30日	CL81	中国医药学报(原二类核心)	2008年6月30日

——本文摘录自《关于印发〈厦门大学关于核心学术刊物的若干规定〉,〈厦门大学核心学术刊物目录(2008年版)〉和〈厦门大学已撤销的核心学术刊物目录(2008年版)〉的通知》,厦大人〔2008〕73号,档号2008-XZ10-3

厦门大学新闻发布管理办法

(2008年7月22日)

第一条　为进一步加强和规范我校新闻发布工作,树立和展示学校的良好形象,把握正确的舆论导向,为学校的改革、发展和稳定创造良好的舆论环境,特制定本办法。

第二条　学校建立新闻发言人制度。新闻发言人代表学校对外发布重要新闻、声明和其他重要信息,通过新闻发布,解读学校的政策措施,宣传学校工作中取得的成绩,澄清出现的问题和矛盾,正确引导公众。

第三条　新闻发言人由校党委常委会决定任命。

学校成立厦门大学新闻发言人工作协调小组(以下简称"协调小组"),负责协调学校重要的新闻发布工作。协调小组组长由学校分管宣传工作的领导担任,成员由学校办公室、党委宣传部等相关部门负责人组成。

协调小组下设秘书处(以下简称"秘书处"),主要由负责对外宣传的人员组成,具体负责处理学校新闻发布的日常工作。

第四条　新闻发布的主要内容:

(一)党和国家领导人、主管部门领导来校视察、参加学校重要会议和重要活动的情况以及重要批示;

(二)学习贯彻落实党和国家路线、方针、政策的情况;

(三)学校改革、发展的重大举措、重要成就和典型经验;

(四)学校举办的重要会议、重大活动及学校领导的重要讲话;

(五)学校发生的重大事项事实情况及处置措施;

(六)对新闻媒体有关报道的回应和澄清;

(七)其他需要及时宣传报道的事项。

第五条　新闻发布主要采取新闻发布会的形式,也可根据不同的情况和要求采取记者招待会或者直接向媒体发布新闻通稿等形式。

第六条　新闻发布会的组织实施:

(一)制定新闻发布方案。秘书处根据新闻发布的主题制定新闻发布方案,报协调小组审定后实施。

当发生重大的、需要对外发布的突发性事件时,各相关单位应及时向协调小组报告突发事件处理的全过程。

(二)着手新闻发布准备。秘书处负责起草新闻发布材料、通知新闻媒体、新闻发布技术和信息传输等各项新闻发布的准备工作,并及时将准备情况报告协调小组。

新闻发布材料包括新闻背景资料、新闻发布词、新闻通稿和答问参考。必要时,与发布信息直接相关的单位应提供相关材料。

(三)确定新闻发布内容。协调小组应及时研究、确定新闻发布的内容和回答口径。

(四)正式发布新闻。新闻发布会一般由新闻发言人主持发布,也可根据发布需要由协调小组确定相关部门负责人担任专项或临时新闻发言人。

(五)做好新闻发布后续工作。新闻发布会后,秘书处应对发布文件进行归档管理,并进行发布效果的评估,同时针对社会舆论的反应,研究提出相应的意见和建议。

第七条　新闻发布的要求:

(一)应注重时效,实事求是。

(二)应严格按照学校新闻发布的要求和程序发布新闻或信息。未经授权,其他人员不得擅自以学校新闻发言人的名义发布或提前透露相关新闻信息,亦不得擅自向媒体提供学校尚未公开发布的有关政策、文件和信息。

(三)应建立健全相关制度,确保新闻发布的有序性。

第八条　本办法由学校办公室和党委宣传部负责解释。

第九条　本办法自公布之日起施行。

——本文摘录自《关于印发〈厦门大学新闻发布管理办法〉的通知》,厦大委综〔2008〕22号,档号2008-XZ09-3

厦门大学学生出国出境管理规定(修订版)

(2008年10月10日)

第一章 总 则

第一条 为促进我校国际化进程,扩大学生视野,培养国际型人才,规范厦门大学学生出国出境事宜的办理程序,提高工作效率,根据国家有关法律、法规规定及学校相关文件精神,制定本规定。

第二条 本规定所称厦门大学学生是指在厦门大学注册,具有中华人民共和国国籍,需要办理出国出境手续的各类学生,包括以下两类:

1.公派出国出境学生,包括国家公派、单位公派。

国家公派出国出境学生指的是得到国家留学基金资助、互换的国外奖学金、各种项目奖学金等多种资助方式出国留学的人员,包括攻读学位和联合培养,以及国家组织的其他项目派出的学生。

单位公派出国出境学生指的是学校校际交流项目资助的校际交流学生、学校自筹资金资助的出国出境学生、经学校批准参加国际学术会议或进行合作科研或短期出国出境考察访问学生、学院交流项目的交流学生。

2.因私出国出境学生。

学生因私出国出境包括自费留学、旅游、探亲、访友等个人行为。

第三条 本规定所称出国出境从时间上可分为短期和长期,出国出境在3个月以内的,称为短期出国出境;出国出境达到3个月(含3个月)以上的,称为长期出国出境。

第二章 管理体制

第四条 国际合作与交流处(港澳台办公室),以下简称“国际处”,全面负责出国出境学生工作,包括协调和对外联络,发布相关通知,指导学生办理出国出境手续,核准离校手续并进行各类学生出国出境情况统计等。

第五条 各学院(研究院)负责按名额和条件对本单位的申请人进行初选和内部公示工作,负责办理获准者的院内请假、审批和返校后报到注册等工作。

第六条 研究生院负责“国家建设高水平大学公派研究生项目”研究生的选拔,各类长短期出国出境研究生的学籍处理、学分互认与成绩认定,返校报到注册等工作。

第七条 教务处负责各类长短期出国出境本科生的学籍处理,交流生学分互认与成绩认定,以及离校与注册等工作。

第八条 学生处负责长期出国出境学生的校内奖助学金管理、校内住宿管理、根据国家相关规定管理中国政府公派毕业生的户口和档案等工作。

第九条 财务处负责对出国出境学生学费和其他费用情况进行核实和审批,对公派出国联合培养博士生培养费减免情况进行核实和审批。

第十条　科技处和社科处负责审批需要动用导师科研经费的研究生出国出境事项。

第十一条　组织部负责办理出国出境学生党员保留党籍的相关手续。

第三章　各类学生出国出境项目的申请、选拔和派出

第十二条　学校自筹资金资助的出国出境学生、参加国际学术会议或进行科研合作或短期出国出境考察访问的学生、学院交流项目的交流生等需持国外境外主办单位邀请函、我校与合作单位签署的科研协议书、学院与国外境外高校协议书等有效文件到国际处申请并填报《厦门大学研究生出国、赴港澳个人申请表》、《厦门大学本科生出国、赴港澳个人申请表》、《厦门大学研究生因公赴台个人申请表》、《厦门大学本科生因公赴台个人申请表》(可上国际处网站下载),由国际处上报校领导审批。

第十三条　研究生出国出境参加国际学术会议可申请资助,具体办法按研究生院相关规定执行。研究生出国出境参加学术会议申请资助的需填写《厦门大学资助研究生出国参加国际学术会议项目申请书》报研究生院审批。

第十四条　我校研究生、本科生可以申请自费出国留学,在校学生出国留学按教育部"教外留〔2003〕1 号"文件《教育部关于简化大专以上学历人员自费出国留学审批手续的通知》精神执行。自费出国出境的学生需填写《厦门大学研究生出国、赴港澳个人申请表》或《厦门大学本科生出国、赴港澳个人申请表》,办理相关手续后报研究生院或教务处审批、备案。

第十五条　我校学生出国出境旅游、探亲、访友等个人行为原则上应安排在寒暑假或国家法定长假期。需填写《厦门大学研究生出国、赴港澳个人申请表》或《厦门大学本科生出国、赴港澳个人申请表》,办理相关手续后报研究生院或教务处审批、备案。在非假期期间出国出境探亲(只限配偶)时间超过两个月的应当申请休学。

第十六条　公派出国出境学生项目的申请者应具备下列基本条件:

1.我校正式录取的具有中华人民共和国国籍的全日制在校研究生和本科生;

2.外语能力优良,身心健康;

3.在本校期间学业及表现优良,无违法行为或严重违纪行为;

4.具备在国外学习和生活的经济能力和适应能力;

5.符合各类项目或接受方学校规定的其他申请条件。

第十七条　学生申请公派出国出境,应按规定提供以下材料:厦门大学学生公派出国出境选拔相关申请表格,外方教育机构的录取通知书、邀请信、科研合作协议书、联合培养研究生协议书等资料的复印件,各类项目所规定提供的其他材料等。

第十八条　公派学生出国出境项目(国家公派项目和单位公派的校际交流项目)的校内申请和选拔按以下程序进行:

1.国际处发布选拔通知,各相关单位在本单位网站转发通知。

2.申请人根据通知的要求向所在学院(研究院)递交申请材料。

3.各单位按照选拔通知所规定的条件和给本单位下达的名额进行初选。"国家建设高水平大学公派研究生项目"由研究生院对申请材料进行汇总,其余项目由国际处汇总。

4.学校相关部门对初选名单进行审核或面试后拟定入选名单,经学校主管领导审批后在国际处网站上公布;"国家建设高水平大学公派研究生项目"初选名单在研究生院网站上公布。

第十九条　长期公派出国出境学生应在出国出境前办理学校派出手续。国际处负责按正式录取名单出具厦门大学公派学生出国出境任务书,督促长期公派出国出境学生完成以下派出手续。

公派出国出境学生的派出程序为:

1.公派出国出境学生在获得任务书之后,到国际处领取厦门大学学生出国出境相关审批表格。

2.按规定填写完审批表格后交给导师,到学院办理请假等手续。

3.按出国出境相关审批表上的规定到学校相关部门办理离校手续,研究生需报研究生院批准并办理保留学籍手续;本科生需报教务处批准并办理保留学籍手续。委培、定向、国防生等另外签署合作培养协议的学生出国出境,审批时还需提交其他签约方的书面同意证明;送国际处进行审核批准。

第四章　学籍管理

第二十条　本科生、研究生经批准出国出境一年以内的国内学籍予以保留。学生在境外、国外学习的时间计入学生在校学习年限。

第二十一条　研究生出国出境期限超过一年的(含一年),可向研究生院申请保留国内学籍,经批准后方可保留国内学籍。公派出国出境的按任务书中的派遣期限相应保留国内学籍年限,其他出国出境的保留国内学籍年限不超过两年(含两年),且须每一年申请一次。

第二十二条　出国出境学生必须按照批准时限如期返校。短期出国出境者返校后应在一周内到所在学院办理报到手续;长期出国出境者返校后必须在两周内到国际处和所在学院办理报到手续,到研究生院或教务处办理恢复学籍手续。

第二十三条　学生出国出境逾期,擅自超过批准出国出境返校时限或延期未经批准未返校者,根据学籍管理规定可作退学处理。

学生未经学校批准或未完成审批手续而擅自出国出境,连续两周以上未参加学校规定的教学科研活动者按自动退学处理。

联合培养研究生执行相关培养协议书的要求。

第二十四条　公派学生在国外进修的各科成绩,应于境外学校每学期结束后一个月内,由该校密封寄至我校相关学院。

公派研究生参加学校组织、派出交流项目在外方学校学习交流所取得的课程成绩,经学院分管领导确认,原则上作为选修课程计入研究生学习成绩总卡。研究生院拥有是否承认上述学分的最终审定权。

公派本科生参加学校组织、派出的交流项目等途径在对方学校学习交流所取得的课程成绩,可以根据专业需要和学习量对等的原则,由学生填写《厦门大学本科交流生学分转换审批表》,经学院分管领导确认,计入学生学习成绩总卡,并免修我校相应的课程。教务处拥有是否承认上述学分的最终审定权。

第二十五条　公派学生应严格执行我国有关保密法律法规和学校保密工作的有关规定。各类公派学生在境外期间获得的科研成果及其后续成果,均应注明作者单位为厦门大学,也可同时联署外方联合培养单位。

第二十六条　公派研究生向双方学校申请学位的,按双方学校相关协议执行。申请厦门大学学位的,须符合厦门大学学位授予的相关条件。

第二十七条　公派研究生学位论文原则上应以中文撰写(特殊专业除外)。凡用外文撰写者,必须同时提交中文译本。在国外进行论文答辩且同时向联合培养高校申请学位者,可不提供中文译本,但应提供详细的中文论文摘要。

第五章　学生管理

第二十八条　未与用人单位签订就业协议的公派出国出境学生,在公派出国期间根据个人意愿可申请将户口和档案保留在学校。申请将户口和档案保留在学校的毕业生,须在学校统一寄出毕业生档案前,填写《厦门大学公派出国出境毕业生档案和户口寄存申请书》(可上就业指导中心主页下载),附相关证明材料(由国际处统一派出的不需提供),由学院统一送学生处办理相关手续。

第二十九条　申请长期出国出境的学生在办理校内审批手续前必须缴清本校的全部费用，不得欠费。

第三十条　公派学生在境外的学费、旅费、住宿费、生活费、书籍费、保险与其他个人消费等，均由相关项目经费及学生本人承担。

长期公派项目的学生有享受政府、学校或项目提供的在国外院校就读时的免学费、免住宿费、提供奖学金、发放生活费等待遇者，应同时缴纳在本校的学费；若未享受政府、学校或项目提供的上述待遇者，可凭外方高校交纳学费的发票或证明免交相应期间厦门大学学费。

短期公派项目学生应正常交纳本校的学费、住宿费。

第三十一条　学生出国出境超过6个月的，必须办理退宿手续；出国出境时间少于6个月的，学校保留其床位。

第三十二条　研究生短期出国出境者可以继续享受研究生助学金，长期出国出境者，在境外期间不享受研究生助学金和奖学金；本科生在长期出国出境期间不享受特困生生活补助等各项生活补贴和奖学金。

第三十三条　学生党团员出国出境者，应事先主动向所在党团支部和学院党委团委报告，并遵守党员、团员出国出境管理的相关规定。

第三十四条　公派学生在境外期间不享受公费医疗待遇，学生应自行选择医疗保险等医疗保障措施。

第三十五条　各学院分管领导应做好出国出境学生的管理工作，并指派教师(本科生为辅导员，研究生为导师)负责公派学生在国外学习、交流期间的指导与联络工作。

第三十六条　已派出的公派项目学生有义务向后续的学生提供必要的信息和帮助。公派项目的学生完成任务后，应于返校15日内向国际处和学院各提交一份“出访交流报告”。

第三十七条　在境外学习期间，厦门大学学生应遵守所在国家和地区的法律法规和所在学校的校规校纪；应注意维护厦门大学的声誉，正面宣传我校的形象。

第六章　公派出国联合培养研究生项目管理

第三十八条　参加公派出国联合培养研究生项目(以下简称“本项目”)的研究生在出国期间应遵守国家留学基金资助出国留学人员的有关规定及《资助出国留学协议书》的有关约定。

第三十九条　参加本项目的培养方式为非国家任务自筹经费的研究生可申请适当减免在外学习期间部分厦门大学培养费。在外学习期限超过半年(含半年)不足一年的，最高可减免半年的厦门大学培养费；在外学习期限超过一年(含一年)不足一年半的，最高可减免一年的厦门大学培养费；在外学习期限超过一年半(含一年半)不足两年的，最高可减免一年半的厦门大学培养费；在外学习期限满两年的，最高可减免两年的厦门大学培养费。

参加本项目研究生的报名评审费统一由学校支付。

第四十条　联合培养研究生的我校导师应根据厦门大学的相关规定履行导师职责，与外方导师共同督促研究生按时完成学习任务。

第四十一条　参加本项目的研究生在联合培养期间取得的与获得资助有关的论文、研究项目或科研成果，在成文、发表、公开时，应注明或说明“本研究/成果/论文得到国家留学基金资助”，并署名“厦门大学”。

第四十二条　本项目的其他方面的管理参照本规定的相关条款执行。

第七章　附　则

第四十三条　本规定由国际处负责解释。

第四十四条　本规定自公布之日起执行。学校原相关规定与本规定有抵触的,以本规定为准。

——本文摘录自《关于印发〈厦门大学学生出国出境管理规定〉的通知》,厦大外〔2008〕53号,档号2008-XZ22-8

厦门大学贵重仪器设备开放使用收费暂行管理办法

（2008 年 11 月 1 日）

第一条　为促进我校贵重仪器设备的开放共享，调动教学、科研及仪器设备管理人员的积极性，提高投资效益，根据教育部《高等学校仪器设备管理办法》（教高〔2000〕9 号）及《厦门大学贵重仪器设备管理办法》（厦大设备〔2003〕1 号）文件精神，结合我校实际情况，制定本办法。

第二条　本办法适用于单价人民币 10 万元（含）以上的用于教学、科研、科技开发的仪器设备（以下简称“贵重仪器设备”）。

第三条　贵重仪器设备实行开放共享、有偿使用、分类收费的管理原则。但由贵重仪器设备管理单位用于教学、仪器培训、仪器调试或功能开发的，不进行收费。

第四条　由各类经费采购和其他渠道进入我校的贵重仪器设备，其所有权均属于学校，学校有权统筹管理和使用。

第五条　贵重仪器设备的使用、管理单位应本着互助协作的精神，开放服务，提高使用效益。其中：

1.由学校出资购置的仪器设备主要向校内教学、科研、科技开发开放服务，在有余力的情况下向社会开放；仪器设备管理单位提出开放度及收费意见，由实验室与设备管理办公室（以下简称“实验办”）组织相关仪器设备管理专家审议并签署意见后、经分管校长同意、财务处备案并报物价管理部门批准后执行。

2.由各单位自筹经费购置或接受赠送的各类仪器设备，在满足为本单位服务的前提下，应积极对外开放；由各管理单位提出开放度及收费意见，经本单位相关专家审议、院分管领导签署意见后报实验办，由实验办按前述程序报批。

3.由个人横向课题经费购置或接受赠送的各类仪器设备，在满足为本课题组服务的前提下，鼓励对外开放；由课题组提出开放度及收费意见，经院分管领导签署意见后报实验办，由实验办按前述程序报批。

第六条　收费项目一般由开机费、材料费和机时补贴费组成。各学院可根据各类贵重仪器设备开放使用情况制定收费标准，并按开机费、材料费、机时补贴费分类列报。

1.“开机费”为仪器设备折旧费率×使用机时数，一般仪器设备的折旧年限暂时定为 8 年，特大型仪器设备的折旧年限另行规定。

仪器设备折旧费率＝仪器设备账面价值÷（折旧年限×规定年使用机时）。

2.“材料费”包括与检测相关的机组用房的房租、水、电、一次性消耗材料及易耗品折旧费等费用。

3.“机时补贴费”依据具体仪器设备运行状况、开机时的辅助工作量及工时费等因素决定，一般按校工程技术人员每小时平均工资的三倍收取。

第七条　对校外服务时，凡国家或省市物价管理部门有相应统一收费标准的，按统一收费标准收费。

第八条　若收费标准因贵重仪器设备老化使用率较低，或因试验用的一次性材料、易损件、水、电、房租等价格上涨幅度大而需要调整的，管理单位可提出收费价格变动申请报告，经管理单位负责人审核并签署意见后报实验办，由实验办按程序报批。

第九条　财务管理上实行学校统一领导，校、院两级管理，收支分离，集中核算的原则。

1.每季度（或每半年）各学院将测试费收入汇总报实验办，经实验办对各类资金项目审核并签署意见后,送财务处进行分类管理。

2.财务处依据学院财务人员出具的测试费收入汇总表及所需返还的各类资金项目清单进行管理,并以院为单位建立仪器设备开放使用收支明细账,发放相应的专项经费卡。

3.对校内服务时

(1)收取的"开机费"和"机时补贴费"上缴学校作为贵重仪器设备开放运行预研基金专款;贵重仪器设备开放运行预研基金的分配与使用办法另行规定。

(2)收取的"材料费" 全额返还各提供测试服务的学院,作为相关的机组用房房租、水、电、一次性消耗材料及易耗品折旧费等项目开支经费。

4.对校外服务时

(1)收取的"开机费"上缴学校作为贵重仪器设备维修、零部件更新、环境维护的专款,由实验办统筹管理。

(2)收取的"材料费"全额返还各提供测试服务的学院,作为相关的机组用房的房租、水、电、一次性消耗材料及易耗品折旧费等项目开支经费。

(3)收取的"机时补贴费"全额返还各提供测试服务的学院,其中学院可提取不超过 30%的经费,其余经费作为测试人员的超工作量补贴。基本机时标准参考《厦门大学贵重仪器设备管理办法》在学院制定的实施细则或办法中按仪器类别规定。

5.需由厦门大学分析测试中心出具 CMA 章的,样品测试必须通过质量管理体系流程,测试费用由厦门大学分析测试中心收取,并负责上缴学校财务处。其中收取的"材料费""机时补贴费"全部返还提供测试服务的学院,其用途分别按第九条第 4 款(2)、(3)项管理;出具 CMA 章加收的费用返还厦门大学分析测试中心,作为该中心管理体系有效运行及业绩奖励费等项目开支经费。

第十条　仪器设备共享服务时,用户凭填写完整的"委托分析测试登记表",向学院(厦门大学分析测试中心)财务人员办理缴费手续。机组人员不得擅自减免收费,不得私自收取现金。各学院(厦门大学分析测试中心)收到测试费后应及时上缴学校财务处。

第十一条　为提高管理效率,最大限度地方便广大用户,各服务单位应以校内服务优先为原则,根据单位实际情况制定收费实施细则或办法。

第十二条　实验办每年对各单位贵重仪器设备共享开放服务过程中的成功经验与存在的问题进行总结,并按照公开、公平、公正原则,由各学院提出获奖机组及人员候选名单,实验办组织相关单位领导和专家进行评审,表彰奖励在贵重仪器设备共享开放服务工作中做出突出成绩的单位和个人。

第十三条　各单位应严格按规定执行,尽可能优先保证校内共享需要;严禁无故拖延或拒绝完成测试任务,严禁违规私自承接测试任务。

第十四条　实验办将利用新的"在线管理服务系统"统计贵重仪器设备的有效使用机时,并设立贵重仪器设备开放服务收费管理监督信箱,接受各相关人员咨询与监督。如发现违规事例,将视情节轻重给予批评教育直至追究其行政、法律责任。

第十五条　本办法由实验办负责解释。

第十六条　本办法自公布之日起施行,原《厦门大学贵重仪器设备开放使用收费管理办法》(厦大资产〔2001〕6 号)同时废止。

——本文摘录自《关于印发〈厦门大学贵重仪器设备开放使用收费暂行管理办法〉的通知》,厦大科〔2008〕32 号,档号 2015-XZ13-41

厦门大学加强和改进机关作风建设的补充意见

（2008 年 11 月 4 日）

为了进一步改进我校机关作风，坚持“为教学科研服务，为基层服务，为师生员工服务”，落实“部门首长负责制”和“首问责任制”，促进每位机关工作人员切实做到“遵纪守法，廉洁奉公，热情服务，高效工作”，制定如下补充意见：

一、继续推行“部门首长负责制”，各部处的正副部长、处长对本部门机关作风建设应承担全面责任。

二、各部处机关工作人员应准时上班，不得早退，不得在上班时间进行“炒股”、“网络聊天”或利用学校计算机和网络系统从事与工作无关的事情。

三、严格执行“上下班刷卡制度”、“加班登记制度”和“外出办事登记制度”。“三项制度”的执行情况由人事处每月汇总、分析并提出意见和建议，报送学校机关作风建设领导小组，作为今后考核和发放各部处机关作风奖的依据。

四、各部处领导要进一步完善各个部门和所属科室的职责和办事流程，以各种形式对外公布，要科学设置并明确各自的工作职责；各部处要认真执行“挂牌上班制”，每位工作人员都要挂牌上岗，并在自己办公桌前放置“工作牌”。

五、各部处要继续推行“首问责任制”，并建立和推行“标准服务语言”，热情接待前来办事的师生员工，告知办事的政策依据、程序和所需材料。要设立并公布办事咨询电话，并由专人值班，耐心解答办事流程和所需携带资料；既要按政策和程序办事，又要热心服务；办事人员遇到特殊问题或重要事件，要尽快报告部处领导；要真正落实“办事时限制度”，对不能马上解决的问题，要耐心给予解释，并告知办事流程和时限。

六、各部处领导要认真落实对下属科室人员进行“每学期个人考评”制度，围绕“精神面貌、工作能力、团队协作、工作效率”等方面，根据个人每学期的工作情况进行评分，在每学期结束后组织本部处的所属人员进行工作考评，并将考评结果于每学期结束后的 10 天内报送人事处，由人事处汇总报主管纪检监察和人事工作的校领导，作为今后晋升和奖惩的依据之一。

七、继续推行“检查监督制度”，学校机关作风建设领导小组每学期至少组织 2 次机关作风建设工作的检查，具体由人事处、监察处负责组织实施；继续推行《厦门大学改进机关工作作风的若干意见》（1999 年 9 月 10 日）和落实“告诫制度”，对违反机关工作作风建设有关条例的工作人员进行批评、教育，情节严重者将予以解聘。

八、各学院、研究院、各直属单位党政工作人员参照执行本补充意见。

——本文摘录自《关于印发〈厦门大学加强和改进机关作风建设的补充意见〉的通知》，厦大人〔2008〕163 号，档号 2008-XZ10-6

中国青年志愿者扶贫接力计划研究生支教团项目厦门大学实施办法

(2008年11月5日)

第一章 总 则

第一条 为做好中国青年志愿者扶贫接力计划研究生支教团项目厦门大学的招募和管理工作,根据共青团中央、教育部等单位有关文件精神,制定本实施办法。

第二条 中国青年志愿者扶贫接力计划厦门大学研究生支教团项目是响应团中央、教育部的号召,贯彻落实科教兴国和国家扶贫攻坚计划的一项具体措施,是我校青年志愿者行动的重点项目,是推动扶贫地区发展、社会服务与大学生成长成才、实现自身价值相统一的重要方式,也是激励我校大学生服务社会、奉献社会,培养大学生崇高社会责任感,让大学生在艰苦环境中锻炼成长的有效途径。

第三条 厦门大学研究生支教团的志愿者采取公开招募和定期轮换的接力方式。选派的人员以志愿服务的方式到国家中西部贫困地区开展为期一年的支教工作,同时开展力所能及的扶贫志愿服务。服务期满后,由下一批志愿者接替其工作,形成"扶贫加接力"的长效工作机制。

第二章 招募选派

第四条 招募对象为具备推荐本校免试硕士研究生资格的应届本科毕业生。原则上不进行跨学科免试推荐工作。

第五条 招募对象须具有较高政治思想素质、奉献精神和志愿服务经历;具有较强的专业能力,身心健康,能胜任艰苦地区扶贫支教工作;具有学生干部经历者优先选拔。

第六条 招募指标由教育部专项下拨。

第七条 招募选派原则为"公开招募、自愿报名、择优选拔"。

第八条 招募选拔程序按照本人自愿申请、学院推荐、身体检查、接收院系面试、校团委审核、学校招募选拔工作小组面试考核、名单公示、学校审批等环节进行。由学校公开发布招募通知,学院宣传发动,校研究生院、学生处、教务处、招生办、校团委等单位组成学校招募选拔工作小组对学院推荐人选进行材料审查、面试考核和推荐候选人报学校审批。校团委为该小组的牵头单位负责具体的组织工作,校监察处负责监督招募选拔工作。

第九条 入选参加支教团的志愿者须与学校签订《招募协议书》。校团委将志愿者申请书及其他相关材料一并报送共青团中央青年志愿者工作部,同时抄报团福建省委宣传部、福建省青年志愿者指导中心备案。

第三章 政策支持

第十条 学校根据共青团中央、教育部下达的指标，在年度招生计划中落实专项计划，保证志愿者的选派工作顺利进行。

第十一条 参加支教团的志愿者按照教育部有关推荐免试研究生的要求办理相关手续，服务期间，保留一年研究生入学资格。

第十二条 参加支教团的志愿者在服务期间由共青团中央提供住院医疗保险和人身意外伤害保险。

第十三条 学校提供以下经费：为参加支教团的志愿者提供每年10个月，每人每月600元生活补助费，在较偏远的乡村学校支教的志愿者每人每月700元；每人每年4次交通费，其中从学校往返服务地各一次，从家庭所在地往返服务地各一次，交通费均按照火车硬卧标准报销；每人每年500元的市内交通、行李托运费补贴。参加支教团的志愿者参照《厦门大学家庭经济困难学生认定和资助工作实施暂行办法》的有关规定认定为家庭经济困难学生的，每人每年可申请不超过1000元的困难补助。

为开展厦门大学研究生参加支教团的招募和管理工作提供专项工作经费每年10000元。

第十四条 参加支教团的志愿者奖学金评定执行《厦门大学研究生奖学金评定管理暂行办法》，复学当年的奖学金按录取当年评定的等级发放。

第十五条 参加支教团的志愿者服务期间计算工龄。志愿服务结束后，共青团中央根据服务地团委和服务单位意见审定《青年志愿者扶贫接力计划服务鉴定表》，记入个人档案，颁发扶贫接力计划志愿服务证书，作为落实有关政策的主要依据。

第十六条 服务期满的志愿者，经考核合格的，享受中央文明办、团中央、人事部、国务院西部地区开发领导小组办公室《关于配合实施西部大开发战略全面推进青年志愿者扶贫接力计划的通知》（中青联发〔2001〕22号）及团中央与教育部下发的《关于做好青年志愿者扶贫接力计划支教工作的通知》（中青联发〔1999〕46号）等文件的政策支持，并按时返校攻读硕士研究生。

第四章 组织管理

第十七条 厦门大学研究生参加支教团的招募和管理工作接受校党委的领导，校团委负责项目的具体实施，校研究生院、学生处、教务处、招生办等相关职能部门和各学院、研究院积极给予协助配合。

第十八条 在校团委的指导下，成立厦门大学研究生支教团办公室，办公室主任原则上由上一届支教队队长担任。主要负责支教志愿者赴服务地之前的培训工作；与支教队、服务地、学校和共青团中央之间的沟通联系；指导开展志愿服务工作，了解支教队员的思想状况和工作、生活情况；协助学校为支教队提供后勤保障服务；编印支教队工作简报等。

第十九条 参加支教团的志愿者应认真完成本科阶段学习任务，并取得毕业证和学位证。

第二十条 参加支教团的志愿者在服务期间，党团组织关系临时转到服务地。

第二十一条 参加支教团的志愿者应按时参加支教团培训活动，服从统一派遣及时到达服务地。在服务期间，确因特殊情况需要请假的，按规定及时履行请销假手续。

第二十二条 参加支教团的志愿者在服务期间，应自觉遵守国家法律、法规和研究生支教团各项管理规定，爱岗敬业，尽职尽责，不得擅自退出支教团，确因不可抗力因素需提前终止《招募协议书》的，需向职能部门提出申请，并报学校同意后，做好工作交接后方可离岗。

第二十三条 支教团的志愿者在服务期间，因违反法律、法规和相关规定造成恶劣影响的，学校可将其召回，取消其支教团成员资格，同时取消厦门大学推荐免试研究生资格。

第五章　附　则

第二十四条　本办法由共青团厦门大学委员会负责解释。

第二十五条　本办法自公布之日起实施。

——本文摘录自《关于印发〈中国青年志愿者扶贫接力计划研究生支教团项目厦门大学实施办法〉的通知》,厦大委综〔2008〕26 号,档号 2008-XZ09-3

厦门大学校内道路、园林绿地管理办法

（2008年11月6日）

第一章　总　则

第一条　为加强厦门大学校内道路、园林绿地的管理，营造清洁、优美、文明的校园学习、工作、生活环境，根据国家有关法律、法规和规章规定，结合我校实际，制定本办法。

第二条　凡在学校范围内规划、建设、养护、维修、管理或使用校内道路、园林绿地的单位、个人必须遵守本办法。

第三条　本办法所称校内道路，包括车行道、人行道、隧道、涵洞、公共广场、公共停车场、校内空地、路肩及其附属设施和校园规划确定的校内道路预留地等供车辆、行人通行的地方。

本办法所称园林绿地，包括校内公共绿地、校内公园、住宅绿地及其他块状带状绿地等。

第四条　资产与后勤事务管理处是校内道路、园林绿地规划、建设、养护、维修和管理工作的主管部门。

第五条　校内道路、园林绿地实行统一规划、配套建设、建设与养护管理并重的原则。

第六条　学校各单位和个人应珍惜、合理使用校内道路、园林绿地，对损害相关设施的行为应积极进行制止、检举和投诉。

第二章　校内道路、园林绿地的建设

第七条　校内道路、园林绿地应严格依照国家有关标准、规范进行勘察、设计、施工和工程监理。

依附于校内道路的各类管线必须遵循先地下后地上、压力管让非压力管的施工原则和技术规范，与校内道路同时设计、同时施工、同时验收交付使用。校内道路建设实行保修制度，保修期限按照有关法律、法规规定执行。

园林绿地规划设计应当充分利用自然与人文条件，借鉴国内外先进经验，符合校园整体规划，体现民族风格和学校特色。

第八条　承担校内道路、园林绿地勘察、设计、施工或工程监理的单位应当具有相应的资质等级，并按照资质等级承担相应的勘察、设计、施工、工程监理任务。

第九条　校内道路、园林绿地施工实行工程质量监督管理制度。工程竣工后经资产与后勤事务管理处组织验收合格的，方可交付使用。

第三章　校内道路、园林绿地的养护与维修

第十条　资产与后勤事务管理处应按照校内道路、园林绿地的等级、数量及养护、维修的定额，逐年核定养护、维修经费，报送校财务处审核，并按有关规定核拨。养护、维修资金由资产与后勤事务管理处

统一安排。

第十一条　资产与后勤事务管理处管理的校内道路、园林绿地,由其委托或招标确定的专业养护、维修单位负责养护、维修。

第十二条　承担校内道路、园林绿地养护、维修任务的单位,应严格执行相关养护、维修的技术规范,根据要求定期进行养护、维修,确保养护、维修工程的质量。资产与后勤事务管理处应做好对养护、维修工程质量的监督、检查工作。

第十三条　设置在校内道路范围内的各类管线的井(孔)、井盖、标志,由资产与后勤事务管理处参照城市道路的技术规范、标准进行设置和维护。

第十四条　禁止偷取和破坏设置在校内道路范围内的各类管线的井盖。禁止任何单位和个人在校内非法收购各类管线井盖及其他工程设施器材。

第十五条　校内道路、园林绿地养护、维修的专用车辆执行紧急抢修任务时,在保证交通安全的前提下,不受行驶路线、行驶方向和停靠地点的限制。

第四章　校内道路的管理

第十六条　资产与后勤事务管理处应加强对校内道路的管理和养护,保持道路设施完好。

第十七条　在校内道路范围内禁止以下行为:

(一)在路面上直接搅拌水泥砂浆和随意堆放物料;

(二)擅自拆除、动迁、遮挡、更改校内道路工程设施和设备;

(三)擅自在隧道、涵洞范围内进行各种工程施工作业、堆放物料、挖沙、采石、取土等;

(四)侵占、堵塞涵洞、隧道,或进行其他影响桥涵、隧道安全和正常使用的活动;

(五)机动车在校内道路上试刹车;

(六)其他损害、侵占校内道路及其附属设施的行为。

第十八条　履带车、铁轮车或者超重、超高、超长、超宽车辆需要在校内道路上行驶的,应经资产处批准并按指定的时间、路线行驶。

第十九条　任何单位和个人不得擅自占用校内道路。因特殊情况需要临时占用校内道路的,必须向资产与后勤事务管理处提出申请,由资产与后勤事务管理处核发占道许可证。占用车行道的,须经校交通管理部门会审同意后,由资产与后勤事务管理处核发占道许可证。

经批准临时占用校内道路的,应严格按照批准的面积、期限、用途占用。临时占用期满,应及时清理占用现场,恢复校内道路原状;损坏校内道路的,由校内道路养护维修单位进行修复,修复费用由占用者承担。

第二十条　需临时占用校内道路作公共停车场(点)、集贸市场的,须经资产与后勤事务管理处、校交通管理部门审核同意后,报分管校领导批准。

第二十一条　任何单位和个人不得擅自挖掘校内道路。因特殊情况需要挖掘的,必须向资产与后勤事务管理处提出申请,经审核并报分管校领导批准后,预交校内道路挖掘修复费,由资产与后勤事务管理处核发校内道路挖掘许可证;挖掘校内主次干道的车行道,还须经校交通管理部门会审同意。

经批准挖掘校内道路的,应严格按照批准的位置、面积和期限进行挖掘,在施工现场设置明显的交通安全标志、防护围栏设施,并公示校内道路挖掘许可证的主要内容,完工后应立即清理场地、恢复原状。资产与后勤事务管理处应及时组织验收。

第二十二条　新建、改建、扩建的校内道路建成后五年内不准挖掘,大修后的校内道路三年内不准挖掘。因特殊情况需要挖掘的,必须向资产与后勤事务管理处提出申请,经审核并报校长办公会讨论决定后,预交校内道路挖掘修复费,并按校内道路挖掘修复费标准的二倍交纳维修金。

第二十三条　校内道路地下管线发生突发事故时,管线管理单位可以先行破路抢修,但应及时通知资产与后勤事务管理处和校交通管理部门，并在破路后二十四小时内按规定补办校内道路挖掘审批手续。

第五章 校内园林绿地的管理

第二十四条 任何单位和个人不得擅自改变已建成或者规划已确定的校内园林绿地的使用性质。因特殊情况需要改变的，必须向资产与后勤事务管理处提出申请，经审核并报分管校领导或校长办公会讨论决定后，按照有关法律程序进行。

第二十五条 任何单位和个人不得擅自占用校内园林绿地。因特殊情况需要临时使用的，须经资产与后勤事务管理处审批后，缴纳恢复校内园林绿地保证金和临时使用费，并按有关规定办理临时用地手续。临时占用期满，应及时清理占用现场，经资产与后勤事务管理处验收合格后退回保证金。

第二十六条 任何单位和个人不得擅自砍伐、移植校内树木。因特殊情况确需砍伐、移植或进行非正常修剪的，应报资产与后勤事务管理处审核，并由其按照有关规定协助报送政府相关部门审批。

第二十七条 严禁擅自修剪古树名木。因特殊情况必须修剪的，应报资产与后勤事务管理处审核，并由其按照有关规定协助报送政府相关部门审批。经审批同意的，应按有关规定缴交绿化补偿费。

第二十八条 在古树名木树冠边缘外四米范围内，禁止堆放有毒有害物料，禁止建造构筑物、建筑物或铺设各种管线，禁止打桩、挖坑取土或倾倒污水污物等一切有害古树名木的行为。

第二十九条 严禁下列损害校内园林绿地的行为：

(一)在树冠下设置煎、烤、蒸、煮等摊点；

(二)在树干上倚靠重物，利用树木搭盖，擅自牵绳挂物等；

(三)在树上刻字，打钉，剥、削树皮和挖树根；

(四)随意攀树折枝、采摘花果，剪、采枝条等，造成花草树木损害；

(五)在校内园林绿地内，随意停放车辆，倾倒垃圾、污水、堆放废弃物；

(六)损毁园林建筑和小品等设施；

(七)其他损害校内园林绿地的行为。

第三十条 任何单位和个人不得在校内园林绿地范围内擅自设立摊点和广告。在符合该园林绿地整体功能、美观的前提下，经使用单位提出申请，资产与后勤事务管理处可以批准设立服务摊点和广告。

第六章 附 则

第三十一条 任何单位和个人违反本办法规定，损害学校利益的，学校将依法追究其行政或法律责任。

第三十二条 校内电力工程设施、给排水设施、防洪防海潮设施的建设、养护、维修和管理参照本办法执行。

第三十三条 本办法由厦门大学行政执法大队监管。

第三十四条 本办法由学校资产与后勤事务管理处负责解释。

第三十五条 本办法自公布之日起施行。

——本文摘录自《关于印发〈厦门大学校内道路、园林绿地管理办法〉的通知》，厦大资产〔2008〕48号，档号2008-XZ27-3